社会学·政治学·文化学·教育学·民族学·历史学

陈序经全集

第十三卷 泐史漫笔 母系社会与阿注关系 早期文化的遗痕 少数民族与文化交流

叶显恩 主编
王春煜 刘集林 副主编

中山大學出版社
·广州·

版权所有　翻印必究

图书在版编目（CIP）数据

陈序经全集／陈序经著；叶显恩主编；王春煜，刘集林副主编．
广州：中山大学出版社，2025.3. --ISBN 978-7-306-08274-9

Ⅰ．Z427

中国国家版本馆 CIP 数据核字第 2024GE9169 号

CHEN XUJING QUANJI：DI-SHISAN JUAN

| 出 版 人：王天琪
| 总 策 划：王天琪
| 项目统筹：嵇春霞　王延红
| 责任编辑：周　玢　郑雪漫
| 封面设计：雅昌文化（集团）有限公司　曾　斌　周美玲
| 责任校对：陈晓阳　赵琳倩
| 责任技编：靳晓虹
| 出版发行：中山大学出版社
| 电　　话：编辑部 020-84111901，84110283，84111997，84110779
| 发行部 020-84111998，84111981，84111160
| 地　　址：广州市新港西路135号
| 邮　　编：510275　传　真：020-84036565
| 网　　址：http://www.zsup.com.cn　E-mail：zdcbs@mail.sysu.edu.cn
| 印　　厂：恒美印务（广州）有限公司
| 规　　格：787mm×1092mm　1/16
| 总 印 张：433
| 总 字 数：8718 千字
| 版次印次：2025 年 3 月第 1 版　2025 年 3 月第 1 次印刷
| 定　　价：1980.00 元（全十四卷）

如发现本书因印装质量影响阅读，请与出版社发行部联系调换

凡 例

一、**编排方式**。《全集》总体上兼顾著述发表时间先后与研究领域的区别。第一卷以时间为序收录了陈序经的论文、时论、书评等,其中论文已收入其他卷者,原则上只存目;同题异文者,则均予以收录。第二卷至第十三卷收录了陈序经在不同研究领域的论文或专著。第十四卷收录了陈序经的遗稿《珠崖篇》,整理了其年谱、往来书信、照片等相关资料。底稿为直排繁体者,一律改横排简体,内容列举、引用位置指向用词,如"如左"径改为"如下"等。

二、**底本来源**。《全集》所收文献中有大量未曾整理的手稿、抄稿,其版本源流、底本选择等情况,皆写入"本卷说明"中。

三、**引文说明**。《全集》所引古籍或他人著述,有漏字、错字等现象者,一般参照现今中华书局、上海古籍出版社等相应版本径改,不另说明;引用古籍或他人著述时只取其大意,与原文不尽一致,凡此,照录,不予修改;手稿或抄稿中引用本人已发表文章,但内容与已发表的原文不尽一致,凡此,亦依手稿或抄稿。

四、**校订符号**。原稿中有漏字者,在〈 〉内补之。原稿中的错讹字,在其后〔 〕内补正。原稿中的衍字,用［ ］标示。原稿中漫漶不清、难以识别或残缺的字,用□表示;字数难以确定者,用▨表示。原稿中的小字夹注,置于（ ）内,字体、字号同正文。外文书名、刊名用斜体。

五、**历史用语**。《全集》保留作者文字风格及语言习惯,不按现行用法改动原文。历史时期若干字词表达与今有异,但不影响理解,为存当时之真,不改。如智识（知识）分子、澎涨（膨胀）、计画（计划）、瞭解（了解）、那（哪）、澈底（彻底）、那末（那么）、原故（缘故）等。凡行文中对少数民族的蔑称,根据国家相关民族政策一律改为规范称呼,如"猺"改为"瑶"、"獠"改为"僚"、"猓玀"改为"倮倮"等。

六、外文名词。译名不统一或与现今不一致,如拿破伦/拿破仑、哥仑布/哥伦布、菲洲/非洲等,均不改。外文人名、地名书写有误者,一般径改。外文专有名词在原稿中大小写掺杂,按现今规范格式统一。

七、内文标点。原稿正文无标点或仅有简单断句者,一律按照中华人民共和国国家标准《标点符号用法》(GB/T 15834—2011)予以修改。专名号从略。

八、文字规范。《全集》中的简体字以 2013 年 6 月国务院公布之《通用规范汉字表》为准。通假字,不改。繁体字、异体字,改为规范字;但专有名词中的繁体字、异体字等,依从其使用惯例,不改。作者笔误、排印舛误等明显错误,径改。

其余未规定事项,一般遵从作者原稿。

本卷说明

本卷收录了陈序经先生有关西南边疆与民族研究的四种论著:《泐史漫笔》《母系社会与阿注关系》《早期文化的遗痕》《少数民族与文化交流》。其中,《泐史漫笔》完成于1965年12月,《母系社会与阿注关系》《早期文化的遗痕》《少数民族与文化交流》完成于1966年。陈序经先生于1966年将这四种书稿编成一部,总命名为《云南少数民族文选选录》。本次出版,《泐史漫笔》由林敏校订,《母系社会与阿注关系》《早期文化的遗痕》《少数民族与文化交流》由刘集林、秦鹏飞点校整理。

本卷目录

泐史漫笔
　　——西双版纳历史释补 ································ 1

母系社会与阿注关系 ································ 81

早期文化的遗痕
　　——云南少数民族的原始遗痕 ···················· 261

少数民族与文化交流
　　——资料选录 ·· 445

泐史漫笔

西双版纳历史释补

目 录

序 ·· 4

绪 言 ··· 6

本 篇 ··· 18

  上卷（公元一一八〇至一五三〇年） ··· 18

    一、叭真（公元一一八〇至一一九二年） ··································· 20

    二、匋钪冷（公元一一九二至一二一一年） ································ 24

    三、匋伻（公元一二一一至一二三四年） ··································· 27

    四、匋陇健仔（公元一二三四至一二五七年） ···························· 28

    五、刀两竜（公元一二五七至一二七三年） ································ 31

    六、刀补瓦（公元一二七三至一二八七年） ································ 33

    七、刀爱（公元一二八七至一三四七年） ··································· 33

    八、刀坎（公元一三四七至一三九一年） ··································· 37

    九、刀暹答（公元一三九一至一四一三年） ································ 38

    十、刀更孟（公元一四一三至一四一五年） ································ 41

    十一、刀典（公元一四一五至一四二八年？） ···························· 42

    十二、奢陇法（公元一四二八至一四五七年？） ························ 42

    十三、三宝历代（公元一四五七至一四九七年） ························ 51

    十四、三凯冷（公元一四九七至一五〇二年） ···························· 54

    十五、诏侃（公元一五〇二至一五二三年） ································ 54

    十六、室利崧版（公元一五二三至一五三〇年） ························ 55

  下卷（公元一五三〇至一八六四〔一九四九〕年） ······················ 56

    十七、刀糯猛（公元一五三〇至一五六八年） ···························· 56

    十八、室利稣叔打（公元一五三〇年就位六月而卒） ················ 58

    十九、刀应猛（公元一五六九至一五九八年） ···························· 58

二十、刀韫猛（公元一五九八至一六二七年） …………………… 62

廿一、室利稣坦玛（公元一六二八至一六三九年） …………………… 63

廿二、诏钪勒（公元一六四〇至一六六九年） …………………… 63

廿三、刀懦猛（公元一六六九至一六八一年） …………………… 63

廿四、刀穆祷（公元一六八一至一六八四年） …………………… 64

廿五、诏匾猛（公元一六八四至一七二四年） …………………… 65

廿六、刀金宝（公元一七二四至一七二九年） …………………… 65

廿七、刀绍文（公元一七二九至一七六七年） …………………… 67

廿八、刀维屏（公元一七六七至一七七七年） …………………… 69

廿九、刀士宛（公元一七七七至一七九六年） …………………… 69

三十、刀太和（公元一七九七至一八〇二年） …………………… 70

卅一、刀绳武（公元一八〇二至一八三三年） …………………… 71

卅二、刀正综（公元一八三四至一八六四年） …………………… 73

卅三、刀钧安（公元一八六四至一八七六年） …………………… 78

卅四、刀承恩（公元一八七八至一九二七年） …………………… 78

卅五、刀栋梁（公元一九二七至一九四三年） …………………… 79

卅六、刀世勋（公元一九四三至一九四九年） …………………… 79

序

抗日战争时期，我在云南住了八年（一九三八至一九四六年），在这个时期中，我虽然也住过蒙自半年，也到过其他一些地方，如保山、曲靖、宜良、呈贡、开远等处，可是绝大部分时间是住在昆明。在那个时候，虽然也常听人们谈到车里佛海——西双版纳的好多情况，可是交通很不方便，始终没有机会到这个地方。

一九六四年的夏天，暨南大学给我种种方便，使我又有机会到云南一次。我赴滇的主要目的是到西双版纳、芒巾访问。这次的访问既得到当地的人民政府的主管同志们的关怀与给与各样各式的帮助，又得到云南大学遣派江应樑教授陪我到这些地方。江教授不只长期研究云南的傣族，而且多次到过而又用较长的时间住过这些地方，使我在短期的访问中能得较多的材料与有关这些地方的智识。

在我到昆明时，江应樑教授还为我找了好多有关这方面的资料，尤其是有关这方面的历史书册，其中一本就是《泐史》——这是西双版纳的历史，其中所记载的是从一一八〇至一九四三年的六百多年的历史——主要是当地的领主的历史。

我除了在昆明阅读外，还请人抄了一本，给暨南大学。

这本书的编译者是李拂一，由云南大学西南文化研究室印行。印行时间是一九四七年二月，编译者自序是写于一九四六年十一月十三日。我是一九四六年夏天离开昆明的，十多年来忙于别的事情，没有注意到这本书，这次能在昆明阅读觉得很为高兴。

一九六四年秋，我到天津后，又在南开大学图书馆找到一本《泐史》，不久我又从江应樑教授处借到李拂一所著的《车里宣慰世系考订》。除著者所考订的世系外，他还把傣文《世系》译为中文，并且把原文与中文对照印出来。我把这三本书与《明史》等重读多次，觉得其中所记载的有了一些是与东南亚的一些国家，如老挝，如八百媳妇，如缅甸，如暹罗的史料，可以互相参订，同时又发现其矛盾与错误很多，因而决意把我所知道的一些材料补充进去，同时也把自己的一些意见加以说明。可是材料的补充与个人的意见都是信笔所之，没有系统，可能有很多错误，因遂名为《泐史漫笔》。

《泐史》与《车里宣慰世系》，错误之处很多，正如《车里宣慰世系考订》

的著者所说："错误百出，其中有寿逾百龄者，有子年大于父年者，有将其他土邦事迹窜入者，尤其是年代之错乱，考订上最感困难。"我们以为人可以有逾百龄者，但傣文原文《世系》中说刀暹答继其父刀坎位时，"年四十岁，在位八十年，年一百二十岁薨"，过了百岁直到一百二十岁，还在位主理政事，这就难于相信了。至于年代上的错误更是举不胜举。

李拂一既考订了《车里宣慰世系》，又整理几种残缺的《泐史》版本，使西双版纳的历史的眉目比较清楚，使这部历史的事迹比较可靠，但我们也得指出，漏洞之处还是很多，比方，《车里宣慰世系考订》中有了一位领主叫做刀弄，在《泐史》中却没有这个人，可是在《泐史》与原文《世系》中，有了一位领主叫做奢陇法，而在《世系考订》中却没有这个人。《明史》卷三百一十五《车里传》中，对于明代的车里历史说得比较详细，可是这里所记载其与《泐史》、原文《车里宣慰世系》以及《世系考订》，也有很多出入。就单以经过整理的《泐史》来说，奢陇法就位于祖腊七九〇年，这就是宣德三年（公元一四二八年），其死年是祖腊八一九年（天顺元年，公元一四五七年），计算奢陇法在位的时间是二十九年。可是已经整理过的《泐史》，还说奢陇法在位四十年，而原文《世系》又说他在位只有二十年。像有关这些问题，与其他好多问题，都需要我们去做进一步的考订。

我在西双版纳时，在文化馆中曾看到好多傣文文献，据说这些文献是关于当地的故事传说以及历史，等等。我相信在西双版纳或在云南其他各处，以至在其邻邦，如孟艮、老挝，以至清迈一带，可能还有人收藏有关西双版纳的文献。假使我们能够把现有的原文资料整理与翻译，再在各处设法寻找有关这方面的材料加以补充，那么这部《泐史》，必定更为完备。

《泐史》本分上、中、下三卷——下卷除有一条标题为"承袭"中，说到一七八五年刀钧安的承袭外，其他都不是记载领主的承继或其个人事情，而是记载一些地方的割让、赠与，以及十二版纳的名称、钱粮、关隘、庄园、疆界等，因此我把第三卷的各条按其时间，录在其他的领主名下，分《泐〈史漫笔〉》为上下两卷。

一九六五年十二月于津门

绪　言

一

《泐史》所记载的就是现在的西双版纳的历史。"西双版纳"这个名词,究竟始于什么时候,不易考订。马司帛洛(Georges Maspero)在其所著的《宋初越南半岛诸国考》(冯承钧译,参看《西域南海史地考证译丛》页一三七至一七〇)一文中,曾用了这个名词,这就是 Sib soir phan na,但不只宋初,就是宋末,这个名词是否已经使用,很成问题。

在《泐史》中,在其第二代领主凯冷在位的时候(公元一一九二至一二一一年),曾记载凯冷的次子伊棒食采邑于猛潜、猛海等三版纳,甸杬冷或甸凯冷有二个儿子,长子甸伻继承其位,统治的地方应为全个泐地,但其次子既有了三个版纳为食邑,此外还有多少版纳,或是总共起来有了多少版纳就不得而知。

西双版纳的意义是十二版纳,也可以译为一万二千稻田。在《泐史》中的奢陇法在位的时代(公元一四二八至一四五七年),也说好多土司如猛乍、猛润、孟艮、孟琏等,给与奢陇法好多礼物,奢陇法各回赠与"一版纳"的赋税,但这里也没有说明究竟为多少版纳。

在《泐史》中十二版纳这个名称,见于刀应猛在位的时代(公元一五六九至一五九八年),在这里不只列举了十二版纳的每个版纳的名称,还分为江西六版纳与江东六版纳。江西六版纳为下列数个:

　　猛遮、景鲁、猛翁为一版纳。
　　猛笼为一版纳。
　　猛潜、猛板为一版纳。
　　景真、猛海、猛阿为一版纳。
　　景洛、猛满、猛昂、朗妾为一版纳。
　　景陇、孟罕等宣慰使直辖地为一版纳。

江东的六版纳为:

　　猛腊、猛半为一版纳。
　　孟岭(普腾)、狂旺为一版纳。
　　猛拉(思茅、六顺)、猛往为一版纳。

猛捧、猛润、猛漭为一版纳。
猛乌妄、猛得为一版纳。
整董、播剌（倚邦）、易武为一版纳。

十二版纳又有大小之分，在乾隆五十年（公元一七八五年）七月初四日，西双版纳的上议院首席诏景哈召集十二版纳各大头目、各土司贵族等会于议院，并呈准宣慰使关于十二版纳的画分，另订如下（参看《泐史》下卷"十二版纳"条）：

猛腊、猛半为大版纳。
思茅、六顺为大版纳。
整董为大版纳。
猛岭（普腾）为大版纳。
猛乌、乌得为大版纳。
猛罕（橄榄坝）为大版纳。
猛遮为大版纳。
猛潽为大版纳。
猛笼为大版纳。

以上为九个大版纳。

猛棒、猛润为报仔版纳，为小版纳。
猛海、猛阿、赛宽、冈景为报仔版纳，为小版纳。
景真、孟远、猛醒、小孟养为报仔版纳，为小版纳。

以上三版纳为小版纳。

此外，猛满、猛康为二嵋浪，为卡和雷阿慷。猛往为一嵋浪。猛岺为一嵋浪，为孟迺柱冈帊厦。景法为一那扫（一那扫等于二十单位田），猛宽为一那扫，尚岱为一那扫，磨竜为一那扫，猛景洛为一那扫，猛匡为一那扫，蛮峎（在景陇坝）为一那扫，蛮涞、蛮竜（均在橄榄坝）为一那扫。

同处又说："四那扫负责蜡条灯油，四那扫为嵋浪。四那把（嵋浪？）为一版纳。"

应该指出，这个地方，虽然普通叫做西双版纳或十二版纳，但有时也称为十三版纳。（参看新纂《云南通志》第九十册卷一六三，普洱府有十三版纳的名称。又参看王婆楞《中缅关系史》第五十八章普洱先有事及滚龙江之役页一一六）《倪蜕云事略》说："顺治十八年（公元一六六一年）吴三桂以普洱、思茅、普藤、茶山、猛养、猛暖、猛棒、猛腊、整歇、猛万、上猛乌、下猛乌、整董为十三版纳。"而且在某一时期中没有十二个版纳，只有十一个。可是"十二版纳"或"西双版纳"这个名词，已为这个地方的专用名词，无论多于十二个版纳，或少于十二个版纳，人们还是称为十二版纳或西双版纳。

西双版纳的首邑，称为景陇，亦有译为景龙、景洪，都是 Xieng Hung 或 Chieng Hung 或 Sien Run 或 Sien Hun 的对音。《庸那迦（Yonaka）国纪年》，也称为景洪或景艮（Xien Run），意义是"黎明之都"。可是这个名称，有时也当为西双版纳的全区而言，所以第一位领主叭真自称为景陇金殿国至尊佛主。

近来也称为允景洪，是黎明的首府的意义，允的意义为首府。

又，这个地方也称为景兰。景兰据《泐史》记载，也曾当为西双版纳的首邑。景兰又称爱兰，据《泐史》在叭真时代（公元一一八〇至一一九二年），叭真曾建都于景兰，因为这个地方有一个地官名为爱兰，故称为景兰。景或清在泰语中意义为城，比方景迈（Chieng Mai）或清迈是新城的意义，景胜或清线（Chieng Sen）是金城的意义。因为所谓迈（Mai）意义为新，而线（Sen）意义为金。近来也有人以为在历史上，景洪就是景兰所在地，但我们应该指出，这两个地方虽很为接近，但仍是分为两个地方。叭真原都景陇，后来又迁到景兰。又在二宝历代时，猛笼与猛潽领土约兰那攻伐三宝历代曾放弃景兰而迁到景陇，也说明这两个地是不同的。

又这个地方也称景永，李拂一在《泐史》自序中说：

> 中下卷（按：指《泐史》）称车里曰景永，首邑亦曰景永，译言孔雀国，及孔雀之都。此盖降缅后之称，缅人则称之曰景永巴，巴之义为大，即大孔雀国意。

应该指出，泰族也有称为永族（Yaunes）。也称为泰永（Thai Yaunes）者，八百媳妇也是永族，庸迦那也可以译为永那迦（Yonaka）。有人指出庸迦那的国境内，包括了八百媳妇速古台（Sukoutai）、金城或清线以至西双版纳（参看马司帛洛《宋初越南半岛诸国考》、冯译《西域南海史地考证译丛》页一五二）。把这些国家都当为庸那迦的部分，虽不见得是对，但这些民族现称为永，他们之中有的以其族名而名其国或地方，也是可能的。又师范《滇系》十之一《属夷》"车里"条说"其山曰猛永，曰光山"，"永"这个名词的来源不知是否由此而得。

《泐史》下卷"疆界"一条中最后一段说：

> 十二版纳古名阿罗毗。

阿罗毗应为 Alavirastra 的简译，全译应为阿罗毗拉斯托拉。阿罗毗既为十二版纳的古名，那么十二版纳这个名称是后来才有的，是无可疑的。

车里全境又称猛泐，据说泐就是泐地、泐邦，或泐国的意义。当然，这个地方是否能称为一个国家，是一个问题。可是我们对于这一点不必加以考虑，我们所要明白的〈是〉为什么叫做"泐"。猛泐是 Maung Le 的对音而来。猛是一个地方，一个区域，而泐应该是指着这个地区的民族。在泰族中也有称为泰泐(Thai Lu)者。泐与鹿很为接近。《后汉书·南蛮西南夷传》中的"哀牢"条告诉我们道：

> 建武二十三年（公元四七年），其王贤栗遣兵乘箪船，南下江汉，击附塞夷鹿茤，鹿茤人弱，为所擒获。于是震雷疾雨，南风飘起，水为逆流，翻涌二百余里，箪船沉没，哀牢之众溺死数千人。贤栗复遣其六王，将万人以攻鹿茤，鹿茤王与战，杀其六王。哀牢耆老共埋六王，夜虎复出其尸而食之，余众惊怖引去。贤栗惶恐，谓其耆老曰："我曹入边塞，自古有之。今攻鹿茤，辄被天诛，中国其有圣帝乎？天佑助之，何其明也。"

鹿茤的声音近于 Lu Tai, 或 Le Tai, 这就是说茤是 Tai 的对音。泰鹿或鹿茤，也可以读为鹿泰，或茤鹿。这个民族虽与哀牢互相征伐，但还是哀牢或泰族的一种，哀牢既降于汉，鹿茤也绝不会与汉为敌，因而鹿茤与哀牢二者，都受了中国的统治。二者此后似也不致于互相征伐。同时还必互相往来杂居。但在长期的历史中，他们还沿用其原有的名称，所谓泐族可能就这样来的。

我国人称这个地方为车里。车里是溯源于彻里。元朝征服这个地方之后，于元成宗元贞二年（公元一二九六年）把其地置为彻里路军民总管府。但在元代也已称为车里，元泰定二年（公元一三二五年）以土人罕赛（《元史》作赛赛）为车里军民总管府总府。元人（佚名）所著的《招捕总录》中也有"车里"条。明洪武十五年（一三八二年）西双版纳领主刀坎降服，改置车里军民府，此后车里这个名称一直沿用以至于近代。

车里有人以为就是《逸周书·王会》篇所说的产里，《逸周书·王会》篇说：

> 正南，瓯邓、桂国、损子、产里、百濮、九菌，请令以珠玑、玳瑁、象齿、文犀、翠羽、菌鹤、短狗为献。

车里虽在周的南边，而也出产了象牙与其他一些土产，但在那个时候，若说车里已通中国，是很难置信的。所以车里之于产里，除了声音接近之外，应该没有什么关系。

二

关于西双版纳的疆域，从历史上来看，可以说是因时代的不同而也各异。《泐史》说在叭真的时代，兰那与老挝以至交趾，都在他的统治之下，这是不可靠的。我们推想，当时的幅员大致北到普洱，南抵清线，西在猛琏，而东至临安，这与元代所置的总管府领六甸的区域差不多一样。据《泐史》卷下，匋陇健仔于公元一二三七年嫁其女于兰那或八百媳妇，曾以猛竜埔卡与猛叭送给兰那当为嫁妆，这样的把领土让与别的国家，在《泐史》中不只一次。又如，在公元一五九四年刀应猛嫁其女于南掌或老挝国主为后，又以猛约与猛奔为其女嫁妆，送给南掌。

除嫁女而让与领土外，战争失败也丧失了好多领土。比方整见或景千原属于景永，可是缅王莽应龙打败了景永，这个地方又割与缅甸。

又如法国曾用条约的方式去掠取了西双版纳一大块地方，这是一八九五年所谓《中法重订界务专条》附章五款中所割让的猛乌与乌得两个地方，面积之广共约有六万公里。

《泐史》卷三"疆界"条关于十二版纳疆界及与缅方交界地点载明如下：

> 南方江尾方面，从龀三扫（三柱岩）南豪鲁（落水洞）经米竜梁子，顺梁子至猛竜埔卡，至埔波塔，由坝子心至蛮烈亮山。其靠南近南掌之一面，即属于南掌；靠近景永一面，即属于景永。北方上至浡岛老水，直至岛埔典滩，至南杠、南金、南垤，至西通淮楞，至戈圈秀河，至猛蝶、猛香、猛缅（宁洱）、蛮黑、猛蒙（元江），至爱萨，至岢缓，至院竜，至昂蚌河，至南累，顺南累河或曲或直至三岛蒲蛮磨区，一岛属景栋，一岛属景线，一属景永，属景永之一岛，直至猛叭，绕龀三扫，绕南豪鲁至景永界。
>
> 十二版纳古名阿罗毗，其先领域东至老挝，南至景海，西至南孔（即萨尔温江，亦即怒江或作潞江），北至元江。

景海是在景线或清线之西南。有一个时期，传说十二版纳是属于清线或金城国，然若照这里所说，以及叭真传中所说，那么清线却属于西双版纳了。

关于西双版纳的交通，新纂《云南通志》第九十册卷一百六十二中说：

> 思茅至各处道路自厅城二十五里永靖关，又四十五里麻栗坪，又七十里普藤，又八十里关铺，又五十里关坪，又四十里四十八道河，又五十里小猛养，又五十里九龙江，又六十里至猛松分路，六十里至猛海，又六十里至猛混，又八十里至猛板，又八十里至打落隘口，又自孟松八十里至顶真，又五十里至猛遮，又六十里至埔乃，又六十里至埔竜隘口，又自猛松七十里至猛往，又一百里至猛康，又四十里至猛阿，自猛阿北走郎奈野人寨，又自郎奈分走猛克、猛阇野人寨，猛克走圈迺、猛阇走圈英各野人寨，自猛阿南走猛莽八十里，自猛莽东走猛遮一百二十里，自猛阿至猛遮七十里，自打落隘出口，六十里至缅甸猛麻，又七十里至打丙，又七十里至蛮港，又九十里至孟艮，又一千八百余里至猛乃，又一千二百余里至阿瓦城。自埔竜隘出口，二百五十里至缅甸大猛养，又三百八十里至猛丙，又一百八十里至邦海，又五百八十里至猛章，又二千二百余里至阿瓦国城。自猛笼一百里至缅甸猛类，由猛类分走漫牛、猛勇、猛歇，由漫牛走猛麻，由猛歇走猛欠，由猛欠走猛

堪，由猛堪走整克，由整克走猛岭，由猛岭走猛叭。由猛勇亦走猛叭，由猛叭走猛街，由猛街走猛来，由猛来走孟艮。又由猛街走独瓦，由独瓦至猛乃，又由独瓦至猛八，由猛八至阿瓦国城。由猛笼走南乃隘出口，八十里至暹罗国定邦昂，由定邦昂走猛勇，由猛勇走猛竜，由猛竜走整迈，由整迈走腊本，由腊本走腊管，由腊管走猛吞，由猛吞走暹罗国城，由猛拿走旧岭隘出口，一百四十里至暹罗国猛辛，由猛辛渡打丙江走猛竜合江，由猛腊走猛润隘出口，一百五十里至南掌国猛温，由乌得走整发隘出口至南掌补千掌。

三

我在上面已经指出，《后汉书·哀牢传》中所说的鹿茤，在后汉初年，吴与哀牢互相征伐，但在广义上，二者还是属于一个种族，都可以称为泰族或老族，所以我们谈哀牢时是包括了鹿茤。

我在《掸泰古史初稿》一书中曾经指出，现在的保山一带或是古代的永昌与其附近地方，这就是古代的哀牢所在地，是后来的暹国、八百媳妇、老挝与越南西北部的泰族，以及部分——可能是小部分的缅甸的掸族发祥地。一九六四年的夏天，我到云南的西双版纳与芒市、保山等处参观，并对于这些地区的泰族或傣族做了一些调查工作，时间虽不长，但在这一次考察中，坚定了我的这种看法。

而且，在芒市，特别是西双版纳参观之后，以及听到当地的一些传说与阅读了一些有关的参考资料之后，使我不只相信芒市与西双版纳的傣族是来自哀牢，而且使我相信这两个地方，尤其是西双版纳这一带，是好多的泰族人迁到现在的东南亚各地的跳板或是经过之道。

在时间上，这个哀牢民族——也称为佬泰掸——的迁移，可以分为四个时期。一为后汉时代（公元一世纪中叶至二世纪末叶）。二为三国时代（公元三世纪初年至三世纪晚年）。三为唐代（公元七世纪上半叶至十世纪上半叶）。四为宋元以后（十世纪以后）。

据《后汉书》卷一百十六《南蛮西南夷传》"哀牢"条说，哀牢之内属于汉是在建武二十七年（公元五一年）。在这个时候之前不久，哀牢王贤栗曾与其附塞夷而又是种族大致相同的鹿茤互相征伐而失败。我们以为不只在与鹿茤战争的时期或之前，已有不少哀牢与鹿茤人离开其本土而移到南部，特别是东南各地。就是在其王内属的时候，以至在后来，也有很多往这个方向迁徙。因为战争失败，固使不少人不能安居于本土，而内属之后，尤其是明帝把这个地方列为郡县之后，无论是汉朝的官吏的高压手段，或是同化政策，都会引起不少当地人民的反感。所以他们也会离开其乡土。

到了三国时代，据《华阳国志》卷四《南中志》"哀牢"条说：

> 章武（刘备年号当为公元二二一年），郡（指永昌）无太守值诸郡叛乱，功曹吕凯奉郡丞蜀郡王伉保境。建兴六年（公元二二八年）丞相亮南征高其义表曰：不意永昌风俗乃尔，以凯为云南太守，伉为永昌太守，皆封亭侯。

传说诸葛亮自己曾到永昌郡，以至其南边各地，也有传说孟获是哀牢之后，这似乎都不可信，可是诸葛亮的声威之被及于这一带，以至在缅甸北部与暹罗、老挝北部是无可疑的。现在的保山少有傣族，传说因为孔明赶他们走，在这一带传有诸葛城、诸葛堰、诸葛营、诸葛井、诸葛祠，等等。

晋与南北朝时代的哀牢情况，因为中国内部紊乱，不暇外顾，史书对于这方面的记载很为缺乏。到了唐代又开始对于这个地方加以注意。杜佑《通典》卷一百八十七"哀牢"条说：

> 大唐麟德元年（公元六六四年）五月于昆明之弄栋川置姚州都督府，每年差兵五百人镇守。武太后神功二年（公元六九八年）闰十月蜀州刺史张柬之表曰：姚州者古哀牢之旧，本不与中国通（？）前汉唐蒙开夜郎滇笮，而哀牢不附，至光武季年始，请内属。汉置永昌郡以统理之，税其盐布毡罽以利中土，其国西通大秦，南通交趾，奇珍进贡，岁时不阙。及诸葛亮五月渡泸，收其金银盐布以益军储，使张伯岐选其劲卒，以增武备，前代置郡，其利颇深。

但同时他又指出：

> 今于国家无丝毫之利，在百姓受终身之酷……今姚府置官，既无安边静寇之心，又无诸葛且纵且擒之术，唯知诡谋狡算，恣情割剥，贪婪劫掠，以积为常，煽动首渠，遂成朋党，提挈子弟，啸引凶愚……伏乞省罢……疏奏不纳。

虽然唐代的统治者不愿放弃这个地方，可是在八世纪的初年，在云南大理一带出现了一个新兴国家，这就是南诏。在开元末季（公元七三八年）册封蒙归义为云南王，后来逐渐强大，南征缅甸的骠国，以至濒海的昆仑，北拒强盛的吐蕃，东北曾占过成都，而东南伸其势力以至交趾，并且数次占据这个地方。

哀牢在后汉既已列为郡县，在三国又经诸葛武侯的数次征伐，一方面既逐渐同化，一方面又受了威力的压迫，其国固已灭亡，其民也必多所迁移。又经过晋与南北朝的长期时间，其人民之散居于西南，特别是东南的，必定更多。到了唐代，在其初期，虽为唐所统治，可是南诏勃兴，所谓哀牢故地，全部都属于南诏的范围。南诏既南征骠国与昆仑，东南占据濒海的交趾，哀牢人民之被南诏征为军队者，必定不少。同时，因为南诏强盛，从南诏到现在的缅甸以及老挝、越南北部的交通，也必较为方便。这样，对于泰族的向南与东南的迁移，应该加快其速度与加广其地区。而况，在南诏统治之下，尤其是在其向南与东南发展其势力的过程中，不只被迫去参加军事行动的人民有了很多到了这些地方，而且有的不愿意参加军事行动而逃避者，也必有了不少跑到这些地方。至于因交通的方便，以至在商业上的谋利而向这些地方迁移的，也必不少。怒江流域特别是澜沧江流域土地肥美，天然产品很为丰富，气候较为温暖，这对于哀牢人特别是被统治而又被压迫的哀牢人，是最好的避难所，同时，也是他们的乐园。西双版纳意义是一万二千稻田，兰那或揽那是一百万稻田，南掌是百万象，对于这些哀牢人来说，都有很大的引诱性。何况，他们自后汉以后，又经过不知多少次的压迫，有的又不得不离开其故土而迁到别的地方。

我们推想经过后汉、三国而尤其是唐代的南诏统治这三个时代的迁移，哀牢人之一方面向南迁移者，从保山经龙陵、芒市而到缅甸北部，因为缅甸北部原来就有掸族居住，掸与泰或哀牢既是同族，从哀牢到掸族的地方的，虽然刚到的时候，可能也有两者难于相处的事件发生，但既为同族，可能很快就同化起来。今日的缅甸的掸邦的人民，应该是〈以〉原来的掸国与从哀牢迁到这个地方的哀牢的人民的〔为〕远祖。

另一方面，哀牢人之向东南迁移的，主要是沿着澜沧江而下。西双版纳、老挝、八百媳妇，以至暹国的泰族，主要都是沿这条江而迁移。此外，还有沿元江或红河而到现在的越南西北部的。

在迁移的过程中，哀牢这个国家虽早已灭亡，可是哀牢这个名称还遗留着，哀牢人原居于永昌一带，哀牢人之所以叫做哀牢，因为他们原居哀牢山边，现在的保山，是在太保山旁，保山之所以得名可能是因为太保山，永昌故郡治据说也就是在这个地方。至于哀牢山，据《永昌府志》卷六说：

> 哀牢山在城（指保山）东二十五里，与太保山相向，孤峰秀耸，本名安乐，夷语化为哀牢，传诸葛在顶凿井。

可是传说哀牢的祖先沙壹是一个妇人，曾在保山城外的易罗寺前的大水池中捕鱼时，触了木而有感，遂生九隆兄弟，因而累世相传，成为哀牢族。易罗寺故址至今犹在，寺前的大池也还存在，池虽非很大，但是山中泉水流入其中，清可见底。保山过去是否也曾称为哀牢山，不得而知。假使哀牢的祖先沙壹与九隆九位兄弟既在于保山旁边，那么所谓哀牢人是因哀牢山而得名，所谓哀牢山似应就是现在的保山，或者在古代在这一带包括太保山在内，都叫做哀牢山区，所以沙壹及其子孙也称为哀牢。

但是我们也得指出，现在的哀牢山脉，是在云南的澜沧江与元江或红河之间，而这个哀牢山，是在大雪山与洱海的东南，其山脉，是在云南的中部，从西北蜿蜒而趋东南，在元江之西，沿元江而入越南的西北部。

很可能的，是在永昌一带的哀牢人，从永昌向东南走而迁到澜沧江与元江流域时，曾在这里定居——无论是聚或散居——一个〈相〉当长的时期，他们是哀牢人，发祥于哀牢山，离开故土之后还时时追念故乡。定居之后，又把这里的山称为哀牢山。这种例子在历史上是很多的。我只举出三二个来说明，据说中原人之世居河南祥符珠玑巷者，有的曾迁到广东南雄，定居之后，他们名在南雄所居的地方为珠玑巷。福建的福州人之迁到南洋，也有名其所居之地为新福州。英国之迁到美国者，名其地为新英伦。这都是采用故乡的地名而名其新迁的地方。说不定迁到澜沧江与元江之间的哀牢人，也把这里的山名为哀牢山。

其实，哀牢这个民族的名称，直到今天还应用于越南西北与老挝的佬族或泰族，越南人还叫他们为哀牢人。这就是说，近代或现代的越南人是用了这个民族的最古的名称。这也说明了这些哀牢人，到了这些地区之后，还称为哀牢人。到了后来，他们自己虽没有采用这个古名，可是别人还是这样的称呼他们。我们中国人之到南洋者，也有这种例子。唐代中国声威远被南洋——这就是现在的东南亚，当时中国人之到该地者皆称为唐人，这个名称在元代见于周达观的《真腊风土记》。直到现代中国人之在该处者，还称为唐人，华侨从南洋回国者，往往也说是回唐山，唐者指中国，而山者指山水或乡土也。

哀牢人之东南移者，最多是在澜沧江流域。他们沿江而下，到了澜沧（县）思茅一带，再下而抵现在的西双版纳或是以往的车里佛海等处。再从这里而到现在的暹罗东北的清线（Chieng Sen）一带，又分为二支，一向西南走，一向东南走。向东南走者到了现在的老挝，向西南走者到了现在的暹罗。向东南走者似乎不只人数较少，而且在时间上也较晚。向西南者人数最多，在时间上也较早。这一带的哀牢人先在清线、清莱（Chieng Rai）与夫尧，后来有一部分又向西南走而抵达湄南流域的上游。在宋代，他们已有不少到了速古台（Sukoutai）一带，在这个时候，在这一带的哀牢人若不是直接受真腊的统治，大致也是在真腊的势力范围之内，散居于速古台一带者受了真腊文化的影响最深。同时又受了南部的猛族的文化影响，因而也可以说是文化水平较高的哀牢人。因为直接受了真腊人的统治以至压迫，他们的民族意识较为浓厚。在十三世纪的中叶，因为真腊在这里的势力日衰，他们起而反叛，建立速古台王朝，称为暹国。不久原在清线的哀牢人在孟莱（Meng Rai）统治之下，也联合夫尧与南边的速古台王朝，于一二九二年打败了在南奔（Lam Pun）的女王国，而建立清迈国或是揽那或是我国所称的八百媳妇。

到了十四世纪的中叶，这就是一三五三年，在老挝朗勃拉邦的法安（Fagun）得到真腊的帮助，统一了老挝的哀牢人而建立国家，这就是我们所称的南掌。

在这三个国之中，文化较高应该是暹国或速古台王朝，但疆域最大的要算八百媳妇，可是在一个时期，这个国家曾归并于南掌，到了十九世纪又为暹罗所并吞，至于老挝或南掌，在一个时期也被迫而为暹罗的属国。

此外，沿着元江或红河而到越南西北部的哀牢人，似乎是哀牢人之向东南迁移的较晚的部分，因为红河下游早为深染中国文化的越族所居。这一带的哀牢人，不易再向东南发展，他们散居于这一带的山区，既少受中国文化影响，也少受印度化的文化影响，在历史上也没有建立强有力的国家。

西双版纳——我在上面已经指出是哀牢人或是鹿茤人之向东南迁到上面所说几个地方的经过孔道，这里的哀牢人或鹿茤人或是现在所称的傣族，不只留有最初到这个地方的哀牢人，而且留有较晚到这个地方的哀牢人；不只有了较为纯粹的哀牢人，而且有了与其他各族包括汉族同化的哀牢人。我在离开景洪不远的一些村寨中，看到一些与在暹罗的典型的泰人的面貌，但有好多又像八百媳妇与老挝的人们的形象。

当然，在长期的历史上，也有一些从西双版纳迁到老挝与暹罗的哀牢人，在这些地方居住了一个时期，或一个相当长的时期之后，因为政治或其他原因，他们又迁回西双版纳，可是这种迁移的次数究竟不多，而且每次迁移的人数目也不会多。

假使我们上面的看法大致没有错误，哀牢人或是傣族之在西双版纳的历史，可以追溯到东汉与三国的时代。可是从这个时候起，一直到唐代的末年，有关这里的傣族的记载至为缺乏。在老挝，传说七世纪或八世纪在现在的朗勃拉邦及其附近已经建立一些小邦，然而这也只是传说而已。唐代的樊绰所著的《蛮书》是一本记载南诏最为详细的著作，里面有记载在现在的缅甸境内的骠国与弥诺弥臣以及小昆仑诸国，也记载了在暹罗北部或是后来八百媳妇所领有的土地的女王国，又记载现在柬埔寨的境内的水真腊国与陆真腊国，他又记载了在云南境内的一些少数民族，如白蛮、乌蛮，并且记载现在的芒市的"茫蛮部落"，可是这个部落以及其他的少数民族是否为哀牢的后裔，颇难考订，而且既在南诏统治之下，很难成立为国家。

总而言之，自哀牢灭亡之后，其民族或留或迁，或在现在云南的境内，或迁到现在的暹罗、老挝与越南西北部以至缅甸的北部，有的零星散居，有的组成部落，可是在唐代能建立为较大的政治团体或组成为国家的，还不容易找出来，就是有了，也不会很多。在现在的云南的境内，既因南诏的强盛而没有这种傣族的组织，在现在的暹罗与老挝的泰族民族，大致也多受制于真腊帝国。

当然，这并不是说他们完全是像散沙一样，零星散居于各地。因为种族语言以至风俗习惯，既来自同一地区，尽管经过长期与远程的迁移，他们相会之后，就会很快的联络起来。而况，在长期与远程的迁移中，也不一定完全是单独行动，可能是一个村寨或部落的集体迁徙，既有酋长的带领，也有防御的设备，这样的行动，到了某个地方定居时，仍然聚居在一个地方。经过生育繁殖，以至收容一些零星同族与联合或并吞一些较小的同种部落，逐渐的，也可以成为一个较大的部落。

这种的泰族部落之移居于西双版纳一带，或现在的暹罗北部与老挝北部的，其历史可能追溯到唐代。传说八百媳妇的远祖，是叫做老匋（Lao Chong）。老匋这个"老"字说明他们的老族，或哀牢族。可是老匋所占据的地方，原为腊瓦人（Lawa）所居住，老匋占领之后，又与腊瓦人杂居通婚，因而老匋的开国君主又叫为腊瓦·查克利（Lawa Chakri）或 Phya Lawa-Chakalat。就是十三世纪反叛真腊统治的泰族的速古台王朝的著名国王敢木丁（Rama Kamheng）也自称其远祖为腊瓦。

据说在唐代的早期，这就是八世纪的初年，也就是七〇一年，腊瓦·查克利的长子摩呵泰（Maha Thai），曾建筑景宫（Chieng Khong），从此以后，这个部落就慢慢的发展起来，到了十三世纪的下半叶，他的二十三代的孙儿孟莱（Meng Rai）乃向西南征伐，并且消灭了在南奔（Lam Pun）的女土国，而建都于清迈，就是八百媳妇或揽那的首都。

又据老挝的传说，在九世纪的时候，这就是唐代的中叶，以后老挝人已在湄公河支流南康江的上游建立了强大的部落，这也就是在现在的朗勃拉邦省内。当时的最大部落是叫做猛兆（Moung Sua），樊绰在其《蛮书》中名类第四中已经指出茫是茫蛮部落的君长的称号，他曾叙述了在现在的芒市一带的茫蛮，茫也就是我们现在所说的猛或孟。猛兆之所以得名，据说是因为其最初的首领是叫做皇兆（Khoun Sua）。

据老挝的传说，在这一带的地方，泰族有了十二个王子，各人统治其地方，各自为政。现在的朗勃拉邦是第八位王子所统治，他的都城背山面河，在小山上他还建筑了寺庙。这个地方原为卡（Khas）族所居，到了十世纪的时候，老挝人口增加，势力日大。他们遂逐卡人而占其土地，卡人不得已乃跑到山区，直到现在，老挝还有好几十万的卡族，到了十四世纪的中叶，法安（Fagun）乃借真腊的兵力而统一老挝。

西双版纳既为哀牢或鹿茤人，迁到东南亚各地的孔道，傣族之到这个地方的历史必定很久。但是既为这个民族的迁移孔道，遗留于这个地方的人们，不只有了最古的，也有了最近的。所以我们在这里可以看到最典型的傣族与最现代的傣族。

《泐史》是一部记载西双版纳的傣族——傣族统治者的历史，其时间是始于宋代孝宗淳熙七年，这就是公元一一八〇年。其第一位领主是叫做叭真，叭是傣语丕耶板雅（Phya）的简称，是官是主的意思。这应该说明叭真是一个傣人，但我们不能说他是第一个傣族〈人〉到了这里，因为像我们上面所说，在西双版纳傣族之到这个地方历史很久，不只在哀牢内属于汉的时候，可能在此之前，已有傣族到了这里。此外，叭真也不见得是这个地方的傣族的第一个统治者，在叭真之前，可能已有了好多傣族统治者，有过好多个朝代，所以这部《泐史》只能说是从叭真与其后代的统治者的历史。叭真之前的西双版纳的历史如何，《泐史》没有一言说及。《泐史》开头就说："叭真于祖腊历五四二年庚子（宋淳熙七年，公元一一八〇年）入主猛泐，其父给以仪仗、武器、服饰等多件……"所谓入主应该是从别的地方而来，其父既能给与这些东西，可能其父也是西双版纳附近或邻邦的一个领主，这样的入主猛泐，既非承继，又没有说到征服这个地方。虽则在第二段中说到他曾征服好多地方，但这里所指的应该是入主猛泐之后，也没有说到原来这个地方是属于何人或那一个朝代以至那一个种族。在好多历史中，说到历史开始时说了好多神话，如芒市的历史一样，又有的说到第一个统治者时也说了好多神话，说其统治某个地方是神所遣派，或简直就说他是一位神人下凡，可是《泐史》却没有说到这些，所以叭真之入主猛泐是突如其来的。从这一点来看，叭真这个人的来历就很成问题了。

我对于云南傣族研究得很少，对于西双版纳的历史其所知道的更少，可是读了《泐史》之后，觉得其中有的地方是与我国其他史书以至东南亚的其他一些国家——如八百媳妇，如老挝，如暹罗等的史书的记载有了可以互相参考的地方，还有好多可疑之点。同时，又因这本历史——《泐史》，与《车里宣慰世系》之译为中文，时间虽约有二十年之久，可是对于这部历史及其世系，能够加以注意的，据我所知，还是没有其人，因而不揣愚昧，把来做些释补的工作，假如能因此而得到敲砖引玉的作用，那么我就很心满意足了。

本　篇

上卷（公元一一八〇至一五三〇年）

《泐史》分上、中、下三卷。上、中两卷，记载从叭真以后至刀正综，共三十二位领主，时间是从公元一一八〇年至一八六四年，共六百八十四年。下卷是记载一些有关地方的赠送与割让、十二版纳名称、钱粮、关隘守卫、庄园、疆界，等等，只在承袭一条中说到，刀正综的侄子刀钧安办理承袭手续，傣义原义世系有刀钧安、刀承恩与刀栋梁三位宣慰使，但从第一世的叭真至刀正综记载为二十六世，加上刀钧安、刀承恩与刀栋梁二十九世。但事实上，至刀正综已为卅四世，至刀栋梁应为三十七〔六〕世，比《泐史》多了二世。《世系考订》的宣慰使的人数与《泐史》相同，但人名却有不同之处。我现在把《泐史》、原文《世系》与《车里宣慰世系考订》三书的宣慰使的名字与次序分列于下。

（一）《泐史》

一、叭真　二、匋铳冷　三、匋伻　四、匋陇健仔　五、刀两竜　六、刀补瓦　七、刀爱　八、刀坎　九、刀暹答　十、刀更孟　十一、刀典　十二、奢陇法　十三、三宝历代　十四、三凯冷　十五、诏侃　十六、室利崧版

以上是上卷。

十七、刀糯猛　十八、室利稣赧打　十九、刀应猛　二十、刀韫猛　廿一、室利稣坦玛　廿二、诏铳勒　廿三、刀懦猛　廿四、刀穆祷　廿五、诏匾猛　廿六、刀金宝　廿七、刀绍文　廿八、刀维屏　廿九、刀士宛　三十、刀太和　卅一、刀绳武　卅二、刀正综

（二）原文《车里宣慰世系》

一、叭真　二、凯冷（即匋铳冷）　三、爱恭（应即匋伻）　四、刀陇匾仔（即匋陇健仔）　五、刀两竜　六、刀补达（即刀补瓦）　七、刀爱　八、刀坎　九、刀暹答　十、刀公满　十一、刀典　十二、奢陇法　十三、刀更孟　十四、三宝历代　十五、诏侃　十六、室利崧版　十七、刀韫猛　十八、室利稣赧打　十九、刀应猛　二十、刀糯猛　廿一、诏室利稣坦玛　廿二、诏铳勒

廿三、刀穆祷　廿四、刀懦猛　廿五、刀猛桃　廿六、诏區猛　廿七、刀金宝①　廿九、刀绍文　三十、刀维屏　卅一、刀士宛　卅二、刀太和　卅三、刀绳武（年幼刀太康代）　卅四、刀正综　卅五、刀钧安　卅六、刀承恩　卅七、刀栋梁

（三）《车里宣慰世系考订》

一、叭真　二、凯冷　三、爱伻　四、匋陇健仔　五、刀两竜　六、刀补达　七、刀爱　八、刀坎　九、刀暹答　十、刀更孟　十一、刀弄　十二、刀霸羡　十三、三宝历代　十四、三凯冷　十五、诏侃　十六、室利崧版　十七、刀糯猛　十八、室利鲊报打　十九、刀应猛　二十、刀韫猛　廿一、室利鲊坦玛　廿二、诏杬勒　廿三、刀懦猛　廿四、刀穆祷　廿五、诏區猛　廿六、刀金宝　廿七、刀绍文　廿八、刀维屏　廿九、刀士宛　三十、刀太和　卅一、刀绳武　卅二、刀正综　卅三、刀钧安　卅四、刀承恩　卅五、刀栋梁

从上面三个世系来看，就很容易看出历代在位的领主或宣慰使，在名字上，在关系上（如父子、祖孙、兄弟、叔侄等），以及在其在位的时间上，是很有问题的。

我在这里是以《泐史》为依归。《泐史》是把各种不同的抄本以及世系整理而来。各种抄本与世系既有了很多的问题，尽管《泐史》是经过整理工作，但很多问题还是存在，这一点我当在其他各处为指出，这里不必多谈。

《泐史》从叭真至刀正综为三十二代，但就这一点来说也有问题。比方第十世的刀更孟被杀后，其次子刀双孟曾嗣位二月又十五日，应该列为第十一世。刀典篡了刀双孟的位，刀典应为十二世，可是刀双孟只在第十一世的《刀典传》中说一下。又十二世的奢陇法死后，其子刀霸羡嗣位，虽然时间只有二月，但也应该专立其传，而却只在《奢陇法传》中说一说。刀双孟与刀霸羡在《明史》卷三一五《车里传》中都有记载。《明史》也说二者都曾做过宣慰使，其所记载他们，也不只一次，若说时间太短，故不单独立传，这也不对，而况，如在位第十八世的室利鲊报打，在位也不过六个月，而却为他单独立传，当为一世。

假使我们把《泐史》中的刀双孟与刀霸羡都各当为一世，那么从叭真至刀正综应该为三十四世，若加上刀钧安至刀栋梁三世总共就为三十七世。

假使我们把原文《世系》与《世系考订》的刀公满、刀弄、刀猛桃也加进去，那就约共为四十代了。

此外，从叭真至刀栋梁西双版纳的领主的数目，还不止此。刀霸羡当宣慰使时，据《明史》，刀霸供也当宣慰使，这就是说同一个时间内，可以有二个宣慰使。又车里既有大小之分，各又有其领主，《招捕总录》记载车里的一些领主名

---

① 编注：原文献缺"廿八"。

字都没有见于《泐史》、原文《世系》、《世系考订》与《明史》中。又缅甸侵略西双版纳之后，中国委任刀太和为宣慰使，而缅甸又委任刀永和为宣慰使，在刀正综时代，缅甸又委诏糯钪为宣慰使，在一个时期中他没有法到任，但在公元一八四二年，诏糯钪曾用武力攻进景永，做了一个很短时期的宣慰使。

总而言之，西双版纳的历史不只是在叭真之前难于考订，就是叭真之后问题也很多而很复杂。李拂一所编的《泐史》虽然也经过不少的整理考订工作，可是很多问题还未解决。我在这里，目的是把我读了《泐史》、原文《世系》、《世系考订》与《明史》等所发觉的一些问题提出来，同时也把我所知道的一些有关的材料加进去，作为研究这部历史的参考。我的这种工作，最多也只能当为初步的初步而已。一部较为完备的《泐史》，还有待于进一步去翻译与寻找散存在各处的傣文文献与古物古迹的发掘工作。

一、叭真（公元一一八〇至一一九二年）

叭真（Chao Bhaya Cheng）于祖腊历五四二年庚子（宋淳熙七年，公元一一八〇年），入主猛泐，其父给与仪仗、武器、服饰等物多件。诏陇法名菩提衍者，则制发一虎头金印，命为一方之主，遂登大宝，称景陇金殿国至尊佛主。五五二年庚戌（绍熙元年，公元一一九〇年）六月白分初十日乙丑，星期六，建都于景兰，因以前彼处有一地官名爱兰者，遂名焉。

叭真战胜此方各地之后，兰那、猛交、猛老皆受统治。时天朝皇帝为共主。有猛交酋名那剌毗朗玛、景陇酋名菩提逻唷者，以及剌隗、金占、唷厓、堔腊、珐淅、崆岢等各酋长，俱会商劝进，举行滴水礼，推叭真为大首领，异来把厦一座，高三十五拿；金水瓮一个，广阔各三肘，高亦三肘，重七百四十万钪，嵌宝七种；又伞盖七十七笼；嫔妃一万二千人。后曰：嬢阿嘎玛些嬉。参与集会者，有和、唷厓、金占、古喇、帕西、堔腊、珐淅及崆岢等国人员，有人民八百四十四万人，白象九千条，马九万七千匹。

叭真生四子。长名匋伻冷，食采于兰那；次子名匋埃坪，食采于猛交；三子名匋伊钪冷，食采于猛老；四子名匋钪冷，后继父为景陇金殿国至尊佛主。

叭真在位十二年，薨，时岁在壬子，祖腊五五四年（绍熙三年，公元一一九二年），年七十三，是为第一世祖。

叭真为 Chao Bhaya Cheng。Bhaya 也作 Phaya 或是 Phya Chao，中译为诏，诏的意义是王，或君主，或主。唐代的南诏的诏，也有这个意义。暹罗华裔郑昭的昭也是这个 Chao 的对音，故也称为郑王。郑王在暹罗称为 Chao Phya Taksin。Phya 在这里译为叭。《明史》卷三一五《车里传》中的板雅忠的板雅，也是

Bhaya 的对音。也有人译为丕耶，又译为佛爷，佛爷在泰族中为一种官衔。诏虽称为王，但也不一定是一国之王，而可以指一个地方的首长，如在西双版纳或某个版纳所统治下的好多勐（Muong）是一个地方，有等于一个州，或一个县，或一个区域，或一个坝子，其首领也称诏。诏勐意思就是这个勐之主。唐樊绰的《蛮书》是记载南诏最为详细的古书，卷三叙述六诏，谓六诏并乌蛮又称八诏。《旧唐书》卷一百九十七《南诏传》说：

> 南诏蛮本乌蛮之别种也，姓蒙氏。蛮谓王为诏，自言哀牢之后代，居蒙舍州为渠帅。在汉永昌故郡东姚州之西，其先渠帅有六，自号六诏。

《资治通鉴》卷二百十四《玄宗纪》说：开元二十六年（公元七三八年）九月"戊午册南册蒙归义为云南王，归义之先本哀牢夷"。《唐书》只说南诏自言哀牢之后代，而《通鉴》却说其"先本哀牢夷"。所谓自言，可能假托。古来好多民族，假托其为某种民族的例子很多。南诏照我们的意见，乃藏缅族，其言为哀牢种，乃是假托。这一点我们在别处加以说明，这里不再解释。我们所要指出的是，谓诏为王可能本是哀牢语，而为南诏所采用，因为永昌及其附近原为哀牢所居，南诏来自西藏，杂居通婚，受其语言风俗影响，故也谓诏为王。但也有可能的是，谓诏为王原为南诏语，南诏居哀牢地后逐渐强大，称王为诏有六诏或八诏，哀牢人或泰族受其影响，也谓王为诏。叭真称为"诏叭真"，也可能是这样来的。

《泐史》说，叭真于一一八〇年"入主猛泐，其父亲给与仪仗、武器、服饰等物多件"。这牵涉到叭真与其祖先的出处的问题。首先是叭真是从现在的云南的境外入主猛泐，还是从云南境内的其他地方而来呢？我们知道，十二世纪的下半叶，南诏已为段氏所篡而称为大理国。大理国虽然承继南诏的遗产——土地与人民，可是已远不若南诏那么强盛。而且，在大理国里，在这个时候，也已出现了新兴的国家，藏缅族所建立的［建］都，就是一个在这种情况之下而建立的国家的例子。靠近边境的一些民族，特别与大理统治民族的一些不同的民族，争取独立或处于半独立的状态，是没有问题的。叭真的父亲，可能是大理国统治下的一个泰族的首领，其所居的地方可能是在现在的西双版纳的西北，他自己因久受大理的统治，不愿离开其故土，因而遣派其子到澜沧江的下游，这也就是当时大理统治的边缘地带，所以叭真就到这个地方。

这个地方，在当时可以说是大理与真腊的边缘地带。我们知道，真腊在十二世纪的时候还很强盛。据《美山碑文》与宋赵汝适的《诸蕃志》，在十二世纪的晚年，真腊东败占城，遣真腊人去统治其国，在其西边的暹罗也是真腊的属地。真腊势力据说达到现在的清线（Chieng Sen）。清线当时也被称为金城国（Su Nanna Khom）。据说其版图与南诏或大理接壤，金城国纪年说其国曾隶属于真腊，但是在十二世纪下半叶是否仍属真腊，不得而知。因为从这个时候到十三世纪的中叶，真腊势力之在现在的暹罗西北一带已经式微。所以在十三世纪的中叶，在速古台的泰族能够勃起而推翻真腊的统治，建立了速古台王朝。我们以为不只在速古台一带，就是在清线、清莱（Chieng Rai）一带，真腊的势力也已衰弱，所以八百媳妇与夫尧（Pa Yao）也能在清线与夫尧于十二世纪末年，或是十三世纪的初年，建立了泰族的国家。

我们知道，澜沧江到了西双版纳的橄榄坝以后，又流入现在的老挝境内，入了老挝境，是叫做湄公河。清线是在湄公河的一条支流的汇合处，也就是在湄公河的上游。真腊的势力之在湄公河的既已衰微，大理势力之在澜沧江下游也是式微，叭真父亲与他自己就利用这个机会到这一带发展。

我们说叭真是从云南境内而迁到这里，因为照《泐史》所记载，他之到这个地方虽得他的父亲给以仪仗、武器、服饰等多件，可是他要成为一方之主还要得到诏陇法名菩提衍者制发一虎头金印，命为一方之主，遂登大宝。诏陇法据《泐史》附录译名对照表说："通常以称中国皇帝。"但是宋代建立以后，大致遵照其太祖的遗训，对大渡河以外的人理是持了不管的政策，虽则宋代之于大理的交通并不因此而断绝，所以这里所指的诏陇法应该是指着大理的国王。译名对照表说菩提衍疑指段智兴，应该是对的。叭真之能够称一方之主，是得到诏陇法的命令与金印，说明他是来自云南境内，不然的话，大理不见得能够允许一个外来如真腊的部下到了这里建立国家。我们以为大理的统治者可能是照顾叭真的父亲，同时也想伸张其势力到澜沧江的下游，所以才让叭真当了这一方之主。

叭真登位之后，称景陇金殿国至尊佛主。我们上面已经指出，清线纪年也称其国为金城国，且把车里（Alavirastra）列在清线国的版图之内，这可能是当金城国在真腊统治时期的情况，但也更可能的，清线国纪年夸大其版图，而把这个地方列入范围。清线与西双版纳接壤，境界可能互相交错，在人口稀少的时代界线未必十分清楚。叭真登位之后，清线可能乃其属国，叭真因而称为金殿国之主。

叭真既称景陇金殿国至尊佛主，说明叭真尊崇佛教。佛教早已流行于南诏，今日到大理访问的人，还可以看到好多佛教遗迹。南诏佛教可能来自西藏，也可能来自缅甸。叭真信仰的佛教可能是南诏传下的。但是我们知道，在八九世纪的时代，在现在的暹罗的南部有一个罗斛国，其国王的女儿曾带五百僧人到现在的清迈之南不远建立女王国，宣扬佛教。这个国家直到一二九二年始为八百媳妇所灭。在这数百年中，女王国的佛教也可能传播到这个地方。此外，真腊的势力既也曾伸张到这一带，其佛教之流行于这里的，也是可能的。当地的人民若早已信仰佛教，叭真与其父亲可能也早已相信佛教，故建国之后乃称为至尊佛主。

《泐史》说叭真称景陇金殿国至尊佛主，景陇当为都城所在地。但同处又说，叭真于一一九〇年建都于景兰。景兰在车里县府东约三里。叭真到猛泐后十年又在景兰建都，似乎是迁都，但二者距离若此之近，所谓建都者可能是改建其宫室于这个地方也。

景或清的意义是城，所以清迈叫做新城，景胜或清线（Chieng Sen）是叫做金城，或梵文 Suvarnagrama，清莱或景海（Chieng Rai）是称为稻城或稻田之城。泰族叫其地方为勐，原来没有什么城围，城可能是受了中国的影响而始采用。我在清迈看其城围很像中国的城，在清线又看到城的遗址，这可能都是仿效中国而建筑的，所以景陇或景洪也称为黎明之城。

《泐史》说"叭真战胜此方各地之后，兰那、猛交、猛老皆受其统治"。译名对照表说兰那乃八百媳妇，乃指景海一带。猛交指安南东京一带，猛老就是老挝。兰那的意义是百万稻田，也就是我国史书所记的八百媳妇。据《兰那纪年》，虽然追溯其远祖到八九世纪，但这个国家的历史比较可靠的是在十三世纪的下半叶，尤其是在孟莱（Meng Rai）的时代。孟莱之前，甚至孟莱的早期的历史都近于神话。八百媳妇的发源地及其最初的都城是在清线。孟莱之继其父而就位是在一二六一年，景海之建为八百媳妇的都城是在孟莱就位之后。叭真在位是在一一八〇至一一九二年，在这个时候，孟莱的父亲叫做老茫（Lao Meng）还未在位。八百的都城应当还在清线，兰那若指景海，似有问题。

其实，兰那或揽那这个名称究竟始于何时，还难考订。《明史》卷三一五《云南土司三》"八百媳妇"条说，明宪宗成化年间（公元一四六五——一四八七年），其土官刀揽那曾击退安南黎灏的进攻，并且遣使入贡。这个兰那虽是王名，可能就是国名，但这是十六世纪的事情，八百媳妇之称为兰那是在什么时候虽不得而知，但在叭真时代已称兰那，也是可疑的。兰那的意义是百万稻田，这是表示很为广大的肥美地方而言，可能是包括清线西南清莱，特别是清迈南邦一带。八百媳妇征服这些地方是在十三世纪的下半叶至晚年，那么这个名词的应用应该是十三世的晚年。猛交若是指越南东京一带似就很有问题，这一带地方我国史书历代叫做交趾，在唐五代之前属于中国五代宋初，独立之后宋人称为交趾，《宋史》有《交趾传》。在唐代南诏强盛，曾数度侵到交趾，可能有的泰族在南诏军队中到了这里，但南诏被高骈击败之后，余众逃跑不会留在交趾，就是有了，也是个别的或少数。只有在交趾西北一带，如老街等处泰族聚居，沿江河而到这里，直到今日。但是在十二世纪的时候，泰族之在这个地方的不会很多，所以叭真不只不会征服交趾，就是越南西北一带也不见被他征服。

老挝的传说虽然指出八九世纪的时候，在现在的朗勃拉邦一带，已建立了一个国家叫做猛兆（Muong Sua），可是这也只是传说而已。根据越南史料（参看陈重会的《越南史略》页一二一——一六二）在十二与十三世纪的时候，越南与老挝已有战争，但是老挝的统一是始于十四世纪的中叶的法安（Fagun）时代。不只在法安之前的老挝历史很不清楚，就是法安时代也不很清楚。我国史料之记载老挝较为可靠的是刀线傣时代及以后。《明史》卷三一五《老挝传》说得较为详细。因此叭真征服老挝的记载也是不能随便相信的。

总而言之，除了交趾之外，老挝与兰那既都与西双版纳接壤，这三者在历史上的关系是十分密切。在某一个时期，某个国家强盛起来，别的国家惮其威势经常进贡，以至当为属国，都是可能的。可是叭真受命于大理而为一方之主，立足不久，难于东征西伐，就是这样做了，似乎不会把这几个国家当为属国。而况，这些国家——兰那与老挝国名似乎还未见于史书。至说这些国家的祖宗在十二世纪的末年已在这些地方建立了部落或小型国家而受制于叭真，固也可能，但其所领的地方最多也不过是在其边境接壤的一些地方而已。

因此之故，《泐史》说叭真四位儿子长者匋伾冷食采于兰那，次子匋埃伾食采于猛交，三子匋伊杭冷食采于猛老，是否可靠，是值得考订的。

编写历史的人，尤其是在这一带所传下来好多纪年，其所记载的历史，很多有了夸大而至于荒诞。就以叭真时代的记载来说，谓他有嫔妃一万二千人，谓他有人民八百四十四万，谓他有白象几千条，以至马九万七千匹，都可以说是言过其实。今日的西双版纳整个人口约三十万，傣族不过十多万。老挝到现在也不过三百万人。暹罗北部这就是以前兰那所占有的地方，到今也没有八百万人。若说叭真时代已有八百多万人，那是十分夸大的。我们以为当时叭真若有约十万人民已算一个大部落，八百多万的说法是夸大了数十以至百倍了。所谓白象，应该指出，并非纯白，其色灰白，这种象在东南亚各国中，如暹罗，如柬埔寨，数目一向不多。当地人把这种象当为神圣，发现这种象时，国王也要加以重礼，有了三数头往往就以自炫。在历史上，不少战争是为了争取白象而引起。像叭真所统治的地方不会有九千条象，更不会有九千条白象。《泐史》的编写者似乎是太夸大了。就以这二个数目字来看，说明缺乏历史真实性。事实上，关于叭真的记载可疑的地方很多，有的时候，我还怀疑有否叭真这个人。有人以为早期的西双版纳曾为腊瓦（Lava）族所占有，兰那或八百媳妇的建立者还追溯其远祖于腊瓦。所以十二世纪以及这个世纪之前的西双版纳的历史是很不清楚。但是到了十三世纪的上半叶，根据《兰那纪年》及一些传说，这一带的历史较为可靠。就以兰那的孟莱的母亲与外祖父的事情来说，既然《泐史》与《兰那纪年》都有记载，应当是可靠的。

二、匋杭冷（公元一一九二至一二一一年）

祖腊五五四年壬子，匋杭冷继其父叭真为景陇金殿至尊佛主，归顺天朝，称"寡景泰元年"，天朝皇帝规定其进贡之礼：为九年大贡一次，又五年小贡一次，封之为九江王云。

匋钪冷有子二人，长名匋伾，次名爱伊莯（或简称伊莯）。长子匋伾继父位为主，次子伊莯食采猛湣、猛海等三版纳。匋钪冷（亦作凯冷）在位十九年，年六十八岁薨，时岁在辛未，祖腊五七三年（嘉定四年，公元一二一一年），是为第二世。

上面已经指出，叭真的叭是 Bhaya 或 Phya 的对音，也可以译为丕耶、佛爷或板雅。叭真的儿子叫做匋钪冷，不用叭而用匋，说明有了区别。叭是一个比较普遍的贵族或官衔的称呼。叭真这个名称可能是原来的名称，这就是在他未到景陇之前已是这样的称呼，登位之后称为景陇国至尊佛主。可是编史的人还是用他原来的官衔与名字。匋钪冷的匋应该是刀的同音异译。《泐史》译名对照表还原匋为 Daw，所以匋钪冷是 Daw Gham Reeng 的对音。匋（Daw）的意义是首领，但是匋有时也是 Dao 的对音。第四代主匋陇健仔是 Dao Rung Kan Jhai。译名对照表页三匋陇健仔之下为刀两竜。匋固是 Dao 的对音，刀也是 Dao 的对音。所以刀两竜还原为 Dao Riang Lhwng，刀（Dao）的意义也是首领。《泐史·第四世主匋陇健仔》中说，他的儿子是叫做匋两竜，而在《第五世主刀两竜》中说"匋两竜……其父为主天朝始赐姓刀氏"。照这里所说姓刀是天朝所给予的。刀这个姓不只见于西双版纳，也见于八百媳妇与老挝的王名。我以为刀原来既与匋是同音，天朝只是将其原来的音而译为刀。天朝（应指中国，下面再谈这一点）所赐与他们的姓的声音原来也就是他们所叫的字音。

在《泐史》的主或王名中，多用诏冠其头。第十五世主称为诏侃，第二十二世主称为诏钪勒，第二十五世主称为诏偏猛。译名对照表用诏冠于头的名字更多。诏可以译为王，为主。我怀疑刀或匋（Dao）可能是由诏（Chao）而来。当然刀或匋也可能是最古的音。D 音变而为 Ch，所以刀（Dao）就变而为 Chao。无论如何，两者似乎是相通的。译名对照表把第十七代主刀懦猛的刀还原为 Chao，刀懦猛还原为 Chao Nho Meeng。假使这个看法没有错误，匋与刀固是同音异译，而这二者与诏也相通。匋或刀是姓，也是一个官衔的称呼。

顺便在这里谈其他一些姓名，如三、如爱、如室利，等等。

《泐史》王名中有姓（？）三者，如第十三代主三宝历代，如十四代主三凯冷。《明史》卷三一五《老挝传》中有王名刀线歹，这个刀线歹在《老挝纪年》中是叫 Sam Sene Tai。Sam 可以译为三。《泐史》译名对照表的三宝历代还原为 Sham Bo Le Daei，三凯冷还原为 Sam Ghae Neeng，可能刀与三也是相通。

用爱冠在名字之前的，如第二代主匋钪冷的次子叫做爱伊莯，注云或简称伊莯。又在叭真传中有名爱兰者。爱还原为 Ai，这与哀牢的哀是同音。现在在我们的称呼中的阿或亚（阿李、阿林等等）也是同音。在傣族中，爱的意义是男子之美称。室利是梵文的 Sri 或 Çri 的对音。译名对照表写作为 Si Li，意义为神圣。

《泐史》的领主之用这个称呼冠于姓名之前的有好几个，如室利崧板（第十六代领主）、如室利鲧赧打（第十八世领主）、如室利鲧坦玛（第廿一世领主）。缅甸、暹罗、八百媳妇、老挝与柬埔寨的文字，都渊源于梵文或巴梨文，故好多文字都可还原于梵文或巴梨文。虽则这几个国家的文字也各有不同之处。西双版纳的文字也是来自梵文，与上面所说的一些国家的文字是同源而异体。

在叭真传中，已用了"天朝"这个名称。所谓"时天朝皇帝为共主"。天朝应该指中国。天朝皇帝似乎更应指中国皇帝。谓天朝皇帝为共主，所谓共主，更应指着管理范围较大的帝国。但是我们怀疑，叭真创业伊始，其所管辖的地方既在大理的势力范围之下，是否受制于宋室，是一个问题。当然，他当一方之主之后，也可能遣使到中国，但这种往来就是有了，也必很少。在匋钪冷时代，《泐史》说他"归顺天朝"，同时天朝皇帝还规定其进贡之礼为"九年大贡一次，又五年小贡一次"，又"封之为九江王云"，从进贡的办法来说，这是中国的办法。可是从宋廷与这个地方的关系来说，似乎没有这样密切。至于这里所说的天朝是否是指着大理，也是一个问题。然而这种可能性也是不大的。编写《泐史》的人的时代较晚，在他或他们的时代，西双版纳已经直接受了中国各朝代——元朝或清朝的影响。他或他们了解得边缘属国，对于朝廷的贡礼，这就是九年大贡一次，五年小贡一次，因而也把这种关系当为这个地方与宋代的关系。这个做法是可以理解的。因为他或他们对于历史的传说与史实以至领主的承继，虽然知道不少，可是对于时代与年数往往不很清楚。这一点《泐史》序言中已经指出，而且也是东南亚各国古史的一个较为普遍的缺点。

上面已经指出，宋太祖虽有不取大理的遗训，但是宋朝之于大理的交通并不因之而断绝。其实，大理曾遣派使者到宋，如宋宁宗庆元六年（公元一二〇〇年）大理国王段智廉曾遣使入宋，请求给与《大藏经》一千四百六十五部，取回之后，曾置于五华楼。大理之于宋朝既有了往来与关系，叭真与其后代也可能知道宋代，以至有了交通，虽则这种做法似乎是要得到大理的许可或默认，因为西双版纳的直接上国是大理而非宋朝。

《匋钪冷传》说，他归顺天朝，后又紧接的说"称寡景泰元年"。《普洱府志》还有"景泰元年以车里叭真之子凯冷（按即钪冷）为宣慰司，分其东为别部名小车里"。《泐史》所说的寡景泰元年，不知是否为匋钪冷自称的年号。大理国的国王有此称法，大致是学自中国。钪冷受大理或中国的影响而称年号也是可能的。若说景泰元年以车里叭真之子凯冷为宣慰司，就把时间拉晚了二百五十八年，因为匋钪冷就位于公元一一九二年，而景泰元年为一四五〇年。一在宋代，一在明代，中间还隔以元代，这是一个大错误。

宋代宁宗有嘉泰年号，景泰是否为嘉泰之误。但是嘉泰元年是公元一二〇一年，与《泐史》所说匋钪冷于一一九二年就位，在时间上也相差了九年之久。

《泐史》说刀坑冷的次子伊拏食采于猛湇、猛海〈等〉三版纳。版纳这个名称始见于此。版纳是一个区域，也可以说一个政治区域。纳为稻田，也可以说是一个农业区域。所以西双版纳的意义，是十二千稻田。揽那（Lan Na）为百万稻田。这里只说三版纳，除三版纳之外，应该还有其他版纳，因为这是封与伊拏的版纳。其兄匋伾所统治的版纳，比之伊拏应当更多。可是当时是否总共为十二版纳——或多于十二版纳或少于十二版纳，不得而知。《泐史》下卷"十二版纳"条说：祖腊一一四七年（清乾隆五十年乙巳，公元一七八五年）七月白分初四日上议院首席诏景哈召集十二版纳各大头目、各土司贵族等会于议院，并呈准宣慰使对于十二版纳另行划分。一七八五年的时候，既是召集十二版纳头目，说明在此之前已有十二版纳或西双版纳这个名称，可是这个名称，究竟始于何时，不得而知。

又匋坑冷曾被封为九江王，为什么他被封为九江王呢？我们知道澜沧江的下游，这就是在西双版纳这一段也称为九龙江。九江可能为九龙江的简称。传说这个江中有龙与关于龙的故事。又《后汉书·哀牢传》说沙壹触沉木而生十子，沉木曾化为龙，其最幼的儿子因背龙而坐，其母乌语谓背为九，谓坐为隆，因名九隆，隆不只与龙同音，而且沉木既化为龙，龙的故事也可以留传于这一带。九龙江是否传自九隆与木化为龙是值得研究的。

三、匋伾（公元一二一一至一二三四年）

匋坑冷长子匋伾（亦作爱伾），于祖腊五七三年辛未，继父为主。其弟伊拏叛乱，企图争夺王位，后被其兄匋伾杀死。彼死后遂变为"魏猛"（注：一种鬼神之称，略等于社）。故须岁时祭祀，以至于今云。

匋伾为主而无子，乃命匋武额祈子蚁穴一宿而孕。后生一子，因名之曰匋武额。及长，非常能干，又命名曰匋陇健仔。

匋伾在位二十三年薨，年七十岁，时岁在甲午，祖腊五九六年（端平元年，公元一二三四年），是为第三世。

匋伾享年七十，在位二十三年，说明他就位时年五十七。他的儿子匋陇健仔享年六十二，他于公元一二三四年继父而就位，其时年三十九，这就是说，匋陇健仔出生那一年，匋伾年十八岁，年十八岁而生子，不能谓为晚年始得子。传说"匋伾为主而无子"，不合事实，因为他未为"主"之前，早已有子。

匋陇健仔的出生，既因其母祈子于蚁穴，说明他的出生是有其神秘性，这与后来他的外孙的出生一样的神秘，这与兰那或八百媳妇的强盛又有了密切的关系。

四、甸陇健仔（公元一二三四至一二五七年）

甸伒之子甸陇健仔于祖腊五九六年甲午，嗣父为主。有一子，及一女。子名甸两竜。女尚幼，幼时名曰倭敏庄猛，学步时命名孃倭扁，及笄又名曰孃杭瑎。后（五九九年，公元一二三七年）出嫁于兰那叭老，叭老非常宠爱。一夜梦天狼星坠于南方而入其怀，醒以梦情告叭老。翌日叭老遂请一巫者，询以梦境所主，巫者叭麻那告以后且将有太子，甚能，后将战胜南方诸国，后腹渐大，十月遂举一子。时岁在己亥祖腊六〇一年（嘉熙三年，公元一二三九年）六月吉日。周月，猛泐主甸陇健仔偕其后往贺弥月，为外孙举行拴线礼。至景莱（即景海），有称为公满者一人，名曰蟒嘎腊莱，甸陇健仔归至猛泐之后，人们遂称其外孙，即孃杭瑎之子，为甸蟒莱。其后甸陇健仔为铸一金质陀螺，送给其外孙，充作玩具。又其后人们告之曰，主之外孙，现已长大，想吹箫，于是甸陇健仔又给予黄金制箫。甸蟒莱成人后，继其父为主，果战胜景迈、兰那等地，乃划山一部分地方，专作外祖父母之汤沐邑，并每年制造象的邦摆。一邦摆装置金质仪仗，一邦摆装置银质仪仗，金笾器亦装置仪仗；又以黄金制一胡芦，作饮水器；又制垫褥二十张，木兰花被单二十张，呈送猛泐主。而其外祖父甸陇健仔，亦逐年以马二十匹、母牛二十头、骡二十匹、盖毡二十床、钢刀二十把、磨歇盐百驮，赠予其外孙云。

甸陇健仔在位二十三年，年六十二薨，时岁在丁巳，祖腊六一九年（宝佑五年，公元一二五七年），是为第四世。

在东南亚的历史，尤其是在泰族的历史上，这二段话至为重要。这不只是关系到西双版纳的历史，而是关系到八百媳妇的历史，以至女王国与其他的国家的历史。

原来这里所说的甸蟒莱，就是《揽那纪年》中所说的孟莱（Mang Rai）。他可以说揽那国或八百媳妇的建国元勋。

据《揽那纪年》，孟莱的先祖于唐代南诏兴盛时就从云南向东南迁移，而建立老匈（Lao Chong）王朝，其都城最初在景华（Chieng Rao），到了老线景（Lao Sin Chieng）王朝，又迁都于猛兀阳（Muong Ngenn Yang）。所谓猛兀阳，就是后来的清线（Chieng Sen）。孟莱的父亲叫做老芒（Lao Meng 或 Lao Mang），老芒与景洪（Chieng Hung）或是西双版纳的领主的儿女结婚，孟莱就是这对夫妇的儿子。《揽那纪年》还说，孟莱是在一个神奇的环境中诞生，也是一位半神的人物。这与《泐史》所说他的母亲，这也就是甸陇健仔的女儿，在未生他之前，梦天狼星坠于南方，而入其怀一样的神奇。其实，不只孟莱之生是有了神意，就是他的外祖父之生也是神奇的。

《泐史》说孟莱生于一二三九年，而《揽那纪年》说他生于一二四一年，不知何者为是。《揽那纪年》说他在一二六一年继承父位，他就位的时候，年纪虽尚幼，但是野心很大，他不久从清线迁都到清莱（Chieng Rai），这是他向西南发展的第一步。

我们知道，在清线与清莱的西南有了一个国家叫做女王国。唐代樊绰在其《蛮书》中已经记载这个国家。在强盛时代——在唐代，这个国家西北败南诏，东南拒真腊，其都城是在现在的清迈（Chieng Mai）之南的南奔（Lam Pun）。这是猛族所建立的国家。到了十三世纪的中叶，在其南边的速古台地方，有一部分的泰族脱离真腊的统治而独立，我国史书称为暹国。暹罗历史称为速古台王朝，这是十三世纪中叶的事情。孟莱就位之后，他一方面与其南边的夫尧（Pa Yao）友好，一方面又与速古台王朝友好。同时，还可能得到破灭大理不久的蒙古的许可，极力向西南扩其版图。于一二九二年攻破了女王国而占有其地。大约三四年后，他又迁都于现在的清迈，所以揽那也称清迈国。在我国史书上是称为八百媳妇。

孟莱在三十年中的经营，成立了一个强盛的国家。这正是《泐史》引巫者所说"以后将有太子，甚能，后将战胜南方诸国"。

《泐史》在匋陇健仔的传中，主要描写他的女儿与其外孙的情况，这对于我们研究八百媳妇的历史——尤其是早期的历史，有了很好的补充。

从《泐史》来看，孟莱是车里的外孙。在他少年的时候，外祖父对于他的爱护无微不至。弥月的时候，外祖父母亲到庆祝，除了送给宝贵的礼物玩具之外，一听到他要什么就给他什么。据《泐史》说，等到孟莱就位之后，他对于外祖父母也特别尊敬，他把战胜的一部分地方当为外祖父母的汤沐邑，还为他们邦摆，都说明他们的关系是十分亲爱。这是与匋锍瑎之对于父母对于儿子之间的浓厚感情是分不开的。

可是我们也得指出，孟莱之战胜景迈这个地方是在一二九二年。景迈是兰那或八百媳妇的别名，是八百媳妇的首都。孟莱所战胜的是女王国，或是哈利班超（Haripoun Tchoi）。征服了这个国家之后，始把清迈建为都城。在一二九二年之前，孟莱可能占据了女王国的东北部的一些地方，可是这应该是一二八〇年以后的事情。孟莱的外祖父匋陇健仔，据《泐史》所载，既死于一二五七年，孟莱就位是在一二六一年，他就位的时候，外祖父已死了四年。在他征服女王国之后，至多只能把其所征服的地方做为纪念外祖父，至说就位之后，外祖父母与外孙还在送礼物，这是不可靠的。

但是孟莱对于外祖父母有了深切的敬爱的情绪，他对于车里当为国与国的关系来说，大致上是很为友好。我们知道，元朝于一二五二年已征服大理，大理被征服之后，蒙古军队除向南去征服蒲甘王朝外，还向东南发展车里，不久车里或西双版纳被置为宣慰使司。可是从元人（佚名）所著的《招捕总录》来看，车里当时与八百媳妇对于元朝也时有争端，这说明了孟莱之于车里，互相勾结。应该指出，车里既被元朝征服，有时也不能为元朝而与八百交兵。但从整个来说，他们——至少在孟莱在位的时代是友好的日子长而争端的次数少。孟莱不只是一位长于打仗的君主，也是一位善于外交的人物。他应该知道，蒙古是一个大帝国，武力优越，他可能利用车里当为缓冲地带以应付元朝，使他无后顾之忧。这样，他可以集中力量去向西南发展，征伐女王国。说也奇怪，在《元史》上对于离开较远的速古台王朝的国王敢木丁曾有记载，而对于与车里毗邻的八百的国王孟莱没有记载。

我在西双版纳与老一辈的人们，以及几位僧徒谈话时，曾听他们说到公满（Kumman）这个名字。有的说公满曾从老挝到西双版纳，有的说他是本地人。在《匋陇健仔传》中我们看到这个名字，并且指出他是景海人。这是在八百媳妇的范围之内。他名为蟒嘎腊莱，虽然这里没有说出他的身世与职位，可是匋陇健仔的外孙既这么样的受到外祖父母的爱护，又为八百媳妇的太子，却简用公满的名字，说明公满必定是一位有才有德的非常人物。蟒就是孟的对音，所以蟒嘎腊莱（Mang Gala Rai）简称为孟莱。此外，也有可能的，是这位公满是与八百或车里的王室有了亲戚的关系。而且，在十四世纪的下半叶，刀坎（一三四七——三九一年）有了三位儿子，次子也是叫做刀公满，食采于那闷竜。

在老挝的历史上，我们知道有好几位公满。而且，据老挝的传说，有的还统治过西双版纳。在十六世纪的末年，缅甸的莽应龙征服老挝时，曾把赛思他蒂拉（Sathothirath）有一位独曾被缅甸带到该国以为质。① 一五九一年，这位王子在万象登位，他的名字是叫做奴奇俄公满（Nureo Koumane）。这位公满之于车里似乎没有什么关系，但是在一七〇〇年，据说西双版纳有一位统治者叫做公满内（Koumane Noi），在这个时候，老挝国内紊乱，大臣专政篡位。老挝国王的二位孙儿吉沙拉（King Kisarat）与因岛孙（Inta-Som），曾逃跑到西双版纳。到了一七〇七年，得到这位公满的帮助，带兵攻打朗勃拉邦，赶走当时的国王陶侬｛Tao（按：也就是Dao）Nong｝，并立吉沙拉为朗勃拉邦国王。

一七二六年吉沙拉王被弟弟因岛孙赶走，继其位的是公满内，不够一年，因岛孙又赶走公满内而自立。这位公满内不知是否就是西双版纳的公满内。这位公满内被赶走之后，乃跑到八百媳妇，据说他于一七二八年击败在八百媳妇的缅甸军队，因而自称为王。

《清史稿》第一百三一册《属国传三·南掌》（按：即老挝）载有国王准第

---

① 编注：原文献如此，似表意不明。

驾公满（Sotika Koumane），曾遣使于一七三六年到中国祝贺乾隆登极，可是这位公满应为老挝太子而非当时的国王。

在道光时代，这就是道光二十二年（公元一八四一年），据《清史稿》记载，曾"遣使赍敕封召喇嘛呢呀公满（Chao Rasmanija Koumane）为南掌国王"。同处又说，在咸丰三年（一八五三年）南掌国长召整塔提拉宫满（Chao Tianfha Koumane）曾遣使叩关请入贡。

我把这几位公满都记下来，因为有的曾统治过西双版纳，有的不只与老挝有关系，而且也与八百媳妇有关系。

《泐史》卷下"猛竜埔卡"条说：

> 匋陇健仔于祖腊五九九年（宋嘉熙元年丁酉，公元一二三七年）嫁其女孀钪瑎于景海酋（兰那叭老），以猛竜埔卡及猛叭等地赠嫁，自后猛竜埔卡及猛叭等地，遂永属于景海矣。

五、刀两竜（公元一二五七至一二七三年）

匋陇健仔之子匋两竜，于祖腊六一九年丁巳，继其父为主。天朝始赐姓刀氏，曰刀两竜。有二子，长名爱补瓦，次子名伊拉谡。时猛唪酋名法钪光者，无子，向刀两竜求其次子伊拉谡为嗣，于是刀两竜遂以马二十匹，载用人等，护送其次子往嗣于猛唪酋，后猛唪酋死，伊拉谡继承其义父之位。

刀两竜于三十八岁时为主，在位十六年，年五十四岁薨。时岁在癸酉，祖腊六三五年（咸淳九年，公元一二七三年），是为第五世。

上面已经指出，匋（Daw）与刀（Dao）皆为同意异译，其意义为首领。此外，道（Tao）应亦与匋及刀是同一意义。匋两竜之为天朝赐姓为刀者，实则照其原来的称呼而加以赐命耳。

我们知道，元朝或蒙古之灭大理是在一二五二年。这个时候宋朝还未亡。蒙古既征服大理之后，一方面向缅甸进军，后来征服蒲甘，同时对于澜沧江下游也加以逐渐征服。《读史方舆纪要》说：

> 宋宝祐中，蒙古主蒙哥遣将兀良合台伐交趾，经其所部悉降之。

（顾炎武《天下郡国利病书》也说伐交趾经车里并降服之。）

这里所指的"经其所部"就是西双版纳一带。《明史》卷三一五《云南土司三》"车里"条也说：

> 车里……古不通中国，元世祖命将兀良吉斛伐交趾，经所部，降之，置撒里路军民总管府领六甸。

又《滇考》也说：

> 元宪宗丁巳（按：为宋宝祐五年，公元一二五七年）献捷于朝，请依汉故事以西南彝悉为郡县，从之，授兀良合台银印，加大元帅，还镇大理，以刘时中为宣抚使，与段氏同安辑焉，已复命伐安南、交趾，居其城，并降车里等彝。

考《元史》宪宗七年（一二五七年），"冬十一月兀良合台伐交趾，败之，入其国"。但没有说经车里。《新元史》同此。这几段话所说的事情，尤其是有关车里的事情，应该是甸陇健仔的最后一年以至甸两竜就位的初年。《旧元史》没有车里传，《新元史》有"车里"条，可是记载得太简单。而且完全是抄自元人（佚名）所著的《招捕总录》中的"车里"条。《明史》并没有说明置撒里路军民总管府是在那一年。照《滇考》所说，宋宝祐五年就是公元一二五七年，也就是甸陇健仔死的那一年，与甸两竜就位那一年。但照《滇考》的语气所谓"已复奉命"来看，降服车里不一定是在这一年，可能是在这一年之前。《元史》卷一二一，《新元史》卷一二二《兀良合台传》，也只说兀良合台征交趾，没有说明征服车里。

元人所著的《招捕总录》，关于车里的记载，始于大德二年（公元一二九八年），对于降服车里的确实时间难于考订。可是假使《泐史》既说"天朝始赐姓刀氏"没有错误，那么这个天朝应指元朝。既又赐姓刀氏，那么刀两竜在位的时候就已降服于元了。

西双版纳或澜沧江的下游，是中国的云南到八百媳妇、老挝与越南、交趾的交通所经过之地。唐代南诏攻伐交趾是经过这条路。元朝征伐交趾也经过这条路。假使西双版纳没有屈服，要从云南去征服交趾就很困难。但我们知道，当时的车里尤其是在甸陇健仔的时代，以至甸两竜的时代，车里之于八百，既非常友好，二者相结，力量更大。而且，蒙古征服大理的初期，八百与车里未必很清楚蒙古的势力的强大，所以他们对于蒙古时服时反。蒙古之征伐交趾也时遭反抗，屡次出兵未见成功，这与车里以及八百媳妇似乎不是没有关系的。

刀两竜于一二五七年就位，这时八百媳妇的孟莱还未就位。孟莱是在刀两竜就位后四年才做国王。刀两竜死时（公元一二七三年）孟莱应已从清线迁都到清莱。但在这一年之前二年，孟莱一方面与夫尧（Pa Yao）国王裴孟昂（Phy Muang Nghm）友好，一方面又与湄南流域的速古台王朝的国王敢木丁（Rama Kam Heng）友好。孟莱当然也维持了其与车里的亲密关系。他这样的作，一方面可能要避免与蒙古直接发生关系而引起正面冲突，一方面要集中力量去征服女王国。《新元史》"八百媳妇"条说元世祖中统初（公元一二六〇至一二六三年），元朝曾派兵去征伐八百，但没有征服而归。后来遣使招徕，始置八百大甸军民宣慰司，但并没有说明那一年置宣慰司。我们以为征伐八百固是要取道车里，招徕八百也要取道车里。蒙古之于八百的关系，应该是通过车里而进行，可惜《泐史》在这个时期中完全没有提及。

六、刀补瓦（公元一二七三至一二八七年）

刀两竜之子刀补瓦于祖腊六三五年（公元一二七三年）癸酉继承父位，其弟伊拉谡则为主于猛嗏。刀补瓦继位之第三年，伊拉谡忽统率猛嗏人民及猛卯竜之兵丁来攻其兄，战于猛遮，不胜退去。

补瓦在位十四年薨，年五十二岁，时岁在丁亥，祖腊六四九年（元世祖至元二十四年，公元一二八七年）乏嗣，是为第六世。

在刀补瓦在位的时候（公元一二七三至一二八七年），八百媳妇的孟莱，正是忙于征伐女王国。八百媳妇对于元朝，还是利用车里作为缓冲地带。中国既已征服车里，而车里又与八百接壤，因而中国与八百不会完全没有关系。车里既与八百的关系仍是亲密，车里应当是周转于中国与八百之间，而使两者避免冲突。

伊拉谡攻打刀补瓦而被后者击退，可能是得到元朝或八百的帮助。

七、刀爱（公元一二八七至一三四七年）

伊拉谡之子刀爱于祖腊六四九年丁亥，继刀补瓦为主，时年二十岁，在位六十年，年八十薨，时岁在丁亥，祖腊七〇九年（至正七年，公元一三四七年），是为第七世，子刀坎嗣。

我们知道刀补瓦死后五年，或是刀爱就位后五年，八百媳妇的孟莱攻破了女王国，他的势力伸张到湄南的上游。据说他于一二九六年定都于清迈。他二十年来的开疆阔土的企图已经实现，他成为当时的东南亚的泰族的领土最大的国家的君主。他消灭女王国之后，他仍然与速古台王朝以及夫尧友好。据说在未定清迈为国都之前，他曾邀请敢木丁与裴孟昂到这个地方探察，并且得到他们的赞同，乃定清迈为国都。

在孟莱幼年的时候，他的外祖父母对于他的爱护无微不至，他现在成了大业，虽然外祖父母早已死去，他可能划出一部分地方或其他作法作为纪念外祖父母，我们相信，他对匋陇健仔的子孙——他的表兄弟表侄子们，也一定会很好的照顾。

可是我们也得指出，他既破灭女王国之后，他对于南边的速古台固持了友好的外交政策，他对于北边的元朝却时有争端。可能因为他已完成了他的伟大企图，同时在他的南边既无外患，他开始对于北边的强邻所惯用的征伐或高压外交手段有了反感。当然，这种反感可能在他就位之后已经存在。可是在他未征服女王国之前，他只好存之于心而不表之于行。现在他开始把这种反感行动化起来，可是他要这样的作，他又不得不利用车里，这就是与车里结合而抵抗或攻打元朝。车里虽受制于中国，但其君主之于八百的关系更为密切。一经八百的煽动，车里就很容易站在八百方面。而况，在元朝统治之下的车里，可能也免不了时受云南的官吏的压迫，而致早怀反叛之心呢。

《新元史·八百媳妇传》说，大德元年以后，八百媳妇数次作乱。大德元年，就是公元一二九七年，这也就是孟莱定都清迈后一年。孟莱既灭了女王国，又定了国都，于是开始去对付元朝。

《新元史》还指出：

> 成宗元贞二年（一二九六年），大彻里胡念来降，立彻里军民总管府，又置耿东路耿当孟弄二州。

《元史》卷六一《地理志四》"彻里军民总管府"条说，总管府是置于大德中（公元一二九七至一三〇七年）。在这一条中还说：

> 大德中，云南省言，大彻里地与八百媳妇犬牙相错，势均力敌。今大彻里胡念已降，小彻里复控扼地利，多相杀掠。胡念日与相拒不得离，遣其弟胡伦入朝，指画地形，乞别立彻里军民宣抚司，择通习蛮夷情况者，为之帅，招其来以为进取之地，乃立彻里军民总管府。

八百媳妇在这个时候，正是孟莱征服女王国之后不久，也正是最为强盛的时候，若说车里与八百媳妇是势均力敌，似乎不对。

大彻里与小彻里之分，照这里所说的语气来看，应该是在这个时候之前。又大彻里虽降于元朝，小彻里还未降服。而且，在十六世纪的时候，还有大小车里之分。《明史》"车里"条说，车里宣慰使刀糯猛于嘉靖十一年（公元一五三二年）折而入缅，又说当时有"大小车里之称，以大车里应缅，而以小车里应中国"。

在十三世纪的末年与十四世纪的初年，据《泐史》在车里是刀爱在位的时候。《元史》说其首领为胡念。这个名字，现未见于《泐史》，也未见于《世系》。

《明史》"车里"条与《滇考》均说元世祖中统年间（公元一二六〇—一二六四年），兀良合台伐交趾时已置彻里军民总管府，这就是刀两竜在位时代。《新元史》却没有说在中统年间置府，而说为成宗元贞二年置府，这就是在刀爱在位的时代。在时间上相差三十五年之久，究竟车里之置为军民总管府是始于何时，是一个要加考订的问题。

对于元代的车里历史记载得较为详细而最为宝贵的材料，是元人（佚名）

所著的《招捕总录》。此录现收入守山阁丛书史部。此录除有"车里"专条外，在其他各条中如"八百媳妇"也说到车里。"八百媳妇"条说：

> 大德元年（一二九七年），八百媳妇国与胡弄攻胡伦，又侵缅国。车里告急，命云南省以二千或三千人往救。二年（一二九八年）与八百媳妇国为小车里胡弄所诱，以兵五万与梦胡龙甸土官及大车里胡念之子汉纲争地相杀……至大四年（公元一三一一年），云南省上言，八百媳妇、大小车里作乱……

《新元史》卷二五二"八百媳妇"条大致是抄自《招捕总录》。但又指出：

> 武宗至大二年（公元一三〇九年），八百媳妇与大小车里作乱……

《招捕总录》"车里"条说：

> 大德二年（公元一二九八年）三月，小车里结八百媳妇为乱，经时不下，数遣使奉诏招之，不听。延祐三年（一三一六年），车里兀竹鲁侵阿尼必觯得砦阿白出麻，烧劫。又罕旺及其弟胡念、弟爱俄等侵银沙罗甸兀里盐井部日女具落索等甸，劫民财，吓取官所征差发，遣使招降。遣白衣阿爱诈为己子出官，劫掠如故。既而爱俄死，其兄弟子侄罕塞、照爱、刺构、木力梦、兀仲等五人，分党争爱俄位，相杀久之，遣火头郭力看赍象牙一金信答一来降。

上面所抄数段话虽然很为简略，但对于车里在元代，而尤其是在刀爱在位时代极为重要。因为这几段话不只说明车里与八百媳妇的关系，而且对于车里内部的情况也给与我们一个轮廓。这不只对于《泐史》有了很多的补充，而且对于《泐史》所载可以作了不少的改正。

传说八百媳妇的孟莱是死于一三一九年，也有说他死于一三一七年。他就位于一二六一年，在位将有四十年之久。《招捕总录》所记关于八百与车里以及中国的关系都在他在位的时候。可是正如上面所说，中国史书没有说到他的名字，只说到靠近中国边境的酋长浑乞滥。我把这个名字还原为《兰那纪年》中所说的Song-Kram。他似乎是孟莱的儿子，留守在他们故都与发祥的地方，这就是清线。《招捕总录》说元朝遣派使者去与浑乞滥是在延祐元年，这就是公元一三一四年，这一年孟莱还没有死。所以尽管中国史书没有说到孟莱这个名字，在一三一九或一三一七年以前，八百之于车里以及中国的外交来往，以至互相冲突，孟莱应该是主使者。

《泐史》记载刀爱在位有六十年之久。李拂一在《车里宣慰世系考订》中已经指出刀补瓦或刀补达与刀爱的年岁以及在位的时间至为紊乱，而且近于荒诞（参看《考订》页十）。我们以为问题还不止此。刀爱在位六十年，光以《招捕总录》所说，关于车里的历史来看，《泐史》全无记载。就以《泐史》所记载来看，也是车里历代领主中记载得最为简略的一个，一共不过五十多个字。在位六十年，而对于他的生平，除了年岁、在位时间及其子刀坎名字外，完全没有别的事情可记。这说明编写《泐史》的人，对于他的时代太不清楚。

很侥幸的，从中国的史料，我们不只知道车里时与八百的互相勾结，以对抗中国，虽则有时车里也站在中国方面。更重要的，在这个时候，车里曾分为二部，一为大车里，一为小车里，二者虽然也联结而与中国对抗，但二者本身也有矛盾，互相征伐。而且，在一个时期，领主死了之后，五人分党争位互相杀害。

《招捕总录》还记载在这个时期中的好几位领袖名字。在"八百媳妇"条有小车里的胡弄与其所攻打的胡伦，大车里有胡念及其子汉纲，在"车里"条中有兀竹鲁、胡念与爱俄等。同时既说爱俄死后五人分党争立，说明爱俄是当时（约为一三一六年）的领主或国王。

我们以为从刀补瓦以至刀爱在位的七十多年间，车里似乎不只有二位领主，可能有了好几位领主，爱俄就是一位。爱俄是不是刀爱呢，这也是值得研究的一个问题。但是除了爱俄之外，还有胡弄、胡念、胡伦、汉纲以至兀竹鲁，等等。

又在刀爱在位的时候，《泐史》对于"八百媳妇与大小彻里作乱"也没有一言提及。

因此，我们怀疑刀爱在位的时间可能不会那么长。同时，他之就位可能是在孟莱死后。《明史》说到他的儿子刀坎，所以刀坎这个人是车里的领主，是没有问题的。刀坎与明代往来始于明洪武十五年（公元一三八二年）。《泐史》说刀坎就位于一三四七年，死于洪武二十四年（公元一三九一年），在位共四十四年。这说明刀坎遣使到明廷，是在他年老的时候。《泐史》说他享年八十三，他的父亲享年八十，他们父子二位在位共一百零四年，这是历史上的君主所少见的。

夏光南《元代云南史地丛考》第二篇"元云南省之地理"中说：

《郡国利病书》兀良合台伐交趾，经车里悉降之，至元中（公元一二七七至一二九四年），置总管府，领六甸。其地东至落恐蛮（今临安石屏境），南至波勒蛮（今英图作Puloi），西至八百媳妇，北至元江府，西北通孟连，由镇沅南行二日入其界，又二百日至普洱，又六日至九龙江外之宣慰司。按此言乃明制，其宣慰司所在之位置，乃元之小车里也。《元史·地理志》大德中（公元一二九七至一三〇七年），云南省言，大彻里地与八百媳妇，犬牙相错，势均力敌。今大车里胡念已降，小车里复控扼地利，多所杀掠。今胡念遣使指画地形，乞别立车里军民宣抚司，以为进取之地，乃立车里军民总管府。由此观之，则元之车里初归附于兀良合台者，似为九龙江外之小车里。大德中所置总管府，则眉工河流北岸江洪、孟连诸城之大车里也。小车里全有今普洱道，南北延袤凡十余程，广轮三四千里。大车里北与相接，版图愈大。《兀良合台传》宪宗五年丙辰（西元一二五六年）冬十月征交趾，则平车里应在五年前，则用兵元江、威远后之一年也。车里既平，于是南与八百媳妇为界。元于交趾支那半岛，又开一通道矣。

《新元史》"八百媳妇"条还记载仁宗皇庆（公元一三一二至一三一三年）初：

大彻里哀用亦遣贡使七十五人诣阙，赐裘帽靴袜有差。

又说：

泰定二年（公元一三二五年）以土人寒赛为彻里军民府总管。

哀与爱同音，也可以译为爱用。哀用与寒赛应该都是车里的领主。从一三一二至一三二五的十余年中，已有二位领主。可见得领主之在位者，时间并不很长，而且这二位都是在刀爱在位的时期。除非这里所说的哀用就是刀爱，那么刀爱为这个时期的车里领主就成问题。就算哀用为刀爱，寒赛之被命为彻里军民府总管，应该是代替或承继了刀爱的地位。这样，《泐史》记载刀爱在位一直到一三四七年为止，又成了问题。而况，除了这二位之外，还有上面所举出的《招捕总录》中的数位领主。

总而言之，这一段历史，绝不会像《泐史》所说的那么简单。我们应该好好的把我国所有关于这方面的材料加以整理，同时尽量利用其邻国如八百媳妇等的史料做为补充史料，使车里在这个时期的历史得到一个较为清楚的轮廓。

八、刀坎（公元一三四七至一三九一年）

刀坎于祖腊七〇九年丁亥，继其父刀爱为主，年三十九岁。刀坎聪睿而有才能。闻天朝兵且至，乃由景兰进驻景陇，曰将以抗拒天朝。随天朝兵且至，势其（甚）盛。刀坎乃退驻猛遮之郌砲鍊，仍惧，又退往山中，随溯南览河上流以避。斯时，天朝兵已布满猛遮地面，命地方人士往寻刀坎。坎诳之曰，刀坎已至猛老。天朝言，刀坎果迁往猛老，则猛泐将荒废不治。并言天朝兵决不让刀坎抗拒天朝皇帝，如敢抗拒者，终必杀死。如能归顺，天朝兵当撤去。刀坎觉无法抗拒，乃降。以石子埋而誓之，作三角形，一堆埋猛遮克您了口，一堆埋猛遮城子东流沙小河边，一堆则埋于景钪。石子长一挓又一肘。天朝大兵撤后，刀坎乃回景兰。时岁在壬戌，祖腊七四四年（明洪武十三年，公元一三八二年）也。

其先有一老族女子，得一宝曰三尾螺，怀往景兰市场。适刀坎往游于市，见老族女子非常中意，遂娶为后，喜极。久之，后犹无所出，乃谓刀坎曰，我主大概因吾父母山居之故，致不有子，拟请制一摇篮，全部包以黄金，交干爹往招子魂。刀坎依嘱，即制一摇篮，并全部包以黄金，交其携至岳父母所在之蛮嶰祈子。无何，后果生一子，丽极，因名之曰刀暹答。一日，后偶至阳台，出三尾螺，忽失手坠楼下，适有一花颊猪走过，竟将三尾螺吞食之。自此，刀坎对后遂觉厌恶，将她送往蛮嶰岳父母处安置，命村人善为照顾其子，种山地为生，免村人贡礼杂差等，但不许出山。至刀暹答年有五岁时，其父方带回一同居住。刀坎共有三子，长则刀暹答，作王储，次子刀公满，食采于那冈竜，公满弟彪裴法，食采于景兰那先。刀坎年事渐高，对于攻战及处理地方之事，渐感不及，后于祖腊七五二年辛未（洪武二十四年，公元一三九一年）薨，计在位四十四年，年八十三岁，是为第八世。

应该指出，车里的历史到了明代以后较为清楚而正确。因为从此以后，中国史书记载较为详细。可是就以《明史》所记来说，其与《泐史》所记的也有很多出入。

若照《泐史》所记载刀坎之于明朝的关系，是始于洪武十二年（公元一三八二年）。这个时候，刀坎年事已高，在位也已有三十八年之久，在这三十八年中，以至刀爱在位的最后的二十年中，一共约六十年，车里方面既没有什么记载，中国方面也还找不出关于这个地方的史料。

《明史》卷三一五《车里传》说：

> 洪武十五年（公元一三八四年）蛮长刀坎来降。改置车里军民府，以坎为知府。坎遣侄丰禄贡方物，诏赐刀坎及使人衣服绮币甚厚，以初奉贡来朝故也。

又说：

> 十七年（公元一三八六年）复遣其子刀思拂来贡，赐坎冠带钞币，改置军民宣慰使司，以坎为使。

元代置车里军民总管府，明初改为车里军民府，不久又改为车里宣慰使司。从此以后，宣慰使这个名称沿用很久。

九、刀暹答（公元一三九一至一四一三年）

刀暹答于祖腊七五三年辛未，继承父位。有叭钦（孟良苴之称）名岩玩者，嫁其妹𤪌伻奢曪于刀暹答为后。后有子女各一人。子名刀更孟，女名孀苍姽。刀暹答另有子名刀钪亮（疑即刀典，见下），食采于那冈扁〔竜〕。又一子名香囊，食采于孟岭。

刀暹答之弟刀公满，有子一人。公满死后，继其父食采于那冈竜。三弟彪裴法，娶孟琏酋长叭双法之女，名孃宾钪亮者为妻。孃宾钪亮为彪裴法生有三子。长名烈朗牙，彪裴法死后，继其父食采于景兰那先。次子名额戛，早死。三子名奢陇法。

刀暹答次子刀典有子，以不能成材未有名。三子香曩有子二人。长名诏爱，次名诏伊，两兄弟均食采猛岭。

彪裴法之第三子奢陇法者，机智有胆识。幼时刀暹答即抚为己子，给食邑于孟捧，命为带兵官，并命其兼管地方所有事务。后因彼淫暹答之妃，为暹答所知，逐之。彼流浪无依，负贩为生者且三年。继后刀暹答终以乏人承办地方事，复将其召回，而妻以其女孃苍媳，并给予猛遮、猛海等三版纳为食邑，仍命充带兵官。其外祖父母则远居孟琏。奢陇法对于地方建设，罪犯之处理，甚至人民耕种之事，俱办理有条。因此地方太平，无征战之苦。百姓欢欣鼓舞，各地酋长皆来朝贡，疆界扩展至猛缅（即今洱海）。

刀暹答在位二十二年，年六十二岁薨，时岁在癸巳，祖腊七七五年（永乐十一年，公元一四一三年）也，是为第九世。

《明史》"车里"条对于车里的领主中记载得最为详细要算刀暹答，兹录之于后：

> 洪武二十四年（公元一三九一年），子（指刀坎之子）刀暹答嗣，遣人贡象及方物。二十八年（一三九五年），以赐诰命，谢恩。予赐皆如例。永乐元年（公元一四〇二年），刀暹答令其下剽掠威远。知州刀算党及民人以归，西平侯沐晟请发兵讨。帝命晟移文谕之，如不悛，即以兵继。又以车里已纳威远印，是悔过之心已萌，不必加兵。晟使至暹答果惧，还刀算党及威远之地，遣人贡马谢罪。帝以其能改过，宥之。自是频入贡。朝廷遣内官往车里者，道经八百大甸，为宣慰刀招散所阻。三年（公元一四〇四年），刀暹答遣使请举兵攻八百，帝嘉其忠，八百伏罪，敕车里班师复加奖劳。四年（公元一四〇五年），遣子刀典入国学，实阴自纳质。帝知其隐，赐衣币慰谕遣还，以道里辽远，命三年一贡，著为令。十一年（一四一四年），暹答卒。

《明史》卷三一四"威远"条说，威远被车里所侵为永乐二年（公元一四〇三年）。该条云：

> 永乐二年，算党为车里所掳，夺其地。命西平侯谕之，乃还算党并侵地。算党进象马方物谢。

《滇系》（师范辑）十之一《属夷》"车里"条说此事为永乐元年：

> 永乐元年（一四〇二年），其酋刀暹答内侵，掳我官吏，西平侯请讨

之。命以理谕。暹答悔惧，还所掳及地，遣使入谢。

《明史》卷一一六《沐英传》云：

永乐三年（一四〇四年），八百大甸寇边，遏贡使，晟（按：即沐晟，乃沐英子）会车里、木邦讨之。

又《明史》卷三一五"八百媳妇"条说：

永乐二年（公元一四〇三年）设军民宣慰使司二，以土官刀招你为八百者乃宣慰使，其弟刀招散为八百大甸宣慰使，遣员外郎左洋往赐印诰、冠带、袭衣。刀招散遣人贡马及方物谢恩，命五年一朝贡。是岁，遣内官杨瑄赍敕谕孟定、孟养等部，道经八百大甸，为土官刀招散所阻，弗克进。三年（公元一四〇四年）遣使谕刀招散曰："朕特颁金字红牌，敕谕与诸边为信，以禁戢边吏生事扰害，用福尔众。诸宣慰皆敬恭听命，无所违礼。惟尔年幼无知，惑于小人孟乃朋、孟允公等，启衅生祸，使臣至境，拒却不纳。廷臣咸请兴师问罪，朕念八百之人岂皆为恶，兵戈所至，必及无辜，有所不忍。兹特遣司宾田茂、推官林桢赍敕往谕，尔能悔过自新，即将奸邪之人擒送至京，庶境土可保。其或昏迷不悛，发兵讨罪，孥戮不贷！"并敕西平侯沐晟严兵以待。以马军六百、步军一千四百护内官杨安、郁斌前往。又虑老挝乘车里空虚，或发兵掩袭，或与八百为援，可遣其部长率兵一万五千往备。三年，刀招你等遣使奉金缕表文，贡金结丝帽及方物。帝命受之，仍加赐予。西平侯沐晟奏："奉命率师及车里诸宣慰兵至八百境内，破其猛利石厓及者答二寨，又至整线寨。木邦兵破其江下等十余寨。八百恐，遣人诣军门伏罪。"乃以所陈词奏闻。因遣使敕谕车里、木邦等曰："曩者八百不恭朝命，尔等请举兵诛讨。嘉尔忠诚，已从所请。今得西平侯奏，言八百已伏罪纳款。夫有罪能悔，宜赦宥之。敕至，其悉止兵勿进。"遂敕晟班师。

上面已经指出在八百媳妇的初期，尤其是在孟莱在位的时候，八百之于车里虽也有时不睦，但大致上是很友好的。因此八百有时结合车里扰乱元朝边境。过了约一百年之后，在孟莱时代的亲密关系逐渐冷淡。八百媳妇既寇边遏贡使，车里就站在中国这方面。

又从上面那段话，我们知道在这个时候，老挝可能有时也与八百媳妇结合，对于车里有所不利。老挝自十四世纪在其国王法安（Fagun）统一全国之后，成为泰族一个强盛国家。法安子刀线歹在位的时候，是一三七三至一四一六年。他于一四〇三年虽也与中国友好，但他也是一位发展疆土的君王，有时还与安南交结以对抗中国，老挝与车里接壤，所以关系也很为密切。

十、刀更孟（公元一四一三至一四一五年）

刀更孟于祖腊七七五年自立，娶刀兴版之女名孃燕广者为后。后有子三人。长名刀霸供，次子名刀双孟，三子名三宝历代。

刀更孟为主，暴虐无道，重辟刑，创轧锯之法，或以铁钩入罪犯脊骨，而悬诸放牛称杆之上以死，或日割一脔而为长期凌迟之刑。一人有罪，株及兄弟亲族。不循祖训，亦不纳奢陇法之谏。奢陇法惧或遭杀害，避去猛滽之蛮结。刀更孟为主之第三年（祖腊七七七年，永乐十三年，公元一四一五年），刀典因畏无故遭其杀害，遂起而放之景逢（天边极远之地）。景逢人畏其至，则民将四散。乃私议而诳之曰，即安置猛仑而已，强将更孟扶上象背，载至猛宽，缢杀之。更孟死为"魉猛"，因此岁时颁祭祀，以至于今，时岁在乙未，祖腊七七七年，是为第十世。

刀逼答死了之后，从公元一四一三年，这就是更孟死的那一年，至公元一四五七年，这就是三宝历代就位的那一年的四十四年中的车里历史十分不清楚。《泐史》记载逼答死后刀更孟继位。更孟死后又有三位领主相继就位，一为刀双孟，他是更孟的次子，在位不过二个半月；二为刀典，他篡双孟之位而自立。在《泐史》中刀典是更孟的弟弟，是双孟的叔父。据说他在位十一年，最后一年是公元一四二八年，倒算上去，他应该就位于公元一四一七年。可是双孟在位既不过二个半月，从一四一五年至一四一七年的二年中谁是领主，就成一个问题。

第三位领主是奢陇法。《泐史》说奢陇法就位于一四二八年，而死于一四五七年。从一四二八年至一四五七年只有三十年，《泐史》说他在位四十年，这又是一个问题。奢陇法是刀更孟的堂弟，这就是他第三位叔父的儿子。

《泐史》记奢陇法死后其位由三宝历代继任。

《车里宣慰世系》中记载刀逼答死后，其弟公满继位。公满后为刀典所废。没有刀更孟却是承继奢陇法与《泐史》也不同。但各位领主在位的年数有所不同。李拂一的《车里宣慰世系考订》以《明史》为补充，以为更孟死后，继他位的是刀弄。在《泐史》中没有刀弄这个名字。李拂一怀疑刀弄就是刀典。这不一定是对，当在下面讨论。刀弄在位是从公元一四一七年至一四二八年，共十三年。继刀弄而就位的是刀霸羡。刀霸羡在《泐史》中是奢陇法的长子。《明史》却当他为更孟的长子。在《泐史》中刀更孟的长子是刀霸供。刀霸供这个名字不只见于《明史》，而且据《明史》，刀霸供与刀霸羡曾在一个时期内二者都称宣慰使。

《世系》记载刀霸羡在位时间，从公元一四三二年至一四五七年，共二十五年。可是刀弄最后在位那一年既是公元一四二八年，而刀霸羡就位那一年是一四三二年。从一四二八至一四三二年是那一位领主，也是一个问题。

《明史》卷三一五"车里"条所记的领主的继承与《泐史》以至《世系》又有不同之处。据说刀更孟死后，长子刀霸羡立。因为年幼而以"刀赛者更孟弟刀怕汉署司事，怕汉死，其妻以前夫之子刀弄冒为刀暹答之孙而请袭"。明朝竟答应了。很奇怪的是，刀霸羡既为刀更孟长子，因年幼就位而以刀赛摄政。刀赛死后，应该政归于刀霸羡。假使刀霸羡还在年幼，那么只能另找位摄政以署司事。刀霸羡并不被废而乃以刀弄袭宣慰使，又以更孟弟双孟（双孟在《泐史》是更孟次子而非其弟）为本司同知。结果在《明史》中刀弄与双孟互相仇杀。《明史》又记载刀霸供与刀霸羡曾共为宣慰使。

究竟那本史书所记的是正确呢？这是不易考订的问题。

在未把这几种记载加以讨论之前，我们先把《泐史》《世系》与《明史》所记关于刀更孟死后的继任者抄之于后，然后来作一个综合的讨论。

十一、刀典（公元一四一五至一四二八年？）

刀更孟被放杀后，次子刀双孟立。长子刀霸供则食邑于猛捧已三年，闻双孟立，霸供母子私议曰：论理须长子继承，霸供为长，何不立霸供而立双孟。不怿。双孟代立二月又十五日，为刀典所篡，民众不直刀典所为。无何，逐去之。刀典求援于奢陇法。奢陇法曰："废立之事，迄未与闻。父王（指暹答）在时，凡地方事务，概由余处理。不料父王一死，彼辈竟将地方扰乱至此，暗无天日。且侵压余身，余不能作左右袒。"刀典不满，竟往纠集江外（指澜沧江之东部，吾人称为江内者）兵丁进攻奢陇法。时奢陇法仍驻猛潘之蛮结，不以为意，宣言将卧待刀至，一面求援于孟琏外祖父母。孟琏酋叭陇法乃遣其弟名钪朗法者，帅孟琏兵赴援。岁戊申（祖腊七九〇年，宣德三年，公元一四二八年），战于猛潘。刀典败绩，遁入茅草田中。钪朗法身中七矛。奢陇法获象一头，并追击至景兰，于是各地皆降。刀典逃至景哈一高地，人们名之曰"庄魏"，旋又携虎头金印往奔天朝，途次猛南太奔而死。刀典计在位十一年，是为第十一世。

十二、奢陇法（公元一四二八至一四五七年？）

奢陇法于祖腊七九〇年戊申就位，钪朗法将撤回孟琏。奢陇法言，此次战役，汝之功为多，孟琏乃小邑，猛泐广袤若干倍于孟琏。于是遂赠那闷竜为钪朗法食邑，并以其女孃倭敏慨裴妻之，钪朗法乃留。

奢陇法取刀霸供、刀双孟之母名孃燕广者为妃，随升为后。刀霸供、双孟兄弟惧人民或助奢陇法害己，遂放筏澜沧江中，逃去时，三宝历代尚幼，奢陇法欲杀之。其母孃燕广抗言,吾子长者二人已遭杀害(按:这不是事实),余现处极苦痛之境,如必将其兄弟如数杀死,则余亦不愿再作母后,余将以尖刀刺喉而死,死将愈于生,因此三宝历代得不死。

虎头金印已被刀典携往南太奔,天朝皇帝乃命奢陇法前往赎取。奢陇法遂赍黄金一线(见下)、白银一线,向皇帝领取,留镇地方。

钪朗法居那闷竜不久,即放弃该地。藉口取便接近孟琏,遂进驻孟遮,自以孟遮为食邑,筑佛寺、佛塔于孟遮最高点,名之曰"山城",而自称曰闷竜先俫。

奢陇法有九子,长刀霸羡为王储,次刀庄霸食邑于猛笼。三子刀嚣、四子刀呦、五子刀钪、六子刀武,食邑于猛滽。七子刀嵩(即刀七)食邑于猛阿、孟康。以上七子,同为一母所生。八子刀法镭、九子刀梭帅,并六女,长女适闷竜先俫(既钪朗法),又一女名孃倭钪裴,嫁南掌酋叭宰牙松钪,此二女为孃岺娬所生。又一女名孃爱猛,嫁元江。又一女名孃欱佬,嫁景哈先老亚。孃光钪及孃燕挽两女,同嫁予先钪。

闷竜先俫与孃倭敏慨裴共生四子。长子名先钪亮,食邑景钪。次子名刀俄,食采那闷遮。三子名刀钪,食采那景榭。四子名刀公钪,食邑景养。又生女三人,尚未有名。

三宝历代渐长,已十六岁,极聪明能干。奢陇法抚为己子,给孟捧为其食邑,委充兵官,为娶先俫之三个女儿为其妻小。

继后,有猛唪酋名奢法昂者,住猛卯竜称曰,遮栏景先,抗拒天朝甚力。天朝派大员名商球者,统兵来攻。岁丙寅(祖腊八〇八年,正统十一年,公元一四四六年),奢法昂不支,遁逃至阿瓦。其总理一人退至猛渤,奢陇法遂杀之,而送其首级于天朝皇帝。于是大受荣宠,被称为"把守天子金门之能者"。其职权比任何土司为大。因此,猛乍、猛润、孟艮、孟琏各酋长皆备礼朝贡,并遣派使节至猛渤。设无孟渤之任状,则以为不荣云。计猛乍贡象一头,高九肘。猛润贡金质笾器一个,重七百两。孟艮贡银一千两。孟琏贡二十两。奢陇法回赠予一版纳之赋,杂差十名,马并十名,并赠予鼓吹手等多名。斯时猛缅为各猛之冠,天朝皇帝所赐之印信,较孟琏之印为大,各猛公文须经猛缅首领及奢陇法盖印发出,方为有效。猛蝶、猛香、磨黑、圈秀、那戈、西通、槐楞等,俱执役于奢陇法。

有名闷牧者,食采于猛勇,性横霸,压迫人民。人民遂叛。岁辛未(祖腊八一三年,景泰二年,公元一四五一年),人民四向逃散。奢陇法获闷牧而放逐之于那遮挖,猛勇遂于是年荒废无居民,以那洄为界。

奢陇法统治期间,地方非常太平。彼乃巡幸各地方,所至皆建有行宫,计蛮多一所,庄望一所,景榜一所,猛滽一所,花园一所,猛遮一所,东凯一所,糯潘一所,庐且一所,猛海草原一所,江东一所,猛仑一所,猛养一所,猛岭一所,猛缅一所。每所置妃一人。一年住江之东,一年住江之西。岁癸酉(祖腊八一五年，景泰四年，公元一四五三年），巡幸至猛班、猛博两地，遂率土人为子民。奢陇法乃命猛岭酋诏爱者，往食采于猛班、猛博。诏伊往食邑于版纳孟潘（诏爱、诏伊皆香曩之子）。

奢陇法在位四十年，年八十岁死。时岁在丁丑，祖腊八一九年（天顺元年，公元一四五七年）。

刀霸羡于是年嗣位。甫二月，人民不服，被逐。霸羡奔天朝，行次猛岭忽自刎而死，是为十二世。

除上面所抄录的《泐史》所记在这个时期的领主外，还有傣仂文《车里宣慰世系》、李拂一的《车里宣慰世系考订》以及《明史》的"车里"条的记载。《车里宣慰世系》原为傣仂文，李拂一译为中文，附在《车里宣慰世系考订》后边。他不只把所译的中文附录，而且把傣仂文也附录，这就是傣仂文与汉文对照。原文说："刀暹答于萨喀七二四年壬寅（公元一三六七年）继承父位时年四十岁，在位八十年，年一百二十薨。时岁在壬戌，萨喀八〇八年（公元一四四六年）。"刀暹答在位八十年既不可信，他的寿命一百二十岁也是可疑。

《车里宣慰世系》记载刀暹答死后，其子没有继位。继其位者为其次弟公满。我访问西双版纳，既有人说车里以前曾有叫做公满者做过领主，而老挝方面也有名公满者当过车里领主，所以暹答传位于公满是有其根据的。虽则在时间上也是有问题的。现在我们先将《车里宣慰世系》在这个时期的记载列之于下，然后把李拂一的《车里宣慰世系考订》与《明史》所记载的抄录下来，以为参考。

《车里宣慰世系》：

（1）刀公满。

刀公满乃刀暹答之弟。继其兄为主，于萨喀八〇四年（公元一四五二年）壬戌。无子。至萨喀八〇五年（公元一四五三年）癸亥，为刀典所废。

（2）刀典。

刀典在位一年，奢陇法及彪裴法均不满意，起兵来攻急。刀典不支，携金剑信符逃死于南霭谡钪（即金沙江），时岁在甲子，萨喀八〇六年（公元一四四四年）也。

（3）奢陇法。

奢陇法继任为主，天朝皇帝命往领取金剑信符，于是奢陇法遂赍黄金一线，及白银一线（注：傣衡一线约等于库平二百斤强）向天子领取，留镇地方，一如旧时。奢陇法治理地方，地方大治。萨喀八〇八年（公元一四四六年）丙寅，有猛捧酋食采于猛卯竜，名曰奢坦法者，反抗天朝。天子乃派大员张水统兵来剿。奢坦法不支，遁逃至细甸，其阁员一人逃至猛泐，奢陇法获而杀之，函其首级献于天子。于是大受信任，升之为元江总管行省衙门（？），并命主管兰那、孟艮、孟琏等邦，与元江磨黑、猛香、猛蝶、圈秀、那戈、西通、槐楞等地接界，而使各地皆成为其藩属。奢陇法于六十岁时即位，在位二十年，年八十岁薨。时在甲申，萨喀八二六年（公元一四六四年），是为第九世。

奢陇法共有子九人。长刀霸羡，次子刀庄霸，三子刀罴，四子刀哟，五子刀钪，六子刀武，七子刀嵩，八子刀法镭，九子刀梭帅。此九子概未予承袭，分派至各版纳为官，而以刀暹答之子刀更孟为奢陇法嗣，继承时，年十八岁，在位三年，年二十一岁薨。时岁在丁亥，萨喀八二九年（公元一四六七年），是为第十世。

(4) 刀更孟。

刀更孟有三子。长刀霸供，次子刀双孟，三子名三宝历代。刀霸供与刀双孟二人，未及继位即卒。那时即以三宝历代继位为主，时年二十岁，在位三十年，年五十岁薨。时岁在丁巳，萨喀八五九年（公元一四九七年），是为第十一世。

《车里宣慰世系考订》：
《世系考订》记载刀暹答之后为刀更孟，其在位时间为公元一四一三年至一四一五年，这是异于傣文原文，世系位更孟于奢陇法之后，刀更孟之后为刀弄。《车里宣慰世系考订》是参考《明史》而记载的，但其与《明史》也有不同之处。关于这一点，下面还当说明。兹先录《车里宣慰世系考订》所记于下。

(1) 刀弄。

刀弄（即刀典），于祖腊七七九年丁酉（明永乐十五年，公元一四一七年）袭宣慰使。以刀双孟为本司同知，祖腊七八三年（明永乐十九年辛丑，公元一四二一年），双孟奏刀弄侵劫蛮民，乞别设治所以抚其众。诏分其地置靖安宣抚司，升双孟为宣抚使。弄大恚，日兴兵事仇杀。祖腊七九〇年（明宣德三年戊申，公元一四二八年），弄弃地投老挝寻死。

(2) 刀霸羡。

刀霸羡于祖腊七九四年壬子（明宣德七年，公元一四三二年）嗣。年十八岁，在职二十五年，于祖腊八一九年（明天顺元年，公元一四五七年）自杀，年四十三。

《明史》卷三一五"车里"条：

永乐十一年（公元一四一三年），暹答卒。长子刀更孟自立，骄狠失民心，未几亦卒。更孟长子霸羡年幼，众推刀赛署司事。刀赛者，更孟弟，刀怕汉也。怕汉死，妻以前夫子刀弄冒为暹答孙，请袭。十五年（公元一四一七年），命刀弄袭宣慰使，以更孟从弟刀双孟为本司同知。十九年（公元一四二一年），双孟言，刀弄屡以兵侵劫蛮民，乞别设治所，以抚其众。诏分其地置靖安宣慰使司，升双孟为宣慰使，命礼部铸印给之。宣德三年（公元一四二八年），云南布政司奏：刀弄、双孟相仇杀，弄弃地投老挝，请差官招抚。帝命黔国公计议。六年（公元一四三一年），黔国公奏，谓奉命招抚刀弄，其母具言，布政司差官刘亨征差发金，亨已取去。本司复命来征，蛮民因而激变，逐弄，弄逃入老挝，寻还境内以死，未尝弃地外投，亦未尝与双孟仇杀。帝命法司执刘亨等罪之。七年（公元一四三二年），车里土舍刀霸羡请袭，许之。遣行人陆埙赍敕赐冠带袭衣。九年（公元一四三四年），靖安宣慰刀霸供言：靖安原车里地，今析为二，致有争端，乞仍并为一，岁贡如例。帝敕从其请，革靖安宣慰使，仍归车里。命刀霸供、刀霸羡共为宣慰使，俾上所授靖安宣慰司印。正统五年（公元一四四〇年），命贡使赍敕及绮帛归赐刀霸羡及妻，嘉其勤修职贡也。六年（公元一四四一年），麓川宣慰思伦发叛。诏给车里信符金牌，命合兵剿贼。景泰三年（公元一四五二年），以刀霸羡奉调有功，免其积欠差发金。天顺元年（公元一四五七年），总兵官沐璘奏，刀霸羡自杀，弟板雅忠等已推兄三宝历代承职。今板雅忠又作乱，纠合八百相仇杀。帝命璘亟为抚谕，并勘奏应袭者。二年（公元一四五八年），帝以三宝历代虽刀更孟之子，乃庶孽夺嫡，谋害刀霸羡，致板雅忠借兵攻杀，不当袭，但蛮民推立，始从众愿，命袭宣慰使。

在未讨论上面所抄录几本纪载之前，先把《泐史》刀坎的子孙列表于下：

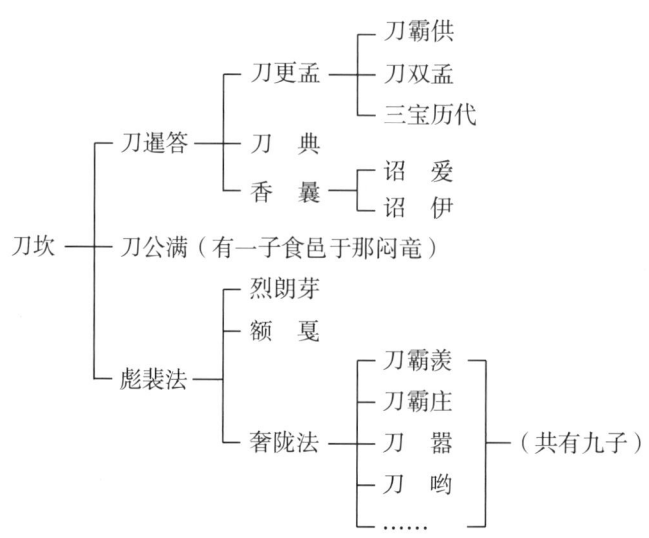

在《明史》"车里"条中，对于刀坎的后裔，说得不够清楚，但是刀坎的后代应如下表：

我们知道，在《泐史》中说到领主开始就位的，多说是继其父或某人而为主。关于更孟，却说其为"自立"，可能他之就位是经过了很多的波折的。《泐史》说他暴虐无道，可能因他未就位之前已是暴虐无道，所以对他不言"继立"而言"自立"，是有其原因与背景的。

照《泐史》的记载来说，刀典是更孟的同父异母弟，而奢陇法是更孟的叔父彪裴法的第三儿子，是更孟的从弟。刀典（按：李拂一注，疑为刀钪亮）是刀暹答的第二个儿子。长兄无道，而又异母，对于更孟的暴行，固是不满意而有篡夺其位之心，是可想而知。但是在刀暹答在世时，对于奢陇法很为信任。虽然后者淫其妃，暹答后来还是重用他。同时奢陇法既掌握了军权，又能治理地方得以太平，这是一个实力者。刀典与奢陇法既怕更孟杀害他们，之间互相猜忌，也是可以理解的。

更孟在位三年而为刀典所废立与杀死。刀典为暹答第二个儿子。他既杀兄，领主之位就由他承继，所以《泐史》的第十一位领主就是刀典。

可是《车里宣慰世系考订》中，继刀更孟而为领主的却是刀弄。《明史》"车里"条却说承继刀更孟的地位的是更孟之子刀霸羡。刀霸羡在《泐史》中是奢陇法的长子，更孟长子是叫做刀霸供。究竟那一说是对的，就很不容易考订。

更奇怪的，在《泐史》中，刀双孟是刀更孟的第二个儿子。在《明史》"车里"条中，却说双孟是更孟的从弟。这又是难于考订的。刀弄，据《车里宣慰世系考订》说，就是刀典。假使这是对，刀典就有了三个名字。一为刀典（见《暹答传》），一为刀钪亮（也见《暹答传》），三为刀弄。刀弄、刀典这两个名字都见于《明史》"车里"条。《明史》说刀弄曾继承刀霸羡之位，并没有说刀典做过领主。刀暹答在位时，曾遣刀典到中国入国学。《明史》并说这是刀暹答阴自纳质的做法，他把刀典送到明廷入学也好，为质也好，这说明了暹答对于刀典的重视。在以往的惯例，遣子为质的多是太子。中国虽知其隐而使刀典回去，但中国对于刀典一定很为熟识。刀典到了明廷时间可能不久，但他这一去，对于他来说既得到明廷的宠爱而给以衣币，回到车里之后，也必为当地人所尊敬。可能暹答死后，有人就赞同他继承父亲的位，或者暹答也曾有这个意思。可是更孟可能不答应，而用武力或阴谋去争位。所以《泐史》书为"自立"。

从《明史》的记载来说，刀典与刀弄不应为一人。而且，假使刀典继承了更孟的位而为领主，一定为明廷所欢迎。他到过明廷，他做领主，明廷当必很为高兴。因为明廷不当他为质而送还，说明明廷对于他是宽待了。在这种情形之下，刀典做了领主对于明廷一定会更友好。可是这个人做了领主，而《明史》还不书之于史，那是不可理解的。

又《泐史》中并没有刀霸羡为领主的记载。《世系》中却列他为十二世世系，把刀弄列为十一世（公元一四一七至一四二八年）。第十二世的刀霸羡在位时间是公元一四三二至一四五七年。

《泐史》的第十一世为刀典，在位时间是公元一四一五至一四二八年。第十二世为奢陇法，在位时间从一四二八至一四五七年。这差不多就是刀霸羡在位的时候。

又《泐史》记载刀更孟死后，其子双孟曾继承其位，在位二个月又十五日为刀典所篡。刀典在《泐史》中是双孟的叔父，在《明史》中是更孟的从弟。《明史》说更孟死后，其子刀霸羡年幼继位，众推刀赛署司事。所谓刀赛，就是更孟弟刀怕汉。可是在《泐史》中与《世系考订》中，不但都没有这个名字，也没有说更孟之子就位以后因年幼而另找人去署理司事。

假如我们上面所说的刀弄不是刀典是正确的，那么刀弄是什么人，又成为一个问题。《明史》"车里"条说，刀弄是怕汉妻的前夫之子。怕汉妻的前夫是那一位，又是一个问题。她把前夫之子冒为遏答之孙。我们考《泐史》，遏答有三个儿子，一为更孟，二为刀典，三为香囊。《遏答传》中还说另有子名刀钪亮，李拂一疑即是刀典。究竟是否为刀典，不得而知。但更孟有三子，一为霸供，一为双孟，一为三宝历代。刀典据《泐史》也有儿子，但因不成材，故没有名字。香囊有二位儿子，一为诏爱，一为诏伊。这就是说遏答的孙儿之见于《泐史》者为五位。霸供、双孟、三宝历代、诏爱与诏伊，没有叫做刀弄者。

我现在先把《泐史》《世系》与《明史》所记有关于车里在这个时期中数位领主的名字，排之于后。

《泐史》：

  刀更孟（一四一三至一四一五年）

  刀双孟（一四一五年就位二月余为刀典所篡）

  刀　典（一四一七？至一四二八年）

  奢陇法（一四二八至一四五七年）

《车里宣慰世系》：

  刀更孟（同上）

  刀　弄（一四一七至一四二八年）

  刀霸羡（一四三二至一四五七年）

《明史》：

> 刀更孟（同上）
> 刀霸羡（年数没有记载，年幼由刀赛或刀怕汉署）
> 刀　弄（一四一七就位直至一四三二年还在）

《明史》还说除以刀弄为宣慰使外，还以更孟从弟（《泐史》记为更孟子）双孟为本司同知。于一四二一年又照双孟所请分其地置靖安宣慰使司，以双孟为宣慰使。

到了宣德九年（公元一四三四年），靖安的宣慰使是刀霸供。同处又说，"刀霸供与刀霸羡共为宣慰使"。《明史》又说：

> 天顺元年（一四五七）总兵官沐璘奏刀霸羡自杀，弟板雅忠等已推兄三宝历代承职。

从这里看起来，《世系》所说刀霸羡在位以至一四五七年是与《明史》所说的相同。《世系》与《泐史》既没有把车里分为大小车里，也没有像《明史》把车里地析而为二，又没有像《明史》所说刀弄做宣慰使的同时，双孟为本司同知，或是刀霸供与刀霸羡共为宣慰使。

从这一点来看，《明史》所说比较可靠。因为车里若分为二，而同时可以有二个宣慰使，或于宣慰使之外，又有一个宣慰司同知，那么在同一个时代中，可以有二位领主。二位领主既同时为明代所承认而双双并立，同时也可以互相仇杀。《明史》载宣德三年（一四二八年）云南布政司奏刀弄、双孟相仇杀，就是一个很好的例子。

还要指出，《明史》也有很多不清楚的地方。理由也很简单，当时的人们对于边境的民族并不重视。帝王喜功好大，边境领主愿意归顺就已满足，内部情况往往置之不理。刀弄母亲把刀弄冒为遏答之孙，朝廷对于三宝历代承袭是否合法也不在乎。后来史臣根据一些不完全与不正确的材料编为历史，漏洞之处在所难免。

又《明史》中所说的刀赛或刀怕汉，曾因霸羡立后年幼而署司事。这位刀赛，不知是否就是《泐史》中所载的奢陇法。我们已经指出，奢陇法在遏答时代已是一个权力最大的人物。更孟立后，他虽避到他处，但势力仍在。所以根据《泐史》，刀典不为民众所服时，还要求援于他。他对刀典所说的话，也说明他是一个有权力者。假使的确如《明史》所说，有一位幼主就位而要有人去署其司事者，似乎非奢陇法莫属。又奢陇法曾妻刀更孟的妻子孃燕广为妃，随升为后。《明史》说怕汉死，妻以前夫子刀弄冒为遏答孙请袭。这里所说的前夫子应是刀更孟之子，这个人可能就是霸供。供音近于弄，刀霸供简称为刀供或刀弄。刀霸供食邑于猛捧。当刀双孟这就是刀更孟的次子，继承更孟位而立时，长子霸供已与其母孃燕广私议以为"论理须长继承,霸供为长,何不立霸供而立双孟"。这说明这位母亲一向是想把霸供承继领主之位。又刀赛的赛音与奢近,刀奢陇法,可能省译为刀奢。或刀赛陇法这个名也是他的外祖父孟琏领主叭陇法的名字,他叫为赛,同时又取了外祖父名以纪念。

奢陇法是一个实权者,对明朝来说,他可能就在背后操纵。在名义上他把他的儿子刀霸羡当为更孟之子以继承其位,实际就由他去管理国家事情。还有可能的是在这时候的车里已分为二。他把他的儿子去当为更孟之子而管理一部分,同时他自己除了署其子的司事外,又兼了车里另一部分的司事。可是他不久死了,他的妻子,这也就是更孟的妻子孃燕广,就奏请把他所管的一部分的车里由霸供承继,而霸供就是刀弄。

《泐史》与《世系》的编写者可能对于车里析为二部的情况弄得不清楚,所以《泐史》的编写者就当奢陇法为正统的承继者,只记奢陇法而没有记刀弄。而《世系》的编写者却把刀弄为正统的承继者,因而只记刀弄及奢陇法之子刀霸羡。其实,《世系》记载这二位领主时,在时间上也有问题。刀弄在位的时间是一四一七至一四二八年,而刀霸羡在位的时间是一四三二至一四五七年。从一四二八至一四三二年却没有领主。

《泐史》说更孟死于一四一五年。《明史》说更孟死后其子霸羡就位。那么霸羡就位之年,应该是更孟死的那一年,这就是一四一五年。《明史》说霸羡于天顺元年自杀,这是一四五七年。这与《泐史》所说的奢陇法死年相同。《泐史》可能把霸羡的王朝当为奢陇法的王朝,虽则奢陇法可能已经早死。

我们这样的解释这段历史可能也有不少问题,但在目前我们所能掌握的材料来说,我们还很难找出比这个较好的解释。

李拂一在《车里宣慰世系考订》中说:

> 据《明史》继刀弄为宣慰使者,即刀霸羡,无奢陇法其人。《泐史》继刀典者为奢陇法,奢陇法死后,方由刀霸羡继承,或者当时因刀霸羡年幼,故由奢陇法代为主政。《明史》霸羡于宣德七年(公元一四三二年)已得袭职,直至祖腊八一九年(公元一四五七年)奢陇法死后,方正式嗣立。甫二月,人民不服,被逐遂自杀于普腾也。(页一七)

应该指出,假使《明史》所说刀霸羡是刀更孟的长子没有错误,那么刀霸羡年幼继位而由奢陇法代理职务,问题比较简单。但若是刀霸羡如《泐史》所载是奢陇法的长子,那么刀霸羡就没有权去承继刀更孟的位置。应该是像刀霸供与其母亲所说,由刀霸供去承继。霸供这个名字也见于《明史》,而且也曾与刀霸羡共为宣慰使。奢陇法在刀暹答时,既已是一个实权者,更孟死了之后,也可能的是他用他的儿子去冒充更孟的儿子,然后他就代为主政。到了他死之后,才由其子正式管理事务。

《明史》卷三一四《云南土司二》"威远"条说：

> 宣德八年（公元一四三三年），威远州奏其地与车里接境，累被各土官劫掠，播孟实当要冲，乞置巡检司，以把事刘禧为巡检，从之。

又《明史》卷三一四"麓川、平缅"条指出，在正统年间（公元一四三六年至一四四九年）：

> 元江同知杜凯等亦率车里及大侯蛮兵五万，招降孟琏长官司并攻破乌木弄、戛邦等寨，斩首二千三百余级。齐集麓川，守西峨渡，就通木邦信息。百道环攻，复纵火焚其营，贼死不可胜算。任发父子三人并挈其妻孥数人，从间道渡江，奔孟养。

十三、三宝历代（公元一四五七至一四九七年）

刀霸羡自刎后，人民物色主政人物不获。乃通传各猛，言人民应该得到自由，一如刀霸羡之例，不须要则逐去之，须要何人则扶何人为主。宣告曰：遇提供人选时，同意者和，不同意者默。由唱名推选人，就被选人中逐一唱名提出。乃先唱名推刀庄霸为主如何？由晨至暮，暮鼓已由院中打出门外，迄无一人和声。又继续依次提出所有奢陇法各子，大众并无一人和声者。后乃提出三宝历代，大家一致同意，同声赞许，欢呼三日。一大头目（疑即《明史》之板雅忠）言，大众同意推吾兄为主，甚善。勿论山地或是水田，但给余足够衣食者，使余为一平民，自耕自食，为愿已足。推选既定，人们群诣佛寺，面对佛像、佛经、住持三个佛之代表者宣誓，并将誓词铭镌寺中，一部分贴金，一部分贴银，礼毕，大众遂各归本土安居。

岁戊寅（祖腊八二〇年，天顺二年，公元一四五八年），猛笼及猛滘两酋图谋不轨，约兰那酋叭的刺召版纳者，合兵攻三宝历代。三宝历代遂放弃景兰城子，而迁都于景陇。叭的刺召带大兵二十万，由猛笼酋刀庄霸作向导，至猛遮。借口猛遮先保招三宝历代为婿，依势压迫人民，于是兰那酋遂先进攻猛遮。斯时猛遮毫未为备，城围无一椿一木，急以苦竹杆将四周围栅起来，而以被窝白布等，满挂其上，伪装为城。同时，先保诓兰那酋言，老先保已往景陇，请求怜悯人民，上官但战胜景陇，吾侪即上官之臣仆。兰那酋然之，移兵去攻景陇。先保乘机不分昼夜赶筑城栅。栅木粗四纲至五纲，象椿（即栅木之粗大者，每纲约五寸）大八纲。凡二十日，赶筑完竣。兰那酋攻景陇，一月又二十日不拔，复回兵攻猛遮。至则猛遮城壕深三颈。攻一月又二十日不能拔，遂悄然引去。时有孟艮酋名室利稣妥坦麻逻阇者，带兵来援，战事结束后，三宝历代乃割猛麻、猛拉，以酬孟艮。兰那酋叭的刺召归到孟勇，因战败，羞见父老大众，迟迟其行。久之，乃由向导带由坝勇，迁道猛捧，然后由小路转往景迈。三宝历代则委令闷暖竜者，为旧时人民之"揽家"（驻首府代表），往招旧部，得四千人，以阻击兰那。兰那象马兵民死伤极众，而猛笼酋刀庄霸，猛滑酋刀武，卒因此弃国。

岁壬午（祖腊八二四年，天顺六年，公元一四六二年），食采于猛阿、猛康之刀七，派人求兰那酋叭的刺𠮾，以及景线、景海各酋，共助兵四万，护其离开猛泐而往兰那。行次猛勇，见荒废无人。刀七遂请求将全部兵民即屯垦于此。于是猛勇始有居民往来。猛勇隶属兰那，即由此时起。而猛阿、猛康，则因人民随刀七迁徙，遂荒废无人影焉。

先俫之子名钪亮者，三宝历代给其食采于景兰之那先，因名曰先钪亮。先钪亮有子一人，为奢陇法之女孃光钪所生，名曰刀逻阇。岁乙酉（祖腊八二七年，成化元年，公元一四六五年），先俫往攻孟琏，其兄叭灏法驱所有猛遮丁壮以赴，双方死亡甚众，但未能克，遂转兵攻孟颖。先俫命奢陇法之子法镭往攻，兵溃，法镭死之。闷浪及闷遮二人阻于猛遮城子，旧捧、猛遮丁壮存者仅四百余，随先俫困守猛滑焉。岁戊子（祖腊八三〇年，成化四年，公元一四六八年），先俫卒。先钪亮继其父食采于猛遮。先钪为人心术甚甘，民皆喜悦，江东之民咸来归，猛遮遂繁庶如旧矣。后于庚寅年（祖腊八三二年），派其子刀逻阇往屯猛阿，又一子往屯猛康。自后猛阿、猛康两地，始渐有人云。

三宝历代有六男四女。长子刀伊，为王储。次子诏猛，三子三凯冷，奉命为带兵官，食采于猛乌。四子诏昂，食采于猛仑。五子诏爱，六子诏侃，俱幼，未有食邑。长女诏孃，适版纳钪亮。次女名孃燕逢，适闷竜之子刀嚣，刀嚣与孃燕逢生二子，长名汉光，次名景跨。三女孃阿麦及四女诏厄方笋。

岁戊子，三宝历代以猛滑酋刀武勾结兰那为乱，攻之。刀武奔猛笼依其兄。于是三宝历代遂派人招抚逃散人民，猛滑人民筑室田中，不回原居。无何，猛滑人民复迎刀武回滑主政。岁己丑（祖腊八三一年，成化五年，公元一四六九年），版纳钪亮（即先钪亮）再攻猛滑，杀刀武，送其首级于三宝历代。三宝历代以猛滑人民不应再迎刀武，尽迁其民。一部迁景陇，一部迁猛遮。猛滑遂荒废无居民。

岁庚寅（祖腊八三二年，成化六年，公元一四七〇年），有叭钦（孟艮酋）之弟名诏猛卡者，娶三宝历代之女孃阿麦，遂留侍三宝历代。猛卡为人琐屑，日数数入谒，每入辄朴被以随，借凭坐卧。刀伊言，余身为王储，尚不敢铺张如此，晋谒主上，向无此礼，谁见携行李朝见者。照其行为揣测，设父王一旦晏驾，必有异图，遂相攻讪。三宝历代止之曰，此婿余所心爱，勿得与之吵闹。刀伊乃煮酒烹牛，大会宾客，而宴猛卡，期释前嫌。诏猛卡言，彼不过骗余去杀耳，拒不至。刀伊大愤，乃唤集青年辈，尽其酒肉而攻猛卡。猛卡避匿三宝历代室。后（诏爱、诏爱之生母）欲立其所生之子而废诏猛孙（太子之意，即指刀伊），逸于三宝历代之前曰：太子欲弑主自主耳。三宝历代信之，命闷竜攻猛狁。闷竜以猛狁无罪，不受命。后以白银一千二百两赂版纳钪亮，告以废立之计。版纳钪亮与孃猛（即后）系兄妹。且版纳钪亮素啣猛狁，因版钠钪亮有一锦幛甚丽，三宝历代曾索之，钪亮吝不予。猛狁曰："并非赤金，乃红铜耳"，以此讥之。盖钪亮为赤金之意，而红铜曰锻金。因此仇恨隔阂。得后金，遂攻猛狁于景陇王宫后山，不胜。三宝历代乃亲出助攻，猛狁见父来攻，曰：礼子不斗父，遂奔猛捧。人民不满三宝历代，金曰，地方丧乱，乃为此猪（即指猛卡），群起攻猛卡。三宝历代藏诸"和爬绷"。群众日夜以枪弩炮火集中射击。猛卡无法藏身，遂溯澜沧江逃经猛往、猛康、猛阿、猛遮而回孟艮。猛康人随送孃阿麦至孟良予猛卡。猛卡夫妇怨其兄叭钦之不助己，遂杀之，而遁入空门，后亦卒。

岁辛卯（祖腊八三三年，成化七年，公元一四七一年），诏猛捧一日饮于蛮概，乘象登楞嶰山，以矛自刺死。版纳钪亮不敢再住那先景兰，避往猛遮。诏爱先食采于猛博、猛班，钪亮走后，转而食采于那先景兰。众谓之日先博，以其来自猛博故也。

三宝历代继位于祖腊八一九年丁丑，时年四十二岁，在位四十年，年八十二薨，时岁在丁巳，祖腊八五九年（弘治十年，公元一四九七年）也，是为第十三世。

傣仂原文《世系》记载有关三宝历代的儿子的情况，兹也录之于下：

三宝历代之第三子诏昂，未及嗣即卒，无嗣。第四子诏爱（即刀爱），亦未获继承，有一子名诏侃者，于萨喀八六四年（公元一五〇二年）壬戌继位为主，时年六十四岁，在位二十一年。年八十五岁薨，时岁在癸未（公元一五二三年），是为第十三世。

《明史》以三宝历代的继立是庶孽夺嫡，这是因为《明史》以刀霸羡当为刀更孟的长子来看待。若照《泐史》与原文《世系》来看，刀霸羡是奢陇法的长子。若以《泐史》与《世系》为根据，那么刀霸羡就不算为嫡系了。三宝历代是刀更孟之子，刀更孟是刀暹答之子，而刀暹答是刀坎之子。这样，三宝历代还是嫡系。《明史》指出三宝历代谋害刀霸羡，致板雅忠借兵杀害，沐璘奏刀霸羡自杀。《泐史》说其自刎是因为人民不服，而且指出三宝历代是人民选出的。这一点《明史》也承认，所以说"蛮民推立，姑从众愿"。

奇怪的是，板雅忠既与众推三宝历代为主，不久又借兵反叛。所谓借兵是借了兰那或八百媳妇的兵。

《明史》永乐二年（一四〇四年）设八百"军民宣慰使司二，以土官刀招你为八百者乃宣慰使，其弟刀招散为八百大甸宣慰使"。刀招散于宣德七年（一四三二年）还遣使到明廷。据八百媳妇与暹罗方面的纪载，从公元一四四一年至一四四六年，这两个国家互相征伐，这个时候刀招散应该已死。而且他是受了第六位儿子摩诃罗阇（Moharaja）的压迫而退位逃走。《泐史》说兰那酋为叭的剌酋既不是刀招散的对音，也非摩诃罗阇的对音，可能只是靠近车里边境的土官而已。

在三宝历代的时代，这就是在成化十六年（公元一四八〇年），交趾黎灏还想与车里结合而攻八百媳妇。《明史》卷三一五"车里"条说：

> 成化十六年，交趾黎灏叛，颁伪敕于车里，期会兵共攻八百。车里持两端。云南守臣以闻，遣使敕车里诸土官，互相保障，勿怀二心。二十年（一四八四年），复敕车里等部，慎固封疆，防交人入寇，不得轻与文移，启衅纳侮。

《明史》同处八百媳妇也记载这件事，但系在成化十七年（公元一四八一年）：

> 成化十七年，安南黎灏已破老挝，颁伪敕于车里，期会兵攻八百。其兵暴死者数千，传言为雷所震。

十四、三凯冷（公元一四九七至一五〇二年）

三凯冷于祖腊八五九年，继其父三宝历代之位，时年四十五岁，在位五年，年五十岁薨，时祖腊八六四年（弘治十五年，公元一五〇二年）壬戌，无嗣，是为第十四世。四弟诏昂，五弟诏爱，皆早卒，以其六弟诏侃嗣。

据当地的傣文记载与传说，在三凯冷以至弟诏侃在位的时代，在景洪这个地方人口很多，约有万户。以一户五人计算，约有五万人。在边疆地方来说，这是一个大城市。又在那个时候，佛寺之在该处与其附近的就有二百多所。一九一四年当地政府修建官署时，还掘了埋在地下的毁败的佛寺的红砖数十万块。

这种的繁盛的景况是西双版纳历史上所少有的，这也可以说是经过好多年的建设而来。三凯冷的父亲三宝历代在位约四十年，再推上去在奢陇法的时代，据《泐史》所说，"地方太平，无征战之苦，百姓欢欣鼓舞"。在这样的长期稳定的环境之下，人口自然增加，城市自然繁荣，佛寺也就因之而增加。

十五、诏侃（公元一五〇二至一五二三年）

诏侃于祖腊八六四年，继其兄三凯冷为主，时年四十六岁。在位二十一年，年六十七岁薨，时祖腊八八五年（嘉靖二年，公元一五二三年）岁在癸未，是为第十五世。诏侃有一子曰诏室利崧版（亦译诏西利崧版）。

诏侃，据原文《世系》所载，就位时年六十四，而这里谓为四十六。他死时年八十五，而这里谓为六十七。又在原文《世系》，他是第十三世，而这里谓为第十五世。

十六、室利崧版（公元一五二三至一五三〇年）

室利崧版于祖腊八八五年继其父诏侃为主，时年二十六岁。在位七年，年三十三岁薨。时岁在庚寅，祖腊八九二年（嘉靖九年，公元一五三〇年），是为第十六世，子刀糯猛嗣。

在原文《世系》中，室利崧版在位三十七年，这就是从一五二三至一五六〇年，而这里却说在位七年，相差三十年之久。

下卷（公元一五三〇至一八六四〔一九四九〕年）

十七、刀糯猛（公元一五三〇至一五六八年）

祖腊八九二年庚寅（明嘉靖九年，公元一五三〇年），室利崧版死。有子一人，名曰刀糯猛，天朝委为宣慰使，至斯时止，景永（即车里）迄未臣缅。至九三〇年（明隆庆二年戊辰，公元一五六八年），缅甸大光王命将麻哈坦帅兵攻下景永。刀糯猛始臣属于缅王殿下，并统率土练随缅法鉥妥坦麻逻阇（莽应龙）往征阿逾陀、景迈，战胜旋师至猛叭，宣慰使刀糯猛病死。

关于缅甸侵略车里，《明史》"车里"条也有记载：

> 嘉靖十一年（公元一五三二年），缅酋莽应里据摆古，蚕食诸蛮。车里宣慰刀糯猛折而入缅，有大小车里之称。大车里应缅，而以小车里应中国。

《明史》与《泐史》记载嘉靖九年或十一年间在位的领主是刀糯猛，可是原文《世系》的记载却又不同。《泐史》谓刀糯猛为室利崧版的儿子，而《世系》却说室利崧版的儿子是刀韫猛。刀韫猛在《泐史》中是刀糯猛的孙儿刀应猛的儿子，若照《世系》则刀糯猛乃刀韫猛的孙儿。

兹把《泐史》中所载的世系与原文《世系》中所载的世系列表于下。

《泐史》的世系：

```
室利崧版 —— 刀糯猛 ┬── 室利鉥椒打（在位六个月）
              （1530—1568）│
                         └── 刀应猛 —— 刀韫猛
                             （1569—1598）（1598—1628）
```

原文《车里宣慰世系》：

```
室利崧版 —— 刀韫猛 ┬── 室利鉥椒打
（1523—1560）（1560—1598）│   （1598—1605）
（腊历885—922）（腊历922—950）│   （腊历950—957）
                           └── 刀应猛 —— 刀糯猛
                               （1605—1621）
                               （腊历957—971）
```

从这两个表来看，不只祖父与孙有了倒置，就是他们在位的年数也有很大的差异。

《明史》卷三一五"车里"条说：

> 万历十三年，命元江土舍那恕往招糯猛，复归献驯象、金屏、象齿诸物诏受之，听复职。

按万历十三年为公元一五八五年。《泐史》记刀糯猛于公元一五三〇年就位，而死于公元一五六八年。假使《泐史》所载没有错误，万历十三年刀糯猛已死了十七年。

若照原文《世系》刀糯猛就位于祖腊九五七年乙未，这是万历二十三年，公元一五九五年，那么《明史》所载万历十三年的事情是在刀应猛的时代（公元一五六九至一五九八年），也不在刀糯猛在位的时候。因为在公元一五八五年，照原文《世系》，刀糯猛还未就位。李拂一《车里宣慰世系考订》中说：

> 按嘉靖十一年（公元一五三二年）为祖腊八九四年。据此，则嘉靖九年即祖腊八九二年庚寅，庶可与《明史》吻合。同时并考订室利崧版之子为刀糯猛，而非刀韫猛，或者室利崧版为应缅之名氏，而刀糯猛为应中国之名氏，一人两名，各有妙用也。又其下之诏室利稣报打、诏室利稣坦玛等命名，与前后各代皆歧异，疑皆为应缅之名氏，惜尚无其他旁订足资订正耳。

又师范《滇系》十之一《属夷》"车里"条说：

> 万历十一年（公元一五八三年），官兵击缅，宣慰刀糯猛遣使贡象进方物，居大车里，应缅使，弟居小车里，应汉使。

《明史》系此事于嘉靖十一年（公元一五三二年），而《滇系》却说是万历十一年，相差五十一年之久。刀糯猛就位于嘉靖九年，应以《明史》为可靠。

《泐史》下卷"整欠"条说：

> 以前整欠（景干）原属景永，为子侄之邦。自叭烈雷至法雅，皆臣属景永。祖腊九三〇年（明隆庆二年戊辰，公元一五六八年），缅王法稣妥坦麻逻阁（莽应龙）战争景永，并兰那之五猛，而纳入缅甸之版图。整欠首法雅，遂派鹨揭隘守兵十名，扈从缅王至缅京阿瓦，并贡长刀十把，缅以五猛归法雅管辖，而以鹨揭隘给猛育管辖。

同卷"猛勇"条说：

> 猛勇乃宣慰使之子之食邑，自诏稣南打萨图鲁食采于猛勇以来，每逢豪瓦萨及卧萨瓦节（即守夜节），皆进贡父国景永，凡事追随宣慰使，唯宣慰使之马首是瞻，并于景兰开辟庄园，称冈那勇。九三〇年（公元一五六八年）缅王法稣妥坦麻逻阁来攻猛勇，首惧逃匿，派先稣领兵丁十人往迎，并

扈从缅王至阿瓦。缅王遂委任先稣领归就猛勇酋长职务。先稣领，岁以包金蜡条贡献缅王，相沿至今。

十八、室利稣赦打（公元一五三〇年就位六月而卒）

刀糯猛有子二人。长名室利稣赦打，次名刀应猛。刀糯猛死，天朝委其长子室利稣赦打为宣慰使。

十九、刀应猛（公元一五六九至一五九八年）

室利稣赦打任事六月而卒。天朝委任其弟刀应猛为宣慰使。刀应猛派遣官员四员，计江东选派一员，江西选派一员，首都景永简派二员，扈从缅王至黄金国之阿瓦。是年为祖腊九三一年（隆庆三年己巳，公元一五六九年）。

缅王以宣慰使刀应猛归顺缅朝，特诏授宣慰使为"左碑国大自主福禄至善王"，并以公主孃呵钪妻宣慰使，称曰金莲王后。赐象牙印一颗。印宽三指，中刻须弥神山，周以铁围，山七座，其下有海，有三柱，有鳌鱼一对，其上有浮图，有日，有月。附赠妆奁如下：

大象四，雌雄各一对，高六肘；金筶器一对，具十二棱，边嵌宝石；金碗一对；梹榔盒即石灰盒一对；小金狮子一对；金暖壶套一个，镂凤一头，并嵌宝石；金质发油瓶一个，镂双凤，并嵌宝石；金饭勺一把；金冠一顶，嵌宝，并镶金花二十四朵；金梹榔盘二十五个；金舆一乘，嵌宝，金水壶一个，金质水壶盖碗一个，并嵌宝；金质痰盂一个；包金长刀十把，嵌红宝石三行之金长刀二把；象牙柄长刀一对，锐钗一对；包金矛十六杆，包银矛十六杆；白色伞盖一对，伞分三层，每层装金质菩提叶十二枚，共装金质菩提叶三十六枚；单重伞盖一对；贴金仪冠一对；金伞十二把；斧仗一对；蒴仗一对；日形仪仗一对；刺骨朵一对；贴金葵扇一对；金拖鞋一对；金帽十二顶；包金拐杖一对；红漆锡仗一对；贴金大镲一面，径五札（大指与食指或中指张开之距曰札，前者曰小札，后者曰大札，一札约五寸或五寸余）；贴金钹一对；细腰鼓一个；九声鼓一套，计九个；丁宁鼓一个；叽哩鼓一个；银笆（一种知箫）一对；大银笆一管；军号一对；贴金象鞍二对；铜质大炮一对；手形仪仗一对；舞杖十二根；方形莲花边伞盖十二把；官廨模型一所，计十二间，凡二层，覆瓦，有四柱贴金；贴金宝座一，高三肘，长四肘，饰以油灰所制花并嵌霁蓝，座前两角，各立一护法，荷长刀，守宝座，共二像；饰金叶幛一张；金缕围裙一条；金缕礼服（即外衣）一袭；红金绒礼服一袭，镶花边宽三指，宣慰官廨宝座服饰即准此式。上列礼物，由缅王派遣使臣，赍诏护送公主，随宣慰贡使至景永。

宣慰史得讯，甚喜，乃派遣十二版纳官员往迎于郊，蜂拥入景永城，呈百戏，大开庆祝。事闻于天朝，由猛些（昆明）长官饬令宁洱、思茅两地长官到景永。天缅双方，皆极融洽。宣慰使感激恩遇，于是敬以天朝为父，缅朝为母。天朝使臣扶宣慰使左手，缅方使臣扶宣慰使右手，扶其登宝座，共举为宣慰使，行滴圣水礼。同时并滴水上孃稣挽纳霸督玛王后，尊号为孃麻哈稣挽纳霸督玛阿戞麻些嬉王后。

接诏仪式，系用苓茎席一张，红白布各一幅，蜡条八对，饮水壶一，九赆水银一槐（傣衡十二槐为板，十板为闷，十闷为线。槐之一为吶为吩。十吩为帖，十帖为吶，三十三吶为一板。一槐等中衡库平制三两三钱）。将诏旨接来后，命总庶务官前往守护至吉日，宣慰使以金碗一，盛诏旨置银质笾器之中，以红巾一方覆金碗之上，而由书记官将诏旨捧入官廨之大礼堂开读。宣读毕，诏书、金碗、银笾及红巾，均交宣慰使收存。

诏书读后，宣慰使召集所有十二版纳各部正副长官会议议决，随与缅甸使臣等同诣佛寺中，面对佛像、佛经及主持三个佛之代表者，竭诚宣誓。礼毕，缅使回缅复命，宣慰使颁给如下之赏赐：

计赐予缅朝大使九赆银（下同）一板，副使银八槐，三等使节银六槐，四等使节银四槐，象奴四人及随从兵丁十四名，每名银一槐。赐孟艮大头目九赆银（下同）八破（缅制四破为一砰，十砰为一砿，十砿为一碾，或作砋，一碾即一缅片，约合中国衡库平四十四两），二头目银六破。自后聘使赏赐，即准此例。

此外，又赠天朝首官九赆银一板一槐，次官九赆银一板，三等使官九赆银八槐，四等使官九赆银六槐。赠一等随员九赆银一槐，二等随员九赆银五破。后循此例。天缅两方官员使节，各归本国。

是年为闰年，有两个九月。缅王派员贺宣慰使守夏节，宣慰使荐以苓茎席，用红白布各一方，蜡条四对，饮水壶一，九赆银八破，派书记官以银笾将缅王诏旨捧入官廨礼堂宣读。礼毕，宣慰使赠缅使首官九赆银六槐，次官九赆银五槐，跟丁四名每名九赆银一槐，共四槐。又赠孟艮大头目九赆银六破，二头目九赆银四破。嗣后凡来贺守夏节使者，亦循此例赐赠。

祖腊九三二年庚午（隆庆四年，公元一五七〇年），金莲后生一子，取名刀韫猛。后并主建大佛寺一所，寺址位在景永城之西部，塑佛像一尊，坐宝座上，面向大缅国阿瓦城，名金莲寺。傣仿名瓦菠炕，亦金莲寺之意也。

后至景永三年，谷凡四熟，颇思念父母，要求宣慰使允许回缅省亲。宣慰使乃命十二版纳各属土司，派员护送金莲后至阿瓦，并收集十二版纳礼物送呈缅王。

计景陇、猛罕等宣慰使直辖地为一版纳，贡金瓶一个，重六破，金花六朵，每朵银重一破，银花六朵，共重六破。包金蜡条一对，重一板。缎子二匹。小缎四匹。湖绉四匹。盐四包。茶四筒,每筒五团。马一匹,不择毛章,不忌恶旋,亦不更换。金花金瓶,不计赶色。

猛遮、景鲁、猛翁为一版纳。贡金瓶一个,重八帖。银瓶一个,重八帖。小缎二匹,湖绉二匹。

猛笼为一版纳。贡金瓶一个,重八帖。银瓶一个,重八帖。小缎二匹,湖绉二匹。

猛浑、猛板为一版纳。贡金瓶一个,重八帖。银瓶一个,重八帖。小缎二匹,湖绉二匹。

景真、猛海、猛阿为一版纳。贡金瓶一个,重八帖。银瓶一个,重八帖。小缎二匹,湖绉二匹。

景洛、猛满、猛昂、朗妾、猛康为一版纳。贡金瓶一个,重八帖。银瓶一个,重八帖。小缎二匹,湖绉二匹。

以上为江西六版纳贡礼。

猛腊、猛半为一版纳。贡金瓶一个,重四破。银瓶一个,重四破。小缎二匹,湖绉二匹。

猛岭(普腾)、猛旺为一版纳。贡金瓶一个,重八帖。银瓶一个,重八帖。小缎二匹,湖绉二匹。

猛拉(思茅、六顺)、猛往为一版纳。贡金瓶一个,重八帖。银瓶一个,重八帖。小缎二匹,湖绉二匹。

猛捧、猛润、猛漭为一版纳。贡金瓶一个,重八帖。银瓶一个,重八帖。小缎二匹,湖绉二匹。

猛乌、妾猛、乌得为一版纳。贡金瓶一个,重八帖。银瓶一个,重八帖。小缎二匹,湖绉二匹。

整董、播剌(倚邦)、易武为一版纳。贡金瓶一个,重八帖。银瓶一个,重八帖。小缎二匹,湖绉二匹。

以上为江东六版纳贡礼。

上列十二版纳贡礼运达阿瓦后,用纸一一包妥,分装十二箱(每版纳一箱),具文呈献缅王。其文曰:

> 敝邑景永左碑国大自主福禄至善王,敬谨贡献于至福大皇帝殿下,主为世界万国之主,主为白象之主,主为赤象良象良驹之主,主为金山银山之主,主为琉璃宝山之主,主为舶渡之主,主有七宝,主为世界最大之支柱,主为琼楼玉宇之主,如太阳一样,光亮而美丽,主为美丽的月,黄金的莲花,百卉金光灿烂,无可比拟者,主保有五种传国宝器,主为佛教大护法,主有前世带来之福泽,主有佛教戒律,有全智全能,主有官家十箴,有七德(勇、耻、廉、礼、信、智、义),主足以统治世界各国。敬谨进贡金花银

花、全瓶银瓶、缎绸等，后亦永循此例。特命敕国十二版纳各首长，派遣代表使臣，敬具蜡条，一同呈送大皇帝殿下。敕邑敬奉大皇帝殿下为主，十二版纳愿永为臣仆，负担任何赋税及力役。敬谨祝五谷丰登，事事如意。仰祈睿鉴。

奏上后，又具文多件，一呈世子，一呈国会总理，一呈大元帅（诏绷牧），一呈驻缅京代办，一呈猛乃议会，一呈市长，请求给予指导帮助，并分别致送缅朝官员如下之礼物：

计送大元帅金丝线五板，计百支，红毡十床，皮衣一件，针十包，鞋十双，茶二筒，金碗一个，重五砰，镂花银碗一个，重八砰，银刀一把，大缎一匹。送世子二人，共大缎二匹，小缎二匹，湖绉二匹，鞋二双，针四包，金线二十支。部长四员，共大缎四匹，小缎四匹，湖绉四匹，鞋四双，针四包，金线四十支。秘书四员，共大缎四匹，小缎四匹，湖绉四匹，鞋四双，针四包，金线四十支。道员四员，共大缎四匹，小缎四匹，湖绉四匹，鞋四双，针四包，金线八支。王室发文官四员，共小缎四匹，湖绉四匹，鞋四双，针四包，金线八支。书记官（鲊也己）四员，共小缎四匹，湖绉四匹，鞋四双，针四包，金线四支。庶务官（傲双尧）四员，共小缎四匹，湖绉四匹，鞋四双，针四包，金线八支。王室收文官四员，小缎四匹，湖绉四匹，鞋四双，针四包，金线八支。书记（鲊也）一员，小缎一匹，湖绉一匹，鞋一双，针一包，金线二支。特约驻国会代表（朗倮堕）一员，小缎一匹，湖绉一匹，鞋一双，针一包，金线二支。

宣慰使所派员贡使四员，计江东长官一员，江西长官一员，首都大员一员，书记官一员。首都大员发差盘纹银一碾，并马一匹，值五砣。书记官发差盘纹银七砣五砰，并马一匹，值五砣。江西长官发差盘纹银七砣五砰，并马一匹，值五砣。江东长官发差盘纹银七砣五砰，并马一匹，值五砣。每员随带兵丁三名，共十二，每名给差发纹银三砣，共给公共驼马四匹。

九三四年壬申（隆庆六年，公元一五七二年），十二版纳各官员，将所携贡品呈献缅王，并分别送世子、首相（即国会总理）及其他缅方官员，完毕后乃归。各员归时，缅王赍赐宣慰使锦帷二幅，金缕布一幅，围缦四袭，幞四匹（每匹长二十挛者），帘四幅，黄布四段，喃褊四段，紫檀香二板，白檀香二板，黑药二板，阿魏二板，胡椒二板，柊極果二板，白糖二板。赐诏猛扁（猛腊土司）围缦一袭，幞一段，紫檀香一板，白檀香一板，帘二幅，黄布二段，喃褊布二段，白糖一板，柊極果一板。赐总理叭先景哈帘一幅，幞一条，黄布一段，喃褊布一段，紫檀香五槐，白檀香五槐，白糖五槐，胡椒五槐，柊極子五槐。赐阁员四员，每员帘一幅，幞一条，紫檀香五槐，白檀香五槐，胡椒五槐，白糖五槐，柊極子五槐。赐十二版纳各土司每版纳幞二条，喃褊布二段，帘二幅，黄布二段，紫檀香五槐，白檀香五槐，胡椒五槐，白糖五槐，柊極子五槐，共十二份。

又赏赐贡使四员，每员呢绒一幅，洋布一匹（长二十拏者），金缕布一幅，共四份，每员一份。以后贡使即增至十员，而此项赏赐，亦限四份。

九六〇年戊戌（万历二十六年，公元一五九八年）刀应猛卒。

《明史》卷《刘綎传》说：

（万历）十年（公元一五八二年）冬，缅甸犯永昌、腾越，巡抚刘世曾请济师。明年（公元一五八三年）春，擢綎游击将军，署腾冲守备事。……

当是时，车里、八百、孟养、木邦、孟艮、孟密、蛮莫皆以兵助贼，贼势益盛。黔国公沐昌祚闻警，移驻洱海，巡抚刘世曾亦移楚雄，大征汉土军数万，……綎复率兵进缅，缅将先遁，留少兵陇川。綎攻之，凤（岳凤）子曩乌亦降。綎乃携凤父子往攻蛮莫……复移师围孟琏，生擒其魁。

云南平……

《泐史》下卷"猛约、猛奔"条说：

祖腊九五六年（明万历二十二年甲午，公元一五九四年），宣慰使刀应猛嫁其女于南掌首为后，以猛约、猛奔赠嫁为其女之妆奁邑，自后猛约、猛奔即属南掌管辖。

《明史》卷三一四《云南土司二》"元江"条说：

万历十三年（公元一五八五年），以元江土舍那恕招降车里功，许袭祖职，赏银币领长官司一，曰因远罗必甸。

二十、刀韫猛（公元一五九八至一六二七年）

九六〇年戊戌，天朝委任刀韫猛为宣慰使。韫猛并派遣丞相赍文呈报缅王。缅王同意，承认其为十二版纳之主，以继承其父之位。

九八九年丁卯（天启七年，公元一六二七年），缅王命将击猛泐，获胜，掳宣慰使刀韫猛、猛遮酋诏四闷那尹打劳，及所有十二版纳江西各地居民至阿瓦，仅残余极少数之人种而已。翌年，方有少数人民逃归，并招收猛戛一带之汉摆夷移民、领垦荒地，一切地方组织习惯不变更。此后，缅王稣妥坦麻逻阇遂建于阿瓦以居，不复往大光鸿萨。筑官室，置官吏，礼法制度一仍旧惯。

《明史》卷三一五"车里"条说：

天启七年（公元一六二七年），巡抚闵洪学奏缅人侵孟艮，孟艮就车里求救，宣慰使刀韫猛遣兵象万余赴之。缅人以是恨车里，兴兵报复。韫猛年已衰，重赂求和。缅闻韫猛子召河璇有女名召乌冈，色美，责献。乌冈、河璇别以女给之。缅知其诈，大愤，攻车里愈急。韫猛父子不能支，遁至思茅地。缅追执之以去，中朝不及问，车里遂亡。

《车里宣慰世系》没有说到缅甸掳韫猛事，《车里宣慰世系考订》说：

祖腊九八九年（天启七年，公元一六二七年），缅王命将击车里，获胜，掳宣慰使刀韫猛，及所有十二版纳江西各地居民至阿瓦，时年五十七岁。

但在注解中又指出：

唯据闵洪学奏疏，原文〔谓〕韫猛被掳于万历四十四年，当祖腊九七八年，公元一六一六年，则又有十一年之差也。

又据《全滇纪要》第一"普洱府"中说：

天启七年（公元一六二七年），缅甸执宣慰司。元江土府那氏，遂全据车里。

廿一、室利稣坦玛（公元一六二八至一六三九年）

九九〇年戊辰（崇祯元年，公元一六二八年），刀韫猛卒。有一子名室利稣坦玛，天朝委任为宣慰使。彼并派遣官员赍文呈报缅王。缅王委室利稣坦玛为缅方宣慰使。一〇〇一年己卯（崇祯十二年，公元一六三九年），室利稣坦玛卒，年四十七岁。有子二人，长诏杭勒，次刀穆祷。

廿二、诏杭勒（公元一六四〇至一六六九年）

一〇〇一年己卯，室利稣坦玛卒。天朝委其子诏杭勒为宣慰使，时祖腊一〇〇二年庚辰（崇祯十三年，公元一六四〇年），年二十二岁。后满清世祖已战胜明朝，入主天朝，得登大宝。明朝败亡，于是诏杭勒乃献金满清而归顺焉。顺治十八年（祖腊一〇二三年，公元一六六一年），天朝颁给印信挂封照纸，委任刀诏杭勒为宣慰使，而领域则扩展至元江云。

刀诏杭勒在职三十年，年五十二卒，时岁在己酉，祖腊一〇三一年（康熙八年，公元一六六九年）。诏杭勒有二子。长香猛，早死。次刀懦猛，尚幼。

廿三、刀懦猛（公元一六六九至一六八一年）

一〇三一年己酉，刀懦猛为宣慰使，尚幼。天朝乃委任其叔刀穆祷代理司务。祖腊一〇三五年（康熙十二年癸丑，公元一六七三年），吴三桂叛清，独立称帝，将顺治所颁印信概行缴去，而另颁一新印给刀儒猛，仍与刀穆祷共理地方事。儒猛在职十二年，年二十五岁卒。乏嗣。时岁在辛酉，祖腊一〇四三年（康熙二十年，公元一六八一年）。

廿四、刀穆祷（公元一六八一至一六八四年）

一〇四三年辛酉，刀穆祷继为宣慰使。是年，吴三桂之乱平，穆祷入贡。天朝颁给印信，命为宣慰使。穆祷并派官员赍文呈报缅王。缅王许之，委刀穆祷为缅方宣慰使。一〇四六年甲子（康熙二十三年，公元一六八四年）穆祷卒，得年五十一岁。有子一人，名诏匾猛。

《全滇纪要》第一"普洱府"中说：

> 顺治十六年（公元一六五九年），刀穆祷自江干投诚。

这与这里所说的康熙二十三年（公元一六八四年）相差有了二十五年之久。就算刀穆祷在刀儒猛时代代理宣慰使职的时候投诚于清廷，也是在康熙十二年（公元一六七三年），相差也有十四年之久。

原文《世系》有一位领主叫做刀猛桃。原文《世系》说他是刀穆祷的儿子。刀猛桃有儿子名诏匾猛。若照原文《世系》，诏匾猛应为刀穆祷的孙儿。《泐史》把刀穆祷与刀猛桃当为一人，故谓刀匾猛为穆祷之子。

原文《世系》关于诏抗勒以后数位领主的记载如下：

> 诏钪勒有二子。长刀香猛，未及继承父职而卒。次子名刀儒猛，父死时尚幼，其叔父刀穆祷抚之为子。诏钪勒卒。刀穆祷于萨喀九八五年癸亥（公元一六二三年）继承其兄之位，时年十七岁。在位五年，年二十二岁薨。时岁在戊辰，萨喀九九〇年（公元一六二八年），是为第十九世。

> 刀穆祷有一子名刀猛桃。刀穆祷卒。刀儒猛即于萨喀九九〇年（公元一六二八年）戊辰，继其叔之位，时年十三岁。在位十二年薨（公元一六四〇年），乏嗣，是为第二十世。

> 刀穆祷有一子名诏匾猛。刀猛桃于萨喀一〇〇二年庚辰继承兄位，时年十七岁。在位四年，年二十一岁薨。时岁在甲申萨喀一〇〇六年（公元一六四四年），是为第二十一世。

这与《泐史》或《世系考订》所记载不只时代有所不同，领主名字也有所不同。

廿五、诏匾猛（公元一六八四至一七二四年）

一〇四六年，天朝委任诏匾猛为宣慰使。乃派官员呈文缅王。缅王许之，委任为缅方宣慰使。时匾猛年方四岁，由孃蝶宇（太后）摄政。孃蝶宇时年四十四岁。至一〇六四年壬午（康熙四十一年，公元一七〇二年），匾猛已二十二岁。孃蝶宇乃归政于匾猛。一〇七五年（康熙五十二年，公元一七一三年）孃蝶宇卒，年七十三岁。

匾猛在职四十四岁卒，时祖腊一〇八六年（雍正二年，公元一七二四年）。匾猛生二子，长刀金宝，次刀绍文。

《泐史》下卷"猛博"条说：

祖腊一〇七五年（清康熙五十二年癸巳，公元一七一三年），宣慰使诏匾猛嫁其女于猛博酋，即将猛博由其婿主管。后其婿输诚天朝，猛博即不再隶属景永。

同处"猛班"条说：

祖腊一〇八〇年（清康熙五十七年，公元一七一八年），宣慰使诏匾猛嫁其女于猛班酋，即将猛班交其婿主管。后其婿输诚天朝，猛班就不再隶属景永。

廿六、刀金宝（公元一七二四至一七二九年）

一〇八六年甲辰，天朝委任刀金宝为宣慰使。金宝乃派遣官员赍文呈报缅王。缅王许之，委任金宝为缅方宣慰使。一〇九一年己酉（雍正七年，公元一七二九年），金宝卒。有一子，患口吃，语言不明，人民诨之曰刀套呼糯。刀套呼糯之子诏墨。诏墨之子诏冈、诏希、诏香（早死）、诏麻哈仔、诏杭刺等。天朝皆不予委任，此是后事。

刀金宝在位之第四年，据《泐史》卷下曾有关于钱粮一条的记载。兹录之于下：

雍正在位之六年（祖腊一〇九〇年，公元一七二八年），猛遮诏四闷那冈孔，奉宣慰使命兼管江外八猛，且远至南览、南毗两河源头等地。

十二版纳自经缅王法稣妥坦麻逻阁大肆掳掠以来，地方荒凉，居民稀少，无力送粮上纳天朝，遂会议决定以银两折缴，计共应纳谷米一千零八十四石，分配如下：

景陇应缴粮银：五九三两七钱四分八厘二毫。

猛朗应缴粮银：四六四两三钱五分八厘八毫。

江西八猛应缴粮银：五五九两六钱九分二厘二毫。

猛笼应缴粮银：三三九两一钱一分八厘二毫。

思茅六顺应缴粮银：二二七两六钱七分四厘八毫。

猛往应缴粮银：二〇两。

猛伴应缴粮银：三三两八钱七分一厘。

补角应缴粮银：一六两九钱四分七厘八毫。

易武应缴粮银：二八两一钱七分九厘八毫。

猛旺应缴粮银：四八两八钱八分二厘四毫。

猛岭应缴粮银：一九两四钱八分三厘五毫。

倚邦应缴粮银：三九七两八钱七分九厘八毫。

共二千七百四十九两八钱三分六厘五毫。

景陇至易武等处粮银应秤缴于思茅。猛旺粮银应秤缴于普洱。每次送缴银两需工人二名，每名给九赆或八赆银六两，共十二两。

猛遮千总及江西各猛应缴粮银、条丁、火耗等项如下：

江西各猛应缴粮银（包括解批折明纸扎银袋等）三九一两二钱一分。

条丁：一九四两七钱五分。

火耗：三八两九钱五分。

补正项：二五两六钱五分。

共：六五〇两五钱六分。

外加印信缴价：五四八两七钱八分五厘。

总共一千一百九十两三钱四分五厘。

上列各项除印信缴价外，以九十五个"呵冷"（门户单位）下均分配负担计：

猛遮：三十四呵冷。

猛潘：十六呵冷。

猛海：十四呵冷。

猛阿：十呵冷。

猛满：七呵冷。

景真：六呵冷。

猛昂朗安：三呵冷。

猛景洛：三呵冷。

猛康：三呵冷。

议定按门户多寡分配，山居民族（卡）十户等于原居民族（傣）五户，照此计算，平均缴纳天朝，一如买水吃、买路走一般。

应纳各项粮银共八项，其名目及每呵冷应纳数目开列如下：

正项粮银每呵冷应上纳：二两七钱〇分四厘。

条丁银每呵冷应上纳：二两〇钱五分〇厘。

火耗银每呵冷应上纳：四钱一分〇厘。

补正项银每呵冷应上纳：二钱七分〇厘。

解批银每呵冷应上纳：五钱七分四厘。

折明银每呵冷应上纳：四钱四分〇厘。

银袋银每呵冷应上纳：三钱三分〇厘。

纸扎银每呵冷应上纳：七分〇厘。

计每呵冷应合纳正项、条丁、火耗、补正项、解批、折明、银袋、纸扎银六两八钱四分八厘。

猛遮三十四个呵冷单位应共纳：一三二两八钱三分二厘。

猛潘十六个呵冷单位应共纳：一〇九两五钱六分八厘。

猛海十四个呵冷单位应共纳：九五两八钱七分二厘。

猛阿十个呵冷单位应共纳：六八两四钱八分〇厘。

猛满七个呵冷单位应共纳：四七两九钱三分六厘。

景真六个呵冷单位应共纳：四一两〇钱八分八厘。

猛昂朗妾三个呵冷单位应共纳：二〇两五钱四分四厘。

猛景洛三个呵冷单位应共纳：二〇两五钱四分四厘。

猛康二个呵冷单位应共纳：一三两六钱九分六厘。

以上猛遮及其兼管八猛之钱粮共六百五十两五钱六分。此外，并决议每呵冷抽给猛遮总书记官银一钱，又每呵冷预备金五分。

廿七、刀绍文（公元一七二九至一七六七年）

一〇九一年己酉，天朝委任刀绍文为宣慰使，时年十五岁。绍文派员赍文呈奏缅王。缅王委孟弨（傣名）刀绍文（汉名）为缅方宣慰使。一一二九年（乾隆三十二年丁亥，公元一七六七年），天朝怨其不能办事，革之。刀绍文有六子及孙曾孙等甚多，有如下者：

长子刀维屏。维屏生一子，曰刀永和（傣名诏占）。

次子刀诏丁。诏丁生二子。长诏麻哈捧，诏麻哈捧生麻哈桑。次子诏麻哈喃戡，诏麻哈喃戡生诏糯钪及诏捧。

三子诏匾，早死，乏嗣。

四子刀士宛。士宛生子三人。长刀太平（诏公满），早死。二子刀太和（诏麻哈蓊）。太和生刀绳武（麻哈雷）。三子刀太康〈（诏麻哈辋）〉。太康生刀正综（稣鲊挽纳）及刀承综（朗麻阿吾塔）。

五子诏香，早卒，乏嗣。

六子诏宰。诏宰有二子。长诏麻哈鹏，次子诏卡丁（早卒）。有一女，尚幼，诏宰即死。

王婆楞《中缅关系史》第五十八章有论关于刀绍文在位末年的车里的事情。兹录之于下：

> 乾隆二十八年（公元一七六三年），清廷以刘藻为云南巡抚，额尔图格为提督，盖以边境时报，不得不重视西南。夫当桂家、木邦之败窜也，总督吴达善令永顺镇府诱至肆市，是不啻代缅甸以剪除，雍氏气焰遂日炽，而有清一代之中缅冲突起矣。雍氏行所无忌，先侵扰徼外土司，渐及于内属各地，此势所必至也。宫里雁之死，其妻囊占先怨孟连，袭杀刀派春及其家口二十六人，并杀死救护男妇六十三人，且兼怨中国，欲构成中缅相斗，及嗾使孟艮内犯车里土司，扬言将渡滚龙江。时承平日久，民不知兵，西南之祸，吴达善实促之成也。是年冬，缅王雍憏驳先遣刀派先之兄刀派新自阿瓦还至孟连，征索币货，又遣木卜布拉及木邦罕黑至耿马责其礼。
>
> 普洱之十三版纳者，本车里土司地，先是雍正七年（公元一七二九年），鄂尔泰总督云贵时拓降之，始割其地置府，至此缅人亦来索米，永顺镇总兵田允中，普洱镇刘德成，知府达成阿橄土司率兵御之。杀其头目卜布拉、召罕标，余众溃走。孟艮本缅属，距普洱千余里，土司召孟容与弟召孟必不能相容，召孟必之子召散赞召孟容于缅，缅人执之，其子召丙走南掌，寻入居于十三版纳之孟遮。召散因令素领散听、素领散撰、素领党阿、乌弄等犯打乐，分侵九龙江、橄榄坝，车里土司遁去，召散所令众入据其城，此即宫里雁妻囊占嗾使之所致也。时刘藻代吴达善为云贵总督，常钧为云南巡抚，橄大理顺宁营兵七千往剿，游击司邦直先进，为孟艮众素领散听等所围，会参将刘明智至，夹攻破之，乘胜复车里土司城，进攻猛笼、孟歇、孟混、孟遮诸垒，连破之，然孟艮众往往窜伏，未肯即退。藻议益以曲寻、楚姚兵二千，未至，而参将何琼诏、游击明浩等，闻孟阿又为孟艮众所攻，遽率兵过滚龙江，束器械以行，不设备入山，猝遇其众，兵败，皆论斩。时乾隆三十年（公元一七六五年）也。

《泐史》下卷"缅犯猛笼"条说：

祖腊一一二六年（清乾隆二十九年甲申，公元一七六四年），缅将波丁阁犯猛笼，猛笼居民尽行逃散。是役猛潜土弁诏版纳，猛笼土弁诏阿林，景真土弁诏叭竜版纳，皆死之。

同处"缅侵猛遮"条说：

　　祖腊一一二七年（清乾隆三十年乙酉，公元一七六五年），缅人侵扰，战于南坎，缅兵一支侵猛遮，猛遮不能御，土弁阿雅诏四闷那名刀守甫者，率领人民于五月黑分初二日迁避于猛班，至十一月黑分初九日缅人退后，方行归来。一一二八年（清乾隆三十一年丙戌，公元一七六六年）八月白分初三日还驻旧城子。

又同处"缅陷打洛"条说：

　　总兵华大人（华封）原驻防孟艮，后撤回。缅人复来犯时，把总韩荣带兵二百名守打洛。缅众四千人，鏖战二十日，而驻猛潜之部拥兵不往救援。韩军遂覆，把总韩荣死之。士卒逃出者仅四名。时祖腊一一二九年（清乾隆三十二年丁亥，公元一七六七年）五月黑分十一日也。后天子廉得其情，将拥兵不救之汉官三人（司邦直、甘其卓、权恕）处死。

廿八、刀维屏（公元一七六七至一七七七年）

　　一一二九年丁亥，天朝委任刀维屏为宣慰使。维屏派员赍文呈报缅王。缅王许之，委任维屏为缅方宣慰使，委其弟诏丁为缅方副宣慰史。翌年，维屏及其弟诏丁，因听信其婿诏猛乃及猛勇诏光之间，甚怨天朝，乃驼载家物，并携同亲眷逃往猛勇。后回司治。天朝疑之。一一三五年癸巳（乾隆三十八年，公元一七七三年）派员莅查，先后将士宛及维屏拘至宁洱，随一同解送至昆明，革维屏及诏丁职。维屏之子诏占，诏丁之子诏麻哈捧及诏麻哈戡喃，天朝俱不予承袭。

廿九、刀士宛（公元一七七七至一七九六年）

　　一一三九年丁酉（乾隆四十二年，公元一七七七年），天朝夺维屏车里军民宣慰使印信给其弟士宛，命回十二版纳继承其兄之位，而留维屏。一一四三年辛丑（乾隆四十二年，公元一七八一年），维屏客死昆明，年四十五岁。一一五二年庚戌（乾隆五十五年，公元一七九〇年），缅甸马政司兼骑兵统领为猛乃统帅，派行人多绷雁左蝶瓦赍诏招士宛至缅承袭，并领取印信。士宛甚喜，乃派诏蕴至缅，求缅主给委刀士宛为缅方宣慰。缅王许之，并发任状。一一五八年丙辰（嘉庆元年，公元一七九六年）五月白分初四日，刀士宛卒。彼有三子。长太平,早卒,乏嗣。次太和。三子太康。四女。长孃區猛竜,次孃冈,三女孃香丙,四女孃娓逢。长女适孟琏宣抚。次女字猛乌土弁。三女字猛捧诏法。四女字普腾土弁。

《泐史》下卷"版纳丙朗"条说:

祖腊一一五六年（清乾隆五十九年甲寅,公元一七九四年）,刀士宛嫁其女孃扁猛竜者于孟琏,以版纳丙朗赠嫁其女为妆奁邑,自后版纳丙朗遂不属景永矣。

又据《泐史》下卷"十二版纳"条记载祖腊一一四七年（乾隆五十年乙巳,公元一七八五年）,上议院首席诏景哈召集十二版纳各大头目、各土司贵族等,会于议院,并呈准宣慰使将十二版纳另订为九个大版纳、三个小版纳。关于这次决定的各版纳名称,我们已在上面列举,这里不重述。

三十、刀太和（公元一七九七至一八〇二年）

一一五九年丁巳（嘉庆二年,公元一七九七年）,天朝委任刀太和为宣慰使。太和乃派员至缅甸请求缅加委。缅方以太和年幼,不准。随派野刺赍文书往召诏丁,命其去缅疏说,愿为天缅双方臣仆。诏丁乃派孟遮叭竜铿及景陇叭乌丁赴缅为己请求,缅王许之,委任诏丁为缅方宣慰使。天朝委刀太和而缅方委诏丁,伯侄二人同为宣慰使。一年,诏丁因听猛勇诏光之怂涌,拒受缅王叵柁诏命,与缅对垒,兵败逃匿。缅入诏丁之营,擒诏光杀之,取其首级并其女孃蝶解送缅王。缅军旋营于景永。诏丁匿山中不出。缅军遂将景蛮竜之诏丁官邸焚烧罄尽,方撤回阿瓦。诏丁丁于一一六二年庚申（嘉庆五年,公元一八〇〇年）卒。诏丁有二子。长名诏麻哈捧,次诏麻哈戡喃。天缅二方俱革斥不予委任。是年,刀太和派猛遮叭竜皎慷扁逻阁仔赍文呈缅王请袭。缅王许之,委太和为缅方宣慰使,缅使持任状至景栋,而刀太和病死,任状无可交付。是年为一一六四壬戌（嘉庆七年,公元一八〇二年）。太和有一子,方二岁,太幼不能任事。十二版纳遂会议决定往猛笼迎刀永和（诏占）为主,但天朝不准,永和乃派猛海诏俊猛笼逻阁仔偕同缅方来使,至阿瓦请袭。缅王遂委刀永和为缅方宣慰使。后来,刀永和与诏麻哈捧不睦,永和乃派翊卫遽将诏麻哈捧杀死于景洛。江东六版纳素右诏麻哈捧,不服由猛捧诏法为首,统兵攻永和。江西六版纳不敌,永和携妻小往依景栋土酋,家于蛮迈兑。永和旋至阿瓦,请求缅王出兵助己返十二版纳,并愿献江西之六版纳于缅,其江东之六版纳仍归天朝,以江为界。缅王以向无此例,并以永和意在挑发战争,不为所动,并下永和于狱,然后交付总督萨舵,将其流放于猛乃。

卅一、刀绳武（公元一八〇二至一八三三年）

一一六四年壬戌（嘉庆七年，公元一八〇二年），刀绳武嗣为宣慰使，时年方二岁。天朝乃命刀太康为代办，颁发印信照纸，准管十二版纳。一一六五年癸亥（嘉庆八年，公元一八〇三年），景迈戛于腊略地猛别、猛南，屯兵至打洛。时潞东未附戛于腊者，仅刀永和一人。一一六八年丙寅（嘉庆十一年，公元一八〇六年），蕴孟蒙为猛乃统帅，乃命刀永和随缅将萨雅左那诺，将兵去屯于孟琏，并进至猛遮。刀永和以曾被缅拘禁不满，且欲借戛于腊兵以占领十二版纳，再为宣慰使，乃暗赍币帛于打洛戛于腊，招戛于腊移营于景真湴瓦之八角亭。于是刀永和遂倒戈归顺于戛于腊，并潜携妻小至戛于腊营，后随戛于腊逃往景迈而死。

自一一六八年至一一七〇年（嘉庆十三年戊辰，公元一八〇八年），景栋、景永（十二版纳）、孟琏、景千（整欠）、猛勇各地，经缅将萨雅左那诺与暹罗戛于腊之惨烈鏖战，地方糜烂，村舍荡然。各地官民纷纷逃往耿马、猛戛、猛博、猛堕、猛班、交趾、老挝以及汉地以避。其未能逃避者，概被戛于腊掳往景迈、猛南、景永一带，遂荒芜无人居矣。一一七五年（嘉庆十八年癸酉，公元一八一三年），天朝责成代办刀太康负责招收逃散官民回景永，建筑村寨以居。时景千、猛勇居民尚未归回，戛于腊又转至景栋、猛琏一带，从事建设地方工作，为久驻计。

一一七九年（嘉庆二十二年丁丑，公元一八一七年），天朝正式委任刀绳武为宣慰使。时缅太子麻哈臬谬为缅军统帅，遣使至景永召刀绳武、刀太康赴缅。两人因职务不能离，乃命诏麻哈仔、诏打洛、叭竜钪总补为代表，随缅使至阿瓦。缅王不悦，言如刀绳武及刀太康不躬亲前来，则不允许。另派缅使莽拉左爪、孟广蝶偕同景永代表诏麻哈仔、诏打洛至景永，促刀太康及刀绳武赴缅。刀绳武因掌管印信，无法离去。一一八〇年戊寅（嘉庆二十三年，公元一八一八年），由其叔刀太康率领江东与江西各首长，随缅使到阿瓦，拜谒缅王叵柁。缅王甚喜，即委刀太康为缅方宣慰使，衔为左硨纳戛剌麻哈辋萨逻阇。是年，刀太康即回景永就缅方宣慰使职。斯时景永有两宣慰使。天朝承认刀绳武，缅朝承认刀太康。后因政权争夺，叔侄不睦。刀太康势大，刀绳武知不敌，讬故避往思茅。江东官民悉往依之。后绳武对汉官有所不满，暗遣猛旺诏畿喃赍币往猛别、猛南，招戛于腊来攻刀太康。一一八四年（道光二年，公元一八二二年），战于橄榄坝。戛于腊不敌，转掠猛约、猛奔。时缅方遣将瑞麟迭瓦，挑选敢死部队百五十名，先至景永。刀绳武见缅兵至，又惧汉官加罪，不敢退往思茅。遂弃妻子于思茅不顾，而匿倚邦山中。缅将瑞麟迭瓦侦悉刀绳武召戛于腊为乱情事，并其所在，径往倚邦山中，将其擒解阿瓦。同时，缅王并召刀太康至缅究问，审讯结果，缅方认为刀绳武有罪，下于王家监狱。其叔刀太康怜之，请求缅王将其释回，未许。乃请缅王准其侄刀绳武充侍从于缅王左右，忽置于狱。缅王加赠刀太康衔为左碑纳戛剌麻哈辋萨霸瓦剌稣坦玛逻阇，并准用宝座仪仗，宣慰衙门准分隔为十二间，两楼一底，底层通敞不分开，屋柱得贴金四棵，而命其仍回景永供职。

一一八七年乙酉（道光五年，公元一八二五年），刀绳武仍留阿瓦。天朝乃遣使遵八募阿鸠一道至阿瓦，向缅方索回刀绳武。初至昆明，随安置思茅，凡六载。一一九五年癸巳（道光十三年，公元一八三三年），刀绳武暗地收买剌瓦、倮黑、三橙、六顺土司、普腾土司、猛旺土司、整董土司及猛乌土司等合兵攻太康。太康进兵南养山脚，击溃绳武之众，并进至思茅。时绳武仍居思茅，疑虑汉官罪已。汉官谕令散其练勇。不应命。汉官怒，遂禀云贵总督将其革职，并收其妻子，解送昆明。绳武则怀印潜逃，后死于越南界之孟梭。

《新纂云南通志》第九十册卷一六三中说：

嘉庆十七年（公元一八一二年），暹罗夏于腊攻夺缅甸大猛养等处，置守缅人复夺回大猛养。暹罗头目召麻哈堪喃败走。三月，夏于腊由邦萨追攻缅人至九龙江。缅人败入江内，遁居普藤。夏于腊一千余人阻截江口。代办宣慰司刀太康，由小猛养亦退守普藤。四月，缅人由孟定引归。夏于腊以追缅为名，亦进至普藤，又以一千余人营橄榄坝江口，遥为声援，欲搜擒宣慰使，进攻思茅。总兵珠勒什迤南道存柱慑以兵威。夏于腊撤退，又分营潜往猛腊、猛拿。

又有南掌（老挝）头目撒英率老挝二百人，与夏于腊合。猛腊、猛拿二土弁退保乌得、猛乌。又刀永和（刀维屏子）率夏于腊数百人至九龙江，称奉暹罗国王之命来做宣慰。八月，缅甸复攻暹罗，猛腊、猛拿之夏于腊二千余人相率退。缅人又追刀永和至猛混。永和大败，逃匿。缅目召布苏邀刀太康过江相见。缅目叭追夏于腊至九龙江回，居猛混，欲于猛笼等处屯田。夏于腊亦往猛笼。彼此相拒。十一月，有夏于腊数百人屯住南掌之猛温，呈投缅文，邀内地大官相见，欲立刀永和为宣慰。二十七日，缅夏各数百人遇于九龙江外相攻。夏夷杀缅夷四人，各退。十二月，缅目麻哈卡下舍遣孟依打母细提二人来言，夏夷侵扰猛地系彼夺回，欲令宣慰使出九龙江，将八猛收回。迤南道等谕以获罪止刀永和一人，与夏于腊无涉，内地不能出兵击夏，刀太康亦不能过江相见云。时总督伯麟等奏明照会暹罗国王令其约束夏夷毋许犯境。十八年（公元一八一三年）二月，夏于腊退回整迈（清迈）。召麻哈堪喃率众赴大猛养缅营乞降。夏缅俱退。二十二年（公元一八一七年），刀太康之弟召拿图占江外，各猛怂恿孟艮召布苏遣缅目免列亚至九龙江猛遮索刀太康赴缅，守土官谕知召布苏并缅国四大万当将召拿斥逐，免列等撤回。召拿窜匿。二十四年（公元一八一九年），孟艮召布苏向车里宣慰司及十三版纳借子药粮练。普洱镇道谕遣之。车里土目刀太康，因人离间，与兄子宣慰司刀绳武不协。

  道光二年（公元一八二二年），暹罗所部夏于腊头目召喇鲊布同南掌目练来至车里边界，声言暹罗国王闻刀太康有将南掌地土投附缅国之事，故来讲理。普洱镇道饬宣慰集练防堵，并讯刀太康，实无其事。晓谕南掌无听谣言。夏于腊不从，复胁南掌目练潜入上境，经防练驱逐，走缅界，被缅人击败而遁。刀太康获南掌败练六人，得宣慰印缅文一纸，其中具言刀绳武邀约南掌同害刀太康，并有欲攻缅属孟艮之语，解送思茅审究，行至江边被孟艮缅目召布索抢获，遂疑刀绳武实欲约南掌往攻遣目来至打洛。值刀绳武查边与土弁刀灿星均被诱出边界劫往孟艮与南掌败练质对明白。查系奸人召土鼎从前向刀绳武等求充土弁不允之嫌，捏造文书，播弄所致。三年（公元一八二三）二月，缅王得云贵总督照会，即申饬孟乃缅目，令送刀绳武回江。南掌国王亦接照会约束属目，不得附夏于腊入边。时缅国有事，道梗，又烟瘴已发，刀绳武恐刀太康计害，未即回归，往居凉果园地方，其宣慰司印信，刀绳武已携带出边，令刀绳武妻刀刀氏护理土职，另给钤记。四年（公元一八二四年）六月，缅甸贡使聂缪莽腊等回国，腾越同知胡启荣告以内地法度，令告刀绳武，嫌疑已释，勿庸疑虑。并告国王派目送出，以见向日恭顺之忱。五年（公元一八二五年），刀绳武自阿瓦起程由新街一路进关，四月十九日至腾越，旋由省回车里。时刀太康避居江外。饬刀绳武访回，与和好如初。

卅二、刀正综（公元一八三四至一八六四年）

  一一九六年甲午（道光十四年，公元一八三四年），刀太康禀请天朝委任其子刀正综（诏稣鲊挽纳）承袭宣慰使。一一九八年丙申（道光十六年，公元一八三六年），刀太康卒。太康有二子。长子即刀正综，次名刀承综。

  一一九九年（道光十七年，公元一八三七年），宣慰使刀正综兄弟命叭竜塞、猛遮土司、普腾土司、整董叭捧、猛捧叭拔剌赍奏缅王。缅王同意，委刀正综为缅方宣慰使，衔为左碑纳叒剌麻哈辋萨逻阇。委其弟刀承综（亦名诏室利挽纳）为副宣慰使，即命派去使节叭竜塞赍任状回。

  一二〇〇年戊戌（道光十八年，公元一八三八年），诏麻哈戡喃、诏仔、诏糯钪、诏捧为首纠合叭竜掌、叭竜鲊那勒仔、叭宗钪等，带兵三百名回景永争袭，遽将宣慰城包围，声言将尽杀刀正综兄弟，并其亲支头人等。时诏景哈（司廊总理）及十二版纳之不同意诏麻哈戯喃等者，乃诈降之，而命猛捧土弁于夜半将刀正综兄弟送到江内之蛮那卡隐藏，随又护送至思茅。去后，诏景哈遂邀集十二版纳贵族会议，商定举诏糯钪为宣慰使，并请提升叭竜掌、叭竜鲜那勒仔、叭宗钪为司廊丞相。逮三人至司廊就职时，十二版纳各贵族等，突起伏兵，即将三人捕而杀之于司廊之内。诏糯钪惧，逃匿山中。思茅汉官见刀正综兄弟逃至，乃派员莅景永调查后，随同普洱汉官具报云南总督。总督颁饬谕于诏景哈曰："诏麻哈戯喃等违命争袭，扰乱地方，兹从逆叭竜掌三人，虽经杀死，尚有根株未除，着该诏景哈负责肃清余孽，不得有违天朝法令，违当处死。"诏糯钪匿山中，因见父兄弟族等皆被杀死，遂逃离十二版纳，往依猛班、耿马。旋复回景永纠集笆盆倮黑，扰乱十二版纳，不胜，散去，后复匿笆盆。景栋酋匋奔冷率勇五十名至景占蛮卡瓦，接取诏糯钪，使离卡剌瓦及倮黑。斯时诏景哈之部与笆盆倮黑鏖战正酣，匋奔冷得诏糯钪，即带其经过猛满、猛遮，并焚掠蛮崞、呵猛、蛮卡等十一至十五村落，由卡央哏而至景栋，往依景栋酋。是年内，景栋酋怂恿诏捧、诏糯钪再袭十二版纳及孟琏之背。时十二版纳与倮黑之战仍未已，得知诏糯钪带兵来攻，抽兵往敌诏糯钪于猛板之那歪。诏糯钪兵溃。十二版纳之兵追至猛拉、猛麻，兵连祸结，久之不解。事闻于天缅两朝，皆以诏糯钪为唯一之戎首。于是天朝方面，由思茅汉官委派韦大老爷及沈大老爷至景永，制止战乱。缅方亦派大员班衍己（官名）诺剌他及景栋纪阶（或译几皆）到景永，调解争端。天缅两方并会于景永。景永方面参加者，有十二版纳统帅菩提捧麻翁萨莽戞剌新哈逻阇猛景哈，孟琏方面参加者，有孟琏统帅菩提捧麻翁萨左碑戞剌塔瓦剌罗阇，景栋方面参加者，有孟艮统帅叭竜欠总补。三方面因同臣属于天缅，双方不得不遵天缅双方使臣之调解，忠诚接受。景栋以助兵扰乱十二版纳，更非接受调解不可。于是决议协定证件五份，天朝使臣存案一份，缅方使臣存案一份，景永自存一份，景栋及孟琏各存一份。天缅等三方于打洛养板佛寺同饮咒水，昭告上帝龙王三宝村神，以佛经为证。誓毕，天朝使臣方面以历年兵连祸结，厥为诏糯钪一人，乃向景栋索其归案。景栋方面要求准其保护，免予引渡。天朝方面言，如不引渡亦可，但须妥为监视，保订勿使其再出扰乱十二版纳。景栋一一承应，谓如果将来监护不周，使其再出扰乱地方时，即当禀明天缅双方，如违，上帝鉴之。景栋并附加要求称："设将来现任宣慰使身没无人继承时，则应将原协定五份集合一起，仍准诏糯钪回景永袭宣慰使职。"故再附立协约五份，每方各执一份存案。时岁在己亥祖腊一二〇一年（道光十九年，公元一八三九年）七月白分初二日也。是年正月白分初五日，景栋诏法命诏糯钪入侍于阿瓦缅王，谓将来不难得一食邑，乃派其子前相匋奔冷送诏糯钪至阿瓦入侍于缅朝首相各官员。

一二〇二年庚子（道光二十年，公元一八四〇年），缅王命班衍己诺剌他赍诏召宣慰使刀正综入侍于王官。宣慰使以天朝皇帝职守关系，不克离职前往，特派叭竜兴哈拉宰牙为主官，带同己纳捧、诏猛滒、打洛叭龙逻阇辋、猛腊叭那戛瓦仔赍贡礼至阿瓦。缅王以宣慰使未亲至，不悦，拒收贡礼，不许贡使入官，亦不许使臣等专返，而扣留于阿瓦。同时，缅王下诏交缅使孟左芽及孟元带同叭竜阿己纳捧至景永，再召宣慰使至阿瓦。宣慰使至感痛苦，乃禀报天朝。天朝派廖副爷至景永与缅使会商，以宣慰使职守所在，向不擅离而至任何方面，于是宣慰使遂请缅使孟元回阿瓦恳求缅王，准其弟副宣慰使刀承综代表，如许，仍使孟元回报，即当命其弟代表前往。缅使孟左芽及猛乃那戡聂谬则仍留景永等候消息，约定以二月为期。

一二○三年辛丑（道光二十一年，公元一八四一年），宣慰使刀正综病，以迁地为良，遂往橄榄坝，而命十二版纳贵族等仍驻该处衙门，招待缅方嘉宾。斯时，猛勇之人有因事至弄匡、裴郏两地者，见戛于腊来者甚众，乃函报景千、景永，谓必须积极防备，有事时并须祸福与共，患难相扶。十二版纳当即警戒，沿边一带，加置守卫。景千、景永所得原函并交缅方使臣过目，缅使孟左芽及那戡聂谬等惧，急于回缅。十二版纳官员劝止不听，只得为备驼马夫役，将彼送由猛拉、猛麻而至景栋。随戛于腊之乱平，缅使以未奉缅王之命，擅自行动，惧受罪戾，景栋亦拟乘机为诏糯杭谋回主十二版纳，当串同捏控宣慰使刀正综"不奉召至缅，而匿橄榄坝；不住景永城内，而尽迁其民，并于景永各据点构筑营垒，警戒缅国，惨杀戈姆一名。缅营方面，又有诏猛捧者为内线，将对缅使有不利举动，因此缅使等不得不逃避至景栋。宣慰使又辞去缅职，暗请天朝大官，速筑营垒以御"等等。缅王接报大怒，下令斥责刀正综，并委诏糯杭为宣慰使，衔为麻哈宰牙逻阇，令诏猛滒及叭竜兴随诏糯杭带缅勇二千名，又戈姆三千名，共五千之众，来攻景永。

刀正综一再考虑之后，认为景永居两大之间，横竖皆受管制，对于缅使串同景栋捏控各节，已不甚畏惧。因此遣派其弟（副宣慰使）随其母及妹并十二版纳贵族多人，下至景栋，具文猛乃，声明并未辞职。缅方得文，乃命诏糯杭及其土弁头目等暂留猛乃候命。缅使孟元亦于十一月黑分初二日，带领副宣慰使并十二版纳各首长至猛乃。时缅王巡狩至于大光（仰光）之武戛拉巴。几皆戛呢甑及冹半左等，为之调解，但无效。乃由班衍己诺剌他往武戛拉巴之所，请求太子蒲甘敏代为解决。一月黑分初四日，太子通知猛乃阿燕永堉（缅王行官）主官曰：诏糯杭着暂缓赴景永，副宣慰使及其母子亦不必到阿瓦，两方俱安置猛乃，而加以保护。后缅王归至阿瓦，闻知亦同意此措置。同月黑分十四日，缅方几皆竜二员（戛呢甑及冹半左）派遣巨塔也瑞董诺剌他、班衍己诺剌他，并猛遮诏捧麻翁，再至景永召宣慰使。

一二○四年壬寅（道光二十二年，公元一八四二年）六月，宣慰使仍不能前往缅甸。普洱、思茅两地汉官派廖副爷、朱老大爷至景永，遂偕同缅使叵塔也瑞董诺剌他以及诏猛乌、诏猛阿、叭竜阿己纳捧等下至景栋，将往阿瓦与缅廷有所商洽。先为文致猛乃，请猛乃转阿瓦。阿瓦覆文言："汉宾由景栋至猛乃，向无此例。如必前往，须启道八募阿鸠，仍由原路折回。诏糯钪可命其往，副宣慰使母子准放行至阿瓦。"八月白分初二日，大元帅即将副宣慰使母子等，安置于其对门之驿站中焉。

是年，缅方大员名戛呢氍者，带诏糯钪移营于景栋，随派那戡孟琐、那戡聂谬为统帅，率兵三千，拥诏糯钪至景永。宣慰使刀正综并官民人等，俱避江东，唯有猛遮、猛浒两土弁前往欢迎，诏糯钪分驻景兰及景德之小莲寺。思茅汉官得悉，派猛捧、猛笼、橄榄坝三土弁，及叭竜麻戛腊班雅、叭竜赛以及廖副爷等，带兵营于江东之打洛。汉缅双方，过江会商，二月而不协。汉官遂径回昆明。十二版纳人民因见汉缅不洽，悉数迁避。诏糯钪及缅人艮子等，俱以天朝及十二版纳畏惧败走，群相非笑，于是遂拥诏糯钪为宣慰使，并屠杀都竜兴、孟琏叭竜稣剌耶及猛捧议事庭首席等。

副宣慰使刀承综，被留阿瓦。缅嘱派十二版纳刑官回收赎罪银，头人一名收一嘌二硊，士兵一名收六硊，已一一缴收矣。而缅人等又劫掠汉商，一部分汉商且遭杀害。于是普洱、思茅汉官乃令饬猛捧、猛腊、六顺三土弁，带领十二版纳士兵，将诏糯钪以及缅甸、猛养、孟艮及戈姆浪人等逐出十二版纳境外，直逐至景栋，并移文缅廷。缅王判处副宣慰使母子及各头目等于王家监狱，又派太子蒲甘敏莅查报称：宣慰使诏糯钪处理失当，缅方使臣等佐治不善，并妄杀人民，压迫人民，敛财地方，人民怨缅及诏糯钪。缅王派几皆孟根堵为帅，益兵二千，于一二〇五年癸卯（道光二十三年，公元一八四三年）六月至景栋，查知祸首乃逮几皆戛呢氍、那戡孟琐、那戡聂谬、那戡占达部里、孟大理等于狱。至于副宣慰使母子及各头目等，经判明无罪，即予释出，仍命往阿瓦。

一二〇五年，宣慰使刀正综派遣猛乌土弁及叭竜佐树、橄榄坝叭竜瓦己剌班雅、猛笼叭竜宰牙松钪等为代表，赍贡礼并白眼黑马一匹、黑眼白马一匹、象二头，启道猛连，经蟒冷、木邦、锡箔至缅。缅王派行人迎于锡箔。不料行人分取一部分贡礼，迳往猛乃，转至景栋，交由诏糯钪，以其个人名义贡献缅王。猛乌土弁至阿瓦，将分余之一部分贡礼，交由副宣慰使母子自行贡献，十二版纳留阿瓦官员，主张再分出一部分给缅方各官吏者，缅方不作何表示。是年四月，宣慰使又派整董土弁，及猛遮叭竜铿以玉顶四脚白之赤兔马一匹、黄牛三头，牵至景栋，拟献缅王。缅王不许，仍命牵回。缅王下令撤景栋营，命各官回缅，并命诏糯钪往阿瓦，经办贡献礼品之仪。一二〇六年甲辰（道光二十四年，公元一八四四年）诏糯钪为首，带领猛遮土弁、猛浒土弁、普腾诏逻阁輣、叭竜阿戛那赍贡礼至阿瓦，呈献缅王。缅王收象二头，而交予副宣慰使母子。

至于几皆戛呢甄则于入狱后一月死去。那戥孟琐、那戥聂谬、那戥占达部里及孟大理等四人，则拿解至猛乃，奉缅王命，将彼等处死于猛乃行营，因彼等到十二版纳扰乱地方故也。

一二一三年辛亥（咸丰元年，公元一八五一年），诏糯伉引暹罗兵侵猛捧，猛雷土弁（猛雷自经暹罗焚掠后，至今已无居民，仅一荒坝而已）出兵救之，不敌。猛捧土弁诏麻哈宰及母被执，解去曼谷。宣慰使刀正综之弟承综闻言，以为诏麻哈宰或尚在南掌地，亲去猛乌营救，至则诏麻哈宰已解往曼谷矣。暹罗王扬言如承综能亲往曼谷说项，则可将猛捧土酋土弁放归。刀承综不知计，亲往被扣。诏麻哈宰一人则释还，返景永与宣慰使刀正综商营救办法。时为一二一三年。众议以金帛往赎，惟称此事须先呈明天朝及缅朝，景永不能直接与暹罗国交涉。乃遣人往阿瓦。缅王谕景永以男女各一百人往易刀承综及诏麻哈宰之母。使者返景永，地方人民以为不可，仍拟以金帛往赎，但复有人持异议，于是诏麻哈宰负气返猛捧。此时天朝适因他事谕，委员至景永，委员乃嘱将此案归政府办理。由委员往曼谷向暹罗王索刀承综等，于是景永备礼物，派叭罕勒、叭坎猛带兵三百名，随同委员马标（回教徒，任思茅武职）持天朝公文先至南掌，旋由该地土酋派员二人偕往。天朝委员及随从人员兵丁留居景迈。另由暹方官员将礼物送达曼谷。暹罗王乃将礼物收下，即将刀承综及诏麻哈宰之母，并由景永各地掳往暹罗之居民，一并放回。

一二二六年甲子（同治三年，公元一八六四年），宣慰使刀正综调集十二版纳土练六千余人，应援思茅、普洱，行至麻栗坪之大力土山脚，被杜文秀党马标设伏刺杀身死。计在职三十年，得年四十二岁。

《泐史》共有三卷。上卷起自叭真（公元一一八〇年），终于室利崧版（死于公元一五三〇年）。中卷起自刀糯猛（就位于公元一五三〇年），终于刀正综（死于公元一八四六年）。下卷是记载一些地方如猛竜埔卡、整欠、猛勇以及其他等，又记载了十二版纳的钱粮、十二版纳的名称、十二版纳被缅甸的侵犯、关隘、守卫、庄园、疆界等。只有一条标题为"承袭"中说到公元一七八五年刀钧安的承袭。所以《泐史》在时代上，是起自公元一一八〇年以至公元一八六四年，共六百八十五年。若把刀钧安（公元一八六四年至一八七六年）〈计入〉共六百九十七年。

傣仂文原文《车里宣慰世系》，除有刀钧安之外，还有刀承恩（公元一八七六至一九二七年）与刀栋梁（公元一九二七至一九四三年）。现在我们再将原文《世系》中所记载的刀钧安、刀承恩与刀栋梁三位领主抄录于下。

卅三、刀钧安（公元一八六四至一八七六年）

刀钧安生于萨喀一二〇九年丁未（道光二十七年，公元一八四七年）十月白分初三日。萨喀一二二六年甲子，年十八岁至阿瓦，至年二十岁，继其伯父刀正综为主。有四子。长名刀承恩，次子诏捧玛，三子名诏庄猛，四子名诏空炕。刀钧安为主十二年，年三十一岁薨，时岁在戊寅，萨喀一二四〇年（光绪五年，公元一八七九年），是为第二十六世（？）。

《泐史》下卷"承袭"条说：

祖腊一二三七年（光绪元年乙丑，公元一八七五年），叭竜班雅那杠、叭竜欠、叭西羽仵帕厦及蛮湃董叭仔报等，随刀钧安至思茅，办理承袭宣慰使手续，领取印信、布告、札子、委牌等件。六顺土把总诏孟称，须银五千两，致送二爷、明公、小李等三人。同时，所有十二版纳贵族、各猛土弁，亦向思茅汉官领取关防文书，须取具宣慰使印给保结二份，呈送思茅汉官，又二份呈送云南总督。此外，并备纹银十两，上议院得三两三钱，书记及书记长各得三两三钱。其送汉官之五千两，每猛得回扣一两。此行参与者尚有猛遮诏叭竜四闷那、叭竜空炕、叭竜敢塔菊、叭法炕、橄榄坝叭仔报、蛮乍叭憨、猛笼叭菊干、景班诏呵雷等贵汉傣文印结保结各二件，其印结文曰：

"世袭车里宣慰使刀钧安，具印结于思茅厅文武长官台下，土弁刀某，实系宣慰嫡系，所有人民均一致议决，出具保结，恳求汉官大人颁发关防照纸，俯准袭职，并请转报各层峰及天子钧鉴。"

此外，每猛出具保结二份，上议院四大头目出具二份，至其他一切手续应如何办理，则由六顺土把总负责逐一指导。

卅四、刀承恩（公元一八七八至一九二七年）

那时（公元一八七八年），即以诏炕勒汉名刀承恩者，继承父位，治理地方，时年二十岁。在职五十岁薨，时岁在丁卯萨喀一二八四年（公元一九二七年），是为第二十七世（？）。

刀承恩有九子，长刀栋梁，次子诏孟冈，三子诏孟麻哈宰，四子诏孟兑，五子刀栋材，六子刀栋延，七子刀栋宇，八子刀栋臣，九子刀自新。

光绪年间（公元一八七五至一九〇八年），光绪六年（一八八〇年），英人占领了大孟养等五个孟。不久，英人又曾以车里曾入贡缅甸而垂涎这个地方。到了光绪二十一年（公元一八九五年），由总理衙门与法国公使重订界务专条附章五款使隶属于我国的猛乌与乌得两个土司以及东至藤条江约六万方里的土地让给法属的越南半岛，于是当时的十二版纳遂失了一个而只剩了十一个版纳。

我们知道法国侵略交趾与老挝之后，就想占据我国云南与越南交界一带，猛乌、乌得是在李仙江或是黑河以及乌江的上游，这块地方是叫做江洪地带，原有盐井煎销。光绪十六年（公元一八九〇年），云南官吏以碍石膏井盐岸封禁，引起猛乌土弁的怨愤，密秘投于驻暹罗的法国公使与法人勾结。到了一八九四年，驻法使乃向总理衙门索取这两个地方，借口助我向日本索还辽东的报酬。（参看王锡祺《猛乌乌得记》）

宣统元年（公元一九〇九年），孟遮土司刀正经反抗清廷，据顶真击孟海。云南当局遣滇越铁路管带柯树勋率兵去征伐，不久乱平。柯树勋建议把这一带的地方分为八个行政区，而以车里为行政总局的所在地。一九一三年创设普思沿边行政总局于车里，兼第一区，领车里宣慰使、橄榄坝土把总两土司之地及攸乐诸大茶山，并设第二、第三以至第八区于其他各处。一九一四年，建行政总局于距车里司治十余里的景德。景德为车里宣慰司旧治，据说以前很为繁荣，而今则一片荒芜与一些佛寺遗址而已。一九二六年，普洱道尹徐为光将八区改为七个县治及一个行政区，以第一区为车里县，第二为五福县，第三为佛海县，第四为临江行政区，第五为镇越县，第六为象明县，第七区为普文县，第八区为庐山县。一九二八年又改为六县。这就是车里、佛海、南峤、镇越、江城与六顺。

尽管这个地方改为县，可是车里宣慰及各猛土司并没有废除。各土司在名义上改为各县的乡长或镇长，同样的像以往世袭其数百年来所统治的土地与人民。在名义上县长是高于土司，可是他的政令还是要土司去传达下去，结果往往有的政令等于不出县衙门。

卅五、刀栋梁（公元一九二七至一九四三年）

刀栋梁于萨喀一二八八年（？）（公元一九二六年）继承父位治理地方，时年四十岁。在位十七年，年五十七岁薨，时岁在癸未，萨喀逻阇一三〇五年（公元一九四三年）八月黑分初二日。刀栋梁有二子。长诏孟荫猛，次诏麻哈宰，两兄弟均幼。

卅六、刀世勋（公元一九四三至一九四九年）

刀世勋于萨喀一三〇五年，继承伯父刀栋梁治理地方，到萨喀一三一一年（公元一九四九年）。

刀世勋是刀栋梁的胞弟，刀栋廷的儿子。因为刀栋梁没有儿子（？），所以他死之后，就由其侄继位。刀栋廷在抗战时期是猛罕（橄榄坝）土司。在抗战时期，刀世勋曾被挟到重庆。一九五〇年始回昆明，曾入云南大学读书，毕业后最初在北京工作，后来又回昆明工作。

　　辛亥革命以后，土司的制度仍然存在，一直到抗战时期，在其袭职的时候，还且给以正式委任状。

母系社会与阿注关系

目　　录

序 ……………………………………………………… 85

第一编　绪言 …………………………………………… 87

 第一章　纳西的母系社会 ……………………………… 87

 第二章　纳西的社会调查 ……………………………… 90

 第三章　这个调查的重要 ……………………………… 93

 第四章　母系家族的研究 ……………………………… 97

第二编 …………………………………………………… 101

 第五章　中国的母系社会（一） …………………… 101

 第六章　中国的母系社会（二） …………………… 105

 第七章　欧美的母系社会 …………………………… 109

 第八章　其他的母系社会 …………………………… 113

第三编 …………………………………………………… 116

 第九章　地理与历史背景 …………………………… 116

 第十章　民族语言与风俗 …………………………… 120

 第十一章　崇拜祖先与火塘 ………………………… 124

 第十二章　其他信仰与传说 ………………………… 127

第四编 …………………………………………………… 132

 第十三章　阿注关系的意义 ………………………… 132

 第十四章　阿注婚姻的历史 ………………………… 135

 第十五章　阿注建立与解除 ………………………… 141

 第十六章　阿注关系的范围 ………………………… 144

第五编 …………………………………………………… 150

 第十七章　年龄与时间长短 ………………………… 150

 第十八章　阿注关系的人数 ………………………… 153

| 第十九章 | 阿注关系与容忍 | 157 |
| 第二十章 | 爱情贞操与嫉妒 | 160 |

第六编 ... 163

第廿一章	阿注异居的概况	163
第廿二章	阿注同居的叙述	168
第廿三章	纳西的男娶女嫁	171
第廿四章	三种婚姻的解释	175

第七编 ... 179

第廿五章	纳西的母系家庭	179
第廿六章	母系父系的并存	184
第廿七章	纳西的父系家庭	188
第廿八章	三种家庭的解释	192

第八编 ... 195

第廿九章	妇女在家的地位	195
第三十章	舅甥与兄弟姊妹	198
第卅一章	夫妻与父子关系	201
第卅二章	续嗣与财产承继	206

第九编 ... 211

第卅三章	家庭成员的称呼	211
第卅四章	家的名称与分裂	214
第卅五章	家庭与家庭住宅	218
第卅六章	斯日尔与氏族等	221

第十编 ... 228

第卅七章	封建输入与统治	228
第卅八章	封建社会的等级	231
第卅九章	封建领主的剥削	234
第四十章	封建社会的影响	238

第十一编 ... 241

| 第四一章 | 纳西的渔猎畜牧 | 241 |

第四十二章　纳西的农业发展 …………………………………… 244
　　第四十三章　纳西的运输工商 …………………………………… 248
　　第四十四章　农牧工商的影响 …………………………………… 251
第十二编 ………………………………………………………………… 254
　　结　　论 …………………………………………………………… 254

序

云南历史研究所的民族研究室最近刊行了《云南省宁蒗彝族自治县永宁纳西族社会及其母权的调查报告》一册。据其前言云，该所调查了永宁区九个乡，这就是忠实、开坪、温泉、八株、拖支、洛水、拉伯、托甸与加泽。托甸乡主要为普米族聚居，纳西族在这个乡住的不多，故另出普米族专集调查报告。其他八乡分为三册印行，温泉、八株合为一册。忠实、开坪合为一册，其他四乡合为一册。后二册还未出版。我手里印有的是温泉与八株二乡的调查报告。我本想待其他二册出版后作一综合了解，然后将其主要的材料加以整理，当作读后的笔记。但是那二本报告什么时候始能出版不得而知，所以我只好把在手里这一本先行整理，并将我所觉得的重要材料重新分类摘录，以成一册。

我对于这份材料重复读了好多次。原意想熟读之后，用自己的文字根据这本报告写成一本简短的册子。但是因为自己既没有作过实地调查的工作，连了这个地方也没有到过，没有感性的认识，写起来不只很为费力，而且还怕把报告中的原来意思弄错了。经过数次考虑，决定将这二个报告（温泉乡与八株乡）的材料合而为一来处理，并把里面的各章段的标题重新安排。同时，有的材料如有关于尔与斯日，以及火塘，等等，原来在报告中是片断分散于各章各节，而在我个人来看却是很宝贵的材料，因乃搜集放在一块，立为专章，加以叙述。除此之外，在第二编中，我把材料中的有关地理、历史、背景、民族、语言、风俗，也立为专章。在第一编中，我又把我国与其他各国各地的有关母系家族及其婚姻形式的材料摘录在这里，以便读者能把关于永宁纳西族的母系家庭与阿注关系的婚姻制度作为参考。在这方面，我所介绍的只是一些很为简略的资料。又在绪言中，我对于永宁纳西族的母系家庭与其阿注关系的婚姻形式的重要性与过去的欧美学者对于母系家庭与婚姻制度的研究也作了叙述。

我除了摘录云南民族研究所所出版的《纳西族简史简志合编》中的一些材料外，关于永宁纳西族的家庭与婚姻的材料，完全是摘录这个报告中的材料。温泉乡的报告的导引说："在正文中与所述事象有关的具体事例，以低一格排列，若读者不求详知，可略而不看，不影响对全文的理解。"我虽然有时也摘录有关具体的事例，但主要是摘录正文，盼望这样的做不会影响到全文的理解。

报告的编写是以母系家庭和领主经济两个问题为中心，并联系其他方面作介绍。我在这里所摘抄的材料是以母系家，而尤其阿注关系的婚姻形式，作为中心来介绍。其他的方面都是以环绕这个中心问题而叙述，因为这一个中心问题不只在我们祖国的其他各处或是历史文献上还没有找出来，就是在世界其他各处以至世界历史文献上也还不易找出来。这说明了永宁纳西族的家庭与婚姻的特别重要性，也说明了这个报告的特别重要性。

这样的重要的材料是很值得我们深入研究下去。而且，从深入研究材料中可能会发现不少还要了解的一些问题。这样也可能需要我们再作实地调查与钻研历史文献的工作，使我们对于永宁纳西族的母系家庭与阿注关系的婚姻形式得到更深刻更全面的了解。

应该指出，我在这里所作的工作，只是读了这个报告之后的一种札记，也可以说是随笔录。可能这样的作，反而把报告的宝贵材料搞乱了，把报告的系统性打破了，可是尽管如此，我自己可以引为自慰的是，我觉得很为高兴有机会来阅读这个报告，而且我很坚决相信这个报告是很为重要的报告。

一九六六年春夏之交

第一编 绪言

第一章 纳西的母系社会

一九六四年,我接到云南省历史研究所民族研究室赠送一本《纳西族简史简志合编》,里面有了关于永宁纳西族的母系家族以及其阿注关系的婚姻形式的几段叙述。我现在把这几段话录之于后:

> 关于纳西族原始社会的氏族以及母系家庭……基本上是由同一母系血统的若干母系家庭构成,有共同的墓地,共同祭祀祖先等活动。任何一个家庭有了丧事,同血统的各家,都有义务协助,否则为舆论所非议。现在保存下来的母系家庭是这样:妇女是每个家庭的中心,是家庭继系的纽带,世系从母系计算,生产生活资料归母系家庭占有或所有。在每个母系家庭内部,按照民主制进行生产分配。(页十一)

又说:

> 在这种母系家庭制度下的婚姻形态是按照家族外婚的原则。男子在晚上到女家去过偶居生活,次晨即回到自己的母家。偶居所生的子女归母方,成为母系家庭的成员。男女双方在生产和生活上,属于两个不同的家庭。他们把这种夫妻关系称为"阿注",相当于汉语的朋友。每个男女成员一生一般都有一至二个长期阿注,有的有三个四个,甚至七个。而且还流行着一种互相交换阿注的习俗,他们称为"吉拉"。这种婚姻关系下的子女,许多都是只知其母不知其父。(页十二—十三)
>
> 永宁地区纳西族现行的亲属称谓,也反映了阿注制度家族外婚的基本特征。亲属称谓中,虽有母亲与舅父之分,子、女与外甥、外甥女之分,但是男子对自己阿注所生的子女,即使已知道是自己的亲生子女,仍然称为外甥与外甥女。在男方称谓中没有子女这个称谓。这种特殊的亲属称谓构成按母系维系家庭组成的原则。此外,母亲与舅母(指舅父的阿注)的称谓相同,舅父与父亲(母亲的阿注,生父与非生父)的称谓相同。兄弟姊妹与表兄弟姊妹的称谓相同。(页十三)

又在另一个地方说:

> 永宁及四川盐源境内的纳西族家庭，长期处于母系向父系的过渡状态，直到民主改革前夕，还保存着母系、母系父系并存与父系三种不同类型的家庭，而以母系家庭为主，在母系家庭中，血统按母计，子女属于母方；母系父系并存的家庭里，既有按照母系血统计算的成员，也有按父系血统计算的成员；父系家庭的血统则按父系计，子女居于父方。但就总的来说，母系家庭是普遍存在着的。在这些家庭里，妇女是家庭的中心人物，通常由妇女担任家长。在财产继承上，也主要是母系财产继承制。由母亲传给子女或由舅父传给甥和甥女。妇女在家庭中有较大权力。在生产上是主要劳动者，在家庭内外受到尊敬。（页一〇八——一〇九）

又说：

> 在婚姻的缔结方面，存在着阿注异居、阿注同居和结婚三种形式，而以阿注异居为主。缔结阿注关系的双方，通常是男方在晚间主动到女家过偶居生活，次日清晨返归自己家中。这种婚姻关系由于没有共同的经济基础、建立和解除都相当容易。阿注关系中所生子女，属于母方。男子对这些子女没有必须抚养的义务。在这里，一个女子或一个男子可以先后（按：也可以同时）与数人至数十人发生性关系，而不会受人非议。这种婚姻关系，还保有着血缘婚的残余，如兄与妹，舅与甥女同居等等，但已遭到人们斥责（按：这种斥责还是背后的议论）。此外，母女共夫，舅甥共妻，姊妹共夫，兄弟共妻的群婚内容，几乎各村都有发现。（页一〇九）

又说：

> 在阿注异居普遍存在的情况下，也有一些男女通过阿注关系的发展建立成一个家庭，在此家庭内，子女已经完全可以确认生父，如是女居男家，则子女的血统按父系计算，子女属于父方；如是男居女方，则子女的血统按母系计算，子女也属于母方。正式结婚的形式与阿注同居基本相同，但男方娶女子时出了钱财，对女子的独占比阿注同居强烈，女子不能随意离婚，但仍未发展到独占的同居。同居和结婚往往是不巩固的，到他们的子女一代，又恢复了阿注异居的婚姻形式。如此相间地反复的进行着。总之，永宁纳西族现有的多种婚姻形式，说明了它长期处于对偶婚向单偶婚制过渡状态。（页一〇九——一一〇）

从这段话里，我们可以看出来永宁与盐源的纳西族的母系家庭，以及其阿注关系的概略。到了一九六五年，我又接到云南省历史研究所民族研究室赠送一本《云南省宁蒗彝族自治县永宁纳西族社会及其母权制的调查报告》（以下简称《报告》）。这是专门叙述永宁纳西族的母系家庭及其阿注关系的婚姻形式，对于这种家庭与婚姻形式作了详细的报告。

在未谈这个报告的经过与内容之前，我先把报告中有关温泉乡的母系家庭及其阿注关系的婚姻形式几段话录之于下：

> 永宁盆地和泸沽湖畔的纳西族，其婚姻形式有阿注异居、阿注同居（男居女方或女居男方）、结婚（入赘或娶妻）三种，而以阿注异居为主。家庭类型有母系、母系父系并存、父系三种，而以母系家庭为主。温泉乡纳西族所居七个自然村共八十一家（以一九五六年民主改革时户数为准，年龄计到一九六二年），五百四十六人（二九八女，二四八男），未成年者（十七岁以下）一五三人（七三女，八○男），成年者（十八岁以上）三九三人（二二五女，一六八男）。在成年人中，不过婚姻生活者（白痴、残废及喇嘛中的个别人等）二二人（五女，十七男），过婚姻生活的三七一人当中，阿注异居的三三四人（一九七女，一三七男），占过婚姻生活者总人数百分之九十，占成年人口的百分之八十五；阿注同居者十八人（十女，八男）占过婚姻生活者总人数百分之四点九，结婚者十九人（十三女，六男），占百分之五点一。
>
> 温泉乡纳西族成年人过阿注异居、阿注同居、结婚三种婚姻生活的比例数字表明，过阿注异居生活的人数占绝大多数。（《报告》页四）

又指出：

> 就家庭类型来看，在七村八十一个家庭中：
>
> 母系家庭　　　　　　五十家　　占百分之六十一点七
> 母系父系并存家庭　　二九家　　占百分之三十五点八
> 父系家庭　　　　　　二家　　　占百分之二点五

又说：

> 前述在母系家庭中，只有一男娶妻，就足以引起家庭性质变为母系父系并存。在这二十九个母系父系并存家庭中，多数是母系成员多与父系成员；如果将其母系成员并入母系家庭的母系成员去计算，则母系成员的数字将占压倒的优势。母系家庭及其母系成员占大多数，这是与其过阿注异居婚姻生活者占绝大多数相应的。即男女对偶各居母方，其子女按母方计算而为母系成员；这些母系成员乃是母系家庭的全部成员和母系父系并存家庭的部分成员或大部分成员。（《报告》页五）

看了上面《纳西族简史简志合编》的几段话，再看上面所摘录《宁蒗彝族自治区纳西族社会及其母权的调查报告》的几段话，就可以了解永宁纳西族的母系家庭及其阿注关系的婚姻形式的基本情况。

第二章　纳西的社会调查

　　永宁纳西族的母系家庭与其阿注关系的婚姻形式的调查，是由云南省民族研究所于一九六〇年开始进行。据说这一年已经刊行了有关永宁纳西族母系家庭制度的调查报告。可惜我还没有看到这份报告，至于我现在所用的《云南省彝族自治县永宁纳西族社会及其母权制的调查报告》，据报告的前言中说：

　　　　一九六三年一至十月，中国科学院民族研究所云南民族调查组和云南省历史研究所民族研究室（按：云南民族研究所现在已改为历史研究所），在一九六〇年调查的基础上，对永宁纳西族民主改革的封建领主制和母系家庭又作了一次调查，现将调查资料整理付印，供有关方面研究参考。

又说：

　　　　永宁区现辖忠实、开坪、温泉、八株、拖支、洛水、拉伯、托甸、加泽九个乡，调查中以前三乡为重点。这次付印的材料，忠实、开坪合一册，温泉、八株合一册，其它四乡合一册，共装订成三册。因托甸乡主要为普米族聚居，有关该乡纳西族的婚姻状况未单独整理，请参阅普米族专集调查报告。

　　我曾去函给云南历史研究所民族研究室请其送给其他二册以及普米族专集调查报告，据其回信说，其他数册还没印好，所以我们在这里所用的材料全部是从温泉与八株的调查报告而来。

　　除了一九六〇年的调查之外，调查人员于一九六三年一月三十一日至三月十日曾住在温泉乡，他们离开这里之后又到八株、拖支二乡调查。后来又回温泉进行了多次补查。最后一次在温泉乡是一九六三年七月十六日至二十日。

　　关于八株乡的调查是始于一九六三年三月十五日，四月二十日结束。

　　调查各家是好多于同一血统的各家，因为语言的隔膜又用了很多翻译人员，八株乡的调查报告中说：

　　　　情况表明各村各有其具体情况，至于各个家庭也各有特点。为了具体的反映这些复杂多变的实际，我们对调查范围内各户成员的性别、年龄、亲属关系、婚姻状况等进行了挨户逐项的了解。对于各户家庭属性（母系或父系）和婚姻关系的历史演变，也通过口传世系的追溯进行了探索，以便既提供其横断面的现实状况，也尽可能的反映其历史发展。（页一七六）

又说：

>纳西族的经济结构和家庭婚姻，是这次调查的重点。在坝区着重调查了八株和上者波两村，沼泽湖滨诸小村也作了普遍了解。调查是逐户进行的，并尽可能追溯其历史的变化。坝区与沼泽湖滨地区，在生产和家庭婚姻方面均略有不同之处，而在后一个问题上者波和八株也各有其具体情况。为了便于整理和说明问题，下面采取综合叙述与分别介绍相结合的方式，如家庭婚姻部分，既有综述又按八株、者波和沼泽湖滨诸小村三个部分分户整理，其他问题则多为综合的叙述。（页一四五）

在温泉乡的调查报告中说：

>本乡调查报告的编写，即以母系家庭和领主经济两个问题为中心并联系其他方面作介绍。又从本乡的母系因素在全区保留得较多这一点出发，报告中则以突出母系家庭为主。……为照顾编写系统的一贯性，在正文中所不能容纳的材料（不是不重要）作为附录。在正文中与所述事象有关的具体事例以低一格排列，若读者不求详知，可略而不看，不影响对全文的理解。（页六）

此外，又说：

>对于调查材料的整理，采取了由下而上，由个别到一般的方式。即先一家一家地整理，再一村一村地整理，在各村之前，对该村的要点作一个简明的叙述。最后，在各家、各村的基础上，概括出一般，作全乡的总述，使大家能从中了解一个全貌。总述中的材料，是从后面提取来的，但只是很少的一部分，后面为大家保留了"材料仓库"，供大家从各个不同的角度去提取研究。这样的整理、归纳和综合是不够的，但可以达到一个目的，就是使大家能接触更多的原始材料，能更随意的使用这些材料，以利于各抒己见，和共同研究的深入。（页一七六）

是的，总述所占的篇幅比之分述为少（按：就这里所说的材料仓库或原始材料）。八株乡的调查报告，总述占了三十页（页一七九至二〇四），而分述占了六十三页（页二〇五至二六八）。后者比前者多了一倍。

温泉乡的材料的整理与八株乡的有了不同之处，是把原始材料插入各个标题目之下，如在阿注异居的标题之下，就把其所调查的七个母系家来看阿注异居；同样在阿注同居的标题之下，也举了一些例子，这就是调查各家的原始材料。这个整理材料的优点，正如上面所说，使大家能接触更多的原始材料。

这本报告分为二部分：一为永宁区温泉乡纳西族领主经济及母系家庭调查，一为永宁区八株乡纳西族领主经济及母系家庭调查。前者除导引外分为三章。

第一章叙述母系家庭的结构，介绍阿注异居生活、母系家庭的亲属成员结构、亲属称谓、财产承继及妇女在家庭中的地位等关于母系家庭的中心问题。

第二章叙述母系家庭的变化，即由阿注同居或结婚所产生的母系父系并存家庭和父系家庭的状况，以及母系血统和母系血缘村落的变化及残留，母系家庭向父系家庭长期过渡及解放后的变化等重要事象。

第三章叙述母系家庭所处的社会背景的基本状况（页六）。此外，还有附录。（一）家庭成员亲属关系表补录，（二）四川前所乡四个自然村的婚姻简况，（三）阿古瓦和拉梅瓦家庭婚姻补充调查。

八株乡除引言外分为四部分：（一）为经济结构叙述：（a）以农业为主的各生产部门，（b）各等级对生产资料的占有及其阶级分化，以及（c）封建负担及其他剥削关系。（二）为政治组织与等级制度。（三）家庭和婚姻。这部分分为总述与分述，占全报告的最多篇幅。（四）物质生活意识形态与习俗。

八株乡的概况是这样：八株曾是土司衙门所在地，是出自土司血统的司沛和供土司驱使的农人（属责兵等级）及为土司所奴役的俾子等集居的村寨，且以司沛官人的遗裔占大多数。他们都早已效习汉人行嫁娶之俗，但也还没有能根本摆脱不嫁不娶的传统习俗。者波除村中有一户司沛外，多数居民属责卡等级，少数属俄等级，司沛也历行嫁娶。俄因主子配婚的关系，也有行嫁娶的。责卡等级则较多地保持原来的习俗。沼湖地区四小村僻居山地，偏处湖隅，受汉族司沛官人等行嫁娶的影响较少，保留母系的成分就更多。三个地区家庭婚姻的特点可以归结为，八株的母系家庭较少，母系父系并存的家庭较多，也存在着不少的父系家庭。者波的母系家庭较多，母系父系并存的家庭也不少，父系家庭则很少。湖沼区的母系家庭最多，母系父系并存家庭较少，父系家庭仅一家。

上面已经指出在温泉过阿注异居生活的成人占百分之九十，而母系家庭也占多数。又，在母系父系并存的家庭中，母系家庭的成员又多于父系家庭的成员，说明了温泉乡的家庭婚姻主要还是保留了原来的风俗。八株既长期为土司及其亲属司沛官人所居住的地方，而他们又早已受了男娶女嫁的风俗的影响，其家庭与婚姻制度的变化也较大。但是我们应该指出，不只在这个地方，像偏僻的山区与者波等村，母系家庭占了优势，就是在司沛官人等中，嫁娶的习俗既不稳定，而又往往倒退回母系家庭或母系父系并存的家庭，这是由于他们还是习惯于过着阿注异居的婚姻生活。其实就是在土司的家庭里，有时也有女的不嫁，坐在家里接待阿注，使这个家庭成为父系母系并存的家庭。

第三章　这个调查的重要

温泉乡的调查报告导引中说到这个调查研究的重要：

> 家庭是社会生活的组织形式，它既反映经济基础也反映上层建筑；它与整个社会形态，首先是经济基础有着内在的联系。人类的绝大部分，随着私有制和阶级分化的产生，原始的母系氏族公社也就让位给父系氏族公社，并由此发展为男性支配女性的一夫一妻制。但母系因素（如舅权、妇女地产较高，等等）在父系氏族社会乃至阶级社会中的长期遗留，则在不少地区和民族中都是存在的。纳西族的母系社民族社会也早已崩溃了，被划分为不同等级（它是阶级的表现形式）的人们，生活于领主制度之下，地缘的结合业已代替了血缘的结合；阶级压迫和反压迫斗争，也早已存在。然而，在这里母系的遗留，却以母系家庭的形态相当完整的保留下来。虽然它与原始的氏族社会已有很大的区别，但它仍以变化了的形式反映了母系氏族社会的某些特征，它使我们能以直观接触到早已消失于邃古之中的母系因素。这对于原始社会家族形态的研究，无疑具有极大的价值。而永宁纳西族的母系家庭在领主经济下的长期遗留，以及在社会主义制度下如何对此种家庭进行有效的改造，同样是一个既有理论意义，也有现实意义的重大问题。（《报告》页六）

我们应该说，永宁纳西族的母系家庭，而尤其是这里的阿注关系的婚姻的制度，是很为完整而又很为久老的原始制度，直到今天为止，我们既还未在世界上任何地方发现过这样的婚姻形式，我们也还未在历史的记载上找到这种风俗，所以我们以为这里的母系家庭，而特别是这里的阿注关系的婚姻形式，是现存的最原始的母系家庭，而尤其是婚姻形式。

好多人类学者对于人类婚姻与家族史的研究以为，人类曾经过一个所谓乱婚的时期，我国古书所说知其母不知其父的时代，也可能有过乱婚的时代。莫尔根以为人类从无限制性交（这应该是乱婚）的原始时代出来之后，次第演进到下面几种宗族形式：

（一）血缘家族——这是建立在一群兄弟姊妹之互相婚配之上。

（二）普那路亚（Punalua）家族——这就是叫做群婚家族。也有人译为伙伴家族——这是建立在几个兄弟，对于他们各个人妻子之间的集体的婚配之上的，同对也是建立在几个姊妹对于她们各个人的丈夫之间的集体的婚配之上的。

（三）对偶家族（syndyasmie）——这是建立在一男一女在婚姻的形式之下，结成配偶之上的，但是没有独占的同居，它是单偶家族的萌芽，离婚或离异经过一方的同意即可。

（四）父权家族——这是以一男数妻为基础。

（五）单偶家族——单偶家族是以一男一女的婚姻为基础的，而以独占的同居为其条件。（莫尔根《古代社会》第一编第二章《生存的技术》杨东蓴、张栗原、冯汉骥等译，一九五七，页二八—二九）

在《古代社会》第二编第一章《以性为基础的社会组织》中，摩尔根讨论了澳大利亚的级别制。他说：

> 家族开始于血族中，以一群兄弟及姊妹之互相婚配为基础。其次进入第二种形态，即在和澳大利亚级别相类的社会制度之下的普那路亚制（群婚制度）。它破坏了婚姻的第一种制度，而代之以一群兄弟间的妻室之共有，及一群姊妹间的丈夫之共有——这二者之中，不拘是在男子或是在女子方面，婚姻都只限于集团之内。……以下所要叙说的澳大利亚的社会制度，虽然他使我们回到人类生活的下层，然而它却是值得我们加以详密的考察的。它代表人类古代社会史中的一个显著的阶段。（页四九）

他又说：

> 如果我们把这个制度仅仅视为是野蛮部落中奇怪的社会组织，那它所具的意义就很小了。但是如果把它视为是到现在所发现的社会组织中最原始的形态，特别是如果我们雅利安族的远祖也万一曾经有过同样的组织的话，那末，它便成为重要了，并且可可能证明它是具有指明性的意义的。（页五〇）

莫尔根在这里所叙述的家族形态或是婚姻制度的演进的数个阶段是否正确，虽然还是一个问题，但是像他所举出的澳大利亚的群婚制度，正如莫尔根所说，是群体婚姻中之很低级很原始的形态。

我们所以把莫尔根对于原始婚姻与家族的主张或看法在这里加以介绍，目的是要说明永宁纳西族的家庭制度及其婚姻形态，既有了莫尔根所说的最原始的婚姻形态的遗迹，也包括了他所说的很原始的数种婚姻形态，因而永宁纳西族的家庭及其婚姻的制度的研究是极为重要，而极为有价值的工作。

永宁纳西族的母权制的调查报告中所叙述的阿注关系的婚姻形态所给我们的印象，是在这里所实行的阿注异居的婚姻形式，似有点近于所谓乱婚的现象。因为在这里，任何人除了亲生母亲之外几乎都可以互为阿注，有的有了数个、数十以至二百多的阿注。阿注虽有了不少是长期的，但几乎人人都有了临时的。这些临时阿注，真可以说是暮会晨离，今天一个，明天一个，后天又一个。一些生得容貌漂亮的年青女子，一到晚上就有好多年青的伙子徘徊其家的门口。男女在性的生活上再也没有像这样的自由。在当地狮子山的女神传说也有阿注，所以有人说："神都乱找阿注，人怎么不乱。"（《报告》页二七二）这样的婚姻制度，是很自由的，似乎也可以说是很乱的。

在这里的母系家庭的成员中，同母的兄弟姊妹以至舅父与甥女，是不通婚的，但也有女的不只与其舅父为阿注，也与其同母生的哥哥为阿注。虽然这样做法也为当地舆论所非议鄙弃，但并未引起严厉地公开谴责，只不过是在背后议论罢了，而此舅甥兄妹三人依然昂首过道，并无羞耻之态。（《报告》页十四）这是不是莫尔根所说的血缘家族的兄弟姊妹之相互婚配的残余呢？用纳西文字写成的《创世纪》中说，忍利恩有兄弟五人和姊妹六人，兄弟姊妹互相匹配，互为夫妇。在这里很为流行的传说，是曹得路衣衣和柴红吉吉美的故事。这对夫妇所生的子孙互相婚配，繁衍了人类。（《报告》页一一八）传说虽然不一定可靠，但有时也反映了事实。而况在这里正有舅父与甥哥哥妹妹为阿注的事例呢？

又，在永宁的纳西族中，既有姊妹共交一个男阿注的，也有兄弟共交一个女阿注的。而且像这的例子也并非是个别的，这显明的是原始社会中的群婚的残余。

在澳大利亚一个克洛基（Krokis）的男子，可以与一切的居米德（Kumites）女子结婚，但是他与居米德妇人所生的女儿，在习惯上为克洛基一切男子的妻子，也可以说是他的父亲的妻。在永宁的纳西族中，母亲与其自己生的女儿共交一个阿注的并不乏人，虽则这个女儿不是这个男子的亲生女儿，但是因为这里的家庭是母系家庭，是没有父亲的，连了这个称谓也是后来从别的民族中借用过来，父亲之于其亲生的女儿若互为阿注，可能也只是背后受人非议，不见得受公开的谴责。此外，又因在这里的母系家庭中，父子是不同家庭，而且往往不一定互相认识，就是互相认识了，也往往不互相招呼，所以父子也有共交一个女阿注的。其实，有的互相认识为父子而同交一个女阿注的也不乏人。

这样的母系家庭，不只在习惯上是只知其母不知其父，在事实上也有的确不少人只知其母不知其父。因为做母亲的，在其与长期阿注所生的子女，固是知道其子女为那个男子所生，可是就是这样，在习惯上，母亲是不告诉其子女谁为他们的亲生父亲。至于一个女的与其临时阿注所生的子女，因为在同时结交了好多临时阿注的情况之下，连她自己也不清楚谁为其亲生父亲。

直到今天，永宁纳西族的婚姻形式既仍以阿注异居占了绝对的优势。这种婚姻形式在其实质上是保留了乱婚时代的好多成分。而就是从这个婚姻形式而演变出来的阿注同居的婚姻形式——无论是男居女方或女居男方，不只发展得很慢，而且往往又倒退回阿注异居的制度。就是办酒宴客而成为夫妇的婚姻形式也很不稳定，也往往倒退回阿注异居的做法。而且在阿注同居的男女双方，甚至所谓结婚的夫妇，同时还可以各找临时阿注，以至长期阿注。我们所以说永宁纳西族的婚姻形式是很为原始的婚姻形式,有了好多乱婚时代的成分,就是这个原故。

永宁纳西族的母系家庭,而尤其是阿注关系的婚姻生活,不只是现存的最原始的家庭与婚姻制度,而且是原始社会中的各式各样的家庭与婚姻的形态的保留所或展览馆。这样,这里的家庭与婚姻制度的研究,其意义是极有价值而极为重要了。

第四章　母系家族的研究

母系家庭在人类历史上，不只可以追溯到很为久远的往古，而且占了人类历史很久的时间。虽然在我国的史书中也早有所谓知其母不知其父的记载，虽然在欧西的史籍中也有一些关于这个制度的记载，但这些记载多是片断的。而且数千年来几乎为人所忘记。

对于母系家庭的最早注意而同时又作了系统的研究的要算巴古芬（J. J. Bachofen）。巴古芬于一八六一年出版了一本《母权论》（*Das Mutterrecht: Eine Untersuchung über die Gynaikokratie der alten Welt nach ihrer religiöen und rechtlichen Natur*, Stuttgart 1861）

巴古芬是从古代的法律与记载——文字与象形文字的记载，找出在雅利安（Aryan）与森米特（Semitie）的民族中，有了一种很广泛流行的承继与财产承继的制度，这些制度是以妇女为主的计算。从他所搜集的材料中，他提出有关男女两性关系的一个完全新的理论与主张。他的主张，恩格斯在其《家庭、私有制和国家的起源》（中译张仲实，页十）一书中简单扼要的归纳为在下面数点：

（一）人们起初过着毫无限制的性交生活。他把这种性交关系用了一个不恰当的名词叫做"杂婚"。{按：有人译为乱婚（Hetarismus）}

（二）这种关系，排除了确切认知父亲的任何可能性，因之血统只能依女系——依母权——来确定，古代的一切民族起初都是如此。

（三）因此之故，女性作为母亲，作为年轻后代底唯一确切知道的亲长，享有高度的尊重与威望。据巴荷芬的意见，这种敬重和威望，竟达到女性的完全的统治。{妇女政治（Gynaikokratie）（按：有人译为"女子中心论"）}

（四）过渡到个体婚制。在这种制度之下，一个女子专属于一个男子，这一过渡含有对远古宗教戒律的侵害（即事实上是对其余一切男子对于这位女子自古享有的请求权的侵害），这种侵害，要求惩罚，或者如果得到容忍的话，则由女性在一定时期内委身于他人来赎罪。

巴古芬用了很丰富的古代典籍的材料去说明他的主张。他以为原始社会是一个与早期希腊人的杂婚时代，从这个时代而进入妇女统治的时代。

巴古芬这本《母权论》是一本很厚的书册，共有四百五十页以上。最初出版于德国的 Stuttgart，经过三十多将近四十年的时间，始原封不动的印了第二版。虽然因为他用流行不算很广的德文发表，而不为德文国家以外的学者所注意，但就是在用德文的国家里，也很少有人注意，因而这本书虽然是提出了一个完全新鲜，而成为数千年来以父权为传统的理论相对抗，可是终于在出版之后的三十年中漂流无闻。

巴古芬的书与其学说在供之于世以后的好多年间，虽然没有人注意，但是在一八六五年，麦克林南（J. F. McLennan）曾发表了他的《古代历史研究》（Studies in Ancient History）。麦克林南从古代及近代好多民族中发现了一种掠夺婚姻，他遂以为这是由于自己族内女子不够与族内禁止结婚，因而他分到了所谓族外婚姻（exogame）与族内婚姻（dogame）。所谓族外婚姻，是只能取别的民族的女子为妻。他又进一步去考究为什么有了族外婚姻的产生。他以为在好多民族中，因为杀女婴孩的习惯，遂使族中女子太少而男子太多，这样就不得不实行一妻多夫的制度。几个或很多男子共有一妻，其结果是子女只认得母亲而不认得父亲。这样，这些民族的续嗣是从母系而不从父系，这也就是母系家族之所以发生与发展。

麦克林南主张人类在原始的时代曾经有了母权制的时候。他并不知道巴古芬有了这种看法，这就是说，他是独立的主张所谓母权论的，但是到了后来，他也承认这种主张，巴古芬比他已有先见。

但是关于原始社会的母系家族的研究成绩，最大的是美国的莫尔根（L. H. Morgan）。

莫尔根自己曾在美洲土人印第安民族中住了数十年之久，他为了从事学术研究的深入，还入了当地的族籍。他发表了许多有关印第安人的伊洛魁部落的母系民族的论文。到了一八七一年，刊行《血统与亲属的体系》（Systems of Consanguinity and Affinity of the Human Family, Smithsonian Constitution Knowledge XⅦ, Murdoch J. Washington），到了一八七七年，他又刊行他的《古代社会》（Ancient Society: or Researches in the Lines of Human Progress from Savagery, Through Barbarism, to Civilization, 1877, New York）。

莫尔根在印第安人的部落住了多年之后，他曾鼓励美国联邦政府根据他所拟定的问题及表格，去搜集有关其他各民族的亲属制度的材料，他从答案中发见：

（一）美洲印第安人的亲族制度，也流行于亚洲许多部落中间，并且以略加改变的形式，流行于非洲及澳洲许多部落中间。

（二）这种制度，在群婚形式上找到了自己的完全的说明，这种群婚在夏威夷及其他澳洲岛屿上正处于消亡的阶段。

（三）与这种婚姻形式并存在这些岛屿上，还盛行着一种亲族制度，这种制度，只有用更原始而为今业已消减的群婚形式，才能说明。（恩格斯《家庭、私有制和国家的起源》，张仲实译，页十六）

这些结论莫尔根收入在他的《血族及亲族》这本书中。在一八七七年所出版的《古代社会》中的第一编叙述了文化上的诸时代，在第二编，他把在伊洛魁部落中所搜集的材料做了数较为详细叙述之外（参看该书第二编第二、第三、第四、第五四章），他对于澳大利亚的以性为基础的社会组织，对于希腊罗马的氏族与部落，也加以叙述。在第三编中，他叙述古代家族、血缘家族、群婚家族、对偶家族与单偶家族，等等。

莫尔根这本书在关于原始与古代社会的母系家庭与婚姻制度的著作中，作了很大的贡献，可是出版之后仍然不为人们所重视，有的利用了他的材料而却没有加以声明。恩格斯在上面所说的书中的一八九一年的第四版序言中曾说：

> 在这篇序文里面，我把自巴荷芬至莫尔根对于家庭史观念的发展，作一简短的述评，我之所以要这样作，主要是因为带有沙文主义情绪的英国原始历史学派，仍然尽可能的抹煞莫尔根的发现对于原始历史见解所产生的革命，然而这一学派却丝毫不客气把莫尔根研究所得的成果掠为己有，而在其他各国，也向常有十二分热心地仿效英国的这样一榜样的。

恩格斯在一八八四年的第一版序言中又说：

> 以下几章（按：指《家庭、私有制和国家的起源》一书中的各章），在某种程度上，乃是遗言的执行。不是别人，正是卡尔马克斯准备跟——在某种程度内，我可以说是我们两人的——唯物的历史研究的结论联系起来，说明莫尔根的研究的成果，而且只有这样，才能阐明这些成果的全部意义。原来莫尔根在美国根据他自己的研究，重新发见了四十年前被马克斯所发见的唯物史观，并且他以此为指导把野蛮与文明加以比较，在一些主要点上曾达到了与马克思相同的结果。

莫尔根以至巴古芬的著作得到恩格斯与一些学者的宣扬之后，人们开始重视起来，恩格斯的这本著作也是受了莫尔根以至巴古芬的影响而写作的。久为人所忽视的《母权论》，于一八九七年曾在德国的巴斯尔（Basel）出版了第二版，在二十世纪也有好多出版机关翻印（我有一本小本的），说明了人们对于母权论或母系家庭的重视。

在十九世纪的末年以后，好多人类学者及其他的社会科学者都对于这个问题加以注意。比如美国的华德在一八八八年就开始研究这个问题。他在一九〇二年所出版的《纯粹社会学》（*Pure Sociology*）中就有一长章讨论这个问题。他名这个母系家庭的理论为"女性中心论"（Gynæcocentric Theory）。他甚至把这个女性中心论追溯到生物的领域。他以为在生物界中，女性是最先的，而男性是派生的。一个单细胞分为二个单细胞，分为四，为八……说明是一个母性发展而为好多后代。从动物以至人类的原始社会都是以母性为中心。他的女性中心论曾为日本人所采用而写成《女性中心论》一本书。这本书曾译为中文，也名为《女性中心论》（三十年前商务书馆发行）。

这个母权论、母系家庭论,以至女性中心论,在半世纪以来还不断的为人们所讨论,虽然也有不少人对于这个理论有了不同的意见,但也没有人能够全部否认,在原始社会中,在古代历史上有过这种家庭制度,有过只知其母不知其父的社会。

永宁纳西族的母系家庭,而尤其是阿注关系的婚姻形态,是原始的社会中的遗俗,又是现代世界还未发现过的风俗。在这种遗俗或风俗正在随着社会的剧变而将演化的时期,云南历史研究所的民族研究室遣人做了实地调查,并将这个调查整理起来写成报告,我觉得这个报告以及今后正将刊行的其他有关的报告出版之后,对于人类原始社会的家族与婚姻这方面的学术上的贡献是十分重要的。应该说,这个重要性比之上面所叙述过去一百年来在这方面的工作,都有过之而无不及。在这一章里,我所以把这一百年来关于这方面的研究的几个主要人物的工作加以很简单的叙述,目的就是要说明永宁纳西族的母系家庭,尤其是阿注关系的婚姻制度是很值得我们重视的,很值得我们研究的,而且更值得我们从速再作进一步的探索,进一步的调查。

第二编

第五章　中国的母系社会（一）

我国父系家庭的建立，其历史虽然很长，但在父系家庭未建立之前，也曾经过一个母系的社会。这种母系社会之见于古代书籍的，有好多处。比方《商君书·开塞》篇说：

> 天地开而民生之。当此之时，民知其母不知其父。

《吕氏春秋·恃君》篇说：

> 昔太古尝无君矣，其民聚生群处，知母不知父，无亲戚、兄弟、夫妻、男女之别，无上下长幼之道，无进退揖让之礼，无衣服履带宫室畜积之便，无器械舟车城郭险阻之备。

《白虎通·号》篇说：

> 古之时未有三纲六纪，民人但知其母，不知其父。卧之法法，行之吁吁。于是伏羲仰观象于天，俯察法于地。因夫妇，正五行，始定人道。

《史记补·三皇本纪》说：

> 太皞庖牺氏始制嫁娶，以俪皮为礼。

《通鉴外纪》说：

> 上古男女无别，太昊始设嫁娶，以俪皮为礼，正姓氏，通媒妁，以重人伦之本，而民始不渎。

《新语·道基》篇说：

> 于是先圣乃仰观天文，俯察地理，图画乾坤，以定人道，民始开悟，知有父子之亲，夫妇之道，长幼之序。

《路史》说：

> 太昊伏羲氏，正姓氏，通媒妁，以重万民之丽，丽皮荐之，以严其礼，示合姓之难，拼人情之不渎。

《礼记世本》及《外传》说：

> 伏羲制嫁娶，以俪皮为礼。

又《路史》说：

> 女皇氏正姓氏，职婚姻，通行媒，以重万民之判，是曰神媒。

《淮南子》"览冥训"说：

> 黄帝治天下，别男女，异雌雄。

同书"齐俗训"说：

> 颛顼之法，妇人不避男子于路者，拂之于四达之衢。由是嫁取俪皮之俗。

从上面所抄录的史书来看，有的很显明的指出古代是经过一个知其母不知其父的时代，有的只说从某个时代起始有嫁娶之礼。假如女不嫁，男不娶，男女随便的结合而成为一个所谓乱婚社会，那么在这个社会里，子女也只能知其母而不知其父。

虽然也有的史文说嫁娶之礼是始于女皇氏，或是黄帝与颛顼的，但绝大多数都说嫁娶之礼是始于伏羲。唐司马贞《补史记·三皇本纪》说：

> 太皞庖牺氏，风姓，代燧人氏，继天而王。母曰华胥，履大人迹于雷泽，而生庖牺于成纪。蛇身人首，有圣德。

司马贞根据什么材料而写这段话不得而知，我们在这里也不必去考究这个问题。但这里只说庖牺氏的母亲名字，而没有说其父亲，说明庖牺氏自己也只知其母不知其父。假使上面所录的史文是可靠的话，那么中国在伏羲时代及在伏羲之前，是知其母不知其父的时代了。这也就是说，伏羲或他之前的时代是母系社会。

伏羲虽然制作了嫁娶之礼，但不只在伏羲时代不见得所有的男男女女都行了嫁娶之礼，就是在伏羲之后一个时期——可能一个相当长的时期，还有不少的男男女女还是没有采用这种礼仪，而其子女还是知其母不知其父。《淮南子》"览冥训"说"黄帝治天下，别男女，异雌雄"，说不定伏羲制嫁娶之礼之后，不只还有好多人没有遵守他的礼制，而且到了黄帝时代，这种礼制又倒退起来，所以黄帝又不得不重申命令，再要人们实行女嫁男婚之礼。

其实在远古的好多帝王，传说其母亲只是有所感而生，说明了在当时可能是男女杂婚或是血统群婚。史书载，帝尧有二位女儿，一名娥皇，一名女英，嫁于帝舜，帝舜的弟弟象曾与其父瞽叟设法杀害舜而取其二妻。《史记·五帝本纪》说：

> 后瞽叟又使舜穿井,舜穿井为匿空。旁出。舜既入深,瞽叟与象共下土实井,舜从匿空出,去。瞽叟、象喜,以为舜已死。象曰:"本谋者象。"象与其父母分,于是曰:"舜妻尧二女与琴,象取之。牛羊仓廪予父母。"象乃止舜宫居,鼓其琴。舜往见之。象鄂不怿,曰:"我思舜正郁陶!"舜曰:"然,尔其庶矣!"舜复事瞽叟,爱弟弥谨。

象谋窑舜而取其妻,舜还爱弟弥谨,可能在这个时代群婚的风俗还存在。兄弟共妻,姊妹共夫,还是有人实行,所以舜对于此事并不在乎。

按:舜与象以及娥皇、女英的故事不只见于司马迁的《史记》,而且见于《孟子》的《万章》篇,又见于《楚辞·天问》篇。

这是兄弟共妻或姊妹共夫的例子。至子妻父妻(生母除外),也可以说是乱婚的一种遗痕。在夏代末季,就有了这个事情。《史记·索隐》引《括地志》说:

> 夏桀无道,汤放之鸣条,三年而死。其子獯鬻,妻桀之众妾。

有人说獯鬻曾跑去北边,而成为匈奴的祖先。匈奴人妻后母,与这里所说獯鬻妻桀之众妾,是同一风俗。究竟獯鬻是否跑到北边,究竟他是否妻其父之众妾,均是有待于考研的问题。但匈奴人妻后母是没有问题的。而且,中国皇朝对于这件事也并不反对。汉元帝时王嫱(昭君)嫁给匈奴呼韩邪,呼韩邪死了,其子要妻她为妻,她上书求归,成帝令从胡俗。至于汉武帝时,楚主无忧嫁,连续的嫁与其子其孙为妻。《三国志·蜀志》卷四《穆皇后传》说:

> 焉时将子瑁自随,遂为瑁纳后。瑁死,后寡居。先主既定益州,而孙夫人还吴,群下劝先主聘后。先主疑与瑁同族,法正进曰:"论其亲疏,何与晋之子圉乎?"于是纳后为夫人。

刘焉是汉鲁恭王的后裔,刘备是景帝子中山靖王胜的子孙,所以刘备与刘瑁是同族。在行父系家庭制度的中国,同姓不婚,而刘备与刘瑁是同为王室的后裔,刘备却妻其同族之妻,这也可以说是一种乱婚的遗痕。

至于晋代的刘聪、刘桀之烝后母,虽然他们也是匈奴之后裔而有妻后母的习惯,然而他们都是深受汉化的外族,在中国人看起来是乱伦,其实这也是原始社会的乱婚的遗痕。

又如《战国策·齐策》说:

> 齐人见田骈,曰,"闻先生高议,设为不宦","臣邻人之女,设为不嫁,行年三十而有七子,不嫁则不嫁,而嫁事过毕矣"。

齐人所说的话虽然是比喻,可是在春秋战国的时代,这样事情的发生也非稀奇的事情。"卫地有桑间濮上之阻,男女亦亟聚会,声色生焉",这也可能是古代的乱婚与群婚的一些遗留下来的痕迹。

《礼记·礼运》篇说：

> 大道之行也，天下为公。选贤与能，讲信修睦。故人不独亲其亲，不独子其子，使老有所终，壮有所用，幼有所长，矜、寡、孤、独、废疾者皆有所养，男有分，女有归。货恶其弃于地也，不必藏于己；力恶其不出于身也，不必为己。是故谋闭而不兴，盗窃乱贼而不作，故外户而不闭，是谓大同。

人们说这是孔子的大同主义，究竟这些话是否为孔子所说或这些思想是否为孔子的思想，我们不必加以考究，但是这是儒家的大同说当无问题。但所谓"人不独亲其亲，不独子其子"的思想，无非就是多妻多夫的群婚主张。孔家或儒家一向主张复古，他们所说的是古是尧舜禹汤文武周公的古，但是尧舜时代既还有群婚的遗痕，而在此之前又有了知其母不知其父的时代，儒家也可能主张复回到这个时代。只知其母不知其父是真正乱婚时代的情况，但在群婚的社会，人既知其母也可以知其父，这就是说与母亲同辈的姊妹或堂姊妹都叫做母亲，而与父亲的兄弟以至堂兄弟都叫做父亲，这也就是这里所说的"不独亲其亲"与"不独子其子"。

第六章　中国的母系社会（二）

妻兄弟之妻与妻长辈之妻在中国历史上既是数见不少，在现在的社会里还有存在。这种风俗有人叫做收继婚，也有称作为转房或挽亲的。其意义是丈夫死了的妇女，可以由其夫的亲属收为妻。如兄死弟可以娶其嫂为妻，弟死兄可以娶其弟媳为妻。伯叔死，侄可以娶婶母为妻，父亲死，儿子可以收后母或其妾为妻，甚至于子孙可以收已死的祖父的继祖母或庶祖母为妻。

应该指出，这种婚姻风俗是与所谓群婚是不同的。但也可以说有了这种婚姻的一些遗痕。我国各省在近代还有这种风俗。如：

> 汉中恶俗，往往有指媳以继子，招夫以养夫，甚且以胞弟妻其孀嫂，谓之转房。（《中华全国风俗志》下篇，卷六，页四二）

又：

> 闻喜县习惯，兄故嫂寡，其弟无妻者，得经人说合与孀嫂配为夫妇，俗名续婚。

他如沁水县、夏县也有这种风俗，且名为特别续亲。（见司法行政部编《民商事习惯法调查录》页一七七五）又同处，页一四七八中说：

> 贵池（安徽）及和平县民习惯有同胞兄弟间，若有身故，兄无妻子者。即以弟妇转配其兄为妻，兄故，弟无妻子者，亦如之。亲族多赞成无异议，习俗不良无逾于此。

又同书，页一五○○至一五一二中说：

> 民间转婚风俗，赣县最盛。例如兄弟数人只有一人娶妇，而此一人死亡，其妇即由他兄弟转娶者，死又可递娶，经某前知事严禁后，风已稍杀，而僻远之乡，仍复不少，此亦财礼过重，有以迫之使之然也。

在我国的少数民族地区，这种风俗也数见不鲜。如：

> 黎族也有转婚之习。兄死弟未娶，则以嫂配弟，弟不愿，乃再嫁。向亦有可嫁同宗夫之兄弟，而不得嫁夫之胞弟者。崖、儋属内之黎族亦如此。（陈铭枢编《海南岛志》第三章）

又在广西的苗、僮各族也有此种风俗。如：

> 同姓结婚，苗、瑶、僮、侗各族皆所不禁……又兄死而弟以嫂为妻，弟死而兄以弟妇为室者，亦恬不为怪。（刘锡蕃《岭表纪蛮》页七七）

又如，在新疆的哈萨克人也有此种风俗。

> 夫死，妇不得嫁异族，其夫之兄弟妻之。不愿醮者，亦弗之强也。（《中华全国风俗志》下篇，卷九，页四二）

在蒙古：

> 寡嫠之妇，叔可使嫂治床，伯可使娣当夕，此俗近已渐减少矣。（《外蒙地志》页二二二）

这都不过是随便举出一些例子。《湖南通志》记载苗人还有父取子之妻为妻者。

> 苗人翁有悦子妇者，则收为己妻，而为其子另妻，兄弟故，则收其妻。（卷四十，页一三二）

至于献给自己的妻与客人的习俗，如《马可波罗行纪》中第五八章中说：

> 哈密州……有一外人寄宿其家，主人甚喜，即命其妻厚为款待，自己避往他所，至外人去后始归。外人寄宿者，既有主人妻作伴，居留久暂惟意所欲，主人不以为耻，反以为荣，妇女类皆美丽。全州之中皆使其夫作"龟"（cornards），其事非伪也。

马可波罗在《行纪》中的一六六章中说到，建都州时，也指出这个地方有了这种风俗。建都所在就是现在的金沙江鸦磐流域，似乎就是我们这里所叙述的永宁纳西族所住的地区。关于这点我们当在后面摘录。

《马可波罗行纪》一一九章"金齿州"有下面的记载：

> 妇女产子，洗后裹以褪褓，产妇立起工作，产妇之夫则抱子卧床四十日，卧床期间，受诸亲友贺，其行为如此者。据云，妻任大劳，夫当代其受苦也。

这种风俗我国人名为"产公"。中国一些笔记有记其事，亦有名为坐月。法文是叫做 couvade。《文献通考》引《千里异物志》谓僚族也有此风。据说贵州威宁也还有此风。据说这种风俗是从母系家庭转为父系家庭的转折点。原来在原始社会中，小孩只知其母不知其父，当然小孩是属于母亲而不属于父亲，但是到了后来，男女同居而生小孩时，男子为妻订明生子的苦痛他也有份，因而躺在床上犹如生子女一样。这样，他也有权去管理子女。这就是从母权而到父权的一个过渡的作法，也就是母系家庭的一种遗痕。元人李京在其《云南志略》中说：

> 金齿百夷，嫁娶不重宗族，不重处女。

这也是男女关系很为自由的一种说法，而性的自由结合也可能是乱婚或母系家庭的特征。

母系家庭的遗痕还存在在现在的云南的傣族、傈僳族与怒族。如《傣族简史简志合编》说：

> 妻方居住的遗族，在西双版纳较为普遍。在景洪等地，男方必须在女家上门三年，才能把妻子接回。在男家三年后，又要到女家住三年。如此往返，直到另立门户或继承了一方的财产为止。勐海等地的上门时间甚至长达十四至十八年。（页一五六至一五七）

又说：

> 西双版纳还保留有对偶婚的残余，表现为家庭和婚姻关系，相对地不很稳定。离婚比较自由，双方意见不合，征得头人同意，互递一对蜡条，就算办了离婚手续。头人为多收婚姻税，往往支持轻易的离婚，女方父母为再招精壮劳动力，也鼓励女儿离婚……一旦双方失和，女方携带自己的全部财产而去，男方如不去接回，即算离婚，双方均可另行择偶。（页一五七）

《傈僳族简史简志合编》说：

> 一夫一妻制的婚姻，是傈僳族婚姻的主要形式，但此外还保留着浓厚的原始群婚残余……群婚残余主要表现在亚血缘族内婚及"公房制"方面。凡同一家族之内的男女，除亲生父母、亲兄弟姊妹外，其余亲叔伯兄弟姊妹、再从兄弟姊妹或年龄相等的上下辈，均可配婚。……亚血缘族内婚的特点是，女子很少外嫁，她被当作家族的财产和劳动力。而保留在家族内部的"公房制"是傈僳族群婚的另一残留形式，凡青年男女十三四岁以后，即可到公房寻找对象，自由恋爱，公房有的由村寨修盖，有的是私人修建的茅屋，未婚青年可以自由的到公房里玩乐住宿，过着比较放任的性生活。因此，非婚生子较多，社会上有抱子认父的遗俗。（页六三至六四）（按：云南的哈尼族也有公房制。参看《云南哈尼族社会历史调查》页一四六）

《怒族简史简志合编》中说：

> 怒族还流传着过去"讨男子"之风。这种男子出嫁的习俗，贡山怒语称为"振金抗努巴缕"。这说明古代怒族曾经历过母权制阶段。与此相适应，曾有过妻方居住婚，亦男子出嫁之风。这种习俗到后来即转变为女子出嫁后要返娘家居住，俟生育子女之后才回夫家，过一夫一妻的真正夫妇生活。（页六十七）

怒族婚姻中的原始群婚残余，还反映在下列一些事实中。碧江县第八第九两个行政村的怒族，在举行婚礼之夕，还保存着一种原始的、征象群婚的性交舞蹈，当新娘及其女伴来到新郎家门口时，按照传统习惯，新郎的长辈——父亲或伯叔父，要上前拥抱一个新娘的女伴跳男女交配舞，这种舞蹈的内容，是要细致地表现男女交配的各种姿态，舞毕男女互相祝酒，新婚之夜，新郎可以与住所一个随新娘来的女伴发生性关系，同样新娘也可以与任何一个男宾发生性关系。这种性的放纵，显然是导源于古代的群婚习俗的，但随着个体婚姻的确立，这种群婚形式，仅以一种礼节形式保留在婚礼仪式中。（页六十八）

又说：

作为群婚残余的另一种形式，各地的怒族都普遍保存着妻兄弟妇的转房制，即兄死，寡嫂可以转归夫之弟，弟死则弟媳可以转为兄之妻，这是为社会所公认的一种习惯。除非男的不愿，女的才可另嫁。如无兄弟，则在本家族近亲中寻找一适当对象，只有在本家族成员无适当的婚配对象的情况下，才能转嫁给家族以外的成员。（页六十八）

怒族的母系家庭的遗俗也可以从他们对于母亲的兄弟或舅父的特别重视而看出来。

母亲之兄弟辈称为奥颇（oə Pùt），即舅父。奥颇是怒族中最尊敬的一个称谓。怒族有句谚语，"世间最长的是道路，人间最大的是奥颇"。这句谚语，反映了对舅父权的尊敬，这显然是母权制所遗留的特征。（页七十三）

在云南的阿昌族中：

据说过去曾流行舅父有优先娶自己的外甥女为儿媳的权利。外甥女只有在舅家不娶的情况下，才能他嫁，但近一二十年来，这种习俗已有改变，因为大家感到血统太近了不好，现已没有这种习俗了。寡妇可以转给夫家同辈兄弟。（《云南省阿昌族社会历史调查材料》，一九六三，页一九）

第七章　欧美的母系社会

欧洲的母系家庭的叙述，不少见于巴荷芬的《母权论》一书。在他这本书里说明母系家庭的最精彩而又最好的例子，据恩格斯的意见，是巴荷芬对于伊士奇洛斯（Aeschylos）的奥勒斯提雅（Oresteia）的解释。我们现在把恩格斯在《家庭、私有制和国家的起源》中一段话录之于后：

  克里苔内斯特拉为了她的情人伊吉斯搭斯，杀死了她的刚从特罗伊战争归来的丈夫阿加绵农。她和阿加绵农所生的儿子奥勒斯提又杀死自己的母亲，以报父亲被害的仇，为此保护母权的鬼神艾伦尼斯神们，都追究他，因为照母权制，杀母是最重大而最不可赎的罪，但是阿玻罗神（他通过自己的预言者鼓励奥勒斯提去做这件事情）与雅典尼神（被请求当裁判官的）——这两位神在这里都是代表新的父权制的——却都替奥勒斯提辩护。雅典尼神审向两方面。全部争点，简单扼要地由奥勒斯提与艾伦尼斯神们之间所发生的辩论撮述出来了。奥勒斯提援引：克里苔内斯特拉既杀了自己的夫，同时又杀了他的父，是犯了二重的罪，为什么艾伦尼斯神们要追究他，而不追究犯罪更重的她呢？答辩是骇人听闻的：
  "她跟她所杀死的男人，是没有血统关系的。"
  杀死一个没有血统关系的男人，即使他是杀死他的那个女人的丈夫，也是可以赎罪的。此事是跟艾伦尼斯神们毫不相干的，他们的职务只是追究血统亲族中间的杀害事件，在这里，按照母权制，杀母是最重大而不可赎的罪。但是阿玻罗神却作了奥勒斯提辩护人，于是雅典尼神就把问题提交裁判员们——雅典尼神的陪审员们——投票表决，主张宣告无罪与主张有罪底票数相等；这时雅典尼神以裁判长的资格，给奥勒斯提投了一张票，宣告他无罪。父权制战胜了母权制，"幼辈底神"（艾伦尼斯神们自己给他们的名字）战胜了艾伦尼斯神，后者终于也同意担任新的职务，给新的秩序服务了。（张仲实译本，一九五四年，页十一）

尽管父权制战胜了母权制，但从历史上看起来，希腊在英雄的时代，这就是公元前十至八世纪的时代之前，应该是母权制的社会，而况就是在这个故事中，陪审官仍有半数的人们投票维护母权制。

恩格斯又说：

  巴荷芬是头一个抛弃了关于毫无所知的原始杂乱性交状态的空言，而实行旁征博引，证明古典文学中有着好多遗迹，可借以推知，在希腊人及亚细亚许多部族中间,在这个体婚制之前,确实有过这种状态,即不但一个男性可与几个女性发生性的关系,而且一个女性也可以与几个男性发生性的关系,这在当时,都不伤风败俗,这种习惯绝迹以后,便遗留一种痕迹,即女性必须在一定时期内,委身于别的男性,借以获得自己的个体婚的权利。因此,血统最初只能依女系,即从母到母而计算,这种只承认女系为唯一有效的办法,在父的身份已经确定或不论如何已被承认之下的个体婚制时代,还保存很久。母亲是子女唯一可靠的亲长的身份,这种最初的地位,便为她们以至一般女性保订了一种崇高的社会地位。自那时以来,他们再没有占据过这样高的地位了。是的,巴荷芬并没有这样明确地提出这些论点(他的神秘的世界观阻止了他这样做)。但是他却订明了它们,而在一八六一年的确是一个完全的革命。(《家庭、私有制和国家的起源》一八九一年第四版"序言",页十二)

牟勒赖依尔(F. Müller-Lyer)在其《婚姻进化史》(*The Evolution of Modern Marriage*)(叶启芳译)中说:

日耳曼古例,要求"主妇带领客人到她的床上去,并且注意到要用各种适当方法来接待他"。在远遥的古代,客人享有东道主之婚床。就在十六世纪之初,多玛斯木那(Thomas Murner)也说在尼德兰(Netherlands)(按:为荷兰)地方,主人"把自己的妻子以充份的诚心,借给他的亲爱的客人","家中的妇女帮助他们的主人款待宾客,在穿衣服时和脱衣服时,都是如此。她们不特为客人准备沐浴,还把衬衣送给他,并抹干他的腿臂"。又在北部德意志地方,主人之妻子或女儿的床是要给与过客应用的。在黎斯土拉(Rigsthula)地方,传说天宫门神(Heim dall)某次浪游人间,探访农奴花拉耳(Thrall)、自由农民加耳(Karl)和贵族耶耳(Jarl),他和每一个主人和主妇同居三晚,九个月后,这三个凡人的妻子共生了三子,他们就是一切农奴、自由农民和贵族之始祖。又在荷马时代的希腊人间,一般以为妇人之责任,甚至王女之责任,当为客人沐浴,并用膏油抹在客人身上,这种责任,或者就是古代借妻习尚的一种变相罢。(《第一章 恋爱情绪之变化》页五—六)

在美洲,在阿拉斯加的依士基摩(Eskimos)的民族中,据吕布克(Lubbock)在其《前历史时代》(*Prehistoric Times*)中告诉我们:

依士基摩民族中,两个人的友谊之印记,是把他们的妻子为一日或两日之交换。(《前历史时代》页九—十)

又如:

> 巴拉多（Barthold）说，倘若一个祭司或巫师和一个企士基摩人的妻发生性交，他们便喜悦非常，以为这样所生出来的儿子，必比他人为优秀。（《前历史时代》页二九）

这只能说是群婚或古代母系社会的一些遗俗。美洲的母系家庭之最引起人们注意的是伊洛魁族（Iroquois）。关于这个民族的母系家庭，莫尔根在其《古代社会》（Ancient Society，一八七一）详为叙述。莫尔根是以研究这个母系民族而著名的，我们在这里只把牟勒赖尔在其《家族论》（The Family，王礼锦、胡东野译）所介绍的一小段录之于后：

> 易洛魁 Iroquois 氏族是一种母方亲属结合的共同社会，他们实行严格的外婚，所以父亲常是别族的分子，他不算是他的孩子们的亲人，孩子们用母亲的图腾，并居于母亲的氏族中，氏族有共同的居室。（著名的"长房"可以居住二十个家庭，并根据于共产的基础之上。）

这些氏族分子有下列的各种权利与义务：

（一）他们在平时与战时，选举他们的首领。（平时酋长称为萨君 The Sachems）

（二）他们可以罢免他们的首领。

（三）他们不能在他的自己氏族内结婚。

（四）他们承袭氏族分子的个人财产。

（五）他们相互誓约，在战时互相帮助、互相防护，而征取生命或货物的报偿。（血族复仇）

（六）他们有为其氏族分子命名的权利。

（七）他们可以收养外人入族。

最后他们共有：

（八）大的公共葬地，及

（九）集合的权利

一切成人都能参加氏族会议，女人与男人有同样的投票发言权。

这个会议是易洛魁族中的政治权威机关，萨君处理随时发生的日常事件，一切影响社会的事件，由氏族会议充分讨论之后解决。族男族女们，有选举或罢免领袖之权，决定血族报仇，收抚外人（甚至白人）入族。（页一五四至一五六）

伊洛魁的氏族中的妇女的权力之大，可以从下面一段话中看出来：

> 据久居伊洛葛西尼加斯族的传教士佛立特（Wright）的报告："他们的家族还是居于古昔的'长屋'之中。这种长屋就是他们的共产家庭。其中

氏族制度，还是盛行。妇女取别的氏族之男子以为夫，普遍一般，家庭以内完全为女性统治，供给物是共同的；但是共同供给物之配与，不幸可怜莫过于那些拙劣而怠惰的情人或丈夫。家中无论已有几多孩子或几多财产，丈夫无时不要打好他的包袱，而准备滚蛋。如果妻要他滚蛋，他是不能抵抗的，须立即跑回他自己的氏族，找别的妇女去结婚。妇女于氏族中是有绝大的权力，几乎到处是一样的。"（蔡和森《社会进化史》页三十—三二）

第八章　其他的母系社会

在这一章里，我们主要的叙述两个地方的母系社会，一为马来的米南迦保（或门难格卡保，Menagkabau）的母系社会，一为澳大利亚的。

莫尔根（L. H. Morgan）在其《古代社会》（Ancient Society）第二编第一章中，叙述了以性为基础的社会组织，是专说澳洲的一些地方的母系氏族。下面几段话，可以说是莫尔根这一章的一个简单的摘要：

> 英国的传教师费森（Lorimer Fisan）在澳洲研究土人的家族形式多年，关于群体婚姻的报告，是很丰富的。他在南澳洲的冈比爷（Gambier）山中发现澳洲黑人极低程度的婚姻配合。一个种族分成为两个大阶级，一个叫克洛基（Krokis），一个叫居米德（Kumites）。每个阶级的内部严禁通婚。克洛基一切男子为居米德一切女子的丈夫，居米德一切女子为克洛基一切男子的妇人。这不是个体的婚配，而是两个阶级的群体婚配。除掉二个外婚阶级的区分以外，其中绝无年龄差异或特别血统的限制。一个克洛基男子可以与一切居米德女子结婚；但是他与居米德妇人所生的女，在习惯上为克洛基一切男子的妻，也可以说就是她的父亲的妻。然则按照这样的组织，对于本能的冲动虽业已加以限制，而不许其在自己族内传种，但是对于亲子间的性交，则还未发现特别的嫌忌。所以这样的阶级婚配，或者是由无限制的性交状态直接产生的，或者当两个阶级分化时，亲子间的性交，即已由风俗禁止，而现在的状态已回溯到血统家族，而又做成超出血统家族之第一步，而于后起的外婚形式之外又发现建筑在母权之上的氏族。克洛基与居米德二族皆为母权所统御，并且已有母权氏族而尚无伙伴家族，此乃家庭历史中极耐寻究之一问题，照莫尔根的推究，则以此种阶级婚配为发展程度低于伙伴家族之组织。（蔡和森《社会进化史》页二七—二八）

又说：

> 两阶级制不仅发见于南澳冈比爷，而且发见于大林河（Darling）以东及坎斯兰（Guensland）的东北各地。可见这种制度，是散布很广的。在这些地方，母方兄弟与姊妹之间，兄弟的儿女之间，及姊妹的儿女之间，禁止结婚，因为这都是属于同一阶级，反之，兄弟的儿女与姊妹的儿女之间，可以结婚，因为他们不是属于同一阶级。（同书，页二八—二九）

又说：

> 在大林河沿岸及新加尔（Novelle-Galles）南部的加米拉洛（Kamilaroi）

人中，又起了一种新进步，限制血族通婚，于是原来的二个阶级分裂为四个阶级。四个阶级中的各个阶级，只能与别的限定的阶级群体通婚。第一个阶级和第二个阶级的男女，彼此为生成为夫妇。但是母亲属于第一阶级或第二阶级，则儿女属于第三阶级或第四阶级。第三阶级和第四阶级的儿女（他们之间又同样结婚）又从新属于第一阶级和第二阶级。由此第一第二阶级的后代和第三第四阶级的后代，常常展转相属。因而母方的兄弟姊妹的儿女不能成为夫妇，要轮到兄弟姊妹的孙儿女，才得成为夫妇。这样特别复杂的制度，这确是后起的现象，若系从无限制性交产生的，决不会这样复杂，因为要与母权氏族接合，所以又增加一层错综。（页二八—二九）

澳洲的阶级婚姻，为群体婚姻中之很低级很原始的形态，结而伙伴家族之发展程度，则比较高得多。（页二九）

关于马来人的母系社会，米勒赖尔在其《家族论》（*The Family*）中第四章有了一段叙述：

在马来人中最著名的实例，是苏门答腊岛上的米南迦保所发现，而为荷兰人类学家韦尔根（P. A. Wilken）所叙述的。

这些马来人的区域单位是邑，他们称为尼加利（Negari）。一邑分为若干村，他们称为古打（Kota）。每村居住若干氏族，氏族他们称为苏库（Suku），是母系的，就是说他们的分子是由相同的母亲，或相同的女祖宗传下来的。每一个苏库聚居于村中的自己所有的一部分地域，这种亲属聚居之所，叫做康部兰罗玛（Kumpulan Rumah）。他们在一切事情上都互相协助。马来人对于他们的氏族有这样的流行的话："住在同一个康部兰罗玛的人是同样的血，同根同干，同权利同义务，同荣同辱。"所以氏族或苏库，是由地域划分，而以由女方之共同氏系所联结。（王礼锡、胡东野译，页一五九）

又说：

任何人都不能在氏族内结婚，丈夫与妻子就在结婚之后，也是各属于其苏库，女人仍留在她自己的康部兰罗玛中，男人也与其母亲的族人同居，所以结婚并不包含同居的家庭。（页一五九）

因此，家庭是附属于氏族的，家庭并不包括丈夫与父亲，只包含母亲与儿女。这种母系家庭的家长，是母亲的长兄，叫做玛玛（mamaq），他对于他的甥儿甥女们，享有权责。（页一五九——一六〇）

又说：

孩子们的真正父亲，对于自己所生的孩子们没有权力，但是他若是一个

长兄，他也可以成为他的姊妹的孩子们的（mamaq）（舅权制）（页一六〇）

又说：

在这种联合家庭内，居住着很多家属；年幼的孩子们和他们的母亲们、舅父、姨母、外祖母们、外祖母姨，他们是出于一个女祖宗的，或用马来的术语来说，是出于同肚的人（Sabnah Parui）。他们的家长是最长的舅父。每一个女子结婚，就在公共住宅中加上一个附屋。及至一个氏族（苏库）大至不能管理了，就分成两群，住在二个康部兰罗玛中，而构成一个康帮（Kampong）。（页一六〇）

妻子的遗产传给孩子们。若她没有孩子，就分给兄弟姊妹。男人的遗产不传给孩子们，而是传给母系最近的亲属，财货、姓氏与地位，都是通过母亲传袭。（页一六〇）

一切苏库（氏族）享有同等的权利。家长会议决定全村的公共事务。（页一六〇）

苏门答腊的母系家庭形式，也可以在马来半岛的森美兰（Sembilan）州中找出来。据说这里的马来族是从米南迦保这个地方迁移过来的，他们以为他们的罗玛（Rumah）的成员最初是由一个很老的女的（Nine）母亲或女首领，因而一个家庭，是包括了一个原来的女首领，她的儿子、她的女儿以及他们的小孩等等的好多代的人员，一个男的或是一个女的达到十五岁以后，以至结婚，很少睡在母亲的屋里，他们在这个时候，是睡在近于回教教堂的宗教屋子里。

丈夫在这个社会的家庭中的地位，事实上正如这里的俗话所谓，是一个"借来的人"（orang samando）。他与他的小孩们，虽然有了关系，可是他在这方面的关系上，并不重要。他们的俗话说，"一个雄鸡是不能生蛋的，但是一个母亲之于她的小孩，犹为母鸡之于她的小鸡"。

男人只在他的母亲的家庭有了地位。假如他是长兄，他往往是家中的家长。在他母亲的家庭，他是舅父（mamaq）。这个名词可译为母亲的兄弟。但在实际上他也可能是母亲的儿子、长女的儿子或任何女儿的儿子之为家庭成员选为家长的。他的责任，是照顾他的外甥、甥女的生活、结婚，以及管理家庭的产业。在某种节日中，他可以穿起特殊的衣裳与头饰。

第三编

第九章 地理与历史背景

《纳西族简史简志合编》（中国科学院民族研究所云南少数民族社会历史调查组编，一九六三年，北京出版）的"绪言"中说到这个民族所住的地区地理概况：

> 这带地区，位于祖国康藏高原南端，为金沙江、雅磐江流地域带，约东经九十九至一〇二度和北纬二十六至二十八度之间。地势高峻。从西北伸延而来的云岭山脉连绵千里，金沙江在云岭山谷间东南流，至丽江的石鼓急转往北，至永宁又南流，到鹤庆境又转东，形成三曲。平均海拔在二千七百公尺左右，耸入云表的丽江玉龙雪山，高达五千六百公尺。山川壮丽，土地肥沃。勤劳勇敢的纳西族人民和这里的各族人民一道，很早就在这里生活和劳动，共同缔造了我们祖国的历史和文化。

> 纳西族地区地形较为复杂，具有寒、温、亚热三种类型，气候差异较大。丽江县城，平均气温为摄氏十二至十三度，最高温度为30℃，最低达到-7℃。无论山区或平坝，全年均无酷暑，金沙江河谷地带，气候较热，雨量一般充沛，丽江年平均降雨量为八百至一千三十四公厘，五至十月是雨季最集中的季节，常年最大风速为八至十四米秒，多为西风。

> 这带地区，资源极为丰富，湍急的河流蕴藏着巨大的水力。金沙江内储积大量的金沙。层叠的山峦密布着云南松、云杉和红杉林等珍贵林木，也出产麝香、贝母、虫草等名贵药材。地下埋藏着金、银、煤、铁及云母等各种矿产，山野草原则是天然牧场。纳西族人民自古即善于饲养牛、羊、猪等畜产，从而这带地区，也是乳类和毛皮的盛产地。纳西族以农业为主，其农业生产技术，已具有与汉族相同的水平。

上面所说的地区，是云南西北角与其邻省四川盐源一带的纳西族所居的地区。这里包括了丽江、维西、中甸、宁浪与盐源各县，也包括了德钦、永胜、剑川、鹤庆与盐边木里等地。报告所研究是宁蒗县的永宁地区的纳西族，他们住的地方是二个乡，一为温泉乡，一为八株乡。

温泉乡住于永宁盆地的东北端，居民以纳西族最多，彝族次之，普米族（旧称西番）又次之，汉族最少。本乡纳西族全聚居于阿古瓦、拉梅瓦、衣马瓦、赖格瓦、阿如瓦、瓦拉片、八瓦等七个自然村，依次为邻。普米族聚居于拖奇、比奇、八加、中瓦都四个自然村，汉族聚居于上瓦都，下瓦都二村。彝族聚居于沈家村、安家村等村，均在凉山。普米族、汉族所居村均与纳西族所居村八瓦、瓦拉片邻近。又纳西族所居八瓦，至阿古瓦等七个自然村，与四川盐源县左前乡的折普瓦、米伏瓦、我答村、乌术村四个自然村邻近。瓦拉片与米伏瓦相距仅二百多米，米伏瓦、抑普瓦两村居民全系摩梭人（共十八家）。晚近有汉族、僮族迁入，一九五八年又有彝族迁入，而为四族杂居。

　　永宁盆地，和泸沽湖畔及其邻近丘陵夹谷地区，几全是纳西族聚居区。（页二—三）

又关于八株村报告说：

　　八株乡住于永宁坝东南部……为乡人民政府所在地，西距区人民政府所在地皮匠街七公里。本村的东南，也即是永宁坝的东南部，仆伏着著名的狮子山，新者波，者波上中下三村，者波桥、拖坝、舒拉竹、中良子等八村，依次由南往北沿山脚分布。前四村，位于狮子山的右胁之下，后四村位于山之尾部。由八株村后登山东南行，翻过一个隘口，即达小海子、中海子和草海三个高地沼泽。中海子北岸有斯罗村，草海之西南为竹地村，北岸有拉必罗村、由草海往东下行，可达泸沽湖的北岸。这里自西而东，分布着里格、独家村和小洛水三村。即本乡村寨大部分分布于永宁坝，少部分分布于平坝东南的沼泽湖滨地带，地势湖滨高于平坝，沼泽又高于湖滨，气候则湖滨较坝区和沼泽地带略暖。（页一四三）

上面是永宁地区的地理。下面抄录有关这个地区的历史。

《纳西族简史简志合编》说：

　　据《大元一统志》和《元史·地理志》的记载，约当公元三世纪初期，磨些首长蒙醋醋已具有丽江地区的巨津（今巨甸）一带之地。到公元五世纪初期，巨甸地区的磨些部落，即进入永宁，征服了居住在这里的吐番，据有永宁之地。（页十七）

同书第三章第一节中又说：

　　到了十三世纪的中叶，巨甸一带为和朦、和失所统治，永宁一带为和字所统治，丽江一带为麦良所统治。一二五三年，元世祖忽必烈征大理，由丽江东境的宝山地区渡江，麦良迎接元兵于剌巴江口（金沙江），受到赏赐。

元将兀良合台由巨津渡江，杀了坚壁拒守的和牒、和失，招降了永宁的和字。（页二十六—二十七）

在第三节中又说：

约在明代中叶以后，永宁、盐源地区的纳西族（摩挲）分别进入封建领主制。

元代初年，在永宁地区设答蓝管民官。答蓝是永宁的旧名，也即是《蛮书》中所载的"三探览"，这一地区，元明以来，设州设府，隶属虽迭有变更，但直到解放前夕，一直为纳西族（摩挲）土司阿氏直接统治。

永宁地区纳西族的生产状况，在明代中叶，也还较为落后。他们"所居多在半山之中"，主要的粮食作物为荞麦之属。但较之境内随畜迁移的西番族的游牧情况说来，纳西族则早已定居经营农业生产了。如剌和庄一地，就有民三千余户，足见人口相当稠密。明朝授这里的摩些土酋为长官司长官，明初的永宁土知府或剌次和长官司长官都因招抚西番而受了土职，这时永宁地区的纳西族社会可能已有一定的阶级分化。（页四七—四八）

明嘉靖年间（十六世纪中叶），永宁土司在丽江土司木氏的兵力援助下，与四川盐井卫（盐源）左、前二所摩梭土司发生了长期的村寨争夺。左所土司的土地夷民大半为永宁、丽江土司所夺占，经四川、云南二省布政，按察二司官勘断，查明永宁府管有的村寨共一三一处，永宁土司的统治势力，这时有了进一步的发展。在母权制继续延续的社会中，土司家庭父权制的确立，大多也是在这个时期。（页四八）

从万历《云南通志》所载全省各府赋役，而永宁府未载有官民田地顷亩数的情况看来，可能当时永宁地区尚未出现土地私有，从而没有负担皇朝粮食税的"民田"，而是土地属于村寨，由村寨管理，又统属于土司。约在明代中叶以后，随着生产的发展和土司统治权力的加强，阶级有了进一步的分化，出现了富者，形成土司、百姓和俾子（当地称为俄）三个等级。百姓（纳西语称为贡卡）占有份地，对土司有劳役负担。俾子不占有份地，并对土司有人身依附关系，世代为土司服劳役。土司是境内全部土地以及河流、山林的所有者，并把土地分属九个大头人，实行封建统治。土司、大头人和喇嘛寺喇嘛，是领主等级，他们自称斯（或司）沛（贵族）。永宁地区的封建领主经济直到解放前夕，一直居于统治地位。（页四八）

元代于蒗渠地区置州，隶丽江路军民宣抚司，明属北胜府。这一地区和永宁一样，是由摩梭土司所统治，与永宁地区同时进入封建领主经济。到清代中叶，有些汉族迁移到这带地区，"与夷民杂处，相为耕凿，名曰寄住户"。由于汉族带进先进技术，对于这一地区的生产发生了影响，其中有些奸商则"专事盘剥"，占有夷地。道光十一年（一八三一），流官同知请准开办境内的白角山银矿，设东升厂，"流民闻风四入，土司不能弹压"，"厂地各处，五方聚集，甚属稠密"。蒗蕖地区开始发生了变化，汉族商人占有"夷地"之后，出租土地，转化为地主，于是地主经济渗入。到解放前夕，蒗蕖地区已处于封建领主经济向地主经济过渡阶段。（页四九）

　　与永宁、蒗蕖接壤的四川省盐源地区，在明代初年，么些洞土首贾哈喇，统治着境内的么些诸部，势力强大……贾哈喇被诛以后，统治势力削弱，但打冲河中所、左所一带，仍为贾哈喇的子孙世袭统治。……清初康熙四十九年（一七〇一），盐源地区，有不少么些土司仍受土职。……这些土司，都各有住牧之地，管辖境内的土地和"夷民"，土司是封建领主。到清代中叶嘉庆年间，土司招汉族人们为佃，开垦住牧区，夷众也有了新垦之地，于是长期以来，这一带大半荒芜的地区，逐渐成为可耕的熟地，从而耕作日兴，地利日辟。同时，土司并把部分土地卖与汉人，汉族地主经济在这里有了发展的余地。（页四九—五十）

第十章　民族语言与风俗

《纳西族简史简志合编》的第一章中，叙述纳西族的名称、族源与分布。我们摘录数段于后：

> 纳西族是我国历史悠久的少数民族之一。就有关文献记载看来，早在公元三世纪初期，就有称为"摩沙夷"的居住在越巂郡的定筰县（今四川盐源）。到唐代，当八世纪末叶，在今丽江金沙江流域，和盐源雅砻江流域，也有着么些蛮的分布。摩沙和磨些与今天这一带地区居住的纳西族的自称或他称，完全符合，应都是对古代纳西族称谓的同名异写。在以后得文献中，纳西族称谓又被写成为末些、摩挲、么些、摩岁、摩荻、么廖、摩梭等等。（页一）

同书"绪言"中说：

> "纳西"是解放后本民族统一的族名。过去纳西族曾有各种不同的自称，西部方言地区还有近十多万人自称纳西，在宁蒗、永胜一带东部方言地区，自称吕西、巴西、纳和呐嘿的。在维西、宁蒗和盐源、木里，也有自称速西和马里马沙以及摩梭的。

这是纳西族的名称。至于其来源：

> 据学者研究，认为唐代的"磨些蛮"，和我国古代西部地区的羌人有着渊源关系。他们是古代南迁的羌人，有的学者根据纳西语考察，认为"么些"这一称谓，含义在纳西语言意为么族，它与《史记》《汉书》《后汉书》所载的髦、旄、牦等称谓有关，当是同一名族的异译。这些有关纳西源流问题的历史关系，对于帮助我们认识纳西历史是有益的。我们叙述纳西族的历史关系，还得从古代羌人、髦（髳、旄或牦）人说起。（页二）

关于纳西族的语言，同书页四中说：

> 纳西族属于藏彝语族的彝语支，与其他彝语支民族（彝、傈僳、拉祜、白、哈尼）有着近亲关系。据很多学者研究，认为彝语支各族的源流与古代氐羌部落有关。如纳西族、彝族都实行过父子连名制，举行过火葬，而古代氐羌部落也有这些习俗。又如东汉时，"慕化归义"的羌人白狼等部落，向汉皇朝进献的三章"白浪歌"，其文法结构和某些基本词汇，与今天的纳西语、彝语、藏语都有许多相同之处。可见不但在文化特征方面，并且在语言方面，彝语支民族与古代羌人的关系是很密切的。

又在"绪言"中说：

> 纳西语属汉藏语彝族中的彝语支，有两种方言，以金沙江为界，形成东西两个方言区，但两种方言的差异并不很大。

又说：

> 纳西族很早就创造出本民族的文字，一种是象形文字的"东巴文"，一种是音节文字的"格巴文"。纳西族曾用自己的文字写下了许多宗教经典和优美的传说故事和诗歌。近数百年来纳西族人民学习汉文，汉文已为纳西族人民普遍使用。

现在叙述这里纳西族中的习俗。首先说节日。在这里的纳西族中，每年有好多节日。其主要的有端午节、七月廿五日祭狮子山，八月三日和十月的祭祖，以及十一月十二月过小年，和正月年等等。关于祭狮子山与祭祖，我们当在下面叙述，这里叙述端午节与过年。

> 端午节有吃雄黄酒的习惯，以野花、菖蒲等插在头上为饰，请别人家孩子放牲口的，要请放牲口的人吃一顿饭。（《报告》页——七）

> 冬月十二称为过小年，对放牲畜的孩子们特别隆重，家里要给他猪前脚一，肋骨两条，几个蛋、水果、核桃、面饼、糌粑、酥油等，若代其他人家放牲畜的，也可以每户收到一份同样的食品。孩子们以村为单位集中在一起栽松树、祭天地山神，求神保佑牛、马兴旺。（《报告》页一一七）

这一天在瓦拉片还有祭山神的活动。关于这一点当在下面再说。

> 正月年过半个月，三十晚上祭祖先，忌外人，初一给年满十三岁的男女少年举行穿裙或穿裤礼，请喇嘛念经烧香（《报告》页一一八①）。

在一个人一生中，穿裙子或穿裤子是一个很为重要的礼仪。死葬也是一件大事。虽然这里很少人结婚，但接亲或"楚咪遂"也有繁什的礼仪。

关于穿裤子与穿裙子的风俗，在永宁纳西族中，已见于曹得路衣衣和柴红吉吉美的故事中。故事叙述了这一对男女偷偷的结婚，生了子女，柴红吉吉美把曹德路衣衣藏在她家中的一个金银箱中，到了他们的子女十三岁时，举行穿裤与穿裙的仪式时，才被了吉吉美父亲所发现（参看下面一章的传说）。此外，还有关于十三岁穿裙子和裤子的来源的传说（页一一九）：

> 很早很早以前，人和各种动物没有生命的年限，后来阿色笃要给各种生物规定生命的年限，并且事先把这件事告诉了人，要人在半夜里注意他的呼

---

① 编注：页码系编者据《报告》所注。

喊，就可以得到长寿。这一夜晚终于到了，阿色笃首先叫出"一千岁"，当时一切生物都已进入梦乡，只有雁鹅听到他的叫声，得一千岁。他喊一百岁时，水鸭子听到了，应一声，得了一百岁的寿命。六十岁被狗应了去。直到阿色笃喊出十三岁，酣睡的人才醒过来，应了一声，得十三岁。人们感到十三年命太短，去找阿色笃请求，经与狗商量，狗和人对换了生命，条件是人必照顾狗的生活。因此，纳西族到了十三岁要穿裙、裤，象征新生命的开始，对于狗总是人吃什么，狗也多少要分一点。（页一一九）

《报告》又说：

这里纳西族的少年男女，年满十三岁要举行穿裙子礼和穿裤子礼。时间在每年正月初一的早晨。他们认为穿裙子和穿裤子意味着孩子已经长成和参予正式劳动的开始，也是他们走向生活的开始。穿裙或穿裤都要请一个同性的成人帮助，他们认为人请得合适否与孩子的幸福有关，要请达巴按十二属相推算。达巴把十二属相分为四组，每组三个属相，即牛、蛇、鸡、虎、马、狗、猴、龙、鼠、猪、羊、兔；各组内的三个属相，均为"命合"，即属牛的要请属蛇属鸡的，与其他属相则不合，也就不能请。如家人里有命合的，就由家人给穿，家人中没有可以请外人，同时必须请达巴向祖宗祷告，并为少年男女祝福。穿裙子礼在火塘的右侧举行，穿裤子礼在左侧举行。少年男女按传统要踏在猪膘和一袋粮食上面，在专选的成年人帮助下穿上新裙或新裤，随即向"詹巴拉"和所有在座的人磕头，受拜的人，无论是外人（包括达巴在内）和家里人，都要给穿裙或裤的少年送礼品（也可送货币）和说吉利话祝福。达巴的祝词也是一些吉利话，如说："今天是好日子，星星好，太阳好，月亮好，什么都好，你穿上裙子（或裤子），长命百岁，有吃有穿"之类。穿裙、裤的少年人还要到处找老人叩头，以求长寿。（页一一四——一一五）

关于接亲，页一一五中说：

接亲纳西语称"楚咪遂"，即找媳妇之意，礼仪极为繁什。本乡接来的多是家中无女继承人或是担任伙头等土司官职务的男子。

说亲，男方要请媒人"谋一黑"，由其带着一件布，一两银，一罐酒，一盒粑粑到女家去，见到女家的母亲（或舅舅），要说为了找他家姑娘，媒人穿烂了草鞋九双，用烂了九根手杖等，一套传统客套话，以表诚意。女家的人如果愿意就吃了粑粑和酒，把布和银放在锅庄上，亲事就算说妥了。

此后，男家要送过一次小礼。正式迎娶前，又送一次大礼。

正式迎亲的一天，男方派去几个精悍的小伙子，由其中一人在天亮以前催姑娘出嫁，一般是轻声说"××家（新郎家）请你去吃茶"，说完即迅速逃开，女方妇女们则事先准备好扑捉这个男子，抓到后可以撕破他们衣服。但无论是否抓到，姑娘还是必须出嫁。

宴请亲友当地称为"办酒"。客人总是相当地多，包括男女双方的亲友，以及男方的同村人。……主人不断敬酒，以让客人喝得酩酊大醉才算光彩，妇女们则用松针扎那些不愿饮尽酒的人，强迫他们一饮而尽。……各种肉类，过去均是给生的，如何食用由客人自己处理。这种宴会方式，当地称为"散分子"。后来受到汉族和丽江纳西族等的影响，也有摆席宴客的。（页一一五）

新娘新郎要给亲友叩头，他们当场送礼品。宴会中要请巴达唱诵纳西族的始祖曹得路衣衣和柴红吉吉美两人成家立业的过程，并陈颂词如：

今天这个村上"办酒"，金子银子都送到这里来了；菠菜街上银子多，没有我们这里多，木里淘金船上金子亮，没有我们这里亮；金子、银子虽体面，没有今天的客人体面；海螺、珠宝再好看，没有我们的人好看。挖园根的、搞生产的，快回来吃酒，农具带回来吃酒；河边上洗衣、洗菜的妇女，快快回来吃酒，大家好好的打扮赶来。（页一一五）

当晚在娶亲的人家院子里跳锅庄舞，邻近各村的青年多赶来参加，这也成了他们找阿注的良好机会。（页一一六）

关于丧葬，《报告》说：

老人死亡，要向亲戚家门报丧。若系嫁出的女子死亡，其母家的兄弟们要身披羊毛毡，腰挂长刀到男家来做象征性的吵闹，质问男方，为什么把他的妹妹虐待致死。按传统舅舅有权在男方门上砍三刀。

丧葬中最隆重的仪式是"洗马"，由于要做三天的大道场并大宴亲友，非富裕之家不能举行。洗马由达巴主持，还要请七个以上的喇嘛念经三天。洗马的意义，原是出于纳西族的祖先从老家到永宁来山遥路远，死人回去要经历长途跋涉，把马好好洗刷，为的是让死人骑着它回老家去。到后来附加上好多繁杂的礼仪，也像结婚一样成为举办者夸耀财富的机会，已非一般人所能举行。（页一一六）

第十一章　崇拜祖先与火塘

永宁纳西族对于祖先的崇拜极为重视。他们除有共同墓地去安置祖先的骨灰之外，每年有的祭祀二次，他们不只在家里祭祖，还与同斯日的人们集体祭祖。他们在世时要祭已死的祖先，到了人死之后，还要灵魂回去遥远的祖先的地方。《报告》告诉我们道：

> 同一斯日，每年要举行集体的祭祖。瓦拉和瓦虎斯日，每年祭祀两次，一次八月，一次十月。阿如及萨达布等斯日，每年只在十月祭一次。八月祭祖固定在初三日，同斯日各家，轮流养猪作祭品。祭祖地点即在当年养猪人家的院子里，其他祭品由各家分担。（页九一）

> 祭祀由巴达（巫师）主祭，同斯日各家男女老幼均可参加。在达巴念各家历代祖先的名字时，跪在祭桌之侧陪祭的必须是两个男人。当巴达每念一个祖名时，他们就在祭品盘中放上少许肉片和其他祭品；当念完每一代祖名时，则放上较大的一块节骨和其他祭品。（页九一）

> 祭祖须由男子陪祭，据说是因为男子的记性好，如果请其他斯日的达巴（有些斯日没有达巴），他们可以帮助达巴背诵本斯日的祖名。祭祀仪式结束后，由各家成员分食祭品。因事未能参加者，也由家人带回去同等的一份。（页九一）

祭祖只能由男人陪祭，（主祭者达巴也是男人），这反映了男权在增长。

各个家庭也可以自行祭祖。

> 十月祭祖是各家自行举行，同斯日的各家都互相邀请（祭日不在一天）。祭祀时也念同斯日各家的历代祖名，祭品与集体祭时期相同。惟猪做成猪膘（整个猪腌制的腊肉）不在当天食用，留下过年才吃，当天只以鸡、酒及猪的内脏等待客。（页九一至九二）

人死了，他的灵魂还是要跑回到它的祖宗迁到永宁以前的原住地方。这个地方究竟在那里，不得而知。但其方向据瓦拉和八瓦"胡"的人们是朝着木里。《报告》说：

> 烧死人之前，由达巴为其开路，据说是把死者引回他们祖先所居住的地方。我们搜集到的是瓦拉片和八瓦"胡"尔人的送魂路线。这是一条向木里去的直路。据达巴说他们的祖先来永宁时，沿途砌着石子为记，其他几个尔的人，有以草结为记的，有砍木片为记的，遇野火烧山，把这些记号全都丢了，弄得迷失方向，绕了不少弯路才找到老家，只"胡"尔留下的石头

全部保存住，因而他们这支人回去是走直路（页一一六——一一七）。

我们现在叙述火塘。《报告》说：

"刮"是锅庄，它代表火塘。过去可能是室内祭祀的中心，解放前纳西族在每餐之前，也还要在"刮"前简单地祭祀祖先。（页一一三）

《报告》页二六八中说：

火铺的中心留下一块没有铺设木板的地方作"刮"，即火塘。

那么，"刮"就是火塘了。这里的纳西族从前每餐之前，也还要在"刮"前简单地祭祀祖先，那么火塘也可能就是代表祖先的征象了。

我们知道，在古代希腊与罗马人的屋内，皆有一个祭台，祭台上常燃着煤块或炭块，他们当为圣火，此火经常保留不熄。夜间把灰盖煤块或炭块，早上起来，加添木柴，使火重燃。所谓圣火就家中之神，吃饭时先供祭台，然后食。在我国，在安置祖先的屋中，有香炉，有的也有油灯，点灯与烧香表示香火不断，香火不断者，祖先有人承继，世代不断。永宁纳西族的火塘或"刮"可能也是香火不断的意思。

人们在每餐之前要在火塘前祭祀祖先，说明火塘在人们的生活中的重要性。不只这样，少年男女年满十三岁时举行穿裙礼或穿裤礼，也要在火塘旁边举行——女的在火塘的右侧举行，男的在火塘的左边举行。

接亲或找媳妇也与火塘或锅庄有关系。媒人把一件布、一两银、一罐酒、一盒粑粑到女家去，女家如答应就吃了粑粑和酒，把布与银放在锅庄上，亲事就算说妥了。

正式迎娶前，男方又要过一次大礼，主要是送去银币和银锭，并给女方家庭成员每人送一身衣服。这次的钱，被称为"买姑娘钱"，往往是男女双方讨价还价地协定的。这些钱（或其他金银首饰）要被放在锅庄前面，并请达巴祭锅庄和转告祖先。（页一一五）

又说：

男方为了迎亲要杀猪、牛、羊等牲畜祭锅庄，而以杀牦牛为最体面。按传统，这一天把公羊的生殖器炒给成婚的新人吃。（页一一五）

结婚或是阿注同居，在这里的纳西族中，并不一定搞得很复杂或花了很多钱，尤其是阿注同居，女的把了衣服到男家去住，连了女家的家庭成员有的也不告诉，可是祭祀锅庄似乎是一件必要的仪式。伙厄官梭纳说过：

我们合起来简单不过。沙搓（女阿注）来我家，连她妈都没有告诉，只推说串亲戚，到我家住定就不走了。我们只随便祭祭锅庄，一个客未请。

（页一八七）

人到了老年，往往也就在火塘旁边过其晚年。

  戛若得马的三个阿注相继去世了，她年老体弱，把家务交给儿子益施掌管，她成日坐在火塘边，抱着她的孙孙们，以娱晚年。（页二五二）

火塘或刮虽是神的代表，但是火塘也是做饭和取暖的地方。在火塘的旁边，家庭成员围坐而用饭，也是家人集会的地方，又是招待客人的场所，同时，也在这里祭祀祖先与灶神。（页二六八）在晚上，据说固定是老年妇女和儿童们的睡处。

清代余庆远在其《维西见闻纪》中说到么些人的风俗时有下面一段话：

  卧无衾茵，夜则攒薪置火，各带席槁袒裸环睡，反侧而烘其腹背，虽盛夏亦然。富者能备衾枕毡褥之类，而亦置火于侧，露其上身烘之。

不知这种风俗是否与火塘有关系。

在永宁纳西族的家庭的一梅中，在刮的上方，这就是墙壁，供着泥塑的灶神詹巴拉。詹巴拉在纳西族的信仰中也是很重要的神，《报告》说：

  灶神"詹巴拉"和锅庄神"刮戛拉"，在纳西族的信仰中占着主要位置。詹巴拉固定供奉在火塘上端，它还没有固定的形象，人们往往以泥塑成海螺、珠宝、花纹，他们认为是宝贵的东西来代表詹巴拉；也有人说那只是詹巴拉的房子，并不是神。到过西藏的喇嘛们都知道。这个神不是纳西族本来有的，而是自藏族传入，藏语有云"诺少（家里）甲布（官）阿意（最大）詹巴拉"，"甲布"意释为神，即"家里最大的神是詹巴拉"。在藏族、普米、纳西三族均供奉。（页一一三）

第十二章　其他信仰与传说

　　祖先与火塘的崇拜应该是永宁纳西族的原来信仰。除这两种原有的信仰之外，这里的纳西族又有关物有灵魂的信仰，巫师达巴是这种信仰的宣传者和组织领导者。

　　达巴宣传天地万物均有神灵主宰，天神为"木戛拉"，地神为"地戛拉"，山神为"俄戛拉"，河神为"机戛拉"，风神为"何戛拉"，狮子山神为"黑底干木"，管理人类的神也是达巴的始祖"阿色笃"等等，对于这些大神，人类只能杀牲祭献，祈求息灾免难，无力与之抗衡。（《报告》页一一二）

又说：

　　除神之外，还认为有鬼，称"池夸梅"，是人死后变成的精灵。人们认为与自己有亲属关系的池夸梅（称为"库初"），对家人可以起保护作用，是祖先崇拜的对象；与自己无亲属关系的（称为"氏初"），认为它会作祟害人，特别是那些死于非命的人所变的鬼，为害尤大。由于鬼被认为和人的疾病死亡有关联，而人的疾病死亡是多种多样的，鬼也就被认为是多种多样的，且某种鬼，专门给人们带来某种或某几种疾病。如：

（一）"日阿"，可译为抽风鬼，专门使人抽风。

（二）"依垮"为水鬼，专使人害干病。

（三）"化"为风鬼，专使人害抖病，眼痛病，吐血病。

（四）"炸"，使人生疮，残废的鬼。

（五）"牙"，使人发高烧，说胡话的鬼。

（六）"格尼"，使人害慢性病的鬼。

（七）"克"，使人受吓着生病的鬼。

（八）"那缔"，专害孕妇的鬼。

（九）"士弦"恶鬼，人碰着就要死。

　　达巴的主要活动就是给生病的人卜算是那一种鬼作祟，然后以不同的祭品献祭，往往同样一个鬼，病害的重，祭品要得多，病轻则少，而祭品中的大部分，照例是送给达巴为报酬。

又说：

　　达巴除为人驱鬼治病外，在人们祭祖，婚丧，过继养子、养女以及为年满十三岁的青年穿裙子、穿裤子等等活动中，达巴都在活人与去世祖先之间起桥梁作用，替主人请其历代祖先回家接受祭祀，把过继、婚丧等事件的发生告诉祖先，因而达巴必须善于背诵本村各户世系。达巴还要懂得本民族的传说，并以传说来解释本民族习俗的来源，故达巴往往是在民族历史传说的主要保存者。目前温泉乡只有帕米梭西一个达巴，年五十一岁，据说是现在永宁地区中懂事较多的一个，其师傅为软格瓦的软格拉尔，是过去永宁最有名的大达巴之一。

达巴无文字，其宗教知识靠师徒间口耳相传。学达巴者多幼年投师，跟随师傅从事宗教活动，至各种宗教知识基本具备，即可独立活动。达巴自称其祖师为"阿色笃"，每个达巴都要供奉，此神的形象据说是一个白胡子老头，而达巴所供奉的是一幢小木屋，据说象征"阿色笃"的房子。（页一一三）

阿色笃是一个法术至为高明的神，他可以使一个木人变为真人，他确定各种动物与人类的寿命，所以人们有任何困难可以请他解决。达巴也就是人类与阿色笃的交通的桥梁。

永宁纳西族除了信仰上面所说的祖先、灶神、天地万物之神与阿色笃之外，又很相信喇嘛教。

喇嘛教在元代传入，它得到封建统治者的支持，并以其成系统的宗教思想和被认为是直接可以求解于佛的无边道行，很快就在纳西族中广为传播。至近代，有两个以上男子的家庭总要送一人去当喇嘛，并尽可能地设法到西藏学经，以获得哈尔巴等称号；家庭条件许可的，又以数千斤猪膘及其他大量物资，在喇嘛会上大放布施，以获取"拉差"的称号。解放前本乡（温泉）当喇嘛的占男子人口约达四分之一，以瓦拉片为例，男子总人口为六十人，当喇嘛的十四人。如以成年男子计则近三分之一。（《报告》页一一三）

喇嘛教在永宁有两个中心，一个是黄教的扎美戈寺，建在皮匠街；一个是白教的者波喇嘛寺，建在本乡（按：指八株）上者波，现该寺有二个喇嘛照料。（《报告》页二六九）

信白喇嘛教者共八十余户（永宁六十多户，二区二十多户），势力远不如黄教。寺内喇嘛最多时达到三百五十人，土地改革前有二百二十人。其中纳西族一八八人，占总数百分之八五.四五，普米族三十二人，占百分之十四.五五。……当喇嘛者从七八岁就开始跟老喇嘛学习藏文，经济条件稍好的，十七八岁就要去巴塘和后藏学经，先后到过巴塘的有七十余人，占总数百分之三十一.八一，到后藏的只七人，占总数百分之三。到过外地学经的喇嘛，可以在寺院中得较高的地位，终身专门从事宗教活动。（页二六九—二七〇）

喇嘛除少数管理人员常住寺院外，多数人平时都住在自己家里，只在

"做会"时，才到寺里来。小喇嘛一般还参加生产，上层喇嘛则完全脱离劳动，靠代寺院放高利贷、做会时瓜分祭品和代人诵经卜封等维持其寄生生活。（页二七〇）

寺院的宗教活动很频繁，二月有梭都会、三月哑巴会、五月干爵尔搓会、六月衣尼搓会、九月哈巴独钱会、十月呵搓会、冬月热达搓会等。举办这些会及维持寺院的日常开支，主要靠放高利贷和收取地租。（页二七〇）

又说：

这样喇嘛寺就从思想和经济两方面对永宁纳西族社会发生影响。思想方面，它宣扬因果报应、天堂和地狱，要人们安于现实被剥削压迫的处境，而依靠喇嘛以祈求死后升天堂和来世得富贵，它成为封建领主统治人民的思想武器。经济方面，喇嘛教在社会上造成了相当大一部分脱离生产，专事宗教活动的寄生者，加重了人民的负担，而喇嘛寺大放高利贷更直接盘剥广大劳动力人民。（《报告》页二七一）

下面我们叙述当地的传说。

纳西族有好多传说，其用自己文字写成的《创世纪》就叙述好多传说：

《创世纪》说：天地造设，始有人类，当时人们编制茅草做衣穿，带了弓箭，去寻求饮食。人类在遭受洪水浩劫以后，以渔猎谋生。后来由于"留下了不朽灭的火和不朽灭的石"，放牛耕种也繁盛了，"羊群满了千，牦牛满了百"，并且出现了"仆人不听话，奴女半逃亡"的情况。（《纳西族简史简志》页十）

《创世纪》又记载：

一个兄弟姊妹互为夫妻的家庭，从忍利恩有兄弟五人和姊妹六人，兄弟姊妹互相匹配，互为夫妇。……这一家血缘家庭，在洪水浩劫之后已不复存在。由于从忍利恩在洪水中得救，与天女衬红褒白成婚，于是复有人类。藏（古宗）、纳西（摩梭）、白（民家）这三兄弟，就是在这个时期出现的。（《简史简志》页十—十二）

纳西族中的流传最广的故事是曹得路衣衣与柴红吉吉美的故事：

在远古的时代，洪水泛滥淹没了整个大地，所有的人类和动物都被淹死，只剩下曹得路衣衣一个人坐在葫芦里，侥幸得生，与他作伴的一个画眉鸟，一个啄木鸟，和一支水鸭子。曹得路衣衣一个人，说话的人没有，作伴的人没有，日子不好过。路衣衣去请阿色笃帮助他找个伙伴，阿色笃教他用杨风树砍一个木人，过九年去看，就可以变真人。路衣衣等不了九年，九天就去看，木人张了一下嘴，没有变成人。只好再去找阿色笃，又教他另作一个木人，满七年才能去看，路衣衣七天就去看，木人只手伸了一下，也变不成人。路衣衣不愿再砍木人，他找到了天上的女人良子美和良达美两姊妹，与她们在一起生活，这两姊妹生下了猴子、老熊、蛇、鹿、蛤蟆等等野物，不会生人。路衣衣不喜欢，又偷偷的跑到天上去另找配偶。在天上的水旁井边路衣衣碰到了来汲水的仙女柴红吉吉美，两个人自愿结为配偶。柴红吉吉美把路依依悄悄地带回家里，用金盖子、银盖子遮起来，不让父母知道。

时间过去了十三年，他们俩所生的子女已经穿裤子、穿裙子的年龄了，吉吉美的父母为此办酒宴客。客人们吃剩的大量猪、牛骨头引得老虎豹子都来会餐，挤翻了给路衣衣藏身的金、银盖子，吉吉美的父母看到了路衣衣。吉吉美的父亲拿把斧子要砍他，路衣衣苦苦向他哀求，吉吉美的母亲看到要绑他，路衣衣向她诉说他为了找配偶所经历的艰辛。母亲问他有什么本领，他说"上山能攆兽，下海能捉鱼"。吉吉美的母亲就叫他去攆山、捉鱼。吉吉美的母亲有意为难，叫他去挤老虎的奶。路衣衣感到没有办法，吉吉美给他出主意，叫他打死小老虎，披上虎皮挤回了虎的奶。吉吉美的母亲又叫他去开九片大山地，锄小地多，路衣衣老是开不完，还是吉吉美帮助他开出地，播下了种，直到按她母亲的要求颗粒收回。路衣衣全部完成了吉吉美的母亲的要求，母亲只有同意让女儿和路衣衣到人间去生活。在离开母亲家那天，吉吉美偷偷地带上了牲畜和各种作物的种子。

吉吉美和路衣衣到了人间繁衍了子孙，这些子孙又互相婚配，繁衍了人类，现在的纳西族和藏族、汉等族，都是这个根根。（《报告》页一一八）

吉吉美生了小孩在家抚养，而吉吉美的父母没有追问，反而为其小孩举办穿裤子、穿裙子的仪式，可能也是暗示了这个民族的阿注异居的婚姻形式的来源。

狮子山的传说也很有兴趣，而且这个传说与纳西族的阿注关系的婚姻形式更有关联。

狮子山形似卧狮，纳西族称为"黑底干木"，"黑底"是永宁坝，"干"是山的名字，"木"是妇女，即永宁女神的意思。明《大明一统志》中对此山已有记载，称"干木山"或"狮头山"，与今名相符。关于狮子山流传着许多绘声绘色的神话，惟不够系统，下面是我们收到两则：

其一，狮子山是个美丽的能干的女神，她的打扮和纳西族妇女一模一样，黑布包头，红带系腰，下身穿一条绿裙子。……纳西族认为干木女神是永宁地区最大的山神，她管理着永宁人畜的繁衍和作物的丰欠。每年的端午节，狮子山要和天下众山神汇集西藏"阿木约此"山。这个山位于一个大湖的中央，犹如泸沽湖上的小岛。诸山神到这里是为了打卦（一说赌博），预卜各自所管地区的吉凶。狮子山的占卜就关系着永宁纳西族的兴衰。由于她有这样大的权力，每年七月二十五日，以青年人为主盛装祭狮子山，祈求

她降福免灾。(页二七二)

纳西族认为由于他们最大的神是女性,永宁的妇女也就与众不同:生产干得起,生意做得起,人前敢说话,屋里当得家。男子们普遍承认妇女比他们"狠"(意为能干),但在承认这一点的同时,他们又要说这都是由于狮子山撑了妇女的腰,使她们得势,一句话:"怪就怪在狮子山头上"。

又说:

中良子的汉族长甚至说,狮子山不仅管生育,还管生的是男还是女。该村王文学(任乡文书)的伯父说,汉族搬到永宁后,也受狮子山的管辖,使得男星不旺女星旺,直到三十几年前自红喇嘛寺修了一座专门镇狮子山的塔,这才扭转形势,生下了王文学及其兄等几个男孩子。

其二,狮子山也有她的私生活。她原来与前"瓦如普纳"大山结交阿注,后来又和盐源"何底比儿"雪山要好,她想跑到盐源去,却被瓦如普纳拉着不许走。狮子山结交阿注的传说,是纳西族现实生活中存在阿注婚姻的反映。但在纳西族的思想中,它却反过来被当作纳西族阿注婚姻存在的原因。具有父权观点的瓦拉片阿窝达巴和者波海塔梭纳等说:"神都乱找阿注,人怎么能不乱"。(《报告》页二七二)

第四编

第十三章　阿注关系的意义

什么叫做"阿注"？《云南省宁蒗彝族自治县永宁纳西族社会及其母权制的调查报告》中说：

> 当地纳西族成年男女，大多数是男不娶，女不嫁，各居母方。有对偶关系的双方，通常是男子于晚饭后至女家同宿，次日清晨即匆匆返母家生产、生活。这种婚姻形式，使得通婚的地域多限于本村和邻近各村；少数相距较远的，则采取一定时期男子到女家留宿数日的方式。这种婚姻生活的男女，只互称"阿注"或"主子主咪"，意为朋友或伴侣，而不成其为夫妻关系。（《报告》页三）

在同处注三中说：

> "阿注"和"主子主咪"——"阿注"系普米语，其意为朋友和伴侣，有广、狭二义。广义泛指同性和异性的一般朋友；狭义专指有婚姻关系但又不生活于共同家庭中的男女。近数十年来，由于普米族与纳西族之间建立了频繁的阿注形式的婚姻关系，"阿注"这个词也随之被纳西族所借用，逐渐取代了纳西族自己的同义词"主子主咪"。"主子主咪"也有广、狭二义，含义也是伴侣和朋友，这与"阿注"一词完全一致。但如直译，则含有"男女朋友"（主意为友，子——为男，咪——为女）的意思，似更符合于他们的婚姻实际。

同《报告》页二八中又说：

> 夫妇的称谓只有在结婚的和同居的阿注间才使用。异居的阿注们只互以阿注相称，并不认为是夫妇关系，双方的家庭，也不认为有"夸这"（亲戚）关系。

同《报告》第二部分页一七七中说：

> 永宁的纳西族早已进入阶级社会，但在家庭和婚姻关系方面还残留着浓厚的原始形态。当地主要的婚姻形式阿注异居与母系家庭之间，就没有必然的联

系。即过阿注异居婚姻生活的男女双方，并不共同组织家庭，而是各居母方。

又说：

"阿注"意为朋友和伴侣。凡是可以通婚的男女之间，或是没有亲属关系的同性之间，都可以使用这两个称谓；有婚姻关系的异居配偶，也使用这两个称谓。近数十年，阿注一称谓在后一种情况下的使用更为普遍，故我们在引文中也采用这一称谓。阿注异居婚姻的特点是：配偶双方互相没有约束力，维持关系的时间由数夜、数月、数年以至数十年不等，但始终不共同组成家庭，而是由男子晚上到女家同宿，次日清晨即返母家生产、生活。所生子女是母方的家庭成员，由母亲及其母系亲属（用汉族的称谓即外婆、舅祖、舅父、姨母等）抚养。把这种婚姻形式称之为"阿注异居"，就是在双方不共同组成家庭这个意义上使用的。以有别于在阿注异居的基础上，男方或女方迁入对方家庭居住，成为一个家庭中的成员，共同担负起抚养子女之责的"阿注同居"婚姻。阿注双方一旦同居，就不再互称为阿注，而以夫妻（寒叔包和楚咪）相称。但此种夫妇，又与正式邀媒宴客由父母包办的结婚夫妇有所不同，故称前者为"阿注同居"，称后者为"结婚"，以示区别。

又《报告》页三中说：

每个男女一生所经历的阿注数目，有多达百余人的，一般都有七八个。阿注关系的建立，基于自愿，时间由数日、数月、数年、十几年、几十年不等。一般是青年时期，易合易离；随着年龄增长，关系也逐渐稳定，但终生不共同生活于一个家庭中。及至晚年，也就自然地疏远和断绝了。因而男子对其子女，无须承担教育抚养的义务，惟须与其姐妹共同教养外甥。年老亦由外甥赡养。我们把这种形式的婚姻称为"阿注异居"。异居的含义是指双方不共同生产、生活，分属两家而言。

又说：

具有阿注关系的男女双方，经过一段异居生活，生有子女且感情较好者，也有少数不经任何手续，男入女方或女入男方同居，共同组织家庭，共同负担起抚养子女的责任，双方也以夫妻相称；但互相没有约束力，仍可以随时离异。

又说：

经父母作主，邀媒撮合，以重礼聘娶的买卖婚姻也早已产生。本族土司及其亲属贵族等级，于距今十五代以来，已历行嫁娶。但除土司正宗因需与中原皇朝打交道，始终维持了娶妻的婚姻形式外，其他贵族多为嫁娶与不嫁不娶（过阿注生活）相间。妇女不嫁，坐待阿注来访，这在土司家里也不乏其例。在一般人民群众中，虽早已出现了少数的嫁娶事象，惟至下一代又往往倒退为不嫁不娶，历代一贯嫁娶的极其个别。

关于阿注的意义，《报告》中所给我们的解释就是上面所抄录的数段。

首先，应该指出阿注这个名词虽然是纳西族借用了普米族的言语，普米族自己并没有实行这种男女关系的风习。普米族人之与纳西族之杂居或为邻者，虽也有与纳西族妇女建立阿注关系的，或也受了纳西族的风习而也实行了男不娶女不嫁的阿注关系的，但普米族的内部与原来是实行男婚女嫁的婚姻制度，并且是按照父系的办法而组织家庭。

所以阿注这个名词是被纳西族采用之后，而始含有现在的意义，这也就是纳西族所用的"主子主咪"的意义。纳西族采用这个名词之后，"阿注"这个名词遂逐渐代替了"主子主咪"这些名词，所以现在的纳西族遂普遍的用了"阿注"这个名词。

其次，阿注的意义虽是朋友或伴侣，但是阿注的关系主要是男女两性的关系。质言之，这种关系主要是生理上的性交的关系，是性欲的关系。所谓心理上的情感的关系或是友谊的关系，不只居在次要的地位，甚至这种成分往往占了很少。所以，所谓临时——三天、五天，或三月、五月的阿注关系，往往固是没有什么情感或友谊可讲，就是这种关系建立了数年、十数年，以至数十年的，建立了这种性交或性欲的关系，男女两方也往往谈不上情感与友谊。比方一个男的与一个女的有了阿注关系——较久的关系，生有子女，所谓父亲之于亲生子女，或所谓子女之于亲生父亲，往往是两不相干，没有情感。所谓亲生父亲，既不负抚育子女的责任，而且往往视若路人，至于男女两方病了，固少有探视，死了也多不参加埋葬的仪式。

我们一般人结交朋友，不要说有了数十年之久，就是十数年或数年者，病有探问，死有唁吊，可是这种男女的阿注关系，除了满足两性的欲望之外，缺乏了一般人所谓的友情，所以这种男女关系之称为阿注的意义是朋友，是伴侣，也是一种很为特殊的关系，这种伴侣或朋友主要是一种所谓性的本能的关系。

应该指出，女阿注生了小孩，男阿注或其亲属也有送礼祝贺的。男女任何一方死了，对方也有唁吊的，可是这种例子还是比较的少。在习惯上，有阿注关系的男女，任何一方既少有人这样做，因而没有这样做的也没有人见怪。

第十四章 阿注婚姻的历史

纳西的阿注关系，要从婚姻的发展史来看，应该是历史很古的婚姻形式。这种婚姻形式是我们古书所说的"知其母不知其父"时代的遗痕。假使一些人类学者所说人类曾经〈经历〉过一个乱婚时代是没有错误的话，那么阿注的关系是接近于这个时代的婚姻形式。

纳西族的阿注关系是不是从这个时代或接近这个时代所传下来的风习，抑或是后来产生的婚俗，是很值得我们研究的问题。

我们知道，住在这个地方的纳西族与普米族，都说他们是随蒙古人从北方来到这里。据纳西族的传说，还有说他们的祖先就是蒙古人，但我们知道，蒙古人虽有多妻的制度，但这与阿注的关系根本不同。又在蒙古高原的蒙古人，对于男女的关系，虽也比较随便，但这也与阿注关系完全不同。我们若追溯到古代，住在蒙古高原的匈奴人的妻后母或兄终弟及的作法，这虽然也是古代传下来的一种奇俗或群婚的残余，可是这些作法在根本上也与阿注关系不同。

所以就使纳西族的传说，以为他们的祖先是蒙古族，有其可信之处，纳西族的阿注关系的婚姻形式却非蒙古族的风俗。

其实，从种族来说，纳西族并非蒙人，而是属于羌藏族。这一点我们上面已经说过。但是我们若从这个种族的来源而找出阿注关系的来源或历史，我们同样感到失望。我们知道，古代的羌族也有妻后母的风俗，而在藏族中又有一妻多夫与兄终弟及的婚姻，但是这都与阿注关系也是不同的。

是不是在羌藏族的纳西族这一支派，自古至今，都实行了这种婚姻形式呢？

在纳西族的传说中，据说这个种族或藏族与现在在云南西北部的白族，都是同一个母亲所生。传说只说同为母亲所生，而没有说到父亲，这也是"知其母不知其父"的一种说法。但这种传说不只见于纳西族或是藏族与白族，云南的傣族或其祖宗哀牢族，传说九隆九兄弟为一个母亲——沙壹在水边触木而生，这也是"知其母不知其父"的一种说法。可是这九个兄弟曾与另一对夫妇所生的九个女子结婚，然后世世繁殖，他们此后不只有嫁有妻，而且发展为父系社会。

这里的纳西族不只从古是"只知其母不知其父"，直到现在，根本上还是这样，而且他们的婚姻形式还是很原始而最古的形式。

应该指出，纳西族之在云南西北一带的有了十六万多人，其中有了一些是住在四川盐源一带，这就是与永宁区或云南与四川交界的地方。这十余万人中，大部分是住在丽江县。在这个县中约有十二万人，在维西县及中甸县①共有约三万余人。此外，在德钦、永胜、剑川、鹤庆等县也有少数居住。宁浪县有约一万人。

除宁浪县的永宁地区与盐源县的一些地方的纳西族，其他地方的纳西族，不只现在没有实行阿注关系的婚姻形式，就是好几百年来，似已没有这种风俗。在蒙古人来到这个地方之前，丽江的纳西族是否也实行阿注关系的婚姻形式，不得而知。中国科学院民族研究所、云南少数民族社会历史调查组所出版的《纳西族简史简志合编》一书中说：

《丽江木氏宦谱》是丽江纳西族土司木氏五十余世父子连名的一个谱系。可是在哥来秋传秋阳这一联名之间，却插入"始祖叶古年，唐摩挲"一代，成为这个联名谱系的唯一例外的脱连环节，叶古年"续传至秋阳"，这时是唐高宗上元年间（六七四—六七五年），秋阳为三甸总管，三甸即丽江。从秋阳开始，《木氏宦谱》就正式记载了土司的"正妻"，直至最后一个土司之世。在秋阳以前的世代，只有"娶妻"而无"正妻"，而关于年岁的记载，又颇似神话传说。"正妻"的记载恰恰出现在哥来秋传秋阳这个脱联环节之后，这当不是一件偶然的事情，木氏土司世系中的秋阳一代，在《木氏宦谱》里，好像是父权制确立的一个标志。

这好像是说在秋阳一代之前，丽江的纳西族的木氏是实行了母权制，然而实行母权制的社会却不一定实行阿注关系的婚姻形式，虽则实行阿注关系的婚姻的形式的社会一定是实行母系家庭的，这一点我们上面已经说过。但是假使在秋阳一代之前，丽江的纳西族若也是属于母系社会，那么这个地方也可能实行了阿注关系的婚姻形式。可惜我们现在不只没有充分的理由去订明丽江的纳西族曾经实行过阿注关系的婚姻形式，就是在秋阳一代之前，丽江的纳西族是否经过长期的母权社会，也不容考订，虽则我们这种看法并非否定了上面所抄录那段话中的最后的推论。

说也奇怪，在元明以至清代的有关这个地区的著作中，我们还没有发现有关阿注关系的婚姻的记载。唐代樊绰所著的《蛮书》虽有关于"磨些"的记载，可是并没有说到这种婚姻形式。宋代因为历史君主都承继了宋太祖"以大渡河为界"的遗训，对于云南的大理国及其他的地方少有记载。《元史》像我们在上面所说，虽有关于这个地方的叙述（《元史·地理志》），但没有说到阿注关系的婚姻形式。

我们还是在《马可波罗行纪》（沙昂注，冯承钧译）中册一一六章说到建都州时，谈及这样的风俗。

---

① 校按：今香格里拉市。

>此州有一种风俗，而涉及其妻女者，兹为君等述之。设有一外人，或任何人，奸其妻女、其姊妹、或其家之其他妇女者，居民不以为耻，反视与外人奸宿后之妇女为可贵，以为如是其神道偶像，得必降福，所以居民情愿听其妇女与外人交。

又说：

>设其见一外人，觅求顿止之所，皆愿延之来家。外人至止以后，家主人命其家人善为款待，完全随客意所欲，嘱毕即离家而去，远避至其田野，待客去始归。客居其家有时亘三四日，与其妻女姊妹或其所爱之妇交。客未去时，悬其帽或其他可见之标识于门，俾家主人知客在室未去。家主人见此标识，即不敢入家。此种风俗，全州流行。

沙昂在注三中说：

>波罗前在本书第五十八章，曾言哈密居民有此风俗，然今之罗罗族，颇知羞耻，未闻有此风也。其所指者，殆为总名"西番"之麽㱔族。今麽㱔族居金沙鸦磐二江间，昔日约有居民百万，据地五六万方里，然今已地灭人稀矣。（页四五六）

在元朝之前，我们知道在金沙鸦磐二江一带，曾建立过一个国家叫做建都，到了元代，这个国家曾为元朝所征服，而且在这里有一个时期曾有一位妇女叫做沙智者，治理其国。《元史》卷十三《世祖本纪》中说：

>至元二十一年（公元一二八四年）八月，掬完上言："建都女子沙智治道立站有功，已授虎符管领其父元收附民为万户，今改建昌路总管，仍赐虎符。"丛之。

《元史》卷六十二《地理志》也记载沙智。建都在元朝来征服之前，其所管的土地应该包括了永宁一带。马可波罗的记载可能是闻自当时到了这一带的人所说。

但是应该指出，这种以妻女或姊妹去接待外客的风俗，上面已经指出好多例子，不只在中国，像马可波罗所说，在哈密与在建都都可以找出，就是在世界其他的一些地方也可以找到这种风俗。这种风俗究竟与阿注关系是不同的。是不是一些外人之到这个地方的时间不久，当其住在这个地方时，正像后来的一些商人之经过这个地方时，找了临时阿注而却不知道这里的阿注关系的详细情况，因而只传像马可波罗所记载的一样。又如悬其帽或其他可见之标识于门的作法，是西藏一妻多夫的制度的一种作法，纳西族并没有这种做法。

此外又如明代的四川人彭汝实在《六诏纪闻》中说到这个地方，特别是现在的永宁地区的一些村寨，可是也没有谈及这种婚姻形式。

又如清代余庆远在其《维西见闻纪》中的"夷人"条,有一大段记载么些的情况。他叙述了当地的琵琶猪,这就是现在所谓猪膘,他又说到当地的火头,还以为"其人悉性惰而淫,敬佛信鬼",可是也没有记载当地的男女的阿注关系的情况。在"古宗"一条中,他说古宗"散处于么些之间,谓之么些古宗",在这一条中有了下面一段话:

> 兄弟三四人共妻一妻,由兄及弟,指各有玦,入房则系之门以为志,不素不争,共生子三四人仍共妻,至六七人始二妻。或欲独妻,则群谓之不友,而女家不许。以此地寒,不产五谷,乃如此,亦由污俗习为故。然故土官头目,家非不裕,亦共妻,兄弟之子女即互配,华人通其妻亦莫之问,下此更可知也。交易皆以妇人议,妇人辨物高下不爽,持数珠会计极捷西。吴秦人为商于其地,皆租妇执贸易,去则还,而古宗收其所生子女为酬焉。

在这段话里,主要是叙述像西藏的一妻多夫制,也谈到兄弟子女互配,这与纳西的母系家中的兄弟女子可以互配而姐妹子女不能互配有了相类。又所谓租妻的作法也是一种奇特的男女关系,但这些都与阿注关系大不相同。么些古宗之散居于么些者,没有受了么些的阿注关系的婚姻形式的影响,还是受影响而昔者没有注意,也是值得考研的疑问。维西接近永宁,也有纳西族居住,昔者住在丽江,对于这种阿注关系的特殊风俗没有记载,这是一件令人费解的事情。

关于阿注关系的婚姻形式的历史,《报告》中说得比较少。在调查各家的历史,至多也不过追溯到十数代以上。《报告》根据《六诏纪闻》所记载永宁地区的一些村寨,以为其历史都在五百年以上(《报告》页三注解二),这只是说明其村寨的历史,并非其阿注关系的婚姻形式。在《报告》页九二至九三中,我们可以找出下面一段话,今录之于后:

> 综上所述母系家庭的结构变化及其所处的社会经济背景,这里的母系是封建领主社会中的母系,已非原始氏族社会的母系,并长期处于向父系家庭转化的过程中。母系父系并存的个体家庭本身,就是母系家庭向父系家庭过渡的一种类型。或者可以说,个体母系家庭可能就是母系氏族向父系过渡的早期形式,母系父系并存家庭是母系家庭向父系家庭过渡的较晚期形式。因为个体家庭是阶级社会的产物,在母系氏族社会阶段是没有个体家庭的。

又说:

> 阿注同居这种婚姻形式是一种非正式的结婚,它应是由阿注异居到结婚的过渡形式。母系家庭以母系父系家庭并存家庭为向父系家庭过渡的形式,和阿注异居以阿注同居为向结婚过渡的形式,两者间虽不完全是双轨并行的,但确有其一定的关联。在母系家庭诸男女成员中,一旦有女阿注来与男成员同居或为男之妻,生了子女,就会使这个家庭转变为母系父系并存家庭

或父系家庭。本乡嫁娶现象已产生了若干世纪，与之相伴就会出现母系父系并存家庭或父系家庭。这两种家庭类型的出现时期，从软格母系血统来看，是距今十三四代即约当十七世纪中叶明清之际。阿如血统出自永宁土司，瓦拉、瓦虎血统相传出自前所土司，都效法土司行婚娶，其母系父系并存家庭成员或父系家庭的出现，据现存口传世系也是十代以前的事了。土司系元代所封，父系的出现最早不致超出元代，而据土司口传世系则是在十四代前也即是明清之际的朱夫牙马阿时才正式娶妻，确立父子相传的。

又说：

萨达布、哈巴布、布衣三个母系血统的固有的母系血统的变换，即其嫁娶是约当十九世纪才逐渐发生的，与之同时自然就会出现母系父系并存家庭或父系家庭。母系血统之开始解体就反映了母系父系家庭或父系家庭的新生。萨达布、哈巴布、衣布三个母系血统，可能是阿如、瓦拉、瓦虎三个血统的早先形式，即后三个血统是前三个血统的发展形式。

又说：

从血缘集团来说，可能是母系氏族→"尔"母系血统→"斯日"→"斯日"解体；从家庭来说，可能是母系家庭→母系父系并存家庭→父系家庭；从婚姻形式来说，可能是阿注异居→阿注同居→结婚；作这样的发展转化。此三者虽非完全相并而行，但彼此是有一定的相应性，特别是家庭与婚姻之间联系就更紧。

又说：

由婚姻的性质来看，它是相当原始的。阿注异居尚处在对偶婚的初期阶段，并带有血缘婚和群婚的残余，而又向单偶婚过渡，成分相当复杂。而无论它的婚姻、血统、家庭，都是处在长期的过渡状态中。

《报告》中虽然没有专题专段去考究这种阿注关系的婚姻形式的历史，但从上面所抄录数段话我们也可以推想，调查与整理这个报告者对于纳西族的阿注关系的婚姻形式的历史发展〈有清晰的认知〉。

首先，我们要指出这个报告似于承认了一个前提，这就是现在纳西族的阿注关系的婚姻形式是很悠久的，是从原始时代继续不断的传下来的，从中国的历史来看，是从所谓"知其母而不知其父"的时代发展下来的。

其次，是约在元朝的时代，土司制度开始在这个族内建立，因而开始有了嫁娶，也开始有了母系与父系并存的家庭。同时也产生了父系的家庭，尤其是在土司或贵族的阶级中，父系家庭不断存在。但从永宁的整个纳西族的婚姻形式来看，其发展的趋势是这样的：阿注异居→阿注同居→结婚。

与此同时，其家庭形式的发展趋势是：母系家庭→母系父系并存的家庭→父系家庭。

这个推论虽然可以从调查的材料看出来，但同时我们也得指出，从元朝以后，阿注同居在纳西族中固是不很多，而结婚的更少，相应的，母系父系并存的家庭既非多数，而所谓父系家庭更是不多。就是在土司贵族家庭中也有坐待阿注的来访，或是出外找阿注的。有的家庭经过一代或二代的母系父系并存，或是单纯父系，又倒退到阿注异居或母系家庭。关于这一点《报告》中也已清楚的指出。

纳西族的阿注关系的婚姻形式是不是从最古或原始社会一直继续不断的传至于今呢？《报告》中的回答似乎是肯定的，可是在我们过去的史文记载中，除了很笼统的与空洞的"知其母不知其父"的记载之外，我们还未发现有关阿注关系的婚姻形式的叙述，不只在元代或元代以前找不到这种记载，就是在明清的记载中也找不到这种奇特的婚姻形式。

纳西族的这种奇特婚姻形式是不是后来或是元代或元代以后才发生的呢？虽然在日前，我们还找不出证据来说明这个风俗，是近数百年来才发生的，但是我们也没有证据去否定这个疑问。传说纳西族是随蒙古人来的，有没有这样的可能：蒙古军队在沿途中抢掠了不少妇女带了当地，也强迫了很多妇女做为他们的临时或暂时的伴侣，因而军队离开之后，不只不少妇女留在这个地方，而且有的男子之充当后勤工作以至少数军队也留在这里，这些男子既不愿意去承担家庭的负担，仍把女的当为临时或暂时伴侣，因而逐渐成为一种风习。

此外，西藏的一妻多夫制对于这个地方的纳西族的婚姻形式是否有了影响，也是值得我们注意的。一妻多夫有些人以为是"知其母不知其父"的残余征象，在父系家庭与封建制度盛行的社会里，这种一妻多夫的制度不只当为乱伦看待，而其实是等于乱婚。上面所说的清余庆远在其《维西见闻纪》中"古宗"条已经说到这点。

古宗是土番旧民，也就是藏族。在上面那段话里不只指出一妻多夫的习俗，而且指出兄弟之子女即互配，同时又说"华人通其妻亦莫之问"。此外，还有租妻之风，这些风俗虽然是与永宁纳西族的阿注关系的婚姻形式有所不同，然而从父系家庭的角度来看，这是很近于乱婚，永宁纳西族的祖先是属于羌氏，《后汉书》卷一一七说，羌人"父没则妻后母，兄亡则纳釐嫂，故国无鳏寡，种类繁炽"，这是一夫多妻。羌氏族也就是后来的藏族，古宗这些风俗也可能是古代原始社会的乱婚的残余，永宁纳西族不过是保存着较为原始的婚姻制度。至于纳西族的阿注关系的婚姻形式是否是由于后来受了像古宗这些风俗的影响，再加以汉族的一夫多妻的影响，又加上受了蒙古的婚俗，以至其军队抢掠妇女为临时伴侣的影响，而遂发展为阿注关系的婚姻形式，也是很值得我们考究的。

总而言之，关于永宁区的纳西族的阿注关系的历史多久，还是一个有待于探求的问题。

第十五章　阿注建立与解除

关于阿注关系的建立与解除，《报告》页一八至一九与页一七九至一八〇均有说明。兹先录后者：

> 阿注关系的建立没有规定。男女青少年从十三岁举行了类似成丁礼的"穿裤子"或"穿裙子"仪式以后，穿上成人服装，就需学习着参加主要劳动，同时也就可以参予集体歌舞等社交活动。婚姻生活一般在十七八岁开始，有些女孩子还要早些。结交阿注的机会是很多的，在田野劳动、上山伐柴、婚丧集会、民族节日和喇嘛庙会等场合，他们都可以找到寻访和建立阿注关系的机会。如果双方互相中意，随时都可以建立这种关系，如一方有意，他可以向另一方当面表示，通常是男方问女的："阿注常便做或不做？"女方不表示拒绝，也就可以建立这种关系。也有通过中间人（多为双方的朋友和亲属）介绍建立阿注关系的。而不论那一种情况，总以当事的男女双方自愿为基础。母亲对女儿，舅舅对外甥的婚姻生活是关心过问和加以指导的；同辈之间，兄与弟、姊与妹也互相关心和帮助，但很少强加干涉。每一个人都可以自主的建立阿注关系，而不一定要事先禀告长者和征求他们的意见。至于舅与甥女、兄弟与姊妹之间，则忌讳谈论有关婚姻生活的问题，其他人在他们共同在场的情况下，也不能谈论这类事。母对子的婚姻生活也很少过问。因此，除了少数阿注由于是通过女方亲属（如母与姐）的介绍建立关系的，男方一开始就正式到女方家中拜访，在女方家中偶居外，一般都是两个人私下秘密的建立关系。男方到女方家里，也要等到夜深人静的时候，随着往来的密切，这种关系才逐渐被女方家庭成员和周围邻居所发现。如果女方的亲属对男方没有恶感，男阿注就可以登堂入室，到女方的"一梅"（正房）里与女方阿注的亲属们相见，接受他们的烟茶以至酒肉招待。这样，这一对阿注的关系就进一步稳定下来。

《报告》页一八中说：

> 阿注关系的建立没有固定的方式，其解除也没有固定的条件。在青年时找阿注之初，有人也通过中间人，然后才直接接触。有的则在地里劳动或上山砍柴时，当面商量，经双方同意后，至夜晚，男的就到女的家里或双方商定的秘密处所去（如田棚、草楼之类）。到女方家里，其初多是待入夜后，男女按约定的方式敲门，或丢小石子在屋顶上，女方听到就悄悄地来开门，把男方带到自己的住房里。这样次数多了，女方的母亲们（母亲及母亲的姐

妹）知道了，并且对男方没有恶感，就会请男的到正房中去喝茶水、话家常。男的到女阿注家，起初总要带棉布、头帕或盐、茶之类的礼品，女方则以麻布裤回赠；去得常了，通常一年才送一套衣裙、一双牛皮鞋和一顶斗笠。至于年纪大一些或阿注找得多的人，就不可能个个送礼、次次送礼。

上面是解释阿注关系的建立。关于阿注关系的解除，《报告》页一八中说：

> 阿注关系的解除，就更为容易，毫无拘束。男不访女，女拒男访，都无须任何理由或借口。及至男女双方年岁渐老，男访女的次数渐少，很自然地就停止寻访。这就无所谓解除关系。阿注关系不过是单纯的性生活关系，无须终生互相关怀照顾，男方也无须教养所生子女的；因此，双方年老不需要阿注时，关系自然就停止了。

页一七九中，指出一个男子到女的家中找阿注关系时，

> 如女方的亲属对男方有反感，在多数情况下也会对他们的阿注关系起瓦解的作用。这倒不一定是由于女方受到家庭的强制，往往是女方看到家人的脸色不好看，担心继续维持关系引起阿注不睦，就与男方解除了关系；也有男方看到势头不对，主动引退的。他们认为，家庭（阿注等）关系只不过是"年青人要玩意的事"，丢了这个，还可以找那个；而家里人则是终生相处，是最亲不过的，怎么能为外人而与家里人伤了和气。里格阿妈益施与拉克甲阿妈的阿注关系，就是因甲阿妈的几个哥哥对益施予以沉默而被解除的。

同处又接着说：

> 除去家庭的影响，当事双方对阿注关系的建立与解除也是很随意的。他们各有各的家，谁也不靠谁吃饭，好则合，不好则分，彼此都可以单方面的宣布解除关系。女方不愿意，可以给男方的吃闭门羹，或送还男方的衣被等物，或通过其他人转告男方他已经是不受欢迎的人。男的不愿意就更简单，他只要不再到女方家里去就行了。他们都是很富于自尊心的，对方不愿意，决不强迫，也没法强迫。而且"去过这村有人家，去过那村也有人家，到处都有男人和女人，谁也不是少了谁就不行的"。多是处之泰然。有办法的，赶快另找一个，就等于在对方面前争了脸。只有少数男子，由于给女阿注送过重礼，不甘于经济上的损失，被遗弃后还找女阿注索回礼品（衣服、首饰之类），或在路上遇女方时强行夺回。此种情况在掌权的司沛和官人中较多，如八株村伙厄官梭纳（男，现五十一岁），解放前曾与达坡木帕甲阿妈为阿注，后甲阿妈又与忠实村阿妈拉益史为阿注，梭纳知道后从女方身上夺回腰带一条，打了女阿注一记耳光，从此不再往来。小落水猜塔甲初（女）与

八株司沛达达采丹都（曾任乡长）为阿注。甲初貌美，者波司沛阿子才也两次派俄（奴仆）召甲初至其家做阿注。采丹都知道大为不满，约男友数人将甲初痛打一顿，并剥光衣服首饰，并说"让别人去打扮你吧"。此类事件在被统治等级中则属少见，社会上也认为是不光彩的事体，同情在被侮辱的妇女一边。

我们现在再录二个具体例子——一为男子的，一为女子的，去说明阿注关系的建立与解除，《报告》页一五中说：

> 采皮（男，又作猜皮）于十五岁开始找阿注，为比奇村古马家女丽赫比。先由其父塔拉扎石（即采皮之母斯格得马的第二次长期阿注），为其准备礼品裙子、腰带等物，送给古马丽赫比。两者关系维持了三年，在此期间，两家在生产、生活上，彼此互助。采皮与丽赫比为阿注的三年间，他还另有短期阿注二人，丽赫比并不因此而与他吵闹，只提醒他担心传染疾病。不久，丽赫比死。采皮乃与本村（瓦拉片）格若马、厄猜马及猜塔家得马（二十八岁）三个妇女同时为阿注，原以格若马为主，后以得马为主。与此同时，得马另有阿注，采皮乃怒打得马一顿，遂决裂，采皮另找比奇村戈披龙吉为阿注，得马与采皮又恢复阿注关系，采皮并与厄猜马为阿注。此多重阿注关系散伙后，采皮乃找邻村米优瓦（四川境）报卢阿巴为阿注，在此期间，抱卢阿巴生一女，采皮认为不是他与之所生，打算另找阿注。近以年龄渐长，走访阿注已不太勤，过去，其所结交的短期阿注，自称有七十多人。

页十八中说：

> 瓦拉血统猜达家布特（女，二十七岁），她于二十岁时开始找阿注。她的第一个阿注是四川盐源县前所乡窝得，先经她的姐姐丹斯得马（三十岁）向她说通。窝得初到她家，送给她家以盐、茶等礼品，并送给她一条裙子。后因窝得另有阿注，且染上梅毒，布特即拒绝其来访，关系遂解除。之后，乃有瓦拉血统格若家卓比（男，二十六岁）找她做阿注，未经旁人转达，系直接与她交谈。卓比送她衣裳一件，腰带一条。她回赠卓比以猪膘肉、马料等物（卓比是赶马人）。后因卓比另有阿注，不再访她，两人关系遂自然解除。现在，她又与四川木里县屋脚乡屋脚村热孜家（也是纳西族）达石为阿注，她明知热孜达石还另有阿注，但她仍与之为阿注。双方如另有阿注，并不一定是解除阿注关系之由。

第十六章　阿注关系的范围

关于阿注关系的范围，我们可以从两方面来说明：一为地域的范围，一为人与人之间的范围。从地域上来看，绝大部分的男子之找阿注的是在其本乡或本村或其邻乡或邻村。《报告》的第一部分永宁温泉乡的纳西族的调查中告诉我们道：

> 双方（按：为男与女）多在邻近各村间乃至本村内部结合。本乡七个村之间，及与邻乡格沙瓦、者波及四川境折普瓦、咪优瓦、我答村、乌求村之间，都有频繁的阿注关系。

又说：

> 这些村，阿古瓦、拉梅瓦、衣马瓦三村自西而东依次为邻，衣马瓦、软格瓦、冋如瓦、瓦拉片又自南而北依次为邻。八瓦北与本乡拖奇、比奇、八加三村（均系普米族）为邻，阿古瓦西与开平乡格沙瓦、甲布为邻。阿古瓦、拉梅瓦、衣马三村南与八株乡八株、者波等村相望为邻。衣马瓦、软格瓦、阿如瓦三村，东与四川境内我答村、乌求村相望为邻。瓦拉片东与四川境内折普瓦、咪优瓦为邻。而折普瓦、咪优瓦、我答村、乌求等村（居民摩梭人）和者波又自北而南依次为邻。上到各村均倚山麓临盆地而居，各村依次距离在半里至四里间，瓦拉片与者波相距最远为八里（华里）。（《报告》页七）

寻找阿注经常是在本乡或邻村，是与阿注异居的婚姻形式的特点有了关系的。《报告》页一八四中说到这一点之于后：

> 由于此种婚姻男女异居的特点，在地缘上也有一个无形的范围。一般是在本村和邻近各村互相寻访，到远处找阿注的只是少数，且多是在方便和可能情况下的临时关系。

又说：

> 阿注们居住较近，早晚相见，对于稳定关系是有利的。八株乡的八株、者波三村和湖沼诸小村，恰好也正是三个通婚的习惯范围。这种自然形成范围，已经被人们意识到了，小伙子们自动的组织起来排斥外来者。

应该指出，阿注关系的稳定虽与地区接近有了关系，但地区接近并非阿注关系稳定的唯一原因，就是在这个小地区或范围内，每一个男女在一生中只有一个阿注或三五个的很少，绝大多数有了十数个、数十个以至百个以上。这个问题我们在下面还要加以讨论。

但是，也有双方居住得较远的。如：

> 八瓦（村）阿笃家采尔（女，二十五岁），她的现阿注是八瓦南约三十里泸沽湖边里格村厄摩家得之达石（二十六岁），每来访她一次，在她家呆三五天才转去。一九六三年四月间，我们（按：为调查者）住在里格村，就看到厄摩家得之达石去访采尔两次，一次住了三天，一次住了五天。（页七）

又如：

> 拉梅瓦阿咪家达石皮措（男，三十四岁），他现阿注是里格村（相距二十多里）拉克家女甲阿马（二十一岁），他每去寻访一次，也是住上两三天才转去。一九六三年四月，我住在拉克家里，他带着礼品盐、茶去寻访了甲阿马，住了三天才回家。他在阿注家是客人，但这三天中，他也帮着阿甲马的哥哥们，撑着木船从湖边港湾把砍积在山脚的木柴运回来。早晚也做些家里的杂事，照管牲畜，还照应甲阿马与前阿注所生的小孩。他走时，甲阿马的哥哥送他一长串鲜鱼带走，互相礼尚往来。（页七—八）

此外，还有一些赶马或做生意的男的，住得或来自更远的地方。他们来到或经过这个地方时，往往也与当地妇女为阿注。可是这种阿注关系为时不只较短，而且一年之中来的次数也比较的少。这些人有来自四川木里县或其他地方的。

从人与人之间的范围来看，也可以从二方面来说：一为本族人与外族人，一为本族——纳西族的人与人之间。

在这个地区里，如在温泉乡，虽然纳西族占了多数，但还有其他好多民族住在这里，有彝族，有普米族，或旧称西番族，与汉族等。纳西族有八十一户，人口五百四十六人，彝族一一三户，人口一百四十二人，普米族五十七户，人口三百零八人，汉族四十八户，人口一百九十五人。又如，在八株乡纳西族有一百二十七户，人口有七百五十六人，汉族有七十七户，人口三百八十八人，僮族二十八户，人口一百四十一人，普米族有十一户，人口五十九人，还有藏族一户，人口一人。

除纳西族外，其他各族大致上是实行婚姻制度，其家庭是父系家庭。但这些族的男人往往在纳西族中找阿注，这就是说，纳西族的妇女不只在本族中找阿注，而且也与其他各族为阿注。如：

> 汪爷家系距今十一二代时，有一汪姓汉人到永宁贩布，与者波中村今多鸦家先世的一个女儿建立了阿注关系，乃落籍于此。人称此汪姓汉人为汪大爷，其后裔被称为汪爷家。（《报告》页二二五）

又如：

> 汉拉梅，又称为海拉梅，或亥拉梅（海、亥即汉），其先世到永宁贩

布，与纳西女建立阿注关系，乃留居于此。此人机灵，为土司赏识，得世为伙头（即拉梅），遂称为汉拉梅家。（《报告》页二二五—二二六）

其实，在这个地区中，除了纳西族外，既有其他各族杂居，尽管其他各族尽力去保留其有嫁有娶的风俗，但其男人之在纳西族找阿注的是很多的。过去固如上面所举出二个例子，到了现在这种例子可以说是不胜枚举。至于他族商人之经过或来到这个地方的找当地妇女为临时阿注也是很多。《报告》中页一八四告诉我们道：

> 结交阿注在民族之间没有限制，但多是纳西族妇女与异族结交。从者波汉阿直等户的世系来看，纳西妇女起码在两百多年前就已经和外族有婚姻关系。入赘的汉族则融合于纳西族中。近数十年的情况有所不同，往来的外族多是行商，他们无心在永宁安家落户，只是利用纳西族的落后婚俗临时与妇女们交往。他们（主要是藏商，其次是汉、白、丽江纳西等族）人多，流动大，与纳西妇女结交阿注关系的面是相当广的。在八株、者波等村，有百分之三十以上的妇女与外族（包括当地普米）有过阿注关系。湖沼诸小村虽位置偏僻，也有将近百分之二十的妇女与外族有阿注关系。

至于在纳西本族中的人们，据《报告》页一八三至一八四中说：

> 结交阿注虽是很自由的，但也有着必须严格遵守的范围，即母系血亲之间不能建立阿注关系。母系血亲，最近的就是同母的兄弟姊妹，再是姨表兄弟姊妹（即母亲姊妹的子女之间，纳西族一律作兄弟姊妹看待，姨表是借用汉族的亲属称谓），从姨表兄弟姊妹，再从、三从姨表兄弟姊妹等等，以及母与子、舅与甥女、姨母与姨侄等同一个母系血统的同辈和不同辈的男女都禁止通婚。把这个禁婚的范围推而广之，那就是氏族外婚的原则。

又说：

> 至于禁婚范围的大小，与各母系血统联系的紧密或松弛有关。一般的三五代后，就不再禁止。而所谓禁止，也是靠传统和社会道德来约束。孩子们稍长就知道那些异性面前可以开玩笑，那些异性面前要保持严肃，后者也即不能发生婚姻关系的人们。除排斥母系血亲外，阿注关系中再没有其他限制。

然而，就是在母系血亲中，比方舅父与甥女，或同母兄妹，也有为阿注的。《报告》页一四中有了这样的例子，这就是阿如血统母系家庭阿如阿窝家中。

> 拉差（男，五十八岁）、哈尔巴（男，四十四岁）舅、甥二人……均系喇嘛教徒，按教规不得有阿注，但当地喇嘛教徒不寻访阿注者，极为个别。拉差不向外寻访阿注，却在家里与其甥女厄车马（三十五岁）为阿注，当

他欲与其甥女厄车马共寝的夜晚，他就把大门关闭，拒绝寻访其甥女的阿注入门。哈尔巴只有时向外寻访阿注，而在家里也与其妹厄车马为阿注。前面说过，厄车马没有固定的长期阿注，其阿注是各族都有，且多到数不清。他的舅舅拉差和哥哥哈尔巴，就是她的数不清的阿注之一。实际上，她的舅舅和哥哥，才是她的长期阿注，也是固定阿注。这种舅甥、兄妹之间的阿注关系，为当地舆论所非议、鄙弃，认为是畜牲行为；但是并未引起严厉的公开谴责，只不过在背地议论罢了。而拉差、哈尔巴、厄车马，此舅甥、兄妹三人，依然昂首过道，并无羞耻之态。

又如一个男子与母女二人同时或先后为阿注，这就是母女共一阿注，在纳西族的社会中虽然是被认为不太恰当，可是这种例子并不算少。在永宁温泉乡的有下列的例子：

瓦拉血统瓜渣家益史（男，四十六岁）与本血统阿其美家猜得马（女，五十四岁）为阿注，与之生次子皮措（二十五岁）。猜得马之原阿注为瓦虎血统折戛家拉差（六十三岁），有二十年的关系，与之生长女得马（三十三岁）。瓜渣益史乃在折戛拉差与猜得马为阿注期间插入而与猜得马为阿注。之后，瓜渣益史遂与猜得马之长女得马为阿注，即与猜得马、得马母女二人，先后为阿注。（《报告》页二十二）

瓦虎血统阿泽家格若得马（女，五十九岁）所生三女，长女采得马（三十八岁）之生父不明，次女得马洒木（十八岁）和幼女鲁若（八岁）为本血统阿窝梭拉得马家采皮措（男，五十七岁）与之为阿注时所生。后来，采皮措乃与其阿注格若得马之长女采得马为阿注。格若得马因年渐老，不再过阿注生活，乃由其女采得马与采皮措共宿。此系一男与母女二人，先后为阿注，直至一九六二年尚维持关系。（页二十二）

萨达布母系血统挂渣家甲阿马（女，一九四八年死，四十四岁）生格若马（女，十八岁）、达巴（男，十九岁）、哈搓（女，十六岁）三子女。长女之生父是四川前所乡瓦马家皮措，次子之生父是四川左所乡赫波家格科（六十岁），幼女之生父是软格母系血统软格阿答家斯格达石（五十六岁）。后赫波格科乃与甲阿马为同居阿注，并与甲阿马之长女格若马为阿注，与之生达珠（五岁）丹珠（二岁）二子。（页二十二——二十三）

在八株乡中也有下面的例子：

上者波戈阿毕马（女，五十岁）与其次女格土（三十一岁），近七八年来共同与淹色格罗（五十八岁）建立阿注关系，而淹色格罗不是格土的生父。（页一八六）

关于上者波戈阿毕马的情况，页二三三又说，她有五个子女，为五个阿注所生，而淹色格罗是其中一个。

　　她与中村阿塔格罗生格皮搓；
　　又与中村甲此慈丁生格土；
　　又与本村淹色（大）格罗（五十八岁）生拔帕美；
　　又与大洛水村戈塔翁惹（现七十岁）生尔特；
　　又与本村优息翁惹生兹特。
　　她的阿注除这五个子女的五个生父外，还不胜枚举。

和毕马生第五个孩子（兹特）的阿注优息翁惹，自一九五四年之后，已不复访。毕马乃与其生第三个孩子（拔帕美）的阿注淹色（大）格罗恢复了阿注关系。她的第二个孩子格土（女）的阿注系下村波若丹都，生女阿枯（十二岁）。一九五五年，波若丹都死（三十五岁）。格土遂与其妹拔帕美之生父，即其母毕马之阿注淹色格罗建立了阿注关系。于是，近几年来，毕马、格土母女二人共一阿注。

此外，又如兄弟共一女阿注和姊妹共一男阿注（页五一与一八六），或姐弟两人分别与父女二人为阿注（页一八六），或是弟与兄女为阿注和弟娶兄女为妻（页一八六），以至同为生父的子女或兄弟为阿注（页十三与十六），种种例子也不胜枚举。这些情况在我们看起来有的为乱伦，有的为奇特，但是从纳西族的人们来看并不希奇。《报告》页一八六中说：

　　兄弟或是姊妹先后与同一个异性结交阿注的事，在这里是多见的，社会上也认为是正常现象。虽也有为此引起兄弟、姊妹间口角的事，但也不足为怪。……母与女或舅与甥，先后与一个异性结交，也是不足为怪的现象；若同时占有，旁人必然会在背后说这家人不知羞，但也没有错。至于弟娶兄女，姐弟与父女为阿注等，用父系眼光看来属"乱伦"的关系，依母系眼光看来全不是问题。

至如兄妹同在一个家庭，兄之子与妹之女二人为夫妻的也有其例。《报告》页二一七中说：

　　扎施洒木之祖辈查得慈丁为官家鲁若之次子，与其两个妹妹查得得马、丹都得马另居称瓜阿家。后，查得慈丁之幼妹丹都得马出嫁本村阿瓦家。查得得马未嫁在家，坐待阿注来访。兄查得慈丁娶大洛水村格栽家之女为妻，于是，在这一家三口的家庭中，就有兄妹、夫妻、姑嫂三种亲属关系。
　　兄查得慈丁娶妻皮搓得马，生子哥布得之。妹查得得马未嫁，有外来男阿注（不知几人）与之生扎施得马一女和阿直、哈尔巴二子。这一个家庭的成员中，又增加姑舅表兄弟姐妹关系，即哥布得之是舅表兄，扎施得马、阿直、哈尔巴是姑表妹和姑表弟。

兄查得慈丁娶,妹查得得马不嫁。兄子哥布得之不外娶,妹扎施得马不外嫁,姑表兄妹哥格布得之与扎施得马两人相配为夫妻,此为同一个家内的家庭成员行婚娶,又为姑舅表婚姻。

从我们父系家庭的眼光来看,舅表兄与姑表妹二人结婚是没有问题的,是亲上加亲;从纳西的母系家庭来看,这对表兄妹并不属于同一母系血统,也是没有问题的。可是这表妹的母亲是与表哥的父母同住在一个家庭里,在同一个家庭里举行婚娶的例子在纳西族的社会里还是不多。

第五编

第十七章　年龄与时间长短

　　纳西族的年青男女，年龄到了十三岁，男的举行过穿裤子的仪式，女的举行过穿裙子的仪式，就穿上成人的衣服，也就是说他们就被当为成人看待，也可以说是开始走进寻访阿注的年龄。虽然一般的年轻男女都在十七八岁开始过阿注关系的生活，但男子十四五岁寻访阿注的并不乏人。上面所举的瓦拉血统波若支洒达美家的采皮（男）在十五岁的时候就开始找阿注，而且是经过其母的长期阿注或是其生父塔拉扎石（普米族）为他介绍与送礼而结交的。至于女的，其纳交的阿注的年龄一般的说比之男的还要早些。

　　男女阿注关系的建立一般的说是年岁差不多相等的，但男的却往往大于女的，有的男的比于女的大了约二十多岁。瓦虎血统阿尼家的猜马年二十六，她纳交了瓦拉血统瓜渣家的男的名哈尔巴年四十六，他们的阿注关系有了一年多。又如上面所举的淹色格罗年岁五十八，曾与年岁五十的上者波毕马为阿注，后来又与毕马与另一个阿注所生的女儿格士为阿注，格士三十一岁，比格罗小了二十七岁。

　　但也有女阿注比男阿注为大的。瓦拉血统瓜渣家的四十六岁的益史（男）曾与本血统阿其美家猜得马为阿注，猜得马当时五十四岁，比其男阿注大了八岁（《报告》页二十二）。又如，萨达布阿古阿窝家的泽丙（男）年四十六，其妻子斯格年四十九，比他大三岁。阿注关系是比较临时的，而所谓夫妻关系是比较固定的，妻的年龄大于夫还是较少的例子。

　　男女建立阿注关系，其时间长短是没有一定的。短的一天、两天、数天，所谓今天一个，明天一个，后天一个。……例子也是很多。可是这种关系，维持到四十年或四十年以上，也不乏人。当然，在这种自由选择阿注的社会，所谓长期的阿注，并不一定是在一个长期之中只有一个阿注，这不只是一个男阿注往往不会只有一个，就是在女的方面也不见得只有一个。在双方结交长期阿注的时间中，每一方面可以有临时阿注或是短期阿注。比方上面所说的甲阿（女）的长期阿注为独家村良休达施（参看《报告》页二二四），二人的阿注关系有了二十多年之久，甲阿共生了七个小孩，六个小孩是与良休达施生的，而其第三个男孩若求却是与一位临时阿注所生。又如，《报告》页二四三中有这样的例子：

> 阿格（男）长期阿注有五个，（一）里格拉克达施马，其九子中的四、五、六、七子为阿格所生；（二）大洛水丹斯格格（十余年）；（三）本村托把厄车马（五年）；（四）里格夏瓦夏若马（三年）；（五）忠实格比马（三年）。前三人是在同一段时期内交错走访，拉克达施马死后，以丹斯格格为主，后二人是在近几年中走访的。

甚至有的女的在同一个阿注同居的时期中，也有其他的阿注时时来探访。下面是一个例子：

> 夏若得马在同一时期内有一个同居阿注，二个长期阿注。夏若得马的同居阿注为开平乡阿梅瓦（相距约三十华里）布乌家得之，长期阿注为拉必罗（里格之西三里）吴先生（僮族），和本村阿尼拉差，三个阿注同时并存。（《报告》页二五二）

应该指出，在有长期的阿注或是同居的阿注，以至所谓结婚的夫妻，男女两方还可以找临时阿注，而且这些临时阿注往往不只是一个或几个，有的有了十数个，以至数十个。关于临时短期与长期的阿注《报告》中曾有数段叙述，今录之于后：

> 虽然结交阿注是很随意的，但从多数人的经历，仍然可以看出一个明显的趋势。一般的说，在青年时期阿注关系多不固定，各人凭着自己的条件去结交阿注……但随着年龄的增长，多数人结交阿注的人数就逐渐减少，关系逐渐固定。
>
> 为便于说明问题，我们按时间长短把他们的阿注关系区分为三类。一年以下者为"临时阿注"，一年以上三年以下的是"短期阿注"，三年以上的是"长期阿注"……临时阿注，多系秘密交往，别人弄不清，有的本人也记不住。据说一生有十来个临时阿注是平常的事，有数十以至上百的也不乏人。八株村的司沛哥搓阿格（女，五十八岁），司沛纳吉报卢古马（女，四十八岁）等人，临时阿注都达四五十人。往往是初交阿注多是临时的，来往频繁，公开走访的就成为较固定的。但双方仍然可以在背地里另交临时阿注。即通常是在一个较固定的阿注的同时，还结交临时阿注。对此大家心照不宣。社会上对于一个人阿注的多少，并不作赞扬或鄙弃的舆论。……结交阿注时间的长短，也随各人的意愿，终身一个阿注并不认为是高尚的品德，终身无固定阿注，也不是一种缺陷。总归以各人条件、需要和可能为转移，终究只是阿注，不是夫妇。到了老年，无论长期、短期全都不相往来，各人都在自己的家庭中渡过晚年。对于这些已过之事，有的连谈的兴趣都没有。以上表明阿注关系的临时性和不稳定性，是阿注异居的婚姻的一个主要的方

面。(《报告》页一八一——一八二)

在发展中的另一方面是阿注关系的逐渐稳定。表现在：(一) 统计数字表明 (按，在页一八一有一统计表)，年龄越长，阿注数量增长愈慢。(二) 绝大多数人在一生中，都有过长期阿注。社会上也有尊重别人长期阿注的风尚。即男子去找有长期阿注的妇女，如碰到她的长期阿注在场，要主动退让，发生争执，社会也同情长期阿注这一边。(三) 阿注关系长达数十年的大有人在，如八株的报庐斯格比马与阿瓦鲁若美，格帕达拾沙搓与伙厄官鲁若，者波套巴厄车米与甲格泽窝等等的阿注关系都达三四十年。个别的如者波格梭家斯格米与本村多鸦家达巴，终身为阿注，七个子女全为达巴所生，此户其他人的阿注关系也全较稳定。(四) 与此相应的，绝大部分人的生父已经明确 (详见下)。但此种稳定也是相对而言，无论时间如何长，互相仍然没有约束力，只要其中一方不乐意，还是随时可以解除关系，只是年长的人，不像年青人那样任性吧了。

《报告》在页一八二列举了八株乡的五十岁以上 (年龄按一九五六年计) 老年人一年以上的阿注关系，按其结交先后顺序排列，而从中看出一般的趋势。页一八三接着说：

以上十六人的阿注经历，可以归结为几类：(一) 终身无固定阿注者二人。(二) 有一个或几个阿注但发展趋势不明的三人。(三) 与第一个阿注维持时间长，后面的阿注反为时不长的三人。(四) 长期阿注关系愈往后时间愈长的六人。(五) 与一个阿注维持终身关系的二人。

可以看出终身一阿注和终身无固定阿注的都是少数；约半数的人阿注关系都随年龄而渐趋稳定；就是看不出发展趋势的，也在一段时间内有过较稳定的长期阿注。终生无固定阿注的两个人，女的因貌丑，男的因笨，故找不到长阿注。还需说明是长阿注虽多数人是一段时间只有一个，但也有例外情况，洒达阿格前面三个长阿注就是交错走访的；也不是任何时间都有，优机得马只有过一个为期七年的长阿注，其余时间结交过若干临时阿注。可以说，长期阿注是主导的，临时阿注也是不可缺少的补充。

第十八章 阿注关系的人数

人们不免要问，在这一种的男女关系的社会中，一个男的或一个女的在其一生中究竟有过或可找多少阿注呢？

从《报告》中所调查的材料来看，大致上，无论男的也好，女的也好，有过阿注关系的男的或女的，一般的说，至少有了七八个至十数个，有的经过数十个，也有的寻访百余个，甚至有的超过二百个以上。

应该说，寻找阿注数目是没有限定的。所以一个人在其一生中走访过数百以至成千的阿注，也是可能的。在男与女之间，男的所寻访的阿注要比女的为多。在年青与上年人之间，年青时所寻访的阿注，要比上年人为多。此外，有钱有势的人，其所结交的阿注往往比没有钱没有势的人为多。在妇女之中，其容貌较美者，其所结交的阿注往往又比其他的妇女为多。

《报告》页一八〇中也说：

> 男子们找阿注主要是选择女方的人材，也有考虑对方经济条件的。由于各人的具体条件不同，也就出现了阿注人数不平衡的情况。有钱有势的男子，可以到处结交阿注，貌美的女子也不断有人来拜访；而贫困的男子和丑陋的女子，就很难引起异性的注意。

《报告》中也记载了少数——极少数的妇女，终生只有一个阿注的。如页十九中举出下面一个例子：

> 萨达布母系血统益秸家高搓米（女，六十三岁），她终生的阿注就只衣布母系血统衣马阿窝家斯格达石这个人。

可是《报告》也同时指出：

> 这种情形极为个别。

又如页二四九中也有下面的例子：

> 阿此米因年岁大，别人对她的阿注关系不太清楚，她自称"我只是一条路上去，不会走几条路"，意即她只有一个男阿注。

《报告》同时指出这种说法：

> 不一定符合实际。

在这里，也有人终生没有阿注的，可是这种人，是因为身体有病或不适宜于性的生活。

有的年老的妇女，如上面所举出的母女同一阿注的格若得马，因为年纪渐老不愿过阿注生活。又有一位年老的女的对其阿注说："我已经老了，做不了阿注，请你别处去找罢。"也有的年纪虽然不老，可是生了孩很多，也不愿与阿注度过性的生活。《报告》页二二四有下列的例子：

> 甲阿之长期男阿注为独家村良休达施，有二十多年，直到现在还维持关系。在上列七个子女中，除第三子苦若外，全系良休益施与之所生，其间曾有临时阿注（金沙普脚人）插入，苦若即为临时阿注所生。
>
> 良休益施常来照顾子女，甲阿说她所生子女太多，负担很重。阿注虽常来，但她叫他别处睡，以免再生孩子。

甲阿在当只四十岁，像这样的年纪还壮，而不愿的与阿注同宿的例子也是个别的。

没有阿注或是只有一个阿注的例子不只不多，而且在这个社会里，有人还觉得是没有出息。

> 瓦拉血统夏瓦家色诺（男，二十一岁）说，如果一个人一生只有一个阿注，就好比乌鸦守死狗——没有出息。这是青年时一种看法。

页一八一至一八二有一段说：

> 社会上对于一个人阿注的多少，并不作责扬和鄙弃的舆论。在青年人中，阿注多是可以夸耀的事，阿注少和找不到的倒被认为是没出息的人。调皮的人会说："他还在别人门坎上望着呢！"（意为还进不了门）

《报告》对于这个问题的总的看法是：

> 在这里，阿注多至七八十人（按：有的有了二百余人）或终生只一个阿注，无论多或少，一般不受到责扬或鄙视。也有人认为只有一个阿注，好像显得没有本领，但也不认为是不好。阿注多的人，在青年人中，特别是男青年们有以此夸耀的。中年以上的人，若还朝三暮四，遍处乱串，也会受到轻微的舆论非议。（页一九）

总而言之，在实际的生活中，一个男的或是一个女的，在其一生中，有了十数以至数十位的阿注，是一件极为平常的事情。页十八记载：

> 瓦拉血统猜塔家得马（女，二十八岁），其较固定的阿注有三四人，临时阿注有二十余人。

同页：

> 瓦虎血统迁居瓦拉片的衣都家猜马（女，三十六岁），因她的容貌出众，当她二十六岁左右时，每至日暮，本村邻村的男青年多徘徊于其大门

外，伺机而入。其所经历阿注，十余年来，达八十余人。

十余年内有了八十余个阿注。她的一生中来访阿注的数目可能不只此。又如页六三中说：

> 瓦绕血统的阿尼家猜马于十五岁开始结纳阿注，十年来经历长期阿注四人：（一）瓦拉血统达珠折家达石（男，二十六岁），关系四年，（二）拖奇村达石，二年，（三）比奇村熊保，一年多，（四）瓦拉血统瓜渣家哈尔巴（男，四十六岁），一年多。至于经历数日、数月的临时阿注，就更多。

又如，上者波枯塔家十八岁的姑娘甲泽马正值临时阿注纷纷走访之期，别人说她的阿注是：

> 今天一个，明天一个，还不知是那一个。

奢巴甲初米家的女儿斯格也是："三天一个，两天一个，一年一个，半年一个。"（页二二八）

上面是随便举了一些妇女纳交阿注的数目较多的例子。至于男子方面之结交阿注的，其数目之多更为显著。上面所说的瓦拉血统波若支洒达美家的采皮，从十五岁起就结阿注，据其自称有了七十余位。页二一二举例说：

> 采丹都：此人曾任伪乡长，凭权势乱交阿注，除甲初关系较固定外，其他临时阿注达数十人。

又如者波司沛阿子才的阿注达百余人（页一八一），至于梭纳有了二百个阿注。关于梭纳，页二一五叙述得较为详细，今录之于后：

> 梭纳，人称其为"伙厄官梭纳"，袭任土司的"伙厄官"六年，本为前述阿窝家（伙厄官）的家庭成员，系纳吉沙木之幼子，夏若得马之幼弟，因引其女阿注入家里同居，与夏若得马及柴红两个姐姐相处不睦，于一九五二年乃另筑屋，他离开其两姐姐的家庭，而与其阿注共同生活，组成一个小家庭。其上一代和本代均为母系则为二代母系。
>
> 梭纳和沙搓这一对同居阿注，在其同居之前，无论男方或女方，都各饱经阿注生涯。尤其是纳梭，凭其身份（伙厄官），遍巡永宁平坝各村，无处不有其阿注，自称其阿注达百余人，本材料中不一一列举。梭纳、沙搓两人年齿渐长，双方都有将男女关系固定下来的欲求，才共同组织小家庭，长期同居。惟在同居期间，男方依然另有阿注，女方已不再找阿注，且明知男方另有阿注，能容忍而不与之争吵。
>
> 梭纳——其于本村妇女，除其近亲远亲姐妹关系之外，年龄相当者，全与其有过阿注关系，如（一）司沛哥搓家阿格；（二）阿瓦甲阿；（三）阿鲁梅纳珠马等等。外村有：（四）者波阿夏若一年；（五）者波阿马塞诺

五年；（六）开平乡甲布瓦优塔丹马三年；（七）甲布瓦曹休纳珠八年；（八）夏洒瓦阿札一年；（九）温泉阿古瓦阿丙得马一年；（十）阿米瓦阿米直马一年；（十一）衣马瓦布吉吉一年；（十二）软格瓦软格朗珠得马三年；（十三）忠实乡达波村木帕甲阿马等等。

这些都是一年以上的阿注（共数十人，不一一列举），加临时的，达二百余人。在时间上并不是与某个妇女为阿注期间，就不与另一妇女为阿注；同样，女方也不是与他为阿注期间，就不接待其他的男阿注，双方对此都不认真。

第十九章　阿注关系与容忍

　　阿注的结交既是很为随便，一个男的可以走访好多女阿注，一个女的也可以接待好多男阿注。在男女互相结交的过程中，不只先后有过好多阿注，在同一时期中也可以交错的有几个阿注。交错阿注不只有临时的，而且可以有长期的。在几个长期的交错阿注的时期中，还可以有临时阿注，甚至同居阿注，也可以同时有交错的长期阿注。在上面我们已经指出，戛若得马曾与布乌得之为同居阿注，其时间有了四十年之久，但是这位戛若得马除了这位同居阿注，还长期与另二个男的为长期阿注，一为僮族吴先生，一为本村阿尼拉差。除了我们在上面已经抄录关于这位妇女的情况外，《报告》还有下面有关于她的数段叙述：

　　　　戛若得马壮年时是当家人。布乌得之与其同居达四十年之久，一直帮助戛若得马操持家务，照料牲畜。吴先生略识汉文，擅长木工，也常帮助阿妈家修补房屋和制作木器。布乌得之对戛若得马与吴先生的交往，从未表现出反感。每当吴先生至阿妈家，三个人往往闲谈至深夜，布乌得之总是主动退出；次晨还准备好酥油、糌粑招待吴先生。

　　　　戛若得马有时也回访吴先生，而吴先生有妻子儿女，他家里的人却不欢迎戛若得马这女客。吴先生乃另居小屋，以便招待戛若得马。

　　　　当吴先生到别村做木工，布乌得之也不在家的时候，阿尼拉差就来拜访戛若得马。

　　　　这三个男阿注与戛若得马的关系虽有深有浅，但都是她的外客，她对与他们交往不操有主动权，他们中如有谁企图对她独占，戛若得马可以拒绝与他交往。布乌得之也不是无家可归的人，他有姐妹、外甥，他在阿妈家也是两相情愿；戛若得马愿意留他下，布乌得之也能容忍戛若得马与其他阿注的相交，以至他们能维持关系达四十年之久。吴先生是早行嫁娶的僮族，又略具汉文化，对封建道德是有所了解的，他不容许其妻子、女儿行纳西婚俗，但本人又与纳西妇女结交阿注，他是会把戛若得马当做"姘头"看待的。戛若得马和她的另外两个纳西族男阿注，则只是把它看做正常的阿注关系。

　　　　戛若得马的三个阿注相继去世了，她年老体弱，把家务移交给儿子益施掌管，她成日坐在火塘边抱抚她的孙孙们以娱晚年。

　　　　戛若得马所生六女二子，全算是布乌得之生的，他在实际生活中，也确实承担了"父亲"的担子，但是否都确实是他生的，那连戛若得马也不完全清楚。（页二五二—二五三）

　　这里暗示了她不只有了一个长期同居阿注、二个长期交错阿注，可能还有不少临时阿注。

可是我们在这里所要谈的是在纳西族的阿注关系的婚姻形式的社会里,一个男的或是一个女的对于其阿注另找阿注,一般的说都是持了容忍的态度。布乌得之就是一个例子。他不只对同村的阿尼拉差能够容忍,他对于不同民族的僮族的吴先生也能容忍,特别是在他在戛若得马家的时候,他们三人不只能谈到深夜,他还自动让戛若得马与吴先生同宿,而明晨还为吴先生预备早点。

这并不是个别的例子,我们再举下面一个例。这就是上面所举的伙厄官梭纳。我们在上面是说他曾结交过二百多位女阿注,现在抄下一二段话说明他对阿注关系的态度。

> 梭纳与者波阿马塞诺为阿注三年,此塞诺与本村加塔戛若为阿注,戛若外出赶马帮,塞诺遂与梭纳为阿注。戛若赶马在外四年始返乡,带回礼品送给塞诺。塞诺之小妈妈(母亲之妹)乃留戛若与塞诺共宿。至夜深,适梭纳来访,戛若听门外梭纳来,乃急逃出,避不及与梭纳相遇于门,梭纳反邀戛若重入塞诺家,煮茶相待后,戛若方离去。梭纳问女方若愿与戛若为阿注,他就不再来。塞诺申言,戛若外出四年归来,心想与之为一夜阿注以相待,并非要换阿注,望梭纳不必介意。后数日,戛若至八株村,梭纳邀戛若到家中共饮,戛若向梭纳致歉意说:"我赶马在外才回来,不知塞诺已另有阿注,很对不起。"梭纳说:"你不知道才去,有啥关系?女阿注,今天找这个,明天找那个,我们男子汉不值得为此不和。"两人至今仍为好友。(页二一五)

《报告》中的材料调查与整理者又接着说:

> 梭纳对加塔戛若如此茶酒款待,似乎颇有宽厚之气,实际上,戛若为塞诺之原阿注,外出赶马,戛若不责梭纳乘空而入,反向其道歉,此因梭纳为土司之"伙厄官"。在这一事例上,不能反映这些"男子汉"的"宽厚"。

虽然梭纳是土司的伙厄官,他有权势而使戛若向他道歉,但也正是因为他有权势,而并不用其权势去欺负戛若。在这个社会里阿注是随便找的,不只因为戛若离开了四年之久,塞诺可以另找阿注,梭纳也可以乘空而入;就是戛若没有外出,而在本村,塞诺还可以另接阿注,像上面所说的戛若得马,有了同居阿注还同时接另二个长期阿注——可能还有好多其他临时阿注,因为我们以为梭纳凭势乱交阿注固是可以非议,但在这件事也不能说其完全没有宽厚或容忍。而况梭纳也曾表示如塞诺愿意与戛若为阿注,他就不再来,当然从加塔戛若方面来看,也可以说是能够容忍的。

关于这个问题《报告》中也有一段解释:

> 无论从结交阿注的平均数目、具体人、阿注生活的经历和社会舆论中对

阿注婚姻的看法，都反映出在阿注关系中不会有独占的同居男女双方，都知道男的不只找一个阿注，女的也不只要一个阿注，这是极其自然的事。长期阿注之间，只要不碰在脸上，背地里发生的事，就不去管它，何况自己对阿注关系能维持多久也没有把握，因而互相都不相信专一，也不去严格要求它，这里从来没有发生过男女殉情的事象，语言中也没有"爱情"这个词汇，彼此都不十分认真，容忍是普遍的，多数人乃至每个人都经历过的。阿马得马沙搓（女，二十七岁）说："我的男阿注，在别的地方找女阿注，我听到也不着急，他找我也会找，不值得生闲气。"少数的还允许自己的阿注与别人来往，上面提到的同时与三个妇女维持长期阿注关系的阿格，就曾得到其中两个妇女的默许。也有两个男友在同一段时间内相约与同一个妇女做阿注的，中者波皮搓古马与阿机纳窝就同时与达石拉木维持了一年的阿注关系，只是这种情况并不常见。

应该指出，长期阿注之间，以至同居阿注的布乌得之面碰了吴先生，还让其与戛若得马同宿，说明了碰在脸上也还能够容忍，在同一的时间里数个交错的长期阿注的例子也不算少呵。

第二十章 爱情贞操与嫉妒

在上面所抄录的一段话中已经指出，在这个地区语言中没有"爱情"这个词汇，同时在这里从来没有发生过男女殉情的事象。结交阿注主要是为满足性欲的需要，所以在这里的青年男女，很少经过所谓两性的恋爱的阶段然后发生性欲的关系。《报告》页十八很肯定的指出阿注关系只不过是单纯的性的生活关系。

因此之故在这个社会里不只没有恋爱的过程，"爱情"的词汇、殉情的事件，在男女之间——男阿注与女阿注之间，在我们的社会一般所谓的朋友情感，也往往缺乏。所谓"今天一个，明天一个，后天又一个"的临时阿注关系的男女关系，事后固是视若路人，就是所谓长期——长至十年八年、长至三十年四十年的阿注关系，一旦任何一方因年老而不适宜于做阿注，或是其他原因而停止了这种关系，两方也往往互不往来。在这一点上，《报告》指出的地方很多，我们抄录下面数段：

> 这里，暮合晨离的阿注异居关系，固然没有情感可言，即便生了子女，经过"认子"手续，也并未因之而生情感。乃至阿注关系长达数十年或终身一阿注，因男女双方异居，未缔建家庭，不共同劳动，不共同扶育子女，故无从培养其共同情感。关系虽久，情感淡漠，生前无情，死别不悲。因此，无论男女，在对方死亡时，少有失偶之痛。（页二十一）

下面就是一些例子：

> 哈巴布母系血统巴莫古马家那珠（男，七十三岁），其阿注为软格母系血统软格那珠家直马（一九三七年死），关系达二十年。直马死及火葬时，那珠都没有去看视。

> 衣布母系血统巴茨米家甲粗（女，七十一岁）之阿注是阿如血统阿如格若家得之（已死十一二年），其关系达四十年之久。当得之死及火葬时，得之家并没有通知她，按习惯也不必通知。得之死时，甲粗固然不知道；但火葬时，她是知道的，也没有去看一眼，非彼无情，按乃传统如此。（页二十一）

> 萨达布母系血统益秸家高搓米（女，六十三岁），她的阿注是衣布母系血统衣马阿窝斯格达石（已死十一二年），其终生只此一阿注，关系有三十年左右。当她四十五六岁时，因所生子已成人，斯格达石已不再来访。她说："我不想念他，他也不会思念我。"不相往来四五年之后，斯格达石遂亡故。斯格达石死，她知道；火葬，她也知道；相距里许，她未去看视，亦未使其所生子哈尔巴（三十一岁）去哀悼。我们问她："你们到晚年，没有

往来，你会想起他来吗？"她就回答了上引那句话，并说："我们摩梭人（纳西族），不像你们汉人那样需要一个老伴。"她对此终生一阿注，生前不思，死时不悲，无挂无碍。（页二十一）

如上引事例，长达四十年的阿注关系，终生只一阿注关系，尚少失侣之痛，其他就更可想见了。（页二十二）

又页九中举例说：

> 高搓米（女）的阿注，是衣马瓦衣布母系血统衣马阿窝家泽珠马（女，六十五岁）之兄斯格达石（已死二十七、八年），与之生哈尔巴（男，三十一岁）一子。斯格达石与她为阿注时，她也没有其他阿注；斯格达石死后，她也不再接待其他阿注；这并不是由于她对斯格达石怀有专一的情感，说她不喜欢多找阿注。这里，男女阿注之间，一般地说，易合易离，感情成分不大。高搓米和斯格达石两人住家相距仅二里许，当年斯格达死时，高搓米也未登门哀悼（当地妇女一般均不来悼阿注），淡然处之，并没有失偶之痛。

可是页一八一中也说：

> 尽管如此，在正常的阿注关系中还是有感情成分的，也考虑对方的品德。特别是妇女，随着生育子女和年岁的增长，一般都愿意与孩子的生父把关系稳定下来，以求得生活的安定和经常得到男方的帮助，没有兄弟的妇女要求就更迫切，八株村的阿鲁美甲阿（女，四十岁），年青时是有名的调皮人物，她生第一个孩子时，男阿注中只小洛水的良休益施来照看她，从此她就与益施稳定了阿注关系，生了子女多人，且多次要求益施与之同居。

从报告中看这种例子虽然是有，然而应该指出，还是不算普遍。而且这样的例子可能还是受了嫁娶的婚姻形式的影响。同时，正如这里所说，妇女有了子女又没有兄弟的家庭，缺乏较强的劳动，所以盼望其男阿注与之同居。其实，阿注同居，在这个社会来说不是正常的婚姻形式。关于这一点，我们在下面还要说明。

页二十二又说：

> 但在青年的阿注之间，倒有对方死亡去哀吊的。如瓦拉片洒达美阿塔就吊过他拖七的女阿注古马丽。

其实，这种例子也是比较少的。因为：

> 阿注异居关系主要是建立在需要和方便上，而不一定是建立在感情的基础上。且延续到了阶级社会中的此种婚姻形式，难免遭到金钱的腐蚀，而导致有些妇女的唯"礼品"是图。

在阿注关系的社会里，既有了暮合晨离，今天一个，明天一个，后天又一个……所谓贞操问题，根本就没有存在。《报告》页一八九告诉我们道：

> 没有贞操观念。男子是不用说的，妇女也同样如此（按：就是有了一些实行了所谓嫁娶的夫妇来看）。从女方来说可以带着非婚生子女去男阿注家同住（例见阿注同居部分），或者带着子女去出嫁（官家梭纳之妻夏若，就是带着她与男阿注厄摩格土所生的儿子达巴出嫁的。司沛沙基梭纳与伙厄官得马，也是先生了一个女孩，才结婚的）。至于婚前双方都结交过阿注更普遍。社会上和男方对此都视为正常现象，从不把这种情况当做问题来舆论。

一个青年或幼年女子举行了穿裙的仪式之后，她成为一个成人，她不久可以随便的找男阿注，她对于第一次与那个男阿注结交并没有一种特殊的手续或形式，这里也没有一些原始社会中的第一晚的权利。在我们的社会中的所谓守节，所谓守寡，或所谓贞女不更二夫，都不能适用于这个社会。

然而在这里的男女关系上也不是完全没有所谓的妒忌的情绪，尤其是在男子方面，有的结交了一个女阿注，这个女阿注若与别人交往，就不高兴。《报告》中也说：

> 虽然实际上不存在独占，但独占思想还是有的。里格拉克益史与夏瓦达施马做阿注，后女的又接待一个普米族，益史就邀集全村小伙子打上夏瓦的家门。前述采丹都与阿子才争阿注的纠纷，在把女阿注打了一顿后，还闹上了总管衙门，采丹都给土司总管、堪布分别各送一匹骡子，五十元半开，土司就把甲初判给采丹都为妻，保护了他的独占。生有子女的妇女，对孩子的生父也有独占的要求。达坡扎阿此儿与八株阿瓦纳吉厄扯为阿注，生一子，男方生子后曾去送礼，两人的关系已经稳定后，纳吉又看上本村阿窝顶保家的姑娘，把扎阿此儿丢了，此儿大为气愤，邀约本村女青年二十余人，兴问罪之师，在男方路过达坡时，把他从马上拉下来，剥光衣帽，要他仍然回到达坡来。这件事发生在解放后，但这种形式是老规矩，只是多数人都不愿意找这个麻烦。

这种的独占的思想或是妒忌的情绪的表现，在年轻小伙中对于外来的男子在其本村中找女阿注时较为突出。《报告》页一八四中指出：

> （村中）小伙们自动的组织起来排斥外来者。如果外来者与本范围内男子的长阿注结交，就要遭到小伙们的驱逐；如所找的妇女在本范围内没有阿注，只要来人打酒请小伙子们喝，就不致出岔子。请酒时外来者往往这样说："我到你们村上来找阿注，你们不要生气，今后你们村上有什么事，我要帮着做；我有事亦请大家相帮。"本村的小伙子则告诫外来者说："你来找阿注可以，找到就要常常走访，好好照顾她，不要喝醉酒生事。"这虽是陈套，但如不事先打这个招呼，小伙子们真要打上门的。

第六编

第廿一章　阿注异居的概况

《报告》导引中说：

　　永宁盆地和泸沽湖畔及其邻近丘陵夹谷地区，几全是纳西族聚居区。这里纳西族的家庭，大多数是母系家庭，一部分是母系父系并存的家庭，极少数为父系家庭。（页三）

在第一章，"母系家庭的结构"第一节"婚姻形式——阿注异居"中说：

　　与母系相适应的婚姻形式是阿注异居。双方多在邻近各村间乃至本村内部结合。本乡七个村之间，及与邻乡格沙瓦、者波，及四川境折普瓦，咪优瓦，我答村，乌求村之间，都有频繁的阿注关系。（页七）

同处又说：

　　每日清晨，各村道途中，来来往往尽是青壮年男子，他们不是忙着去赶街子，也不是忙着去下地劳动，而是从各女阿注家里住宿归来，纷纷返家；待回家吃过酒油茶、糌粑炒面后，即与其兄弟姊妹们一起出门生产。他们多是晚饭后到阿注家去与阿注共宿，次日一早就匆匆返家工作。男子们跟阿注只同宿，而不同食、不同劳动。如果阿注家相距远的，或是年岁较长的，也就不这样暮暮朝朝，风尘仆仆于村道上。他们不访阿注则已，若去访，也得呆上两三天至五、六天才归家。老头在近邻访阿注，也不一定清晨就忙着返家，也呆过半天才回寓。（页七）

又说：

　　我们在瓦拉片时，跟夏瓦家同院住宿。这是一九六三年二三月间。天气还未转暖，日出之前，门口水沟还复盖着一层薄冰。天明开了大门到沟边取水，常会碰到夏瓦家小伙色诺（二十一岁）呆在大门外，瑟缩发抖，宁候开门。初次碰到这种情况，我还问他："这么早，你就了那里转来。在自己家门口，为什么不叫开门，老呆着挨冷。"他笑一笑说："那里开得了这么多。"我才领会到，他是从阿注家过夜归来。当然不能每天老早呼喊开门，

使得家人或同院人不胜其烦。（页七）

又说：

永宁盆地和泸沽湖畔的纳西族，其婚姻形式有阿注异居，阿注同居（男居女方或女居男方）、结婚（入赘或娶妻）三种，而以阿注异居为主。家庭类型有母系、母系父系并存、父系三种，而以母系家庭为主。温泉乡纳西族所居七个自然村，共八十一家（以一九五六年民主改革时户数为准，年龄计到一九六二年），五百四十六人（女的二百九十八人，男的二百四十八人），未成年者（十七岁以下）一五三人（七三女，八〇男）成年者（十八岁以上）三九三人（二二五女，一六八男）。在成年人中不过婚姻生活者（白痴、残废及喇嘛中的个别人等）二十二人（女五人，男十七人）；过婚姻生活的三七一人当中，阿注异居的三三四人（一九七女，一三七男），占过婚姻生活者总人数百分之九十，占成年人口的百分之八十五；阿注同居者十八人（女十人，男八人），占过婚姻生活者总人数百分之四点九；结婚者十九人（女十三，男六人），占百分之五点一。（页四）

温泉乡纳西族成年人过阿注异居、阿注同居、结婚这三种婚姻生活的比例数字表明，过阿注异居生活的人数占绝大多数。（页四）

上面是关于温泉乡的阿注异居、阿注同居与结婚的统计数字。至于八株乡的情况，页五中说：

八株乡过阿注异居生活者占成年人百分之七十三点九，忠实、开平、拖支、洛水四乡均在百分之六十五接近百分之七十。

又页一七八中有一个八株乡纳西族婚姻形式统计表，并加以说明以下：

从上表数字可以看出，全乡成年人共二八四人（十八岁以上），其中结婚的四十人，占百分之十四；阿注同居的三十人，占百分之十点六，不过婚姻生活的四人，占百分之一点四；余下占百分之七十四的大多数，都是过阿注异居婚姻生活。如将三个地区（按：即八株、者波与湖沼区）分别统计，比例数又略有高低。湖沼区成年男女共一一八人，过阿注生活（即异居）的九十八人，占总数百分之八十一；者波成年男女共七一人，过阿注生活的五三人，占百分之七十四。八株成年男女九十五人，过阿注生活的五十九人，占百分之六十二。总之无论分合，都占半数以上（按：指阿注异居），都表明了阿注异居是当地主导的婚姻形式。（页一七九）

应该指出，不只现在的数目字上，说明阿注异居是这个地区的绝大多数或最为普遍的婚姻形式，而且这种婚姻形式也似乎是最为原始与历史最久的婚姻形式。所谓阿注同居，所谓结婚，都是阿注异居派生的婚姻形式，这种派生的婚姻形式是受了封建社会与土司统治之后而始产生的。

这种很为普遍、很为原始，而其历史又很为长久的阿注异居的婚姻形式，据《报告》中所指出，也早已逐渐渡过阿注同居而趋于结婚的过程，这就是阿注异居、阿注同居与结婚。不只是这里的纳西族的婚姻的三种类型，而且是在历史的发展中，这三种类型的婚姻也就是这个地区的婚姻发展史上的三个阶段。这就是从阿注异居渡过阿注同居而趋于结婚的过程。《报告》第二章"母系家庭的变化"的"引言"中指出：

> 永宁区纳西族，虽至今盛行阿注异居的婚姻形式，但也早就出现了阿注同居和结婚这两种较为进步的婚姻形式；与之同时，遂出现了母系父系并存家庭和极少数的父系家庭。而母系父系家庭并存这种家庭类型的出现，就反映了纳西族的家庭形式由其古老的母系家庭向新的父系家庭之过渡。（页三八）

同处又说：

> 阿注同居有男居女方和女居男方两种形式。这种形式的男女婚姻关系，较之阿注异居就稳定得多。男女双方已共居于同一个家庭内，共同劳动，共同生活，对同居中所生的子女和女方与前阿注所生子女共同承担抚育之责。实际上，这已是夫妻，只不过是未经办酒宴客的仪式而已。

页四三"结婚"一条中说：

> 这里男女在结婚之前，往往都经过一段阿注异居关系。从而，可以把这里的结婚看作是经过正式礼仪的阿注同居；入赘是男居女方，子女血统从女方计算；娶妻是女居男方，子女血统从男方计算。但结婚和阿注同居，毕竟不同。结婚的双方已被社会公认为正式夫妻，配偶关系较之阿注同居稳定得多。

这也就是说，阿注异居是一种较不稳定的婚姻形式，阿注同居是较为稳定的婚姻形式，而结婚是更为稳定的婚姻形式。

此外，《报告》中还明白的指出阿注异居是较为落后的婚姻形式，阿注同居是较为进步的婚姻形式，而结婚是最为进步的婚姻形式。

总而言之，《报告》指出阿注异居、阿注同居与结婚不只是三种类型的婚姻形式，在时间上虽然也可以三者鼎立，但从其发展的历史来说，是从阿注异居而趋于阿注同居，又从阿注同居而趋于结婚。在这种发展趋势中，不只表现出婚姻的形式是一步一步的趋于稳定的过程，而且表现出婚姻的形式是从落后的阶段而趋于进步的阶段。

《报告》中虽然给与我们上面所举出的婚姻形式的发展趋势但同时也往往指出，这种发展的趋势不只进行的很慢，而且往往有了停滞以至倒退的现象。

上面已经指出，阿注异居的婚姻形式在这个地区仍占绝对的优势。阿注同居的婚姻形式的人数比较得少，至于实行结婚的婚姻形式的人数更少。不但这样，好多实行阿注同居的男女的家庭不只很少维持到三代，就是维持到第二代的也为数不多。其实，在男女二人的一生中，在某个时期里实行阿注同居，可是不久又拆开了，而各自另找阿注，这就是说，又变为阿注异居。有的二人做了阿注同居之后，虽然这一对男女能终其身为阿注同居，可是到了他们的子女却又实行阿注异居。一个家能够在第二代维持阿注同居的已不多见，能够维持这种婚姻形式到第三代的更是难找出来。

至于一些虽然称为嫁娶或结婚的男女，不只男女两方还可各找阿注，结婚之后，也有不能相处以至分开，而又过了阿注异居的生活。

因此之故，这里的纳西族的长期阿注异居的婚姻形式一直占了主导的地位。就是解放以后，虽然有了不少改变，但这种主导的地位还不见得更改。《报告》页九四说：

> 民主改革的胜利，摧毁了等级统治的基础——封建领主土地所有制，推翻了土司的统治，反动统治者们，再不能依仗权势强交阿注了；紧接着工商业社会主义改造，把商业贸易纳入了国营经济的领导之下，限制和打击了私商的投机倒把，在国营商业运输部门的扶持领导下，发展和组织起来的民间运输力量——马帮，负担起了本地区和外区物资交流的任务，藏族和其他民族的私营马帮逐渐绝迹。这就杜绝了导致阿注关系混乱的两个重要原因。广大的纳西族人民，也经历着农业社会主义改造的伟大变革，生产的集体化，党的社会主义教育，劳动光荣，剥削可耻的新风尚的树立等等，这些经济的、政治的和思想意识的社会主义因素，从各方面影响着纳西族的家庭生活，促使阿注关系逐渐稳定下来。男子的朝三暮四、妇女以交阿注换取"礼品"，都渐被视为不良行为。在干部、党团员和进步青年中，这种变化就更为明显。温泉乡的党支部书记鲁若皮搓（纳西族，三十一岁）原是一个善找阿注的风流小伙子，他入党后，在党的教育下，懂得了阿注婚姻对民族发展的不良影响和单偶婚姻的进步性，即将其普米族女阿注布特接到家中共同生活。他的弟弟其疋，原也找过不少阿注，在皮搓的影响下，近三年来也与二牛村的女阿注固定了关系。皮搓的妹妹在家过阿注生活，在哥哥的影响和约束下，她也与本村猜搭采皮固定了阿注关系。其他解放后不找阿注的青年如：戛瓦塞诺，纳卡梭纳，哥遮采马。布甲优墨等很多人的情况也与此类似。

又说：

> 当然这种落后的婚俗能在封建社会中长期保持下来，已经反映了它的顽

固性和对不同性质的经济基础的适应性,也就不是一朝一夕可以根本改变得了的。这里牵涉到他们的家庭组织和成员之间的互相关系问题。在大跃进时期,永宁地区曾一度宣传婚姻法,提倡婚娶,有部分青年自愿结成夫妇,仅瓦拉片一村就有鲁若皮搓娶普米族布特、阿毛厄车娶洒瓦车拉木、戛若着比娶八瓦阿栽得马、阿其美得马嫁拉塔斯各、基特梭纳得马嫁达珠阿塔采尔、由都美詹史马出嫁拖七、阿其皮搓娶拖七的詹史马,七件。同居后青年夫妇相处都不错,但由于他们家庭成员复杂,有的妇女与丈夫家中的其他成员不能相处,如阿栽得马和阿其得马都与夫家小妈妈不能相处,梭纳得马也与夫家姐妹不合,这些原因就导致妇女重返母家,而阿其得马返家后,其弟媳詹史又不能与之相处,此女是普米族,对小家庭生活比较习惯,曾要求阿其皮搓另建小屋与其姐分居。而长期生活在母系家庭中的皮搓对这个建议却不能接受。他曾给我们说:最亲最可靠的人,就是母亲、舅舅和姊妹;老婆只不过是年青时候打伙耍玩意,将来能不能相处,谁也拿不定。为老婆离开母亲和姐姐是丢人的。在这种感情支配下,阿其皮搓把相处一向和睦的妻子送回其舅父家,不久以后,他懒于到拖七走访(与瓦拉片相距约四公里),又在本村另找了一个阿注。四对夫妇的婚姻生活,就这样结束了;其他三对,两对是家庭成员不多,鲁若皮搓一对,则是由于他对母亲弟妹和妻子分别做了思想工作,使得一家人也还能相安共处。

这说明了阿注同居也好,结婚也好,在这个社会里还是不很稳定。所以直到现在,阿注异居的婚姻形式仍占了主导的地位,仍为这个地区的纳西族的绝大多数人所实行的婚姻形式。

第廿二章　阿注同居的叙述

关于阿注同居，《报告》页一八七至一八八中说得较为详细，今录数段于后：

异居的阿注，不经任何仪式，男入女方或女入男方同居，成为同一个家庭成员，共同生产、生活和抚育子女，这就是阿注同居。八株乡我们所调查的人户中，有以下实例：（一）里格阿马戛若得马与布乌得之；（二）上者波梅塔达施与甲格梭那；（三）上者波伏息斯格与杨瓦匠；（四）八株司沛阿米丹都纳珠与阿瓦戛若；（五）八株阿得马此儿与士吉益施；（六）独家村良休达施沙搓与拉克益施；（七）八株司沛报庐古马与采皮措；（八）八株伙厄官梭纳与阿福沙搓；（九）阿衣得马阿窝顶宝与伙厄官泽拉木；（十）报庐斯格与得之马；（十一）得保鲁若与阿布梭纳；（十二）阿鲁美梭纳与戛若得马；（十三）士吉比马与直布戛若；（十四）上者波峒马梭那与直布厄车马；（十五）八株报庐古马斯格与阿达米；（十六）司沛采丹都与甲初。

又说：

这十六对同居阿注由（一）至（七）是男居女方，女名在前，男名在后。（九）至（十六）是女居男方，男名在前，女名在后（第三对民主改革前死去，不再统计数字内）。

又说：

以上同居阿注，有如下特点：（一）自愿结合，无须纳聘和举行仪式。伙厄官梭纳说："我们合起来简单不过。沙搓来我家，连她妈妈都没有告诉，只推说串亲戚，到我家住定就不走了。我们只随便祭祭锅庄，一个客未请。"这样招呼都不打，就到阿注家去同居的，虽不普遍，也不个别。尤其是男居女方，本来他们就每天去女家偶居，行李、衣服多寄在女阿注处，只要二人说妥了，随时可以住下来。女方到男家里去，也只带几件衣服就行，家里人就是知道也不送她去，把姑娘送到别人家去，当地认为这是最害羞的事。（二）有一定的感情基础，阿福沙搓有四个兄弟，自己是独女，家里靠她续嗣。由于她在阿注关系上几经波折；一次因阿注纠纷沦为俄；另一次随阿注至西昌，途中遇到男阿注的仇人，男方丢了命，沙搓也被杀得半死。后得到梭纳关怀，约做长阿注，沙搓遂愿与之同居。报庐斯格与得之马原来就是一对阿注，得之马被父母包办嫁给阿鲁达施，她不愿与之相处，重返娘家自寻阿注。后与斯格恢复了阿注关系，斯格家无姊妹，遂自愿与之同居。由于双方在同居前都有阿注关系，互相有一定了解，又是自愿的结合，一般相处和睦，很少离异。（三）男女地位平等。同居的阿注，女的不是男方用聘金买来的，男方也没有收到女家任何礼物，共同生活是出于双方的自愿，他们也就保持了阿注异居时互相尊重的传统，不存在一方虐待另一方的事象。（四）双方在同居前，都有过阿注异居的经历，女的往往生有子女。得之马与斯格同居前生过一子；戛若得马生了两个女儿才与鲁美梭纳同居；泽拉木、瓜阿得马此儿，报庐古马等等，无一不在同居前生有子女。若男居女方，子女们自然与母亲同住，若女居男方，可以把子女带去，也可以留养母家，以那一家更需要人来决定。上述数例，孩子都随母亲走。这些孩子，不一定是女方与现在同居的男阿注所生的。戛若得马的两个女儿，就都是与其他阿注生的，但男方对这些孩子待如己出。（五）同居时年龄已较大，有独立谋生的能力。阿注们同居前的经历，已经说明同居时年纪不小了，一般都是三四十岁的中年人。得之马与斯格双方都年近三十；伙厄官梭纳与沙搓、报庐古马与采皮措，瓜阿得马此儿与士吉益施等，都是男的四十以上，女的三十多岁。少数的同居时已是老年人了，阿窝顶保在年近六十时，才说服了四十几岁的泽拉木与他同居。这些配偶们都有较丰富的生活经验，有独立谋生的能力，因此才有胆量自动离开母亲的家庭，到阿注的家里，或是两个人都离开母家，组织小家庭。

又说：

阿注同居的特点，也就包含了它的优点。这样自愿组成的家庭，是由不稳定的阿注异居，过渡到稳定的婚姻和家庭生活的良好形式。然而同居的阿注们并没有意识到这些，他们生活在一起，主要是由于下面的原因。（一）男方没有姊妹，引女方阿注同居以延嗣。上面列举的几对女居男方的同居阿注，有五对属于这一类。伙厄官梭纳与沙搓的一对，因男方是"伙厄官"，本户历来有娶妻的传统有关。采丹都是司沛等级，当过乡长，甲初是他在阿注纠纷中（见前述）争来的，情况与一般的阿注同居不同，只因他没有正式宴客结婚，才放在这一类里。（二）女方没有兄弟，生产上缺乏劳动人手引男阿注同居。前面列举的七对男居女方的阿注，有四对属此类。海塔达施与优息斯格虽各有兄弟一人，但后者的兄弟年幼，前者的兄弟天天到土司家服役，仍然是因缺乏劳动人手招男阿注同居。只有瓜阿家的一对例外。上述两类都是说明引阿注入居的一方是对于对方的需要，但单是这一方面的要求，仍不可能达到同居，还需要对方也具有能离开母屋的条件。一般是：家中兄弟或姊妹多，出去一两个不会影响到母家的生产、生活；或是与兄弟姊妹相处不睦，甘愿离开。除少数例外，只有双方具有上述条件，才有同居的可能。而这些原因和条件，在多数阿注关系中都不具备。绝嗣和缺乏劳动人手，还可以通过继养女、养子的方式解决。纳西人认为，最好的生活环境是和母系亲戚们在一起。无论男方或是女方都不愿轻易离开母屋，住到外人的家里去。或许这就是此种婚姻形式,不能取代阿注异居的重要原因之一。

阿注同居既有了男居女方与女居男方的两种形式,而这种形式大致上虽有其共同的特点,像上面所说的,但也有了不同之处。《报告》关于八株乡部分对于这一点虽然也提了,但说得较为清楚的是关于温泉乡的调查报告,页四二中说:

> 阿注同居的男居女方,虽然改变了阿注异居的形式,而对于母系家庭的解体,只有微小的促进作用。男子及其所生子女仍须戴女方的家名(相当于汉姓),亲属关系依从于女方。女居男方,只不过缺少一个仪式,实际上就是女嫁男娶,妇女从属于男子(还不是附属品),所生子女的亲属关系按男方计算,戴男方的家名。从而,这种形式不仅突破了原始的阿注异居形式,并在母系家庭的变化上起着决定性的作用。女的到男方同居生了子女,就使男方的家庭类型性质产生重大的变化,由母系家庭变为母系父系并存家庭,甚至变为父系家庭。这种形式是母系家庭向父系家庭转化的转折点。但不是说,某一个母系家庭中某一个男子(兄或弟),只要他的女阿注肯去与他同居,生下来的第二代、第三代,就会照样女的愿意出去与她的男阿注同居,男的也愿意找一个女阿注来同居。母系家庭的传统习惯势力,根植于每一个男女的思想意识中,它往往顽强地抗拒促使它解体的这种新因素。

尽管阿注同居女居男方对于母系家庭引起变化的作用,但从上面二段话的结论来看,这种女居男方的阿注同居也是不稳定的。在男女二方在同居的时候既可以随时拆开,像我们在上章所指出,而又倒退到阿注异居的婚姻形式,在男女同居的第二代或第三代,也往往倒退为阿注异居,因而阿注同居的历史虽然也很久长,但这种婚姻形式在这里的纳西族中仍然难于普遍。《报告》页四三说:

> 阿注同居,无论男居女方或女居男方,在同居之前,均为异居阿注;且各经历了若干其他阿注之后,才同居共处。同居的男女双方并不把同居当作终身大事,加以慎重考虑。男女出去与阿注同居,如果相处不好,仍可以回到自己家里来。家里是兄弟姐妹,母亲、舅舅、外甥,都是自己人,一般地说,都欢迎自己的人回来。老舅舅回来,外甥有义务赡养;大妈妈(母之姐)、小妈妈(母之妹)回来,都是妈妈。

在这一段的后面也同时指出,一些出去的女的因为不愿再在男家同住,要求回母家,而为母家成员所不欢迎的,但这还是例外,而且也是有其特殊原因的。

应该指出,在阿注同居的同时,男女双方不只暗的往往还是各自找寻找临时阿注,而且公开的也往往各自寻找临时阿注,这样对于男女阿注同居的拆开也是有其影响的。同时,往往又退回阿注异居的婚姻形式。使阿注异居的婚姻形式成为这个社会的主导的婚姻形式。

第廿三章　纳西的男娶女嫁

《报告》页一八八中说：

>经正式邀媒说来，办酒宴客娶妻和招婿的，我们把它称为结婚。纳西族称之为"办酒"，以别于没有办过酒的同居阿注。

这里的纳西族的结婚或男娶女嫁的历史，是与阿注同居的历史，可以说是一样的久长。至于结婚的历史较长还是阿注同居的历史较长，不得而知。但从男女同居的手续方面来说，阿注同居较为简单，甚至如伙厄官梭纳与沙搓的阿注同居根本没有什么手续（除祭锅庄外）。结婚虽不一定像汉族的复杂手续，但办酒宴客还是一种必要的手续。阿注同居既较为简单，这种婚姻形式的历史可能比之结婚的还要久长。这种看法是否可靠，还要进一步去考研。至于结婚的历史，《报告》页四十四中说：

>永宁纳西族及其毗邻四川盐源左前、前所的摩梭人的先民，当元朝在这里实行土司制度后，本族的统治者遂成为土司。土司职位的承袭，须经中原皇朝铨定。土司职位的父子相承，或即始自元、明。父子关系的建立，首须改变阿注异居为娶妻。这里阿注异居的婚姻形式有一部分改变为结婚，可能开始于元、明之际，首由于土司实行，渐及于土司宗族、僚属以至于部分人民。阿注同居应是由阿注异居到结婚的一种自发发展的过渡形式，一般人民还处在这种过渡阶段。

又页一八八中说：

>结婚在司沛等级中，起码十三四代前的土司朱夫牙马阿时就开始了。此后，司沛等级也以娶嫁为荣，但由于传统婚俗的影响和司沛等级的贫富分化，除土司正官一直维持了男娶外，其他司沛等级都是娶嫁和不娶不嫁相间。担任土司官员的责卡等级，也早就仿效司沛等级引嫁娶之俗。担任伙厄官的阿塔支，在距今九代前就发生了婚娶。一般的责卡，在没有女继承人时，也有采取给男成员娶妻的方式以延嗣的。俄等级缺嗣时，主子也给他们配婚延嗣。此种婚姻形式的出现，与先进民族的影响有关，与统治等级为维护其父系继承有关。但在纳西族由母系向父系的过渡中，仍然起了积极的作用。

《报告》页四十四叙述了温泉乡的结婚概况。页一八八叙述了八株乡的结婚情况，兹录关于八株乡的结婚几段话于后：

本乡结婚的配偶按一九五六年的人口有四十人，八株村的有（一）司沛沙基梭纳与伙厄官得马；（二）司梭纳吉格底（已死）与伙厄官（大）得马；（三）司沛阿塔及皮搓与伙厄官梭纳得马；（四）官家梭纳与薄瓦戛若；（五）官家达巴与纳吉和皮搓两姊妹；（六）阿鲁梅戛若此儿（已死）与纳珠得马；（七）阿瓦戛车（已死）与斯格；（八）瓦吉皮搓与瓦窝伏马；（九）阿鲁梅扎石拉木与皮搓古马若。以上九对夫妇，一至八对是娶妻，男名在前，女名在后；第九对是招赘，女名在前。名字后面注明已死的，是在一九五六年死去者，统计数字中不包括已死的一方。按等级分，第一至三对为司沛等级，四、五两对为责卡等级，第六至八对为俄等级。

结婚的特点是：（一）长辈包办。结婚的双方，虽有一些婚前曾互为阿注，如沙基梭纳与伙厄官得马，官家梭纳与薄瓦戛若等等，而更多的是当事双方毫无交往。由长辈包办的：如司沛格底与伙厄官（大）得马，司沛阿塔皮搓与伙厄官梭纳得马等等。而无论当事人是否有交往，都要请媒人，从中说合，由长辈出面办理，俄等级则是由主子配婚。（二）在司沛和富裕责卡中，重聘金，讲门当户对。八株的三户司沛，都是伙厄官家的姑娘。结婚前男家要给女家过三次采礼，包括衣料、金银首饰、骡马与货币等。当地称聘金为"买姑娘的钱"，它露骨地暴露了这种婚姻的买卖性。（三）结婚年龄一般较小，特别是女方。八株的九对，除官家梭纳之妻薄瓦戛若外，其他都没有超过二十五岁。（四）由于男方支付了聘金（招女婿的一方，不给男方纳聘），对女方有独占要求。在司沛等级和富裕之家，表现得更强烈些。（五）在这些家庭中，男子地位高于妇女，但也没有虐待妻子的；被统治等级的夫妇之间，地位基本上还是平等的。（页一八八至一八九）

又说：

以上九对夫妇结婚的原因：属责卡和俄等级的六对，娶妻全是由于男方没有姊妹，招婿是由于女方没有男子，都是出于续嗣与生产上的需要，这与阿注同居的原因基本相同，不同之处是双方不全是自愿结合，以及仪式繁简的区别等。三户司沛娶妻情况有所不同。他们三人都有姊妹，纯然是为维护自命高贵的父系血统而娶，但他们的姊妹却不是都愿意出嫁的，司沛沙基梭纳与阿塔皮搓都各有一个妹妹留在家中找阿注。这就使得娶妻的哥哥和未嫁的妹妹的子女，成为同一个家庭中的成员，从整个家庭说是父系、母系混杂，仍然不是父系家庭。司沛纳吉皮搓也有姊姊，皮搓娶妻后，他的妹妹与嫂嫂相处不睦，一个人"报庐"出去，仍过其阿注生活。可见他们婚娶的原因并不是为了延嗣，他们把按母系原则理所当然的延嗣者——姊妹，挤到次要的地位，或干脆排挤出去，遣嫁的遣嫁，或让其另砌小屋分居。这是由阿注异居母方居住的婚姻形式，直接转向父方居住的一夫一妻制。它对纳西

族由母系向父系过渡，是有积极意义的。（页一八九）

又说：

> 但结婚的特点，也就暴露了它的缺点。它不尊重当事双方的愿意，并使得男子有压迫妇女的可能。而有了强制，也就会有反抗，出嫁后重回母家为阿注生活的妇女，在各乡各等级中都有。如八株司沛帕阿直家阿直（女，三十三岁），二十岁时出嫁本县白渠坝阿土司的宗亲。一年后返母家省亲就不愿回婆家，又过起自由的阿注生活。司沛达达家梭纳出嫁本村官家梭纳，婚前达达梭纳另有阿注，出嫁后两个月就逃回母家，仍找原阿注，官家梭纳告到总管府，达达家赔退了点采礼，达达梭纳遂终身过阿注生活。前述阿瓦得之马，也是出嫁后逃回又与阿注同居的。（页一八九）

报告还指出，结婚与阿注同居有了不少共同之点。第一，是两者是没有贞操观念，不只女的或男的在结婚或同居之前，多有过好多阿注生活，而且可以带婚前与同居前所生的子女一同到男家来。又，这些子女不一定是与结婚者或同居者所生的，而是同其他的男阿注所生的，这一点我们上面已经说过，不再多谈。第二，就是男方对于这些婚前或同居前的子女一视同仁，没有另眼看待的态度。第三，是尽管是结婚了或是同居了，男女两方各人还往往暗的另寻阿注，甚至有公开寻访阿注的，其典型的例子如：

> 里格村艾甲方褚巴鲁若（现六十一岁），娶达珠村折得马为妻，相处得不错，后两人另有阿注，也互不干涉。他们二人白天共同劳动、共同生活，入夜则自找阿注，妻得马的阿注为本村厄摩鲁若（现六十七岁），夫的阿注为东村夏和毕马（现六十五岁），有时厄摩鲁若到艾甲家，碰上了褚巴鲁若，两人还寒暄一番，褚巴鲁若即自行离去。得马所生一子一女，生父均为厄摩鲁若，但仍称褚巴鲁若为"阿达"（父亲），而褚巴鲁若与夏若毕马所生二子，则按习惯称他为"阿乌"（舅舅），这一对夫妇与他们的阿注同住一小村，早夜相见，并无窘态。自一九六一年后，褚巴鲁若另找厄摩鲁若之甥女为阿注。这类事件，虽不普遍，仍然反映了夫妇生活中的独占性是不完全的，才使这种突出的事例能不受干涉而存在。

其实，娶妻而仍然找阿注的例子很多。比如页五三中说：

> 阿鲁与阿如阿坡家女格若米先为阿注，后娶为妻，其为伙头以娶妻为荣，生达石得之、拉差、格若达珠三子。后格若米与哈巴布母系血统冬珠家达石（男，一九四四年死，五十六岁）为临时阿注，生女直马。阿鲁虽以娶妻为荣，却不以妻与旁人为阿注为耻，生女直马视为己出。

除了结婚之外，这里的纳西族也有招婿或入赘的风俗。招婿入赘大致上与阿注同居男居女方相同，只是招婿入赘往往也举行简单的仪式，如办酒宴客。下面就是一个例子：

> 衣布母系血统母系家庭衣布报庐家，有阿雅斯格（女）生直马楚（女），直马楚生高土采尔（六十二岁）和达石马姐妹二人，达石马出嫁本乡比奇村。高土采尔的长期阿注是萨达布母系血统阿古阿坡家登珠（六十六岁），同时并有临时阿注。她生有那马珠（四十岁）一女和哈尔巴一子，系临时阿注与之所生，生父为谁已不明，后来，她正式办酒宴客，把长期居阿注招为赘夫，与她共同抚育前临时阿注所生一女一子，子女成长，子未娶，女未嫁而生龙吉（十岁）、庸珠（四岁）二子。显然，这个母系家庭，并未因招一男人入赘而改变其家庭性质。

招婿入赘主要原因往往是由于某家庭没有男子，缺乏劳动力，故招入男的以帮助生产与抚育幼年子女。

第廿四章　三种婚姻的解释

从上面三章看起来，不只在历史上，阿注异居的婚姻形式在永宁的纳西族中一向就占了主导的地位，为大多数——大多数人所采用的婚姻形式，就是在近代以至最近十数年还是这样。至于阿注同居或是结婚的婚姻形式，据我们现在所知道，虽然也有约四五百年的历史，可是这两种婚姻形式，不只实行这两种婚姻形式的人，人数不多，而且——除了土司一家以外，其采用这两种婚姻形式的家庭往往也很少能够维持以至于下二代。比方一个女的有阿注与之同居，或是一个男的娶了妻，其子女未必就会这样做。这就是说，一个女的有阿注与之同居，或一个男的结婚，其子女往往还是采用阿注异居。甚至在土司家中，除了承袭土司这个人以外，其他的家庭成员往往还是实行阿注异居的形式。土司自己是要娶妻生子以维持其土司的血统或职位，他的姐姐妹妹可以留在家里接待阿注，而且他自己虽然娶妻，可是他自己还是到处结交女阿注。至于他的兄弟，以及所谓司沛或其他的统治等级，虽有不少也实行娶妻的形式，但也有很多是喜欢阿注同居与阿注异居的习俗。

这说明了这种阿注异居的婚姻形式，在这个社会里，已成为一种根深蒂固的习俗，虽然经过其他的因素的影响而引起变化，可是这种变化不只很慢，而且往往倒退到原来的作法。俗话说"习惯成自然"，要想破除这种已成为自然而然的习惯是不容易的。

而且，应该指出，这种阿注异居的婚姻形式是与永宁的纳西族的母系家庭是互为因果的。人们尤其是青年们，惯于朝三暮四的阿注异居生活，又惯于在母系的家庭生活，性欲上的自由选择加上母亲家属的浓厚情感，男人多不愿意实行娶妻，女的多不愿意出嫁，男女双方也多不愿意过了阿注同居的生活。就是结婚了，过了阿注同居的生活，还是暗中各自寻找阿注，以至公开寻找阿注，说明无论是男的或是女的，无论是年青人或是老年人，像上面所举出的褚巴鲁若夫妻二人各找阿注，而男的不只还找了年纪与他相差不多的戛瓦毕马，还找了年纪较小的厄摩鲁若（也即褚巴鲁若的妻的阿注）的甥女为阿注（页一九〇），再加上一个人对于母亲兄弟姊妹舅甥的关系的情感，使这种阿注异居的婚姻形式加强了顽固性，正如《报告》页四六中说：

> 这里的男女们习于传统的兄弟姊妹相终老的家庭气氛，夫妻偕老还没有成为社会风尚。若姐与弟或兄与妹二人都分别结了婚，我们如果问："姐妹与妻，谁亲？"或问："夫与兄弟，谁亲？"得到的回答多半将是："姐妹比妻亲"；"兄弟比夫亲"。瓦拉半阿其美家有姐弟二人，一九五八年姐出嫁，

弟娶妻；后姐不愿与夫共处而返娘家，而弟也就请其妻回娘家；结果两对夫妻离散，姐弟二人团聚。

又如：

衣马瓦母系家庭茨枯家斯格（女，一九五七年死，六十五岁）有贡泽（四七岁）、哈尔巴（四十五岁）、厄车（四十一岁）三子和直马采耳（三十六岁）一女。这三兄弟在四十岁以上，眼看妹妹不会生育，照应自己的老年和后继无人，都为此发愁。我们问道："你们三兄弟怎么不结婚呢？"贡泽说："我们还没有这样想过，只打算为妹妹过继一个养女来，大伙在一起。如果我们结了婚，就不能兄弟姊妹相处一辈子了。"

这种思想深入人心——当然再加上性的自由生活的传统结合起来，尽管在这个社会里，在过去以至现在，有了好多原因——内因或外因，都不能打破以阿注异居的婚姻形式的基础。

我们说这种婚姻形式在这里已深入人心，根深蒂固，所以尽管有了统治等级的土司及其亲属早已实行了结婚的婚姻形式，不只不能使其统治下的人民都这样做，就是统治者的本身也不能放弃历史长久的阿注异居的习俗。

纳西族之居于这个地区，以及丽江一带的，有了十六万人，其居在永宁与其邻近的四川盐源者为数太少，为什么除了这个小地区的纳西族实行这种阿注关系的婚姻生活，而其他的广大地区的多数的纳西族却早已实行嫁娶的婚姻形式呢？是不是广大地区的多数的纳西族原来就已实行了婚嫁的婚姻形式，还是他们原来也是实行阿注关系的婚姻形式，后来才变为嫁娶的婚姻形式呢？假使他们原来也是实行阿注关系的婚姻形式，什么时候他们才改变为男娶女嫁呢？假使他们原来是与永宁盐源地区一样的实行了这种婚姻形式，为什么他们却能久已变为男娶女嫁，而永宁与盐源却仍继续不断的维持这种婚姻形式？假使丽江及其他各处的纳西族，从远古至今就已实行了男娶女嫁的习俗，那么永宁与盐源地区的纳西族，是否从远古到某一时代也是实行男娶女嫁，到了后来才变为阿注关系的婚姻形式？

这些问题，以及其他一些有关的问题的提出，不只与我们上面所说这个地区的阿注关系的历史有了关系，而且牵涉到其他的纳西族的历史以及其婚姻形式。因为既然同为一个民族，而又居住在一个地区，其风俗习惯应该有了关系。我们盼望对于研究纳西族的人们能够作进一步的研究，使我们对于上面所提出的一系列问题可以得到进一步的认识。

这里的纳西族，既不像丽江及其他处的纳西族实行男娶女嫁的习俗，也没有受了其周围的其他各族——如藏族、僮族、普米族以至汉族等等的婚姻制度的影响，这也是很值得研究的问题。同时，更值得我们注意的，一些杂居于这里的纳西族或与这里纳西族为邻的其他族如普米族、傈僳族，如藏族，如僮族，如汉族，却往往受了纳西族的阿注关系的婚姻形式的影响。《报告》中也有不少地方说到这一点。我们现在要简单的加以说明。页一四五中说：

> 在家庭婚姻方面，汉、僮和普米族等，均在本族内部实行男婚女嫁，按父系原则组织家庭，各族之间不通婚。他们与纳西族之间，也没有正式的婚姻关系。但以上三族男子与纳西族妇女建立阿注关系则是常见的。也有少数已溶合于纳西族中，婚姻风俗均纳西化了。如小洛水吴姓僮族，本代以来才自愿变为纳西。此户有女名吴润修与纳西男子良休益史打阿注并招赘上门，此女即改名为詹史玛，着纳西服装。其妹猜修，也在家找阿注，她们的子女也随纳西族，将自己的母亲和其姊妹称为妈妈。像这样的自然溶合，过去和现在都是存在的。

又如我们上面所说的僮族吴先生，他对于他的妻子及子女虽不许其采用纳西族，可是他自己却与有长期阿注的纳西妇女为阿注。

普米与傈僳族也有受纳西族的婚姻影响的。页二二七中有下面例子：

> 朱某夫妇为傈僳族和普米族，其俗均行嫁娶，其下代一女、三子已多行纳西之俗，未嫁未娶，仅长子斯格得之娶，第三、四代已全行未嫁未娶之俗。

页一九〇至一九一中说：

> 三代前（阿少云之祖辈）的总管大喇嘛生活极度腐化，到处霸人阿注，占人妻女，土司等司沛也随之乱来。（过去是严格阶级内婚，后来连娶妻也不分了）。……大喇嘛时，已婚嫁的普米族发生已订婚妇女和私生子的案件，男方还告到总管衙门。大喇嘛向普米宣传纳西婚俗，劝他们不要按普米族规矩杀死婴儿，而效学纳西族把私生子合法化，认为这有利于民族发展，从此普米族中也出现了向母方居住婚的倒退。

汉族也有受纳西族的婚姻影响的。页二四一说：

> 汉阿直家之十世祖系一杨姓汉人，"汉阿直"又名"亥阿直"或"海阿直"，"亥""海"均为"汉"之音变。此杨姓汉人，当地纳西名其为"汉若优都福"，"优都福"为其名，"若"为男人，"汉若"即汉族男人。……（这一家）第一至第四代为父系，第五代（优塔）为母系，第六代为父系，第七至第十这近四代为母系。……汉人入无嫁无娶之境，初强行嫁娶，终不免行无嫁无娶之俗。

应该指出，汉人、普米人、傈僳人、以及其他的外族之住在纳西族的地区中，对于纳西族的有嫁有娶的风俗也是有影响的，页二二五指出这一点：

自十一、二代人以来，渐有汉人落籍本村（按，指者波）。现上、中、下三村七十二家纳西族中，就有十三家渗有汉人血统，其中一家（披搓家）当代还是汉人。另还有傈僳、普米混合的遗裔一家（枯塔家），普米族遗裔一家（搓牙家）。本村既有行嫁娶的父系传统的汉族、傈僳族、普米族相继进入融合于此，对本村不嫁不娶的母系传统，也有一定影响。

但是，"同样，外来民族受纳西族的影响就更大，他们都变服从俗，操纳西语，自然融合于纳西族中"。

第七编

第廿五章 纳西的母系家庭

在上面一编中，我们叙述了阿注异居、阿注同居与结婚三种婚姻形式。在这一编里，我们要解释母系家庭、母系父系并存家庭与父系家庭三种家庭的形式。

这三种婚姻形式之于三种家庭形式是有了密切关系的。在阿注异居的婚姻制度下一定会产生出母系家庭，但母系家庭并不一定是基于阿注异居的婚姻形式。在历史上，在现代的世界上，有好多家庭是母系家庭，但是在这些母系家庭的社会里并没有实行阿注异居以至阿注同居的婚姻形式，这一点我们在上面已经说过。纳西族的母系家庭的特点是它与阿注关系——异居或同居有了密切的关系。

实行阿注异居的婚姻形式，在纳西族中，固然一定是产生母系家庭，可是阿注同居的婚姻形式却不一定产生母系父系并存的家庭。一个男子到了他的女阿注家与其同居，不只他与阿注所生的子女是用了这个女阿注的家名，他自己也可能用了这个家名。他在这个家庭中并没有什么地位。这个家庭还是一个母系家庭。一个女子到了她的男阿注家同居，假如这个男阿注的家庭是一个母系家庭，这个家庭并不因了增加了这个女的而改变其家庭的形式，虽则这个家庭也可以称为母系父系并存的家庭，因为这个男的所生的子女并不跟母亲的家名，也不在母亲的家（这就是外婆家）居住，而是在父亲家中居住。同时，父亲所住的家庭原来是母系家庭，所以称为母系父系并存的家庭。

在这里的纳西族的家庭中，若是经过二三代的男娶女嫁，就会称为父系家庭。这种家庭在这里不只比之母系家庭的数少得多，比之所谓母系父系并存的家庭也少。关于父系家庭与母系父系并存家庭，我们要在下面叙述；我们先谈母系家庭。

母系家庭即是由女性成员的子女构成的家庭。男成员的子女则不包括在家庭范围之内，而是属于另外的——孩子们母亲的家庭。母系家庭所包括的亲属关系，用汉族的亲属称谓来表达是：外祖母和舅祖们，母亲和姨母、舅父们，兄弟姊妹和姨表兄弟姊妹们，子女和姨侄子女们，孙子、孙女们等。用纳西族的亲属称谓，上述关系就简化为：祖母和祖父们，母亲们和舅父们，兄弟姊妹们，子女们，孙子孙女们等。即把姨母及其子女这一旁系，也纳入直系血亲中。上述诸种亲属关系，由于母系家庭一般只六、七人，包括二至三代的成员，不可能全都具备。而是各各不一，你家有这些，我家有那些。此外，因女子招赘也算在母系家庭中，也就有了夫妻关系，但总归以不破坏按母系血统的承递为原则。（页一九二——一九三）

虽然一般的母系家庭，只有六七人，但也有的超过十人以上的。《报告》页一九三中有一个十二人的母系家庭，又有一个十三人的母系家庭。《报告》页一导引举了一个十六人的母系家庭，现在把这十六人的母系家庭的益秸家的成员列之于下：

那卡马　女①　六十九岁
格洛　　男　那卡马之弟　六十五岁
高搓米　女　那卡马之妹　六十三岁
高甲　　女　那卡马之妹　六十一岁
布特　　女　那卡马之妹　五十八岁

直马　　女　那卡马之女　四十岁
庸珠　　女　那卡马之女　三十五岁
格若　　男　那卡马之子　三十岁

哈尔巴　男　高搓米之子　三十一岁

达马　　女　高甲之女　三十岁
古马　　男　高甲之子　二十八岁
达巴　　男　高甲之子　二十二岁
甲泽米　男　高甲之子　十八岁

直马布特　女　布特之女　十七岁

采尔直马　女　达马之女　十岁
得之达石　男　达马之子　七岁

这个家庭有了三代，其母系亲属有：

舅甥（如格洛与直马、哈尔巴、达马、直马布特等），舅祖和孙（格洛为采尔直马的舅祖），姨母和姨侄（高搓米与直马、达马、直马布特等），

---

① 编注：《报告》原文无此列，系陈序经所加。

姨兄弟姐妹（直马、哈尔巴、达马、直马布特等）；即由母亲、兄弟姐妹、姨母、姨兄弟姐妹、舅舅、外甥等母系亲属成员组成家庭。这样的家庭，男无妻室，女无赘夫，父亲不成为其家庭成员；从而就不存在夫妻、父子（女）、伯叔、姑母、妯娌、婆媳等等父系亲属，子女的血统（亲属）乃按母系计算。显然这是"有母无父"的母系家庭。它与父系家庭的亲属成员结构截然不同。当我们进入这样的家庭里，如果向她们的孩子询问："你的爸爸叫什么名字？"这就要使孩子们茫然了，这里只有舅舅才是最亲的男性长辈。在这种母系家庭里，虽然子女没有父亲，男子没有子女，但仍是幼有所养，老有所终。把这样的血缘组织（如果仅从成员的构成来看，它很象氏族的缩影）称之为母系家庭，而不称为母系家族，是因为每户的平均人口只有七个左右了。

《报告》页八至十七，曾把温泉乡的七个较为典型的母系家庭的亲属成员关系及其成年人的阿注关系，加以叙述。从这些家庭，据调查与报告者来看，它们之所以为母系家庭，是由于它们具有三个基本特点。

（一）阿注异居——男对女偶不成其为夫妇，没有共同组成家庭以终身共处，而是各居母方，互不为定期的阿注。（伴侣且男女阿注人数一般不只一人）

（二）子女的亲属（血统）均按母方计算——由于阿注异居，父亲不成为家庭成员，子女的亲属只能按母系计算。

（三）母系子孙（姐妹的子女）才是家庭成员——由于阿注姐妹不外嫁，兄弟不内娶，姐妹在接纳阿注所生的子女乃为家庭成员，兄弟在外寻访阿注所生的子女不为家庭成员，分别为其阿注的家庭成员。

这三个特点是彼此互相关联的，它是母系家庭的基本内容。因为这里的母系家庭没有父亲这个成员，所以没有这个称呼。"阿达"据说也是从彝族借用的名词，因而就是在母系父系家庭中有了父亲这个成员，他们不只不习惯叫为父亲，而且觉得被叫为父亲是一件羞耻的事情。下面就是一个例子：

瓦虎血统母系父系并存家庭鲁若家得之得马（女，五十八岁）生有皮搓（三十岁）、奇披（二十七岁）二子及猜得马（十九岁）一女。皮搓先是与阿注异居，至一九五八年娶妻布特（三十五岁）后，生达巴（五岁）、比马（二岁）二子。我们从没有听过达巴呼其父皮搓为"阿达"（爸爸），而是呼"阿乌"（舅舅）。我们问皮搓："你是正式结婚生的孩子，怎么还是你叫做舅舅呢？为什么还不叫爸爸呢？"他回答说："我家里还有妹妹（指猜得马），如果我的孩子叫我爸爸，我就害羞了，只能叫舅舅。"父亲已是正式的家庭成员，也只呼舅舅；呼爸爸反而是害羞。父亲（阿达）这个亲属称谓在当地纳西族中还行之不久，也不通用，或非其固有词汇，可能是向当地彝族借用，因彝族呼父为"阿达"。

其实，纳西族的母系家庭是没有外戚的母亲的。男阿注像我们在上面指出，他不只不是母系家庭的成员，他还不算为亲戚，甚至他不能称为亲友。他除了与女阿注同过性的生活外，可以说没有什么关系。男女阿注之间，病无慰问，死无吊丧，简直是视若路人。《报告》页二十六也指出：

> 姻亲外戚是由嫁娶产生，诸姐妹出嫁于各家庭，所生子女亦属于不同的家庭，成为姨兄弟姐妹，其为母所从出的家庭的外甥、外孙，与其舅舅、外祖母，不同是一个家庭的成员。这里的母系家庭，却刚刚相反。兄弟不内娶，姐妹不外嫁，诸姐妹所生子女及其舅舅、外祖母同为一个家庭的成员。总之，母系家庭由于其女不嫁，男不娶，遂只有亲属而无外戚，其亲属成员都是母系的。子女对生父可视为路人，对舅舅可不能不管。男人（舅舅、兄弟）对自己所生的子女，不属自己人，不是自己家庭的成员，乃分属于各不同的家庭，自己无抚育之责，可是对外甥就不能不抚育。只要有外甥，就不愁老年无人照顾。

又说：

> 这里是"有母无父"的母系家庭；说得更确切些，它是只有母系亲属而无父系亲属的家庭。但它已不是处在"知其母不知其父"的原始时期，而是已经知道有父亲这么一回事，不过父亲不成为家庭亲属成员罢了。

应该指出，这种有母无父的母系家庭是别于其他的有父有母的母系家庭。而且有好多女的与临时阿注所生的子女，不只子女只知其母不知其父，就是做母亲的有时也的确不知是同那一位男阿注所生的子女。

习惯于这种家庭生活的人们，对于我们的父系家庭会觉得是缺乏母亲、子女、兄弟、姊妹的感情的，因而也不愿实行男娶女嫁的婚姻形式。《报告》一九六中说：

> 这些以祖母们、母亲们和姐妹们为中心组成的母系家庭，男女成员的地位是平等的。家庭成员们共同劳动，共同生活。祖母、祖父（？）[①]、母亲、舅舅们有抚育后代的责任；年青的一辈也有赡养祖母、舅祖和母亲、舅舅的责任。老年的男子在其家中与其姊妹们一样受到尊重，他们并不感到没有以自己为中心的家庭是一种损失，反而认为如果因自己娶妻引起家庭分裂是最大的不幸。里格夏瓦家的老舅舅说："我有姊妹，有外甥，一家人和和气气，找'楚咪'（媳妇）是没有道理的。"拉克家几兄弟以他们自己为例说："一个男子找一个楚咪，我家九兄弟就要分九处住，这个家就会四分五裂，还成什么家！我家妹妹、外甥们谁来管！"在他们的观念中，母系成员是最亲的

[①] 编注："（？）"系陈序经所加。疑所誊抄的报告有误，根据上下文应为"舅祖"。

人，做舅舅就有责任抚育外甥，至于自己的子女，则是别人的后裔，可管可不管。老了也只有外甥靠得住。母系血缘纽带在家庭中还是很紧密的，妇女们自然乐意在母系家庭中生活，男子们也没有什么不惬意。人们自发的维护着母系家庭。

应该指出，在纳西族的母系家庭中，其所用的称呼与汉族的家庭中的称呼是不同的。《报告》页二十六中说：

在行文中，为便于读者易于理解，我们以我们父系社会的观点来区分永宁纳西族的母系亲属，乃把母亲之母称为外祖母，母亲的姐妹成为姨母，母亲的姐妹的子女称为姨兄弟姐妹。就汉人来说，以父系为中心，母系亲属不成为家庭成员、不是亲属，而是亲戚或外戚；所以才有外祖母、外孙、外甥、姨母、姨（表）兄弟姐妹等外戚，都是"外"的。

又说：

而在这里，母亲之母就是祖母，外孙就是孙，外甥或外侄就是甥或侄，无所谓"外"。妈妈的姐姐是大妈妈，妈妈的妹妹是小妈妈，以至连大、小都不区分，都是妈妈，更无所谓"姨"了；姨兄弟姐妹与同母兄弟姐妹同称，没有"姨""表""堂"这些父系观点出处的概念。母亲的兄弟，我们口头呼为舅舅，文称为舅父。这里就呼舅舅，无所谓舅父；在这里，"父"这个概念是有的，也有"阿达"（父亲）这个词汇，但即便是在母系父系并存的家庭和父系的家庭中有父亲这一成员，也不一定称为"阿达"（父亲），仍有将父亲称为"阿乌"（舅舅）的。

第廿六章　母系父系的并存

上面是叙述母系家庭，现在解释母系父系并存的家庭。《报告》页四十六说：

> 前面说过女不嫁、男不娶，采取阿注异居婚姻形式的家庭，它的家庭成员，就是母子女、同母兄弟姐妹及（外）祖母、（外）孙、姨母、姨兄弟姐妹、舅舅、（外）甥等一套母系亲属关系，因此它是母系家庭。在诸兄弟姊妹中，女的不嫁而有一兄或一弟引入其女阿注与之同居或娶妻，并生了子女。这样的家庭，除了母系亲属成员之外，就存在着夫妻、父子、伯叔、姑姑等的父系亲属或姻亲成员，这就是母系父系并存家庭。

又说：

> 阿注同居、嫁娶这两种婚姻形式的产生，与之同时，就伴随着母系父系并存家庭、父系家庭的出现，使其传统的母系家庭向父系家庭转化。母系父系并存家庭就是母系家庭孕育着父系因素导向父系家庭过渡的一种家庭类型，它的出现已经历过若干世纪了。（页四七）

> 母系父系并存家庭，由于具有母系和父系两种亲属成员，它的结构就有多样性而较为复杂。（页四七）

这种母系父系并存家庭之所以有其多样性与复杂性，是由于一方面在时间上，它是从母系家庭转化为父系家庭的过渡的一种家庭；一方面在这个家庭里，不只有母系与父系两方面的亲属成员，而且有了所谓外戚的关系。同时，在这种家庭里，所谓母系父系并存，并不一定是说母系的亲属与父系的亲属是处于平衡的地位，所以这个家庭的重心，可能是偏于母系或偏于父系。

《报告》选择了温泉乡十四个母系父系并存家庭来做研究对象。既说明了这种家庭是一个过渡的家庭类型，又说明其复杂性。页六十三说：

> 关于母系父系并存家庭，它是母系家庭和父系家庭的中间形式、过渡类型。它继往开来，既保留旧的成分——母系因素，又包含着新的产物——父系因素。因此，对它的结构的解剖，有助于认识旧东西的解体和新东西的形成。这七个村都有母系父系并存家庭，我们对阿古瓦、拉梅瓦、衣马瓦、软格瓦、阿如瓦五村（五个血统）的全部母系父系并存家庭十四家（将近母系父系并存家庭总数二十九家的半数）的亲属关系、系属、阿注生活，一家一家进行了分析，已可概见一般。母系父系并存家庭是由母系成员和父系成员组织成的，从分析这十四家来看，有十一家是母系成员多于父系成员，只有三家是父系成员多于母系成员。在母系父系并存家庭中，总的说来，母系

成员多于父系成员。

又说：

> 这十四家母系父系并存家庭的母系成员占成员百分之六十五点六。父系成员占百分之三十四点四。虽然未将瓦拉血统（十一家）和瓦虎血统（四家）的母系父系并存家庭（共十五家）计算在内，但从这十四家（将近总数二十九家之半）的比例，基本上也可以反映两种成员比重的总的情况。碰巧这个比例与全乡的母系家庭（占家庭总数百分之六十四点二）和母系父系并存家庭（占百分之三十三点二）的比例相适应。（页六十四）

简单的说，在母系父系并存的家庭中还是以母系家庭的成员占了多数。这就是说，重心还是偏于母系家庭。在这种情况之下，有不少的母系父系并存的家庭过了一二代，还倒退为母系家庭。说明了不只母系家庭是这里的纳西族的多数家庭，而且是最为稳定的家庭。相反的，母系父系并存家庭不只占了家庭总数的少数，就是在母系父系并存的家庭中，父系的成员也是占了少数。而且，这些少数的父系成员过了一二代之后，其数目可能更为减少，使母系父系并存的家庭倒退为母系家庭。关于这一点，《报告》也指出，如页一九七中说：

> 母系父系并存家庭，是纳西族长期处于由母系向父系过渡状态的反映。生活在这种家庭里的一部分人，除母外，还有明确的父和某些父系亲属。但是他们仍然以母系血统论亲疏，母系血亲虽然分居两家，仍然认为是一个根根的自己人。除司沛等级有维持男系继承的倾向外，其他都是因没有姊妹才娶妻。娶妻的男子主观上并不想排斥母系继承。从未发现父亲要把女儿全部遣嫁，留下男子娶妻承递的。而多是只要妻子生了子女，就听其恢复到不婚不嫁的母系家庭。因而这种虽有父系成分，但大有重退为母系家庭的可能，人们的亲疏观念基本上与母系家庭相同。他们并不认为只有母系、父系成员共聚一堂，或是变为完全父系才是光彩的，而是自然的倾向于恢复母系家庭。（页一九七）

所谓从母系家庭到父系家庭的过渡阶段的母系父系并存的家庭，在纳西族的家庭史发展上，不只在一般的群众中有了迟慢停滞以至倒退的现象，就是在土司、司沛或统治阶级中也有了这种现象。我们现在且把《报告》中二个具体的例子抄录于下以说明这一点：

一为哈巴布母系血统母系父系并存家庭巴古莫家：

> 巴莫家达石（男）有一姐纳吉米，一妹采得马（一九四〇年死），一弟布泽（一九五九年死，六十三岁）。达石娶妻，姐、妹、弟不能与之相处，于是，姐纳吉米遂出嫁阿古阿坡家，为今阿甲（女，七十八岁）的舅舅之

妻，生子登珠（六十六岁）为衣布报庐家高土采尔（六十二岁）的赘夫。采得马、布泽二人与其兄分居，另立门户，称为巴莫采得马家。达石生那珠、格古、哈尔巴三子，未有女，乃从阿古阿坡家过继古马（一九五八年死，六十四岁）为养女。达石死后，古马当家，遂称为巴莫古马家，以别于巴莫采得马家。

巴莫古马家是四代人的母系父系并存家庭，第一代有那珠、格古、古马（养女）、哈尔巴四人，第二代有小古马、斯格马二人，第三代小达石（男，一九五三年死，二十七岁）、哈搓（女，一九六〇年死，二十九岁）、直马（女，三十岁）三人，第四代采直马（女，九岁）、鲁若（男，七岁）二人{按：还有五斤（女，一岁）一人，应为三人}。第一代三人是父系，第二、第三、第四这三代六人是母系。全家共九人。

这一个母系父系并存家庭，在一九五六年的成员中，已无父系亲属。其母系亲属关系有六种，可算较完备。（页五五—五六）

又如司沛沙基梭纳家：

甲初（女）未嫁，生梭纳（六十二岁）和得马（女）两兄妹。兄娶妹不嫁，得马此儿（按：为梭纳之女，三十岁）一代就既有父系成员，又有母系成员。得马此儿等男不娶，女不嫁，又传下此儿沙搓（女，六岁，乃得马此儿之女儿）等一代母系成员，此户后三代血统可表示为：母、父、母。而末代虽为母系，却包括两个血统。采马（女，四十岁，乃得马之女）及厄车（男，三十七岁，为得马之子）从其母和祖母，甲初一脉相承；得马此儿等则依其母伙厄官得马（女，为梭纳之妻），他们的母系血亲是伙厄官家。这个家庭的亲属关系为：祖父母与孙、舅祖父母与外孙、姑祖母与孙；父母与子女、舅父母与外甥、姑母与内侄、舅与甥；兄弟姊妹与姑舅表兄弟姊妹；夫与妻、姑与嫂等。姑舅表兄弟姊妹虽同是一家成员，基于母系血统的不同，是可以婚配的。（页一九七）

原来这个家庭的甲初既未嫁，而生梭纳与得马二兄妹，兄梭纳娶得马为妻，而妹得马在家接待阿注，没有出嫁，兄梭纳与其妻得生了得马此儿（女）、此儿男（二十六岁）、厄车得马（十八岁）与夏土（女八岁），共三女一男，这四个孩子中，得马此儿未嫁，而此儿不娶，女得马此儿也在家接阿注，生了此儿沙搓一女（六岁），梭纳之妹得马未嫁，而生采马一女与厄车一男（三十七岁），采马与其弟厄车都不嫁不娶，采马生了得日达施一男（二十二岁）。这就是说，除了第二代——这就是梭纳与得马这一代是母系父系并存家庭外，下一代——第三代的得马此儿，此儿，以及采马与厄车，都不嫁不娶，这是倒退回母系家庭。到了第四代的得白达施（采马之子二十二岁），若也不娶妻，那么第四代也是母系家庭。于此可见得这个家庭母系父系并存只是一代,而三代却为母系家庭,说明了母系不只是一种占了长期的优势家庭,而且也是这里的纳西族的人们的主观愿望的家庭。

第廿七章　纳西的父系家庭

在永宁的纳西族中父系家庭在数目上不只占了至少数，而且这种家庭也很不稳定。

永宁纳西族的父系家庭的历史可以追溯到元明时代。而其最先实行这种制度的可能是土司及其亲属的统治阶级，除了这个统治阶级以外，一般人民之实行这种制度的为数极少，就是有了，也很少能维持至于数代。

其实，除了土司和出自土司的司沛等级外，能维持娶妻、出嫁的家庭至于二代以上者就是很少。《报告》页四十六中指出：

> 当地除了土司和出自土司的司沛等级（贵族）外，极少有上下两代连续娶妻（父娶子也娶），或兄和弟都娶妻的；而往往是上代娶（父娶），下代（子）不娶，兄（或弟）娶，弟（或兄）不娶。小头目及一般人民群众，其母系父系并存家庭成员亲属关系中，多没有翁媳、婆媳、伯母、婶母、叔嫂、姑嫂、妯娌等父系亲属关系，从而可以反映出，虽然与阿注同居和嫁娶这两种婚姻形式产生的同时，早就出现了父系亲属，但多只存在基本的父系亲属，还没有形成一套扩大的父系亲属网（包括父系的旁系亲属）；因之，也没有这一套亲属称谓（除父亲、姑姑外）。

页四十四中说：

> 本乡七村（按：指温泉乡七村）纳西族，其嫁娶事象较多的是瓦拉血统、瓦虎血统及阿如血统种的阿如刚莫世系。瓦拉、瓦虎两血统，以"瓦虎——瓦拉"并称，相传为四川前土司翁普之弟翁色的遗裔；原为翁色一个世系，后分为二即瓦虎、瓦拉，前者居八瓦，后者居瓦拉片。……"瓦虎——瓦拉"传原为前职土司宗亲，亦不知何时转为永宁土司所属百姓。据瓦拉血统帕米窝梭拉（男，五十一岁，当地巫师之一）所背诵世系，距今十代前，已有嫁娶；但十代以来，还是不嫁不娶和有嫁有娶两者相同。近六、七代以来，则以不嫁不娶的事象较多，瓦虎血统十七家当中，母系家庭有十二家，母系父系并存有四家，父系家庭只有一家；瓦拉血统二十三家，母系家庭有十二家，母系父系家庭有十一家，没有父系家庭。

以嫁娶较多的瓦虎与瓦拉的二个血统的四十家来看，前者十七家，只有一家是父系家庭，而后者二十三家中，连一家父系家庭都没有，这说明了父系家庭在永宁纳西族中是占了极少数的比例。

其实，在司沛等级或所谓官家家庭中，父系家庭也是很少的。《报告》页一九九中说：

完全排斥了母系成员的家庭，即为父系家庭，这需要二至三代（因一个家庭总包括二三代人）连续娶妻（和引女阿注同居）女嫁才能形成。司沛等级的男子和官人们连续数代娶妻是常有的，但要把所有的姊妹遣嫁却不容易。因而如司沛达达、司沛哥搓、司沛沙蓦、者波司沛等，历代男娶的贵族，就因有姊妹不嫁，也没有称为父系家庭。另一种形式是男娶，女虽不嫁"报庐"另居，这就可以使娶妻户形成父系家庭，还有一类是只有男娶，而无女可嫁，也可以形成父系。八柱乡调查范围内只八户父系家庭，居于后一类的（按：就是男娶而无女可嫁的）就有五户，即官家（责卡）、阿鲁梅家、阿瓦家、海塔家和搓牙家官家的家庭成员。官家的家庭成员是：

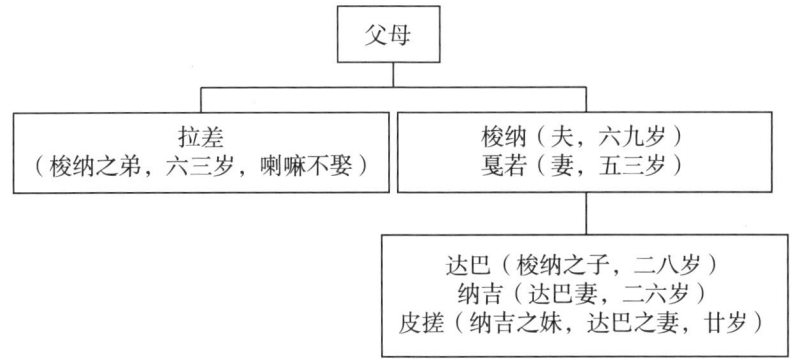

梭纳之父无姊妹娶妻，梭纳本代又只是兄弟两人，梭纳又娶。婚后戛若没有生子女，乃为达巴（戛若婚前所生）娶纳吉，纳吉不育，复娶其妹皮搓，官家世代当任土司的官职，一向有男娶传统，但其近几代能形成父系，与无姊妹有关。如有姊妹，虽男娶，也只能是母系父系并存家庭。此户的亲属关系是：父母与子女、兄与弟、叔与嫂和叔和侄。

又说：

其他三户父系家庭是：（一）从司沛达达家分居出来的报庐古马家。达达家本是兄娶二妻，妹不嫁，形成父系母系并存家庭，古马等系一妻之子，单独分局，遂全为父系成员。（二）官家甲此美家。系官家远亲（原住白渠坝），原与官家同住，分居后住官家之屋，按当地习惯也顶官家之名。其本人世系不明，系随官家算为父系。（三）小洛水猜塔河牙家。系距今九代前由丽江迁来的纳西族，至永宁后也受当地婚俗的影响，在五代以前此户有兄妹二人，兄纳珠得直为妻，妹阿牙不嫁报庐另居。

从上面看起来，八个父系家庭，有了五个是因为家中没有姊妹，所以男的娶妻，就成为父系家庭。若有了姊妹而在家接待阿注，又称为父系母系并存的家庭，又了姊妹，若不出嫁而兄或弟娶妻只有姊或妹报庐另居，否则不会成为父系家庭。这样看起来，这些父系家庭之所以成为父系家庭，都是有其特殊的原因，并非这些人们，在主观愿望向上倾向于父系家庭。

又如土司的宗亲阿如血统的父系家庭也是不稳定的。《报告》页四五中说：

> 阿如血统系出自永宁土司阿氏血统，相传阿氏土司的祖先名为则里阿如（其"阿"姓或系"阿如"之"阿"）。在阿血统各家中，以阿如刚莫世系的婚娶较多。就所追溯到近五代婚娶世系（详"阿如"刚莫世系表）为：渣罗娶妻生梭拉，梭拉娶妻生达石（男）、格若（女）得之（男）二子一女，幼之得之不娶。次女格若不嫁，生泽布车（女，一九四一年死）、格土莫（女，五十三岁）、哈尔巴（男，四十七岁）、庸珠（男，一九五七年死，三十八岁）二子二女，女不嫁，男不娶。长女泽布车生四子均不娶，次女格土莫不能生育，领养一女，二十年来领其弟及其姐之子为一家，以其母之名为家名，称为阿如格若家，其为母系家庭。梭拉的长子达石娶妻，生格土、益史、斯格达石、鲁若（四十二岁）四子，长子格土不娶，余三子均娶。幼子妻生二女一子（均在八岁以下），自为一家，即阿如鲁若家，为父系家庭。益史、斯格达石兄弟二人娶两姐妹，各生有子女，共为一家，即阿如达石家。因斯格达石之女厄车布特（一九五八年死，二十五岁）不嫁，生一女色诺（七岁），产生一个母系亲属成员，遂为母系父系并存家庭。

又说：

> 阿如刚莫世系不仅与永宁阿如氏土司是宗亲，且历为土司的官属之一，称为"阿如官人家"（"刚莫"为官人之衔头），承袭官人者（长子），参与管理土司的自营地（即"厄鲁"地），并为土司出殡时的前导官（骑马走在送殡的前列）。这种既为土司宗亲，又为土司所属官人的身份，促使其力图效学土司行婚嫁，并以之为光彩。但直至晚近，官人阿如梭拉所生二子一女，尚有次女格若不愿嫁，幼子得之不愿娶，仍要自由地过其阿注异居生活。父虽身为官人，也不能强其女嫁，强其子娶。

又说：

> 嫁娶多行之于土司，土司的宗亲，土司官属和一些小头目，且除土司正宗外不是联代嫁娶，而是有嫁有娶与不嫁不娶交错；就在同代诸兄弟姐妹中，也不是男必娶、女必嫁，一般是一娶或一嫁，因此，嫁娶虽经历了若干世纪，仍不能占统治地位。阿注异居还居绝对优势。当地从一九五六年进行民主改革，到一九六三年已是七年多了，在一般人中，男子对于让自己的姐妹出嫁，自己娶妻、生子，由自己的儿子来照应自己的晚年生活，并由子继

承自己的家业,这样的念头,还没有确立起来。他们依旧习惯于阿注异居的生活,习惯于跟自己的姐妹终生相处,让姐妹在家接待她们的阿注,生育甥男、甥女以防老,并由甥男、甥女继承自己和姐妹共同财产。如果没有姐妹,或姐妹不会生育子女,有的仍然宁可从别家过继一个妹妹或甥女来绵续家世,而不一定就娶妻。(页四六)

应该指出,就是在土司的家庭中,土司自己为了维持其职位不得不娶妻生子来承袭,盼望父系家庭世传不断,但是他的姊妹往往也留在家中接待阿注,这就会使这个家庭变为母系父系并存家庭,至于土司自己到处以至乱交、霸占阿注更是常见的事情。土司寻找阿注对于其家庭虽然没有什么影响,但他的这种行为,说明统治者不只利用这种婚姻形式去满足自己的欲望,而且没有念头去改变这种风俗。

第廿八章　三种家庭的解释

永宁纳西族的家庭制度时与这里的阿注关系的婚姻形式有了很密切的关系。关于这个问题虽然在上面数章中已经在数处谈到，但谈得不多，现在在这一章里专说这个问题。

《报告》中有二段话说到这种关系，现在先录页二〇四至二〇五中二段：

> 现实生活中三类家庭（按：指母系，母系父系并存与父系家庭三者）、三种婚姻（按：为阿注异居、阿注同居与结婚三者）并存并行的状况，反映出其母系家庭与其相适应的阿注婚姻，已向着父系家庭和单偶婚姻过渡。从本乡（按：指八株）较长的口传世系来看：阿塔支在现今五六十岁人的前六代已经行婚娶；八株司沛支则是从迁居八株的司沛梭纳就已行嫁娶，而他是由土司家分出的，他的祖先行婚娶的历史，就现在所知道的，可以上推至距今十三代前的朱夫牙马阿，以每代三十五年计，已有三百多年的历史。从责卡等级的阿塔支来看，向父系过渡起码在一个半世纪以前也就开始了，而竹地的洒达（二户）阿牙、阿苦、瓦窝、里格的阿妈等户，在距今最幼一辈六至九代前，则全都是母系家庭，现在也绝大部分还是母系家庭，从而可以看出：永宁纳西族母系家庭向父系家庭的过渡是先从司沛（贵族）等级开始的，担任官职的责卡也以行婚娶为荣，但往往不能世代坚持，而经常是母系、父系相间。就是司沛等级除土司正宗始终坚持男娶女嫁（或不嫁妇女单独分居）保持了父系家庭外，其他的也多不能坚持，而是父系、母系相间而下。一般的被统治等级，只是在缺少女承继人的情况之下，才有一部分人自愿娶妻或接女阿注到家里同居，这些家庭在生下新一代女继承人后，就自然而然的又变为母系家庭。这些情况反映出：永宁纳西族母系家庭向父系家庭过渡虽已开始，但始终未能取代传统的母系家庭，且在大量母系家庭的包围下，往往有在倒退为母系家庭的可能。从口传世系中来看，这种反复在不少家庭中都出现过，它说明这个过渡是在反复曲折的状况中进行的。

又说：

> 永宁纳西族由母系向父系的过渡从口传世系看始于朱夫牙马阿，而永宁封建剥削制度的正式形成传说也始于朱夫牙马阿。就是说纳西族母系向父系过渡，是与阶级社会的形成是有联系的。如果确是如此，这就构成该族母系向父系过渡的历史背景的特点，而在这一特定的历史条件下，母系向父系的过渡又长期不能完成，且母系家庭在整个社会中，还一直居于主导地位。为

什么会是这样呢？关于这个问题的答案，还有待于今后作深入的研究，目前只能从如下几方面提供线索：（一）永宁纳西族封建社会的形成，与元朝对于这一带地区的征服和册封该族首领为土官，可能有直接关系。这个外因与当时纳西族的社会实际（这一点目前也还说不清楚）相结合，首先引起纳西族社会经济结构和政治结构的封建化，也就是封建制度代替了原始氏族制度，而家庭组织和意识形态虽然也随之起了变化，但由于各种原因，母系家庭得以在封建社会中有存留并长期延续下来。（二）首先是这种家庭之上的母系氏族已经崩溃，封建统治集团已经掌握了社会的经济和政治大权，母系家庭已沦为向封建主提供劳役和实物的贡纳的单位，这种家庭形式的存在，并不妨碍统治者进行剥削和压迫。相反地，封建统治者还可以利用这种落后的家庭婚姻形式，凭其特权到处公开地侮辱妇女。（三）纳西族封建制度形成的历史条件和它直至解放前还处于初期封建的状况，或许也是使母系家庭与封建制度的诸种矛盾，没有尖锐地变现出来的原因之一。（四）习惯势力在广大群众中的强烈影响。

《报告》中页九十三关于这个问题在温泉乡的综合看法是下面一段话：

> 母系家庭的结构、变化及其所处的社会经济背景，这里的母系是封建领主社会中的母系，已非原始氏族的母系，并长期处于向父系家庭转化的过程中。母系父系并存的个体家庭本身就是母系家庭向父系家庭过渡的一种类型。或者可以说，个体母系家庭可能就是母系氏族向父系过渡的早期形式，母系父系并存家庭是母系家庭向父系家庭过渡的较晚期形式。因为个体家庭是阶级社会的产物，在母系氏族社会阶级是没有个体家庭的。阿注同居这种婚姻形式是一种非正式的结婚，它应是由阿注异居到结婚的过渡形式。母系家庭以母系父系并存家庭为向父系家庭过渡的形式，和阿注异居以阿注同居为向结婚过渡的形式，两者间虽不完全是双轨并行的，但确有其一定的关联。在母系家庭诸男女成员中，一旦有女阿注来与男成员同居或为男之妻，生了子女，就会使这个家庭转变为母系父系并存家庭或父系家庭。这两种家庭类型出现的时期，从软格母系血统来看，是距今十三四代即约当十七世纪中叶明清之际。阿如血统出自永宁土司，瓦拉、瓦虎血统相传出自前职土司，都效法土司行婚娶，其母系父系并存家庭或父系家庭的出现，据现口传世纪也是十代以前的事了。土司系元代所封，父系的出现最早不致超出元代，而据土司口传母系则是在十四代以前也即是明前之际的朱夫牙马阿时才正式娶妻确立父子相传的。

从这数段话来看，我们觉得有几点是值得我们注意的。第一，这里的纳西族的阿注关系的婚姻形式，与其家庭的形式，是有其一定的关联的。这一点在这数段话中说得较为清楚。第二,尽管阿注同居与结婚的婚姻形式的出现以及其有关的母系父系并存家庭与父系家庭的出现,虽然已有好几百年的历史,可是这些婚姻的形式,以及其有关的家庭形式,不只从来没有稳步发展,就是已经实了这些婚姻形式,以及其有关的家庭形式,还没有稳定下来,而且往往有了倒退到阿注异居与母系家庭的现象。

至于其所以倒退的原因,以及其发展的过渡阶段,是否也像报告中所说,这是很值得我们研究的,关于这些问题我们准备在结论中加以讨论。

第八编

第廿九章　妇女在家的地位

永宁纳西族的家庭既为上面所说，绝大多数是母系家庭，而这里的母系家庭又是基于阿注异居的婚姻形式。由这种婚姻形式而组成的母系家庭是只有母亲，没有父亲，只有女阿注，没有丈夫，只有舅甥、兄弟、姊妹，没有伯叔等等的父系家庭中的各种成员。在这种家庭中，世代相传是以母系为主，因而妇女在这种家庭不只占了特殊的地位，而是家庭的中心。

不但如此，就是在所谓母系父系并存的家庭中，以至一些所谓父系家庭中，因为一向都处于不稳定的状态之下，尤其是在母系父系并存的家庭中，有了很多是母系的家庭成员占了大多数，或绝大多数，妇女地位的重要也很为显著。又因传统习惯对于妇女很为尊重，就是在所谓父系家庭中，妇女所占的地位比之像汉族的父系家庭中的妇女重要得多，所以妇女在这里的纳西族的社会中就占了很重要的地位。《报告》中对于这个问题有了不少叙述，我们现在抄录数段于后：

> 在母系家庭和绝大多数父系母系并存家庭中，妇女是一家的中心，主房"一梅"，固定是老年妇女的住所（未成年的子、孙也住在这里）。就是在一般的父系家庭中，子女与母亲的关系也远比父亲密切，妇女仍然居于重要的地位，只有者波司沛阿子等当权贵族的家庭，父亲作为家庭财产的所有者和主宰者，才成为一家的中心人物。

> 以母系血统传递世系，是妇女在家庭中居于中心地位的自然基础，妇女在生产劳动中起主要作用，才是保持妇女地位的真实基础。纳西族的男子，有将近三分之一去当喇嘛，未入藏的还可以参加生产，凡去西藏回来的就不能再从事犁地、中耕、收割等主要农活，整日参佛诵经，成为社会的寄生者。近几十年来，又有一部分男子经常出外赶马运输，加之责卡为土司耕作"厄鲁"地多是男子去，俄等级给主子服役也大部分是男子。除去因以上种种原因不能在家生产的男子，剩下来的男劳动力已经不多。各户赖以为生的小块农田，自然主要靠留在家中的妇女经营，即妇女是家庭的生产的主要承担者。农业的劳动分工，也反映了这一特点。在这里，男女之间没有明确分工，除犁地在前面掌舵和薅稗子这两项重活由男子担负外，其他农活男女都

可以做，实际上主要是靠妇女，就是犁地等重活，也不排斥年青力壮能胜任的妇女。生产中，男女两性没有任何禁忌。"妇女犁田，天旱三年"这类排斥妇女从事主要农活的谚语，在永宁纳西族中是不存在的。极而言之，有男无女的家庭，在生产、生活上，都有很多困难。如士吉家四兄弟无姊妹，几个兄弟谁先不安于成年累月守在家庭生产，都愿意去赶马，走西藏，以致家庭内务，生活照料都成问题，结果由老二把女阿注接来同居。而有女无男的家庭，如阿鲁美甲阿，家中舅父年老，子女年幼，生活上也有困难。但每年犁地、秋收，男阿注都自动地来帮帮忙，二十几年也过去了。竹地瓦窝家老一辈有五姊妹，生产、生活都有条不紊。面对着这些承担主要生产，操持起整个家务的妇女们，男子们（他们有的当喇嘛靠人养活，有的经常赶马在外，留家的，也有一半时间在阿注家）是无权发号施令的。在母系家庭里，两性之间的关系，是兄弟与姊妹、舅舅与甥女、母亲与儿子。男子对他们的女性亲属自然是尊重的，妇女对男子们也同样尊重。男女两性在家庭中的地位是平等的。当家人（达布）由全家成年人中善于计划生产、安排生活、办事公正的人担任，不一定是年岁最长者，也不固定由女性或男性担任，实际上，妇女当家的要多一些。但不论是男当家还是女当家，有关家庭的重大事务，如办理婚、丧大事，买卖牲畜、典押土地，一年生产、生活的安排等等，都要与全家成员商量，共同决定。尊老之风也较浓厚。对于由年老的母亲和舅舅们，常给他们做一些较好的食品。长辈对于子孙们也很爱护，少有打骂的。这些因素使纳西族从小就养成强烈的自尊心，在妇女身体尤为突出。（页二〇一）

上面是关于八株乡的情况，在温泉乡报告页三十一中说：

在本乡的八十一家，纳西族中父系家庭仅有二家，它们是小家庭，由男子当家，但他们处理家务，也得和妻子商量，并不专断独行。在母系家庭（共五十二家）或母系父系并存家庭（共二十七家）里，尤其是萨达布、哈巴布、衣布、软格这几个母系血统的各户，多为人数较多的母系家庭或母系父系并存家庭，它们大部分是妇女当家，男人当家的则是少数。前面说过，结婚的是极少数，绝大多数男人都是不娶妻的，跟他们的姐妹和外甥住在一起。因此，即便是男人当家，他们也是以舅舅的身份当家，不是以丈夫或父亲的身份当家，至于在母系家庭中，也就没有父亲、丈夫，男人们（舅舅、兄弟）所生的下一代，不是他们的子女，乃是他们的姐妹的子女（外甥）。

妇女（母亲、姐妹）当家，多是处理家庭内务，当地称之为"内当家"。男人（舅舅、兄弟）多在外接触，办理家庭外务，当地称之为"外当家"。多数家庭都有内外两个当家人。……虽是男女共同处理家务，共同管理财产，但还是有一个为首的当家人。总的来看，当家人（纳西语称"达布"）还是妇女居多。以瓦拉片为例，全村共三十家，其中母系家庭十七家，由妇女当家者十四家，由男子（舅舅身份）当家者三家。母系父系并存家庭十二家，由妇女当家者八家，由男子当家者四家，父系家庭一家。男子当家。（页三十二）

现在再以衣马阿坡家为例来说明：

　　衣马阿坡家，先是今甲阿（女，八十岁）之姐那珠马当家；那珠马死（一九三六年），则为甲阿当家。甲阿年老，乃由其姐那珠马之女梭拉当年家。梭拉死（一九五七年），则为甲阿之长女直马（五十一岁）当家，而梭拉之子货仲乙（五十四岁）为外当家，是为姨母（直马）和姨侄（货仲乙）二人共同当家。直马当家乃再一九五七年之后，而早在一九四四年典入土地时，契约上乃书直马之名，不书当时当家者梭拉之名。在她们心目中，此不过一家人有一顶名而已。把名字写在契约上，并不意味其对该财产较其余成员具有更多的权利。

在这个家庭里，除了梭拉之子货仲乙外，甲阿也有一个男孩叫做拉差（四十六岁），一九四四年典入土地时，契约上不用男当家或是男子的名字，而用女子（当时直马还未当家），更说明女子的地位的重要。

其实，在纳西族的母系家庭中，在承继家庭的主要人是女子而非男子。一个家庭若没有女子就等于绝嗣，在这种情况之下，就要入继养女，这是关于承继问题，我们当在下面叙述。

第三十章　舅甥与兄弟姊妹

在永宁纳西族的母系家庭中既然只有母亲，没有父亲，子女觉得最亲的人就是母亲。其实，就是在汉族家庭以至其他的好多民族家庭，子女对于母亲的感情多比之父亲较为浓厚，而在纳西的母系家庭中，不只没有父亲这个成员，连了"父亲"这个名称也是后来才从才从外族借用。因而子女只有母女与母子之情，而没有父女或父子之情。

除了母亲之外，母亲的姐妹、兄弟也是最亲的人。母亲的姐妹在这里纳西族中也是称为妈妈，自己的母亲的姐姐称为大妈妈，自己的母亲的妹妹称为小妈妈。在习惯上，一般没有大妈妈小妈妈的分别，而都称为妈妈。至于母亲的兄弟就称为阿乌或舅舅。

因为在这种的母系家庭中，男不娶，女不嫁，男的在外与女阿注所生的子女是属于另一家庭，而不是这个家庭的成员，只有女的与来访的男阿注所生的子女才是这个家庭的成员。因为母亲的姐妹所生的子女就是当为自己的兄弟姊妹称呼，而并非所谓表兄弟或表姐妹。

至于舅父或自己以至自己的兄弟在外与女阿注所生的子女，不只不是这个家庭的成员，根本就不相往来，不只不当为亲戚，根本即当为路人。父系家庭像汉族的父系家庭有了亲家外戚，其成员为外祖父母、舅父母、姨母、姨丈，以至表兄弟姐妹等等，可是在纳西的母系家庭中根本就没有所谓外戚，所以在这种家庭中，男子无岳父岳母，而女子没有家翁家婆。

母亲之家，不只对男子来说是出世长大以至于死的家，对于女子来说也是这样。

自从这种母系家庭受了封建社会或其他的因素的影响，而也有了一些人实行男娶女嫁或是阿注同居——男居女方或女居男方之后，其结果是出现了母系父系并存家庭，以及父系家庭。可是无论一个男的或女的结了婚或到女阿注家同居而离开母家，他或她仍然可以随时回到母家生活或终老。这种例子在永宁的纳西族中是数见不鲜的。而且，正是因为他们惯于母亲之家的生活，惯于阿注异居的婚姻风习，他们不惯于阿注同居与结婚的生活。因而有了一些阿注同居不久或结婚不久，却又分居或离婚而回到母亲之家。回到母亲之家不只会受欢迎，而且是觉得自然而然。只有个别人的离家而与阿注同居或与别人结婚，生了子女要带其所生的子女回到母家，有的兄弟姐妹表示不欢迎，然而这种情况也是个别的。一般的说，不只自己就是常同子女回到母家，总是欣迎的。

母亲是最亲的人。母亲的姐妹兄弟也是最亲的人。母亲叫做妈妈，母亲的姐妹也叫做妈妈，阿乌或舅舅也是最亲的人，他或他们等于父系家庭中的父亲，应该说比之父亲还要亲，所以有的母系父系并存家庭或父系家中的父亲，纳西人一般不叫为父亲，而仍称为阿乌或舅舅。这些人是下一代的男女的抚养者，到了他们老了，做为子女外甥或姨姓者就要照顾他们以终老。两者——老幼之间不只当为一种责任义务而去处理，而是一种自发的恩爱情感。我们现在要从报告中抄录一些关于这一方面情感关系的例子，列之于下：

里格戛瓦家的老舅舅说："我有姊妹，有外甥，一家人和和气气，找'楚咪'（媳妇）是没有道理的。"（页一九六）

拉克家有几兄弟都不娶，他们的理由是：

"一个男子找一个楚咪，我家九兄弟就要分九处住，这个家就会四分五裂，还成什么家！我家妹妹、外侄们，谁来管！"（页一九六）

页二五六至二五七中很详细的叙述了这个家庭的来源与现况，我摘录数段于下：

拉克家原是丽江纳西族，早行嫁娶之俗。至距今五代前底子其皮始迁里格，娶八株村衣底家梭纳得为妻，无子女。效永宁习俗入继养女曹娥得马为嗣，但没有子女，又入继本村褚巴家尤郁美为养子，形式上变为母系传递。尤郁美娶八株衣底之得马为妻，生下一女二子，此后各代，就全效永宁纳西族行男不娶、女不嫁的婚俗，由父系家庭转变为母系家庭。

到了达施马一代（女六十七岁，一九五七年死），遂生九子一女。同处又说：

达施马的九子一女，是与四个男阿注所生：长子格若达施的生父是小洛水猜塔泽乌哥布；老二、老三的生父是者波阿泽格若，老四至老七的生父是竹地洒达阿格；老八、老九和幼女的生父是本村阿尼拉差。

达施马的九子之中，老四泽尔，老五娘木都死得早，现有七子一女。七子中除施达解放后到阿注家同居外，其余均过阿注异居生活，谁也没有娶妻和把女阿注带回来的念头。甲阿马是这个家庭唯一的女继承人，自然也是全家的中心，她的哥哥们都以照顾她的孩子为己任。

甲阿马——拉克家的唯一的母系继承人——从十四岁起就开始有男阿注去访，十二三年来（按甲阿马是二十七岁）经历了八个阿注，生了一子三女。

甲阿马的阿注之中，有一位叫做阿婚益者，是本村人。据他自己对人说：

找甲阿马与在她家可随便吃喝有关，而拉克家几兄弟则因此对益施不满，说他吃人家的多，送人家的少，逢他来访，诸兄弟沉默不语，后甲阿马对他也不满意。遂断绝关系。

又说：

> 拉克家诸兄弟，都过阿注异居的婚姻生活，他们所生的子女，全是女阿注家的成员，与拉克家没有亲缘关系，他们都尽力抚育幼妹甲阿马的子女。格若达施（大兄，五十四岁）一月回来四、五天，（按：他在大洛水渔坊工作）进得门来环绕在他的周围是小达施（其妹之子十二岁）、衣佐马（其妹之女十岁）等几个小外甥。他常带着小达施去捕鱼，想把他培养成个出色的渔民。几个在家兄弟除担负全部田间劳动外，在家里就帮助妹妹料理家务和带孩子。

> 拉克家现在的当家人是老五达施，他说本来这个家应该让妹妹当的，只是她管不下来，才由达施负责。阿妈得马沙搓对我们说：拉克家这个姑娘不成器，做了这样忘了那样，当不起家。纳西族家里喂猪、推磨、舂碓等家务劳动通常是妇女的事，拉克家只甲阿马一个懦弱妇女，负担不齐全部家务，大部分是她的哥哥们帮助做的。这些哥哥们说：他们的妈连着生男孩，一家都担心绝了嗣，甲阿马的出生，使这个家庭有了依托，一家人才能照样生活在母亲的家庭里。

这可以说是一个最典型的纳西族的母系家庭中的兄弟姊妹舅甥之间的浓厚的情感的表现。

此外，有的男的与女阿注有了长期关系，而且又到女阿注家同居约二十年之久，生有子女多人，女阿注死后还是回到母家。如页二六二中记载：

> 良休益珠之女阿注为八株村士吉家阿瓜美，有四十年的关系，生三子一女，后二十年与女方同居，及其女阿注死，不顾与子女同居，乃返独家村与其妹和诸甥生活。纳珠于一九六二年死，其子女曾来吊唁祭祀并请八株每一家人来帮忙。

又如页三六中说：

> 萨达布母系血统沙渣家庸珠（女，五十九岁）之妹阿格出嫁四川木里果。庸珠有直马译尔（三十六岁）、梭拉（三十二岁）二子和达石（二十九岁）一子（女?）及鲁戎（五十四岁）一弟，既不缺劳力，又不患绝代。因苦思其妹阿格，遂将阿格的一女比马（二十五岁）、一子采尔（二十二岁）领回作养女、养子，以慰其思妹之情。

第卅一章　夫妻与父子关系

尽管在永宁的纳西族中，约三四百年来已经有人实行结婚或男娶女嫁的婚姻形式，但正如在上面所指出，实行这种婚姻制度的人不只人数很少，而且就是实行了也往往倒退回其传统的阿注异居的婚姻形式，就是在所谓贵族的司沛等级中，多以男娶女嫁为荣的家庭也往往不能维持结婚的做法，而又倒退回其传统的婚姻形式。

在这里的纳西族的母系家庭中，既没有夫或丈夫以及父或父亲这样的家庭成员，连了这些名称原来似乎也是没有，至近来有了像父亲（阿达）这个名称，可是这个名称据说从彝族中借用的。值得注意的是，有了或借用这个名称之后还是很不通用。在这里的纳西族的父系家庭中，孩子们仍还称其父亲为阿乌（舅舅）（页二三五），而不称为阿达（父亲）。因为不只在这里的孩子——绝大多数的孩子在其家庭中，只有舅舅，没有父亲，因而就是在父系家庭中的孩子也还不习惯去采用这个名称，就是在这种家庭中的做父亲的也不愿意他子女去称他为阿达（父亲）。正如上面所举出的一位父亲说他很害羞孩子这样的叫他。

应该指出，在实际的生活中，在这里的母系家庭既没有夫或妻以及父这样的成员，在这里的人们的脑子中也很少有了结婚或男娶女嫁的念头。上面指出的达施有了九兄弟只有一个懦弱的妹妹，可是他们之中没有一个人愿意去娶妻。有的像衣马瓦母系家庭的贡泽（男）及其弟弟们，虽然眼看着妹妹不会生育而发愁，但也没有娶妻或迎接其女阿注来同居。他们的解决方法是打算为妹妹找个养女，以承继家庭与照料他们的晚年。（《报告》页四六）这是这里的纳西族男子看法，至于妇女也有同样的看法。下面是一个例子：

> 得马沙搓现有二十六岁，她是在十九岁时才开始结交男阿注的，先后有过三个阿注。

她结交第一个阿注维持关系二年，这个男阿注几个月才来一次，后来男方结婚，关系遂断。她的第二个阿注也有二年的关系，在这个期间，沙搓听说她的男阿注还另有女阿注，她不只从不询究，而且对人说：

> 小伙子、小姑娘，谁也不专守着一个人，住一个村还管不了，离得远的更管不着。本来就只是阿注嘛！

她的第三个阿注是拉必罗的汉族胡底银。《报告》说：

> 男方先请沙搓竹地阿牙比马，带毛巾一条、香皂一块、钱十元，再通过阿妈甲阿得马（沙搓的小妈妈）向女方要求结交阿注，沙搓同意，胡底银

就正式到阿妈家来拜访。两人感情不错，胡底银进一步要求女方与其结婚，沙搓的回答是："我可以做阿注，不会做老婆，你们汉人家那套规矩，我不会遵守，你一定要结婚，就别处去找吧。"这样，就与胡底银断绝了关系。（页二五四）

不只绝大多数的没有结婚的男男女女有了这种看法，就是有了不少已经结婚不久也闹离婚。如阿妈家的阿妈，页二五二中说：

> 阿妈本人原出嫁竹地良休家（后迁小洛水），但她不愿为人妻，单独出走，在里格港湾向土司租了一片土地，开荒垦植，重过其阿注生活。……自阿妈以下，没有男子娶妻的，世系全由过阿注生活的女成员传递，有部分妇女出嫁和出继其他门户为养女，但这对母系家庭的性质不产生任何影响。

又如：

> 得马先与本村阿梭纳此儿为阿注，后与公安局干部何得志结婚，因不惯于结婚生活，不久离婚，乃与本村格帕达施为阿注。（页二二四）

又如：

> （达达梭纳）十八岁就与司沛阿塔家哈尔巴梭底结交阿注，廿岁时被父母包办嫁本村官家梭纳。至男家二个月就逃返母家。仍找哈尔巴梭底。官家梭纳告到总管府，她的父母和官家梭纳都奈何不得，只好由达达家退回聘金。官家梭纳另娶博瓦夏若。达达梭纳仍与哈尔巴梭底为阿注，关系达二十几年，三子的生父，均为梭底。（页二一二）

出赘的男子也有不顾过夫妻生活而回母家的。如：

> 直马之幼子甲阿出赘扎石村哈洒家为哈洒直马之赘夫，不习惯于从妻居的生活，又重返母亲家另找阿注。（页二五九）

上面是谈这里的纳西族对于夫与妻的看法，现在我们谈谈她们对于父与子女的态度。

虽然有一些子女对于其生父究竟是那一个还不清楚，但大多数是知道的。当然，因为她们的母亲结交的阿注太多，连母亲自己已有时辨不出来某个孩子是与那一个阿注所生，但大多数总是知道的。可是在这里的母系家庭既没有父亲，这个家庭成员子女对于不知是那一个为父亲，固是难于往来，就是知道那一位是他们的父亲，他们也往往是持了不相干的态度。就是在某种场会以至经常见面的时候，也是持了不采不理的态度。下面就是一个例子：

> 瓦拉血统阿其美家皮措（男，二十五岁）跟我们说，他的生父是本血统瓜渣家益史（四十六岁）。瓜渣益史也不隐讳阿其美家皮措乃他所生，但

他们分别为阿其美家、瓜渣家的家庭成员，他们两人及其他人跟我们在一起座谈时，皮措直呼其生父益史之名，在其他场合亦如此。其他子女和生父间的关系也多是这样。（页二十）

子女当生父视若路人，不只是因为他们——生父与子女是不同家庭的成员，而且是因为在阿注异居的母系家庭中，生父对于子女以及其阿注既没有同生活，又没有负担抚养的责任，生父之于他们的母亲的关系完全是男女两性的性的关系，男阿注与女阿注一般的说都谈不到爱情，以至友情，何况子女？里格阿马得马沙槎的看法说明了这一点，这位妇女与者波阿衣益施为阿注生了一个男孩，男方与男家都没有去探看她，她对于这件事的看法是：

自己生的孩子，自己会养；我有妈妈、舅舅，不靠阿注。（页一八六）

在这种风俗习惯之下，就是有的子女知生父为那一个而去认识的其生父，也有不理睬的。如：

格土之生父为本村伙厄官家梭纳（五十岁），当地男阿注与女阿注生了子女之后，有认子女之俗（由男的姐妹持礼物去认）。梭纳任土司的伙厄官六年（直到解放），遍处有阿注，其女阿注达百余人，所生子女，认不胜认，也不去认。格土说，当她十三岁穿裙时，她曾去向其生父梭纳说："你是我的父亲，我要穿裙子了。"希望其生父能给她一点东西，但梭纳不理睬，格土从此也就再不认他。（页二二五）

可是在封建制度与其他各族以至其他的原因影响之下，这里的纳西族的阿注异居生了子女，也有不少带了礼物去认子女。还有带回阿注所生的子女回家抚养的。同时，也有不少子女长大起来，对于生父生活上也给与照顾，到了死时也去吊丧的。页一八五中说：

就每一个人来说，明确生父是谁主要不是靠母亲直接告诉，母亲一般是不向孩子们讲这些事的。孩子长大了，由村中的议论，就自然会明白。在这里，生父明确的没有什么"荣耀"，生父不明的也没有什么可耻，无论明不明，生父都不是家里人。同母异父，与同母同父的兄弟姊妹间没有任何区别。这里根本不考虑父系血统。

但父观念的明确还是在一定程度上加强了父方与子女的联系。如女阿注分娩后，男阿注的姐妹或母亲要携米酒、酥油、糌粑、蛋类和鸡、羊等富于营养的食品去慰问，具有男方去认子的性质。女方就用这些礼品，宴请亲戚与村邻，被请的人也轮流请男方来人吃饭。经过这样的礼尚往来，对阿注关系的稳定也有好处。阿曾美甲阿注子女七人，每次分娩她的男阿注家都来慰问，第一个孩子请了客，后来几次就只是慰劳产妇。在双方维持阿注关系的情况下，生父每年还得给孩子送点衣服。个别的在阿注关系虽解除后生父还偶尔照顾自己的子女。我们在的里格拉克家就看到，在八年前与拉克甲阿马解除了关系的良者布布，就给他的生女依佐马送来衣服，拉克家也以酒肉款待。八株村的瓜呀夏若与忠实村伏朱得马生二子，夏若在本村另找阿注后，也偶尔去看视儿子，送点衣服和食品之类。（页一八五——一八六）

又说：

> 更进一步的情况是：有些没有姊妹的男子，干脆把自己与阿注所生的子女领回为嗣。八株士吉家只有四兄弟无姊妹，士吉皮搓就把他与达坡拉扬纳吉所生的女孩厄车领回作养女。这就使家庭中有了父系成员。与此相应，有些生父老了，子女也偶尔去看望；生父死了，子女也有去吊祭的。八株士吉比马等四兄弟的生父，是独家村良休纳珠，纳珠年青时，对儿子们经常照顾。一九五二年纳珠病死，比马等带着猪膘、粮食等去吊祭，协助纳珠的外甥办理丧事。（页一八六）

认子女探视生父以及吊祭生父，在《报告》中还有的例子，兹再举数个于下：

> 甲此（上面所说的拉克家格若达施的第八位弟弟）过去曾与他的大哥所生的女儿厄摩泽马为阿注。从父系观点看这是叔侄之间的乱伦行为，而从母系观点看，他们之间不存在母系血缘关系，完全可以通婚。甲此现在的阿注是瓦拉片村皮搓得马家泽马，女方已将分娩，拉克家忙着准备米酒、酥油、糌粑等"认子"的礼品。（页二五七）

至于探视生父的，如：

> 庸珠的阿注是开平乡阿咪若村阿福家哈尔巴（男，六十多岁），与之生直马泽尔、梭拉、达石三子女。阿福哈尔巴因年老，近十年来，不再来访宿。其所生直马泽尔、梭拉、达石，每至年节尚带盐、茶、肉等食品去探视生父。十年来，庸珠虽年逾五十，尚与阿古阿坡家阿之（男，五十岁）为阿注。（页五十二）

又如，上面所说的良休纳珠曾与其女阿注关系四十年，同居二十年，女阿注死后，他不顾与其所生的子女同居，乃返回母家与其甥同居，当他死时，其所生的子女曾来吊唁祭祀，并请八株每一家人来帮忙。

认子女，照顾子女，认生父，照顾生父，以至生父死时吊祭，应该指出，究竟不是普遍的现象。这样去做的人们，在这个社会里，不一定有人表扬，而没有这样做的人也不见得有人议论。一般的说，生父之于子女是没有什么关系，互不往来的。

《报告》（页十九）把父分别为生父与父亲，《报告》说：

> 这里，我们有必要把阿注异居所生子女之生身"父亲"称为生父，使其与阿注同居和结婚所生子女之父亲（或简称父）区别开来。生父及父亲之重要区别在于前者不成其家庭成员，对其所生子女不负担抚育责任；后者乃是家庭成员，对其子女负有抚育之责。

又说：

> 父亲不仅对自己所生子女负有抚育之责，并对妻子（或同居阿注）婚前所生子女也同样负有抚育职责，且不加以歧视。

从此，父的观念也可以说是有了三种：一为与阿注异居生了子女，而称为生父。二为与女的结婚或与阿注同居而生的子女而称为父亲。三为其妻在婚前或其女阿注在同居之前，与了别人所生的子女，在结婚后或同居后带其来到男家，虽非为男子所亲生的子女，但也同样的当为子女，而且不加以歧视。

这里的纳西族的男子，其与阿注异居的女阿注所生的子女，一般的没有什么关系，没有什么往来，可是结了婚与女阿注同居，女方与了别人所生的子女，却又视若自生的子女而没有加以歧视。上面曾举出褚巴鲁若与瓦折得马是正式办酒结婚成为夫妇，结婚之后，两者除共同生产生活，还各自另找阿注，他们两人生了两个儿子，其妻又与同村厄摩鲁若为阿注，也生了二个儿子，他对于自己所生的与厄摩鲁若与其妻所生的一视同仁，没有歧视。这是汉族所不能容忍、不能了解的事情，可是在这里的纳西人看起来，却不当为不合法的事情，相反的，他能处之泰然而同样的当为自己的子女抚育，这种做法是与这里的母系家庭的传统态度与风习是分不开的。

第卅二章 续嗣与财产承继

当这里的母系家庭缺乏女承继人以延续其血统时,这里的纳西人怎样办呢?页二○四中谈到这一点。

在没有女承继人的情况下,就采取过继和为男成员娶妻的办法续嗣。过继可以维系母系家庭的传统,是纳西族的早就采用的续嗣方法。娶妻是在社会经济发展的基础上,在司沛、官人们和外来民族行嫁娶的影响下在近若干代来才逐渐采用的。被统治等级娶妻是为了续嗣,为了生下新女承继人,并没有意识到要向父系转化。但一经娶妻,它就必然成为母系家庭的对立物,改变了家庭的性质(母系变为母系父系并存或父系家庭),只是习惯势力又往往使它倒退回来,以改变了的母系血统继续传递,那些在过去的世代中有过父系成员的家庭,莫不如此。

又说:

过继养女没有固定的范围。可以领养有血缘关系的人,也可以领养其他血统的。同"斯日"的人对此无权干涉。我们任意抽八株、者波二村的十起过继作统计,有四起是有血缘关系的,三起没有,三起是把女阿注所剩的孩子领回为嗣。

出继养女的一方,往往是女成员多的家庭。纳西族狭小的个体经济不容许家庭中有过多的女承继人,相当时期以来,把她们中的一部分出继或出嫁,已成为一种必要的调剂办法。里格的阿妈家是五代母系相传,近四代来连续出嫁和出继女成员;竹地瓦窝家也是为此。从瓦窝、阿瓦纳吉等家庭的世系中还反映出,它们在不同时期既有入继,也有出继,全以当时家庭中缺乏或是过多女成员为转移。可见过继的作用是两方面的,对入继一方是续嗣,对出继一方则是减少家庭人口,以适应在封建领主压榨下的单薄的小农经济。

但又指出:

但也有少数领养继女不是为了续嗣。者波司沛阿子才家中有妻女,有姊妹,还把与女阿注所生的女儿领回家中,者波尚存的枯塔拉差家里有姊妹也把阿注所生女儿领回,这反映着父权的增长。

除过继养女外,还有过继养子。这主要是缺乏男成员的家庭借以满足生产上的需要。当地农活中犁地、薅棒子等重活,一向是由男劳动力承担的。只有少数人家是在缺嗣的情况下,过继养子,又为他娶妻以续嗣。

入继在一般来说，虽多是一个人，但也有多至六七人的，报告中温泉乡部分有了下面的例子：

>　　哈巴布母系血统巴莫采得马家，采得马（女）于一九四零年死去，有采尔一女亦于一九四三年死去，仅遗仲宾一子（二十二岁），当时未满一岁，全家只有舅祖布泽和（外）侄孙仲宾二人。仲宾系由其舅祖泽抚育长成，就母系来说，该家已绝，且缺乏劳动力。布泽乃于一九五六年收萨达母系血统阿衣宗泽珠马（女，七十岁）之妹梭拉（一九五六年底死，五十七岁）和弟哈尔巴、达石、益史、洒木及梭拉侄女采尔（一九五八年死）连同采尔之女泽拉木等三代七人一并入继，成为巴莫采得马家的成员，共同继承其家业。布泽于一九五九年死去，其甥女采尔之子仲宾于一九六二年另居。从此巴莫采得马家之屋全系阿衣家之人所居，仅戴"巴莫"之家名，已非巴莫血统。阿衣家虽一同过继出去三代七人，因原来人口众多，今尚有八人。（页三五）

又如下面一个例子，说明出继可以有如几个人一齐出去。但出去之后，本家又因没有生女孩而又要从别的血统家庭中找养女。

>　　软格母系血统软格高槎家，于一九一七年，将今得之马（女，六十六岁）的姨姐弟达石马（女，现六十八岁当时二十三岁，下同），哈尔巴（男，六十五岁），哈尔巴（男，六十二岁）、达石采尔（男，五十六岁）等姐弟四人一并过继给衣马瓦达巴米家（男，一九二二年死，六十五岁）为养女养子以续嗣，并共同继承了达巴米家的家业。软格高槎家今老一辈，只有厄车（女，一九五零年死，六十一岁）、得之马（女，六十六岁）两姐妹和一兄哈尔巴（一九五九年死，七十岁）一弟得之（六十二岁）。原指望厄车、得之马两姐妹生育女孩，绵延其母系家庭，但厄车仅生丹珠一子（四十岁），得之马只生哈尔巴（四十五岁）、它奇（三十六岁）、斯格（三十四岁）三子，姐妹二人均未生有女孩，早先过继给达巴米家为养女的达石马年老亦仅有永真（二十八岁）一女，不能再过继转来；遂将萨达布母系血统益楷家布特（女五十八岁）的长女泽马（三十岁），入继来作为养女，入继时十五岁，后生一女采尔（五岁）。软格高槎家的劳动人手很强，其入继养女，纯为乏嗣。乏嗣对汉人来说系指无子，然对永宁纳西族母系家庭来说，乃指无女而言。软格高槎家入继益秸家泽马为养女，此事乃由得之马（当家人）决定。得之马之兄哈尔巴和弟得之只表赞同，没有异议。厄车之子和得之马三个儿子，均欢迎入继一个妹妹，为他们生育甥男、甥女以防老。汉人封建观念是"养儿（子）防老"，纳西的母系传统观念是"养女、养甥防老"。（页三十五）

又说:

> 在家世的绵延继替及继入养女、养子以作为家庭成员这样的重要问题上,妇女起着决定性作用(页三十六)。

此外,也有的家庭的妇女既非因缺人延嗣,也非为缺乏劳动力而养女或养子的。例如:

> 哈巴布母系血统阿咪家斯格米(女,一九四八年死),其兄阿鲁娶妻,生有三子一女,她未嫁,与阿注生有三女。两兄妹之子女同为一家庭(此为母系父系并存家庭类型之一),不缺劳力,不乏嗣。而斯格米无子,喜欢一个男孩,乃自作主张,将衣布母系血统衣布报庐高土采尔(女,六十二岁)之幼子达石皮措(现三十四岁)领为养子,为阿咪家的成员(页三六)。

又如上面所举出的(页三六)萨达布母系血统沙渣家庸珠(女,五十九岁)的家中,既不缺劳动力,也不乏嗣,只为想念姐妹之情,乃收其妹(出嫁四川木里朵)的一女一子,领回为养女养子。至于格斯有女无子而养子,可能是受了父系家庭的观念而始这样做的。

关于财产的承继《报告》也有几处叙述。兹摘录于后:

> 在家庭财产中,除个人衣服、首饰、被子小件用具外,也难分哪些是兄弟的、哪些是姊妹的,或哪些是母亲的、姨母的,哪些是舅舅的。兄弟和姐妹或母亲、姨母和舅舅,共同在一个家庭里相处一辈子直至老死,其共同财产遂很自然地由其下一代子女或甥、甥女共同承继。萨达布(十家九十一人)、哈巴布(六家四十九人)、衣布(七家五十三人)、软格(六家五十九人)这四个母系血统的家庭,多是人口较多的家庭,各个血统的家庭人口在七点五至九点八之间,历代很少分家。如衣布母系血统衣马家,在距今八、九代以前,分为衣马阿窝、衣马阿坡两家(都是母系家庭),直到现在没有分家。其历代乃由子女或甥、甥女、或姨侄、姨侄女共同继承母亲、姨母、舅舅的共同财产,历来是由母亲或姨母及舅舅共同处理家务、共同管理财产。在买卖或典当土地时,男(舅舅)女(母亲、姨母)署名都有效。(页三十二)

又说:

> 永宁纳西族家庭的财产,包括土地、牲畜、房屋、生产工具和生活资料。在母家庭中,这些财产属于家庭所有,全体成员在财产面前一律平等。财产的继承也是自然而然的。老一辈去世了,下一辈就接手经济管理。总是由母传子女,由舅传于甥,如此世代传递,在纳西族中连续若干代不分家是常有的事,竹地瓦窝家,里格拉克家等都是六、七代来没有分过家,人

们习惯于在母系家庭中共同生活，社会上认为分家析产是不好的事。这种自然的母系继承制，是纳西族的老规矩。（页二〇二）

但是不同于老规矩的析产分局，也早就出现了。八株村的司沛和阿塔两支，七、八代前，只是两对夫妇，到解放前已分为二十二户，就是不断析产分局的结果。现有各户人口有限，也是家庭经常分裂的明证。

家庭分裂与婚娶有直接联系。八株司沛支与阿塔支频繁分裂，就与历行婚娶有关。……男子娶妻，使父系成员留在父系家庭里，他们与原有的母系成员（男子的兄弟姊妹），很难相处和睦，他们认为外面娶进来的人与家里的人："不是一条根，不会一个心。"常为此引起娶妻的男子与其他不娶不嫁的兄弟姊妹之间分居，或是姊妹单独分出另居。两兄弟都娶妻的，自然要分居两屋。……至于单纯由于人口增殖引起的自然分裂，晚近已很少见。（页二〇二—二〇三）

又说：

当家庭分裂时，继承权的问题也最显明的暴露出来。男子娶妻，意味着母系向父系的转化。在男子有姊妹的情况下，就发生了父系继承和母系继承的矛盾。解决的办法是：如依旧在一个家庭中共处，仍与母系家庭一样自然承递。如分居自处，男子的继承权就受到维护。一切土地、大牲畜、房屋等等，全归娶妻的男子。姊妹们只能"报庐"，意为砌小屋（或"子屋"）。由原来的家庭给予一头猪，少许农具和生活用具，少数粮食之类，不得正式析产。八株司沛柴红得马、司沛纳吉报庐古马、得保伏基等户，都是这样从母屋分居出来的，没有得到土地等财产。其所以如此，据说司沛等级土司给予的封地，是给男子的；责夸等级的封建份地和俄等级的"厚夸鲁布"也是由男子承领的，因为男子才承担得起封建劳役和其他负担。（页二〇三）

另一种情况是弟兄之间或兄弟姊妹之间（两边都有男成员）的分居，纳西语称为"衣吐"，即分家。道理上家庭的土地、牲畜、房屋以至用具都要对半均分，实际上总是一户迁出另建新居（由母屋帮助修建），一户留居母屋，留居母屋的多少总要多分得一些。（页二〇三）

又说：

在父系家庭中，自然可以父子相承。……但他们毕竟只是极少数人户近几代的状况，且有的还是由于没有女成员才导致了父系继承制。总的来看父系继承制还不巩固、不完备、不能排斥母系继承制的复辟，只要父系家庭中有一女不嫁，就孕育着母系继承制的复辟；而父系家庭是不能强迫妇女出嫁的，妇女不嫁，在他们看来是极自然的，这意味着父系继承随时有向母系继承倒退的可能。

实际上，在纳西各等级的财产中，除被认为是土司根基的："纳地责卡（即责卡等级），厄鲁责米（即厄鲁地）"始终直属土司奴役和占有，不仅不分给其姊妹，也不分给其男性宗亲，从而保持了时代父系承继外，其他财产，从土司的库鲁地和俾子到俄的"原夸鲁地"（耕食地），虽已有维护男权的妇女不给地的成规，而例外都是大量存在的。这反映出父系继承远未确立，这与母系家庭大量存在的现实状况是相符的。（页二〇三）

第九编

第卅三章　家庭成员的称呼

　　永宁纳西族的家庭绝大多数是母系家庭，因而其家属或其亲属的成员的称呼是与这种家庭有了密切的关系。这里的亲属的称呼与汉族或其他的民族的父系家庭的亲属的称呼是不相同的。其实，在这种父系家庭的亲属的称呼的好多名词，在永宁纳西族的母系家庭中是没有的。而且，就是在这里的纳西族中，有的少数的家庭已变为母系父系并存家庭或是父系家庭，还没有采用父系家庭中的亲属的一套称呼。尽管有的名词已借用或传过来为父亲（阿达），可是这里的纳西族还未习惯于应用。结果好多人不叫其父亲为阿达，而却仍用阿乌（舅舅）这个名称去称呼。这也说明这里的母系家庭的亲属称呼还未改变。这就是说，他们还是采用其传统的称谓，这也反映了母系家庭在这个地区还是占了优势。

　　《报告》中永宁区温泉乡纳西族领主经济及母系家庭调查第一章第二节的第二部分（页二七至三〇）的"亲属称谓——类分式"的专题下，叙述了关于这里的母系家庭亲属的称呼。现录于下面：

　　　　纳西族的亲属制度是类分式的，对于所有的血统亲属概类别为各种范畴，基本的如下：

　　　　（一）如己身为女子，自己的和姊妹的（亲姊妹和远房姊妹）子女都称为子和女，即"若"与"木"，和自己兄弟（亲的和远房的，下同）的婚生子女为侄儿与侄女，即"则屋"与"则梅"，或用叙述式的称谓"兄弟之子"。

　　　　（二）如己身为男子，和自己和兄弟的婚生子为子和女；称自己女阿注所生的子女（包括自己与女阿注生的和别人与女阿注生的）为侄儿和侄女，即"则屋"与"则梅"。称自己姊妹的子女，也是侄儿与侄女。

　　　　（三）对母亲和母亲的姊妹统称母亲，即"阿咪"。又依长幼将母亲之姊妹为大妈妈，即"阿咪直"，将母亲之妹称为小妈妈，即"阿咪吉"。"阿咪"也用以称母亲的女友和舅父的妻子和女阿注。

　　　　（四）对母亲的兄弟和男阿注均称"阿乌"（舅舅）。

　　　　（五）对母亲的母亲即祖母称"阿移"，对"阿移"的兄弟即舅祖父称

"阿普"。这两个称谓也可有用以称父亲的父母和自己阿注的祖父母。

（六）对曾祖不分男女均称"阿斯"。

（七）己身是女子，自己和姊妹的儿女的子女都是自己的孙子与孙女，即"如屋"与"如咪"。这两个称谓也适用于称呼自己儿子和阿注（或妻）及自己兄弟的阿注（或妻）的女儿的子女。

（八）己身是男子，对自己姊妹的子女（侄子及侄女）的子女，也称孙子与孙女。对自己的和兄弟的阿注（妻）的子女的子女，也称孙子和孙女。

（九）同辈之间，对于长于自己的兄或姊，统称"阿木"，对幼于己者弟称"格日"，妹称"各咪"。这些称谓既适用于姊妹的子女间，也适用于兄弟的子女间，以及兄弟的婚生与姊妹的子女间。

又说：

需要说的是：

（一）在行阿注异居婚姻的母系家庭中，男子只有侄子女而不会有自己的子女，属于男系的亲属是不存在的；只有在产生男娶（统计数字表明这是极少的）的情况下，男子才有自己的直系子孙。

（二）男子称自己姊妹的子女为侄，称自己和兄弟的婚生子女为子女，表明兄弟与姊妹已不能处于婚姻关系中，故对己子和姊妹之子，在称谓上已有所区别，现实情况也是如此。但子女们都使用"阿乌"这个称谓来称呼自己的舅舅和母亲的男阿注，此与现行的婚姻制度（禁止母系血亲间的配婚）是抵触的。这当是由于亲属制度总是较婚姻制度变化慢而遗留下来的与更原始的婚姻形态（血缘家族）相适应的称谓。

（三）同辈之间，无论姑表、舅表、姨表以及父系的堂兄弟姊妹之间都没有专门的称谓，而一律以兄弟姊妹相称。但在这些关系中，依母系原则在亲疏和婚姻关系上有严格的区别：姨表是属于同一哥母系血统的关系，如兄弟姊妹，严禁通婚。至于姑舅表和父系的堂兄妹之间，则认为不属于同一（母系）血统，他们之间的婚配关系也不受禁止。同样也表明亲属制度落后于婚姻制度。

例如：

瓦拉片夏瓦窝初与其舅表妹得马婚配，其女梭纳得马，又与其表兄乌衣又阿注关系，但与其姨表兄弟之间则绝不通婚，而这些关系的亲属称谓则一律是兄弟姊妹。

（四）在实际生活中，姻亲关系中辈分的区分由于年龄的关系而不甚严格，如瓦拉片布塞特家的厄采（年六十余岁）被其弟梭纳之子（婚生）称为"阿普"，即祖父。而夏瓦家的塞诺将其舅祖父拉差之同居女阿注甲此拉木（年四十余）称谓"阿牙"，即大妈妈或大姨姨。

（五）夫妇的称谓只有在结婚的和同居阿注间才使用。异居的阿注们只互以阿注相称，并不认为是夫妇关系，双方的家庭，也不认为有"夸这"（亲戚）关系。一方对于另一方的家庭成员，长辈多随对方以亲属称谓相称，同辈之间可用亲属称谓相称，也可用名字相称。这种关系主要是存在于较长的男阿注与其女阿注的家庭之间。女阿注与男阿注的家庭则接触不多。临时阿注之间，互相都不一定与对方家庭发生关系，也就更谈不上使用什么固定的亲属称谓了。

（六）称谓中最上至曾祖（通性），最下至孙。曾祖以上概以曾祖相称；孙以下，概以孙相称。

（七）祖父祖母，如用汉族的称谓来翻译应是舅祖父和外祖母。他们是兄弟姊妹关系而不是夫妇关系。结婚的男娶家庭也使用这两个称谓来称呼自己的祖先，这当是后来的借用。

（八）无继父、继母，继兄弟姊妹，和生子等称谓。

（九）与纳西族中早已产生的阿注同居和男娶女嫁的事象相适应，也早出现了少数关系较稳定的单偶制家庭。这在亲属称谓中也有反应，即增加了一些表达父系血亲关系的称谓，如称父亲为"阿薄"或"阿达"，称叔伯父为"阿波"，称父亲的姐姐为"阿牙"，妹妹为"阿尼"等。但这些称谓就是在行嫁娶的家庭中也未完全采用。特别是对于"阿达"这个称谓，多不愿采用。瓦拉瓦十二对结婚和阿注同居的夫妇，他们的子女称父为阿达的只二家，称阿薄的七家，称阿乌的三家。据说"阿达"含有严格的父亲的意思，一般母亲们都不愿教自己的孩子这样称父亲，孩子们处于普遍称生父为"阿乌"的环境中，也不惯于使用这个与众不同的称谓。在男子娶妻而姊妹未分居的人家，几全称父为"阿乌"（舅舅）；他们认为，若称为"阿达"，就会使同居的姐妹们（孩子们的姑母）害羞，称父为阿乌则可以使亲属称谓维持着母系的传统，而有利于家庭的团结。本乡党部书记录若皮措的家庭就是这种情况，他的孩子们都叫他"阿乌"。既然把父亲都叫做"阿乌"，对叔父伯父们也使用这个称呼谓。阿尼、阿牙等称谓的应用也同样如此。有些男子娶妻的家庭，仍然把"阿尼"称为"阿咪"（妈妈）。这都反映出母系的传统称谓不仅在母系家庭中是现实的，在父系母系并存家庭乃至父系家庭中，它也还没有被另一套称谓所代替，而他们家庭属性的反复变更和长期以来母系家庭一直处于优势地位的情况，则是父系称谓至今未能成套和不能取母系家庭而代之的原因。

第卅四章　家的名称与分裂

《报告》第一部分，这就是关于温泉乡的调查第二章第二节的第八项（页八九至九〇）叙述家庭的名称说：

> 当地纳西族无本民族的姓，而人名（由达巴或喇嘛命名），又多雷同，故在其名之前冠其家名，或血统名以兹区分，是其家名和血统名即相当于姓。

例如：

> 萨达布母系血统益秸家高搓米（女，六十三岁），就叫做益秸高搓米。衣布母系血统巴茨米家比马达珠（男，十五岁），叫做巴茨米比马达珠，"巴茨米"是家名，"比马达珠"是人名。

但又如：

> 软格母系血统软格达石家直马（女，六十七岁）和软格阿答家直马（女，四十八岁），在一般情况下，不同时涉及此两人时，都叫软格直马，为区别两人时，就叫软格达石直马，软格阿答直马。"软格"原为家名，分衍为各家后，乃为各家共同血统之名。

再如：

> 阿如血统各家成员，一般均冠血统名于人名之前。如阿如阿窝家庸珠（男，五十四岁），叫作阿如庸珠，为区别同血统同名者，才叫阿如阿窝庸珠。
>
> 瓦拉血统帕米支帕米阿窝家梭拉（男，五十一岁），就叫帕米梭拉，或叫帕米阿窝梭拉。

又说：

> 本乡七个血统的名称，除"软格"乃为其血统各家的共祖戞拉答答其人的职习名称外，其余六个血统萨达布、哈巴布、衣布、阿如、瓦拉、瓦虎，都已不知其含义。在村名中，软格瓦、阿如瓦、瓦拉片"片"是瓦拉的尾音（亦可略去而称瓦拉），三村是以所居血统为名。阿古瓦、衣马瓦，分别以其所居血统中的某一家阿古家，衣马家为名。拉梅瓦是以所居哈巴布母系血统中阿来家曾任土司所属伙头（本民族语为"拉梅"）为名。八瓦因何为名，无从察知。

还说：

> 家名大多数是以祖先之名命名，即以人名为家名。……其实，（家名）多是源于人名，而且是可以用后来的人名替换的。有极少数是以亲属称谓（如母亲，外祖母）为名。有极个别沿本血统的名称为名，如衣布家即沿其衣布母系血统之名。
>
> 观瓦拉血统的历代婚姻世系表，可以看出，今母系父系并存家庭瓜渣家是戴其女祖先瓜渣之名。母系家庭达珠折家、哥遮家是分别戴其男祖先达珠折、哥遮之名，而其近代均为连续四代的母系家庭。灼布家、皮搓得马家，现均为母系家庭；灼布家的家名，系以其祖先波力之妻灼布为名；皮措及马家的家名乃其祖先揉得之妻皮搓得马之名；其不以夫名为名，而以妻名为名，如母系家庭阿苦家、洒达美家，母系父系并存家庭甲戛美家、塞特家、阿其美家，都是分别以其女祖先阿苦、洒达美、甲戛美、塞特、阿其美为家名。从男性祖先娶妻所分衍出的家庭是母系家庭，且又有不以夫名为家名而以妻名为家名，亦即不以父名为家名而以母名为家名，这种事象反映其传统的母系势力对于新生的父系势力的反抗。

但是有的母系家庭却以其男祖先的名为家名，而父系家庭又以其女祖先的名为家名。比如：

> 瓦虎血统拉马塔支有五家，鲁若家的家名鲁若，很像男人名字，但从祖先中查不到此名。拉马塔阿窝家是母系家名，却戴本支的共祖拉马塔（男人）为家名。母系家庭纳卡得马家得马（五十九岁），斯格（五十二岁）姐妹二人，以其母（无父）纳卡得马为其家名。灼格斯格家是母系家庭，以其男祖先灼格斯格为家名。父系家庭阿尼家，则又以其女祖阿尼为名。布甲支布甲家是母系家庭，以本支的女共祖布甲为家名；母系家庭衣都家斯格得马（女，五十岁）率其女及（外）孙、（外）孙女而居，以其（外）祖母衣都为其家名。这里，母系家庭以男祖先之名为家名，父系家庭又以女祖先之名为家名；这反映着新生的父系力量与传统的母系势力在搏斗，是母系向父系家过程中的正常的矛盾和斗争。现象上的矛盾，是过渡时期的必然产物。

但也有以亲属名称为字名的：

> 瓦拉血统波若支采尔阿衣家（母系父系并存家庭），其女祖先叫采尔阿衣。"阿衣"在当地纳西语中，即其亲属称谓"（外）祖母"。这不仅是以"祖母"之名为家名，且以"（外）祖母"这一母系亲属为其家名。而萨达布母系血统母系家庭阿衣家，就直接以母系亲属"阿衣"（祖母，即外祖母）为其家名。哈巴布母系血统现母系父系并存家庭阿咪家，以母亲"阿

咪"为家名。

阿衣家采尔直马（女，五岁），格土（男，十八岁），可叫做阿衣采尔直马、阿衣格土，用汉语译出，就是"外祖母采尔直马"，"外祖母格土"，即姓外祖母，名格土。阿咪家丁巴（男，十七岁），可叫做阿咪丁巴，用汉话说，就是姓"妈妈"，名丁巴。

以女祖先之名及母亲、外祖母这种亲属称谓作为家名，这充分反映了这里家庭的母系性质。

但是：

他们对于家名的替换，并不太重视。搬到谁家屋里去住下来，就抛弃了自己原有的家名，而戴上所居屋主的家名。

又说：

综上所述，萨达布、哈巴布、衣布、软格四个母系血统和阿如、瓦拉、拉虎三个血统，及其多个家庭来看，它们的家名与其血统已不一致或不完全一致了。

瓦虎和瓦拉早先可能为两个氏族，由于早行嫁娶，其内部各产生了嫁娶或阿注关系，固有血统遂发生混乱，家名与血统已不统一，不再成其为氏族。同样，阿如血统也非氏族。

软格母系血统是由夫妻二人分衍而来，其早有父系因素，内部除开母系近亲，已有阿注关系，家名与血统已不完全一致，亦非氏族。

衣布、哈巴布、萨达布三个母系血统，其母系血统的变换，乃是十九世以来才发生。但毕竟发生了变化，各血统内部各家庭的成员已不完全承继其原母系血统，即名与血统不完全一致。其内部是否可为阿注或通嫁娶，多不只看家名和血统名是否相同，须实际看某一家庭的原有母系血统是否有了变换。这三个母系血统没有一个是完全延续了原有母系血统，都是缺破不全，只不过是保留的多少而已。其中以衣布母系血统还大部分保留原有血统，哈巴布保留得较少，萨达布介于两者之间。但无论保留得多或少，它们都已长期存在于阶级社会中，母系血统已经不是一个人们生产、生活和严格实行外婚制的血缘组织。

家名的变换往往是由于一个家庭分析，而从这个家庭搬出去的部分另立门户，遂改换家名。家庭的分析或分裂原因很多，有的像萨达布母系血统，阿衣家泽珠马带其三代七人入继哈巴布母系血统，巴莫米得马家到了巴莫家之后，遂改其家名阿衣，而冠以巴莫。有的因家里人口太多，不得不另分门立户。在这里的纳西族，一般的家庭有七八个人口，太多了可能住不下去或其他原因乃分为二家或三家。当然也有些家庭多到十余人，母系家庭益秸家包括三代共十六人，还有多到二十六个成员的。(参看《纳西族简史简志合编》页十二) 此外，又有因在一家之中有的男娶妻或带其女阿注来同居，有的女招婿或带其男阿注来同居，因此引起姊妹或其他成员不能和睦相处，因而有的成员搬到外边，另起房屋，自成一家，并改家名。有的甚至一个人，尤其是女的为多报庐，这就是另砌小屋自成一家，并用自己或其他名字为家名。在以阿注为基本的母系家庭，一个女的离了自己的家庭而出去仍可自成一家，因为她可以在家接待阿注生育子女，逐渐可以从一个为一家而变为好多人为一家，在这里的纳西族因与家人不睦而离家另取家名的很多，尤其是以女的为多。

第卅五章　家庭与家庭住宅

家名随时可以改换,在这里的纳西族中并不是一件重要的事情。同时,一个家庭的家名是与一个家庭所住的房屋有了密切的关系。《报告》中指出:

(家庭)一旦命名,它就与具体的住所房屋联系在一起。只要是住到这个房子中的人,就用这个家名,因而他们也把家名称为"房子的名字"。(页八九)

上面已经指出:"搬到谁家里去住下来,就抛弃了自己原有的家名,而戴上所居屋主的家名。"例如:

萨达布母系血统阿丙家格若(女,六十八岁),达石马(女,一九五二年死,四十八岁),搬到阿如血统阿如达石家屋里去住,就不叫阿丙格若、阿丙达石马,而叫阿如格若、阿如达石马了。(页九十)

这就是说,家是与屋有了密切的联系。而且,应该说,一个家庭一旦命名,它的房屋就叫做这个名。因而进入这个房子的人们,无论是一个人或是数个人,还是用这个家名为其家名。这就是说,他或他们放弃了自己原来的家名,而用这个家名为家名。在上面我们曾举出,凡是入继了一个家庭就要放弃自己的家名,而用了入继的家名,为哈巴布母系血统巴莫采得马因为没有承继人,而将萨达布母系血统阿衣家泽珠马等三代七人入继其家,因而遂改为巴莫泽珠马,到了后来,采得马的侄孙仲宾搬出这个房子而另居,根本上巴莫家已没有人,可是阿衣泽马仍然戴着巴莫这个家名。(页三五)

不但这样,纳西族的房屋建筑是与其母系家庭与阿注关系有了关系的,所以我们在这里将其有关房屋的构造与布置的数段话,抄录于下:

房屋建筑,永宁纳西族典型的房屋是全部木质结构的双斜面方形(或长方形)建筑,用两端有接口的方木(或园木)垒成墙壁,以木板(一般长三、四尺,宽七、八寸,厚约半寸)铺屋顶(当地称"滑板"),上面压上天然的石块以防止木板滑落。以木材作建筑材料与永宁地区森林茂密有关。只是在近代,或系由于永宁坝区附近的木材已砍伐殆尽,也可能是受到汉族和丽江纳西族的影响,一部分房屋开始建筑土墙,土司等封建主则聘请汉、白等族的匠人,修建起土、木结构的汉式瓦房,但房屋的主要部分"一梅",除砍用瓦顶外,墙壁仍用方木垒成,内部构造和陈设也保持传统的形式。(页二六八)

每一个家庭的房屋都自成一个院落。最完整的院落由四幢房屋构成,即一幢单层的正房"一梅",两幢"尼扎意"("尼扎"意为二层,"意"即房屋)和一幢"喀拉意"("喀拉"意为神)。尼扎意即二层楼房,下层多作畜圈,称"布古";上层称"花骨",又分为小间,分别用做仓库、草楼和人的住室。经堂也是两层建筑,且往往高于尼扎意,下层不做畜圈,可放置木架和其他杂物。"一梅"是一幢复杂的建筑,它包括"一梅""喀帕""木帕""都帕"和"基"几个部分。"一梅"是正房专有的名称,"基"为仓库之意,其他名称都是表示房屋的方位。"喀帕"和"木帕"建于"一梅"左、右两侧,纳西族认为"一梅"中放置火塘的一边是上方,因而靠这一面建筑的侧房称"喀帕",即上房之意;另一侧即为"木帕"意为"下房";"都帕"在"一梅"的后面,它的含义也即"后房"。"喀帕"用作住室,"木帕"内筑有土灶和放置木碓,是加工粮食和煮饲料的所在。"都帕"放置粮食和其他杂物,也有在"都帕"内专门隔出一个仓库的;"都帕"还有一个特殊的用途,即在人死后做临时的停尸处。"一梅"(狭义的)是一间宽敞的大屋,面积约为四、五十平方米,在室内的一端(如一梅建于正对大门的位置,左右均可;如一梅建在侧面,则多在不靠大门的一端),用木板铺搭成高出地面约一尺的火铺,它占据了一梅面积约三分之一左右。火铺(汉称,纳西语有各部分的专称,没有总称)的中心留下一块没有铺设木板的地方作"刮"即火塘,人们用它做饭和取暖。"刮"的上方,即墙壁,供泥塑的灶神"詹巴拉",其左右两侧称"喀古",下方(即正对"詹巴拉"的一方)称"枯"或"括切马"。家庭成员就围坐在这三方用饭、集会、祭祀祖先和灶神,也在此招待客人;晚上固定是老年妇女和儿童的睡处。在火铺的对面和内侧,沿方木墙壁搭设高宽约二尺的木床,称为"达瓜马"和"斯吐克",在紧靠木床的地方,又砌一个或两个与木床等高的炉灶。家庭成员多的人,在吃饭和集会时可以分一部分人坐于木床上;晚上多为少年人的卧榻。木床旁的炉灶则在火塘不敷使用时利用。青壮年的妇女们多住于"喀帕"和"花骨",有条件的人家,每个人可以分配到一间。青壮年男子应该到阿注家去过夜,自己家里不为他们准备住房,个别如住家里的,可以睡在草楼上;老年男子多住"花骨"。(页二六八)

上面是说房屋最为完善的而言,建筑这样的房屋,要有较好的经济条件。经济条件差,人口少的家庭,则不建筑经堂,也没有二层的"尼扎意"只拥有"一梅"和畜圈,这样的家庭,青壮年妇女,就与老年妇女一起住在"一梅"里,或住于草楼上;老年男子也可以住"喀帕"和草楼。总之家庭成员夜晚的住所除喇嘛固定住于经堂旁的"花骨"(没有经堂的也可以睡草楼,绝对不住到"一梅"里),老人妇女和儿童固定住于一梅里外,其他成员不是绝对固定的,视各户成员的多寡和房屋的具体情况分配住房。如里格厄摩达使家成员有舅父（一人）、母亲（一人）和子女四人，房屋有"一梅"、经堂和尼扎意。母亲和长女、幼子住一梅，舅父住"花骨"，长子（阿注住的远，十几天才去一次，多住家里）住草楼。厄摩格古家成员有舅祖父（一人）、舅父（一人），母亲（一人）、子和媳（二人）和孙子孙女各一人，共七人。房屋有一梅和尼扎意。母亲和孙子（未成年）住一梅。舅祖父和舅父住"花骨"中的一间，子和媳另住一间。孙女有阿注住畜圈上的草楼。拉克家成员有舅父四人、母亲一人和子女四人（未成年）。房屋全套都有。母亲住一梅，舅父住"花骨"。在祖母活着时，母亲曾住过"都帕"。八株沙基家则是父母占据一梅，其他人分住草楼和花骨。

又说：

纳西族的房屋结构的特点体现了两方面的意义，一是与他们的母系家庭相适应，如老年妇女占据"一梅"，其他家庭成员，也有适当的住所，他们的房屋显然可以容纳比现在的家庭成员更多的人；或者，过去母系家庭的成员曾经比目前多得多。这样的房屋对于父系小家庭是不适宜的，曾在木里过了十五年小家庭生活的厄摩得之泽尔就感到这种房子大而无当。另方面他们房屋中普遍设有专门的仓库（有达二三个之多的）草楼及牲畜（有各种牲畜分别关喂的）等此类经济性的附属建筑，乃至专为加工饲料"木帕"，又表明了他们生产的发展已达到相当的水平。（页二六九）

第卅六章　斯日尔与氏族等

在这里的纳西族中，其血缘组织之比家或家庭为大的是"斯日"与"尔"。大致的说，斯日比家大，而比尔为小。斯日也可以说是尔的派生出来的血缘集团。斯的意义为同一个根骨的人。《报告》页六十六中说：

> 母系血统就是母系家庭、母系父系并存家庭所从处的母系血缘集团，纳西族称之为"斯日"，意为"同一根骨的人"。同一个母系血统内部的各母系家庭的成员，都自认是出自一个女祖先的后裔。

页九十一中说：

> 在六个"尔"之下的血缘组织，是"斯日"，意为"根骨"或"根根"。他是由早期的"尔"派生出来的血缘集团。"斯日"还没有泛用到家庭，如灼布家，就不能称为"灼布斯日"，它的范围比"尔"小，比家大，而与我们所用的"血统"相当。一个血统，也就是一个"斯日"。血统的变化也就反映着斯日的变化。萨达布、哈巴布、衣布、软格、阿如等五个血统（均出于峨尔），就是五个"斯日"（萨达布后来及分为萨达布和阿古挂渣两个"斯日"）。从胡尔所出的瓦虎瓦拉两个血统是两个"斯日"，瓦拉血统由于人口繁衍，分为帕米、波若、格遮三支，也是瓦拉这个大"斯日"下的三个小"斯日"。可见"斯日"有大小，有分裂，但它总是几户人以上的血缘组织（大的包括几十户）在同一个"斯日"内的各个家庭，已是各自独立的生产和消费单位。但"斯日"也还保持着以下共同活动和联系。

（一）为祭祖。（二）为共同墓地。（三）为互相帮助的义务。（四）共同的长老。

关于这种作用，我们将在下面说明。

同斯日的人，也就是说是同家门、同支派。同斯日、同家门、同支派的人员，在生活上有了很多共同东西与有互相帮助的义务。

因为同斯日的人们是同一个女祖先，是同血缘，所以他们也有共同的故地与火葬场。例如页一三一中说：

> 咪伏瓦布阿血统（原为母系）八家，同为一"斯日"（家门）。折普瓦涉子六家，咪伏切克得马家一家、我答村巴塔家一家，共八家，同为一"斯日"。乌求村腊血统十一家，同为一个"斯日"。各"斯日"都有共同火葬场，共同墓地（放置骨灰处）。阴历八月初二日，同"斯日"各家共同祭祖；十月上旬任何一天，各家分别祭祖，邀同"斯日"者进食。

页九二中说：

> 每个斯日各有共同的墓地，即放置骨灰的固定地点。萨达布、哈巴布、衣布的墓地，在其所居村的共同的靠背山，又各有一定的地段放置骨灰。软格的墓地在其对面山（即阿如瓦的靠背山），阿如的墓地原在狮子山，后来已不拘于何处，而多集于现靠背山。瓦虎、瓦拉各斯日，原有共同墓地，至晚近以来，由于婚姻频繁，斯日中渗透了相当多的外来成份，大家逐渐不再重视共同墓地，多在村边火化场附近（村南北都是山）寻一个僻静地点放置骨灰，草草了事。

页二七三中说：

> 司沛等级和自称为阿苦阿抱支的纳西族（此支包括阿塔、阿才、阿如、夏洒和甲布瓦的部分"细娘子阿"在内，自称早期出自司沛根根），在狮子山有专门的墓地，其送葬仪式一般责卡有别。

又说：

> 责卡和俄也把死者的遗骨送到靠背山上，但一般没有固定的、以"斯日"为单位的墓地。

假使有人死了，同斯日的人帮助办理葬事。页九十二中说：

> 同斯日者须帮助丧家洗死人，招待请来念经的喇嘛和来吊祭的宾客。喇嘛和宾客每日三餐，多由同斯日各家轮流款待。有的死者家属只拟小办丧事，同斯日者则认为须顾及全斯日的体面举行大办的。如波若斯日洒达美家阿塔的祖母死时，全斯日赞助就大办了丧事。但斯日的互助不是无偿的。各家帮助了多少要记下来，在对方有丧事时，也要给予同样的帮助，但也不斤斤计较。（页九十二）

页一一六中说：

> 人死的当天，在"斯日"们帮助下给死人"洗身"。……"斯日"、亲戚要给予丧家帮助，近亲要轮流代丧家招待客人一餐饭，同村人每户以一掰麻布、一定数量的粮食、酒、猪膘等来帮助，丧家须一一造册登记，日后对方有丧事时，得以同等或超过其所给予数量的礼品作为还礼。

又页二七三中说：

> 丧葬中，司沛支和阿塔支同斯日和有姻亲关系的各户之间，在人力物力上互相帮助，按传统是婿家在妻方的母亲和舅父等长辈去世时，要无偿的代妻的母亲招待亲友一顿饭，同"斯日"的各户在物质上的互相帮助，如帮招待一顿饭，帮几十斤猪膘或粮食之类，但要记下帐来，在对方有丧事时也

要给予同等的帮助。里格村各户除阿妈家外实行同村互助，不论那一户有丧事，其余五户每户帮招待一顿饭。

祭祀祖先也有同斯日的人们共同举行的。如：

> 瓦拉片和八瓦的纳西族还保持着"斯日"集体祭祖的活动。每年八月初三瓦虎和瓦拉中的帕米、遮格、波若，均以分别集体祭祀。各"斯日"均要杀一条猪为祭品。平时由本支各户轮流喂养。该年轮到那户出猪，就在那户的院心设祭。祭献的猪，各支根据自己的人数，要求达到一定重量，如帕米"斯日"定为九十七斤。其他祭品，由各户按人口和以户为单位凑出，如帕米支每家出两个薄麦饼，每户两筒燕麦糌粑，一支或两支鸡，数碗酒，酥油一片，奶渣一盘。当天全"斯日"每户一人或数人集中到一起，由达巴背诵历代祖名，杀牲祭献，在祭桌上插十一根猪血染红的青钢栗树枝，祭后将二根弃出，剩九根横放屋顶上，方向朝木里，据说是朝着瓦拉、瓦虎祖先"胡"的来路。（页一一四）

又说：

> 十月杀年猪还要祭一次祖。南端五村八月不祭，只十月祭一次。此次以户为单位。在十月份以内，先杀猪的先祭，后杀后祭，祭时也请巴达主持，同"斯日"的互相邀请。瓦拉片和八瓦祭祖的人家，要请同"斯日"各户吃一天。早饭招待黄酒、豆花和糌粑；小午饭请各户当家的老妇女，吃猪肚杂，喝酒；大午饭请所有人吃猪肝、猪心、肺等（猪肉则制成猪膘，过年才砍开），不来的人也带回一份。这个月，同支人多的，几乎天天轮流邀请。（页一一四）

又同斯日的人们也帮助祭山神。页一一七中说：

> 冬月十二称为过小年。……这一天，在瓦拉片有另一种活动，他们称为"祭山神"，祭祀由当年生孩子的人家主办，亲戚"斯日"帮助，凑一点酒、猪肋骨、水果等，主办人煮酒，推豆腐，准备招待全村人。

节日也与斯日有关系。

> 过年期间，"斯日"，亲戚之间或以村为单位互相请吃饭。晚上跳锅庄舞。（页一一八）

接亲或结婚，同斯日的人来参加宴会也特别给与较多的肉食。（页一一五）

不只是墓地、骨灰场、丧葬、拜祖先、祭山神、节日都与斯日有关系，甚至人命事件、重大纠纷及生活上如多方面都与斯日有关系。页九二中说：

> 同斯日各家在丧葬、人命事件、重大纠纷及生活上，有义务互相帮助。

发生重大纠纷事件时，当事人要请同斯日者共同商量对策。发生人命事件，由受害人的"斯日"向土司提出控诉；杀人者的"斯日"，须分担一部分命金。及至还来，互助乃以与当事人的情感为转移，已不成为同斯日各家的义务。但丧葬互助，直到解放前，还是同斯日各家必尽的义务。

杀人的例子如：

> 下瓦拉片戛瓦猜达喝醉了酒，被其妻甲阿及子戛若扭打致死。其同"斯日"的告到土司处，土司将猜达全家降为俾子，戛若上脚镣手铐，交拖支"司沛"管押，其大妹沙抢在土司家当俾子，二妹詹得玛当堪布的俾子，其母甲阿放回照料家务和幼女布特，后其母在田方"斯日"的帮助下，用钱把戛若三人分别赎回。（页一一一）

此外，同斯日者也有同组织依底。依底是纳西族中的普遍所在的生产协作组织。好多户或家是根据同斯日而参加这种组织。（参看页九八与九九）因为农忙时候耕出卜种，尤其是像犁田这种工作，需要重复劳动力或因工作量太多，一家人以至二家人不能及时作完，需要其他的家人帮助，同斯日的人们既有了亲戚的关系，合起来互相帮助耕种，如布甲家曾与毛家建立依底关系十多年，这二家是同斯日的又与窝初家（姊妹关系建立依底十一年，还与同斯日的八瓦阿栽家建立这种关系七年）。（页九十八）

从上面看起来，斯日之于纳西族的家庭与人们的生活有了密切的关系，而且有了很大的作用。可能在过去这种关系更要大，这种作用更要大，可是光就上面所举出的来看，在这里的纳西族的人们的一生生活的好多方面，却与斯日是分不开的。

同斯日是同血缘，因而在过去同斯日的人们也不能通婚。比方，益楷家和甲阿家二者，原属萨达布母系血统，因而二家成员就不应结交阿注或联婚，可是萨达布与阿古挂渣是属于不同斯日，二者之间的男男女女可以结交为阿注，或互相嫁娶。（参看页一四〇）

但我们也得指出这是老规矩，同斯日的男女互为阿注的并不乏人，虽则有了不少仍是暗交结。而且，有了好多斯日其母系血统早已变换，因而在斯日内通婚也是时见的事情。页一三一中说：

> 各"斯日"由于早行嫁娶，其母系血统已变换，同"斯日"各家间，除母系近亲外，可有建立阿注或婚娶关系。

事实上，不只同斯日中各家已有了通婚的现象，就是在一家之中如我们上面已经指出，也有兄与妹、舅父与甥生为阿注的，虽则这些事情是受了人们背后的非议。

《纳西族简史简志合编》第二章中说：

> 属于一个"斯日"的成员，由于血统相同，过去严格禁止通婚，除非由于人口增殖，分裂出去的母系家庭组织成了新的"斯日"，待关系疏远之后方可通婚。这里表现了家族外婚的特点。到后来，由于有些母系家庭绝嗣，不断出现过继养子养女等情况，造成同"斯日"的某些母系家庭发生血统改变，这些已经变换了血统的家庭，就可以和原"斯日"的其他家庭通婚了。目前多数"斯日"，都因母系血统发生过变换，内部存在着通婚关系。（页十二）

斯日的功用，在过去，没有疑问是很为重要，但现在已逐渐失了作用。比方在过去长老辈在斯日起了很大作用，现在也已减少。其他方面也都如此。页九二说明了这一点：

> 由于纳西族已进入封建领主社会，土司所封的大、小伙头已成为农村的基层统治头目，各斯日的长老实际上已很少起作用，遂失去其传统的名称和职权，只是作为懂道理的老年人受到同斯日的人尊敬而已。解放前，瓦拉血统波若斯日的阿其阿毛，帕米斯日的纳吉达石，瓦虎斯日（即瓦虎血统）的沙布尔泽等，都是本斯日的长老（均系男子）。至于其他斯日，已无所谓长老了。

又说：

> 各个母系血统成血统，即各个"斯日"内部的血缘纽带已日愈松弛，"斯日"的共同活动几局限于宗教祭祀活动。同"斯日"各户间已存在阶级分化乃至剥削与被剥削关系（主要反映在土地典押等关系上），"斯日"是否曾有过共同的经济生活则已无从探究了。（页九二）

关于"尔"《报告》页二二六中说：

> 当地纳西相传，其由胡、峨、牙、西、布、搓六个"根骨"分衍而来。上村21家，追溯其"根部骨"，为胡、峨、牙、西等"尔"之裔。
>
> 胡——奢巴两家；
> 峨——拉萨、姑此、戈阿、格梭、搓牙、加塔、阿塔等七家；
> 牙——阿马、则此（两家）三家；
> 西——阿阿、软格、阿拔、优息、腊塔亨、里波、海塔、淹色等八家。
> 以上共二十家，枯塔家其曾祖父系傈僳族，曾祖母为普米族，其子孙虽变为当地纳西，无从归入前述纳西六"根骨"之一。拉萨家先世为汉族与纳西女结合，子女从母亲"根骨"。搓牙家之先世为普米族，入赘格梭家，子女乃从格梭家之"根骨"，其他亦同，故各有所从。

又页九十中说：

相传永宁纳西族原为胡、峨、搓、牙、西布等六个"尔"（他们用汉语说六个"根骨"）分衍而来。本乡（指温泉）七个村各血统，相传源出于胡、峨两"尔"。萨达布、瓦虎、瓦拉源出胡尔，哈巴布、阿如、软格、衣布及拉马、茨枯、达巴米三家源出峨尔。

前述六个"尔"，可能原为六个氏族；"尔"的含义，原先可能是专指前六个血缘集团，到现在已泛用于有血缘关系的大、小集团。胡、峨、搓、牙、西、布这六个"根骨"，固然是用"尔"；但是，从胡"根骨"所分衍出的瓦虎、瓦拉也可以用"尔"（瓦虎尔、瓦拉尔）；瓦拉之下帕米、波若、格遮三支也可以用"尔"（波若尔、帕米尔、格遮尔）；小到个体家庭为灼布家、阿苦家、阿毛家，都已用"尔"（灼布尔、阿若尔）。现在泛用的"尔"，已不具氏族的含义；而一般都作家庭的意义来使用了。

这里称家为"尔"，此"尔"所指的家是具有血缘意义的家。至于有具体地点的以房屋为代表的物质的家则用"一度"（译音）因而他们也把"一度"译为"房子"。例如说某人不善于操持家务，则说："一度马衣黑"；不说"尔马衣黑"。如果说，某人是哪一家的成员（涉及血缘），乃说某人属于某"尔"，不说属于某"一度"。（页九十一）

尔，据这里所说，虽仍然保持了血缘的意义，但在血缘上，像上面所举的一些家庭，已渗有汉族普米族与傈僳族的血统，所以六个尔并非纯粹的纳西族的血统。

又尔在范围上虽比斯日为大，但尔既用于瓦虎或瓦拉的个别从尔分出来的斯日，而又可以使用于某一个家庭，那么尔的范围也可以说是比之于斯日还要小。永宁纳西族本有六个尔，但原来又合而为四个尔。《纳西族简史简志合编》第二章中指出：

永宁地区纳西族的约五百八十余户，沿着永宁盆地四周的山麓建寨而居，共四十多个村落。他们称村落为"瓦"。据永宁地区纳西族世代传说，最初是纳西族的"西""胡""牙""俄""布"和"搓"六个"尔"按血缘关系集体迁进永宁，后来"布"和"搓"两个"尔"，融合在其他四个"尔"里。这里所称的"尔"，在很大程度上相当于"氏族"这一词汇的含义，直到目前，个别村落仍具有氏族血缘村落的残迹，如它们基本上是由一个母系血统的若干母系家庭构成，有共同的墓地，共同祭祀祖先等活动，任何一个家庭有了丧事，同血统的各家都有义务协助，否则为舆论所非议。（页十一）

又说：

"西""胡""牙""俄"四个原姓氏会不断分裂出新氏族。分裂出来的

> 新民族由一家乃至数家构成一个血缘近亲家族集团，以最初分裂出来的成员的特征和所居住的自然环境、地段等来命名，他们也叫"尔"或"斯日"，例如："然"是豹、"拉木"是虎女，"拉欧海"是虎头，"楼古"是宁蒗北角坝等等；其中以动物名称命名的为较多。（页十一至十二）

这里是指出尔与斯日是混用起来了。又多以动物来命名，这可能是由于这个民族也采用了图腾制度。

同书十三页中注解中还指出：

> 据《丽江木氏宦谱》的记载，唐代武德以前（七世纪初），丽江纳西族木氏土司的世系中有叫哥来秋的一代，"生四子，分束叶、买、何。"乾隆《丽江府志》关于种人"么些"的记载，四子即四支，束、叶二氏为木氏的祖先，买、和（何）二氏多居山外江边。《木氏宦谱》所载的束、叶、买、何四支，与永宁纳西族世代传说的西、牙、胡、俄四个氏族，当有一定的渊源关系。束、叶、买、何四支，可能也是四个氏族的称谓。

束、叶、买、何四支不只可能是四个氏族的称谓，而且这四支的名称除买这一支的声音不与永宁纳西族的四个尔的名字的声音不相似外，其他三个的名字的声音却有了相近之处，束是近于西，叶是近于牙，何是近于俄或胡。

第十编

第卅七章 封建输入与统治

永宁地区的土司制度的设置,虽是始于元朝或元明之际,可是封建制度之影响于这个地方的时间应该很早。据《丽江木氏宦谱》在唐高宗上元年间(公元六七四至六七五),木氏祖宗秋阳曾为三甸总管,三甸就是丽江,这个宦谱还记载总管的领主有了正妻,虽则在这个时候之前,其先举也有娶妻的,但没有所谓止妻的名义。这应是说明在这一带的么岁的领主,已实行父子相传的父系家庭,而与永宁的流行的以阿注关系为基础的母系家庭有所不同。当然现在的永宁纳西族的阿注关系与母系家庭的历史是否可以追溯到这个时候,也是值得我们提出的问题。至于《木氏宦谱》所记载的事情是否可靠,也是一个值得研究的问题。

在唐代,这个地区是吐番与南诏交界的地方,也是这两者时时互相争夺的地方。在南诏世代,木氏大致上是依靠南诏,据木氏宦谱在唐玄宗时,木氏祖先音都谷曾附属南诏而为三甸总管。木氏祖先还曾多次帮助南诏抵抗吐番。樊绰蛮书曾记载"磨些蛮与南诏为婚姻家",更说明这二者的关系的密切。

三甸总管这个官职也可以说是封建社会的一种设置。它应该是像后来的土司制度,其实总管这个名称直到近代还在采用。《元史》卷六十二《地理志》说:

> 建昌路,本古越巂地,唐初设中都府,治越巂。至德中(七五六—七五七),没于吐蕃。贞元中(七八五—八〇四)复之。懿宗时(八六〇—八七三),蒙诏立城曰建昌府,以乌白二蛮实之。其后诸酋争强不相下,分地为四,推段兴为长。其裔浸强,遂并诸酋,自为府主。大理不能制,传至阿宗娶落兰部建蒂女沙智。元宪宗朝(一二五一—一二五九年),建蒂内附,以其婿阿宗守建昌至元十二年(一二七五),析其地置总管府五州二十三,建昌其一路也,设罗罗宣慰司以总之。本路领县一州九州领一县。

我们知道,在宋代或唐宋之际,这一带地方曾建立了一个国家叫做建都。《元史》说到建都的地方很多,卷十三《世祖本纪》还说到"建都女子沙智",这应该就是《地理志》中的沙智。元灭建都之后,改为建昌路,并置建昌总管府,又设罗罗宣慰司以总之。宣慰司就是后来的土司,在土司或宣慰司之前只有总管府,但是土司制度设置之后总管府还也存在,所以总管府的历史是很长的。

我们以为在唐南诏时代，永宁地区因是属于南诏或是直接由丽江总管管理，到了宋代，这个地方又为段兴与其子孙管理，建都是否为段兴所建立不得而知，但据之史所载建都在当时是一个相当强大的国家。马可波罗在其游记中有专章叙述建都，还说到当地的人用妻女姊妹接待外来的客人，这意味着当地的阿注关系的风俗，注解游纪的沙昂还很肯定的说马可波罗所说的当地人就是么梭。

丽江的木氏固是封建土酋，南诏大理建都也已进入封建社会。永宁地区无论是受那一个封建王朝或土官的管理，总免不了要受封建制度的影响。

而况在封建制度输入之后，这个地区的人民既直接受了封建领主的统治，而其原来的尔与斯日又为封建的各层组织所代替，这就是说，基层正职的组织代替了原始的血缘集团的组织。这种基层政治的组织，在土司的管理之下，更为严密，更为深入。关于这种政治的统治《报告》页一一〇中说：

> 永宁土司统治下的地区，政治区域分为两部分，即内坝与外围地区。外围地区设"吉弟尼兹如官"，"吉弟"是外围地区的统称，"尼兹如官"为二十四官。即外围地区由二十四官管辖，内坝设"黑底伙厄官"一人，内、外坝为二十五官。
>
> 温泉乡的纳西族，分属于"吉弟"和"伙厄"。南五村属"伙厄官"，北端两村的付官人，为"甲布官家"，住开坪乡高明村。
>
> "伙厄官"专门给土司管理"厄鲁"地的生产，本乡及全永宁内坝责卡们给土司服役均由其领导监督。其他行政事务及钱粮的征收则不属其职权范围。"甲布官家"在每年秋收时节到瓦拉片一带来催收钱粮，平时土司的指令和摊派，也由他或通过伙头传达，无事则住高明，不过问日常行政事务。
>
> 农村基层行政组织是伙头制。木乡北端属"吉弟"的瓦拉片、八瓦两个纳西村，与其紧邻的拖奇、比奇、八加、瓦都合为一个政治单位，是一个总伙头区，名称是"阿扎鲁布"，解放前总伙头为比奇普米族阿卡佣都。总伙头之下，各村均有一个小伙头，本民族称之为"拉梅"，其下有"汉几"一人（没有"伙厄"），协助拉梅传锣递信，拉梅是世袭制……总伙头委任的，不世袭，也没有俸禄田。
>
> 伙头的职责是代土司征收钱粮，贯彻土司的指令，平时则维持农村的封建秩序，调解纠纷。每年甲布官家到来，即先与总伙头联系，由他召集各村拉梅传达；然后官家轮流至各村，一来催收钱粮，二来可以到各村拉梅和群众家中饱餐酒肉，乱交阿注。

上面所抄录的是温泉乡的报告。在八株乡的报告中所说的，虽也有相同之处，但也有相异之点，而且较为详细，兹录之于后：

> 土司是永宁地区的最高统治者，设于忠实的土司衙门是这里最高的权力

机关。土司的亲眷,分封于内坝的八株、者波、达坡、开基、拖支、和紧接坝区的洛水等村,他们在这些地方建立司沛府,成为当地的小领主和土司政权的支柱。这些人,组成了永宁地区的封建统治集团;由司沛等级出任的喇嘛寺的上层统治分子,也是这个集团的主要人物。(页一七二)

土司政权的行政系统是二十五官和"拉梅制"。整个永宁土司的辖区,被分为二十五个地区,坝区即"黑底伙厄"("黑底"为永宁坝的纳西名称,"伙厄"直译为"八",连起来就是永宁坝的八个区域之意,是指内坝分为八个拉梅区而言。在实际运用上,"伙厄"是内坝责卡的专称,其官人也称"伙厄官";外坝责卡则称"吉弟"),为二十五个地区之一,其余二十四个地区均分布于外坝。相应的,内坝只有二十五官之一的伙厄官,其余二十四官则分省外围地区,故又有二十四官之说。管外坝(为行文方便,故名之)的二十四官均有副职"扎子"一人,协助进行管理;而无论内坝与外坝,官人之下均设拉梅,汉称"伙头",每一自然村一个或几个相连的小村共一拉梅。(页一七二)

又说:

二十五官由司沛等级与司沛等级有亲缘关系(但分出较早)的某些固定的家族担任(如八株的阿塔家和者波的阿才家),一般系世袭。"伙厄官"的职责,已经离开了行政管理的系统,而专门负责厄鲁地的经营;其二十四官,均住于内坝,只在每年秋收后各到其辖区去为土司催收钱粮,碰到诉讼纠纷,也可为主仲裁;平时土司的指令,也由他们去传达贯彻。据说除特殊情况下,官人们每年在其辖区停留的时间,不会到二个月,其余大部分时间,仍各自料理家务和生产。因而行政实权是当地的拉梅掌握着,拉梅也是世袭制,他们负责维持封建秩序,调解纠纷,协助官人催收各项钱粮杂派等。老总管时,又在拉梅之上设总伙头,内坝每两个拉梅区增设一人,共设四个总伙头,以加强其统治。(页一七二)

上面已经指出,在原始社会的时代,"尔"或所指"氏族"尤其是"斯日"对于其同一血缘的集团中的成员出生、丧死、重大纠纷、人命事件,都由斯日互相帮助,互相调解,而斯日中的长老之有威望者,权力尤大。但是封建领主既分设了层层统治的官职,过去的血缘集团的作用已逐渐减少,虽则这种作用还有不少的遗痕留于今日。

第卅八章　封建社会的等级

在封建领主统治之下的永宁地区，不只在各乡各村都有统治者所遣派的各种基层统治者——大小头目，而且把当地的人们也分为三个等级、这就是以土司为首的司沛或贵族等级、责卡等级与俄等级。在温泉乡，据《报告》（页一〇二）中说：

> 本乡民主改革前的八十一户纳西族中，属于责卡等级的七十三户，属于"俄"等级的八户，无司沛等级。责卡等级居于瓦拉片，八瓦的属外责卡，居于阿古瓦、拉梅瓦、衣马瓦、和阿如瓦的属内责卡。"俄"等级中的六户，集中居于软格瓦，其余两户与责卡混居于衣马瓦。

页一七三中说：

> 处于封建领主制下的永宁纳西社会，存在着严格的等级制度。第一个等级是以土司为首的"司沛"，即贵族等级，他们占有大片领地，拥有可以任其役使的"俄"，政治上享有特权。土司政权的一切高级官员，均由这个等级的人充任。

页一〇二中说：

> 永宁地区的土地制度，是封建领主所有制。永宁土司是其所辖区内土地的最高所有者，并直接占有大片土地，又将其中的相当一部分，分给其亲眷家门分别占有，他们统属于"司沛"即贵族等级。

又说：

> 在其统治之下的，有"责卡"等级，当地汉称百姓，他们当是早期氏族公社成员的遗裔，均为占有土地的农业生产者。在整个社会的封建化的过程中，责卡的土地转变为封建份地，他们必须按占有土地的多少，向土司提供不同数量的实物、劳役和货币地租。

页一七四中说：

> 第二个等级是"责卡"。当地把这个等级汉称百姓，他们占有封建份地，对土司提供劳役和实物贡纳。责卡可以充任土司政权的小官人，并有服兵役的义务。责卡按其居住的区域，又分为内责卡和外责卡两部分。内责卡居于土司及其他司沛等级直接控制的永宁盆地，他们被称为"伙厄"或"黑底伙厄"；外责卡居于二十四官管辖的外围地区，被称为"吉弟"或

"吉弟古厄"。吉弟系外围地区的总称，正如"黑底"是指永宁坝；"古厄"含有九个"官"的意义，系指九个伙头区而言，亦如"伙厄"系指八个伙头区；而在实际运用上，均已转为专用名词，指居住于该区的责卡。两种责卡在对土司的负担和"自由"权限上有所差异，内责卡以劳役负担为主，外责卡以实物贡纳为主，除距内坝较近的"阿扎鲁布"（温泉乡北部六村）每年服两、三天被称为"直阿"（帮助）的劳役外，均不服劳役，内责卡在生活上也受到较多限制，如不能自由迁徙，不能穿金边衣服，妇女不能穿蓝、灰等色裙子（只许穿着白裙）。野生的纺织原料火草，也须等土司家先采集三天后才能采集等等。在外责卡地区，一方面由于离土司较远，另方面由于他们有"散羊毛疙瘩"（详见温泉材料）的权利，土司对内责卡的各种禁令在此就不易推行。

什么叫做散羊毛疙瘩呢？页———有例子说明：

瓦拉片和八和的纳西族都说，他们是"吉弟"，比南端几个村的"伙厄"权利大，如吉弟可以穿金边衣服，妇女可穿有色布的裙子，可以骑马进入永宁坝，伙厄则不能。特别是"吉弟"有散羊毛疙瘩造反的权利。如他们说这是祖祖辈辈传下来的老规矩；吉弟要归土司管，而土司和官人们做事也得守古规。过分苛刻，吉弟就会联合起来造反。反的标志和联络信号是以羊毛搓成绳，一头是根，只一股，另一头根据联络几路人，分成几丫，然后在各丫之上打上结表示集会的日期，如三日集会即打三个结，两日打两个结。各地"吉弟"看到羊毛疙瘩就按规定时间星夜赶来集会，共同对付做错了事的土司或某个官人，这种反是针对个人而不是针对制度；是反对他们超越法定的剥削压迫。吉弟们总是蜂拥到他们"反"的对象家，杀牦牛，砍猪膘大吃大喝，抄没其家产，经土司出面调解，本人认错即可以了事，被反人仍可以继续当官人。如反的对象是土司，说事时，土司不能穿鞋，不能骑马，须赤脚到吉弟们的集会处来，由于吉弟人多团结，被反的土司和官员总是要给他们赔个不是。

吉弟传统的集会地点是"吉意底古"，在今贸易公司附近。散羊毛疙瘩也有两处固定的地点，即木底箐和阿扎鲁布（温泉乡北端六村）。而且必须是普米族才能发起，纳西族"吉弟"只能响应，而无发起权利。（页一一二）

现在抄录关于俄的等级：

第三个等级是"俄"，当地汉称"俾"（音 pìal）子，他们的人身分别被司沛等级重的上层分子所占有，主子可以把俄出卖和转赠给同等级的人。如八株司沛就曾把俄卖给土司和堪布（喇嘛寺的主持）；土司将他的俄得支采儿（尔莫格古家的人）送给木里土司等。但俄与严格意义的奴隶又有所不同；主人已不能任意生杀予夺，俄已有自己的家庭和独立的经济，除按惯例应服役的人外，还有一部分可以留在家里经营自己的生产，个别的俄经济地位已经上升，但也只能惯例赎取劳役，其等级身份不可改变。（页一七四）

俄的来源，就本乡的而言多为责卡下降，少部分是外族的后裔，他们沦为俄的原因，有的因年代久远已不能记忆；能说出原因的，可以归为以下几类。

（一）是犯罪下降。
（二）投靠——分为贫困投靠和"自愿"投靠两类。
（三）卖身——如普米族那珠得马被卖给喇嘛寺。
（四）抵债——者波搓牙家的十世祖……因负土司俄而沦为俄。
（五）种绝嗣"俄"的土地：里格尔莫格古家原为责卡，因找萨塔家（见前）的土地种，身份也变为俄。

俄只有司沛等级才能占有，但随着各等级中贫富的分化，没落的司沛已不再占有俄，如八株司沛中的绝大多数就属这类。而富裕的责卡乃至俄又企图占有可以任其役使的俾子，他们的少数人也确以变相的手法达到了目的。

者波老庄家（责卡，先为官人，解放前已贫困，土改划为贫农）曾将欠其债务的阿古瓦沙渣家之女"洒木"拉来以役抵债，沙渣家无力赎取，此女终生住老庄家，被当作俾子使用。其生女格若（现年三十七岁），又被老庄家卖给奢巴泽尔（俄，上中农）为俾子。解放后（一九五五年）泽尔纳格若为妻。（页一七五）

俄等级岁经济地位上升，等级地位仍难改变；由俄上升为责卡，本乡只调查到一件实例，里格夏瓦家原为土司家的俄，某代此户只剩两个老妇，无力服役，乃向土司磕头申请，每年上百双鱼抵役，其后子孙繁衍，又找到责卡土地耕种，即服责卡劳役，惟百双鱼仍年年要上。（页一七五）

但因犯罪而降为俄的也可以用钱而赎回，如上面所说的下瓦拉片戛瓦猜达因醉酒而被其妻及子扭打致死，土司将其全家降为俾子，后来得了同斯日的帮助，戛瓦猜达的妻用钱把三人赎回。（页一一一）

第卅九章　封建领主的剥削

封建领主统治这个地区之后，不只人与人之间分为三个等级，这就是统治阶级——土司及其司沛与官人等，责长等级——汉称百姓，与俾子的等级——俄，而且设置层层的大官小官，深入与普遍于各村寨去统治这里的人民。封建的统治者对于人民的压迫与剥削，也是无所不用其极。过去的氏族或尔与斯日的种种的互相帮助的传统做法，都逐渐被封建统治者所限制，过去由人民自己所管理的事情现在多由土司去管理，他们利用权势去做了很多的坏事，如乱交阿注与占人妻女，然而封建统治者对于当地人民的压迫与剥削之最显的而最厉害的是经济上给予人民很重的负担。

《报告》页一〇七中说：

> 瓦拉片和八瓦的老人们都说，在很早以前他们是没有封建负担的，后来土司到这一带打猎，看到这里森林茂密，翠竹成荫，物产丰富，才规定了滑板、簸筛、木托盘、园根籽等等多种实物贡纳，责卡们作为礼品献给的鸡、酒，也从此被固定下来。类似的传说，在其他地区也广泛流传。

关于封建的重重负担及其他种种剥削，页一六一至一六三说得较为全面。现摘录于下。

一、责卡等级的封建负担：

> 本乡责卡均居内垻，即全为内责卡，用纳西语称之为"伙厄"。他们对土司的封建负担包括劳役、实物贡纳、钱粮杂派和畜役等。内责卡要服繁重的劳役，土司的全部"厄鲁"地，统由他们提供劳役耕作，但不是所有的内责卡平均的担负同样的劳役。
>
> 居住在里格、小洛水、独家村的责卡，除在竹地村占有责卡地的良休、褚巴和夏瓦等户要到厄鲁地上服役外，其他的均不服此项劳役，而是负责给海包司沛由湖滨划船过渡到海包（小岛）别墅。这项划船劳役也相当繁重。三村的居民（无论责卡，或俄）分为六班，每班两户，平均每户每月要担任五天的劳役，一年为六十天。
>
> 实物贡纳以户为单位，每年普遍交纳的是：
>
> （一）养母牛户，逢生小牛交酥油一点四斤，土司收一斤，收油的"修巴"（官员名）得四两。
>
> （二）每户交麻捍一捆，部分人户还要交麻布口袋。
>
> （三）瓜菜（园根）共一驮。

（四）土司每年在正月年、冬月十二和打稗子时各杀一条牛，由坝区责卡以伙头辖区为单位轮流负担。

（五）厩肥二篮，用于土司的"库路"地。

（六）粮租：以粮食作物交纳，每户十几筒到百余筒不等。

（七）者波、竹地等村每户年交十五块滑板。

（八）种土司"吃肉地"的，即土司出租时就指定某种实物充地租的地，逢土司家有婚丧等事，每户交猪膘十斤（者波的搓牙、格罗、加塔、海塔等户，就种有此种地）。

（九）部分责卡以七户为一组给土司交纳猪羊。照例是：今年交一头大猪（四十至五十斤），明年纳一个小猪（七至十斤）后年交一头羊。然后隔三年又交三年（上者波的姑此、戈阿、软枯、腊塔享、优息、格罗、搓牙等户，即为一组）。

除以上数具普遍的实物负担外，个别村寨和个别人户还有一些额外的负担。如泸沽湖畔的小洛水村，因其村后有一块丰美的草场，土司每年朝狮子山在此地扎篷帐，届时本村责卡需献给一只羊、二筒茶、三两银子、一口袋马料。里格拉克家每年要交菜板一块、栗炭三驮，端午节前交包粽子的大青刚叶一驮，扎粽子的山草一把。

又说：

即使土司不来朝山，小洛水的责卡还得把羊和茶叶等送到土司衙门去。

（十）粮银：负担的多寡，与占有的土地的数量有关，每户几钱到几两不等。如上者波拉萨伙头，占有土地六十一架，年交粮银三两；搓牙家有土司二十五架，交一两；腊塔享占地三十六架，交银一两五钱等。

（十一）杂派：以货币交纳，每年必派的有常备队款和游击队款，前者每户半开三元五角，后者一元五角。

（十二）畜役：属责卡所有的牲畜，每年牝马为土司家驮一天稗子，牡马到外地驮脚一次，耕牛为土司耕一天地，在服畜役时，也服人役。

在温泉乡有的村除了像上面所说的好多实物之外，还要交纳铁板，以每股地一份计算，无论破刀或破锅均可，还有交纳盐或鸡者，真可以说是巧立名目，无所不有。

二、俄等级的劳役和其他负担：

俄各有其主，每个俄的服役范围，也由其主子规定。土司由于占有大量的俄，就把他们分为服田间劳役的"库俄"与服家务劳役的"比俄"两类。其他司沛占有的"俄"有限，一般不作这样的区分，往往同一个"俄"，既要为主子耕作，也要担负家务劳动。按每户"俄"为其主子服役的人数多寡，它可以分为两类：一类凡成年人（以男穿裤、女穿裙为准）均须为主子服役；另一类每户只一男劳动为其主子服役，此两种"俄"原没有专门的称谓，解放后仿照责卡依服役轻重分为几类，有把前类称为"黑俄"，后类称为"白俄"的。

白俄服役，由本户自己商定由某一男性成员经常负担或所有男性成员中轮流分担，黑俄虽所有成员都须服役，但若家庭经济条件许可，除长子（或女）一人外，其他的人都可以赎身，代价是男子数十至一百斤猪膘，女子十几元半开。当喇嘛的男子，赎身较易，只需给俗人的一半身价。长子（女）不能赎身，但并非一定要由他本人去服役，这种规定，只不过是限定每户俄至少需有一人服役，而不能完全赎身。……此种赎身，只是赎取当代的劳役，并不意味着等级身份的变化，至已赎身的下代，仍须重新服役或赎取。

本乡（按：指八株）的三十八户俄中，有二十一户属土司，全为服田间劳役的"库俄"，在甲布官家的率领下为土司经营"库鲁"地。

这些俄，一年到晚，没有一个月不为土司服役。

直到除夕那天，还得到土司家去，新年初一随土司到城隍庙烧香完毕，给土司拜了年，始得各自回家。

更没有道理的是：

土司对服田间劳役的库俄，每日供一顿午餐（多是一个三四两重的包谷或稗子饭团），早、晚两顿由俄自己的家庭供给。这表明了土司剥削的严重。（页一六三）

三、其他剥削关系：

除上述存在于统治等级与被统治等级之间的剥削关系外，在永宁社会中，还存在着基于单纯经济原因的租佃、典押、雇佣、高利贷、分养牲畜等剥削关系。（页一六三至六四）

在这里所举的几项剥削中，我们以高利贷为例：

私人间的借贷，以猪膘、粮食等实物借贷为主，货币借贷占次要地位。借猪膘，每斤年利一筒粮食（二斤左右）借粮食，三、四月借十三筒，秋后还利十筒。货币年利百分之三十至百分之百不等。喇嘛寺是高利贷的中心，永宁寺的喇嘛寺土地不多，其经费来源主要即依靠放高利贷维持。

然亦有向喇嘛寺借粮食的。如：

八株村瓜阿家借入喇嘛寺五十筒粮食，秋后还六十五筒。

司沛等级也是高利贷者。如：

阿鲁梅家借入司沛达达家包谷三十筒，年利九筒，共纳利三十几年，又借八十斤猪膘，年利八十筒粮食。

　　司沛达达家（富农）解放前每年放出高利贷货币二三百元，每二十元年利为粮食一石，每年收利达十余石粮食。

此外，土司等级及其官属又往往利用民间的纠纷而大事勒索或罚款，或欺侮等。如：

　　瓦拉片扎戛拉搓多次醉酒，与人打架被告到土司处。因此人较有钱，土司趁机罚重款。先后罚骡子三匹，龙洋二百元。（页一一一）

又如：

　　瓜阿、阿鲁梅和士吉等户，他们本来是白责卡，与本村的伙厄官等户同属于阿塔支，据其家门讲，前两户除为俄，是"自讨"的。因为两户的祖先看到本支中的人有当"伙厄官"的，有当"官家"的，就跑土司衙门找事做，也想讨一官半职，土司看他们不成器，派一人去喂猪，一人去养马，从此就世代为俄，只保留了原占有的责卡地。（页一五九）

又如：

　　士吉家祖辈有一个精于纺麻的妇女，天天在家门口织布。一日土司的兄弟司沛二爷和司沛三爷在她门口厮打，此女没有劝阻，遂被土司怪罪，降为俾子，只是许其保留了责卡地。（页一五九）

第四十章　封建社会的影响

在历史的过程中，永宁的纳西族从过去的一些记载与云南省宁蒗彝族自治县永宁纳西族社会及其母权制的调查报告中的材料来看，这个民族似乎经过了一个游牧的时期。这个时期的历史似乎也是很长的。直到唐代或者以至于宋代，他们还是依靠畜牧为生。但是到了十三世纪的中叶，这也就是元朝开始征服云南大理的时候，这里的农业已经发达，畜牧与农业在这个时候那一类是占了优势，不得而知，但是时代愈近农业愈居重要的地位。土司制度设立之后，加强了农业的发展，因而走上后来的封建社会，在封建领主统治之下，工业——手工业几乎没有什么发展，可是运输与商业在三百多年来最初——也是比较一个长期的时间中，慢慢的发展，到了最近数十年却大大的发展起来。

在这一章里，我们先说明畜牧农业发达时期与封建领主的统治对丁阿注关系的婚姻形式的关系或影响。至于近代尤其近数十年的赶马运输与大量外商的进入，而致商业的兴盛，对于这种婚姻形式的影响当在下一编解释。

《报告》中一再暗示，永宁纳西族的阿注婚姻的形式的历史是很长久的。这种看法可能是对的。但是我们也得指出，不只报告中没有给与我们足够的订据去说明这一点，就是在我们过去的历史记载中，也难找出像纳西族的阿注关系的婚姻形式。十三世纪的马可波罗在其游记里，虽然也记载了这一带的地区中或接近这个地区中的民族，让妻女姊妹去招待外来客人的风俗，可是这种风俗在我国（像马可波罗所说的哈密，参看《游纪》第五十八章）以至世界其他一些地方，都实行过，但是这种风俗也与永宁纳西族的阿注关系的婚姻形式是不相同的。永宁纳西族的这种婚姻形式不只是我们现在的仅有的一种婚姻形式，而且就是世界历史上我们还没有找到与这种类似的婚姻形式的记载。因此，我们对于这个地区的阿注关系的婚姻形式的历史来源，还是值得研究的一个问题。

其次，《报告》中也一再暗示在现在的以阿注为基础的母系家庭之前，这里的纳西民族是经过一个氏族社会的阶段。尔与斯日以及其共同坟地，互相帮助如依底组织，与长老者在这个社会中所享受的等级与权威，都说明了这是氏族社会的遗痕，这种看法也是很可能的。但是今后是否能够在这方面多做些调查工作使我们对于这个阶段得到更明确的了解？

阿注关系的婚姻形式的历史假使是很久远的话，这种婚姻的形式不只是与氏族社会有了密切关系，而且是与游牧或畜牧的社会有了关系。在一些游牧的民族中，不只在其内部的男女关系较为自由，就是对于外来的客人也比较随便。永宁纳西族的阿注关系的婚姻形式，是从其游牧的祖先一直就实行这种婚姻形式，还是在其历史的过程中因为受了某些原因的影响而始产生这种婚姻制度，这又是一个很值得我们研究的问题。

假使这里的纳西族在历史上是经过一个长时期的游牧生活，而同时又已经实行了这种婚姻形式，那么在这个时候的阿注关系的婚姻形式，与农业发展的时代的阿注关系的婚姻形式，是否完全相同呢？换句来说，农业发展之后，对于原来的游牧时代的阿注关系的婚姻形式是否有了影响呢？

首先，应该指出，游牧民族的居住是不稳定的。今天在这个地方，明天可能到别的地方。夏天在一个地方，冬天可能另在另一个地方。可能因为天然环境——如草地是否丰富，或其他原因的限制，部落就不能太大。他们男女之间若是实行阿注关系的婚姻形式，就不能像在现在的农村——本村以及其他邻村那么方便的去选择阿注。因此，定居民族与不定居民族的阿注关系应该是有所不同。

我们以为农业发达之后，游牧时代的流动迁移的生活就变为定居稳固的生活。住在一个地区的各乡村的男女，不只自由结交阿注的机会更多，而且结交阿注的范围也放大了。这样，也就加强了这种阿注关系的婚姻形式。同时，阿注关系还可以经常化或长期化，这对于稳定阿注的关系是有了作用的。可是因为自由结交的机会多了，结交的范围大了，结交阿注的人数也增加起来，这也就是说，临时阿注的数目也多起来。

到了封建领主统治之后，封建领主与其眷属或贵族们因为要想维持其父传子承的统治地位，这个统治等级不得不实行男娶女嫁的婚姻形式，因而遂有父系或母系父系并存的家庭的出现。

父系家庭与母系父系家庭的出现，不只是见于封建领主或其贵族的家庭，在其所属的大官小官也有不少采用了这种婚姻形式。他们有的把实行这种婚姻形式当为光荣的事情。

同时，因为这个地区又有外族的迁入，据调查所得的材料，迁入这个地区的外族有好几种，一为汉族，一为普米族，一为傈僳族，又有藏族与僮族，这些外族都是实行男娶女嫁的婚姻形式；又外族之迁入这个地区不只历史很久，而且人数也逐渐增加，他们的男娶女嫁对于纳西族也有多少的影响。

但是尽管封建统治等级与土司及其贵族以至其所属的大官小官实行了男娶女嫁的风俗，尽管在纳西族中也有人受了其他外族的影响，而也采用了这种婚姻形式，因而在这里纳西族中也有了父系家庭，以及母系父系并存家庭的出现，可是从材料来看，这些家庭——父系的或是母系父系并存的家庭在这里的纳西族中，直到现在，还是占了很少的百分比，而父系家庭之在这里的数目更少。而且有的家庭已经从母系转变为父系或母系父系并存的家庭，可是经过一代二代之后，又往往倒退而成母系家庭，所以直到现在，母系家庭之在这里还是占了绝对的优势。

这是与根深蒂固的阿注异居的婚姻形式是有了密切的关系。人们长期以来习惯于性的自由生活，尤其在年青人中，今日一个，明日一个，后天又一个，暮合晨离是一件平常的事，男子固是如此，女子也是如此。像上面所举的一些例子，不只是男的不惯于一夫一妻的生活，女的也曾表示会做阿注不会做老婆。因此之故，就是阿注男女双方同居了，还可以各找临时以至长期阿注；就是经过办酒请客而结合的夫妇，也可各找阿注，交错的同时有数位长期阿注之外，还可以有好多临时阿注。这样的长期的风俗习惯，在这个社会里，已成为一种极难攻破的势力，因而直到现在还是不易改变。

而况封建统治者除了为保持其统治地位而男娶之外，他们家中既也有女不嫁而坐待阿注来访，他们本身更利用其权势去乱交阿注。

此外，喇嘛之在这个地区不只人数很多，而且势力也很大，他们是禁止娶妻的。可是喇嘛也多乱交阿注，有的甚至提倡这种婚姻形式，以为这样是对于民族延续上有利，使这种婚姻形式更加巩固起来。

其实，在封建领土与喇嘛的统治之下，阿注关系的婚姻形式似乎反而加强其力量。

总而言之，封建统治者既为了自己的权利而娶妻以传世代，也是为了他们（包括喇嘛）自己结交阿注的方便而使这种婚姻形式得到延长与巩固，因而不只这里的纳西族自己还保持了这种风俗习惯，就是迁入到这里居住的外族，有了不少也受这种风俗习惯影响而溶化于当地的民族。

第十一编

第四一章 纳西的渔猎畜牧

唐代的樊绰在其《蛮书·名类》第四中有一段关于磨蛮的记载云：

> 磨蛮亦乌蛮种类也。铁桥上下及大婆、小婆、三探览、昆池等川，皆其所居之地也。土多牛羊，一家即有羊群。终身不洗手面，男女皆披羊皮，俗好饮酒歌舞。此种本姚州部落百姓也。

又在《云南城镇》第六中说：

> 铁桥城在剑川北三日程。……正北有诃苴川，正南至松外城，又正南至龙怯河，西南至小婆城，又西南至大婆城，西北至三探览城，又西北至铁桥东城。其铁桥上下乃昆明、双舍，至松外已东，边近泸水，并磨些种落所居之地。

磨蛮，也就是么些，也就是现在的纳西族。铁桥是丽江属的巨甸里，大婆、小婆、三探览，都是在丽江昆池，是四川盐源县诃苴川，松外龙怯河，双舍应也在盐源之南的金沙江一带。这些地方也可以说是在现在的纳西族所居的地方。

我们要特别加以注意的是，这个民族之于这一带的既多牛羊，而每家又有羊群，说明这个民族在这个时候还是以畜牧为主，可能他们还是一个游牧的民族。

但是，到了十三世纪的中叶，据《大元一统志》中说，丽江地区已有了民田万顷，并且利用当地的泉水及河水去灌溉，说明到了这个时候农业已占了重要的地位。

永宁在这个地区来说是较为偏僻的，有的地区还是"森林茂密，翠竹成荫"。瓦拉片和八瓦片的老人们说，土司到达这个地方之后，还到这里打猎。但是从现在来看，永宁地区的主要生产也是农业方面。关于农业我们将在下章叙述，我们在这里先谈打猎、捕鱼，以及畜牧。《报告》页一五二中说：

> 狩猎在坝区纳西族的经济生活中已不占什么地位，只是在靠近森林的湖滨沼泽地区，由于山林中栖息着虎、豹、熊、马鹿、獐子、麂子、岩羊、野猪、豪猪、毛狗、兔、野鸡、菁鸡等走兽和飞禽，还有少数人精于打猎。狩猎的工具是猎犬、火枪（外地购入）、套子、扣子、毒箭和压码等。

狩猎没有固定的组织形式，可以个别出猎，也可以临时邀集三、五人同往。若系集体出列，猎获的兽、皮归首中者，兽肉平均分配，麝香、熊胆等名贵药材出售后分钱。这些东西往往被土司强索。他并且规定：猎虎贡皮、猎鹿贡茸、猎獐贡麝香、猎到水獭整个归土司。这就使得猎手们不愿意或只是偷偷地行猎。（页一五二）

关于捕鱼，《报告》指出，在温泉乡只是有季节的小规模活动，在八株乡有的乡村靠近湖边，始有较大与经常的活动。《报告》页一五〇中说：

捕鱼对本乡分布于泸沽湖边的里格、独家村、小洛水以及紧邻的竹地等村有重大的经济意义。捕鱼的方式主要有两种，一种是集体用大网捕捉，另一种是鱼汛期在与湖水相连的小溪或湖边鱼群经常聚集的地段用小网或鱼笼捕捉。零星的捕捉还使用铁质的鱼叉。

上述四村只有两张大网，一张属里格的夏瓦、楚巴（二家），尔莫（二家），拉克及竹地的瓦窝、阿若、阿牙等九家；另一个网属独家村的良休四家，竹地的杧巴阿窝、纳初、撒达、托巴木栽等八家。大网长的百排，宽八、九排，由于各户平均出麻线，劳力编织，属集体共有。这种组织称为"尼意"，最初原是自愿结合，后来则成为固定的组合。每一"尼意"，有一个"日保"，汉称"鱼官司"，由有经验的老人担任，他指导下网和主持分鱼，受尼意成员的尊重，但不享有任何特权。（页一五〇——五一）

在封建领主制度下，湖泊也和土地一样属封建领主所有，并被划分为若干段，各尼意只能在一定的区域内捕捉。前述两个尼意的区域是由本村到湖中心。进入别村的捕鱼撒网，如到家属大洛水区域，就要与该村平分（或分给三分之一）所捕到的鱼类。对于土司，每年交纳一定数量的"官鱼"。以里格为主的尼意交纳八十片鱼干，以独家村为主的尼意交纳二十五片。

关于畜牧，在温泉乡据《报告》说：

牧畜主要有黄牛、骡、马和猪，并养少量水牛和羊。据不完全统计，民主改革前，本乡的八十一户纳西族共养牛三百四十二条，骡马三百四十三四，羊一百七十七支，猪五百余头。平均每户有牛四点二条，骡马四四，羊二支，猪大小达七头。并普遍养鸡。

水牛和黄牯子用作耕畜，老了也可作食用，黄母牛可以挤奶，用以制作酥油供日常饮用。少数体力强壮的也偶而用作耕牛。骡、马用作运输。……羊全为山羊，肉供食用，皮革可制作短褂，妇女们则多以一块整皮斜挂在背上做垫背，同时也可御寒。猪是肉食和食油的主要来源，用整猪腌制的猪膘，据说可以储藏达十数年之久，不仅是他们年节、祭祀、日常待客必不可少的肉食，且当作一种财富储藏手段，故几乎每户都畜养母猪，年育肥猪一至三头，小猪除自养外，相当一部分卖给山区彝族。羊只有少数人家饲养，据说因坝区的草对饲羊不适宜，不易发展。（页一〇〇）（关于八株乡的饲养牲畜参考页一四九）

饲养牲畜，多由妇女和儿童负责。妇女们给牲畜准备饲料，挤牛奶，并照顾幼畜，儿童则负责野外放牧。放牧的形式多是几户人委托一个儿童（他同时也放牧自己家的），儿童们又往往以村为单位联合行动。托别人放牧须每天供给放牧人一个饭团作午餐，每年给一支鸡或两年一个小猪，并在三个节日（正月过年、五月十五和冬月十二日）为放牲畜的孩子准备丰盛的食品（包括猪腰、水果、糌粑和其他食品）。（页一〇〇）

小孩在放牲畜时，往往还采集了一些野菜或其他东西。《报告》页一五二中说：

采集在纳西族经济生活中的地位已很小，但还具有一定的普遍性。主要是在春夏季采集各种野菜佐食和采集刺果榨油。担任采集的多是小女孩，她们在放牧猪、羊等牲畜的同时顺便采集返家时就带回了当天的蔬菜。在沼泽地区，采集有着比较丰富的内容：草海中生长着野生的菱角，小海子和中海子是野鸭的栖息之所；每当夏末秋初野鸭产卵的旺季，竹地等村的孩子们就划着小舟在沼泽中找寻野鸭蛋，有时把母鸭也一道捉回来。菱角成熟后就坠落湖底，采集的办法是把绵羊皮系在长竹竿上伸到湖底去黏捞，经过晒洗去皮，可以加工成上等的糌粑面。据说菱角是近二十余年才生长起来的，采取食用更是近十年来的事。（页一五二）

第四十二章　纳西的农业发展

虽然在元代之前，永宁地区的畜牧可能是当地人民的主要生产，可是自元朝以后农业已经发展，而占了生产中的最重要的地位。《报告》对于农业的叙述较为详细，我们只能摘录数段于后：

> 农业是本乡（按：指温泉乡，同样的可以指八株乡）纳西族主要的生产部门，农业用地有水浇地、旱地和园子地三种。铁制农具已广泛地使用，有铁犁头（无铁铧板）、挖锄、薅锄、镰刀、铁斧、弯刀和尖刀等。使用铁器的年代据说已很久远，惟直至解放前本民族尚不能独立地冶炼制造，全赖从箐渠汉族地区和本里地区输入成品或原铁，本族中的少数非专业的铁匠，可以加工修理。作为辅助工具的竹、木农具还大量地保留在生产领域中，如木耙、木犁架、脱粒用的木樌枷、木棍、薅稗子和小春用的铁口木锄"则黑"（汉称马鹿锄）和积肥用的纯木锄等（均以青㭎栗制成）。据说过去还使用过一种在二尺长的弯木上加一个铁尖的小锄"筛挖"，在他们的传说中也提到纳西的祖先曾经使用这种小锄开垦种植。（页九十六）
>
> 燕麦和荞麦据说是纳西族最古老的作物，在交纳给封建土司的实物地租中，燕麦被称为"搓古得哈"，意为："人背上出的粮"。荞麦则是他们宗教祭祀中不可少的祭品。其次为小麦和大麦。稗子是四、五代以来才普遍种植。包谷，还只有三几代人的历史。以至土司向他们收取的多种实物地租中，还没有把这两种作物包括进去。但由于稗子和包谷具有产量高，适应性强等优良性能，至解放前，其耕种面积已经压倒了原有的粮食作物，特别是稗子，已成为播种面积最大的品种。洋芋的种植还只有三、四十年的历史，解放后始大量种植。豆类最常见的是四季豆和黄豆，多在包谷地里间种。经济作物有麻和向日葵。蔬菜最普遍的为园根、萝卜、青菜、白菜、南瓜、莲花白等。辣椒、葱、韭、蒜等调味性作物少有种植。（页九十六）

又说：

> 耕地的使用，主要采取轮作和休耕两种方式以保持地力。一般是能泡得上水又能排水的肥地实行轮作，不易排水的沼泽地和泡不上水的干地实行休耕。分布于本乡南端的阿如瓦等五村与永宁坝区同样主要实行稗子、燕麦和小麦三种作物的轮作。（页九十六）

在叙述八株乡中说：

> 在一年生产过程中，开犁、春种完成和秋收结束是由始到终的三个段

落，而又都与种稗子密切关系。对此，人们均以聚餐来表示庆祝。开犁要"薄窝普"，即煮猪头，每年过正月年砍开猪膘。猪头则留在此日用。春种完毕称"意克查"，即"洗牛脚"，象征春种已经过去，耕牛和人都可得到一段时期的休闲，这天要杀鸡或煮肉。打完稗子称"完日阿"，意思是所有的粮食已都收回家，也要杀鸡或煮肉庆祝。在这三天，（各家具体时间则不一）建立依底关系的双方都互相邀请对方的全家聚餐，不来的人，也给带回同等的一份。

在农业耕种上，这里有一种协作的办法叫做依底。

"依底"是本乡纳西族中普遍存在的生产协作组织。据说由于使用双牛犁地和各种农作物生产过程中必须的分工协作，以一个家庭的力量，往往不能顺利地进行生产，因而普遍组成二户，个别有三、四户的"依底"协作经织。"依底"的含义是"伙用牛"，实际上均包括人力和农具的协作。双方共有各有一头牛或其中的一方拥有一架（二头）耕牛，是建立"依底"组织的基础，在此前提下，又往往是由有阿注关系的，互为姻亲的、同一"斯日"的和邻居之间等有这些社会关系的双方组织。彼此之间习惯上不计较各家耕地面积的劳动力的多少，待作物成熟，则各有获得自己土地（即封建份地）上的产物。谚云："依底搓窝"，即依底如犁铧口一样的有力。据说过去的依底不仅在生产工具和劳动力上互相协作，在生活上也互相帮助。（页九十八）

又说：

依底组织实行不计报酬的耕畜、农具和劳动力的协作，共同在双方的土地上完成从种到收的整个生产过程（也有种耕分别进行的）。耕作的秩序，水浇地总是以那家的地先泡水，就先为那家耕作，旱地则依下种作物的节令协商进行。（页九八）

《报告》又说：

我们对八瓦和瓦拉片四十户（解放后分家的不计）的生产协作情况做了初步经计，其中"依底"的共三十五户，不参加的五户。……共十九组（包括与外村建立依底的），其中六组为阿注关系，六组为姻亲关系，五组为家门（斯日）关系，三组为邻居关系。

依底组织有持续十几年之久的，也有一两年就解散而又各自组织的，也有一些单独生产几年，又参加依底几年的，若以较长的（譬如几十年）一段时间来算，则几乎每一户都先后和若干户建立过这种关系。（页九十九）

依底的解散，有的由于阿注关系的破裂，或其他原因。有了依底关系的双方,"在每年过节时互相请吃饭,午餐只请当家人,同时磋商一年的生产安排,晚餐则请对方的全家,不来的也带回去一份"。

尽管依底组织的双方不计酬报,但协作者在耕畜农或劳动力的不平衡的情况之下,有收获较多方面,也有补贴较少方面,如:

> 呷瓦阿毛与布甲二户的依底:阿毛家占有土地十架、耕牛一架、全劳二人,年产二十五石;布甲家有土地七架,无耕牛,全劳三、半劳一,每户十三石,每年由阿毛家给布甲家二、三斗粮食。(页九九)

又如:

> 洒达美、格遮、灼布、灼格等四户的依底:洒达美家占有土地十三架,无耕畜,有全劳二人,半劳一人;格遮家有土地二十二架,耕牛一架,全劳四人;灼布家有土地十四架,无耕牛,全劳一人,半劳一人;灼格家有土地二十架、耕牛一架、全劳一,半劳一。各户的产量(约数)依次为二十二石、三十三石、二十五石和二十石。每年秋收后,收成特别好的户,往往主动给收成不好的几斗粮食,籽种也互相调剂。稗草多分给养牛户喂牛,由养牛户给无牛户一、二斗粮食。(页九九)

这说明了不只在生产上互相协作,就是在生活上也有了互相调济,互相帮助。

这里的土地面积的计算的单位是架,粮食的量的计算是筒。《报告》说:

> 土地的面积和一定面积的作物产量的计算都还没有达到统一和精确的程度。这里计算耕地面积的单位是架。在坝区即一对牛用铁犁在一天中所翻犁的地段,在湖滨地区则是一头牛一天所能翻犁的地段。由于牛本身有强有弱,土质也有软有硬,不同的牛,在不同的地段上翻犁一天的实际结果是大为悬殊的,多的可能达到四亩以上,少的不到二亩,平均折算坝区每架地一般为二市亩半至三市亩之间,湖滨地区虽是单牛犁,由于土质疏松,每架地也相当于二市亩,对于各种作物产量的计算,已经有了升、斗、石,每升约重四斤,以十进位。但在实际生活中则很少运用。常用的量具是筒,木质,各户均可自己制作。每筒可装粮食二市斤半(按也有不少差别)……筒与升斗的计算是每一点六筒等于一升,十六筒等于一斗。(页一四八)

封建统治者为了保证他们从农田中得到收成,他们对于水利也很重视。《报告》说:

> 水利灌溉主要依靠纵贯整个盆地的开基河,土司设置了两名水官管理南、北两岸。南岸地区的水官,解放前为达坡村的泽若此底。每年冬月,水官即率领有关农户修理河道、水闸。八株村按传统每户每年需出一背树桠

柽，供给忠克等村做木马保护河道，并与达坡村一起把河水从水位高的地段引到可供灌溉的水塘和沟渠中。水官为了防止各农户不出工修整，在逐户通知时，就随身背一麻布口袋，将各户的菜刀、铜瓢、薅锄等小件器物随手收一件作抵，正式修整之日出工者当即发还，不出工则予没收归水官所有。水官的报酬也直接由各农户负担，每年秋收后，水官逐户地向各户收二至五角（依耕地大、小）粮食。（页一四六—一四七）

第四十三章　纳西的运输工商

上面已经指出，在永宁的纳西族所住的地区，纳西族的各家养了很多骡马，这些骡马有了不少是当作运输工具。《报告》页一〇一中说：

> 赶马运输的出现，据说还比较很早，瓦拉片69岁的阿毛鲁若说，起码在他的祖辈已经就有了。但多数人家畜养骡马和相当一部分人专从事赶马运输则是近五、六十年来发展起来的，并有少数人户因此上升为富裕农民，如衣马瓦的衣马甲阿家，拥有骡马八匹，软格瓦的软格庸珠，拥有骡马九匹，瓦拉片灼格家拥有骡马十二匹等。民主改革前，估计全乡（按：指温泉乡）专事长途运输的骡马为一百五十头左右，赶马人达三十余人。往来于木里、盐沅、浪渠、永胜以至丽江等地，从木里驮运铁和铁器以及各种山货药材，从盐沅则购进食盐，其它地区则驮运各种生产、生活用具，运价一般每日八角。至盐沅有八日程，每匹马可收运费六元，至木里三日程，可得二元半，至宁浪三日程可得二元半等，拥有货币的，同时还进行鸦片的投机买卖，在彝族地区以四、五元半开一两购进，到藏族地区则以十几、廿元卖出，可获三四倍的利润。

页一四九中说：

> 骡、马中的相当一部分，约占骡的二分之一和马的三分之一，已经专供商业运输之用，它给骡马所有者带来了货币收入，使他们更容易获得内地的生产、生活用具并提供了经常到外地的机会。这一切吸引着永宁人。解放前数十年来，赶马经商成为相当一部分人追求的目的，他们携带猪膘，银币到西昌等地去交换和购买骡、马，使本乡在这一段时期中骡马数量大增，特别是解放后到民主改革前这段时间，由于封建剥削逐年减轻，使更多的人户有余力购买骡马，数量的增加较以往更快，上面所列举的数字，就包括了这一部分解放后增加的在内。

又说：

> 从事赶马运输的，多半是骡马的主人，一个人一般可赶五匹马，自己骡、马不足五匹的可委托他人代赶或接受别人的委托，这种关系又多发生在有亲属或阿注关系的人们之间。也有少数马匹多自己人手不足雇工赶马的，每年给二、三十元半开作为报酬，并供给伙食和两套布衣。本乡的领主阿子才，则是由其俾子赶马，这也成了俾子服役的新项目。赶马主要是给外来的汉、藏族商人驮脚，有本钱的也自己做买卖。主要往来于木里、丽江、永

胜、盐源等地，由木里驮出山货药材，由内地驮进各种生产、生活用品，暗中贩卖鸦片成为普遍的现象。……据说阿子才一户每年贩鸦片达数百两以至千两，此项收入成为这个领主的主要经济来源之一。（页一四九）

运输业的兴盛使商品易于流通，这也就是商业发达的表征。据说外商之进入永宁地区已有三百多年的历史。《报告》告诉我们：

> 外商进入永宁的时间，从现在留有后裔的来看，汉商在三百年前就已进入，并有一部分溶合于纳西族中，皮匠街的丽江纳西族商人则是近两三代人才由丽江迁入的。永宁接近藏区，宗教上又有密切联系，永宁纳西族到藏区学经，可能早在五、六百年以前就已开始，藏商的进入当也不会太晚。只是永宁出产不算丰富，又非交通要道，来往商人不会很多，早期藏商在此安家落户留下后裔的未发现。在调查访问中，本乡纳西族对于藏商印象很深，多说早有往来，近百年以来，人数就愈多，以马瓦以马阿坡家货重一（现年五十二岁）的舅祖父及祖母，都能流畅藏语，是善于和藏商打交道的人，阿古阿坡家和免斋家也是藏商经常住宿的地方。经过这里的藏族，多来自里塘、乡城、木里、贡嘎岭等处。他们带来的主要是虫草、贝母等药材和酥油、食盐，在永宁路过驮往丽江等处或就在当地卖给丽江纳西族和汉商（当时无皮匠街），食盐等则直接与永宁纳西族交换。驮回的物资主要是糖、米和猪膘。……近三四十年……由丽江和四川进来的藏族和其他外商都大有增加，带来的商品和货币也远较过去为多。（页九三至九四）

外来的商人既大有增加，永宁纳西族的赶骡马的人也大大增加。他们到西昌各处购买骡马，使纳西族之在永宁区的骡马的数目也大大增加，赶马的人们多数虽是替别的人运输货品，但也有的也自己做生意。阿子才家一年的时间，光贩卖鸦片则得数百两至千两的利润，说明永宁地区在这数十年来商业发达起来，因而有好多以前是在家做农的人现在都去赶马或经商了。

上面是叙述永宁纳西族的运输业和商业，下面抄录有关手工业的情况。《报告》指出：

> 手工业也是付业的性质，没有专业的匠人，拥有技术的人只在农闲或赶马之暇从事工艺劳动，最多的也不过全年四分之一时间。（页一〇一）

因而，

> 手工业向来从农业中分离出来，由于多种生产生活工业品，可以通过交换从邻近汉藏等族处获得，本民族的手工业种类不多，主要有纺织、铁器、加工、酿酒、榨油、建筑、和木材加工，编篦器等，纺织是妇女的专长，其他手工业均由男子从事。

纺织的原料是麻，从栽培到织出成品，都在家庭的范围内完成。除播种时，男子也参加翻犁外，田间管理、收获、剥麻皮、纺线、织布这一系列的工序，全由妇女单独进行。麻布幅宽五尺，每个妇女利用农闲和早晚的时间纺织，除供自己家庭成员消费，赠送阿注外，一部分也作为交换品，到翠衣蒗渠等地向汉族换取大米，一套细麻布衣，可以换到二至三斗大米，一条麻布裤出售三四元，纳西族逢年节祭祖均吃大米，而永宁解放前很少植稻，主要是靠以麻布衣裤交换大米。

酿酒原是为了自饮，在每年秋收十月祭祖，冬月十二过小年，和正月年，有条件的人家都要酿酒自饮和待客。湖滨地区点包谷时也要酿酒。至解放前，已有少数人户几全是缺乏劳动力，或刚从母屋报庐出来的妇女，则专门酿酒出售，以酒糟喂猪制作猪膘，放高利贷，依靠这两项维持生活。

榨油技术很不发达。因纳西族的食用油，主要是酥油和猪油，照明则用松明业。植物油只用于宗教祭祀，如点佛灯之类，因而榨植物油只是少数或部分家庭，在既有原料又有需要的情况之下，才进行榨油的，原料主要是麻籽、瓜籽和野生的刺果。

铁器加工，主要是修理和打制小型农具，如锄镰之类。者波有工匠二人，独家村、小洛水各一人，均世代舅甥或父子相传。

木匠既是房屋的建筑者，也是木器的加工者。但能独立设计和修理整幢房屋的大木匠并不多。每村只一二人能制作木桶、犁架，大水箱木瓢等器物则很普遍。这些人也不被看作有特殊专长的匠人，木橱、木柜、木碗、木盘等技术，要求较高明的用具，则有专门匠人，才能制作。……用的木碗木盘，一向均仰给于外乡。

编篾器也多自编自用，背篮篾笆及专供女孩们找野生的小篾篮，差不多各户都能自己编制，簸箕筛子等较精细的篾器，只有少数技术较高的人才能编制。这些人在农闲时，往往编制一些成品拿去与别人交换粮食或接受别人的加工订货。

第四十四章　农牧工商的影响

在上面我们曾把永宁纳西族的游牧时期与农业发展时期，以至封建领主统治时代，对于这个地区的阿注关系的婚姻形式的影响。在这一章里，我们要把上面数章中所叙过的赶马运输与这个地区的商业发展，对于这种婚姻形式的影响。应该指出，这种影响，在时间上，虽然是近数十年来的事情，但其影响是很重大的。

《报告》页九十四说：

> 据老人们说，阿注关系"乱出来"，是近三四十年的事情，这段时期，由丽江和四川进来的藏族和其他外商都大有增加，带来的商品和货币也远较过去为多。他们以这些东西为媒介，和纳西族妇女广交阿注。

更坏的是：

> 在开墓桥出现了专门靠此营生的介绍人和旅店。由于藏商人数大增，交际范围广，这种不良的风气正至侵袭到民族内部的阿注关系中来，本族富裕的男子，也可以同样方式乱交阿注，互相破坏别人相对稳定的阿注关系，司沛等级的土司和官人们，据说早在大喇嘛当政的一代就不再遵守等级内婚的原则，多与责卡和俄等级妇女乱交阿注。至老总管时，更为放肆。这些内外因素的结合，导致了阿注关系的畸形化。相当一部分妇女以找阿注来换取礼品和货币，本乡的热水塘就成为外商、左所人与纳西族妇女进行阿注交易的场所。阿如瓦的阿窝得马、瓦拉片的由珠莫赛诺（现五十岁）曾充当这种交易的中间人。阿如厄车马、瓦拉甲夏莫哥马磁、由珠莫猜马及得马折等长得较端正的妇女，都是当时的风流人物。其他妇女，只要有适当机会，也多乐意以此种交往获取报酬。这是原始婚俗在阶级社会，特别是近代商品经济冲击下必不可免的命运，那些在这种习俗下享有性生活自由的纳西族妇女，在不知不觉中，做了牺牲品。

在金钱与权势引诱之下，有的妇女因为结交了大官而尤其是大商放弃了田间与家务工作，在家庭中还处于特殊的地位。如：

> 夏若得马的长女斯格马，是有名的标志姑娘，曾与土司纵观阿少云结交阿注，后来又与一个藏族大商人为阿注。她住在最好的、本来是专为喇嘛准备的经堂侧屋里，几全脱离田间和家务劳动，家里还特别派其妹格土马之女得马沙搓伺候她的日常起居。（页二五三）

戛若得马这位妇女，就是我们在上面所说的有了同居阿注而又交错的结交二个长期阿注，以及好多临时阿注。据说她对于她的女儿管得很严，而对于她们的阿注也管得很多，她有二子六女，所以她的女儿与女儿的阿注，都很怕她。她对于本村的戛瓦达施与她的女儿甲泽得马结交阿注，因为她不喜欢这位男的，当面下了逐客令说：我家不喜欢你，不要再来了！达施只好不再来。《报告》中虽然没有提到她为什么不喜欢戛瓦达施，但是相反的，她对与土司总管而尤其是藏族大商为阿注，不只没有下逐客令，还把这位女儿特殊化，说明她是为了权利所熏心了。

又如在上面我们已经指出的塞诺（女）曾与本村加塔戛若为阿注，戛若因为赶马离乡四年之久，塞诺又与伙厄官梭纳为阿注，戛若回来时，带回礼物送给塞诺，塞诺的小妈妈留其与塞诺共宿，可是因为夜深而梭纳适来访，虽然梭纳与戛若没有吵起来，可是人多去赶马了，对于阿注关系的不稳定是有其关系的。在妇女方面，有的一方面爱与经济充裕的赶马人们来往，但另方面，又不甘独宿，而多交阿注，在这种情况之下，有时就免不了发生纠纷嫉忌。下面是一位女的与两位赶马的阿注关系的故事。

> 拉克甲阿马是富裕中农家的独女，家里常有酒肉招待阿注，这使得中等人才的甲阿马，也有不少小伙子去寻访。阿妈益施与甲阿马结交阿注时，曾送给一身衣裙，从女方也得到麻布裤等同等回礼。当时甲阿马与本村戛瓦厄窝也有阿注关系。两个男阿注也碰到过，总是后进去的让先来者，没有说穿过。后来益施与厄窝一同赶马到丽江，行前女方分别送给两个人同等的一分包括鸡、酒、猪膘、酥油、糌粑等礼品。两人在途中进餐时互相说穿了，认为甲阿马是想同时拉着两个男的给她送礼（按当地规矩，男阿注出门女方给送了礼，男的就要带回更多的礼品送给女方），并非真的对谁要好。两人商定回里格后不给甲阿马送东西，也不去看她。及由丽江返家，益施不如约（这是他自述的），仍到甲阿马家去。厄窝对此非常不满，也去找甲阿马，并把路上益施约他不理会甲阿马的事也说了，引起女方及其诸兄对益施不满，遂拒绝益施走访。（页二五三——二五四）

《报告》中还有二段话说到这外商的大量进入与赶马运输的发展对于阿注关系的影响。

> 阿注双方各属自己的家庭，各有自己的家庭经济，生产和消费都是分开的。他们之间主要是过性生活的关系，但在经济上也不是毫无联系。按传统，这种联系主要是通过互相赠送礼物。初建阿注关系时，一般双方互相交换腰带、头帕，或者男方单方面送给女方礼物（多为衣服、首饰、丝线等实物）。较长期的阿注，每年男方要送给女方衣裙、头帕、牛皮鞋（纳西妇女

不会做鞋，皆穿丽江纳西族粗工制作的皮鞋）和雨笠等物，给女方的母亲和舅父送盐和茶；女方也回赠男方自纺自织的麻布腰带和麻布裤。互赠礼物的特点是：女方送给男方的全是自己劳动的产物，而男方送给女方的全是购买得来的商品。这说明上述男方对女方的所谓传统礼品的形式，也是和商品经济的发展，永宁与外地联系的加强有关的。竹地的阿此米（女、七十四岁）等老人，还听她们的长辈说过，在更早的时期，永宁很少有外商来贩布，丽江的纳西族还没有搬来，本族也很少到外地去赶马，那时男阿注是拿不出上述商品送给女阿注的，他们多是帮女阿注家搞劳动，关系固定的，两家建立生产上的"依底"关系。女阿注给男阿注送麻布裤，倒是由来已久的事了。（页一八〇）

又说：

近数十年，随着外商的大量进入和赶马运输的发展，阿注们家庭之间生产上的联系，也由农业生产上的"依底"，发展到联合赶马运输，且往往是男阿注对女阿注单方面的帮助。在男阿注外出赶马前，女阿注照例要送给猪膘、酒、酥油、糌粑等食品，男阿注则由外地买回细料衣服、腰带、丝线、首饰等花花绿绿的商品，或者干脆把能随意购买商品的货币送给女阿注。过往行商（主要是藏商）和有权势的富人司沛，更是专门利用货币和商品来引诱纳西族妇女与他们结交阿注。这就使得阿注关系中经济因素的比重大增。妇女们在通过结交阿注这种自然的行为，可以带来经济权益，于是选择阿注就多看重对方的钱财，其次才是人材。八株司沛沙基之女得马此原与本村得保鲁若为阿注，后与拥有十几骡马的藏族搓把（意为老板）结识，虽搓把较鲁若长十余岁，得马仍与鲁若绝交，与搓把结为阿注。……少数与当权司沛结交阿注的妇女，在家庭中也处于一种特殊的地位。里格阿妈斯格马（已死）是总管阿少云的阿注，在家中不去生产，住在习惯不许妇女居住的经堂侧屋，家里还派她的侄女得马沙搓专门伺候她。男子们找阿注主要是选择女方的人材，也有考虑对方经济条件的。由于各人的具体条件不同，也就出现了阿注人数不平衡的情况。（页一八〇）

又说：

有钱有势的男子，可以到处结交阿注，貌美的女子也不断有人来拜访；而贫困的男子和丑陋的女子，就很难引起异性的注意。（页一八一）

第十二编

结　论

　　总而言之，从阅读《云南省彝族自治县永宁纳西族社会及其母权制的调查报告》中，我们得到下面数点结论。

　　一是永宁纳西族的母系家庭是与其阿注异居的婚姻制度有了一定的程度相应的。二者的关系是很为密切，永宁纳西族的母系家庭，也可以说是在基本上建筑在阿注异居的婚姻制度的基础上。如上面已说过，这种的家庭制度之于这种的婚姻制度，不只现代的世界各地或各种民族中还没有发现出来，就是在历史的记载上也还没有找出来。从这一点来说，这里的母系家庭而尤其是阿注异居的婚姻生活，是很值得我们研究的。这也证明了这个调查报告是极为重要的。

　　阿注异居的婚姻生活可以变为阿注同居的婚姻形式，只要男女阿注的双方有了一方到了另一方的家庭里实行同居的生活——这就是说，男女阿注的双方无论是男住女方或女住男方，都可以变为阿注同居的婚姻生活。实行了这个婚姻生活之后，男女阿注双方的一方家庭也因之而起了变化，其结果是这个家庭遂变为母系父系并存的家庭。应该指出，假使女的到男方家中同居而男方只有这个男子，或是男方到女方家里居住而女方只有这个女的，这个家庭就不会成为母系父系家庭，而是成为父系家庭或母系家庭。这就是说，在这种情况之下，女住男方往往会成为父系家庭，而男住女方往往变为母系家庭。可是这种情况是少有的。至于男居女方而特别是女居男方之后，往往因为引起家人不满而难于相处，男女阿注双方又从这个家庭搬出去而另建小屋以同居，那么这个小家庭也不能称为母系父系并存的家庭，而是母系家庭或父系的家庭。

　　此外，假使男方入赘于女方家庭，而这个家庭原为母系，在其后代子孙来说，这个家庭还是母系家庭。假使女方嫁给男方，而男方的家庭原为母系家庭，从其后代或子孙来说，是变为母系父系并存的家庭。假如这个男的家庭原来就是父系家，那么男子娶妻之后仍为父系家庭。

　　除了阿注异居的婚姻生活之外，阿注同居、入赘与结婚，在永宁纳西族中，不只屡见不鲜，而且其历史也相当久长。但阿注同居的人数还是比之阿注异居的人数为少，而结婚或办酒宴客成为夫妇的人数更少。因而直至今天，永宁纳西族的婚姻形式还是以阿注异居占了绝对的多数。因此之故，永宁纳西族的家庭也是以母系家庭为较多，虽则这种母系家庭不一定占了绝对多数的数目。

第二，虽然永宁纳西族的母系家庭与这里的阿注异居的婚姻形式有了密切的关系，而且前者可以说是建筑在两者的基础上，但是两者在历史发展上并不是平衡的。这就是说，二者并不完全相应的发展。永宁区温泉镇七个村八十一个家庭的调查报告说明了这一点。在这里，阿注异居的三三四人（一九七女，一三七男）占了婚姻生活者的总数的百分的九十；阿注同居的（男八，女十）只有十八人，占了过婚姻生活总人数百分之四点九；结婚者女十三人男六人，占百分之五点一。

这是婚姻的统计数目，至于家庭，母系家庭有五十家，占百分之六一点七；母系父系并存家庭有二十九家，占百分之三十五点八；父系家庭只有二家占百分之二点五。

为什么阿注异居的人数占了婚姻生活的百分之九十，而母系家庭之占百分百分之六十一点八呢？因为在母系父系并存的家庭中，以至父系家庭中过了阿注异居的婚姻生活的人数还是很多。一个母系家庭只有一男娶妻或女到男方同居，就会引起这个家庭变为母系父系并存家庭，但是在这个家庭中，除了这一个男的娶妻或带其女阿注来同居外，其他的家庭成员都是过了阿注异居的婚姻生活。这样尽管家庭是变为母系父系并存，可是阿注同居或结婚的人数还是很少。所以家庭的形式可以因一个人的娶妻或阿注同居而改变，但从婚姻的形式来说，其改变并不很大。所以永宁纳西族的家庭，虽然与阿注异居的婚姻生活有了密切的关系，而且前者是建筑在后者的基础上，但是前者的变化却不一定影响到后者。相反的，阿注异居的婚姻生活，若有了变化，则母系家庭的制度，也必受其影响。比方，有十个母系家庭，每个家庭都有十个成年成员，每个家庭都有一位男的娶妻，或带起女阿注来同居，那么这十个家庭都会变为母系父系并存的家庭，可是每个家庭其他九位都是过了阿注异居的婚姻生活，那么十个母系家庭虽变为母系父系并存家庭，但是这十个家庭中，过了阿注异居的婚姻生活的成员还是占了人员的百分之九十。相反的也说明了这十个家庭中无论每个家庭有一个男人或一人以上是娶妻或带女阿注来同居，那么这些家庭的形式就会发生变化。

应该指出，在某种情形之下，阿注同居也不一定改变家庭的性质。比方一个男的到了一个母系家庭中与其女阿注同居或是入赘，对于这个家庭里，虽然婚姻形式可以从阿注异居而改变为阿注同居，但是家庭形式并不因之而改变。因一个母系家庭的一个女的，把其男阿注来同居或是招男的入赘，这个家庭还是母系家庭。实际上，在永宁纳西族的家庭中，一个母系家庭虽因男的娶妻而使其家庭变为母系父系并存家庭，但是过了二三代，往往因没有男的娶妻，都过了阿注异居的生活，而又倒退为母系家庭。

第三，永宁纳西族的母系家庭，而尤其是阿注关系的婚姻形式，虽然几百年来有了封建领主的统治等级制度的分化、喇嘛宗教的传播、农工商业的发展，以及其他民族的影响，可是这种家庭制度与婚姻并不因了这些因素的影响而引起较大的变化。

封建领主就是土司及其司沛与大官小官。封建领主之在永宁区的建立，据说是在元朝统治这个地区之后，元朝军队于十三世纪中叶，这就是一二五三年征服了大理，元军之到云南西北部是经过雅砻江与金沙江，永宁地区之被元军征服可能还早于大理，元史记载建都是一二五一年归附于元。假使永宁县属于建都，那么应该也是在这个时候附属于元朝。约二十年后，又置总督府去治理这一带，土司制度是否始于这个时候不得而知。也有人说，土司制度是始于元明之际。无论如何，土司之管制这个地区总有五百年以上的历史。

土司制度建立之后，这个地方的人民与土地就归土司管治。除其贵所诏司沛之外，土司又分这个地方为内坝与外围地区。内坝是土司所在地，管得更严。但无论内外，总共有二十五官。土司既设置伙厄官去管理土地的生产，又设伙头制去管理农村基层的行政工作。有了总伙头，又在每村设小伙头，还有管灌溉的水官。总之土司的统治是遍布于各村乡与各方面。

在这个地区中，在土司制度没有建立之前，应该是没有等级的区别。土司制度建立之后，永宁地区的社会遂分为三个等级：一为土司及其贵族的司沛等级，二为责卡或百姓等级，三为俄或俾子等级。土司与司沛以及其大官小官属于统治等级，责卡与俄都属于被统治等级，责卡即为百姓，而俄是俾子，前者又比后者为高。在人数上，责卡最多，他们（包括俄等级）不只在政治上受了统治等级的层层压迫，在经济上也受到种种剥削。统治等级除了所谓正当的税收之外，还巧立名目，强迫他们缴纳各种苛捐杂税。这对于每一个家庭以至每个家庭成员，都成为极重的负担，使他们在生活受到严重的影响。

喇嘛教之传入永宁地区，据说也是在元代。这个宗教传入之后，很快的就普遍，得到当地人民的信仰。永宁纳西族中的家庭凡有二个男子以上者往往送了一个当喇嘛。有的村里当喇嘛的男子占了全村的总人数四分之一至三分之一。喇嘛在教规上来说是不娶妻、不结婚或结交阿注的。虽然好多喇嘛并不一定遵守这条教规，但是当了喇嘛，不只在家庭中、在社会中，因为喇嘛不从事生产劳动，而使生产减少，而且影响到男女婚姻的人数的平衡。永宁纳西族有不少地区，男子比女子的数目为少，有一部分男子当了喇嘛，男子在生产劳动与婚姻的男女对比上更显得男子的数目减少。

不但如此，喇嘛教提倡死后的超脱、来世的报应，以及其他好多宗教上的清规戒律，以至违反观念与其繁杂仪式，不只对于原来的信仰有了影响，对于这个地区的家庭社会也有很大的影响。而在经济上，喇嘛寺不只是拥有相当多的土地，而且是高利贷的最大机构。它用地租高利贷去剥削人民，又用各式各样方法去要求人民贡献其金钱物资于喇嘛寺，以增加其财产，或是为了宗教节日或其他礼节的消耗。

永宁纳西族在步入这个地区之前，可能是个游牧民族，到了这个地区的初期，也可能是以游牧为主。可是定居之后，又利用这个地区的肥美土地、丰富草地、茂密森林与泸沽湖畔进行渔猎畜牧与耕种。当时是以部落或氏族的集团的传统方式去从事这些事业，可是土司来了之后，这些地方都归于土司统治，土司及其贵族除占了最好的土地之外，又把土地分给人民使能在农业上完全受其控制。

商人之到这个地区，据说也有三百多年的历史。商人多为外来族，汉族、藏族与丽江的纳西族逐渐输入这个地区，再加以仅数十年人骡马运输的发展，使这个地区的商业更加繁盛。商品的输入不只数量增加，品种也增加，货币的流通逐渐代替了以物换物的交易方式。这对于永宁纳西族的婚姻家庭与整个社会都有了很大的影响。

我们知道，永宁地区之实行阿注关系的婚姻形式与母系家庭的，原来只有纳西族，不只住在永宁地区与四川盐源地区之外的其他各族，如普米族，如彝族，如藏族，以至汉族，都是实行父系家庭制度。实行男娶女嫁的婚姻形式，就是在这一带的其他地区的纳西族中占纳西族的人口总数的绝大多数的，丽江地区的纳西族也早已实行了父系家庭制度与男娶女嫁的婚姻形式。此外，就是迁入到永宁地区而与这个地区的纳西族为邻或杂居的，如上面所说的其他各族，主要的也还实行父系家庭制度与男娶女嫁的婚姻制度。同时，统治永宁纳西族的土司司沛以至其大官小官，也早已效法男娶女嫁的婚姻制度，特别是土司家庭为了保持男子继承职位，自其祖宗世世代代以来，都实行了这种制度与这种形式。永宁纳西族的人口并不很多，他们又重重被包围在各种民族之内。说起来，这里的母系家庭及其阿注关系的婚姻制度应该也受了外族的影响。

可是我们也得指出，上面所说的各种因素对于这个地区的家庭与婚姻，总的来说，不只影响不大，反而有的还加强了这里的母系家庭与阿注关系的婚姻形式，这是最值得我们重视的问题。

为什么我们说这种变化不大，反而有的时候这些因素还加强了这里原来的家庭与婚姻制度呢？

封建领主，这就是土司为了保持其职位与权利，不得不实行男子结婚，使其子子孙孙（这就是男继承人）世世代代继承不断。可是土司家中的姊妹也可以不嫁而坐接阿注，至于司沛及其他官人的家庭，男的出外找阿注，女的在家接阿注，更为普遍。这样，不只阿注关系的婚姻形式不易改变，父系家庭也难于发展。

而况这些封建领主司沛及其大小官人，正在用其政治上的权势与其优越的经济条件，去广交以至乱交阿注，甚至于霸占别人的阿注。这就是说，他们尽量利用这里的落后的婚姻形式以遂他们的性欲。如上面所说的伙厄官梭纳结交的女阿注有了二百多个之多，梭纳是当了调查工作人员的翻译，这位伙厄官也比较率直，所以把他个人的经历没有什么保留的说出来。像他这种人，尤其是地位比他高而经济条件比他好的一些官人，结交阿注的数目比他可能还较多。当然，这种广交阿注不只是男子方面，就是女子方面也有不少。报告指出，有位衣都家猎马（页十八）结交了八十余个阿注，也许深入的调查可能发现比这个数目为多的，但这个数目在女方来说也较多了。习惯使人感觉一生只有一个阿注或少数阿注，"好比乌鸦宁死狗——没出息"，所以多交阿注好像是显出有了本领，或有了可取之处，所以尽管统治者是实行了男子娶妻的习俗，可是统治者不只不鼓励其人民——无论责卡等级或俄等级，反而自己却利用这种风俗以遂其私欲，这样加强了这种风俗习惯。

同样，喇嘛教规虽然应该过其独身生活，可是在这样的社会中，能够这样去遵守教规的人就寥寥无几。喇嘛不找阿注的是很为少数，甚至居在统治地位的喇嘛也少有洁身自爱，遵守教义，不找阿注。相反的，还有喇嘛与其家中甥女为阿注的。这种行为虽为人们所非议，但只是背后议论议论，并没有公开谴责，更没有所谓法律或习惯的裁制。更突出的是这个地区的大喇嘛也乱交阿注，并且鼓励世世代代是遵守男娶女嫁的外族人们，不要轻视其与阿注所生的子女或是私生的子女。

永宁的纳西族所崇拜的狮子山女神既也随便结交阿注，而喇嘛教传入了之后，教规既置之不理，喇嘛也乱交阿注，使这种婚姻制度更不容改变。

至于农业的发展，像我在上面已经指出，即使结交阿注的范围放大，而又稳定这种婚姻制度。因为耕种使人居住固定于一个地方，人口增加了，乡村增加了，地域扩大了，不像游牧的小集团逐水草而居，所以结交阿注范围也因之而放大。农耕生活，日出而作，日入而息，暮找阿注，晨起工作，这样也加强了这种婚姻形式。

至于商业的发展，外来商人的增加，以至迁入的好多外族，尤其是男子方面更会利用这种落后的婚姻形式，以遂其性欲。特别是商人的增加与骡马运输的发展，多样多色的商品与货币财富的增加使以往自耕而食自织而衣的自供自给的社会的原来面貌也改变了，这对于这里的妇女也有了一定的引诱性。接待阿注的范围放大了，专为介绍女阿注的机构也产生了。好多妇女为了追求物质上的享受与金钱上收入，除了原有的阿注之外，增加了临时阿注的数目。原来有的人已是今天一个阿注，明天一个阿注，后天又一个阿注。异居的阿注可以随便找阿注，同居的阿注也可以同时各找阿注，甚至办酒宴客而成为夫妇的男女，也可以同时各找阿注。现在妇女有了机会去多得一些礼品或货币而多找几个阿注，并非一件稀奇的事情。尽管也有的老一辈的人们慨叹这是乱交阿注，是一件不好的现象，可是原来的男女结合既很为自由，而没有限制，现在多交一些阿注，社会舆论并不因之而谴责。这样，阿注关系的婚姻的制度遂因农商运输的发达以及外族迁入的增加，而加强其作用。虽则这种作用是不健康的，这一点我们当在下面说明。

第四，上面所说的数种因素，对于永宁纳西族的母系家庭而特别是这里的阿注关系的婚姻形式，虽然影响较少，使其变化不大，但对于比家庭范围较大的氏族组织——如斯日与尔影响却是很大。同时，这里的纳西族以前也应有过部落的组织，而这种组织的变化是更显而易见。

与这里的纳西族的很为原始的阿注关系的婚姻形式与其母系家庭的制度相应的，是纳西族的原始的氏族组织。这种氏族虽因封建制度及其他的原因受了很大的破坏，但仍有不少残余，使我们在今日还能根据这些残余而追想过去的氏族生活。斯日就是一个很好的例子。同斯日的人们有共同墓地，共同祀祖先，有互相共同帮助的义务，一个人死了，同斯日的人们互相吊祭，家庭困难的互相出力去帮忙，死葬是这样，结婚及其他好多事情也是这样。同斯日的人们，如有一位犯杀人的罪，斯日要出面去处理，用钱赎罪，个人出不起，全斯日的人共同负责。斯日对于年长而能主持公道的人当为领袖，这些作用在原始社会中都是较为普通的现象。

既然有了这种血缘组织，既然这种组织有了好多共同的墓地、共同的活动，那么这个斯日或较大的尔，也可能有了共同的田地、共同的牧场、共同的山林。我们知道，直到今日，这里的纳西族在耕种上还有依底的组织，这就是耕种上的协作，而同斯日的人互相协作或参加这种组织的还是不少。这种组织也可能是过去在共同的田地上共同耕种的一种遗迹。

可是土司制度建立之后，在政治上或是各种的社会活动上的氏族——或如斯日的功用，逐渐的都为统治等级所取而代之。现在村乡或斯日的实际领袖，不是长老，而是土司所派的伙头。其他的如犯罪科份都由封建统治者去处理，至于在经济的领域——特别是农田，几乎全为统治者所直接或间接去控制，而达其剥削的目的，所以从今日来看，尽管阿注关系的婚姻形式与其母系家庭的制度，虽然受了很多的因素的影响，而仍然没有多大改变，可是与这种家庭与婚姻相应发展的原始氏族或血缘组织却遭到很大的破坏。

至于比斯日与尔的范围较大的社会组织，如部落，据史书所载，唐代还存在着。（参看樊绰《蛮书·名类》第四）部落有酋长，这种部落组织可能在宋末元初还存在着，可是蒙古南侵之后，既有总管府，又设土司去统治，部落的组织就为所诏封皇朝的地方行政机构与土司领主所代替。

永宁纳西的阿注关系的婚姻制度虽然继续保持直到今天，可是今后在这个地区的这种婚姻与这种家庭是否还会永久的保持下去呢？

我们以为，尽管在过去，虽然受了好多因素的影响，这种婚姻与家庭还没有多大改变而保持下来，可是今后的情况之于已往已不大相同，所以这种婚姻与家庭难免发生很大的变化。首先是解放以后，经过好多次的大运动，这种牢不易破的婚姻形式与其家庭制度已经受了很大的影响。这里的人们，尤其是年青的干部们思想起了剧烈的改变，对于婚姻家庭的看法也会起了改变。加以有领导与有计画有意识的去改变，若非一下子改变，也会逐渐的改变。调查报告中也已指出这一点（参看《报告》页九五）。尽管这样的改变中，也有倒退的情况——从阿注同居与结婚倒退的阿注异居，但改变将是一个主流，曲折倒流当是主流中的一些逆流。

而且这种婚姻制度尤其是在近数十年来，正如我们上面所说，存在了很不健康的现象。《报告》中已说到这一点，页九十四中说：

> 这是原始婚俗在阶级社会，特别是近代商品经济冲击下必不可免的命运，那些在此种习俗下享有性生活自由的纳西族妇女，在不知不觉中，做了牺牲品。金钱腐蚀他们身心和情感，加深了落后的阿注婚俗的弊害。如性病流行，相当一部分妇女不育和儿童死亡率高等等，严重地威胁着社会成员的健康和人口的增长。瓦拉片村现有四十岁以上的妇女共三十八人，目前有子女二十六人，无后的十二人。无后的十二人中，有二人是生过子女没有养活，故实际不育者为十人，占总数四分之一，而无后的则将近三分之一。即使生有子女者，一般也只是二、三人。对于这个问题，纳西人自己也感觉到了，特别是那些分家少的家庭，如软格瓦各户，相传已七、八代未分家，而各户人口平均不到十人。不仅如此，绝嗣户也有时出现，这可以从他们过继绝嗣较多得到说明。就是完全绝嗣的，在近三、四十年来本乡也有若干户，如瓦拉片的波若哥布搓家，帕米戈土胡家和阿古瓦的各遮家等，都是在这段时间死绝的。

这样看起来，永宁纳西族的阿注关系的婚姻形式不只正在改变，而且需要改变。在改变的过程中，新的婚姻制度将日益增加，而旧的将逐渐减，以至于完全消灭的一天。在这种的趋势之下，研究永宁纳西族的阿注关系的婚姻形式，及其母系家庭的制度以至与此有关的各式各样的原始社会的残余，愈觉得十分重要。因此，我们希望云南历史研究所民族研究室，在全部刊行永宁区纳西族九个乡的母系家庭及其阿注关系的婚姻制度的报告之后，能够再进一步去深入调查，这样将对于原始社会与家庭婚姻制度的研究历史作出一个更大的贡献。

早期文化的遗痕

云南少数民族的原始遗痕

目　　录

绪　　言 ………………………………………………………………… 263

第一编　物质文化的遗痕 ……………………………………………… 267
　第一章　独龙族 ………………………………………………………… 267
　第二章　怒族 …………………………………………………………… 277
　第三章　傈僳族 ………………………………………………………… 292
　第四章　佤族 …………………………………………………………… 306
　第五章　哈尼族 ………………………………………………………… 313

第二编　母系家庭的残余 ……………………………………………… 323
　第六章　独龙族 ………………………………………………………… 323
　第七章　怒族 …………………………………………………………… 327
　第八章　傈僳族 ………………………………………………………… 333
　第九章　其他族 ………………………………………………………… 335
　第十章　纳西族 ………………………………………………………… 341

第三编　社会及其他遗俗 ……………………………………………… 366
　第十一章　独龙族 ……………………………………………………… 366
　第十二章　怒族 ………………………………………………………… 376
　第十三章　傈僳族 ……………………………………………………… 391
　第十四章　佤族 ………………………………………………………… 402
　第十五章　哈尼族 ……………………………………………………… 410

结　　论 ………………………………………………………………… 422

绪　言

　　一九三八年的春天,《昆明新动向》杂志的编者征稿于我。我以《西南文化研究的需要》为题写了一篇文章,登在该杂志的第二期。在这篇文里,我指出在我国的西南地区,包括了云南、贵州、广西、广东等处,有的地方既是新的文化输入最早的地区,有的地方又是我国固有文化保留得最多的地方,同时也有的地方是原始社会文化的遗俗最为丰富的地域。当时我虽初到云南,但我早了解云南是我国少数民族种类最多的省份,其在原始社会的好多风俗习惯仍然可以在这找出。抗战开始,我国其他好多地区的人们都到云南来,又因沿海地区为敌人所占据或威胁,素以内地交通不便的云南成为国际交通的枢纽。云南处在这种情况之下,社会变化得很快。我以为有的少数民族地区也会受了外来人与抗战的影响,而使其原来的社会状况发生变化,因而盼望人们对于这些地区的社会文化能够加以特别注意、从事研究,以免时过境迁。有的固有风俗习惯若已改变了,或是正在改变的过程中,然后再去研究就不容易找到原来的真面目,所以我觉得赶快去研究这些社会文化是很需要的。

　　一九四八年春天,这就是那篇文章发表以后的十年,《广州社会学讯》的编者征稿于我。我写了一篇《研究西南文化的意义》登在该刊第七期(四月廿日出版),大意与前文略同而增加了一些材料。除了说明西南是新文化最初输入与固有文化保留最多的地区之外,也说明这个地区是原始文化遗存最多的地区(此外还说明这个地区出国华侨最多这个问题也值得研究)。我现在把关于原始文化的遗痕一段摘录于下:

　　　　西南各省的民族,种类极多,旧籍分别为百数十种……这些民族因为僻处山区,与外面的交通较少,所以他们的文化还保持着原始状态。物质文化方面,不少民族还从事狩猎生产,就是农业生产,如锄耕、轮耕、火种等方法,也是极为原始。琼崖黎族及滇西南的摆夷,施行文身装饰。黔东南的仡佬施行毁齿,罗罗及苗猺的摧鬒,都是一种原始的装身技术。广东蛋民的水上居住,其形式又与瑞士新石器时代人类及南洋一带土人的水上住家相同。社会制度方面,凉山的罗罗实行着奴隶制度,黑罗罗是贵族,白罗罗是奴隶,彼此间的阶级极严。黔省黑苗、桂省红猺,多少尚行交错表婚制度。两广傜族崇拜槃弧犬王。滇省黑夷以动植物为部落记号,蛋民神宫祀蛇,这又是图腾制度。

风俗方面之具有原始文化特征的尤多。抢婚习俗，差不多西南各族都有存在。原始时代的两性歌舞集会，在苗瑶为"跳花""跳月"，在仲家、水家名为"赶表""摇马郎"，名称虽不相同，而其为男女性活动的节期，则无异致。就是最奇特的产翁风俗（couvade）也可在西南民族中找出来（看《太平广记》"产翁条"）。

宗教方面许多原始巫术与占卜，西南民族中也很流行。放蛊、放鬼，只要到过边地的人，随处都可以见到。鸡卜、蛋卜、牛骨卜、羊骨卜、草卜等占卜术应有尽有。埋葬的方式有康人的天葬、民家的火葬、川南楚人的悬棺。至于琼崖黎人的刻木为信，云南么些的象形文字，黔南水家的水书，仲家的字喃，尤值得人类学者的注意。（第三—四版）

这不过是随便举出一些例子，说明在我国的西南地区的少数民族中保留了原始社会的好多事物。云南既是我国少数民族种类最多的省份，在这里的各种少数民族中所保留的原始社会的文化当然也是很多。

解放以后，云南省历史研究所民族研究室（以前是民族研究所）出版了很多有关少数民族的各个民族简史简志合编，以及各个民族的社会调查材料或报告，这对于研究云南的少数民族的社会与其原始社会的遗俗来说，是开辟了一个新园地，作出了很大的贡献。尤其是如最近所出版的《云南省宁蒗彝族自治县永宁纳西族社会及其母权制的调查报告》，用很多的篇幅去叙述永宁地区纳西族的母系家庭与其阿注关系的婚姻形式。照我个人的意见，这应该是现代世界上还存在着的最原始的婚姻形式，在人类婚姻史上、在母系家庭史上，是一个大发现，是一个大贡献。关于这方面，我曾把我所觉得其中最重要的叙述加以摘录，另成一册，名为《母系家庭与阿注关系》。

在云南的其他的少数民族中，其婚姻与家庭的制度虽不若永宁区的纳西族那么样的保存着很为原始的形态，但是在他们的传说中，以至他们的现代的生活中，还很容易找出他们的原始婚姻与家庭制度的遗痕。而且应该指出，在这些的少数民族中，有了其他的好多方面比之永宁纳西族还要较为原始，比方怒江独龙族在解放前还有住石洞，而有了穴居的遗俗，青年女子还有只挂一块木板以遮下体。《丽江府志》说："怒人男女十岁后皆面刺龙凤花纹……茹毛饮血，好食虫。"所谓茹毛饮血虽是言过其实，可是直到解放前夕他们还吃虫鼠与面刺花纹。又因为怒族没有文字，还是以结绳来记事，大事结大结，小事结小结，这也就是远古的结绳以记事的遗俗。至若刀耕火种，今年烧了一块林木以耕种，明年又另烧一块林木去耕种，这是很为原始的耕种方法，农业的水平很低，有了不少的少数民族大大的依靠渔猎与采集野生植物以过活。至于其他的风俗习惯，以至宗教信仰的原始残余之保留于这些民族中更为不少。

云南历史研究所民族研究室所研究的方法，以每个民族为对象，在每个民族的简史简志或调查报告中，不只把过去的原状生活的遗俗加以叙述，而且把解放以后的变化，而特别是物质生活、社会生活或意识形态的改进的概况加以说明。过去的痛苦生活与现在的较好生活二相对比，这是研究这些少数民族的最重要的主题。但是过去的痛苦生活与好多原始的遗俗正在剧烈的变化，而今日的较好的生活也正在剧烈的变化而趋于更好的地位。从研究这些民族的社会来说，赶快去调查这些原始的社会生活，却成为刻不容缓的责任。

为了便于参考与作为比较的研究，我现在将有关一些民族的原始社会的遗痕的材料摘录整理，合为一册，名为《云南少数民族的原始遗痕》。使有兴趣于这方面的问题的人，不必把历史研究所出版的好多单本调查报告或简史简志合编逐本检查，而却能在这本材料摘录中对于某个问题可以看到各个民族的有关材料编在一块，从而可以得到一个比较综合的概念。

这就是说，我是把有关几个少数民族的调查报告、简史简志合编中的材料分为三大类：一为物质文化的留痕，二为母系家庭的遗俗，与三为社会风俗的残余。在每个大类之下又分为细节，而不是以每个民族为纲。当然，这样的分类，在每一个民族调查报告与简史简志合编中大致也是这样的分类的，可是在叙述每一个民族的调查报告与简史简志合编中，这种分类只是限于每一个民族，而没有考虑到其他的民族。如在怒江独龙族的调查报告中所叙述的物质生活、社会组织或精神文化，只是限于这里的独龙族而并没有说到其他的民族。我的目的是把几个少数民族，如独龙、怒族、傈僳、佤族、哈尼等的有关物质生活、社会组织或精神文化摘录放在一块，使读者比方看到独龙的农业生产或母系社会的遗俗时，同时与在同处也可以看到其他的少数民族如怒族、傈僳等的农业生产或母系社会的遗俗。当然在叙述这些问题——如农业生产或母系社会的遗俗时，还是把独龙、怒族、傈僳分开来说，但是这样的分开叙述是系在每个大类与小节题目之下，所以读者对于比方农业生产这个大标题之下，或是农业生产工具的小节目之下，就可以看到几个少数民族有关于这方面的材料。这样的作法既可以使我们有了一个比较的看法，也可以有一个综合的概念，我在这里的主要目的无非就是这样。

我在这里所摘录的材料主要是五个少数民族。这就是独龙族、怒族、傈僳族、佤族与哈尼族，与其他一些民族，如阿昌与纳西族等，虽然不能代表云南那么多的少数民族的原始社会的遗俗，但是有关原始社会的主要遗风，大致都已包括在这里。在母系家庭及其婚姻制度方面，我觉得最原始而最值得我们研究的是云南永宁的纳西族的母系社会及其阿注关系的婚姻形式，因此我曾把历史研究院所出版的《云南宁蒗彝族自治县永宁纳西族的母权制的社会调查报告》这份宝贵的材料另摘录整理为一册名为《母系社会与阿注关系》。我在这本摘录中充分利用其原来材料，但是因为我所摘录的材料是按照我自己的一个分门别类的系统

（当然也有不少是与原标题相同的），所以摘录材料时是零星的摘录，并不像这一本书里的全章全节那样的抄录。同时因为我觉得永宁纳西族的母系家庭与阿注关系的婚姻形式，而尤其是阿注异居的婚姻形式特别宝贵，所以我就把这份报告中的导言与阿注异居的全部材料——约有二万多言抄录在这里的第二编，这就是有关母系家庭这部分。

第二编全编叙述母系社会的遗俗，这里除了永宁纳西族的母系家庭与其阿注关系的婚姻的大篇幅外，又尽量把独龙族、怒族、傈僳族、佤族、哈尼族以及阿昌族、拉祜族、傣族等的母系社会的遗俗加以抄录，这一编占了全书三分之一的篇幅，说明了编者对于这个问题是特别的重视。应该指出，在编完纳西族的《母系社会与阿注关系》之后，我曾打算另编一本《云南其他的少数民族的母系社会的遗痕》。可是，一来因为在我手里所掌握的材料还是不多；二来时间也不允许我这样的去作；三来永宁纳西族的母系社会与阿注关系可以说是最为典型的原始家庭制度与婚姻形式，也是现代世界上还未找到的奇特的母系社会与其婚姻形式，有了这么宝贵的材料，我们还可以在这个材料的基础上赶快的再作深一步的调查研究。因此之故，对于其他的少数民族的母系社会似可暂时简略的加以介绍，当然今后对于其他的少数民族的母系社会的调查研究工作仍然是要继续而积极的进行下去。

而且在云南历史研究所的努力调查少数民族的工作之下，有关这些民族的社会生活的各方面已积累很为丰富的材料，已作出很大的贡献。除了母系社会的材料之外，对于他们的物质生活与精神文化也已得到很多宝贵的资料，我们对于这些资料能够把来做为一个简略的综合抄录，也是一件并非完全没有意义的事情。因此之故，做为一个对于这些材料的很有兴趣的读者，像我这样能把有关原始社会的遗俗这部分的资料整理摘抄，一方面可以当为读后笔记，另方面也可能对于一些对于这方面的问题也有兴趣而却没有时间去阅读全部资料的人们，似乎也非完全没有用处。

我把《第四行政村独龙族原始共产制调查》这篇（《云南省怒江独龙族社会调查》页二四九—二六六）录在最后当为结论，其原因是这篇报告相当全面的为这个行政村的社会的各方面的生活——物质社会与精神加以叙述。我们知道怒江的独龙族的社会保留了很多的原始社会的遗俗，而在这里的独龙族中，第四行政村中所保留的原始社会的遗俗更为显著、更为全面。这篇报告的作者宋恩常先生，是对于这一带的少数民族的社会情况了解很为深透的一位，这篇报告也可以说是对我们这部摘录材料的一个很为扼要而又较为全面的总结，也可以作为我们研究云南以至其他各处的少数民族的原始社会的遗俗的导言。

第一编　物质文化的遗痕

第一章　独龙族

《云南省怒江独龙族社会调查》（一九六四十二月出版）的《贡山县第四区独龙族社会经济调查总结报告》中说：

>　　解放前夕，聚居在贡山的独龙族怒族自治县第四区独龙江两岸的独龙族，尚处在原始社会末期。大家庭早已崩溃，个体家庭业已巩固，确立为社会生产消费的经济单位。社会内部私有制早已发生并且逐步增长，已开始有贫富的初步分化，也出现了初步的剥削因素，但尚未有阶级的出现。人人从事劳动生产，生产发展水平十分低下。独龙江下游三四村的生产力发展水平比之独龙江上游的一二村更为低下，尤其是四村。生产中尚未发生社会劳动大分工，社会经济生活中虽以农业为主，但尚处在初期农业阶段，砍倒烧光是农业生产中主要的耕作方法。一二百年前才进入铁器时代，铁质农具已被广泛使用并占主导地位，然而原始的木质工具并未彻底的排除、挤掉、被淘汰。大部分较好土地都已被各个家庭所占为私有，个体家庭占有土地有多少之别，借地现象已经发生，土地也开始了交换。家族共有土地从数量上来说还占大部分，农业生产除各家单独进行外，合伙共耕还占相当比重，这是与生产力发展相适应的，是原始协作习惯的延续，也还有家族集体占有土地、集体生产、平均分配的原始生产方式残余。在经济生活中，采集已退居第三位，但仍不失为独龙经济生活中的重要部门。渔猎早已退居次要地位，饲养家畜家禽也很早就开始了。原始手工业还紧密依附于农业，没有形成独立的经济部门，只有原始的物物交换，没有商业，也没有商人出现。男女间已经有某些劳动分工，原始社会的生活习惯方式及道德作风还有较多的保存，仍以血缘为纽带，维系人们的关系。（《云南省怒江独龙族社会调查》，以下简称《独龙调查》，页一）

下面是独龙族的经济状况的（一）农业、（二）采集和渔猎与（三）副业和交换三方面，现在先录有关农业的材料。

〈（一）农业〉

首先是生产力的发展技术，在这方面又分为（A）生产工具与（B）农作物的种类。《总结报告》中说：

> 生产力发展的高低首先取决于生产工具的状况，我们从这个角度出发说，独龙族社会解放前生产力发展水平是相当低下的。并且独龙江的独龙族各村之间发展程度也有不同，总的说来，自北及南，自江而下，生产水平也逐步低下。北部独龙江的一二村，各村寨发展水平基本相同，比之南部独龙江下游的三四各村寨发展略高，尤以四村的发展水平为最低。七代以前，独龙族社会进入铁器社会，截到解放前夕，铁制农具已广泛使用并占主位，但原始落后的木质工具还不可能彻底被排挤殆尽，还起着辅助作用。（页一——二）

〈A〉下面是独龙族所用的几种铁制农具：

> （1）削姆（独龙语，即云南好多居住在边疆的民族所使用的砍刀），是独龙族社会经济中万能工具，既用于生产，也是主要的生活用具之一。砍刀是最主要的生产工具，并且也是工效最高的工具之一，使用最广泛、最普遍。

但是所购这种砍刀的人还是不多的。

> 据调查，一九四九年，第一行政村的龙棍家族共有十五个个体家庭，全劳动力半劳动力六二个，共有各式砍刀三三把。第二行政村六二户个体家庭统计，一九四九年共有劳动力半劳动力一七六个，共有砍刀一一一把……有的较富裕户，平均每个劳动力有一把，或有更多一点……较贫户，一家只有一把砍刀，甚至如孔当·丁（单身汉，三村人）一九四九年连一把砍刀都买不起，家里只有一把恰卡，需用砍刀就向邻居借用……砍刀……大者二尺许（连柄，下同），多作武器及击兽之用，中者一尺五寸左右，是砍刀中最广泛使用的一种，多用于砍火山地及日常生活中，小者系妇女及小孩持握，一般长不盈尺，形式多种，平时亦多用于砍山地及家庭日常生活。（页二）

> （2）恰卡（独龙语，是一种小型铁制农具，实为锄头之前身），其形状为在郭拉（见后）鹤嘴上包镶一块宽约寸许，长大概不到二寸的铁层。恰卡的使用使我们看到，原始的木质工具怎样向先进的铁制工具演变、过渡。其用途多用于松土，也用来搞采集，挖药材等，因为金属工具较之木质郭拉，以松土来说工效要高二、三倍，可以从各个体家庭的占有数量来看其使用的程度。据调查统计，一九四九年一村龙棍十五户有恰卡五二把，二村六二户有一〇二把，三村的三七户有六七把，四村由于生产发展水平较之一、二、三村稍差些，故恰卡的使用不及一、二、三村的广泛，当然这亦与经济

条件差买不起有关。据独龙族老人记忆所及，恰卡的使用较砍刀为晚，恰卡传入独龙河的历史约有百年之久。（页二—三）

（3）俄儿（独龙语，藏音亦同），即铁斧（四村独龙族叫铁斧为兰贝，兰贝是纳西语铁斧之意，推测四村过去用铁斧与纳西族有关）……铁斧的使用略晚于砍刀的使用是公认无疑……其使用效率与砍刀相比较，往往高出砍刀半倍或一倍，尤其是砍伐大的原始森林为砍刀所不及，因而它给独龙族人民带来新的生产力，耕地面积又有所扩大。铁斧除用于砍伐火山地森林外，还供家庭劈柴、敲击等日常生活之用，还有冶铁时，代替锻锤……然而不及砍刀使用普遍、广泛……非独龙族家家户户所能买得起。据一九四九年数字统计，一村的龙棍十五户有九把铁斧，二村六二户有十八把，三村十五户统计有铁斧二一把……借用一般生产工具，用毕归还就算了，惟借用铁斧则不然，借后还时往往需要一点粮食作为使用后耗损的补偿，如果用得实在烂了，则需买一把新的铁斧还给。（页三）

（4）俄而种（独龙语）即铁制怒锄，从怒江传入，极其稀少，绝大部分独龙族家庭没有怒锄。据三村三五户不完全统计，只有二家一九四九年有三把怒锄……从独龙族不使用怒锄耕作来考察我们可以初步证实解放前独龙农业还处于刀耕火种而专进入锄耕农业阶段……郭拉—恰卡—俄而种好象是三个发展阶段各有质的不同但在使用上看起来是有内在联系的合手工具演变的规律。（页三—四）

独龙族虽然用了上面所举出的铁制农具，但同时还用以往很多年来所惯用的木质农具，这种农具主要有了二种：一为郭拉，二为宋姆。

（1）郭拉（独龙语），是木质的工具，呈木钩状，系利用两股树叉，一股削平整，约留二尺左右的长处作为握柄，另一股大部削去，仅留半尺左右，并削尖，作为挖土部分，就这样简单，故所以郭拉的工效较低……并且也极易损坏。郭拉是解放前独龙河畔独龙族所使用的工具中最原始的一种，从郭拉的使用来看，可以得出以下两点结论：（一）独龙的社会生产力的发展水平还是相当低下的；（二）独龙族人民离开原始公社的生活不是象汉族或先进民族那么久远。

（2）宋姆（独龙语），即点种棒，竹或木均可，制作特别简单，捡一小竹棍或木棒，削尖其一端即成。点种栽种时，用此点种棒点下籽，用毕即弃。古老的外□如此，直到解放前夕仍然如此。（页四）

B 农作物的种类、土地的种类、耕作技术生产及劳动生产率。关于农作物种类《报告》说：

独龙族人民在解放前种植的农作物，最主要的有包谷、小米、荞子，其他还有稗子、鸡脚稗、洋芋、芋头、独龙芋、旱谷、黄豆、小麦、四季豆、南瓜、黄瓜等十几种。在北部因受藏族的影响，还种植高山耐寒的燕麦、青稞等粮食作物，也栽培蔓菁、葱、蒜、韭菜、辣椒菜等十余种蔬菜作物，经济作物不多，草烟是为自己消费而栽，麻的种植也是为了自己织麻布。此外，在园地里还种植各样另星作物，随熟随食……与其他处在原始社会的民族同样，生活中以包谷为主粮，独龙语包谷称为达蓬，怒、藏语也同音（页四—五）

土地的种类、耕作技术，极为粗放，广种薄收，砍倒烧光是农业耕作的基本方法，也有用恰卡松土锄地的初期锄耕农业。

土地种类有下列数种：

结白（独龙语，即园地），是独龙族最早的固定耕地，皆在沿房四周，惟每家占有不同，多者二架（每架约计二亩）左右，少者半架而已，连年栽种，不抛荒，不轮歇，多用恰卡或郭拉松上。（页五）

阿白木朗（独龙语，即熟地），与园地相似……与园地相异之处是园地不休耕，这种熟地，在大多数情况下连耕三四年，轮歇一二年……这种熟地只见于生产力发展水平较高的一、二、三村，四村还没有出现。（页五）

削姆朗（独龙语，即用刀耕作或砍的土地），与云南好多边疆民族所耕种的土地相同，就是火山地……是独龙族最大宗耕地，是一种种植仅仅一年而丢荒需要数年的一种耕地，一般是在冬天、春天，也有在夏天选择地段，砍伐荞木、灌木，连同杂草，待其草木干燥，聚以举火焚之，利用灰烬作为肥料，如遇阴雨连绵，火山烧不着，当年就会挨饿，靠天吃饭……往往经过五—七年待其草木重新长成后，再砍烧之。

斯蒙姆朗（独龙语，即水冬瓜树地），实质上也是火山地……水冬瓜树由于叶枝茂盛，砍烧后灰肥力大，而被独龙族祖先在长期生产实践过程中积累无数经贴，认识其较一般的树为有更多的肥力，能连种三年，然后轮休……（也可）加以人工栽培种植，借以连续多种二年增加肥力，多得收入……第一年种荞子，第二年用恰卡或郭拉松土后种小米，第三年种稗子。

单位面积产量：由于耕种技术落后，经营管理不善，生产工具简陋，自然条件限制等方面的原因，尽管独龙族人民辛勤劳动，但收获量仍然很低……据一村十五户及二村二四户的调查，每个劳动力一年极大部分时间投入农业，从事耕作所得之产量仅能维持自身的消耗……没有家庭农业收入够维持一年的口粮的，几乎家家户户都不够，需要靠采集、渔猎、家畜饲养、搞付业等各方面设法弥补口粮之不足，只有在收成年景很好的时候，极个别的富裕户能吃周年粮的。（页五—六）

其次关于生产关系：这里分为（A）生产资料占有状况、（B）土地的参加到交换的行列及初期剥削因素的表现、（C）共耕，三方面来叙述。

（A）从生产资料占有状况来看，《总结报告》说：

> 集体占有、集体生产、集体消费的生活方式早已不存在了，只能在人们的生活中可找到遗痕。生产工具统归个体家庭，个别占有、支配、处理，即使伙同耕种，亦各带工具，各使各的。土地比较好的，亦都大部分归个体家庭占有，个体家庭私有的土地超过血缘家族占有的土地（按较质量的土地来说），尤以一、二、三村较四村为明显。

从独龙河独龙族土地占有关系来考察，明显的反映了社会发展的过程，给人们提供了从公有如何向私有发展的较清晰的轮廓，如何从原始公社向阶级社会过渡的索线。

以下是四种土地占有形态：

（1）血缘集团公共占有、集体垦种的土地：独龙语叫夺木枯，这种占有的形式至少是人类社会进入初期农业阶段时对土地的占有形式。从这种土地占有形态来看，不难看出古代独龙族人们原始集体生活的原始公社的面貌。然而，这种土地占有形式在解放前夕的独龙社会经济生活中仅仅是残余的现象，从数量上来说是微小的，并且……这种土地形态已开始被头人、较富裕户所控制，由他们来支配今年该种那，明年该种那块，一般人有些弄不清楚本家族共有多少这样土地。（页七）

（2）血缘集团集体占有土地：截到解放前，这种占有形式各村都还存在，惟多寡不一。一般来说，这种土地形态就数量来说是很多的，但就质量来说不如私人占有的土地质量高。这种类型的土地，家族成员既可随便开垦，亦可合伙耕种，亦可同其他家族成员一起耕种，不因耕种这种土地而承受任何义务。

（3）几户共同占有土地：这种土地占有形态突破了原始公社所有制度，向私有制靠拢的一种暂时现象，这是原始公有向个体家庭私有演变中的一种过渡形态，过渡阶段是使我们认识私有制是怎样向公有制进攻而取得胜利的，而原始公社制又是通过什么途径逐步走向私有制的，所以这是人类社会发展中很重要的社会发展现象，给我们提供了较为明确的发展线索。由于生产力的发展、铁器的使用、某些工具的改造，提供独龙族人民能够个体生产。相应的，为了能巩固个体家庭获得较多的生活资料，要求改变过去集体耕种和土地随便乱种的现象，要求土地长期固定使用，以便加工精细些，借以收到较丰富的产品，必然要求打破过去土地公有的状况。但也由于独龙族的社会生产力的发展仍然是十分低下的，个体家庭虽已确立，但还未十分巩固，以单独一家谋取生活资料还不是十分容易的，工具与劳动力限制了个体家庭单独占有较大数量耕地的可能，为了获得生活资料，几家联合起来向大自然开战、开垦火山地，仍属必要。由于共同开垦了土地，必然产生几户伙有的土地占有形态，伙有者之间必是亲戚或亲属（伙有一方土地出卖，买者如不是亲戚，也不是亲属，则形成地缘的伙同占有）。原始公社制的这种土地占有形态转变，我很想试作这种解释，近亲血缘因长期轮番共同砍烧固定几块火山地，随着私有制发展逐步形成共同占有，总的说起来，是在私人占有土地形态的前面，但有时也交错进行的。截至解放前，这种土地与占有形态还在不断发展。双方相约去开垦一块原始森林，种植包谷，开垦出来的土地就是参加开垦者伙同所有。（页八）

（4）个体家庭私有土地：这种土地的占有形式是解放前独龙族社会的主要占有形式。据第二行政村的调查统计，全部耕地面积的百分之六十九，园地、熟地、水冬瓜树地、火山地都有。这是独龙族社会生产力的发展的必然结果，这种占有形态至少在七代以前就开始发生了……个体家庭占有制的巩固和发展，标志着原始公社走向彻底崩溃和没落……（页十）

（B）关于土地交换，《总结报告》说：

> 土地的卷入交换，独龙河近百年来就开始了。这种现象据不完全统计，一村有十二起，二村有二十起，三村亦有数起。土地买卖的原因是较贫苦户得病、婚丧、粮食缺乏等。并且也有这样的情况，因缴藏族土司的税，交不起而非缴不可，无法只得忍痛将自己家庭占有的土地转让给人……如果出让人想要回原地，只将原来所得的东西如数交还，土地便可回到自己手中。（页十）

此外，雇用劳动力也已开始，这里有二种方式：一种是用粮食请人做农活；另一种是较富裕户实行迪里娃，独龙语"大伙耕"的意思，是小家庭为经济单位确立之后，在生产和生活中尚存在互相帮助、不计报酬的一种互助形式，是团结互助的表示，但这种形式在较为发展的生产力面前，在初期有贫富分化的面前，在私有制已有一定程度发展的面前……那就是较富裕户，富裕户的头人因自己有较多的土地而劳力不足，便利用这种原始的迪里娃制，给它罩上一层薄薄的剥削黑纱，煮好水酒招待大家，请大家来帮忙，大家为他效劳，再无其他报酬。（页十一）

又土地也有出借：

> 独龙语称为阿姆庄証……贫苦户往往因占地较少，因而借地一般亦多是贫苦户……借地分有土地报酬和无土地报酬……借地有报酬者，多为一块麻布或一把砍刀，一些粮食或一棒黄莲，或一筒水酒等等……是租佃关系的萌

芽。(页十一——十二)

(C) 共耕：

　　共耕是独龙族进行农业生产的较为次要的形式（主要的是个体家庭单独耕种），虽然独龙族解放前生产力有一定程度的发展水平，个体家庭单独谋取生活资料有一定的可能性，但相对的说来，生产力发展水平还是十分低下的。在许多情况下，单独谋取生活资料还有若干困难，为了生活，必须几家联合起来共同生产、谋取生活资料，这是共耕的经济基础，另一方面，这亦是原始集体生产习惯、互助传统的延续。(页十二)

　　共耕的土地有火山地、水冬瓜树地、熟地，甚至园地。惟园地比重小，火山地比重大，水冬瓜树地占第二位。(页十二)

　　共耕收获物的分配分法，总的说来是原始平均主义起主导作用，也就是绝对平均分配。劳动力以个为计算单位，不分强弱。独龙族经常说，同样的两手，应得同样的一份，所以共耕中平均出劳力亦好，彼此不问劳动力的多少，有多少出多少亦好，其分配都是绝对平均的一家一份。但也不尽然，因受外界影响，主要是私有观念的发展，也有按共耕出的劳动力个数比例来分配收获的，这种分配方式较之原始平均主义是前进了一步。同时应该说明，出现时间不久，与今日的按劳分配根本不同。(页十三)

（二）采集和渔猎

　　采集：独龙族社会虽已进入初期农业阶段，并且已开始向锄耕农业发展。正由于留在砍倒烧光的初期农业阶段，农业生产力水平是很低的，收获量很微弱，人们还不能完全依靠农业来维持生活。一般来说，农业收入只能维持七个月或八、九、十个月的口粮，少者甚至不足半年的。为了弥补口粮的不足，独龙族人民仍然要依靠原始的生产部门——采集来补充生活之必需，因此采集在独龙族社会经济生活中仍占很重要的地位，仅次于农业，居第二位……独龙人没有全年统筹统盘打算，没有防患未然、积谷防饥之想法，有粮食时就食，还要煮酒喝，反正采集很方便，依靠采集的时间每年大约有二——五个月，当然也有多达八月之久的……采集主要野生植物，有芒大、百合、竹叶菜、竹笋、梅农（独龙语）数十种，主要是块根的野生植物，也有茎叶尖。(页十三——十四)

　　捕鱼：独龙河，包括其支流，河水湍急，落差又大，其两岸多陡峭，没有平水处，捕鱼的地方很少。

　　狩猎：独龙族社会经济生活中，狩猎同捕鱼一样都不是主要的生产活动部门，但由于兽肉可食、兽皮可作袋囊及交换时的交换物，故比捕鱼在经济生活中比重略高一筹……狩猎有二种方法，一种是单独进行，另一种是集体进行，由有经验的猎者指挥，在自备粮食武器的情况下自顾结合而成。为了明确谁击中野兽，各人的箭都不相同，便于识别。先中者得头皮及一腿（四村的习惯，击中者还得血），如一兽先后二人击中，则后者得尾巴及一腿，其余的肉则凡参加集体狩猎者均分得一份。（页十四—十五）

（三）副业和交换

独龙族的副业经营范围，就其拥有自然资源条件来说，不是非常广泛的。然而，独龙族的副业活动对辅助家庭，家庭经济生活来说是起了相当作用。

独龙河两岸盛产各种名贵药材，解放前独龙族人民采黄莲、贝母，也熬黄腊……独龙族人民亦普遍饲养家畜、家禽，但是历史并不长，主要是鸡和猪，有少数家庭亦养牛……纺织是手工业中一项主要的活儿，穿家户户的衣着、垫盖，及作为贡赋的麻布，全靠自己亲手织成……许多男子都会纺织竹篾器……随着铁器的传入、使用，打铁业亦相应的兴起，各村掌握打铁技术的人不多，且多系头人与巫师，当然也有既非头人亦非巫师的。

由于低下的生产力，生产的剩余产品极少，这限制了交换的发展，因之总的来说，交换是不发达的，并且带有偶然性的。

在衣食住行的物质生活方面，《总结报告》说：

解放前，由于生产力的低下，加之天灾人祸以及反动统治阶级的残酷敲榨，因之独龙族人民的生活水平是十分低下的，我们从以下几方面即可看出：

（一）衣：独龙族人民真正穿上衣服是解放后的事情，解放前无一人能穿起棉布衣服。一般女子则围一条小麻布围裙，上身正披一块自织的麻布，白日为衣，夜晚用来垫盖，有的甚至无麻布可披而裸露上体。男子穿小条小麻布裤叉或系麻布于胯间（多数），到了冬天加披一块麻布，也是衣被两用。小孩则更简单，一般男孩也是一块麻布系胯间，女孩则在她未学会织麻布之前（十五岁前），尚以一块木板或一条麻布挂在身前以遮羞，故有挂木板之说。人人都没鞋可穿，终年赤脚，衣被之少不足御寒，每到夜晚则全家围火塘，烤火过夜。（《调查》页三四）

麻布衣传入独龙族的历史较晚（具体年限不详），据说在人们未学会织麻布之前，曾以树叶、兽皮作衣料，女子用树叶围下体，男子则披兽皮防寒，以后才以麻布代之。织麻布是女子的事务，姑娘在十多岁便开始学习织技，麻料取于野生的麻树（叉），将树削成丝，洗后晒干，再捻成线，用水煮熟过再洗，而后晒干，便可以拉成所需的布面。没有架形织机，只是将成布形的线头的一端拴在固定的木头上，另一头系于腰部，用手来穿横色线，因此工效甚低。独龙人可以织成不同线条的花麻布。用色目不朗的树皮染成红色线。也会用核桃树皮染成蓝色的……（页三四）

装饰在独龙族的妇女来说也是比较简单的。头部有耳环（鸣尔契），是银制的，有银线（鸣尔地），均来自西藏。颈部戴珠子（额咯）数串，有黄、红、绿等色，有戴纽子一串（恰母）。老少均留短发。女子在上体多正披麻布一块，有的穿白色麻布衣。腰部随身带一个小篾箩（崩纳依），借以放麻线等物。手上戴有银环（佳蔓）或珠子，手指上戴银指环，均来自西藏。女子下体多围一件花色麻布围裙，开口于右腿边。小腿上扎有麻布带绑腿（黑道儿），有网带（勒姆过），解放前由西藏传入。女子还随身带一个小筐（设备），以放置零碎的东西。在劳动之季随身带一把小刀，为劳动辅助工具。（页三四）

（二）食："衣不遮体、食不果腹"是解放前独龙族人民的生活写照。从实际调查中看出，解放前没有一户不缺粮，没有不依靠采集渔猎来渡荒年的。一般的独龙人家，每年都要有三四个月的缺粮时间，更多的竟达11个月之久，如三村布卡王在1949年即如此。因此饿饭可以说是普遍的现象。每年一到春季大多无粮，不得不依靠采集渔猎来维持一家的生活。再加上独龙人没有计划用粮，粮食一收，则大肆做酒、祭鬼等，耗费甚大，这样就使得口粮更难以维持下去，粮食如此，就连人们生理所需要的盐巴在解放前也极难买到，一般人家每年只能吃到一、二斤或更少。茶就更困难了。

在解放前食物的种类主要有：①包谷（当包），②小米（枝打恩），③甜荞（金不拉依），④苦荞（不夏），⑤稗子（洋败），⑥鸡脚稗（帮大百来），⑦燕麦（交布），⑧青稞（阿中），⑨豌豆（色麻），⑩黄豆（阿闹崩），⑪四季豆（秀阿朗），⑫洋芋（贷币），⑬芋头（旧），⑭黄瓜（东瓜），⑮南瓜（机瓜），⑯大蒜（素），⑰青菜（种更），⑱萝卜（勒），⑲牛肉（农阿夏），⑳猪肉（瓦夏），㉑鱼肉（鄂不拉夏），㉒麂子肉（丫杀尔），㉓野牛肉（石败），㉔猴子肉（不朗败），㉕野肉（阿构夏），㉖水狗肉（包朗母）……食的方法，主食有将粮食舂成面粉后，做干饭（纳拉）或稀饭（不卡都巴），做炒面（不卡不在母），做粑粑（不卡不来），做酒。付食菜类则煮食或生吃。

日用家具亦很简陋。砍刀、铁斧是他们的主要生活用具。铁锅（有部分人家尚无）土锅用作煮饭烧水。（铁锅——设不大，土锅——达秋、秋瓜）铜锅（朗大，绝少）、饭勺（德瓦冬布）、水筒（朗动）、酒瓶（汪路）、碗（不尔）、筷（松）、饭板（穷达母）、水瓢（师故）。

生活中尚有用石板、竹子煮饭，即将粮食加水装在竹筒中封口，外边加火烧，饭则熟。味美可口。或将粮食与水盛在容器中，把烧焦的石块轻放在水里，使水渐热饭则可熟。

（三）住：独龙族最早是在石洞中，这是无疑的，甚至到解放前夕尚有此情。但他们住石洞的历史有多久，又从何时转住今天的房屋，则是一个无法解答的问题。

解放前，独龙族居住的房屋有木垒房和竹篾房两种。今一、二、三村（尤其一、二村）多住木垒房，四村则全部住竹篾房。木垒房的建筑据说是从西藏传入，房形是长方，房子的四周以木头围成，房顶盖以茅草，地板离地一公尺高。下以石头或木柱支起。房内按照需要设火塘。房门开于两侧，有门板。门较少，高一公尺多，宽不到一公尺。竹篾房来历较晚，多数是解放后修成，来至内地傈僳族的建筑式样。与木垒房大概相同，所不同之处，即是用竹篾代替了木板。竹篾房的四壁及地板，全部用编成的竹篾围起。

（四）行：独龙河地区，交通极为不便。沿江两岸只有崎岖不平、路面狭窄的人行小道。且有多处绝壁，则立一木借以爬行，即所称的"天梯"。行人一不小心，便有失足落水或掉入山沟之险。解放后，人民政府动员广大独龙族人民修路架桥，改善交通，至今在险要之处都加修有保险设备，如竹耙藤索等物，大大减少了危险，保证了行人的安全。

解放前，往返于独龙河上的交通工具主要是溜索。即以竹子篾扭成鸡蛋粗的大索，横拉于河上，人们用溜梆作辅助工具沿索溜滑而过。解放后，尤其是1958年以来，在日常行人较多的地方都架起了藤篾桥，方便了人们的往返，减少了因过索而落水丧命的危险。据不完全的统计整个独龙河上已有大小藤桥20多座。

独龙河地区的交通正在迅速地改变着，由巴坡通往贡山的大马路已部分修成，不久的将来这里便有公路可通，到那时内地大批的物资将用汽车来运送。人力背运的时代就要过去了。

第二章 怒族[①]

一、生产力发展水平

解放前怒族社会生产力发展的特点是：农业是生产的主要部门，但农业生产的水平很低，刀耕火种、轮歇耕作的原始农业还占主要地位。采集和狩猎的比重仍然很大，但多作为农闲或春荒期间的补充生产活动，部分已转变为季节性的副业生产。

铁器在农业生产中虽已占主要地位，但量少质差，多数仰给于兰坪、云龙、维西等县的汉族、白族，本民族不会锻制铁器，仅能加工简单铁工具。怒族使用的生产工具有小铁锄（怒族称"怒尔戈"或"俄中魁"）小铁犁、砍刀和斧头。"怒尔戈"是锄地的主要工具，这种铁锄实际是在木锄的尖端包上一块宽约三寸，长约四寸的小铁皮，功效极低，仅及一般铁板锄的五分之一。小铁犁重约三市斤，犁深仅三至四寸，多数是由兰坪等县运入，解放前夕已有少数怒族能够自己铸造此种铁犁。砍刀是怒族人民在生产生活中的"万能工具"，刀耕火种时，农民用它砍倒树木，日常生活中用它砍柴、砍伐木料修建房屋；也是狩猎及作战时及日常自卫的武器。砍刀一般长一市尺五寸，宽一寸半，大部分由内地（特别是保山及陇川的户腊撒）运入，有少部分来自缅甸的密支那等地。狩猎及作战时的主要武器是弩弓，几乎每一个怒族青壮年少年男子都人手一把弩弓。弩弓是用坚韧性很强的岩桑木及栗木制成的，分大、中、小三种。大弩弓是械斗时的主要武器，弓背长达 1.5 米，射程达 100～150 米；中弩弓弓背长约 1 米，用以狩猎或作战，射程达 80 米；小弩弓主要用以射击飞禽。弩箭有三种：一种是竹签箭，一种是带三角形铜镞，一种是毒药箭，即在箭头部分涂抹毒性强烈的草乌等毒药，射入肌肉内能够"见血封喉"，数小时内致人兽于死。

怒族农民虽已使用铁制农具，但由于本民族内部不能或仅个别能制造，因而铁制工具仍很缺乏，据调查碧江老母登、福贡阿塔四都、阁利亚及贡山候芒等四个村 217 户，928 人（其中劳动力 540 个）仅有小铁锄 534 件，平均每一个劳动力仅有铁锄 0.9 件，犁头 142 件，平均每户仅有犁头 0.65 件，因而不得不辅助以原始的竹木农具。一种是竹锄，怒语（碧江九村）称为"阿俄魁"，即以坚硬的龙竹弯曲成锄状；一种是木锄，怒语称为"时而魁"，系用天然的树桠勾曲部

[①] 编注：本章系陈序经摘录自中国科学院民族调查组、云南省民族历史研究院编《怒族简史简志合编》"三 解放前怒族的社会经济形态"。

分制成。这两种原始的竹木锄在掘地、薅草时还大量使用。

怒族已由锄耕农业过渡到犁耕农业，但这种过渡的时间较晚，大约是近百年左右才从汉族及白族那里学会犁耕的。为适应于怒江区山高坡陡的自然特点，牛犁的方法有两种：一种是单牛犁地，在较陡峭的山地多用单牛耕犁；另一种是二牛抬扛，在较为平坦的坡地多用二牛耕犁。耕牛的使用率很低，每头耕牛每年直接投入劳动的时间一般仅三十多个劳动日，其余时间便大部在山林中放野。

怒族农民种植的农作物种类不多，主要作物有苞谷、荞子、大麦、青稞（贡山）、洋芋及豆类，苞谷、荞子是农民的主食。解放前水稻种植极少。此外还有黄连、麻漆树等经济作物。

这里的耕地依照自然地势及作物种类可分为四种：

（1）火山轮歇地：这是主要的耕地。耕作方法是春天将树木砍倒曝干，播种前放火将树木烧为灰烬，随即用木棍戳洞点种苞谷，这种耕地种二年即丢荒三至五年，俟小灌木长高后再砍倒烧光再种。由于怒族内部生产力发展水平不同以及所处自然地势的不同，因而火山轮歇地的比重各地亦有差异：碧江第九行政村火山轮歇地共有702亩，占该村总耕地面积1071亩的64%强；福贡阁利亚村有火山轮歇地73亩，占该村总耕地面积153亩的47.6%；而碧江普乐、知子罗两乡因生产水平较高，大部耕地已固定，因而火山轮歇地较少，该两乡总耕地为4321亩，火山轮歇地有160亩，仅占总耕地面积的3.2%。

（2）锄挖地：大部分是位于30°～60°的陡坡地带，因只能用小铁锄挖种，故又称之为手挖地。锄挖地比犁耕地更为原始，由于这类土地坡度大、肥质易于流失，产量不稳定，种二三年后即要丢荒，因而可称为半固定耕地。锄挖地的多寡也反映了生产水平的高低。一般来说，生产水平较高的村寨，锄挖地比重很少；与此相反，生产水平较低的村寨，锄挖地比重就很大。如福贡怒族聚居的阁利亚村，全村总耕地面积153亩，锄挖地有80亩，占总耕地面积的52.4%；碧江知子罗、普乐两个乡有锄挖地639亩，但仅占总耕地面积4321亩的14.8%。

（3）牛犁地：牛犁地是怒族的主要耕地，一般是村寨附近坡度平缓和土质肥沃的土地。牛犁地的多寡同样反映了农业的发展水平。贡山侯芒村18户怒族共有耕地292亩，牛犁地为276亩，占总耕地面积的94.5%；碧江知子罗、普乐两乡有牛犁地3103亩，占总耕地面积4321亩的71%；福贡鹿马登27户怒族，共有耕地476亩，其中牛犁地223亩，占总耕地面积的46.9%；而碧江第九村的牛犁地最少，仅有228亩，只占总耕地面积1071亩的21.3%。

（4）水田：大都位于江边地带，土质肥沃，气候湿热，是近四五十年来汉族、白族进入怒江区后才开垦的，因而怒语称之为"拉白田"，即汉人田之意。

福贡鹿马登因受汉、白族影响较深，水田较多，有 201 亩，占总耕地面积 476 亩的 42.3%；碧江老母登乡有水田 530 亩，占该乡总耕地面积 1040 亩的 51%；碧江第九村水田最少，只有 13 亩，仅占总耕地面积的 1.2%。

生产力水平低下还表现在生产技术的十分粗放，不论牛犁地、锄挖地或水田，在解放前一般都很少薅草，不施肥，种子播下之后即等待收获，因而产量较低：每亩苞谷地最高产量 250 斤，一般约 150 斤；每亩荞子产量仅 70～80 斤；水稻每亩仅 150 斤左右，产量一般为种籽的十至十五倍。各种耕地的生产成本很高，约占收获量的 30%～60%，每人每年平均口粮不到 200 市斤，再加上国民党设治局的压榨，使人民生活陷入十分穷困的境地，因此人们不得不把狩猎和采集作为重要的生产补充手段，或则被迫出卖劳动力。

怒族的畜牧业很不发达，这与险峻陡峭的自然地势有关。主要家畜除黄牛外，只有猪、狗、马，羊很少；家禽有鸡、鸭、鸽等。

怒族内部的社会分工也很不明显，家庭手工业与小商业紧密地依附于农业，没有形成独立的经济部门，因此尚未形成专业的小手工业者和小商人；但劳动上男女之间有着自然的分工；男子主要从事农业生产、狩猎、捕鱼及编制竹篾器；妇女也参加农业生产，但习惯上不能犁地，仅能挖地或薅草、播种及饲养家畜、绩麻、纺麻、处理家务、保管粮食等。在几个受汉、白族影响较多的村寨如碧江知子罗、老母登、福贡鹿马登等村寨已出现少数不脱离农业生产的铁匠、木匠，能够制作简单的铁农具和木器。

怒族会打制铁器主要是向周围的汉、白、傈僳等民族学来的，例如碧江一区九村 169 户、668 人中有 15 人能够打制简单的铁刀、铁锄等工具，他们只能修补或加工，而不能自己冶铁。打铁的工具仅有手风箱、小铁砧、小铁锤和钳子。打铁主要在农闲季节进行，农忙期间又主要从事农业生产。

怒族的家庭手工业有织麻、编竹器、做木器、打铁、酿酒等。绩麻和织麻布主要由妇女担任，绩麻和织麻布的工具都很简单，只有一个竹制的纺轮和拴麻线用的小手车；织麻时将经线一端系腰间，另一端拴在一木架上，以一木梭引纬线来回穿梭。一个手巧的妇女每天仅能织约 6 寸宽的麻布 10 市尺。妇女们从每年秋收后即进行绩麻、纺麻，直到次年二、三月间止又投入农业生产。麻布主要供给家人自用，如有剩余才拿到市场出售。编织竹篾器是男子的主要手工劳动，竹篾制品有竹箩、篾笆、篾筐、篾溜索，等等。此外，木碗、木勺、木凳均由男子制作以供家用。怒族人民家家都能酿酒，有甜米酒及水酒两种，由于酿制技术差，酒味大都酸淡而不浓郁。不论男女老少都能豪饮，因而每年煮酒耗粮极多。

在怒族社会中，原始的自然经济居于统治地位。交换行为虽已发生，但由于生产力低下，只有少量的家庭手工业制品如麻布、篾箩等才用作商品交换，而大多数是以物易物的原始交换，粮食、牲畜、铁器、麻布等实物均可作为交换物拿到初级市场上进行交换，其中特别是黄牛及铁锅，几乎成为一般等价物作为商品交换中的计价单位了。例如在买卖土地、买卖奴隶及抵偿债务等，大都以黄牛、铁锅作为媒介；黄牛、铁锅实际上已起到货币的作用。①

1929年以后，碧江的知子罗、福贡的上帕等地辟为集市，实行每隔六天进行一次定期的赶集。由于集市的出现，许多土产如黄连、生漆、漆油、黄蜡、麻布、生猪等均有部分成为商品性的生产而拿到市场出售。与此同时，货币——滇铸半开银元、铜币、纸币也在集市上逐渐流通，到1949年解放前夕为止；整个怒江区的集市已发展到十多个。随着货币的大量流通和为交换而生产的土产品的增加，从而逐步打破了原始的物物交换的方式。怒族中也出现一些未脱离农业生产的季节性小商贩，在农闲期间将黄连、生漆、黄蜡等背运到兰坪、剑川、云龙、维西等地出售，又贩回布匹、食盐、铁器及日用百货至怒江区出售；甚至有将黄连、生猪运至缅甸密支那一带出售的，并从密支那购买一些洋杂货品回怒江出售。这种交换的发展促进了怒族内部的财产分化，从事小商业贸易的大都是富裕农户，而一些贫苦农民只能受雇为背夫，出卖劳力。虽然在解放前夕怒族内部的商品交换有所发展，但仍没有分化出专门从事商业贸易的商人。

二、土地制度和剥削关系

解放前怒族社会生产资料的私有制已确立，但土地占有不集中，还有大量的原始公有制残余；社会阶级已有初期分化，但不很显著，富裕农户多数是原来的家族、村寨头人或畜奴主。由于受汉、白等民族先进经济的影响，分布在不同地区的怒族其社会经济发展水平亦有所不同：一般来说，位于怒江东岸受汉、白等民族影响较多的村寨如碧江县知子罗、普乐、老母登、福贡县木古甲、鹿马登、阁利亚；贡山县丙中洛、侯芒等村寨，其社会经济发展较其它怒族村寨略高；而位于怒江西岸或距离设治局统治中心较远的村寨如碧江县西岸的第八、第九行政村（相当于小乡）其社会经济发展水平较低于上述村寨，而原始公有制也保存较多。从怒族的土地制度考察，基本上可划分为个体农民私有、原始公有及伙有制三种所有制形式，现分别概述如下。

---

① 在怒族社会中，举凡买卖土地、买卖奴隶、抵偿债务等均以黄牛、铁锅为计价单位。一头中等黄牛可以买到2~3亩旱地，一个年轻女奴可值4~5头黄牛；如无黄牛则以"干牛"计算，"干牛"往往以铁锅折价，大约一头"干牛"可折合口径二尺宽的铁锅3~4口。因此社会上比较大额的买卖均以黄牛、铁锅为计价单位，一般小额交换则以粮食、麻布折算。男子娶妻的聘礼也以黄牛为单位，一般是4~8头黄牛。

（一）个体农民的私有制

根据1953年在碧江县知子罗、普乐、老母登，福贡县鹿马登、阁利亚及贡山县丙中洛、侯芒等7个乡、村的调查，共有怒族469户，2069人；总耕地面积为7568亩，其中牛犁地4646亩，占总耕地面积的59.6%；锄挖地1176亩，占15.5%；水田1003亩，占13.2%；火山轮歇地741亩，仅占9.6%。从上面统计数字可以看出，这些村寨生产上比较先进的原因主要表现在固定耕地——牛犁地及水田所占比重较大，半固定的锄挖地及不固定的火山轮歇地较少，二者合计也仅占总耕地面积的25.1%，即74.9%的耕地已是固定耕地了。耕地的大部份都已固定，这是反映土地私有制已日益巩固的标志。与此相反，在生产水平较低的碧江县第九行政村（乡）全行政村则以不固定的火山轮歇地居多。以第九行政村的甲加、罗宜益二个自然村为例，这两个自然村有怒族33户，130人；私有土地面积为1080亩，其中火山轮歇地为702亩，占两个村私有耕地1080亩的64.4%；牛犁地228亩，占21%；锄挖地128亩，占11.6%；水田仅有23亩，仅占2%。即已固定的牛犁地及水田仅占私有地总面积1080亩的23%，而不固定及半固定的火山轮歇地及锄挖地共占76%。这正反映了土地的私有化程度不深，因而大部分土地还是半固定或不固定的轮歇地。

上述碧江的知子罗、福贡的鹿马登，贡山的丙中洛等7个村、乡的怒族不仅土地的私有制已经确立，而且在土地占有关系上随着地主经济因素的萌芽已出现逐步集中的现象。与此相适应，社会阶级也有初期的分化。上述7个村、乡469户农户中已分化出富裕农户16户，占总农户的3.4%；中等农户174户，占总农户的37%；贫苦农户279户，占总农户的59.6%。各阶层土地及粮食产量的占有比重已出现一定的差别：占总农户3.4%的富裕户占有989亩耕地，即占有总耕地面积的13%，平均每户占有耕地61亩，平均每户有粮为4439市斤，平均每人有粮887市斤；占总农户37%的中等户，占有3602亩耕地，即占总耕地的47.5%，平均每户占有耕地20.7亩，平均每户有粮食为1633市斤，平均每人有粮326斤；占总农户59.6%的贫困户占有总耕地的39.4%，即2975亩，平均每户占有耕地10.7亩，平均每户有粮食为1342市斤，平均每人有粮268市斤。从上述各阶层土地占有情况来看，富裕户占有的土地为贫苦户的5倍，粮食占有量为3倍强。这说明土地已开始向富裕户手里集中，从而形成贫富分化。富裕户不仅占有较多的土地，而主要的则是占有较多的水田及牛犁地。例如16户富裕户即占有水田152亩，为水田总数1003亩的17%强；占有牛犁地453亩，为牛犁地总数4646亩的9.77%，因而富裕户的粮食产量较中等户及贫苦户为高。

1912年以后，随着大量汉、白等民族进入怒江区，由于受汉、白等民族的地主经济因素的影响，土地的买卖、典当、租佃等关系也相应地日益发展。

土地的买卖分两种形式，即卖绝与典当（活卖）两种。凡卖绝的土地在成交的那一天由买主杀猪、煮酒并请卖主及一中证人到买主家中共餐，并刻木为凭，由中证人将木刻剖为二分，买卖双方各执一半，日后若有争执即以木刻为据。若是典当土地则不需请中证人，只由出典与承典双方刻一木刻，记明典当时典入者所出钱数或牲畜数，日后典出者有钱时随时可赎回。土地价格是由土地的肥沃程度及距村寨之远近而定，水田及牛犁地价格较高，锄挖地、火山地价格较便宜。一亩水田或牛犁地一般可值"五拳"大①的黄牛一头，或"三拳"大的猪两只或谷子四斗②；一亩火山地则仅值一支羊或二只鸡、或一口铁锅而已。1930年以后，地价逐渐改为以货币——半开银元计算，即一亩上等水田可值半开40～60元，但实际支付时仍多折合实物支付。因此可见把土地作为商品通过货币买卖还仅仅是开始。

土地买卖最初从何时开始已无从考查，但约在距今一百多年前即出现"要地"的一种原始买卖形式。所谓"要地"，怒语称为"哈米以丝"，即由缺地户向有地户要地耕种，并给有地户一定的报酬，如小猪、水酒、铁锅、砍刀或粮食等，即可将地要来归自己所有。随着私有制的逐步发展，这种"要地"的形式也逐渐有所改变而成为正式的以实物交换土地，这便是最初的土地买卖。碧江的老母登、第九行政村，在1912年以前的20年中仅发生这种原始的土地买卖关系40件，并且主要是在家族（或氏族）内部进行；1912至1949年土地买卖达155件，除在家族（氏族）内部买卖之外，已开始向其他村寨和其他民族（汉、白族）进行买卖，例如碧江的汉商田老板，白族商人张老板等即向老母登怒族买到数十亩水田和牛犁地。土地买卖关系的频繁意味着土地私有化程度的加深和土地正在不断地走向集中的过程。造成土地买卖的原因有因病亡、婚嫁、烟赌、争讼、缺粮及交付派款等，其中又以病亡及婚事而造成土地买卖的为多。碧江的第九行政村及福贡的木古甲村59件土地买卖关系中因疾病死亡出卖土地的有23件，占38.9%；因结婚付聘礼而出卖土地的有10件，占17%；因烟赌出卖土地的有9件，占15.4%，因诉讼而出卖土地的有7件，占11.8%；因缺粮而出卖土地的有6件，占10%；因交付派款而出卖土地的有4件，占6.7%。上述数字说明，在怒族社会中丧失土地的原因主要是病亡和婚姻，基于纯粹的剥削性质而出卖土地的例如派款的只占出卖土地事例的6.7%，可以看出在这里私有的发展和阶级剥削的因素的发展。

由于受地主经济的影响，一些富裕农户通过高利贷、小商业活动，集中了一

---

① "拳大"：怒族、傈僳族计算黄牛、猪、的大小均以拳大为准。即以成年人的拳头量牛、猪的颈围的宽度，一般中等牛颈约3.5拳，猪2拳。

② 斗：怒族地区每斗包谷约有40市斤。

些资本，然后又把这些资本投入购买土地。福贡的鹿马登二户富裕户 1930 年以前仅有 36 亩旱地，其中牛犁地 28 亩，锄挖地 8 亩；后来因来往于独龙河及维西岩瓦一带做黄连、蜂蜡、漆油生意，不到 10 年间获利甚大，购买了江边水田 44 亩，等于该村 13 户贫农所有的全部水田数。碧江县老母登 2 户富裕户主要从事高利贷，在解放前的四五年中即买进水田 30 多亩，其中一户已逐渐脱离劳动，并主要从事出租土地和高利贷，走向地主经济的道路。

但是在生产水平发展较低的地区——如碧江县第九行政村，由于原始公有制的因素还较浓厚，占有土地的多寡并不完全反映其财产状况与贫富的差别，而更多地是取决于所占土地质量的好坏。例如甲加、罗宜益两个自然村有 5 户中等户，平均每户占有 34 亩耕地，其中平均每户有较为肥沃的牛犁地 18 亩，产量较高，每年均有余粮；与此相反，有 6 户贫苦户平均每户占有土地 50 亩以上，但多数是质量很差的锄挖地与轮歇地，产量也低，每年的实际耕作面积每户仅为 10~20 亩，每年平均每户缺粮 2~4 月。因此在这一些村寨占有土地的多寡并不能代表其产的实际状况，因而一般农户对于土地的要求并不如怒江东岸的老母登、知子罗等地强烈，反映在土地的价格方面也较低，从而也没有出现土地进一步集中的现象，社会阶级的分化也很不显著，除中等农户与贫困农户外，尚未分化出富裕农户。

在地主经济的影响下，土地的租佃和雇佣关系已出现，但尚未得到充分的发展，并且还笼罩着许多原始的因素。碧江的老母登、福贡的鹿马登两乡的 4 户富裕户共出租水田 25 亩，旱地 20 亩，占该 4 户总耕地面积的 23%，出租的土地采取对半分成，并由富裕户出牛工甚至出籽种，因此还具有一定的共耕残余。但碧江第九行政村则尚未出现租佃形式。此外，各地的怒族耕种关系中普遍存在着一种"分种"制度，怒语称为"棉白"。分种的形式很多，约可分为以下四种：①一方出土地、耕牛、籽种，另一方出劳力，收获时对半分成；②一方出土地，另一方出籽种及劳力，收获时四六分成（出土地者六成，出劳力者四成）；③一方出土地及部分劳力，另一方出籽种及主要劳力，收获时对半分成；④一方出土地耕牛，另一方出籽种及劳力，收获时四六分成（出土地耕牛者六成，出籽种、劳力者四成）。以上四种分种形式显然是从"伙有共耕"制转化来的，这是形成租佃关系的最初形式。地租多以实物地租——粮食为主，货币地租尚未出现，个别地区出现劳役地租，即以工代租，但不普遍。这是少数过去的畜奴主剥削贫苦户的一种方式。

雇佣劳动是私有经济和土地占有不平衡下的必然产物。怒族的雇佣形式有三种。

（1）长工。雇佣长工是近 20 多年来随着地主经济因素的出现才发展起来的，最先是开始于迁居在怒江的汉、白等族地主商人中，以后逐渐扩张到怒族及傈僳族里。雇佣长工的主要是富裕户，也有中等户，但雇佣长工人数不多，每户最多1~2人。知子罗、老母登、鹿马登等七个村、乡有14户雇佣长工14人。这些长工的来源有四种：一种是原来的奴隶，一种是孤儿，另一种是贫苦户，还有一种是以人身抵债的。长工的待遇除雇主供伙食外，每年只得一套麻布衣服，长工除主要从事田间生产外，还要替主人砍柴、饲养牲畜和背运东西，时常遭受主人打骂，甚至也有将长工转卖的，因而这些长工还具有家庭奴隶的显著特征。

（2）短工。在春耕及秋收季节里，许多贫困户主要靠出卖劳动力以换取生活资料，富裕户及中等户便大量雇佣短工。短工的报酬是每个劳动力每天为7.5斤包谷，解放前夕也付给货币工资的，每日每工约为3角银币。被剥削剩余价值为25%~50%。

（3）换工。有两种形式：一种是贫苦农民之间的平等换工，这是一种比较原始的雇佣形式，即农忙期间农民相互请工帮助，基本上是一个人工换一个人工，有时也以相应的实物如粮食、酒、肉、麻布等作为报酬。这是基于农民内部的相互协作而形成的一种换工形式，不含有剥削性质。另一种是牛工换人工，又称之为"牛租"，盛行于碧江县知子罗、老母登、鹿马登等私有制比较发展的地区。老母登一户富裕户以4头耕牛出租给贫苦户每年换取人工六百个劳动日，其本人有水田9亩，旱地20亩即全靠这六百个工耕种，其本人已逐渐脱离劳动，走上不劳而食的地主阶级道路。

在地主经济的影响下，高利贷也很普遍。1912年以前，怒族内部之间的借贷关系主要是实物借贷，借猪还猪，借粮还粮而且是不计利息的。这是劳动人民内部互助性质，不含有剥削。1912年以后，特别是随着商品经济的出现，集市的形成之后，借贷关系日见频繁。最先是由汉、白等族的地主、商人向怒族、傈僳族进行高利贷剥削，以后逐渐影响及于怒族，一些富裕农户也开始从事高利贷剥削。怒族的借贷关系有两种：一种是实物借贷，举凡牲畜、粮食、酒、盐、黄连、大烟等均可借贷，借贷时间有按月按半年或一年计算，如借贷的实物数量不大可不必请人作证，如数量较大则请中人削木刻为凭。利息根据所借实物及时间长短而定，一般是借"二拳"大的一口猪一月后要还"三拳"大的一口，借一碗酒一月后要还二碗或二斤苞谷，利率一般在50%~100%；实物借贷中利率最高的是所谓"放秋谷"，即春荒期间富裕户将粮食贷给贫困农户，俟秋收后归还，放秋谷的利率一般都在150%以上，如当年还不起到第二年即利上加利。如碧江老母登的一户富裕户、福贡鹿马登的一户富裕户每年都要放秋谷数百斤，获利甚巨，并以此集中了40多亩水田。另一种是货币借贷，这种借贷形式是1940年以后才出现的。碧江老母登、第九行政村及木古甲89户农户中有12户是货币借贷，占89户的13%，借贷面不广，借款数字也不大，最少为半开1元，最多者为150元，月利一般为30%，年利高达100%。

（二）原始公有制

土地的原始公有制包括村社公有、氏族公有及家族公有三种。

甲、村社公有地：怒族居住的村寨称为"亢恩"，一个"亢恩"基本上是由二个以上的氏族所组成，因此一个村寨实际上便是一个村落公社。每个村社都有自己的辖区范围和村社公有的山林、猎场、黄连地、漆树及火山轮歇地。村社公有地又分为两种：一种是两个不同的氏族共同居住在一个村寨里，共同占有一片山林和土地，例如碧江第九行政村的"斗霍苏""达霍苏"两个胞族共同占有该村周围的一大片山林及荒地；另一种是居住在几个自然村落的几个民族和家族共同占有一片山林和土地，如福贡木古甲、木楞、阿尼岔三个自然村落所属的五个家族共同占有一片山林和荒地。凡是村社的成员，只要征得村社头人"阿沙"的同意后，均可自由开垦土地，但不得据为己有，更不能私自买卖。村社公有地一般距离村寨较远而距离村寨较近的肥沃土地大部均已分割完毕，故村社成员都不愿再去开垦这种公有地。由于大部分土地已归私人所有，因而村社内部的土地定期分配制度也不存在。适应于轮歇丢荒的特点和自由开荒的特点，村社成员中普遍存在着一种"号地"的方式，即缺地户可以单独或结合其他农户于春耕前在自己选择认为合意的一块公荒地上砍去一些树枝，或在地上围一圈石头，这块荒地即算被人"号定"。凡是已被"号定"的荒地，他人即不能再来开垦，只能由原来的号地户耕种，"号定"的土地可以长期占有和耕种，但不能买卖，但丢荒之后其他成员又可再来号地。这种"号地"可以当作是一种土地的自然分配方式，这是怒江区各个民族所共有的一种自由占有土地的方法。

乙、氏族公有地：碧江怒语称为"提起辽"福贡怒语称为"阿木拉麻"，贡山怒语称为"马大木娃"，这都是属于氏族公有的土地。碧江县普罗乡的虎、熊、麂子、蛇、岩洞等五个氏族都各有一块氏族公地，碧江县老母登乡的斗华苏、达华苏、米黑华、米伯华、亚脚华、拉五华等六个氏族也各有一块氏族公地，其中以达华苏、米黑华两个氏族的公地最多，原因是这两个氏族是最早居住在此地的，因而占有较多的土地。碧江县第九行政村的蜂、虎两个氏族在甲加、罗宜益两村有氏族公地127亩（均系固定耕地）。占两个村固定耕地面积的25%，此外还有黄连地172亩，分别由氏族成员长期占有使用。氏族公地凡本氏族成员均可开垦耕种，并且可以享有长期占有权及使用权，但仍无所有权及买卖权。随着私有制的发展和氏族组织的松弛，近二三十年来氏族公有地已逐渐由成员长期占有使用而变为个人所有，特别是许多氏族长凭借自己的特权而将氏族公地变为私有，例如碧江老母登斗华苏氏族长括留，米黑华氏族长括皮、括独，等等，都是占有土地较多的人。这说明土地由氏族公有变为个人私有是从氏族头人开始的。

丙、家族公有地：碧江怒族称为"帕辽"，贡山怒语称为"猛卡麻"。碧江县第九行政村甲加、罗宜益两自然村的"达霍"胞族之下分为"俄海谷""俄皮谷""俄则谷""俄依谷"四个父系家族，每个父系家族都有自己的家族公地。福贡县木古甲乡的怒族分为"次邦""谷乃比""夏鄂"3个父系家族，其中"谷乃比"家族34户占有山林3片，火山轮歇地288亩，占整个家族总耕地面积的35.2%。这些家族公地有的已划分给各户占有，各户可以在自己的地界范围内砍柴、开种。在整个家族的协议下，家族公地可以整块转卖给其他家族，收入归家族成员平均分配。解放前夕，有的家族已将家族公有地分配个体家庭占有使用，有的分配给二三户共同占有，共同耕作，这样便形成了家族的伙有共耕制。

（三）伙有共耕制

伙有共耕制碧江怒语称为"棉阿白"，福贡怒语称为"棉博"；贡山怒语称为"猛卡麻"，这是土地由氏族、家族公有向个体私有转化中的一种半私有的过渡形式。原来属于氏族或家族公有的集体耕地，经过上述分割和再分割，形成一些更小的集体，由这些小集体的成员共同占有、共同耕作、平均分配，这便是伙有共耕制的共同特点。

伙有土地的形式有以下4种：

（1）家族伙有：这种土地是由原来的家族公有地经过家族成员长期占有使用而最后分割成为几户伙有的小集体耕地，这种土地碧江怒语亦称之为"帕辽"，即家族地。这种土地的所有权属于伙有户集体所有，一般不得买卖。碧江第九行政村所属甲加、罗宜益两个自然村的"斗霍"，"达霍"两个胞族共有927亩伙有土地，分割成为89块，其中叔侄、弟兄伙有的有45块，约占总块数的50%；远房叔侄、弟兄伙有的有21块，约占24%；以家族成员为主而又包括几户非亲属的伙有地有15块，约占16%；其他8块，占10%。贡山县丹珠乡115户怒族及傈僳族共有各种伙有土地697亩（其中固定耕地340亩，火山轮歇地357亩），其中属于家族伙有土地共计449亩，占各种伙有地总数的64.4%。

（2）开荒伙有：家族成员或非家族成员几户共同开垦荒地，这块耕地即归开荒的几户成员共同伙有。由于所开荒地大都是公有地，因而凡是通过开荒而形成的伙有土地也不能买卖，伙有户只有占有及使用权。家族成员共同开荒伙有的土地比重较大，一般均占伙有土地的40%以上。

（3）共同买地伙有：家族成员二三户共同出钱购买一块耕地，这块耕地即为这几户伙有。这种耕地虽然形式上已由各户按份私有，但一般均未划分地界或将土地割开，仍然采取按份伙有的形式。这种伙有地实质上已是私有，某一伙有户如不愿参与伙有时，可以将本人一份转售与他人，但仍不得将此份土地割开，仍须保持原来的按份伙有形式，这就形成了按份伙有、合伙经营的特点。碧江第九行政村所属甲加、罗宜益两个自然村共同买地伙有的土地共 18 块，占总面积的 21.4%；贡山丹珠乡共同买地伙有的土地共 114 亩，占伙有地总面积的 16.3%。

（4）姻亲伙有：怒族习惯结婚均以黄牛为聘礼，如果男方无力支付时，可以将土地抵付，这样便形成姻亲双方共同伙有这块土地，这种伙有地的比重不大，碧江甲加、罗宜益两自然村姻亲伙有土地共计 9 块，仅占伙有地总面积的 10%；贡山丹珠乡姻亲伙有土地共计 35 亩，仅占伙有地总面积的 5%。

上述 4 种伙有土地以第 1、2 两种为主要的伙有形式，它是直接由家族或氏族公有制转化的，它是通过家族或氏族成员对公有土地的分割和再分割，即由家族大集体公有变为小集体伙有，这是由原始公有制向个体私有制发展的一种中间的、过渡的土地所有制形式。而第 3、4 两种伙有制则是按份伙有，合伙经营，它是在个体经营力量薄弱的条件下所形成的，是在私有制基础上产生的另一种变形的伙有形式。

伙有土地由于各地发展水平不同其所占比重也有差异，比重最大的是碧江甲加、罗宜益两个自然村，这两个自然村总耕地面积为 1071 亩，其中伙有土地为 927 亩，占总耕地面积的 86.5%；其次是福贡木古甲村，该村总耕地面积为 604 亩，伙有土地为 372 亩，占总耕地面积的 61.6%；贡山丹珠乡全乡总耕地面积为 2056 亩，其中伙有地为 700 亩，占总耕地面积的 34%；碧江知子罗总耕地为 1248 亩，其中伙有地为 350 亩，占总耕地面积的 28.1%。在私有制的影响下，家族伙有及开荒伙有土地也逐渐发生转让及买卖关系，或则由于不断地分割和再分割而形成更小的小块，如碧江甲加自然村"斗霍"胞族公有的一块公地原为所属 18 户成员集体占有，后来由成员不断分割，最终分为 45 块，每块由二户或三户成员共同占有，共同耕作，如贡山丹珠乡的伙有耕地则不仅超出家族范围内伙有，而且可以与傈僳、独龙等族组成伙有关系，并且某些伙有成员可以将本人所有的一份转让或出售给另一户；有的由二三户伙有扩大为七、八户伙有；有的则由于买卖关系而由五六户伙有缩小为二三户伙有，这样便出现了伙有土地的兼并关系，即原来属于同一家族几户成员共同伙有的土地逐渐转化成为按份私有，甚至最后将伙有土地整块地或部分地出售，这样便导致伙有土地的逐渐崩溃，私有土地的逐渐增多。从土地伙有制来考察，这是完全与怒族的社会发展阶段相一致的，一方面是受私有制的影响，加速了公有制的崩溃，另一方面是个体家庭的形成和分散的劳动也是促使伙有土地由小集体变为个体生产的重要因素。

一定的土地所有制形态必然决定其耕作形式，与土地的伙有制相适应，人们在耕作时也采取共耕的组织形式来从事耕作，这种共耕制怒语也称为"棉阿白"或"棉博"，即共同耕作之意。

共耕是由于生产力低下，个体耕作困难因而必须通过集体协作以获取生活资料的一种生产级组织形式。当农业生产尚处于比较原始的刀耕火种、轮歇耕作阶段时，直接生产者所对待的生产条件不是固定的耕地而是山林荒地，即"原始的生产条件最初不可能本身被生产，不可能本身便是生产的结果"（《前资本主义生产形态》，22页）。这些山林地需要人们的集体砍伐和集体耕作才能实现生产意图，因此通过直接生产者的集体劳动便形成了"共耕组"这种耕作组织形式。火山共耕地是最初出现的原始共耕形态，例如迄今为止的火山轮歇地几乎全部属于共耕地，而已固定的牛犁地及水田，大部分是个体耕作，这表明土地愈固定，生产也愈个体化。

"棉阿白"共耕制在怒族社会中是普遍存在的一种耕作形式，一般说来参与共耕的户数比伙有土地的百分比高。例如，碧江知子罗乡有76户怒族，参与共耕的户数有61户，占总户数的80.2%，但共耕土地面积仅350亩，占总耕地面积1248亩的28.1%；贡山丹珠乡怒族及傈僳族共115户，参与共耕的户数有108户，占总户数的94%，但共耕土地仅700亩，仅占总耕地面积2056亩的34%；而碧江第九行政村的怒族则百分之百的参加了共耕。因此共耕组织是怒族社会中普遍存在的一种原始的集体耕作形式。共耕组织有下列3个特点：

（1）伙有土地成员集体耕作，平均分配收获物：凡参与共耕小集体的农户他们在生产上的地位是完全平等的，即不论是富裕户或贫困户必须共同劳动也平均分配收获物。当某一户因疾病或特殊事故不能参加劳动或丧失劳动力时，由其他共耕户协作共耕，并同样平均分配给他一份收获物。因此共耕组直接体现了原始公有制的生产关系。

（2）共耕小集体成员一般是2~4户组成，最多有达10户，但二三户的小集体占绝大多数。例如碧江知于罗61户共耕户即组成108个共耕小集体；其中由2户组成的共耕组有85个，占总组数的78.7%；由3户组成的共耕组有16个，占14.8%；由4户组成的共耕组有4个，占3.7%；由5~7户组成的共耕组有3个，占2.8%。贡山丹珠乡115户农户中，有81户农户参加共耕，组成125个共耕组，其中由2户组成的共耕组有102个，占总组数的80%；由3户组成的共耕组有17个，占13.6%；由4户组成的共耕组有4个，占3.6%，由6户组成的共耕组有1个，占0.8%；由8户组成的共耕组有1个，占0.8%。

（3）这种共耕组的成员可以自由组合，自由分开，一户一人可以参加若干个共耕组，一般可维持3~5年，最长有至20多年的。由于可以自由组合，因而一个共耕户可以同时参加2~3个甚至最多达9个共耕组的，这样便形成了多角共耕和交错共耕的复杂关系。例如碧江知子罗的61户共耕户中，只参加一个组的有13户，占21.3%，1户同时参加2个共耕组的有9户，占14.7%；1户同时参加3个共耕组的有13户，占21.3%，1户同时参加4个共耕组的有7户，占11.4%；1户同时参加5个共耕组的有8户，占13.1%；一户同时参加6个共耕组的有 5 户，占 8.19%；1 户同时参加 7 个共耕组的有 3 户，占 4.9%；1 户同时参加 8 个共耕组的有 1 户，占 1.6%；1 户同时参加 9 个共耕组的有 2 户，占 3.2%。贡山丹珠乡 81 户共耕户中，只参加 1 个组的有 36 户，占 44.4%；1 户参加 2 个组的有 17 户，占 20%；1 户参加 3 个组的有 10 户，占 12.3%；1 户参加 4 个组的有 9 户，占 11%；1 户参加 5～6 个组的有 8 户，占 9.8%；1 户参加 8 个组的有 1 户，占 1.2%。这种多角共耕和交错共耕反映了共耕制由最初的集体耕作逐步走向分散的和零碎的耕作道路，这是表明集体耕作正在瓦解，个体耕作正在形成中的一种过渡的小集体耕作形式。

由于私有制的发展，共耕户成员的不断增加，使原有的共耕形式发生了变化，到解放前夕出现了几种新的共耕形式：①原有共耕户双方采取互相轮耕的形式，即按年轮换由一户进行单独生产，其他共耕户给予必要的协作；这是由共耕走向个体耕作的主要形式；②分地轮耕：这是一种派生的共耕形式，由于原来共耕成员增加，只好把伙有土地进行再分割而形成新的分地，这些新的分地所有者又相互轮换耕作；③原有地共耕，新分地轮耕，这是另一种派生的共耕形式，即原来的共耕户仍保持一部分共耕地，而新划分出来的耕地则采取轮耕的形式。原始分地共耕，新分地轮耕，这是血缘近亲排斥血缘远亲的表现，从而也反映出血缘纽带共耕关系中随着土地日益分割而逐渐缩小范围，血缘较远的亲族在新划分的耕地上便采取轮耕的形式。福贡县木古甲怒族的谷乃比家族包括 30 个个体家庭，邓底家族包括 18 个个体家庭；邓整家族包括 8 个个体家庭；在若干年内随着人口的增长要重新对共耕地进行一次划分，而每一次划分都排除了疏远的亲族，而以血缘近亲的家族成员重新结成新的近亲家族集团，并且仍然采取共耕的形式，例如谷乃比家族 30 户成员中有 28 户是"阿木拉麻"伙有共耕地的成员，一共划分为 14 块共耕地，即每 2 户组成一个"阿木拉麻"，其余 2 户因系远亲，便被排斥在共耕之外。

所有制是决定分配方式的主要环节，在原始的伙有共耕制之下，共耕户主要是共同出籽种、劳力，收获物按户平均分配。由于各户劳动力的强弱不等，往往劳动力较多者要分担更多的劳动，但只分得与其他共耕成员相等的一份，这就必然大大减低了劳动力多的共耕户的生产积极性，根据许多调查资料证明，共耕地的每亩平均产量约较自耕地少 30%。轮换耕地一般是"谁种谁收"，这种分配方式已经过渡到按个体成员分配。

与原始的土地制度同时并存的还有几种原始生产关系的残余：

（1）借地：这是原始的土地伙有制的一种补充手段，主要在家族及村寨内部成员间进行，也有少数跨越村寨界限的。少地或缺地户在无法取得足够耕地时，可以向有地户请求借入小部火山地或牛犁地耕种。借入的耕地面积如在 1 亩以上的，借地户须向借出户酌送 2 扇簸箕或 1 只小猪为礼；如面积在 1 亩以下又是近亲则可不送任何礼酬，但须与借出户共耕，即借地户出劳力和籽种，收获后分土地所有者少量粮食。借期一般为一年，粮食收获后土地即归还所有主。借地送礼大都在收获后。

（2）助耕及换工：碧江怒语也称助耕为"棉博"，福贡则称"瓦刷"（借用傈僳语）。助耕按其原有性质考察也是一种原始协作的形式，但随着个体经济的发展，这种助耕便成为富裕户占有贫困户劳动力的一种手段了。举行"棉博"或"瓦刷"的大多是富裕户，即在春耕或秋收时，事先通知亲友前来参加"棉博"，凡接获通知者按习惯都必须准时参加助耕。这种助耕的时间不长，一般为1天或2天，参加"棉博"的人数一般为10~20人，一般助耕人工数不超过本户全年劳动日的10%，举行"棉博"的主人每天只招待助耕者一顿酒饭，较富裕者也有杀猪招待的。

贫苦农民之间由于无力招待酒饭，而是采取换工的形式，即互相以相等的劳动日交换帮助生产，这种换工是完全基于互助性质的，并无任何剥削内容。

（3）共养家畜：许多贫困农户由于单独无力饲养牛、羊、猪等大牲畜，也采取"棉博"的形式共养家畜。饲料由共养户平均分摊，推定由某户负责饲养，在宰杀牲畜时除饲养户多分一个头之外，其余部分按户平均分配。如出卖共养的牲畜，所得价款除饲养户可多分一些外，其余同样按户平均分配。如产幼畜，则饲养户可多分到一头幼畜。

（4）借牲畜：凡因疾病或有丧事缺乏祭品时可以向亲友借猪、鸡为祭品，所借期限短则半年，长则一年，即须归还，归还时不附加任何报酬，例如借3拳大的猪，同样归还3拳大的猪可。

（5）要粮：贫困农户在缺乏籽种、口粮时可以向本家族成员"要粮"。要粮时随身携带一只小鸡或一碗水酒送给对方，即可得到一定数量的粮食，对方所给粮食数量一般不少于一个人10天的口粮，要粮是不需归还的。

（6）协助修建房屋：按照怒族习惯，每年冬春之交是修建房屋的季节，这个期间各个新分居的小家庭要新建住屋，一些老户也要修葺旧屋。无论新修住屋或修葺旧屋都采取"棉博"或"瓦刷"的方式共同协作修建。如系新建住屋，必须事前将所需材料准备充足，约定时间由本村男子共同帮助，在一天之内，即修建完毕。凡被邀来参加帮助修建房屋者都要自动携带一捆茅草或几根木料赠送给屋主，房屋修建完毕，由主人招待一顿水酒或苞谷稀饭。

怒族人民由于长期与傈僳族交往，受傈僳族的影响较深，在物质生活上与傈僳族大同小异。《怒族简史简志合编》说：

> 衣饰方面，解放前怒族男女均衣麻布，女子十二三岁以后即穿麻布长裙，右衽上衣；贡山怒族妇女精于织麻，不穿裙，而是用麻布两块围身。碧江、福贡怒族已婚妇女则常常在衣裙上加许多花边，头部及胸部用许多珊

瑚、玛瑙、贝壳、料珠、银币等串成漂亮的头饰及胸饰，耳带垂肩大铜环，贡山怒族妇女不戴头饰，只有胸饰，亦不带铜耳环、而是以精致的竹管穿两耳为饰。各地怒族妇女过去都喜欢以细藤环缠于头部、腰部及足踝部为饰。男子服饰与傈僳同，衣麻布长衣，短裤；蓄发，有的结发辫，有的披发齐耳，教徒则剃发。头人及富裕户在左耳配带一串大珊瑚为饰。凡成年男子均左腰配砍刀，右肩背弩弓及箭包。不论男女过去皆跣足，攀登悬崖，步履如飞。（页八〇）

在食的方面：

怒族的主食是苞谷、荞子，贡山怒族并从藏族学到种植稞麦，食青稞面。各地怒族过去均极少种植蔬菜，蔬菜仅有青菜、白菜、萝葡、瓜、豆、辣椒等数种。五、六月春荒期间，则常到山林中采集各种野菜助食，所采集的野菜有野姜、野蒜、竹叶菜、野百合及各种块根类植物。怒江两岸的山林中还产一种山老鼠，较家鼠略大，怒族常捕捉山鼠为食并作为贡品缴纳给傈僳头人、奴隶主。（页八十—八十一）

在住的方面：

怒族的房屋与傈僳族相似，分为木板房及竹篾房两种，木板房略大，作长方形，一般分为二间，外间为招待客人之用，中间置一大火塘，火塘上设有铁三脚架或石三脚架，供炊爨之用；内间为主人卧室及储备粮食的地方，不许外人进入。竹篾房较小，亦分两间，有些贫困农户则仅有一间。木板房及竹篾房均系用许多木桩架在斜坡地上，在木桩上铺设木板或竹篾席。这种房屋由于结构简单，既易建筑，也便于迁徙时拆散。建筑房屋时，按照古老习惯由家族或村社成员共同协助，并大家供给各种材料，在一天之内即可建成。这种双间或单间的房屋结构是完全适应于山区及个体小家庭生活的特点的。传说过去怒族在与傈僳族奴隶主战斗中，有些人家巢居树上，但解放前已无这种巢居现象。

第三章 傈僳族①

一、低下的生产力水平

解放前杂居在内地区及聚居在怒江地区的傈僳族都以农业生产为主，采集和狩猎仅作为农闲期间或季节性的生产补充手段。生产工具极为简陋，耕作技术极为粗放，刀耕火种，轮歇耕作的原始农业生产方法还占主要地位，生产力水平十分低下，人民的生活极为贫困，傈僳族地处高山夹谷，僻处一隅，兼以历代封建统治者和国民党反动派所长期施行的民族压迫制度，帝国主义的侵略等等，是造成傈僳族生产力发展缓慢、人民贫困落后的几个主要因素。

解放前怒江傈僳族虽已使用铁质农具，但量少质劣，且价昂贵，种类只有小铁锄、小铁犁及砍刀等四五种工具；砍刀和铁锄大部分是从内地的兰坪、维西、云龙等县运入的，部分是傈僳族自己打制。砍刀是傈僳族人民的"万能工具"，它既是刀耕火种时的主要农具，也是自卫和捕杀野兽的重要武器。由于铁质农具缺乏，故许多农民在解放前还使用竹棍、木棍、木锄等原始工具。傈僳族男子精于渔猎，在他们的氏族名称中便有"鱼氏族"和"熊氏族"等，据传说是因擅于渔猎而得名的，因此怒江的傈僳族在解放前几乎"家家有渔网、户户有弩弓"。

作为主要生产工具的耕牛，在怒江地区的使用年代并不太远，大约在一个多世纪以前才逐渐使用黄牛犁地的。截至解放时为止，黄牛除了犁地之外，在买卖土地、婚娶、祭鬼的时候起到货币、聘礼和祭品的作用，甚至在一些初级市场上起到一般等价物的作用，黄牛几乎成为商品交换中的计值单位了。因此在傈僳人的观念中，占有黄牛的多寡，是作为决定贫富的重要标志。1949年以前，怒江地区四个县共有黄牛一万余头，其中耕牛仅占1/3，并且主要集中在富裕农民手中。耕牛的使用率不高，每头耕牛每年的直接劳动时间只有三十至五十天左右，其余时间大部闲放，这就大大影响了劳动生产率的提高。

历史上反动的民族压迫制度是造成怒江地区傈僳族人民生产发展迟缓的一个重要因素。1803年清皇朝镇压了恒乍绷起义之后，曾下令销毁怒江傈僳族的各种弩弓、砍刀、铁锄等武器及农具；1912年以后，云南督军府组织的殖边队统治怒江时期，又先后几次下令搜缴人民的刀、箭、铁器等达数万件之多，并大量宰杀农民的耕牛，这就大大地破坏了社会生产力。

---

① 编注：本章系陈序经摘录自中国科学院民族研究所云南民族调查组、云南省民族历史研究院编《傈僳族简史简志合编》"第二章 解放前傈僳族的社会经济及文化面貌"。

傈僳族农民缺乏耕牛、农具的状况可从下面解放初期的统计材料中得到证明：碧江、福贡、贡山、泸水四个县的十三个村寨，共745户，3112人，共有黄牛555头，占总户数2%的富裕农户即占有15.4%的耕牛，每户平均占有4.2头牛，占总户数18%的中等户占有33%的耕牛，每户平均占有2头牛，而占总户80%的贫苦农户却只占有52%的耕牛，每户平均只占有0.5头牛，即富裕农民每户平均占有耕牛数为贫苦农具农户的八倍强，可见广大的贫苦农户是缺少耕牛的。再从农具来看，占总户数4%的富裕农户占有9.1%的铁质农具，每一劳动力平均占有二件；占总户数25%的中等户占有38%的农具，每一劳动力平均占有一点五件；而占总户数71%的贫苦农户仅占有53%的农具，每一劳动力平均只占有零点七件农具，而且还是破旧不堪的小铁锄。

怒江地区在解放前已耕地面积约达25万多亩，傈僳族农民依照自然地势和作物种类将耕地分为火山轮歇地、陡坡锄挖地、半坡牛犁地及水田四种。在这四种耕地中，不固定的火山轮歇地约占总耕地面积的35%，半固定的锄挖地约占25%，较固定的牛犁地占35%，水田只占5%，而水田大部分为泸水白族土司及各县汉族地主所占有，傈僳族农民主要是耕种陡坡山地。这里的主要作物是苞谷、荞子、稗子及为量极少的水稻。土地的利用率很低，耕作技术很粗放，基本上不薅、不锄、不施肥，因而各种作物的产量很低，苞谷产量平均每亩约为一百五十市斤，水稻最高每亩二百多市斤，最低为八十市斤，有的仅为籽种的十至十五倍。每人每年口粮平均不到二百市斤，仅够半年食用，其余时间便专靠采集野粮或狩猎来充饥。每年四至八月为采集野菜的季节，贫苦农户每年至少有三至六个月的采集时期，中等农户每年至少也有一二个月从事采集生活。野菜的种类有野山药、野百合、野蒜、竹叶菜、达格勒（一种野生块根植物，可制淀粉）等二三十种之多。八月至十二月为狩猎季节，有集体围猎，也有单独进行狩猎的，主要猎取的兽类有熊、豹、野猪、马鹿、麂子、獐子和飞鼠。沿江一带傈僳族还从事捕鱼，但所获不多。

傈僳族有自己的历算方法，人们借助于看花开、听鸟叫、下大雪等自然现象的变化来作为决定生产季节和生活的标志。按照傈僳族的习惯，他们把一年四季划分为花开月（三月），鸟叫月（四月），烧火山月（五月），饥饿月（六月），采集月（七、八月），收获月（九、十月），酒醉月（十一月），狩猎月（十二月），过年月（一月），盖房月（二月）等十个季节月。这种季节的划分便形成了傈僳族自然历法的特点。汉族、白族进入怒江区以后，大部分傈僳族已采用与汉族相同的历法（夏历），但习惯上仍然没有放弃自己的自然历算。

由于生产力低下，一个劳动力的全年劳动时间是不多的，平均只有120～150个劳动日，其余时间除作一些简单的家务劳动之外，大部时间闲散，特别是在庄稼收获之后，男女老少整日酗饮沉醉，因而劳动生产率是很低的，一个劳动力所能创造的产品除够养活自身外，略有剩余，这便是提供奴隶主、富裕头人剥削的基础。

小手工业和小商业尚未从农业生产中分离出来，社会分工很不明显，家庭手工业、小商业与农业生产紧密地结合在一起，因此，原始的自然经济占着统治地位。傈僳族内部已出现商品交换，但很不发达，盛行以物易物的原始交换方法。黄牛、铁锅、猪几乎成为物物交换中的媒介，成为交换的基本计价单位，1912年以后，许多内地的汉、白、纳西等族人民逐渐进入怒江地区，对这里的经济贸易起到积极的推动作用，从二十世纪的三十年代起，在碧江的知子罗、福贡的上帕、泸水的六库、鲁掌、贡山的菖蒲桶等地先后出现了十多个初级市场，通过"赶街"的形式互通有无。截至1948年止，内地迁往怒江地区的中小客商共计75户，资本总额有滇铸半开银元10万零6600余元①，流动资金达半开4万2千余元。由于商品交换的逐步发展，傈僳族内部已出现一些季节性的行商，来往于兰坪、云龙、维西贸易，原来只是为个体家庭消费而生产的竹篾器、麻布，以及漆、蜂蜡、黄连、贝母、兽皮等土特产也逐渐部分地成为交换而生产的商品了。解放前每年由怒江运入内地销售的山药材约为5百背，总值达半开银元1万3千多元。由内地运往怒江的主要商品是铁质农具、布匹、食盐及日用百货等，每年总值约达半开银元3万元以上。商品交换的日益发展和初级市场的形成，逐渐改变了以个体家庭及村寨为单位的自然经济状况。由于货币的逐渐流通，也打破了原始的物物交换的方式，商品经济的发展又改变了原始的经济上的隔绝状态。

二、怒江地区的土地制度和剥削关系

怒江地区的碧江、福贡、贡山、泸水四县八万傈僳族聚居的地区，土地所有制形态的特点是：土地私有制已确立，但占有不集中，还有浓厚的原始公有制残余及家长奴隶制残余。农村阶级有了初期分化，封建经济因素正在发展，形成以个体私有制为主但又包含其它经济成分的、多经济结构的复杂状态。

怒江边沿四个县的傈僳族，生产资料的私有制已确立，阶级有了初期的分化，但土地占有不集中，农村中已分化出占总农户2%的富裕农户及个别地主（傈僳族称他们为山主，个别的已脱离劳动）。山主或富裕农户大多数都是家族、村寨头人、畜奴户、伪乡保长或教会上层，社会上通常称他们为"粗波扒"或"搓吾"（富裕户或头人）。根据四个县十三个村寨的统计，占总户数2%的山主及富裕户占有7.6%的肥沃耕地、14%的耕牛、农具和17%

---

① 根据中共怒江边疆工委会调查资料。

的粮食产量。富裕户及个别山主占有的生产资料约为贫苦农民的四倍，山主还出租土地，并从事高利贷及利用原始协作的"瓦刷""瓦府"等形式进行雇工剥削。富裕户虽然多数是过去的头人及伪乡保长，但他们还没有完全脱离劳动，因而他们对于群众来说，既有剥削压迫的一面，又有因家族亲属关系所结成的与群众有联系的一面，特别是在反对外民族压迫的斗争中，他们常常与群众结合在一起反对民族压迫，因而他们在群众中产生了一定的影响和作用。

农村中已分化出占总农户18%的中等农户，社会上称他们为"杂此扒"，即够吃户之意。他们占有25%的肥沃耕地，30%的耕牛、农具和20%的粮食产量。有一些中等农户也是村寨头人和教会的"密枝扒"（管事），也从事少量的高利贷及雇工剥削，或兼营季节性的小商业贸易。二十世纪三十年代后期，由于受到地主经济的影响，这部分中等农户开始逐步地向两极分化，有的上升为富裕户，有的下降为贫苦户。

贫苦农户占农村总农户的80%，社会上称他们为"刷扒"，即贫苦人之意。他们占有67.4%的耕地和66%的耕牛农具以及63%的粮食产量。在这些贫苦农户中约有5%的农户是过去的奴隶。贫苦农民除耕种自己的土地外，平均每一劳动力每年要出卖劳动力三十至五十天。

长工是近三十多年来随着地主经济因素的萌芽才出现的，这些长工虽然长期替富裕户及山主劳动，但他们没有完全丧失生产资料，还占有小块土地，可以脱离富裕户进行独立生产。有些山主及富农还畜养少数奴隶，这些奴隶是以长工或养子的面貌出现的。

在泸水的六库、卯照、大兴地等白族段姓土司的十几个私庄里，约有二百多户贫苦的傈僳族沦为土司的私庄农奴。他们除耕种土司的土地外，成家立户者，则由土司分少量份地耕种，每年按份向土司缴纳官租，并承担各种劳役和苛派。其余居住在土司辖区内的傈僳族、白族、怒族、彝族农民，他们虽不是土司的农奴，但每年必须按户，按村寨向土司缴纳贡礼和承担各种劳役，这些苛派和劳役多达四五十种①。

从上面生产资料的占有关系来看，社会阶级已有初期的分化，特别是泸水南部的六库，鲁掌等土司统治区域，社会阶级分化较为明显。但从整个怒江地区来说，各阶层土地占有和集中的程度不大，特点是头小尾大，80%的农户都是贫苦农户，富裕户及个别山主占有的生产资料仅为贫苦农户的四倍左右，为中等农户的一倍。社会上除奴隶这个等级外，基本上还没有完全丧失生产资料的农民，由

---

① 据云南民族调查组的调查，泸水县六库、鲁掌、大兴地、卯照等五个土司每年至少向各村寨农民收纳各种贡礼四五十种，甚至山上的岩蜂也要收蜂租，农民到岩洞里躲雨也要收岩洞租。农民还要为土司服各种劳役，如修房屋、砍树木、种地、抬滑杆、养马、磨粮食等等。

于原始的生产关系的残余影响，缺地少地的贫苦户还可以通过"借地开荒"的形式，在头人的许可下，开垦公荒或借地耕种，同时也由于地广人稀，一般农民主要是落后贫困，而不是极度缺乏土地的问题，这是土地集中程度不大的主要因素。

怒江地区傈僳族的土地所有制形态，基本上可以分为个体农民私有，家族共同伙有，家族或村寨公有等三种所有制形态。其中个体农民的私有制是主要的，家族共同伙有是次要的；原始的家族、村寨公有土地只作为一种残留形式保存下来。

（一）个体农民私有

解放前怒江地区四县共约25万多亩耕地中，有70%左右是属于个体农户私人所有。私有土地已经发生典当、买卖、分种等形式；并且近数十年来随着地主经济因素的不断渗入，已出现了租佃关系。这里土地的自由买卖关系大约在百余年前即已开始，但当时主要是以黄牛、生猪、铁锅、砍刀、粮食等为交换媒介，一头黄牛可换得二亩地，可见当时的土地还是不大值钱的。而土地的大量买卖和通过货币为交换手段则是1912年云南省地方政府的"殖边队"进入怒江区以后才出现的。现以碧江、福贡、贡山三县为例：由1910至1919年的20年间，仅发生土地买卖1500多件次，面积为24000多亩，而主要是实物交换。但从1920至1949年的30年间，土地买卖则激增为2万多件次，面积达20多万亩，且有一部分是通过货币作为交换手段了。

代表封建地主阶级势力的"殖边队"和怒江区地方政权——设治局的建立，外族商人大量的进入，是使怒江区地主经济因素不断增加的主要原因，它在很大程度上起到破坏了傈僳族原始公有制的及个体小私有的经济的作用，并在这个基础上出现了地主经济因素。进入怒江地区的汉、白、纳西等族的地主、商人在占有土地之后又把土地分别转租给傈僳、怒族佃农，因此土地的租佃关系是在二十世纪二十年代前后才逐渐开始的。① 根据泸水县四排拉多、自表娃已、六粗罗三个村寨75户的调查，各阶层共占有土地面积1148亩，有11户出租土地，面积为138亩，占土地总面积的11.97%；32户租入土地，面积为420亩，占土地总面积的36.6%。地租形态主要是实物地租。租佃形式分定租、活租两种。定租的租率最高达50%，最低为10%；活租的形式有五六种，租率不固定，一般是土地所有者出土地、籽种、牛工劳动时出午饭，佃耕者出劳动，收获时对半分成，或

---

① 二十世纪初期，有一批汉族、白族商人进入怒江地区，如贡山永拉干的袁总管，刘老板；福贡上帕的杨老板；碧江的田老板，张老板等等。这些奸商到达怒江之后，通过贱买贵卖，高利盘剥集中了一些好田好地，十多年后都成为当地的地主并兼区、团、乡长、商会长等伪官僚，开始出租土地，雇用长短工剥削。因此租佃关系是从二十世纪二十年代前后产生的。

佃耕者分三分之二，土地所有者得三分之一。这种活租形式，实际上是从原始的伙有共耕制发展过来的。

分散的、一家一户的个体小生产必然导致生产资料的逐步集中和向两极分化。第一种因素是在强大的地主经济势力的冲击下，使土地及其它生产资料的占有关系日趋不平衡①。第二种因素是随着土地买卖关系的逐渐频繁，造成一部分富裕户和家族、村寨头人通过各种剥削形式集中了小量土地，使原始的、奴隶制残余的生产关系走向最后崩溃的道路。在地主经济较发展的六库、鲁掌、知子罗、永拉干、上帕等地，一部分贫苦农民则丧失了土地走向卖工度日的贫困境地。

生产力的提高和私有制的发展是产生剥削的基础。随着生产资料的私有和占有关系的不平衡，雇工、高利贷等剥削形式也就日益发展。但这些剥削关系在傈僳族内部有它的特殊形式，即这些剥削关系都笼罩着一层原始的外衣，这就说明它尚未完全脱离原始的躯壳，而是正在由原始的末期向阶级社会过渡。

怒江傈僳族内部雇工形式有三种。第一种：实物雇工，傈僳语称为"瓦府"，这是由早期的协作换工转化而来的，过去很普遍。富裕农户每当农忙季节就通过用粮食、盐、酒、肉、麻布等实物作为换取劳动力的一种剥削方法，这是一种不等价的雇用方法，一个工的报酬只合一斤半猪肉，或三斤苞谷，有时只合一碗水酒。如泸水县称戛、六初罗两村八户富裕农户，每年利用"瓦府"换工达3000个，平均每户每年换工达375个之多。第二种：长工，雇用长工的为数不多，长工往往是因欠债无力偿还而以劳力抵偿的。长工除由主人供伙食外，每年的报酬约得苞谷一石（约四百市斤）麻布衣一套，劳动时间长短由主人决定，在主人认为债务已清即可离去，这种长工是过去的债务奴隶转化来的，剥削量很大。第三种："瓦刷"，即协作之意。农忙季节任何一家都可邀请家族及村寨成员来协助劳动，劳动完毕，主人只招待一顿水酒及苞谷稀饭，不付任何报酬，这种原始协作在早期纯粹是友谊协助性质，没有任何剥削的含义。随着生产力的提高和私有制的发展，那些占有土地较多的头人、富裕户却经常利用这种原始协作形式作为对贫苦农户进行剥削的手段。某些头人及富裕户每年"瓦刷"雇工人数竟达150～300个劳动力，而所支付的酒饭招待仅及应付报酬的12%～15%。"瓦刷"实际上已由原始协作变为富裕户的一种特殊的雇工形式了。此外，贫苦农户之间还保留着几种原始互助的"瓦纠""瓦把"等换工互助形式，这些换工

---

① 贡山的永拉干村地主刘洪亮老板，占有土地九十余亩，出租土地六十亩，为该村贫苦农户的十倍强。此外还兼商业及高利贷，仅放贝母债一项即达半开银元1800元，货币借贷达三万元之钜。

碧江的反动地主绅士田月辉，张文杉二人，占有江边好田好地达二百余亩，并为经营商业及果园，放高利贷，先后雇用长工二十余人，短工每年三百余人，大部土地出租给傈僳、怒族耕种，对半分成，对农民的剥削极为残酷。

是在互助的基础上进行的，一般是人工换人工，牛工换牛工，没有剥削的含义。

高利贷是近几十年来才盛行的，1912年以前农民之间借贷纯粹出于亲友间互相救济帮助，不付给任何利息的。随着地主经济因素的增长，高利贷也日益盛行。借贷的种类有实物借贷，货币借贷及放秋烟（大烟），放秋谷等。而实物借贷又包括借牲畜、粮食、盐、酒等；货币借贷及放秋谷在设治局统治期间更为普遍，利率一般为50%，也有高达100%～300%。据解放前一年四个县十三个村、乡571户的调查，有75%的农户都是负债户。福贡县双米底村仅付债利一项即占该村全年粮食收入的13.5%。

（二）家族共同伙有

家族伙有，共同耕作的"伙有共耕"是怒江傈僳族社会中普遍存在的一种土地的半私有制及耕作方式上的原始协作形式，傈僳语称为"贝来合"或"哈米贝来合"。这是原始的土地公有制向私有制发展过程中的一种过渡形式。

碧江、福贡、贡山三县伙有土地约占总耕地面积的25%左右，参加共耕的农户约占总农户的50%，少数村寨高达70%。伙有共耕制可分为以下三种形式：

第一种，土地属于家族祖遗，由家族成员共同占有，共同耕作，同出籽种，按户平均分配收获物。

第二种，家族成员或亲属共同买一块耕地，土地可以按份私有，但不割开，共出劳力、籽种，收获时按户平均分配。这种土地可以按份买卖。

第三种，几户家族成员共同开垦家族或村寨公有土地，并通过削树尖、结茅草、垒石头、插竹签等方式将土地"号定"伙有，这种土地照例不能买卖，收获物按户平均分配。

伙有土地一般不能分割或拆开，按份私有的伙耕地也没有明显的地界，这种伙耕地所有权属于私人，在征得共耕户的同意后可以退出或将土地卖给他人，共耕成员可以自由转移。但原属于家族祖遗的伙有地则不能买卖，这种伙有地显然是由早期的家族公有地中分化出来的，但家族头人对这种土地有着习惯上的支配权，因而往往利用这种特权逐步地把一些家族伙有地攫为己有。随着家族关系的日益松弛，伙有土地已不限于同一家族成员了，在同一村寨的不同家族成员间都可以通过共同买地或共同开地而伙有土地，这样便打破了狭小的家族界限，而扩大为村寨关系。因而同一村寨内部的各个家族之间，通过共耕而在经济上取得密切的联系，因此，村寨实际上成为一个经济上的共同体。

这种以家族、亲属或村寨关系为纽带所组成的伙有关系在耕作时也通过"共耕"的形式来体现，即按照共耕户组成若干"共耕组"进行集体耕作。这种"共耕组"的特点是：共耕组的成员不多，最多八户，最少二户，可以自由加入，自由退出。一个农户可以同时加入二个以上的共耕组，最多的有同时加入六个组的，这样便形成了多角共耕关系，这种多角共耕关系在一定程度上妨碍了生产积极性。

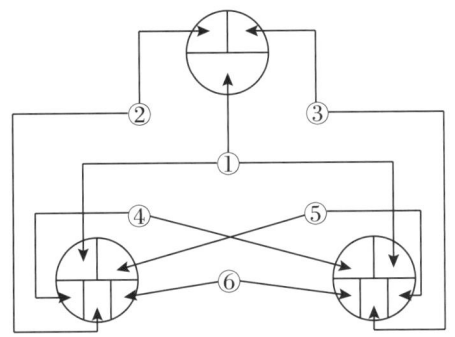

说明：1. ①、②、③、④、⑤、⑥表示共耕户。
2. 大圆圈表示由几户组成的共耕组。
3. 这个图反映了多角共耕的特点。

共耕组示意图

伙有共耕是由家族公有共耕转化过来的。实际上是由整个家族的集体所有转变为几户家族成员的小集体所有的一种过渡形式；在耕作的方式上也由较大的集体转为较小的集体，这种转化过程实际上是公有制崩溃、私有制发生和发展的过程。随着私有制的进一步发展和土地占有的不平衡，近几十年来，又逐渐由伙有共耕转化为私有共耕，随着生产力的提高，并再由合伙耕作走向个体耕作。从这里充分地证明这一事实：所有制是决定其耕作形式的，即家族伙有必然只能通过集体的耕作才能实现其生产意图。

由伙有转化为私有也是一个长期而复杂的过程。最先是伙有户轮流耕种，收获物归直接耕种户所有；或则伙有户将土地转让另一户长期耕种；也有的共耕户自动退出共耕组，土地按份转让给其它农户或折价转让给原耕户；甚至也有将伙有土地按份分开，自己耕种，自己收获。这些转变特别是在受到地主经济的冲击之后发展得更快，最后形成稳定的个体私有。在这里分散的一家一户的个体劳动是促成伙有共耕制崩溃的重要因素，正如马克思在"答查苏里奇信"第三次修改稿中所指出的："分散的劳动是私有制产生的泉源。"反之，私有制发展的结果必然导致个体的劳动。伙有共耕是傈僳族土地所有制中的一种特殊形式，它是由氏族或家族公有向私有过渡的态度，它敲响了原始公有制的丧钟。

由于生产水平低下和受传统习惯的影响，有许多个体农民私有的土地仍然采取"共耕"的形式进行耕作，这便是私有共耕制。这种私有共耕制在生产及分配方面有以下三种特点：①土地所有者出土地、耕牛、籽种和劳力，并邀请家族成员共同耕作，收获时粮食对半分成；②一方出土地耕牛，另一方出籽种及人工，收获时前者得四成，后者得六成；③一方出土地、籽种，另一方出人工，收获时对半分成。有些富裕户因劳力不足或为了剥削对方的劳动力而长期地与一方共耕，并主要依靠对方的劳动，本人只出土地、籽种或牛工，这样便形成了最初的土地租佃关系；因此，私有共耕是走向租佃土地的阶梯。

（三）家族、村寨公有

家族、村寨公有土地，在整个土地占有关系中的比例是微不足道的，它仅仅作为残余的形式保留下来，最多的只占土地面积的百分之五，而有的村寨已经没有公地。傈僳族在三四百年前进入怒江之后，一些较有势力的家族便开始进行掠夺土地。按照传统习惯最先开辟村寨的家族头人即被公认为村寨头人，各个家族可通过削树尖、插竹签、垒石头等方式把土地"号"起来，这些土地即属于整个家族公有。但随着私有制的发展，这些家族公地逐渐被本家族成员所分割而成为各户的私有土地，例如：泸水六初罗村的麻姓家族是老户，麻姓各户的私有土地即占该村土地面积的72.8%；泸水自表娃已村姬姓各户即占该村53.3%的土地；碧江俄科罗村荞姓各户占有该村62%的土地。土地在被家族成员分割的结果，公有地就所余无几了，一般都未超过7%，有的家族甚至没有公有土地。

村寨公有地一般是距离村寨较远的山林、猎场及贫瘠土地，村寨公有地并不进行定期分配，本村寨成员在征得头人同意后（送一只小鸡，一瓶水酒），即可以自由进行开垦；新迁入户也可以在头人同意下"借地"耕作：这种自由开荒和借地耕作实际上是一种土地的"自然分配"方式，耕种户对土地只有占有及使用权，当地力耗尽丢荒时，土地仍归村寨公有。随着私有制的发展，头人及富裕农户等通过霸占、借耕以及集体出售、械斗抵债①等方式逐把村公地分割。家族公地及村寨公地原是经济上联系家族及村寨成员的主要纽带，但一旦土地转入私人手中之后，这条纽带便松弛了，家族及村寨成员之间的关系仅剩下以共耕为主的某些原始协作关系及血族复仇关系了。

三、怒江地区家长奴隶制的崩溃

怒江地区傈僳族的家长奴隶制是与村落公社形成的同时就发展起来的，特别是在十八、十九世纪期间，家长奴隶制更为发展，有向早期奴隶占有制过渡的趋势。这个时期村社头人及富裕农户畜养家庭奴隶以供驱使和劳动，一些较大的头人及畜奴户并开始向维西岩瓦、富川，兰坪维登、营盘街、云龙漕涧及独龙河一

---

① 械斗抵债：碧江二区尼普鲁村"鼠氏族"普子亦，七十年前因病，请巫师拉尼前来驱鬼，但拉尼反被感染病死。拉尼家族派人前来与鼠姓械斗复仇。尼普鲁村的"鼠""虎"两个氏族联合起来与拉尼家族械斗，虎氏族的山阿巴扒被打死，由鼠氏族赔银三百两抵命。鼠氏族即把家族公地八亩出售虎氏族作为抵偿，这块土地即转为山阿巴扒家私人手中。

带掠夺人口为奴。

二十世纪初期，家长奴隶制进一步发展，占农村总农户2%的富裕农户及中等农户畜养了家庭奴隶，每户1至3人；其中有40余户占有奴隶较多，每户占有奴隶达20至30人，已形成奴隶主。福贡的腊竹底村、达普洛村、固泉村、上帕村，碧江的括然村、千本村、雅别洛村、南安甲村，贡山的腊早村、茨开村，泸水的称戛政、阿尼布等村寨成为当时畜养奴隶较多的村寨。整个怒江地区当时约有奴隶3千余人，约占农村总人口的5%。奴隶的民族成份除傈僳族外，有怒族、独龙族和白族，其中以怒族居多。

奴隶称为"搓巴"，意即卑下的人，这一个可能是来自藏语的奴隶"差巴"，后来为傈僳族所沿用。奴隶的主要来源是收养子及掠夺人口为奴，此外也有少数是买卖人口及人身抵债的。奴隶中以年轻的女奴及童奴为多，原因是女奴及童奴大都以养女及养子的身份出现在家庭中，既不易逃跑，且女奴长大出嫁时，畜奴户还可以取得一大笔聘礼——二至四头黄牛。

怒江傈僳族家长奴隶制的特点是：①畜奴主是在亲属关系掩盖下，对奴隶进行剥削。大部份奴隶都称作"养子"或"养女"被主人当作家庭的一个成员；他们称呼畜奴主为阿爹或阿叔，亦称"司扒"，这个名称具有主人的含义。②奴隶既从事田间劳动也从事家务劳动，奴隶在家庭及社会上的地位虽然较低，但在日常生活中与主人的差别不大，可与主人同起居，共饮食，虽然也时遭打骂，但主人对奴隶不能有生杀予夺之权。③某些具有养子、养女身份的家庭奴隶在取得主人的信任后主人为其娶妻成家或出嫁，甚至可以继承主人的部份财产；这些奴隶一旦成家和继承主人的部份财产之后，即可改变其奴隶的隶属身份而成为自由农。④一般的畜奴户男女主人均未脱离劳动，并且与奴隶一起从事各种劳动，他们在劳动关系上其身份是大体平等的，唯一的差别是奴隶劳动量较主人略大。⑤畜奴户多数是富裕农户，其中只有少数畜奴户因占有奴隶多，脱离劳动而成为奴隶主，但社会上尚未形成奴隶主这个剥削等级；与此相适应，奴隶来源虽有所不同，但奴隶内部也未产生不同的奴隶等级。

随着家长奴隶制的发展，一些被抢掠及买来的奴隶已具有早期奴隶制的性质。奴隶的买卖尚无公开的或固定的场所，但怒江地区及云龙、兰坪一带的奴隶主及畜奴户常到维西的岩瓦，兰坪的营盘街一带买卖奴隶，然后又转卖至怒江地区，因此这两个地方已成为买卖奴隶的重要口岸。买卖奴隶有"中人"居间议价；年轻女子及儿童的价格最高，可值黄牛四至五头；成年男子可值二头牛，年岁较大者仅值一口猪或几升苞谷而已。凡是抢掠及买来的奴隶，其社会地位较"养子"为低，且世代为奴，在未取得赎身权利时（由奴隶原来的亲属用金钱或牲畜来赎取）始终是奴隶身份。奴隶主为了进一步榨取奴隶的劳动力，也有替买来或抢来的男奴娶妻的，并给予小块土地及房屋令其分居，这样便出现了一些分居奴隶。分居奴隶虽然离开了主人的房舍,但在经济上还要继续替奴隶主劳动,仍然没有摆脱人身的依附关系,分居奴隶所生的子女仍为奴隶,但奴隶主对小奴隶已没有绝对的支配权利。分居奴隶比一般的家内奴隶身份略高,因为他们已占有少量的生产资料,是半独立的劳动者。有些分居奴隶在向奴隶主缴纳一定的"赎身银子"之后即可成为自由农民。

此外,因借债无力偿还而以人身抵债者,这是债务奴隶。债务奴隶的身份介于奴隶与长工之间,主要从事生产劳动;债务奴隶没有完全的人身隶属关系,在债务偿清之后,即可摆脱奴隶身份而成为自由农民。债务奴隶的比重很少,整个怒江地区只有二十多个债务奴隶。

从上述奴隶的来源、性质、数量及其在生产中的作用看来,怒江地区的畜奴制度还处于比较发达的家长奴隶制阶段,因为奴隶的劳动还不是整个社会生产的基础,在很大程度上它还具有家长奴役的性质;奴隶除了从事家务劳动及田间劳动之外,奴隶内部没有分工,也未分化出不同等级。

但奴隶的种类已被划分为养子、家内奴隶、分居奴隶及债务奴隶几种,有向早期的奴隶制转化的趋向。

为了防止奴隶反抗及逃跑,奴隶主及畜奴户采取与奴隶饮血酒盟誓的手段,强迫奴隶发誓,施以一种迷信的精神压力以压制奴隶的反抗。个别反抗的奴隶也有被割掉耳朵、鼻子甚至惨遭杀害的。

在奴隶主的虐待和迫害下,有些奴隶常以怠工、毁坏工具、逃跑等方式作为反抗奴隶主的手段。如碧江德一登村的畜奴主沙吉生,因虐待奴隶,结果被奴隶阿登扒将其房屋、牛圈、耕牛全部烧毁。福贡腊竹底的一个奴隶因不堪畜奴主的欺凌,用弩弓射穿畜奴主的腿部然后逃跑。虽然这些反抗是零星的,但它充分的说明了一个事实:那里存在着阶级压迫,那里就有被压迫者的反抗。1912至1920年,在殖边队及行政委员的武力强制下,大部分奴隶均被释放,傈僳族的家长奴隶制基本上被摧毁,及至解放之前,只有少数头人、山主及富裕户畜养奴隶。

四、内地区土地制度和剥削关系

云南省的丽江、维西、永胜、华坪、云龙、兰坪、保山、大姚,四川省的德昌、盐边、会东等县(内地区),共杂居着傈僳族十六余万人,民族内部阶级分化已明显,土地、耕牛等生产资料占有较集中,解放前已进入地主经济社会,农民和地主之间的矛盾是这些地区的主要矛盾。

根据1952年丽江、永胜、维西、德昌等五个县六个傈僳族聚居乡土改时各阶层生产资料占有的统计,占总户口3%的地主占有总土地面积中水田的21.5%

和旱地的21.8%；而占总户数66%的贫农只占有49%的水田和33%的旱地；地主平均每人占有土地12.2亩，贫农平均每人仅占有1亩，地主占有土地为贫农的11倍，土地占有是相当集中的。地主平均每人有粮食2900斤，贫农每人平均有粮食仅为160斤，地主个人有粮为贫农15倍。此外，地主还占有较多的耕牛、羊群等牲畜，如四川德昌兰山乡的三户傈僳族地主即占有耕牛，羊共526头，占该乡总牲畜688头的76%强，地主占有大量牲畜，这是傈僳族生产资料占有不平衡的一大特点。农村中已分化出占总农户1.5%的雇农，雇农完全丧失生产资料，沦为地主、富农的长工，生活十分痛苦。

内地区的傈僳族地主大都是与丽江木土司后代，彝族奴隶主、盐边土司等统治阶有着密切的联系，因此，这些地主曾被土司委派为"大伙头""排首""庄头"，国民党统治时期还兼任区、乡、保长等职，他们便利用这种政治权利鱼肉贫苦农民。这些地区的租佃形式是以实物地租为主，也有劳役地租。实物地租一般是对半分成，也有按四六分成的；在农民无力缴纳地租时，地主则任意强迫农民以劳役代替地租；丽江、永胜、德昌的地主常强迫农民为其做长工、短工、放牲畜或看管园地等。丽江巨甸一带的傈僳族农民，有的沦为残存土司的农奴，丧失人身自由，终身在土司的私庄里劳动。在这些地区由于土地租佃、买卖、雇工的频繁，就使得民族关系和阶级关系交织在一起，并日趋复杂。

地主富农已经常利用原始协作的残余形式如"瓦滴""瓦薅"等作为雇工剥削的手段。永胜松坪乡的傈僳族熊姓地主就利用这种原始协作形式每年雇工达1400多个，举凡栽秧、薅苞谷、砍柴等均以协作雇工的形式来进行，一斤毛茶可雇八至十个工，一斤水酒可雇四至六个工，剥削量之高甚为惊人。某些兼任伪乡保长的地主富农还利用各种封建特权雇佣长工，而长工又往往是负债户，因此人身抵债的现象很普遍，所谓长工实类似债务奴隶，债务未抵清前，子孙还得世代为奴。

地主富农除了进行地租、雇工剥削之外，并通过高利贷残酷地剥削劳动人民。永胜县的松坪、水井两个乡525户农民全是负债户。利率由50%至300%，个别甚至高达二三十倍，水井乡农民府杂扒向熊姓地主借债二百元（伪国币），规定白天和夜间都有利息，二十五天之内归还，本利合计六千元。1938年丽江鲁甸区安乐乡遭受灾荒，贫苦农民向地主借粮渡荒，得以儿女抵押，贫农瓦杂扒将其女瓦永妹抵押给地主，只换得三升苞谷，瓦三妹只换得半开银元五角，全乡132户即有51户逃亡他乡，饿死37人，沦为地主"长工"的16人，安乐乡变为愁苦乡。永胜的傈僳人民还不断地受小凉山彝族奴隶主的劫夺，仅黎明乡在解放前十年间即被彝族奴隶主抢走羊1300只、牛70头、猪60口，财物被洗劫一空。至于国民党政府的苛派勒索，拉伕派丁更是不胜枚举，重重的苛派剥削使傈僳及各族人民陷入苦难的深渊里。

在衣食住方面：傈僳人民是种麻和织麻的能手。解放前，大部分的傈僳族男女都穿麻布衣服，家家种麻、户户织麻，在他们的氏族当中便有一个麻氏族——傈僳语称为"直扒"，据说麻氏族是以善于种麻、织麻而得名的。此外，又由于他们所穿麻布颜色的差异而分为白傈僳、黑傈僳、花傈僳三种，关于这三支傈僳族名称的来源有如下的一个传说：相传古代有天女名"墨米"，生三子，长子名"勒金果扒"，次子名"拉虚哦扒"，三子名"得卓扒"；长子喜穿白麻衣、种白稻，吃白米；次子喜穿黑麻衣、种黑稗、吃稗子；三子喜穿花麻衣、种花荞、吃荞子。后来三个儿子分散居住，长子的子孙尚白色，故称白傈僳；次子的子孙尚黑色，故称黑傈僳；三子的子孙因尚花色，故称花傈僳。白、黑、花虽导源于古代的图腾，但它与物质生活是分不开的。每一个傈僳族姑娘长大到十一二岁便学习绩麻和织麻布，出嫁之后，就负担起全家人穿衣的责任。织麻的工具很简单，只有一个竹制的纺车，麻线纺成后，便拴在木架上，另一头系在腰间即成经线，然后用一个木梭子装的纬线来回穿梭；一个手巧的妇女，每天约可织五寸宽的麻布六尺，除参加农业生产及家务劳动外，一个妇女每年若能织麻布30丈，即足供五口之家的穿用。

傈僳族妇女的服饰非常大方美丽。妇女普遍穿右衽上衣，麻布长裙，已婚妇女耳带大铜鐶，长可垂肩，头上装饰许多珊瑚、料珠，胸前佩一大串玛瑙海贝，这种胸饰称为"拉白里底"，有些贵重的胸饰可值一至二头黄牛。被称为"花傈僳"的妇女并喜在上衣及长裙上镶许多花边，裙长及地，行动时长裙摇曳，婀娜多姿。泸水一带的"黑傈僳"妇女不穿长裙，上衣右衽，腰间击一小围裙，长裤，青布包头。各地男子均穿布短衫，裤长及膝，有的以青布包头，有的蓄发辫，富裕之家左耳带大红珊瑚一串；凡男子都左腰佩砍刀，右腰挂箭包，箭包多数以熊皮、猴皮制成。不论男女皆跣足，攀越危岩，步履如飞。

傈僳族的主食是苞谷、荞子，大米极少，解放前居民亦无种植菜蔬的习惯；由于狩猎生活，他们的肉食极丰，凡猎获较大的野兽必须在家族内部分食，平时宰牛杀猪也必须分送家族成员一份。不论男女都善于饮酒，饮必醉，醉必午。一家缺粮全家族互助，全家族缺粮，即到山上采集野菜，充分地反映了原始平均主义的观念。

适应山区居住的特点，傈僳族的房屋建筑都很简便，基本上有两种结构：一种是木结构，四周用长约一、二丈的方木料垒成，上复木板，形状类似一个木匣，内地区傈僳族大都居住这种木料房子；另一种是竹木结构，建筑时先在斜坡地上竖立二三十棵木桩，在木桩上面盖一层木板，四周围以竹篾篱笆，顶盖茅草或木板，屋内分二格，屋中央置一大火塘，这种房屋称为"千脚落地"，怒江地区的傈僳族大都住这种房子。按照傈僳族的古老习惯，盖房子也采取"瓦刷"的协作形式，事前由本家族或本村寨成员大伙并凑各种建筑材料，房屋必须在一天之内盖成，否则认为不吉利。猎人之家或富裕农户常常在屋门口挂上几个野牛头骨，这是表示擅长狩猎和富裕的象征。

　　傈僳族居住于怒江及澜沧江两岸，山势险峻，交通不便，傈僳族人民想出各种办法来克服澜、怒两江天险。他们用竹篾编制成长达百米以上的溜索，横架在波涛汹涌的江面上，用绳索将人紧系于木制的溜梆上一溜而过，这是澜、怒两江各族人民的主要渡江工具；这种溜索又分平溜及陡溜两种，平溜架用溜索一根，陡溜则于江面两岸架溜索两根，高低对倾，可以一来一去，飞溜过江。江水低落时期则用独木船渡江，船身狭长，容量很大，每渡可一二十人及二三匹驮马。

第四章　佤族[①]

解放以前，佤族各地区由于历史发展条件和与外民族的关系密切程度不同，社会发展水平很不平衡，而每一地区的社会经济成分也较复杂。就其主要经济成分和政治特点看来，大体可分为三个类型区，即阿佤山中心地区，边缘地区和镇康地区，分述如下。

一、阿佤山中心地区的社会形态

这类地区以西盟县为主，包括澜沧县的雪林地区和孟连县部分地区，佤族人口约5万左右，占国内佤族总人口的28.6%。

（一）低下的社会生产水平

农业是社会经济的主要部门，生产十分落后。近几十年来，铁质农具虽已成为主要农具，但因数量不足，还未能完全排除竹木农具。耕地主要是旱地，仅个别村寨有水田，而且数量极少。耕作方法是粗放的广种薄收的。旱地耕作的方法：一为砍倒烧光后就戳穴点种的"刀耕火种"；一为砍倒烧光后挖一道或犁一道再撒种的"挖犁撒种"。用前一种方法，耕地一般只种一年就丢荒轮歇；用后一种方法，耕地可连种三四年再丢荒轮歇。轮歇年限视可耕地面积的多少而定，一般5年至10年不等。西盟地区的"刀耕火种"向"挖犁撒种"的演变，是从犁头的传入和锄头的普遍使用开始的，大约才有数十年的历史。至解放前，这两种方法耕种的土地面积，尚各占其半。西盟山区的水利资源是丰富的。可是佤族对它的利用却处在极初步的阶段。除了个别种水田的村寨有小型水沟外，其他地区看不到有任何水利的兴修。遇到旱灾或涝灾，他们只有杀牲祭祀，求助于杳不可知的鬼神。犁耕以后，他们始知利用畜耕，但直到解放前对耕畜的利用率仍然很低，大量耕牛用于剽杀祭鬼。佤族知用"天然的"草木灰肥，如说"土地轮歇年限越久，地面树木和茅草长得越多越大，砍倒烧后，灰多地肥"。但是，他们还不知使用粪肥。在农业生产上，他们也积累了不少经验，根据土地生熟程度决定深耕或浅耕，根据气候等自然条件安排生产季节等等。可是他们在和自然斗争很多场合里，却显得极为软弱，祈求鬼神保护。猎人头祭谷就是明显的一例。

个体小家庭是社会的生产和经济单位。男女都是主要的劳动者，劳动中也有

[①] 编注：本章系陈序经摘录自中国科学院民族研究所云南民族调查组、云南省民族历史研究院编《佤族简史简志合编》"第四章　解放前夕佤族的社会面貌"。

不太严格的男女、老少的自然分工。但因生产部门"单纯化",农业生产的季节性,繁多的宗教活动、生产禁忌和部落械斗等,以致劳动力的使用率是很低的。一个正常劳动力,每年用于生产上的时间,一般只有150~200个劳动日,而每个劳动日实际生产时间又仅有五六个小时。

在这样生产技术和劳动条件下,虽然当地自然条件比较优厚,但农业产量仍然很低。水田产量一般为种子的30倍,亩产300斤左右;挖犁撒种地一般为种子的15倍,亩产150斤左右;刀耕火种地一般为种子的10倍,亩产100斤左右。这还是正常丰年的情景,若遇凶年就不同了。即在丰年,由于缺粮严重和劳动条件不够,旱耕地中总有相当部分没能中耕而荒芜起来。计算一个正常劳动力每年所能提供的剩余产品,仅为自身消费的70%左右;就整个社会计,平均每人每年有300余斤的原粮。这已是很难维持最低生活水平了,加上严重的宗教浪费和各种剥削关系,更使广大贫苦农民处于饥寒交迫的状态。每年社会缺粮面约达总户数的80%,缺粮一个月至半年以上不等。缺粮时,就只有靠采集山茅野菜度日。

紧密与农业结合的手工业有打铁、家庭纺织、编篾器、酿酒等等。许多村寨都有一个至数个铁匠。他们的工具和设备很简陋,技术也不高。一个铁匠忙碌一天,只能打制一把长刀或二三把镰刀。佤族不会冶铁,原铁靠外族输入。铁匠仍从事农业生产,只在农暇时才进行打铁活动。并且,在较多的场合,是雇主出原铁和燃料,铁匠只是加工修理,取得一定的修理费而已,这实际上具有雇佣劳动的性质。纺织是妇女从事的家庭手工业。纺织工具有压棉机、弹棉弓、纺槌和织布机,这些工具都比较落后简单。使用这些纺织工具,一个熟练的纺织能手,一日只能压籽棉三四斤,或弹棉一二斤,捻线半两到一两,织布四、五尺。所以,佤族的妇女,虽利用一切农暇时间从事纺织,也很难满足家庭成员的穿着之需。另外,值得指出的,佤族的纺织工具与傣族、景颇族和傈僳族是大体一样的。从这几个民族文化发展史看来,佤族的纺织业可能深受傣族的影响。每个成年男子,几乎都会编篾器和酿酒(主要是水酒),为了自用,很少拿出交换。从以上几项主要的手工业看来,佤族的手工业发展水平是很低的,难以满足他们生产和生活的需要。因此,他们不少生产和生活必需品就必须靠与外民族的交换来补充。

(二)生产资料占有关系和产品分配关系

这类地区,生产资料私有制已经确立,而在土地关系上却还保存着原始农村公社公有制的残余。每一个村社都有一定的地域范围,包括一到数个自然村。村社内部的土地,绝大部分可耕地已属个体家庭私有,荒山、野林和部分土质低劣条件差的可耕地尚属村社公有。一般的村社,在全部可耕地的面积中,私有部分约占80%～90%，村社公有部分约占10%～20%。私有土地，不仅可以长期占有、使用、转让和继承，而且可以抵押和买卖，这充分表明了土地的私有性质。土地买卖在近几十年来，才比较普遍。土地价格一般很低，每亩价约数元至十数元（人民币）。在出卖土地时，家族内部成员有优先购买的权利，家族内无人购买时再卖给村社内部成员，村社内部成员无人购买时，才能卖给其他村社成员。① 这一情况说明，土地私有制的发展程度，虽还受着家族的和村社的某些限制，但也逐渐冲破了这些限制，冲破了村社的界限。村社公有的土地，凡村社成员都可利用地面生长物，也可自由开种，开种后愿占为己有亦无人干涉。但甲村社成员却不能随便开种乙村社的公有地，若要开种，事先必须得到乙村社头人的许可，并向他"送礼"若干②，种后，土地仍归乙村社，不能占为己有。这类地区土地所有制的情况，反映了原始农村公社崩溃期的特征。

随着私有制的发展，各阶层所占有的生产资料也发生了不均和某种程度的集中。西盟县马散大寨共有214户，剥削阶层18户，占总户数的8.4%，占私有耕地总面积的21.1%，每户平均60亩，占大牲畜（水牛、黄牛和骡马）总数的57.2%，每户平均3.3头（匹）；中等阶层94户，占总户数的43.9%，占私有耕地总面积的46.7%，每户平均24.5亩，占大牲畜总数的35.2%，每户平均0.4头；贫苦阶层102户，占总户数的47.7%，占私有耕地总面积的32.2%，每户平均14亩，占大牲畜总数的7.6%，每户平均0.07头。③ 各阶层占有生产工具，大体上与土地和牲畜的占有情况相适应的。钱粮占有情况远比土地和牲畜集中，剥削阶层也主要依仗钱粮对贫苦农民进行雇工和高利贷的剥削。

人们在生产中的其他经济关系是复杂的和多种成分的，有合种、换工、借种、雇佣、债务、奴隶和租佃等等。从这些关系的性质看来，有原始残余的，有奴隶的，也有封建的。

西盟佤族虽以个体家庭为生产和经济单位，但在生产中却还普遍存在着合种关系，即一般由两家组成的共耕关系。佤族语称合种为"麻格黎亩"（ma grim），"麻"意旱地，"格黎亩"是大伙做的意思。据西盟县马散、岳宋、中课、永广

---

① 据西盟县马散大寨和岳宋寨的调查，土地买卖关系发生情况如下：马散大寨从1947年至1957年共发生土地买卖关系79起，其中，因缺粮、欠债而卖的63起，占79.7%；因离开村社他迁而卖的7起，占8.9%；因缺劳动力卖的3起，占3.8%，其他原因6起，占7.6%。在这79起土地买卖关系中，卖者与买者的关系为同一家族的44起，占55.7%；为姻亲的14起，占17.7%；其他21起，占26.6%。在这79起中，所查明的52起土地价格，每亩（折人民币）不到4元的25起，4元至10元的17起，11元至30元的10起；最高价格30元（一起），最低价格0.4元（一起）。岳宋寨1947年至1956年（据不完全了解）发生土地买卖关系57起，出卖土地原因和土地价格大体与马散同。在这57起中，在村社内部和家族内部发生的40余起，与别个村社发生的约17起。马散和岳宋上述土地买卖关系，虽然多发生在解放以后，但也可以说明解放前的土地买卖情况。

② "送礼"没有具体规定数目，一般是茶叶一小包，水酒一小桶，或另加钱五角至一元半开。

③ 以上数字根据1957年以前调查材料的综合，大体可以代表解放前的情况。

和翁戛科5个村寨的调查，参加合种的户数约占总户数的45%到92%，合种土地面积约占一年现耕地总面积的16%到50%。每个家庭可以参加一起至多起的合种关系。构成合种的主要原因是经济上的需要，而血缘关系也起到一定的作用。马散寨的右寨共有90户，由两家组成的合种关系共305起。在这305起中，父母与子女合种的14起，兄弟姐妹之间合种的73起，叔伯与侄儿合种的22起，同家族成员间合种的59起，有姻亲关系的81起，一般关系的31起，不详的25起；合种的土地，为一方所有的187起，为双方有的87起，共开村社公地的26起，借地合种的5起。合种的基本特点是：合种双方平均出种子和劳动力，共同生产，产品平均分配，土地不管为何方所有，皆不计报酬。从这些基本特点看来，可认为合种是从原始共耕演变下来的一种协作形式。合种在西盟佤族生产中，虽还起到一定作用，但也看到了它的没落趋势。人们对合种的兴趣日益降低，而对自种比较重视，因而同等面积和条件的土地，自种的往往要比合种的产量高。从参加合种的户数和合种土地面积看，也愈来愈减少。这都表明合种已在没落了。而它的没落则是生产力进一步发展和私有制进一步加深的必然结果。

换工是农忙季节临时组成的助耕关系。形式有三种：①"大换工"，即亲友间以家庭为单位的相互助耕，这里不计每家的耕地面积和劳动力的多少；②"人工换人工"，只计人数，不计劳力的强弱；③"人工换牛工"。这三种形式以第一种最普遍，第三种是个别现象。一、二两种形式，虽然多少存在着原始互助的性质，但是由于参加者劳力和耕地的不等也必然存在着吃亏与占便宜，存在某些剥削因素；第三种形式是基于经济需要，而具有剥削性质了。

缺少或没有耕地的农户，可向占有土地多的人借地耕种。借地者一般在借地时和收获后，请土地所有者喝一次水酒，吃一顿新米饭，别无土地报酬。如果所借的耕地土质好，收获多，借地者往往"自动"缴给土地所有者一些谷物，目的是讨好土地所有者，怕他将土地索回。在西盟地区，借地关系虽较普遍，但也渐渐减少下来，而且在其中也产生了剥削因素。

百余年来，奴隶占有关系随着私有制的发展和阶级分化，才逐渐普遍起来。据马散大寨和岳宋寨综合统计，共有奴隶118人，占总人口的4.7%，畜奴户82户，占总户数的13%。在畜奴户中，剥削阶层53户，占畜奴户总数的64.6%，占有奴隶87人，为奴隶总数的73.7%，每户占有奴隶1至5人不等；中等阶层25户，占畜奴户总数的30.5%，占有奴隶27人，为奴隶总数的22.9%；贫苦阶层4户，占有奴隶4人。上述二寨奴隶数字，大体可代表这一类型区，但也个别存在着较大的奴隶主。例如窝努寨奴隶主艾戛就占有奴隶18人，中课寨奴隶主艾项和艾抢各占奴隶10数人。在马散和岳宋118个奴隶中，男44人，女74人；15岁以下者78人，16岁至25岁者38人，25岁以上者仅2人；绝大部分是佤族，也有个别是汉族和拉祜族；原为外寨者91人，为本寨者27人。奴隶来源多是通过买卖和债务。上述 118 个奴隶，直接抵债来的 22 人，占 18.6%，通过买卖关系来的 96 人，占 81.4%。而且，出卖子女或自身为奴的，也多是欠债的结果。奴隶买卖和一般商品一样，有不同的价格。从这 96 个奴隶的价格看来，最低的为 80 元半开（合 40 元人民币）；最高的为水牛三条、黄牛一条和火枪一支，约合 1300 余元半开，一般为一条或二条牛，约合 250 元至 500 元半开。

佤语称奴隶为"官教克"（kuan tsok）或"穷教克"（tsoy tsok）。"官"为小娃，"穷"为人，"教克"为购买，意即买来的小娃或买来的人。官教克和穷教克在奴隶本质上，并没有什么不同，正如当地人讲："他们没有什么区别，有时叫官，有时叫穷。"但若仔细考察，大致被呼为"官教克"的是劳动好、听奴隶主的话与奴隶主关系较好的奴隶，否便被奴隶主呼为"穷教克"。

奴隶主占有奴隶是为了劳动，为了剥夺奴隶的剩余劳动，也为了显示自己的财富，提高自己的社会身份。奴隶是奴隶主的财产的一部分，奴隶主对他有转买、处罚、拷打和杀害之权，这便构成了奴隶占有关系的基本特征。同时，奴隶主和奴隶的关系却表现了初发生的和缓和的特点，而且他们之间的剥削关系还是在亲属关系的掩盖之下进行的。奴隶主在实施对奴隶的权利时，虽凭着自己的意愿，但也并不是没有限制的。例如，奴隶主处死奴隶，一般都以"奴隶心不好、不听话和不好好劳动"为借口，若处死了社会上认为"心好、听话和劳动好"的奴隶，就要受到舆论的责难。奴隶又被奴隶主视为自己的家庭成员。大多数的奴隶和奴隶主是父母子女相称，与奴隶主的子女则兄弟姊妹相称。奴隶和奴隶主都参加劳动生产，只在劳动范围和强度上有差别，因为奴隶主购买奴隶的主要目的也就是剥削奴隶的劳动。在家庭生活待遇上，奴隶和奴隶主是有区别的，但并不十分显著。虐待奴隶的情况是存在的，特别那些较大的奴隶主对奴隶的虐待也是相当残酷，但不是普遍的。社会上还没有形成贱视奴隶的观念，也没有特别对待奴隶的政治规范。奴隶可和"自由人"一样参加各种政治的和宗教的活动，可以没有什么限制地和自由人通婚。

奴隶的最后归宿，大概有如下五种情况：①被奴隶主收为养子或养女，奴隶主帮助他们结婚成家，另立家庭。这样成家的男奴隶，就不需要偿还身价，奴隶主还给他一点半点生产资料和土地；而女奴隶结婚出嫁，必须由夫家向奴隶主偿还身价，这可能与佤族实质上的买卖婚姻有关系。因为佤族出嫁亲生女儿，男方也必须付给女方父母"奶母钱"和"买姑娘钱"。这类成家的奴隶和奴隶主仍保持着密切的亲属关系，他们间有互相帮助的义务。②赎身出家，另立家庭。这种情况主要是男奴隶。这与上类男奴隶不同的地方是必须偿还身价，出家后可与奴隶主保持亲属关系，但不甚密切，也可不维持亲属关系。③逃亡。由于剥削和某种程度的虐待，奴隶对奴隶主的反抗也就必然存在。但是这种反抗还多表现在逃亡上。奴隶往往逃到奴隶主的仇家村寨，这样奴隶主就无法索回了。逃亡的奴隶也就变成了自由人。④被砍头祭谷和被奴隶主处死。以奴隶当祭品是普遍的，有的被奴隶主的村寨砍头祭谷，有的被奴隶主卖给别个村寨砍头祭谷，后一种情况为多。奴隶主处死奴隶的情况是存在的，但为数不多。因为奴隶是奴隶主的重要财富，从奴隶主的角度考虑，处死奴隶还不如把奴隶卖掉。⑤被奴隶主虐待而死或生病而死。据岳宋寨30个奴隶的归宿统计，属第一种情况者11人，第二种1人，第三种4人，第四种6人（杀一人，活埋一人，被砍头祭谷的4人），第五种8人。

西盟佤族所存在的这种奴隶占有关系，反映了家长奴隶制的基本特征。首先，这些奴隶虽然基本上具有了奴隶性质，但与奴隶主的关系还带有浓厚的养子色彩，奴主与奴隶的剥削关系还是在亲属关系的掩盖下进行的；其次，奴隶的社会地位和"自由人"没有多大区别；第三，奴隶的数量仅占总人口的4%～5%，而且大部分是儿童，因而奴隶的劳动还未发展成为社会劳动的基础。

封建租佃关系，在西盟佤族中是极其个别的，仅发现两起。而这两起又都是佤族租给拉祜族。虽然这一剥削形式是受了外族的影响，但对佤族社会说来已是初生现象了。

雇佣关系相当普遍。约60%以上的贫苦农民（包括贫苦阶层和部分中等阶层），在不同程度上都依靠帮工补助生活；剥削阶层每年的耕地面积约有25%至40%要靠雇工耕种。雇工有日工、月工和长工（一年以上的）三种形式。日工是主要的和普遍的形式，月工和长工仅个别存在。雇工和雇主的关系，一般是"自由"结合，并往往带有亲属关系；但在以工抵债的情况下，就多少具有强制性。日工除吃雇主两顿烂饭（米和菜合煮的软饭）外，另得工资约二市斤谷物，据当地生产水平计，大约剥削率为产品的30%～40%。剥削阶层通过雇工，剥削所得约达其总收入的10%～15%左右。

债务关系是很突出的。从量看，它居于各种剥削关系的首位。剥削阶层中，几乎100%都放高利贷，70%～80%的贫苦农民都不同程度的陷进债务泥坑。借债形式主要是实物，其次为货币。一般是年利，利率50%～100%。有单利和复利两种，前者为主，后者仅个别村寨存在。债务关系是剥削阶层对广大贫苦农民进行剥削的严重手段。他们的债利收入年达其总收入的20%～30%，有的达50%以上。同时在债务关系中，还普遍存在着原始掠夺性。若逾期或逾期过久不还，债主可以任意抄债务人的家，拉债务人的牛，甚至拉债务人或其子女为奴隶。例如，大马散艾块因父债未还，三个小孩被债主拉去做奴隶，并被多次抄家；窝努寨艾甩借8斤荞子未还，就被债主抄了家，还被债主强占去了一间房子；中课艾顶放债几百元半开，就把债务人全家四口拉来做奴隶。这是残酷的，也是非常野蛮的。

由于对生产资料占有的不平等和因此而产生的产品分配的不平等，社会上也逐渐区分了四个社会阶层,即"珠米""库普莱""普查"和"官教克"或"穷教克"。按照佤族一般的解释,"珠米"是有吃、有穿、畜奴、雇工、放债的富裕人(即剥削阶层);"库普莱"是自种自吃、基本够吃的不富不贫的人(即中等阶层);"普查"是缺吃、少穿、借债、帮工生活的贫苦人(即贫苦阶层);"官教克"或"穷教克"即上面所说的奴隶。这样划分和划分的标准是切合西盟地区社会实际情况的,也说明这不是基于政治权利划分的等级,而是基于经济关系最初的阶级划分。

第五章　哈尼族①

解放前，各地的哈尼族均已进入封建社会的范畴，但各地在生产力的发展水平、生产关系、政治制度，以及意识形态方面，仍然有不尽一致之处，约可分为以下三种类型：一、在外族封建领主统治下落后因素残存较多的地区；二、由封建领主经济向封建地主经济过渡的地区；三、地主经济地区。

一、在外族封建领主统治下落后因素残存较多的地区

这类地区以西双版纳及澜沧一带的哈尼族为主，人口约七万，将近本族总人口的13%。可以西双版纳地区为代表。

农业是社会经济的主要部门，而又以锄耕旱地农业占主导地位。水田数量不多，景洪南林山、勐腊查松板等地还完全没有水田。铁质农具已普遍运用，铡刀、砍刀和锄头是旱地生产中的主要工具；水田使用犁和耙，以牛为曳引力。没有水田的地方，也就不会使用耕畜。耕作技术为粗放，旱地基本上是"砍倒烧光"的方式。一般在冬季砍倒荒地上的树木杂草，待来年开春放火烧光，用锄头开挖并略加修整即可播种旱谷。如种包谷，则挖穴点种。出苗后薅一至二道草就等待收获。收获用镰刀，脱粒用脚搓，没有专门工具。山地一般种三年后就须放荒轮歇；只村寨附近少数较肥沃的旱地，靠多种作物轮种以保持地力，可以使用较长的年限。少数水田多半是"雷响田"，水利的运用还较幼稚。耕作一犁二耙，薅一、二道草或不薅草。除旱地上以"烧光"留下的灰烬做肥料外，一般不施肥。无论田或地，一年只种一季作物。由于每年都有部分旱地要放荒轮歇，也就要花费大量劳力另开新荒，且使得耕地与村寨的距离愈来愈远，往返耗时很多，这些都影响到劳动的效率。加以宗教迷信活动频繁，一个正常劳动力每年用于生产上的时间不超过二百天，而每日的实际劳动时间也只是五六小时。

生产以个体家庭为单位，农忙季节有换工互助的习惯。男、女劳动力分工不严格，妇女除不犁田外，其他农活都共同担负。

这些地区，虽然自然条件好，但由于生产技术粗放和劳动效率较低，产量仍然是有限的。水田产量，一般只为籽种的二十五至三十倍；旱地最高为籽种的二十倍，低的只六、七倍。整个哈尼族居住的山区，平均每年每人只有三百来斤原

---

① 编注：本章系陈序经摘录自中国科学院民族研究所云南民族调查组、云南省民族历史研究院编《哈尼族简史简志合编》"第六章　解放前的社会面貌"。

粮，通过各种剥削关系的再分配，贫苦农民的缺粮问题就更加突出。中农以下阶层缺粮一月至半年以上不等，主要依靠到傣族地区出卖劳动力、蔬菜和草排等换取粮食。

作为农村付业的手工业已普遍出现。一般三四个村寨有一个铁匠，七、八个村寨有一个银匠。铁匠不会冶铁，多是雇主自备原料请其加工或修补。银匠也只在自己家里接受原料加工，打制本族群众喜爱的各种装饰品。他们都是农忙务农，农闲才从事工艺劳动，从不购置原料和出售成品。这些有特殊技能的人（特别是铁匠），在社会上受到尊重，劳动报酬也比农业劳动高出三、四以至六、七倍。其他纺织、编织篾器、酿酒等，几乎每个家庭都能独立进行。纺织依靠一个纺锤和一具简陋的织机来完成。妇女们在上山砍柴，下地劳动时都带着纺锤沿途捻线。据说由棉花的加工到制成衣服，每套须时七八十天。因而要满足自己家庭的消费，都得经过一番努力，不可能有剩余产品拿到市场出售。酿酒同样是为了自己消费。只有少数竹、藤用具，间或拿到市场换取自己需要的商品。

哈尼族聚居的山区，还没有定期的市集，商业交换要到附近傣族和汉族的市集上去进行。在哈尼族提供的商品中，由狩猎、采集得来的自然物占了相当的比重；此外就是小猪、鸡、鸭和蓑衣、篾器、蓝靛、蔬菜、草排之类的农付产品。换回的东西主要是铁质的农具和生活用具，以及食盐、布疋、粮食和其他日用必需品。这种山区和坝区之间的互通有无，对当地各民族都是不可缺少的，在很大程度上弥补了民族内部社会分工的不发达。哈尼族中也有了一些从事商业活动的小贩和马帮，但在农忙季节仍然从事农业；其进行商业活动的目的，也主要是为换回粮食以弥补农业生产的不足，而不是为积累资本日益扩大商业活动。只有少数交通沿线地区，在反动派强迫人民种植鸦片的年代里，曾随着商业的畸形发展，出现过少数拥有千元（半开银币）以上资金，三四十匹马的商人。他们贩运鸦片、茶叶，来往于边疆内地之间，甚至出入国境。但就是这些商人的家庭，也仍然没有脱离农业。

处于封建主制度下的西双版纳地区，傣族宣慰使"召片领"① 既是政治上的最高统治者，也是土地的最高所有者。召片领把山区的哈尼、布朗等族划分为"卡西双火圈"，"卡"是傣语奴隶的意思，"西双"为十二，"火圈"② 是一种地域划分的单位。即十二个奴隶的区域，是傣族封建领主对山区少数民族进行政治统治和经济剥削的行政组织。一个"火圈"包括几个到十几个自然村，由召片领加封各族中有威望的头人为"大叭"统率，各村中又设"叭""鲊""先"作为基层的统治者。召片领为笼络异族头人，对山区哈尼等族的"大叭"给予某

---

① 傣语官名。意为广大土地之主，是西双版纳最大的封建领主，也是最大的土司——宣慰使。
② "火圈"可能是以山区民族原有的社会组织为基础划分的，但这种组织后来已被打乱。

些礼仪上的优待,如出入宣慰街可以骑马,见各级领主可以不跪。并赐给他们金伞一把、银牌一面、长刀一把、铁链一条,象征着这些头人可以对群众进行强力的统治;而对于"召片领"及其下的"召勐"①"波朗"②等属官,则必须绝对服从。并按照召片领的规定,派其区内的群众(主要是本民族)定期贡纳和服劳役。

傣族领主把哈尼族的一道"龙巴门"(即一个村寨)作为一个分派封建负担的单位。按照当地的出产和领主的需要规定封建贡赋。版纳景洪南林山几个寨子每年的贡物为:召竜那扁,棉花二百斤。曼九竜,棉花66斤,半开33元,花生、大豆、菠萝若干。召滚勐,每年小猪七口,三年黄牛一头。各寨秋收时杀了祭谷的猪,也得送一半给景洪头人。另还有"门户钱"、税款,波朗到村寨巡视的"腰酸钱""腿痛钱""招待费",小头人的"草鞋钱"等名目繁多的杂派。猎获野兽也须把靠近地面的一半献给领主。处处显示了山区的一草一木均属傣族领主所有和哈尼族对傣族领主的隶属性。

由傣族领主封任的各级哈尼族头人(几全属剥削阶级),虽均没有固定的薪俸,但他们凭着政治特权和利用本民族的习惯法,对群众进行派白工、罚款、吃礼肉③、骗木刻④、养公猪⑤等多种形式的剥削,在为领主征集摊派时则加码抽头。但限于山区生产水平的低下,剥削的绝对数量还不很多,除少数大头人外,一般头人均未脱离农业生产。在处理有关本族、本寨的重大事件时,也还得邀集群众共同商量。因而,他们对群众既有剥削,也有一定的联系。

在傣族领主的统治和剥削下,不同地区的哈尼族社会经济的发展又呈现出不平衡状态。居于景洪县的景洪、勐龙、勐罕等区,勐海县的布朗、西定、巴达、勐满、勐阿、勐混等区及勐腊县的勐腊、勐崙、勐捧、尚勇等区的共三万余哈尼族,其土地所有制在傣族领主的最高所有权之下,还残存较多的农村公社土地所有制的特点。即每一个村寨都有一定的土地范围,其中的为数不多的水田、茶园和宅旁园地已属个体家庭所有,但占耕地面积绝大多数的旱地,仍属村寨公有,无论生荒和熟荒,村寨成员均可自由开垦。如因故迁徙或犯了"规矩"被赶出"龙巴门",其所耕种的土地得交留寨内公有。此外,有些村寨还保留着少部分家族共有地,收入供共同祭祀用。在"村社"成员中,虽然已经出现了生产资料占有不平衡的现象,但阶级分化还不明显,如景洪南林山等地,直到解放前还

---

① 傣语官名。意为"一勐之主","勐"是召片领辖区的一级行政区划。
② 傣语官名。他不属一般的行政系统,由召片领直接委派。主要责任是监督各地召勐和山区各族头人以保证召片领的政治和经济利益。
③ 凡群众杀猪和猎得野物均须送头人一分。
④ 哈尼族各种摊派和公共费用,多由头人以木刻记账。头人往往利用机会多收多派。
⑤ 哈尼族普遍养母猪,有的头人就把饲养公猪作为自己的特权,以之借给群众配种,每繁殖一窝小猪,就抽收一头。

没有产生相当于地主的阶层,甚至相当于富农的人数也很少。土地的租佃和买卖现象,近数十年来随着鸦片的种植已陆续发生,但也还有一些地区从未出现过。本民族富裕户对贫困户的为数还不很多的剥削(远比傣族领主对他们的剥削少),主要是无偿的奴役"长工"、高利贷及头人的特权剥削等。地租剥削数量极小,就这些地区言,傣族领主的剥削压迫和普遍的贫困落后则是最突出的问题。

另一部分,即居于勐海县的格朗和、勐宋、勐海(曼裴乡)、勐满(勐满乡)等区及勐腊县的易武、尚勇(曼庄乡)等区的万余哈尼族,由于开垦了较多的水田和普遍种植经济作物——茶树,社会经济较前类地区发展,民族内部阶级的分化已经明显化,土地私有制的发展进一步破坏着村社的公有制。头人和富裕户不仅占有相当一部分水田和茶园,而且把村寨附近的山林和荒地也据为己有。如格朗和南糯乡共348户,其中:地主15户,占总户数的4.3%;却占有耕地总数的12.2%。富农11户,占总户数的3.2%;占有耕地总数的8.9%。中农115户,占总户数的33%;占有耕地总数的45.8%。贫农207户,占总户数的59.5%;只占有耕地总数的33.1%。雇农没有自己的家庭,未计入户数,占总人口的2.2%,完全不占有耕地。耕地中的水田和茶园的占有情况,则更为集中。水田:地富占38.8%,中农60%,贫农1.2%。茶园:地富占50.7%,中农占37.8%,贫农11.5%。可以看出,各阶层占有耕地的数量已经悬殊,而质量的差距更加突出。地富占有的多为产量稳定、产值高的水田和茶园,贫苦农民占有的则几乎全是旱地。

集中水田的手段,一是民族上层把一些他们认为犯了"规矩"的或绝户的田据为己有;更主要的是通过近几十年发展起来的卖买和典当关系。丫口寨在解放前的三年内有八户农民出卖水田,而一户头人就陆续买进,集中了全寨水田的40%(20挑种的面积)。牲畜和生产工具的占有也与土地的占有情况相适应,地富往往拥有三分之一到半数的耕畜和大农具。现金和粮食的集中程度还要更高一些。他们就凭借这些较充裕的生产资料和生活资料,对贫苦农民进行"雇佣"、租佃和高利贷等多种剥削。

"雇佣"剥削在哈尼族内部的生产关系中占主要地位,包括类似家奴的"长工""定工"和短工几种形式。"长工"是没有工资的,他们多半是孤儿被人收养,或是因欠债到债权人家里抵债的①。南糯乡在民主改革前还有这种"长工"三十一人,其中十七人为地富阶级占有,十三人为中农占有,一人为贫农占有。他们中除五人为十一岁至十八岁的少年外,其余均为十八至三十岁的青壮年,他们担负着繁重的田间和家务劳动。在生活待遇上则与主人的家庭成员有别,主人

---

① 南糯乡三十一个"长工"的来源为:孤儿九人、抵债七人、被骗八人、被卖一人、亲戚收留四人、与"长工"结婚二人。

只是日供其两餐粗饭，年给一、两套旧衣，女"长工"则只给两斤棉花让其自纺自织。他们往往还要遭受主人的虐待，在社会上地位也较低，自由人一般不愿与他们通婚。按照习惯，"长工"在结婚后就可以离开主人自立，主人有责任帮助男长工娶亲；女"长工"出嫁时还可以收回一分聘礼。从"长工"劳动产品全部为主人占有，由主人供给衣食，以及他们在家庭和社会上地位均较低等方面来看，"长工"具有明显的家奴性质。但主人对他们不能生杀予夺，也不能终身占有，而必须给其完婚成家，这方面他们与家奴又有区别。"长工"很可能是家庭奴隶的变形。

"定工"多是欠了债，或借债时债权人就说定要以劳役偿付，而到债权人家里以一定时期的劳动抵债的。劳动的时间视借债多少而定，或几年、或几月、或一年劳动一定时期。一般是时间较"长工"短，行动也较自由；但受剥削的程度则接近于"长工"。

短工具有"自由"的农业雇佣性质。除由雇主供伙食外，每日还可以得到五角钱或四至六斤米的工资。由于短工工资高，哈尼族地富雇用的不多，农民卖工多是下坝到傣族地区去。山区与坝区生产节令的差距，以及坝区产量较高，劳动力较缺，因而工资水平也较高等原因，使得每当坝区农忙季节，绝大部分哈尼族贫苦农民都下坝卖工。这是哈尼族贫苦农民解决缺粮问题的主要途径。

租佃关系只发生在水田上。由于水田数量不多，产量稳定，地富多雇工自营；少数出租的，租额一般为正产物的50%。高利贷的剥削普遍而严重，几乎所有的地富都放债，大部分贫苦农民都欠债。一般年利百分之百，过期按复利计算，高利贷成为地富集中财富的主要手段。另还有分养牲畜，出租耕畜、农具等剥削形式，惟数量不多，也不普遍。

剥削阶级各种剥削收入的比重，据格朗和苏湖、范官、南糯、朗平、范沙等五个乡民主改革前的统计为：①地主的剥削收入："雇工"（包括"长工"下同）占64.4%，债利占16%，特权（剥削阶级也多为头人）占11.9%，地租5.7%，其他2%。②富农：雇工剥削占66.1%，债利15.1%，特权13.2%，地租4%，其他1.6%。解放前也大略如此。

不难看出，这些地区哈尼族内部剥削关系的特点是：雇工剥削最为突出，其中又以具有前封建因素的"长工"和"定工"为主；其次是特权和债利剥削；地租剥削产生较晚，数量也不大。而就整个社会来看，傣族领主与各族隶属农奴之间的关系，则是所有生产关系中的主导。哈尼族对土地的占有、使用以至买卖、典当等权利，实际上是以对傣族领主的封建贡赋为前提。这种剥削涉及到除头人以外所有的哈尼族，剥削的绝对数量也超过了民族内部的剥削量；它使得哈尼族的整个社会经济从属于坝区的封建领主经济，只是在这种经济形态之下，保留了某些奴隶制的甚至原始的残余。

二、由封建领主经济向封建地主经济过渡的地区

这类地区包括哈尼族最大的聚居区红河南岸四县和江城地区,人口廿七万余人,占总人口的50%强。

梯田农业是这类地区生产上的显著特色;大部分的耕地都是水田,旱地只占少部分。利用山区特点兴修的自上而下的沟渠网,保证了相当一部分稻田的适时灌溉。铁质农具不仅数量较多,种类也较全。除犁、锄、镰、斧、砍刀等外,还有中耕的薅锄、旱地犁(部分地区)、脱粒的木制谷床等。由于山区田垅狭小,大型农具均较坝区的小。水田一般二犁二耙,中耕除草两次;秧田及部分地区的水田也施少量绿肥、灰肥和畜粪,不施人粪。选种也开始注意到了,多在收获时将长得好的成片留下。旱地的耕作,"砍倒烧光"和休耕轮作还是普遍的;只宅旁园地经常施以草木灰和畜粪,可以长期使用。

在生产中男女劳动力有明显的分工,男子主要是:犁田、铲田埂、割谷、薅秧等;妇女主要是:挖地、栽秧、薅秧、打谷及家务劳动。有所谓"女子不犁田,男子不栽秧"的谚语。全年参加生产劳动的时间约二百至二百五十日,每日的劳动时间也只五、六小时。水田产量较前类地区高,一般每亩约三百斤,上等田可达五、六百斤;旱地产量只百斤左右。一个强劳动力,在生产工具俱全的条件下,约可提供超过自身消费水平二倍左右的剩余生产物。这是各种剥削关系得以进一步发展的物质基础。

饲养家畜家禽很普遍。牛、马等大牲畜是生产和运输中必不可少的;猪、羊、鸡、鸭等主要是提供肉食,满足自己消费,也有相当一部分作商品出售。红河南岸的小耳朵猪,是很早就著名的良种。哈尼族还有稻田养鱼的习惯;鸭子也多放养在梯田里。

手工业仍然没有脱离农业。有专门技术的手工匠人,除铁匠、银匠外,还有木匠和石匠。铁和银主要从汉族地区输入,本族不会冶炼。纺织由于使用了纺车,效率较前类地区高,但也只能满足自己家庭的消费。竹、木用具品种远比前类地区多,有扎花机、纺车、织机、染布笼、木碓、榨油机、煮酒器、犁架、耙、谷床、鱼笼、背箩、簸箕、篾桌、竹凳等多种生产、生活用具。有将小件成品带到市场出售的。各类匠人中,已有少数用大部分时间从事工艺劳动,接近脱离农业生产。

商业交换也比前类地区频繁,定期的市集——街子已经相当普遍,多为五至十天赶一次集。街场上固定的商贩主要是汉族,也有少数哈尼族;他们多为小本经营的摊贩。自己拥有马帮,专做大宗买卖的投机商,则多是土司、地富兼营。有些街场,如思陀土司署所在地乐育街,已集中了数十户地主、商人、高利贷者和少数匠人,即使不是街期,也可以进行买卖,已具小镇的规模。

红河南岸地区，原为土司、土目的领地；土司中大部分是哈尼族，也有彝族和傣族。① 由于清末以至民国时期改土归流的经营和内部地主经济的发展，部分地区土司制度已经崩溃，地主经济顺利地发展起来。但在大部分地区，即所谓"土司区"，虽然社会经济也发生了变化，地主经济有了显著的发展，但领主经济却还在不同程度上保存着。

直到解放前夕，土司制度存在的地区，土司仍然是土地的最高所有者和政治上的最高统治者。基于这种双重的权力，土司可以对任何占有土地的人征收占产量6%到20%的"官租"，除极少数上缴国民党政府外，绝大部分归土司所有。"官租"具有田赋和地租二重的性质。另还有劳役、杂派等多种特权剥削。勐弄土司辖区内的百姓除上缴"官租"外，每年还要以村寨为单位向土司交猪一口、棉花十二斤；司署附近的村寨要轮流给土司送马草和砍柴；土司家坟地附近的村寨要代其备办祭品；土司家有婚丧大事要送礼和帮白工；猎得野兽也须把贵重部分（如腿子肉、鹿茸、鹿筋，熊掌等）献给土司，至于珍禽异兽（如鱼雀、竹鼠等）则须全部贡献。

在承认土司的最高所有权之下，各阶层占有的土地已经不平衡。首先土司及其亲眷直接占有大量好田，称为"官田"。多的如犒牾卡土司，共占有其辖区水田的40%（约数千亩）；少的也占数百或数十亩。这部分田，在1939年国民党清丈土地以前，还有相当一部分靠派白工耕种。在勐弄土司区，甚至达到全部"官田"的一半（约百余亩）。清丈土地后，"官田"成了土司的"私田"；"民田"也另行发给执照，肯定业权；但国民党仍支持土司继续收"官租"。而土司对其"私田"的经营，则更多地采取了出租土地，剥削实物地租的方式。过去专为各种差役设置的兵田、号令田、马草田、挑水田、看坟田、门户田等，也多□改为了租佃关系。各种差发，改以政府名义派百姓无偿服役或雇用长工代替。各种变革是长时期政治、经济发展的结果，土司本人已由封建领主向着封建地主转化；百姓对于土地的占有权也逐渐具有了所有权的性质。

这种变革也给国民党政府控制哈尼族地区带来了便利。土司不得不更依附于反动政府，在维护其既得利益的同时，也将国民党的地亩税、征兵税、养兵谷、修路款等等加于人民头上，特别是抗日战争时期更为频繁。因而劳役剥削虽有所减少，但剥削的种类和数量却大为增加，加以土地买卖的更加不受限制，就不可避免地加速了农村阶级的两极分化，各地都有不少自耕农在这段时期丧失土地下降为贫雇农。而通过高利贷、不等价的商业活动和其他剥削途径集中了相当一部分资金的新兴地主则大量购置田产，多的达百亩以上，相当于或超过了中、小土

---

① 俗称的江外十八土司，一般指：思陀、落恐、瓦渣、左能、溪处、猛丁、纳更、稿吾卡、瓦遮、猛弄（以上十司为哈尼族）、猛拉、者米、刺通坝、五邦、五亩（以上五司为傣族）、纳楼、宗巧（彝族）、亏容原为傣族，后分为二；上亏容仍属傣族，下亏容属彝族等司。

司直接掌握的土地数量。元阳勐弄土司所属洞浦寨水田的占有状况，就存在着明显的阶级差别，即：

阶层	户数	占总户数的%	占有水田（亩）	占水田总数的%	每户平均（亩）
土司			15	2.2	土司在其他村寨还有很土地
地主	3	1.4	144	21	48
富农	7	8.2	69	10	9.8
中农	47	19.6	244	25.5	5.3
贫农	117	53.4	190	27.7	1.6
雇农	38	17.4	6	0.9	0.2
其他	11	5	19	2.7	1.7
合计	219	100	687	100	3.1

可以看出，土司实际上已是地主阶级的成员之一。而新兴地主也集中了大量的水田，按户平均为当地中农的九倍，贫农的三十倍。洞浦寨地租剥削总额已达53,016斤，为水田总产量的14%。按50%的地租率算，发生租佃关系的水田已占总数的四分之一以上。官租剥削则少于地租，占总产量的6%。这样的地区，无论阶级的分化，生产资料集中的程度，以及剥削阶级经营土地的方式，都表明了地主经济已逐渐占据着主导的地位。

土司制度已崩溃的地区，如金平的马鹿塘，土地集中的程度就更高。占全村户数13.7%的地富阶级，占有了全部水田的76.4%（包括由他们掌握的少量公田、学田和庙会田）；占总户数86.3%的中、贫、雇农只占有23.6%的土地，而其中的多数贫雇农已完全丧失土地。级阶的分化，与内地一般地区已经没有什么区别了。

依靠土地、粮食和货币对农民进行剥削，土司和地主都同样采取出租土地、高利贷和雇工等方式。地租一般是对分制，也有包租制，租率由40%至60%不等。高利贷年利率一般100%，"买青苗"和"买青烟"的剥削率则达300%。农民往往一陷入债网就无力自拔。地富普遍雇用长工，每日强迫其做十二小时以上的田间和家务劳动。报酬则除由雇主供给伙食外，每年只得二三十元半开的工资和一套布衣。为获得更廉价的劳动力，地富往往乘人之危收买破产农民的幼女为"义女"，实际当丫头使唤；长大出嫁收回聘金，或"招姑爷"入赘剥削两个人的劳动力。土司区乃至非土司区的地主，都继续对其佃农进行额外剥削。如佃田要献鸡酒，地主家有婚丧大事佃农要帮白工等。

为维护封建制度设置的政治机构，土司区和非土司区有较大的差异。在土司地区，土司是其辖区内的最高统治者，世代父子相传，父死子幼可由叔父或生母代办。最高的统治机构是土司署，又称"衙门"，拥有武装、法庭和监狱等一套暴力工具。人员的设置，有协助土司处理文牍的"师爷"（多为建水、石屏的汉族文人），执管内政、外交的"管家"，统率武装的"团长"，跟班打杂的"侍候"，管理监狱的"老总"等。由各"里"轮流抽回司署任职的"值班里长"，协助土司处理重大的事务和诉讼纷争。土司的常备武装平时只数十人，战时任意抽调，大土司可集中数百或上千人。

土司地区的行政区域以"里"为单位①，设里长一人，管理数十村寨；里长之下设"招坝"或"里老"，辖一寨至数寨；招坝之下设"三伙头"，负责传锣送信，催捐派款。里长不世袭，由土司委任；招坝有少数世袭的。这些基层统治者，由于当职后可免除一切杂派，还可以利用职权盘剥人民，在代土司征集摊派时，里长又有见十抽一的合法权利；因而，地富多争相贿赂土司买官做。在思陀区，活动里长职务须半开千元以上，招坝须数百元，就是想当侍候也得出一二百元半开的贿赂。几乎所有土司的里长，都是当地的大地主。

这类地区没有成文的法律，一切以土司的意志为转移。遇有民事诉讼请求土司仲裁，无论原告、被告先得交一分"磕头钱"。思陀地区为酒三斤、米一斗、鸡一只和半开六元六角。是非的判断以贿赂的多少和人事为转移。反抗土司是最严重的罪行，往往要遭受吊打、扛木枷、坐软板凳、丢阴洞等等酷刑，乃至被任意处以极刑。这里的政治和法律，都是土司及与其勾结的地主对人民进行专横统治的工具。

国民党反动政府也试图在土司地区推行乡、镇、保、甲制，但遭到了土司的反对。结果还是进一步互相勾结起来，把那些"官衔"加在土司及其属官的身上。解放前夕猛弄土司的衙门上就挂着这样几块牌："猛弄司署""建水县猛弄乡公所""昆明行辕第一纵队第三支队"。当时的猛弄土司白日新，是伪云南省主席的义子，据说曾被封为："陆军少将世袭猛弄司"。这种光怪陆离的现象，正反映了当时摇摇欲坠的反动政府，委曲求全地拉拢少数民族上层以利于它苟延残喘；而那些遭到人民反对和新兴地主冲击的蜕变中的封建领主——土司，也急需借助于反动派的支持来维持局面。

实际上，反动的政治力量的确阻碍了经济的发展，在瓦渣、猛弄、思陀等土司势强的地区，虽迫于形势的发展，土司不得不承认占有土地者的业权，准许并自己也参与土地的租佃和买卖，但也决不放弃特权剥削。诸如任意苛派，吃百姓的绝业等，还往往借机没收百姓的田产和打击新兴地主。而溪处、元阳一区及金平等土司式微和已经没有土司的地区，地主经济的发展就顺利得多。可以这样说，解放前红河南岸各土司区领主经济残存的程度与土司拥有实力的情况成正比。政治对经济的反作用，在这里体现得很清楚。

非土司区的基层政权设施与内地一样，行乡、镇、保、甲制。

---

① 各土司区"里"的数目，视其辖区大小划分，不尽相同。猛弄司辖六个里。

三、地主经济地区

分布于墨江、新平、镇沅等内地县的哈尼族,人口近二十万,占本族总人口的37%。这些地区的哈尼族长期与汉、彝、傣、苗、瑶、拉祜等族杂居共处,除墨江哈尼族人口占多数外,其他地区均是汉族人口占多数,哈尼族和当地其它少数民族受汉族经济、文化的影响远比边疆地区深,明、清以来就陆续进入了地主经济的范畴。

内地哈尼族生产力的发展水平与汉族基本相同。生产资料包括水田、经济林木、已垦旱地都牢固地属于个体家庭所有,可以不受任何限制地继承、出租典当和买卖。各阶层占有的生产资料悬殊很大,地主阶级集中了大量的土地,贫苦农民则沦为佃农和雇工。墨江水癸寨各阶级阶层对耕地的占有就反映了此种情况:

阶级与阶层	户数	占总户数的%	人口	占总人口的%	占有水田(亩)	占有旱地(亩)	占全寨田地的%
地主	8	5.3	35	6.2	303.68	1.66	28.3
富农	6	3.9	38	6.7	127.3	2.33	12.3
中农	57	37.2	226	40.3	187.5	10	18.3
贫农	41	26.3	136	24.2	27.5	8.33	3.3
雇农	39	25.5	126	21.9		4	0.3
小土地出租	2	1.3	4	0.7	23.3		2.1
外籍地主					281.72		35.4
合计	153	100	562	100	1051	26	100

全寨水田的三分之一以上,已经流入了外籍地主(主要是汉族)之手,本村地富(哈尼族)又占有40%强,合起来达总数的70%以上。中农阶层每户平均只三亩三分,不及平均数(6.8亩)的一半;贫雇农则严重缺乏或完全不占有土地。耕畜的占有也与此彷彿,本村地富共占有总数的40%。土地的租佃已很普遍,绝大部分中贫农都被席卷进来。雇工剥削以长、短工为主,也有月工和季工,剥削率在50%至70%。高利贷年利一般100%;借债须有抵押,它实际上是地富兼并农民土地的手段。中农特别是自耕中农是地富放债的主要对象,以水癸为例,地富每年放给中农的高利贷为贫雇农合计的两倍以上。阶级的两极分化和财富的集中都在激剧地进行着。

政治的设施与内地一般地区完全相同,哈尼族地富阶级中的当权派已经挤入了反动政府机构,与汉族统治阶级相勾结,共同压迫当地各族人民。

第二编　母系家庭的残余

第六章　独龙族

在独龙族中有了下面的兄妹通婚的故事：

相传在很古的时候，地面上只有一个叫做沙当朋更（独龙语称"地"为"沙"，"当朋更"相当于汉语中的老大）的农夫，终日以耕种火山地为生。一年在他所砍伐的火山地上发生了一件奇事，他白日砍倒的树枝到次日又重新生长在原处，此事的发生使他感到既恨却又好奇。这样过了好久，他决定去看个分明，于是便在夜晚带了砍刀弩弓，守在山地边。深夜，有一位神母莫朋更（独龙语称"天"为"莫"）从天而降，来到了火山地上，她依次为树枝复原着。沙当朋更在手持弩弓将发之际，莫朋更对他发语了："你莫射我，以后我还是亲戚呢。"话音一落，便看不到她的形影了。

此后，沙当朋更依旧单独劳动生活在他的火山地上。不知又过了多少年月，莫朋更果将一对亲生女儿——念坚（独龙语为一个眼的姑娘）和念勒姆（两个眼的姑娘）配给沙当朋更为妻，于是他结束了自己的独身生活，建立了新的家园。

与此同时，莫朋更还配给了他们五谷子种和牲畜，如牛、羊、猪、鸡、蜜蜂……但由于他们管理不善，致使一部分牲畜跑到山上成为后来的野兽。据说蜜蜂原是装在一个小木盒里，要他们在到家前切勿打开，但是一种好奇心冲动了，他们竟在途中打开看看，结果蜜蜂飞掉了，如今所养的家蜂是后来从高山上捉回来的。

念坚在婚后不久便生了一群小雁子，飞到各处了。念坚很难过，便去问她的父母，为什么不生人而生雁子。其父告之，那些雁子就是我的外孙。果真出生不久的雁子一个一个都变成了人，回到父母身边，外公并为前八子起了名字，而后所生的则无名。

沙当朋更夫妇因忙于生产，无力照看子女，便请一个叫太迪策（满身是毛的人）来为自己领娃娃。但这个太迪策是会吃人的动物，每当沙当朋更一家外出劳动时，它便偷着把小娃娃给杀吃了，有时还留点肉给他们一家吃，说是自己从野外打来的野兽，事后他又说："你儿子的肉是苦的，你们吃的肉是你儿子的肉。"这使他们不得不杀掉太迪策,又请猴子来领娃娃。而猴子又因他们不给予工钱逃走了,以后它便年年来偷吃庄稼借以报复。

那时有位叫作夏姆（长有尾巴的人）的人,终日不务正业,乱搞人家的姑娘,偷吃别人的饭。人家做饭时他偷看,等做好了他则趁机连锅抬去,转眼送个空锅回来。因此为众人所恨,后来大伙就把他杀掉了。但总是埋不住,今天埋了,明日又出来。人们又把他丢在河里,这一来河水便速涨起来,河水吞没了大地,溺死所有的人。唯有二兄妹上山挖野菜,则随水面的升涨一直爬到大山的最高点。他们在一块居住时,到睡觉总要放一碗水在两个人的中间,而次日起床时两人又睡一处,水碗却在一边。于是他们将水倒去,水一落地便成了九条大河。后来,他们俩就结了婚,婚后生九男九女。

传说中这九男九女长大之后,有一天集中在一处比赛弓箭,九兄妹中大兄妹皆中目标,其余八兄妹则没中。于是九兄妹为权势争起来。父母在劝解之后,将他们分居各地。

大兄妹迁到内地做了空麻（独龙语即官吏之意）。

二兄妹迁到今贡山怒江地区,后来发展为今天的怒族。

三兄妹留居在今日的独龙河地区,成为今日独龙族的祖先。

四兄妹迁到孟宁江流域,其后人则不明。

五兄妹迁到迪事江地区,而后人不详。

六兄妹迁到江彩（拉达格）。后代不详。

七兄妹迁到杂居河（今西藏地区）,后人不详。

八兄妹、九兄妹的去向失传。

《总结报告》说：

关于这一故事的传说极为普遍的流传于民间,但我们无法从古事的传说中证明独龙族的来源问题,不过古事的传说却也提示了我们一点线索,那就是独龙人在远古曾经历过兄妹婚的时代,独龙与其近邻怒族有着血缘近亲关系,这些都与个别家族的传说有共同之处,很值得我们进一步探讨。(《云南省怒江独龙族社会调查贡山县第四区独龙族社会经济调查总结报告》页十八—十九)

又在《贡山四区第一行政村独龙族社会经济调查》中有下面几段话：

独龙族每个家庭成员有使用本家族姓的权利,从人的名字里我们可以很清楚地知道他是属于哪一家族。成员其最先是家族名称,次为父或母亲名字,再次为本人的。排列次序举例说：

龙棍、雄罗、朋（家族名　父名　大儿子）

布朗、都桑、金（家族名　父名　二儿子）

  龙棍、及此、𪨊（家族名　父名　大女儿）

  龙棍、秘尼、倒菩桑（家族名　母名　二女儿）

  从这些名字里可知道他是那一个家族，谁的儿子或女儿，也可知道第几个儿子。独龙族从小未取名字都是以某某的大儿子、二儿子、三儿子等来称，这也可以避免二人的重复。

  这里有按母系来排列的，这表现了母系社会的残余。若双亲死可用兄的名字排列。（《调查》页五六）

又在《第三行政村解放前独龙族社会组织调查》中说：

  独龙族的婚姻制度基本上是一夫一妻制，但有固定的婚姻集团及妻姊妹婚、夫兄弟婚、转房制度等等许多特点。

  一个家族之内严格禁止通婚，而且各家族之间的嫁娶也是固定的。如甲家族的姑娘嫁给乙家族，而世世代代都是单方面的嫁娶关系。乙家族的姑娘则不能嫁给甲家族，而只能嫁给丙家族或其他家族。甲家族只能娶另一家族的姑娘，而所生的姑娘则不嫁给对方，如此则形成一种循环的婚嫁关系。独龙语对婚嫁关系称为"昂欧汉"，意为亲家之意。举例：孔当的姑娘→力担→布卡王→学哇当→孔当。（《调查》页一六一）

  同时，孔当的姑娘除嫁给力担之外，还可以嫁给木切王等家族，而本家族之妻子，除娶自学哇当家族之外，还可妻自肯顶。由此看出各集团之人口量虽有多少不同，但不会因此发生娶不到或嫁不出的情况，因为婚姻对方亦不是只限于一个家族。

  由于婚姻集团的固定，往往形成哥哥娶姐姐，弟弟娶妹妹，或堂兄弟分别娶堂姐妹，个别也有叔叔娶了对方的姐姐，侄子娶了对方的妹妹的。以上可以看出，基本上是等辈婚，个别还有不等婚，但没有兄弟姐妹共妻共夫的现象。

  一个男子在妻子死掉之后，往往续娶原妻的姐姐或妹妹。如果妻子是在娘家死的，无论婚前婚后都必把死者的姐姐或妹妹嫁过去。有时订婚或结婚之后，一方不同意而离异，也是由女方的姐妹来顶替，否则必退回男方送给女方的全部彩礼，这就是妻姊妹婚。

  一个女子的丈夫死掉之后，即行转嫁给前夫的亲兄弟或堂兄弟，或甚至丈夫的父亲、叔叔，直至本家族不能解决，或女子坚决不愿时，方才转给其他家族。但嫁出丈夫之家族的现象是极少的，并且在这种情况之下，新的丈夫必须偿还前夫一半的彩礼给死者的父母，这就是夫兄弟婚，也是转房制度。

  有的男子先后娶姐妹二人同时为妻，也有的虽已结婚，但因兄弟死去把嫂嫂或弟妇娶来作小妻，这就形成了多妻的现象。这种多妻现象不同于近代的妻妾婚姻状况，诸妻之间一般是平等的，并且一般是和睦的。

独龙族的婚姻制度，如固定的婚姻集团、妻姐妹婚、夫兄弟婚、转房制度及多妻现象，可能都是群婚的残余。（页一六二）

在《第四行政村独龙族原始共产制度调查》中记：

在独龙语的词汇中，还没有妻和夫两个名词。称呼妻则在仆玛（指一般女人）的词前加代词恩（即是我的意思），即是"我的女人"。称呼丈夫，则在楞拉（"拉"，一般男人）的词前加代词恩，即是"我的男人"。而在孩子名前仍多连母名，特别是在男孩子名前一般都连母名，这本是母系氏族制度所固有的特征，现在却在父系家族制度中被保留下来了。

第七章 怒族

怒族也有兄妹通婚的传说，《怒族简史简志》中说：

> 相传怒族最早的一个祖先名叫阿铁，阿铁与妻子伊娃原来居住丽江，他们的住屋门前有一棵大树，树上结满黑色的果子。人们说这棵树是鬼栽的，树上结的果子不能吃，但阿铁夫妇不相信，悄悄的吃了树上的果子，不幸伊娃不久便死了。于是大树变为人并把自己的姑娘嫁给阿铁为妻，还送给他们夫妇二人一只竹篦筐。不久世上发生洪水淹没大地，冲毁了人畜和房舍，只有阿铁夫妇二人因为乘了竹筐能够漂浮水面，幸免于难。洪水退后，他们已漂到澜沧江边，便居住下来。生了四男四女，相互配为四对夫妻，天上一对，地下一对，俅江（独龙河）一对，内地一对，从此人口日益繁衍。不久阿铁夫妇二人因为打猎赶野兽便迁移到怒江的普乐果课。当时已有二种人居住在怒江，一种是麂子氏族，一种是黄蜂氏族。阿铁来后麂子氏族便迁往俅江，只剩黄蜂氏族，于是阿铁便与黄蜂氏族住在一起，共同生活、互通婚姻，从此阿铁家庭内部不再允许兄妹通婚。（页九）

上面是碧江县普乐、果课两乡的传说，又在福贡贡山的怒族又有下面的传说：

> 古时天地相联，举手可以触天，小孩会被雷鸣震死。后来，洪水滔天，将大地淹没，只有兄妹二人藏在一个大葫芦里顺水漂流。不久洪水退去，兄妹二人剖开葫芦而出，只见大地一片晴朗，天地已经分离，天空出现九个太阳、九个月亮。气候十分炎热，于是哥哥用箭射落了八个太阳和八个月亮，气候方才转暖。
>
> 这时大地没有人烟，兄妹二人商量去找人类。商定各持半个木梳，分向南北而行。二人分离后许久都找不到一个人迹，只好返回原来的地方。当兄妹二人相遇时，已须发渐□白互相不认识，各自取出半个木梳为凭才认识是自己兄妹。之后哥哥向妹妹求婚，妹妹说你如能一箭射中针孔就同你结婚，哥哥一箭射中针孔，兄妹二人便结为夫妻。此后，生下七男七女的，第一个是怒族，第二个是独龙族，第三个是汉族，第四个是藏族，第五个是白族，第六个是傈僳，第七个是纳西。七个姊妹分别嫁给七个弟兄，并分住在七条江畔，怒族住在怒江，因此是本地的土著。（页十一—十二）

《简史简志》说：

> 贡山及福贡怒族关于洪水故事的传说，与今日属于景颇族的两支——茶

山、浪速的传说极为相似,与贡山第四区的独龙族传说则完全相同。这两个共同传说不是偶然的巧合,它反映了起源于一个共同的祖先,有着深厚的血缘亲族关系。(页十二)

此外,碧江县的怒族又有一个共同的女祖先,叫做茂英充的传说:

> 相传在远古朝代,天降群蜂歇在怒江边的拉加底村,后来蜂与蛇交配——又一说与虎交配,即生下怒族的女始祖茂英充。茂英充长大后又与虎、蜂、麂子、马鹿等动物交配,所生后代子女繁衍即成为蜂氏族、虎氏族、蛇氏族、麂子氏族、马鹿氏族,而茂英充即成为各个民族公认的女始祖。(页十)

在另一处又说:

> 各个民族对于他们的氏族图腾有各种不同的传说,蜂氏族传说,他们是女始祖莫英充的后代,莫英充含有从天上降下来的人之意,传说女始祖莫英充自天而降之后与黄蜂交配,所生后代即称为别阿起别是蜂起为氏族连起来就是蜂氏族,这个传说反映了怒族在他们的古代历史时期,曾经历过以女性为中心的母系氏族社会,因此莫英充作为第一个始祖而成为氏族所崇拜的对象,后来当世系转为父系氏族并按照父系来计算后,莫英充便成为第一个始祖,至今属于蜂氏族的各个家族,在他们背诵家谱时都要追溯到这个女祖莫英充。虎氏族也传说莫英充是他们的女始祖并传说莫英充自天而降之后曾与一黑虎交配,所生后代即称为拉云起,拉即虎,云起即氏族,连起来即虎氏族(页五六)

又说:

> 蛇氏族有二个优美的传说。其一,相传很久以前,有两姊妹上山砍柴,姊妹二人各自背柴回家,姐姐先行,妹妹在后。妹妹感觉所背的柴越背越重,最后行走不动,便将柴卸下置于路旁休息。但当她回头一看不禁大吃一惊,原来一条巨蛇卷曲在她的背箩中,昂头张口。妹妹惊悖之余正欲逃跑,突然巨蛇对妹妹说:"你不要怕,如果你做我的妻子,你的生活会变得好过。"妹妹无法,只好答应,与蛇配婚所生子女即为蛇氏族。
>
> 其二,相传古代有一个善于织麻和唱歌的怒族姑娘,每当她织麻的时候,便唱起美丽动人的歌子,惹得许多青年男子前来偷听和向她求爱,但都被姑娘拒绝了,姑娘每天还是照样地织麻、唱歌。她悦耳诱人歌声打动了附近的一条巨蛇,巨蛇变成一条小虫,每当姑娘织麻唱歌之际,这条小虫便爬到姑娘的身边来,听姑娘唱歌。日子一天天过去了,姑娘发觉每当她唱歌之际,这条小虫便爬到身旁,她很不高兴,便用扫帚将小虫扫出门去,每次扫

出后，小虫又爬了过来。有一天，姑娘很生气对小虫说："你再爬到我身边就要把你打死。"突然，小虫讲起话来，回答姑娘说："是你的歌声把我引到你身旁来，如果你答应我一件事，我立刻会变成人的。"姑娘说："你这条小虫会变成人吗？我答应你好了。"小虫说："如果你答应做我的妻子，我会使你吃不完。"姑娘说："好吧，我答应你，看你会不会变成人。"姑娘话还未说完，突然一个漂亮的小伙子已站在她面前，姑娘惊喜之余，便答应与他结婚，婚后才知道原来是一条巨蛇，以后所生子女便是蛇氏族。（页五六—五七）

又说：

上述几个有关氏族图腾的传说，都可以归纳为以下几个特点：（一）在母系氏族阶段由于只知有母，不知有父，因此一个母系女始祖所传的后代只好托故于一种动物作为女始祖的配偶。（二）这些动物既是女始祖的配偶，因而必然受到其后裔的尊敬，并成为这分各个母系氏族集团的标志，因此形成图腾崇拜。（页五七）

《简史简志》说：

这个传说反映了怒族在古代曾经历过母系氏族社会这一历史发展阶段，起源于同一个共同女始祖，这是母系社会的主要特征之一。而各种氏族图腾制度的存在反映了在母系民族阶段氏族图腾是作为区分各个民族集团的重要标志，这一特征一直保存到解放之后。（页十）

又说：

福贡、贡山的怒族在社会组织及其他文化特征方面也与碧江怒族不同。碧江怒族尚保存着较为明显的氏族组织和图腾崇拜，并且以女始祖茂英充开始，从第二代起至六十三代都有完整的父子连名制，而且这种连的形式是与今日大小凉山黑彝——诺苏及元阳哈尼族的父子连名制特点相同，即一字连与二字相互交替。但福贡、贡山两县的怒族没有氏族图腾与父系连名制，在社会组织、生活习俗方面也有许多差异。据《重庆远维西见闻录》（乾隆时）载，当时贡山、福贡的怒族尚有面刺青文、首勒红藤之俗。丽江府志也记载，怒人……男女十岁皆面刺龙凤花纹，这种文面习俗一直到今天在贡山独龙族、怒族中还保存着。但碧江怒族在他们的历史传说中没有关于这方面的传说。根据上述这些差异，可以初步认为碧江的怒族与贡山、福贡的怒族是来自两个不同的来源的。由于后来共同居住在一个区域之内，经济、文化上的相互交往，互通婚姻等等，在长期的历史发展过程中，事实已逐步形成为一个族。因此解放后，经全体怒族人民同意，一致定名为怒族（页十三）

怒族还实行同一个家庭的内婚制：

> 怒族在解放前的婚姻制度中以一夫一妻制为主，但突出的特点是配偶关系大都在同一氏族，甚至同一家族内部进行。除亲生父母、子女、亲兄弟姊妹之外，其它如从兄弟姊妹之间、再从、三从兄弟姐妹之间，甚至不同辈份之间，均可结成配偶。这反映了怒族的婚姻仍然停留在较为原始的血缘族内婚的阶段。这种亚血缘内婚显然是与一夫一妻制有矛盾的，现在分述以后。（页六五）

> 据碧江县第九行政村甲加自然村蜂氏族的三八对配偶关系中，其中属于氏族外婚者十五对，占总数百分之三十九点五，氏族内婚者二十三对，占总数百分之六十点五。而氏族内婚中又全部都是一个家族内部的相互婚配，这些配偶之间的亲疏关系是相隔一代的叔伯、兄弟姊妹婚者有四对，相隔三代的堂兄妹婚者有五对，相隔四代的堂兄妹婚者有四对，相隔五代的有四对，相隔六代的有三对，相隔七代的有二对。由于盛行非等辈婚姻，因而其中竟有一对相隔仅一代的姑母与姪子的配偶。福贡县木古甲村谷乃比家族的二十五对配偶关系中，有七对是一从和再从兄弟姊妹，有五对是姑舅表婚，有二对是姨表婚，有五对是非等辈婚，只有六对是家族外婚。在怒族的观念上，他们认为家族近亲之间的配婚是亲上加亲，是一种美事，因为只有亲族之间的婚配才能不使权利外溢。（页六六）

> 亚血缘族内婚继续保持下来有两个主导原因。第一，作为原始的婚姻遗留，亚血缘族内婚是由更古老的血缘内婚发展过来的。即由血缘家族之内的乱婚，进而为排斥亲生父母、子女、兄妹之间的亚血缘婚配。这种配偶关系由于很快的从母系转为父系而发生了突然的跳跃，即没有构成氏族以外群婚而又转入以父系为主的一夫一妻制，从而父权制的一夫一妻制与古老的血族内婚之间发生了矛盾。为了解决这个矛盾，一方面继续保持着原来的族内婚的固有特点，作为维系整个家族集体的纽带，另一方面又以婚前男女性关系的自由放任作为一种补充，以适应群婚的特点。因此，亚血缘族内婚往往也表现为族内群婚，即青年男女在婚前享有充分性的自由权而被社会所公认。

> 第二，通婚集团的限制。傈僳族进入怒江后，怒族成为被征服者，被分散孤立在一些村寨里，氏族之间的联系形同断绝，因此各个氏族之间的婚配关系遇到客观事实的限制，而不得不转入以本氏族及本家族内部为主。在傈僳族奴隶主的强制之下，只允许傈僳族男子娶怒族女子为妻，而不允许怒族男子娶傈僳族女子为妻，这样一来怒族男子通婚范围日益狭窄，终于不得不回复到古老的血缘内婚的道路上去，否则男子将找不到适当的配偶关系。因此怒族现今所保留的亚血缘族内婚一方面是继承了古老的血族内婚的遗俗，而另一方面确实是在历史上的民族压迫关系下作为对抗征服民族的一种手

段，而不得不把通婚关系限制在狭小的家族范围里。这样的婚姻形式可以说是一种特殊的例外形式，因为它已经越出了历史发展的正常轨道。（页六六—六）

又说：

　　随着父权制的形成，也出现了多妻的现象。多妻者主要是氏族家族头人和富裕户，最多者可以三个妻子。丈夫对诸妻称为大、中、小妻，怒语为"米茂""米拉""米通"。中妻和小妻地位略低于大妻，她们实际上成为丈夫的奴仆和泄欲工具。在父权制之下，妇女仅只当作简单的劳动工具或物品，因此她们可以通过买卖的方式而售给男方为妻。怒族娶妻时大都以黄牛为聘礼，女子的身份的高低往往以其是否善于操持家务、能否织麻以及容貌的美丑而定。一个姑娘接近成熟时期，家族长辈更纷纷对这个姑娘发作内部评价，认为姑娘可值五条黄牛或八条黄牛，将来有男子来说媒时，女子的父亲便以这种家族内部的评价为准，作为向男方索取聘金的标准。在父权统治下，女子仅仅降低为一般简单的劳动工具，这可以从怒族对已婚妇女的称谓中得到证明。现今怒语称呼妻为"米"，含有生火煮饭之意，称呼儿媳为"克鲁"，含有剥麻之意，这种含义反映了妇女的劳动主要是从属于丈夫和家庭，这正是父权制下的普遍特点。

又指出：

　　怒族还流传着过去讨男子之风，这种男子出嫁的习俗贡山怒语称为"振金抗努巴缕"，这说明古代怒族曾经历过母权制阶段，并与此相通，应曾有过妻方居住婚，亦即男子出嫁之风。这种习俗到后来即转变为女子出嫁后要返娘家居住，俟生育子女之后才回夫家过一夫一妻制的真正夫妻生活。（页六七）

又指出：

　　怒族婚姻中的原始群婚残余还反映在下列一些事实中：碧江县第八、九两个行政村的怒族，在举行婚礼之夕还保存着一种原始的象征群婚的性交舞蹈。当新娘及其女伴来到新郎家门口时，按照传统习惯，新郎的长辈——父亲或伯叔父要上前拥抱一个新娘的女伴，跳男女交配舞。这种舞蹈的内容是要细致地表现男女交配的各种姿态，舞毕男女互相祝酒。新婚之夜，新郎可以与任何一个随新娘来的女伴发生性关系，同样，新娘也可以与任何一个男宾发生性关系，这种性的放纵显然是来源于古代的群婚习俗的保留。随着个体婚姻的确立，这种群婚形式仅以一种仪节的形式保留在婚礼仪式中。（页六八）

作为群婚残余的另一形式，各地的怒族都还普遍保存着妻兄弟妇的转房制，即兄死寡嫂可以转归夫之弟，弟死则弟媳可转为兄之妻。这是为社会所公认的一种习惯，除非男的不愿，女的才可另嫁。如无兄弟，则在本家族近亲中找一适当的对象，只有在本家族成员无适当的婚配对象情况下，才能转嫁给家族以外成员。寡妇再醮，其聘礼只需黄牛一至二头即可，采礼归亡夫直系亲属所有。如亲转房则不需任何采礼，只需由当事人通知家族成员，杀猪煮酒请大家吃一顿，即算完成转房婚礼手续。（页六八）

第八章　傈僳族

据傈僳族的传说，其最先的祖先也是女的：

> 云南傈僳族的氏族图腾名称有虎、熊、猴、羊、蛇、鸟、鱼、鸡、蜜蜂、荞、麻、菜、竹、柚、木、霜、犁、船等二十余种，民间对于各种氏族的崇拜物均有种种传说。虎氏族认为他们有一个女祖先，上山打柴遇一大虎，虎变成一青年男子，便与傈僳女子交配，以后所生子女即为虎氏族，傈僳语称为"腊扒"，凡虎氏族成员上山不准猎虎。猴氏族也有一个传说，很早以前一个傈僳族女子好吃懒做，吃了东西之后照例坐在水塘旁烤火，父母对这个姑娘也无办法，家中好吃的东西和粮食都被这个姑娘吃完了，老父亲非常生气。有一次，老父亲想了一个办法来惩处这个好吃懒做的姑娘。老父亲预备了一餐很丰富的饭食，摆在竹篦桌上，可在水塘旁边放了一块烧红的铁块。这个姑娘见父亲预备了丰盛的饭食就馋涎欲滴，乘父亲走出房屋后便悄悄的将饭菜偷吃了，吃完之后照例往火塘边坐下，不料正好坐在这块赤红热的铁块上，登时痛得她两股痛不可忍，立刻呼口号奔逃山林中，不敢回家。这个姑娘在森林中许多年，与巨猴婚配生下的子女臀部都是红的，这就是猴氏族的祖先。猴氏族崇拜巨猴，最忌人骂自己是猴子，不能用猴皮做箭包。（《傈僳族简史简志合编》页七，注三）

此外又说：

> 一夫一妻制的婚姻是傈僳族婚姻的主要形式，但此外还保留着深厚的原始群婚残余……群婚残余主要表现在亚血缘族内婚及公房制方面。凡同一家族之内的男女，除亲生父母，亲兄弟姊妹外，其余亲叔伯、兄弟、姊妹、再从兄弟姊妹或年龄相等的上下辈均可配婚，这种亚血缘族内婚显然是早期的族内血缘群婚转化的。如碧江卡石巴得洼底两个村寨，三十七对婚姻关系中属于族外婚的仅三对，其余都是族内婚，其中二代从兄妹婚四对，三代从兄妹婚十一对，四代至五代从兄妹婚十三对，姨表婚二对，姑表婚四对。亚血缘族内婚的特点是女子很少外嫁，她是被当作家族内的财产和劳动力而保留在家族内部的。（页六三）

又说：

> 公房制是傈僳族群婚制的另一残留形式。凡青年男女，十三四岁以后即可到公房里寻找对象、自由恋爱。公房有的由村寨修盖，有的是私人修建的茅屋，未婚青年男女可以自由的到公房玩耍、住宿，过着比较放任的性生

活。因此，非婚生子数多，社会上有抱子认父的遗俗。（页六四）

又：

姑舅表优先婚配权很盛行，傈僳族有句俗语，"树最大的是杉树，人最大的是舅舅"。因此形成有女先问舅的习惯，如果舅家不要才能嫁给别人。

又：

妻兄弟妇的转房制很普遍，即兄死，弟娶寡妇，弟死，兄娶弟媳。社会上认为是当然的权利，这种婚姻形式显然是对偶婚的中一种变形。（页六四）

又：

此外抢婚及招赘也很普遍，一夫多妻也很流行，多妻者往往是过去的奴隶主及头人。永胜一带的傈僳族还有一种独特的小夫大妻的习俗，男孩子七八岁时即由家中父母替其娶年约十八九岁的大姑娘为妻，从事家务及田间劳动，俟男子年龄长大则另娶一女子为妻，原来的大妻可以另嫁他人。这种习俗主要是为了换取劳动力，父家长制发展的结果，使妇女在社会上和家庭中的地位很低。傈僳族中流行着这样一句话，"青菜不算菜，妇女又不算人"。妇女在家长制的统治下仅仅成了一个从事劳动和生儿育女的简单工具。

第九章　其他族

此外在佤族、哈尼族、傣族与其他的好多民族中，也有关于母系社会的传说或残余。佤族的传说告诉我们司岗里的故事：

> 利告神和路安神创造了天和地，创造了太阳和月亮，创造了动物和植物，创造了人，把人放在石洞里，后来木依吉神小米雀（鸟名）啄开石洞，人才从石洞里出来。佤族最先出来，随后是汉族、拉祜族、傣族和散族。人从石洞里出来时不会说话，也不会种地，与各种动物为伍，到处奔跑。人离开石洞到了永邦，又到班哲、号格、汉寨、梁子、洛艾、得哈、哥朗、破昂、阿维。在阿维河，人们洗了手和脸，就会说话了。从阿维河的左边搬到右边，又搬到马音距昂。在距昂找不到食物，只好吃土。离开距昂，人和野兽一起走，兽走在前，人随在后，人饿了就吃野兽的肉。走着走着前面出现了大海，人们向木依吉神要谷种，他把谷子放在海水底下，人取不出来，让野兽去取也取不出来，后来蛇用尾巴插入水中才取出来了。人们有了谷种就砍树、割草，开始会种地了。后来人们又搬到下破昂、上破昂、下破昂布劳、上破昂布劳、草寨、布鲁依。在布鲁依时看见岩燕（鸟名）做巢，也学着做，从此人们就有了房子住了，当时房子是很矮很矮的。从布鲁依又搬到喷寨、铺端寨，这对雷神和他的姊妹成婚，于是谷子长得不好了，而以大家抄了雷神的家，雷神从此跑到天上去了。从此铺端寨（阿瓦山中心区的山通地方，在缅甸境内）到培英然，在培英然，火熄了便向天求火。猫头鹰去求火，没有求来；萤火虫去求火，求来了，可是没有学来取火的方法；又叫蚱蜢去求火，才学会了雷神的取火方法，教给人们摩擦取火。（《佤族简史简志合编》页二一——二二）

这里提了兄弟姊妹结婚的故事，此外还有关于女子领导男人的故事：

> 人们请格雷诺和格利比俩人来当领导，格雷诺是男人，格利比是女子，他俩结了婚。格利比创造了道理，从此有了兄弟男女之序，女子比男子先懂得道理，男子要听女子的话。后来女子不愿当领导了，便让格雷诺来领导，但是男子有不懂的事情还要向女子请教。女子共领了三十代人，男子才领了二十代人。（《佤族简史简志合编》页二十二）

又说：

> 佤族婚姻形态的基本特点是……姑表婚普遍几占全部夫妇关系的百分之五十。转房制盛行，夫死一般要转嫁给夫之兄弟。聘金有严格规定，实有买

卖婚的性质。夫妻不合可以离婚，若男方主动提出离婚时，女方一般不退还聘金，若女方主动提出则必须退还。（页八四—八五）

　　未婚男女到十五、十六岁就开始谈情说爱的社交活动。在西盟，姑娘们往往三二成群，同宿于某一姑娘父母房中。男青年也往往相邀到姑娘睡处串姑娘，串姑娘时，男女青年弹乐器、唱情歌，男子也就宿于姑娘处。男子向女子求爱，若女方把自己的槟榔送给男方吃，把自己的草烟给男子吸，则表示答应。答应后男子就可在串姑娘的场所与女子同宿，相互赠送实物或货币，私相订婚。若女方父母答应婚姻则算订妥，不答应私订婚姻可能破裂，如果男女双方坚持爱情，便往往采取逃婚办法，婚后回来父母也就无可奈何了……买姑娘钱规定好，母亲出嫁时多少，女儿出嫁就收多少，一般一至数条牛。买姑娘钱可以在结婚时支付，也可婚后付，也有由儿子、孙子支付的。如果婚后生了女儿，可将女儿送给舅家或嫁给舅父之子为妻，这样买姑娘钱可不用支付，因相抵了。（页八五）

在云南的哈尼族中也有串姑娘与公房制，《哈尼简史简志合编》中说：

　　各类地区的未婚青年都享有充分的社交自由，俗称串姑娘。西双版纳有专供青年人聚会的公房，红河一带则在寡妇家、田房里及村寨附近的山林中聚会。他们围火对唱、谈情说爱乃至发生性的关系，都无人干涉。在前类地区，结婚礼聘不重，青年们多能征得父母的同意与自己喜爱的人成婚。（页九二）

又在《云南省哈尼族社会历史调查·西双版纳州哈尼族社会历史调查》中说：

　　青年男女大都是自由恋爱结婚的，也有着群婚的残余，婚前皆享有性的充分自由，有的还有公房。夜晚，未婚男女同居一房，如女方受了孕，她就应该和她相恋爱的男子结婚。如果男方不愿意娶她为妻时，就得由全家甚至全寨来为这个姑娘寻找一个丈夫，否则生下的小孩子要被弄死，其本人也被视为犯了最大的罪恶要被赶出寨子去，家里被罚钱并要换龙巴门做礼等等。在这种情形下，即使是个不如意的丈夫，女方也只得嫁过去，而男人们对此也并不在乎。由于这种处理，使哈尼族中无私生子。（页一四六）

又在《红河哈尼族彝族自治州金平县第一区马鹿塘哈尼族社会调查》中说

　　求偶：未婚男女青年社交自由，从十四五岁起开始参加公开的社交活动，多是夜晚节日，地点是在山间林里，交游的方式是男青年到固定的地点去找姑娘，以至到外地外村。当地的姑娘在礼节上负责招待，未婚男女间进行交际范围十分广泛，除去同宗家族以外，都可以自由交往。

交际的内容是谈心唱情歌，在这一般而广泛的交游中，如男女双方钟情，便采取幽会的方式单独行动。（页二二）

又说：

哈尼族离婚手续十分简单，男女双方感情不合或因其他原因便离婚，双方自己砍木刻为凭，各方一半，归自己保存。

因为婚前男女爱情自由，不重视贞操，常生私生子。如因男子未婚与女子发生关系生孩子，男子负担"洗寨"义务。"洗寨"是罚男子出一对鸡、一只鸭、一条狗、一口猪招待全寨、女方父母和调解人吃。私生子归男子，由母亲养育，如找不到生父则归母亲养。（页二三）

这与上面所说的西双版纳的未婚男女发生关系而生孩子的处理办法是不相同的，在《红河县哈尼族社会历史调查》中指出：

青年男女在婚前可以自由来往、谈情说爱乃至发生性关系，哈尼族叫做玩小姑娘。（页一三七）

又：

哈尼族中有兄终弟及的转房现象，也有招婿上门的。（页一三七）

云南省傣族社会历史调查材料中叙述西双版纳的宗教习俗中说：

男女恋爱较自由，所以相爱之后男方就请老人到女家里求婚，招赘上门的较普遍。结婚时杀几支鸡就可以了，请本寨的人来吃一顿。到晚上，大家便喊着："随随随"，把男子送到女方去，送去之后便向对方家长交待说："把人交给你们家了，以后有什么活就叫他干吧。"一般是上门三年方能建立自己家庭。（页一四六）

在《傣族简史简志合编》中说：

妻方居住的遗俗在西双版纳较为普遍。在景洪等地，男方必须在女家上门三年才能把妻子接回，在男家三年后又到女家居住三年，如此往返直到另立门户或继承了一方的财产时为止。勐海等地上门时间甚至长达十四至十八年。这种原始婚制的遗俗在阶级社会里增添了经济剥削的因素。（页一五六）

又说：

西双版纳还保留有对偶婚的残余，表现为家庭和婚姻相对的不稳定。离婚比较自由，双方意见不合，征得头人同意，互递一对蜡条就算办了离婚手续。头人为多收婚姻税，往往支持轻易的离婚，女方父母为再招精壮的劳力

也多鼓励女儿离婚。(页一五七)

在元代或元代之前，傣族的母系社会的遗俗比之近代可能还较为显著。元人李京在《云南志略》中说：

> 金齿百夷……嫁娶不分宗族、不重处女。

马可波罗在其行纪中还说到金齿的一种特殊风俗，据其《行纪》(沙昂注，冯承钧译)一一九章"金齿州"中说：

> 妇女产子，洗后裹以襁褓。产妇立起工作，产妇之夫则抱子卧床四十日。卧床期间，受诸友庆贺。其行为如此者，据云，妻任大劳，夫当代受其苦也。

注云：

> 法文中有 couvade 一字，此言"坐月"，似出于 basque 语者。此族昔日似有此风。《文献通考》引《千里异物志》，亦谓獠族昔有此俗。今贵州之威宁州土人及 Assam 高原土人此风尚存。

这种风俗在我们史书上是叫做"产翁"，宋代李昉在其《太平广记》中引南越新闻说：

> 越俗，其妻或诞子，经三日，便澡于溪河。返，具糜以饷婿。婿拥衾抱雏，坐于寝榻，称为产翁。

又说：

> 南方有獠妇，生子便起。其夫卧床褥，饮食皆如乳妇，稍不卫护，其孕妇疾皆生焉。其妻亦无所苦，炊爨樵苏自若。

又《滇海虞衡志》(清白废翁撰)卷十三"僰夷"条说：

> 凡妻生子，贵者浴于家，贱者浴于河。三日后，以子授夫，耕织自若。

人类学者以为这个风俗是从母系家庭发展到父系家庭的转折点。原来在原始社会中，最初因为只知其母不知其父，子女完全由母亲去管理。到了夫妇结合之后，男的为要对于子女也有管理之权，因而在产育小孩时他乃卧床如产妇，表示他也受了产生子女之苦，所以他也有权去管理子女，所以产生了这种风俗。这种解释是否妥当，当然是个问题，但这种风俗的产生是与早期的母系家庭有了关系当无可疑。金齿州为傣族所居的地方，有此风俗。贵州傣族既有此风，傣族之在云南者历史也很久，常璩《华阳国志》说在古哀牢中已有傣人，那么云南的傣族也可能有了这种风俗。

此外，在拉祜、阿昌、白族等也可以找到原始社会的母系家庭的残余。《拉祜族简史简志合编》中说：

> 当时（按：指晋以前）的民族还是母系民族。拉祜历史传说，从密此厄波｛洱海往勐缅、密缅（阴沧）｝迁徙途中有三十三哥哥氏族、九十九妹妹氏族。后来由于分配豪猪产生误会，妹妹氏族独自向南迁徙了。按临沧县至今尚保留有以女性名字命名的古代拉祜族地名，如：娜招、娜戈等，另在亲族称谓中还可以找到班辈群婚的遗迹。（页九）

又说：

> 由于盛行妻方居住婚制，家庭的血亲系统是从母系的。这里男子对父亲家族和妻子家族的关系及其观念同已经确立父权制的地方恰好相反，但家族长都是男性，并且大多数是长女的丈夫。（页三七）

在《阿昌族简史简志合编》中说：

> 早期阿昌族社会的群婚和母权制残余，在阿昌族现行的亲属称谓和解放前的婚姻习俗中尚保留了某些遗痕。从亲属称谓中还可以找到早期家族形态的痕迹，如：伯母、姑母、舅母同称为"巴"；伯父、姑父、舅父、姨父同称为"龙怕"；胞兄、堂兄、姑表兄、姨表兄同称为"喳唉"（兄）；胞姊、堂姊、姑表姊、舅表姊、姨表姊同称为"衣"（姊）；儿子、侄子、外甥、表侄、表甥同称为"早"（儿子）；女儿、表侄女、表甥女同称为"乌早"（女儿）。（页六）

又说：

> 又传说当时的婚姻关系是一群男子与一群女子互为夫妇，妇女在家庭和社会中居于领导地位。则此时即进入了母系氏族社会，血缘家庭发展了普那路亚家庭。（页七）

又：

> 另外，解放前阿昌社会中还存在夫兄弟婚的转房习俗，这原是对偶婚时期族外群婚的痕迹反映。再如，现今阿昌族青年男女盛行"作涅勤"（意为串姑娘、自由恋爱），妇女婚后还有坐娘家的习俗等。诸如此类的传说与遗存，都说明了阿昌族社会的最初发展阶段。（页七）（参看《云南省阿昌族社会历史调查材料》页六五—六六）

在《白族简史简志合编》中说：

> 最初产生的氏族是母系氏族，氏族公社的全部成员是一个女人的后代。在勒墨人的传说里每个民族的始祖都是女性，她是氏族的首领。碧江白族的开天辟地传说中有这样一段追述："当时有一位老妈妈，她的本领

是最大的，管理很多人，大家都听她的命令，她说干啥大家就干啥，并且一干就成。她给人吃肉、给人吃饭，当所有人的家。"这位老妈妈正是领导氏族的一个始祖母的剪影，而这段传说是一个母系氏族公社生活的简略写照。（页三十四）

第十章 纳西族[①]

永宁温泉乡纳西族领主经济及母系家庭调查

导　引

"知其母不知其父",这是人类历史上遥远的原始母系氏族社会的事象了。可是聚居在云南宁蒗县永宁盆地和泸沽湖畔的纳西族(当地汉称摩梭)中,直到现在还存在着与之相类似的"有母无父"的母系家庭。且看母系家庭益秸家家庭成员的亲属结构：

那卡马：女，69岁；
格洛：那卡马之弟，65岁；
高搓米：那卡马之妹，63岁；
高甲：那卡马之妹，61岁；
布特：那卡马之妹，58岁；

直马：那卡马之女，40岁；
庸珠：那卡马之女，35岁；
格若：那卡马之子，30岁；

哈尔巴：高搓米之子，31岁；

达马：高甲之女，30岁；
古马：高甲之子，28岁；
达巴：高甲之子，22岁；
甲泽米：高甲之子，18岁；

直马布特：布特之女，17岁；

[①] 原注：最典型的母系家庭是永宁纳西族永宁温泉乡的母系家庭。抄录自《云南省宁蒗彝族自治县永宁纳西族社会及其母系权制的调查报告》页一一二三。

采尔直马：达马之女，10 岁；

得之达石：达马之子，7 岁。

这个家庭的成员包括三代共十六人。老一辈为那卡马、格洛、高搓米等姐弟兄妹五人，第二代为老一辈四姐妹的子女直马、哈尔巴、达马、直马布特等兄弟姐妹、姨兄弟妹妹等九人，第三代为达马的女儿采尔直马和儿子得之达石姐弟二人。其母系亲属有舅甥（如格洛与直马、哈尔巴、达马、直马布特等）、舅祖和孙（格洛为采尔直马的舅祖）、姨母和姨侄（高搓米与直马、达马、直马布特等）、姨兄弟姐妹（直马、哈尔巴、达马、直马布特等）；即由母亲、兄弟姐妹、姨母、姨兄弟姐妹、舅舅、外甥等母系亲属成员组成家庭。这样的家庭，男无妻室，女无赘夫，父亲不成为其家庭成员；从而就不存在夫妻、父子（女）、伯叔、姑母、妯娌、婆媳等等父系亲属，子女的血统（亲属）乃按母系计算。显然，这是"有母无父"的母系家庭，它与父系家庭的亲属成员结构截然不同。当我们进入这样的家庭里，如果向她们的孩子询问："你的爸爸叫什么名字？"这就要使孩子们茫然了，这里只有舅舅才是最亲的男性长辈。在这种母系家庭里，虽然子女没有父亲，男子没有子女；但仍是幼有所养，老有所终。把这样的血缘组织（如果仅从成员的构成来看，它很像氏族的缩影）称之为母系家庭而不称为母系家族，是因为每户的平均人口只有七个左右了。

益秸家为永宁区温泉乡阿古瓦（村）的母系家庭之一。温泉乡位于永宁盆地的东北端，居民以纳西族最多，彝族次之，普米族（旧称西番）又次之，汉族最少①。本乡纳西族全聚居于阿古瓦、拉梅瓦、衣马瓦、软格瓦、阿如瓦、瓦

---

① 纳西族 81 户，546 人；彝族 113 户，412 人；普米族 57 户，308 人；汉族 48 户，195 人。

当地纳西族和普米族，都说他们是随蒙古人来到永宁。纳西族甚至说其祖先就是蒙古人。他们自称"纳"，过去和现在都汉称自己是"摩梭"，其四川邻居自称"纳"的"摩梭"人，现为四川蒙古族的组成部份。

纳西族称普米族为"巴"，称藏族为"窝子"，称彝族为"倮倮"或"老槃"。普米自称"土米"，称永宁纳西为"纳木"，称丽江纳西为"纳西"，称彝族为"卢卢"，称藏族为"戛米"。彝族称永宁纳西为"窝卓"，藏族称纳西为"达罗"。

拉片、八瓦等七个自然村①，依次为邻。普米族聚居于拖奇、比奇、八加、中瓦都四个自然村，汉族聚居于上瓦都、下瓦都二村，彝族聚居于沈家村、安家村等村（均在凉山）。普米族、汉族所居村均与纳西族所居村八瓦、瓦拉片邻近。又纳西族所居八瓦至阿古瓦等七个自然村与四川盐源县左所区前所乡的折普瓦、米伏瓦、我答村、乌求村四个自然村邻近。瓦拉片与米伏瓦相距仅二百多米。米伏瓦、折普瓦两村居民全系摩梭人（共18家）。我答村、乌求村的居民原也全为摩梭人（现共有18家），晚近有汉族、僮族迁入，1958年又有彝族迁入，而为四族杂居。

永宁盆地和泸沽湖畔及其邻近坨陵夹谷地区，几全是纳西族聚居区。这里纳西族的家庭，大多数是母系家庭，一部分是母系父系并存的家庭，极少数为父系家庭。

当地纳西族成年男女，大多数是男不娶，女不嫁，各居母方。有对偶关系的双方，通常是男子于晚饭后至女家同宿，次日清晨即匆匆返母家生产、生活。这

---

① 今宁蒗县永宁区为明代永宁府的中心区，东与四川盐井卫前所、左所土官辖区毗邻，永宁土官与前所、左所两土官，常有争夺邻界村寨事件。现永宁区及其与四川境各自然村寨中的若干村寨，还可在明代彭汝实（四川汉嘉人）著《六诏纪闻》（为《金声玉振集》第二十二卷）这一文献中查到。关于母系家庭的事象，该文献中毫无记录。

该文献把云南、四川两官方会同勘定永宁、左所、前所三土官所辖村寨，列出三个清单。在所列"永宁府管下村寨一百三十一处"（即131个村案）中有：节波上中下三村、瓦都村、克沙瓦村、拖的村、阿那瓦寨、落水村、勒革水寨、答苴水寨、答苴寨……

节波上中下三村即今八株乡者波上、中、下三村。勒草水寨即八株乡里格村，全村居泸沽湖西北岸一个小半岛上，故名"水寨"。瓦都村即今温泉乡瓦都寨。克沙瓦村为今开平乡格沙瓦。拖的村为拖支乡拖支村。阿那瓦寨即今拖支乡阿拉瓦，落水村为今落水乡大落水村（居泸沽湖南岸）。答苴水寨、答苴寨居泸沽湖东北岸，清代以来又属四川左所土官，今为四川盐源县左所区左所乡所辖。

在"盐井卫左所土官刺马仁管下村寨五十三处"所列53个村案，今没有属于永宁区所辖的，不再列名。

在"盐井卫前所土官阿查管下村寨四十七处"所列47个村寨中有：阿牛寨、乌求寨、我答村、折普瓦村、好足瓦寨、八瓦寨……

乌求寨、我答村、折普瓦村，即今与温泉乡毗邻的四川盐源县左所区前所乡所属乌求村、我答村、折普瓦等村。温泉乡阿古瓦、拉梅瓦、衣马瓦等三村，当地习惯上统称为"二牛村"，可能即阿牛寨。好足瓦寨当为今温泉乡阿如瓦，"好足""阿如"均系译音。八瓦寨为今温泉乡八瓦（村）。在八瓦、阿如瓦、二牛村（阿古瓦、拉梅瓦、衣马瓦）的老年人的记忆中，其为云南永宁土司所属已久。该文献所载四川、云南官方所立勘定村寨所属合同中，尚有"八瓦寨，原系前所地方，丽（江）、永（宁）二府不该平毁"的记录。不知何时又划归云南。

解放前，永宁土司衙门所在地为今忠实乡忠实村。传永宁土司衙门曾先后建立在阿如瓦（好足瓦）、八株、拖支（拖的）各村。在《六诏纪闻》所列村寨中，没有忠实村。

《六诏纪闻》所载永宁、左所、前所等三土司各所辖村寨合同是"嘉靖十四年（公元1536）正月十六日立"。这本书即写于当年九月九日。这说明了我们这次调查各村中的八瓦、阿如瓦（好足瓦寨）、二牛村（阿牛寨）、格沙瓦（克沙瓦村）、拖支（拖的村）、阿拉瓦（阿那瓦寨）、里格半岛（勒革水寨）、大落水（落水村）、者波（节波）等村，其建立村寨的历史，都在五百年以上。

种婚姻形式，使得通婚的地域多限于本村和邻近各村；少数相距较远的，则采取一定时期男子到女家留宿数日的方式。过这种婚姻生活的男女，只互称"阿注"或"主子主咪"（意为朋友或伴侣）①，而不成其为夫妻关系。每个男女一生所经历的阿注数目，有多达百余人的，一般都有七八个。阿注关系的建立基于自愿，时间由数日、数月、数年、十几年、几十年不等。一般是青年时期，易合易离；随着年龄增长，关系也逐渐稳定，但终生不共同生活于一个家庭中。及至晚年，也就自然地疏远和断绝了。因而男子对其子女，无须承担教育扶养的义务，惟须与其姐妹共同教养外甥，年老亦由外甥赡养。我们把这种形式的婚姻称为"阿注异居"。异居的含义是指双方不共同生产、生活、分属两家而言。

具有阿注关系的男女双方，经过一段异居生活，生有子女且感情较好的，也有少数不经任何手续，男入女方或女入男方同居，共同组织家庭，共同负担起抚育子女的责任，双方也以夫妻相称；但互相没有约束力，仍可随时离异。

经父母作主，邀媒撮合，以重礼聘娶的买卖婚也早已产生。本族土司及其亲属贵族等级，于距今十五代以来，已历行嫁娶。但除土司正宗因需与中原皇朝打交道，始终维持了娶妻的婚姻形式外，其他贵族多为嫁娶与不嫁不娶（过阿注生活）相间。妇女不嫁，坐待阿注来访，这在土司家里也不乏其例。在一般人民群众中，虽早已出现了少数的嫁娶事象，惟至下一代又往往倒退为不嫁不娶，历代一贯嫁娶的极其个别。

与阿注异居为主的婚姻形式相适应，在纳西族中就普遍遗留着跟前引益梏家具有同称样结构的母系家庭。凡母亲的姐妹都视为母亲，姨兄弟姐妹都视为兄弟姐妹，不得婚媾；而同父异母的兄弟姐妹（不共同生活于一个家庭），被认为不存在任何亲缘关系，不禁止婚媾。即其亲属（血统）的计算，不考虑父亲方面，只以母亲为准；因而这里乃有同父异母兄妹为阿注的事象存在。同父异母兄妹婚媾，这在汉族眼光中是乱伦行为，不容于世；在永宁则视为正常，不足为怪。

不嫁不娶和有嫁有娶两者相间，就产生了母系父系并存的家庭。这种家庭的本身就反映着由母系向父系的过渡，它往往是由于兄娶而妹不嫁或是上代娶而下代不嫁才形成的。在这一类型的家庭中，母系和父系的亲属成员兼容并存，姑舅表兄弟姊妹、姨表兄弟姐妹共聚一堂。在母系家庭中，只须有一男娶妻，就足以引起家庭性质由母系变为父系并存。故当地这种家庭也占相当数量。

连续数代行嫁娶的父系家庭是极个别的。仅从现存家庭成员的亲属关系，可

---

① "阿注"和"主子主咪"——"阿注"系普米语，其意为朋友和伴侣，有广、狭二义。广义泛指同性和异性的一般朋友；狭义专指有婚姻关系但又不生活于共同家庭中的男女。近数十年，由于普米族与纳西族之间建立了频繁的"阿注"形式的婚姻关系，"阿注"这个词也随之被纳西族所借用，逐渐取代了纳西族自己的同义词"主子主咪"。"主子主咪"也有广、狭二义，含义也是伴侣和朋友，这与"阿注"一词完全一致。但如直译，则含有"男女朋友"（主——意为友，子——为男，咪——为女）的意思，似更符合于他们的婚姻实际。

算作纯父系的家庭也只是很少数。这里的父系家庭乃处于占绝对优势的母系家庭的包围之中，且不稳定，随时有向母系父系并存家庭或母系家庭倒退的可能。如某家因男娶而生属于父系的兄妹二人，如果兄娶而妹不嫁，两兄妹之子女乃构成母系父系并存家庭；如果兄不娶、妹不嫁，则下代仅有妹之子女，遂变为母系家庭。由母系→母系父系并存→父系→母系（或母系父系并存），这种反复，有相当一部分家庭都曾经历过。

永宁盆地和泸沽湖畔的纳西族，其婚姻形式有阿注异居、阿注同居（男居女方或女居男方）、结婚（入赘或娶妻）三种，而以阿注异居为主。家庭类型有母系、母系父系并存、父系三种，而以母系家庭为主。温泉乡纳西族所居七个自然村共81家（以1956年民主改革时户数为准，年龄计到1962年），546人（298女，248男），未成年者（17岁以下）153人（73女，80男），成年者（18岁以上）393人（225女，168男）。在成年人中，不过婚姻生活者（白痴、残废及喇嘛中的个别人等）22人（5女，17男）；过婚姻生活的371人当中，阿注异居的334人（197女，137男），占过婚姻生活者总人数的90%，占成年人口的85%；阿注同居者18人（10女，8男），占过婚姻生活者总人数的4.9%；结婚者19人（13女，6男），占5.1%。

温泉乡纳西族成年人过阿注异居、阿注同居、结婚这三种婚姻生活的比例数字表明，过阿注异居生活的人数占绝大多数。

就家庭类型来看，在7村81个家庭中：

母系家庭　　　　　　　50家　　　占61.7%；
母系父系并存家庭　　　29家　　　占35.8%；
父系家庭　　　　　　　2家　　　占2.5%。

前述在母系家庭中，只须有一男娶妻，就足以引起家庭性质变为母系父系并存。在这29个母系父系并存家庭中，多数是母系成员多于父系成员；如果将其母系成员并入母系家庭的母系成员去计算，则母系成员的数字将占压倒的优势。母系家庭及母系成员占大多数，这是与其过阿注异居婚姻生活者占绝大多数相应的。即男女对偶各居母方，其子女按母方计算而为母系成员；这些母系成员乃是母系家庭的全部成员和母系父系并存家庭的部分成员或大部分成员。

盆地和湖边的母系家庭、母系父系并存家庭和父系家庭，都已长期处于封建领主制度之下，所居村落绝大多数是地缘村落。而温泉乡上述七村则还在不同程度上保留血缘村落的残余，其中尤以阿古瓦、拉梅瓦、软格瓦、衣马瓦四村保留有较多的母系血统和母系血缘村落的残余。拉梅瓦为哈巴布母系血统的成员所居，软格瓦为软格母系血统的成员所居，阿古瓦的居民以萨达布母系血统的成员为主，衣马瓦以衣布母系血统的成员为主。四村都不同程度地保留着母系血缘村落的外壳。所谓母系血统，就是由一个女性祖先的后裔所构成的母系外婚血缘集团。但上述四个母系血统的成员，由于部分人户继入他血统的养女和男成员娶妻的结果，已不纯是"一个"女性祖先的后裔，而渗入了其他母系血统的成员。我们把这种现象叫做"血统变换"。血统已变换的成员和原血统的成员虽在名义上仍同属于原血统，但互相之间已不再禁止婚配。这说明血统的变换与母系血缘组织的松弛是直接有关的。其他三村阿如瓦为与土司同宗的阿如血统的成员所居；八瓦为瓦虎血统的成员所居；瓦拉片为瓦拉血统为主的成员所居。这三个血统（据口传世系）较前四个血统早行嫁娶，血统反复更换，虽均戴瓦虎瓦拉的血统名称，早已是母系父系混杂，已经难于清理那些是原血统成员，那些是血统已经变换或多次变换者。此种情况在通婚范围上的反映是：他们只在实际的母系近亲间禁止通婚，而不去管是否同一个血统，乃至同一个家庭。

在封建领主制度下，纳西族的身分，已分为"司沛""责卡""俄"这三个等级。司沛是以土司为首的贵族等级，他们是封建领地的所有者和政治上的统治者；责卡当地汉称百姓，是占有封建份地的农奴；俄汉称俾（音 pial）子，有奴婢之意。责卡直接受土司的管辖和奴役；俄分别为以土司为首的各富裕司沛占有和奴役，但也有自己"独立"的家庭经济。土司居忠实乡忠实村。本乡七村纳西族，阿如瓦阿如血统（9家）虽与土司同宗，已成没落贵族，不称司沛而沦为责卡。软格瓦软格母系血统（6家）及衣马瓦非衣布母系血统2家，全是受土司奴役的俄等级。阿古瓦、拉梅瓦、衣马瓦、瓦拉片、八瓦五村共64家，全系责卡等级。

温泉乡为永宁区所辖九个乡之一，而九个乡中，临金沙江的加泽、拉伯、托甸这三个乡的纳西族家庭的母系因素已不多。至今大量保留母系家庭的是永宁盆地及泸沽湖边的忠实、开平、拖支、温泉、八株、洛水等六个乡。前面说过，温泉乡的成年男女中有85%过阿注异居生活。显然，就过阿注异居生活的人数来说，温泉乡的比重高于其他五乡，且差距还较大。八株乡过阿注异居生活者占成年人73.9%，忠实、开平、拖支、洛水四乡均在65%接近70%之间。再就与之相应的母系家庭的比重来看，温泉乡母系家庭占61.7%，其他乡均不到50%，亦较各乡为高；相应地，其父系家庭的比重则为各乡最低者，仅2.5%。

温泉乡过阿注异居生活的人数和母系家庭的户数比重较高，这与它还保留有不同程度的母系血统及母系血缘村落的浓厚残余有关。这一特点使得温泉乡在研究永宁纳西族母系家庭的演变形态上具有重要的意义，借助于母系血统（南部各村中保留得较多）的残留，以及母系血统与父系血统的交错并存（这在北部瓦拉片、八瓦两村最明显）的现实状况，有助于探索这种家庭的源流和它的发展趋势。

家庭是社会生活的组织形式，它既反映经济基础也反映上层建筑；它与整个社会形态，首先是经济基础有着内在的联系。人类中的绝大部分，随着私有制和阶级分化的产生，原始的母系氏族公社也就让位给父系氏族公社，并由此发展为男性支配女性的一夫一妻制。但母系因素（如男权、妇女地位较高，等等）在父系氏族社会乃至阶级社会中的长期遗留，则在不少地区和民族中都是存在的。纳西族的母系氏族社会也早已崩溃了，被划分为不同等级（它是阶级的表现形式）的人们，生活于领主制度之下，地缘的结合业已代替了血缘的结合；阶级压迫和反压迫的斗争，也早已存在。然而，在这里母系的遗留，却以母系家庭的形态相当完整地保留了下来。虽然它与原始的母系氏族社会已有很大的区别，但它仍以变化了的形式反映了母系氏族社会的某些特征，它使我们能以直观接触到早已消失于邃古之中的母系因素。这对于原始社会家族形态的研究，无疑具有极大的价值。而永宁纳西族的母系家庭在领主经济下的长期遗留，以及在社会主义制度下如何对此种家庭进行有效的改造，同样是一个既有理论意义，也有现实意义的重大问题。

为此，就有必要同样深入地调查作为社会经济基础的永宁领主经济的具体内容，以及与之相适应的上层建筑诸方面。这样才能提供全面的材料，有助于对永宁的整个社会形态进行全面的分析研究，进而探索母系家庭与领主经济之间的联系性和矛盾性，寻究其长期遗留的原因。

从上述认识出发，永宁纳西族的社会经济结构，同样是我们调查的重点，并兼顾到其他有关方面。惟限于水平，片面和遗漏之处是不少的。

本乡调查报告的编写，即以母系家庭和领主经济两个问题为中心并联系其他方面作介绍。又从本乡的母系因素在全区保留得较多这一特点出发，报告中则以突出母系家庭为主。于是，第一章就叙述母系家庭的结构，介绍阿注异居生活、母系家庭的亲属成员结构、亲属称谓、财产继承及妇女在家庭中的地位等关于母系家庭的中心问题。第二章叙述母系家庭的变化，即由阿注同居或结婚所产生的母系父系并存家庭和父系家庭的状况，以及母系血统和母系血缘村落的变化及残留、母系家庭向父系家庭长期过渡及解放后的变化等重要事象。第三章叙述母系家庭所处社会背景的基本状况。为照顾到编写系统的一贯性，在正文中所不能容纳的材料（不是不重要）作为附录。在正文中与所述事象有关的具体事例以低一格排列，若读者不求详知，可略而不看，不影响对全文的理解。

我们住本乡调查的时间是1963年1月31日至3月10日，及离开本乡转入八株、拖支两乡调查期间，又返本乡进行了若干次补查，最后一次是当年7月16日至20日。

（一）母系家庭的结构

1. 婚姻形式——阿注异居

与母系家庭相适应的婚姻形式是阿注异居，双方多在邻近各村间乃至本村内部结合。本乡七个村之间，及与邻乡格沙瓦、者波及四川境折普瓦、咪优瓦、我答村、乌求村之间，都有频繁的阿注关系。

> 这些村：阿古瓦、拉梅瓦、衣马瓦三村自西而东依次为邻，衣马瓦、软格瓦、阿如瓦、瓦拉片又自南而北依次为邻，瓦拉片和八瓦东西为邻。八瓦北与本乡拖奇、比奇、八加三村（均系普米族）为邻，阿古瓦西与开平乡格沙瓦、甲布瓦为邻。阿古瓦、拉梅瓦、衣马三村南与八株乡八株、者波等村相望为邻。衣马瓦、软格瓦、阿如瓦三村，东与四川境我答村、乌求村相望为邻。瓦拉片东与四川境折普瓦、咪优瓦为邻。而折普瓦、咪优瓦、我答村、乌求等村（居民摩梭人）和者波又自北而南依次为邻。上列各村均倚山麓临盆地而居，各村依次距离在半里至四里间，瓦拉片与者波相距最远为八里（华里）。

每日清晨，各村道途中，来来往往尽是青壮年男子。他们不是忙着去赶街子，也不是忙着去下地劳动，而是各从女阿注家里住宿归来，纷纷返家；待回家吃过酥油茶、糌粑炒面后，即与其兄弟姊妹们一起出门生产。他们多是晚饭后到阿注家去与阿注共宿，次日一早就匆匆返家工作。男子们跟阿注只同宿，而不同食、不同劳动。如果与阿注家相距远的或是年岁较长的，也就不这样暮暮朝朝，风尘仆仆于村道上。他们不访阿注则已，若去访也得呆上两三天乃至五六天才归家。老头在近邻访阿注，也不一定清晨就忙着返家，也呆过半天才回寓。

> 我们在瓦拉片时，跟夏瓦家同院住宿。这是1963年2、3月间，天气还未转暖，日出之前，门口水沟还复盖着一层薄冰。天明开了大门到沟边取水，常会碰到夏瓦家小伙子色诺（21岁）呆在大门外，瑟缩发抖，伫候开门。初次碰到这种情况，我还问他："这么早，你就去了那里转来。在自己家门口，为什么不叫开门，老呆着挨冷。"他笑一笑说："那里开得了这么多。"我才领会到，他是从阿注家过夜归来。当然不能每天老早呼喊开门，使得家人或同院人不胜其烦。

> 八瓦（村）阿笃家采尔（女，25岁），她的现阿注是八瓦南约三十里泸沽湖边里格村厄摩家得之达石（26岁），每来访她一次，在她家呆三五天才转去。1963年4月间，我们住在里格村，就看到厄摩家得之达石去访采尔两次，一次住了三天，一次住了五天。

拉梅瓦阿咪家达石皮措（男，34岁），他的现阿注是里格村（相距二十多里）拉克家女甲阿马（21岁），他每去寻访一次，也是住上两三天才转去。1963年4月，我们住在拉克家里，他带着礼品盐、茶去寻访了甲阿马，住了三天才回家。他在阿注家是客人，但在这三天中，他也帮着甲阿马的哥哥们，撑着木船从湖边港湾里把砍积在山脚的木柴运回来。早晚也做些家里的杂事，照管牲畜，还照应甲阿马与前阿注所生的小孩。他走时，甲阿马的哥哥送他一长串鲜鱼带走，互相礼尚往来。

1）从七个母系家庭来看阿注异居生活

一清早匆匆往还于村道上的这许多由女阿注家归去的男人们，他们是分别从谁家走出来又回到哪一个寓所去，这只须从阿古瓦益秸家、工充家①、衣马瓦巴茨米家、软格瓦软格阿答家、阿如瓦阿如阿窝家、瓦拉片达珠折家、八瓦沙布家，这七个母系家庭的阿注异居生活，便能具体地反映这里母系家庭的婚姻形式。下面先将这七个母系家庭的成员及其阿注关系分别一一详述，然后进行综合分析。

（1）**萨达布母系血统母系家庭益秸家亲属成员关系表**

1956年——16人（9女，7男）

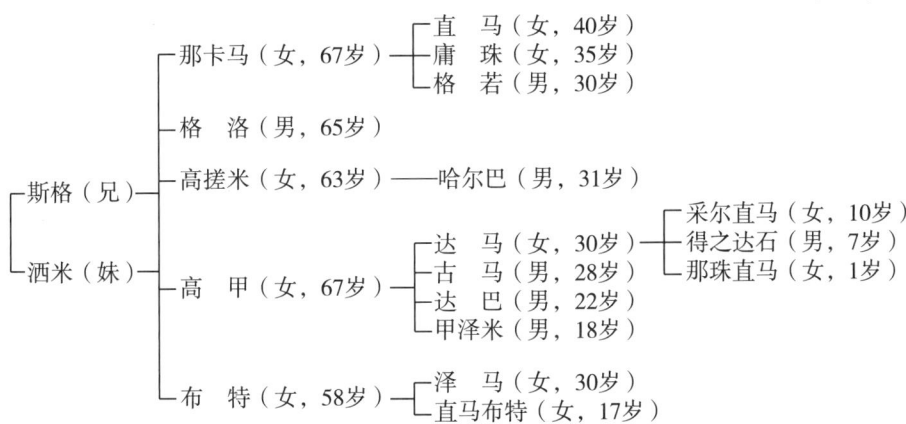

附注：① 从首页所列益秸家的亲属结构即可知此表所示的亲属关系。

② 每个人名之后的年龄计算以1963年为准，家庭人数计算以1965年（当地民主改革）为准；则表中年龄未达7岁者不计入，1965年至1962年间死亡者均计入。后仿此，不再作说明。

成年人的阿注：

斯格和洒米兄妹二人已死三十多年，其母阿注为谁，已不能辨明。

斯格的阿注还能察知有二人：一为拉梅瓦哈巴布母系血统巴莫古马家古马

---

① 工充家原住拉梅瓦，迁住阿古瓦不久，即拉梅瓦的母系家庭以工充家为例。

（女，1958年死），和她生有古马（小古马，女，1944年死，32岁）、斯格马（女，50岁）二女。另一个是衣马瓦衣布母系血统衣马阿坡家甲阿（女，80岁），和她生有直马（女，51岁）、古马（女，48岁）、拉差（男，46岁）二女一子。

洒米生有那卡马、格洛、高搓米、高甲、布特等姐弟兄妹五人，前三人已不能记忆其生父（即其母之阿注）为谁。高甲的生父（即高甲之母洒米的诸阿注之一）为哈巴布母系血统巴基家莫多｛今巴基格若（女，70岁）的舅舅｝，布特的生父为开平乡开基桥马开元（回族，即洒米的阿注之一）。

那卡马（女）的阿注是开平乡格沙瓦（在阿古瓦西半里）阿若（藏族，经商暂居于此），和他生直马、庸珠、格若二女一子。

格洛（男）是喇嘛教徒，有说他遵守教规，不求阿注（当地喇嘛教徒绝大多数都有阿注）。

高搓米（女）的阿注是衣马瓦衣布母系血统衣马阿窝家泽珠马（女，65岁）之兄斯格达石（已死二十七八年），与之生哈尔巴（男，31岁）一子。斯格达石与她为阿注时，她也没有其他阿注；斯格达石死后，她也不再接待其他阿注；这并不是由于她对斯格达石怀有专一的情感，说她不喜欢多找阿注。这里，男女阿注之间，一般地说，易合易离，感情成分不大。高搓米和斯格达石两人住家相距仅二里许，当年斯格达死时，高搓米也未登门哀悼（当地妇女一般均不来悼阿注），淡然处之，并没有失偶之痛。

高甲（女）的原阿注是衣布母系血统衣布家哈尔巴（69岁），与之生达马一女及古马、达巴二子。后阿注是哈巴布母系血统冬珠家哈尔巴（63岁者），与之生幼子甲泽米。

布特（女）有阿注二人，前者是哈巴布母系血统冬珠家哈尔巴（63岁），与之生泽马一女。后者为衣布母系血统衣布家哈尔巴（69岁），与之生女直马布特。

直马（女）因病，无阿注寻访。

庸珠（女，又名波遮）有阿注二人，先是八株乡者波村莫瓦家慈丁。现为衣马瓦达巴米家达石采尔（56岁）。

格若（男）的现阿注为四川境前所乡折普瓦（村）瓦朵家（汉称沈家）之女珠马。

哈尔巴（男）无固定阿注，只与哈巴布母系血统巴莫古马家直马（女，30岁）有过一年阿注关系。

达马（女）的阿注，先是四川木里屋脚乡屋脚村（在阿古瓦之东北四十里）拉塔阿窝家格若（纳西族），两者关系约五六年，与之生采尔直马、得之达石一女一子。1957年后，拉塔格若未来走访。1961年所生那珠直马（女，1岁），系与八株乡波下村多鸦家翁惹为临时阿注（共宿两三晚）所生。

古马、达巴、甲泽米兄弟三人，尚无固定阿注。

泽马系出继给软格母系血统软格高搓家得之马（女，66岁）为养女，其阿注在软格高搓家去叙述。

直马布特（女，17岁）因年幼，尚无固定阿注。

(2) **哈巴布母系血统母系家庭工充家亲属成员关系表**

1956年——14人（8女，6男）

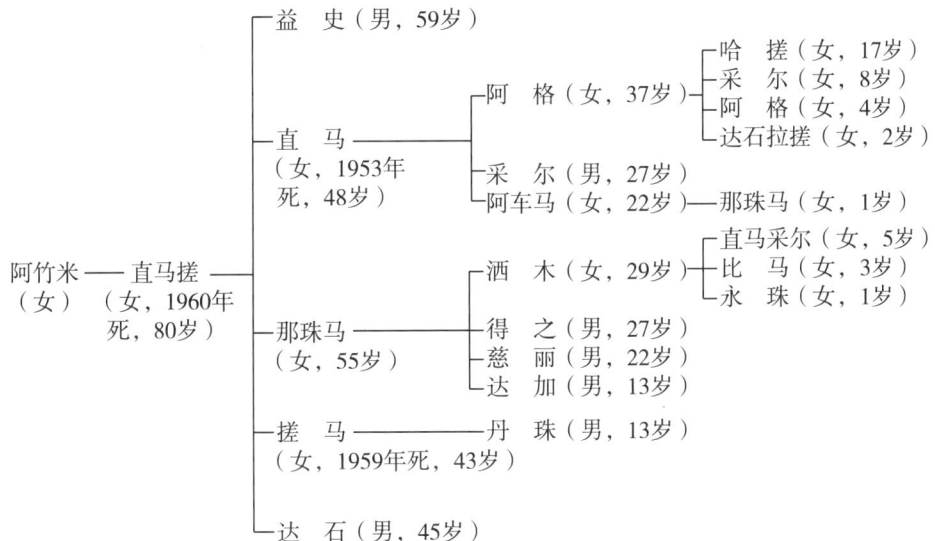

成年人的阿注：

直马搓（女）的阿注是萨达布母系血统挂渣家甲阿马（女，1948年死，44岁）的舅祖阿珠，与之生益史、直马、那珠马、搓马、石达等五个子女。

益史（男）的阿注是开平乡格沙瓦关甲家阿纳（女，62岁），先是异居，后离其母家去与阿纳同居已三十八年。

直马（女）的阿注是哈巴布母系血统巴莫古马家古马（女，1958年死，64岁）之兄格古（1948年死），与之生采尔，阿车马一男一女，而长女阿格则系与临时阿注所生，生父不明。即直马所生三个子女，长女为临时阿注所生；之后，乃有长期阿注巴莫格古与之生次子和幼女。

那珠马（女）的阿注是忠实乡巴奇村阿布家工充（1955年死），与之生洒木、得之、慈丽、达加等一女三子，两者关系将及三十年。自阿布工充死后，那珠马之年渐老，不再有男阿注来走访。

搓马（女）的阿注是衣布母系血统阿直甲粗家庸珠（男，37岁），两者关系约六七年，生丹珠一子。在搓马未死之前，阿直庸珠已另有阿注，不再访搓马。

达石（男）在同期或不同期内有阿注四人：①衣布母系血统阿直甲粗家甲粗（女，66岁）之次女古马（40岁），与之生甲粗马（17岁）、比马（5岁）二女。而古马之弟庸珠（37岁）又为达石之姐搓马的阿注；即工充家搓马、达石两姐弟与阿直甲粗家古马、庸珠两姐弟分别互为阿注，此系偶合，非为惯例。②软格母系血统软格阿答家那珠（41岁），与之生子达石达珠（13岁）。③与软格阿答家那珠为阿注的同一期间，复与萨达布母系血统阿衣家阿马（1960年死，50岁）为阿注。阿马有哈搓（26岁）、格土（18岁）一女一子，格土即达石所生。达石同时与软格阿答那珠、阿衣家阿马两个妇女为阿注，这里无所谓谁为主，谁为从；谁为正，谁为副。④现与萨达布母系血统甲阿家格若（58岁），已有十一二年关系，未生有子女。格若有三个子女，分别为另外三个阿注所生，非达石所生。

阿格（女）的阿注是萨达布母系血统阿古阿窝家格古（喇嘛，48岁），她的四个女儿全是格古与之所生，两者关系约二十年，现尚维持关系。

采尔（男）的阿注是阿如血统阿如阿坡家格土马（女，28岁），生达石洒木（2岁）一女。

阿车马（女）还没有固定阿注，其有一女那珠马（1岁）乃某一个临时阿注所生，生父不明。

洒木（女）的阿注是开平乡格沙瓦阿米家得之（男，32岁），其有三女全系阿米得之与所生。

得之（男，27岁）、慈丽（男，22岁）兄弟二人的阿注关系还没有固定。

【注】洒木的阿注得之乃外乡阿米家的成员，洒木之弟亦名得之，不能相混。这里不仅不同的家名中同名的很多，同一家内同名的也有之。如工充家阿格（女，37岁）的四个女儿中，第三女亦名阿格（4岁）。同名家庭，冠以家名来区分；同家庭内同名，则以性别、年龄来区分，或老阿格、小阿格来区分，后仿此。

（3）衣布母系血统母系家庭巴茨家亲属成员关系表

1956年——13人（7女，6男）

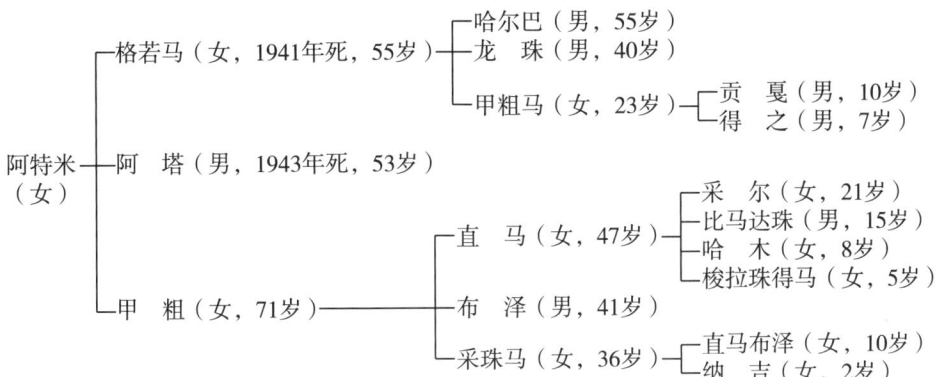

成年人的阿注：

格若马（女）已死二十多年，其子女哈尔巴、龙珠、甲粗马等不愿说他们的生父名为谁，邻居不能记忆格若马这三个子女的生父为谁。她的阿注为谁已无从访知。

阿塔（男）已死二十多年，其阿注只访知一个，即软格母系血统软格阿答家阿马（女，1923年死）。阿马有二子二女（见后表），长子斯格达石（56岁）和次女直马（48岁），即为阿塔与之所生。

甲粗（女）的阿注阿如血统阿如格若家（又称阿如渣罗家）格土莫（女，53岁）的舅舅得之（男，已死十多年），与之生直马、布泽、采珠马等三子女。

哈尔巴（男）无固定阿注。

龙珠（男）的阿注是软格母系血统软格达石家洒木（又名甲阿，女，30岁），和她生子格戎（13岁）。女方从十八岁开始和他建立阿注关系，一直维持到现在。

甲粗马（女）先后有两个固定阿注：①哈巴布母系血统巴莫古马家达石（男，1956年死，27岁），两者关系约有四、五年，与之生长子贡戛（10岁）。②本村（即衣马瓦）茨枯家（非衣布母系血统）贡泽（男，47岁），已有七、八年关系，与之生幼子得之（7岁）。

直马（女）有三女一子，长女采尔和幼女梭拉珠得马为临时阿注所生，生父名为谁已不能辨明。次子比马达珠和次女哈木均系衣布母系血统阿直甲粗家那珠（男，45岁）与之所生，即阿直甲粗家那珠为她的长期阿注，且现尚维持关系。

布泽（男）的阿注是萨达布母系血统阿衣家采尔（女，1958年死，25岁），与之生泽拉木（13岁）、采尔直马（5岁）二女。

采珠马（女）的阿注是阿如血统阿如达石家格若（女，68岁）之幼子那珠

（39岁），与之生幼女纳吉。她的长女直马布泽乃临时阿注所生，生父不明。

采尔（女）的阿注是本乡普米族（西番）聚居村拖奇村瓜慈家甲搓（男，23岁），已有四五年关系。

（4）软格母系血统母系家庭软格阿答家亲属成员关系表

1956年——7人（3女，4男）

```
                  ┌阿 马（女，1923年死）┬斯格达石（男，56岁）
布 甲─────────────┤                    ├直 马（女，48岁）——厄车马（女，9岁）
（女，1944年      │                    ├格 迭（男，46岁）
死，78岁）        │                    └那 珠（女，41岁）——达石达珠（男，13岁）
                  └阿 塔（男，80岁）
```

成年人的阿注：

阿马（女）的固定阿注有二人：①衣布母系血统巴茨米家阿塔（男，1943年死，53岁），与之生长子斯格达石和次女直马。②本乡普米族聚居村比奇村戛尔家（又称戛拉家）格洛（男，已死三十年），与之生次子格迭和幼女那珠。

阿塔（男，80岁）有固定阿注二人：①软格母系血统软格高搓家得之马（女，66岁），有五年关系；②软格母系血统软格达石家高甲（女，63岁），有八年关系。得之马有三子，高甲有四女，均非阿塔与之所生。

斯格达石（男）的阿注有二人：①衣马瓦拉马家珠马（女，48岁），两者关系将及三十年；生有格若（男，25岁）、采尔（男，18岁）、龙吉（女，16岁）、阿巴（男，14岁），采尔马（女，7岁）等五个子女，现尚维持关系。②萨达布母系血统挂渣家甲阿马（女，1948年死，44岁）。甲阿马有格若马（女，28岁）、达巴（男，19岁）、哈搓（女，16岁）三子女；长女和次子分别为另外两个阿注所生，幼女哈搓为斯格达石与之所生。

直马（女）的阿注是阿如血统阿如阿窝家庸珠（男，54岁），与之生女厄车马（9岁）。

格迭（男）的阿注是八瓦村瓦虎血统折戛家厄车马（女，70岁）之幼女阿巴（38岁），与之生幼子采尔（15岁），两者关系已有十六七年。厄车马生有拉差（1960年死，48岁）一子及达石马（1961年死，46岁）、洽尔米（45岁）、得马（41岁）、阿巴（38岁）四个女儿。除长子拉差的生父不明外，四个女儿均系本乡比奇村戛拉家格洛（男，已死三十年）与之所生；即厄车马的长期阿注是戛拉格洛。而戛拉格洛亦为格迭之母阿马的阿注之一，格迭即其母阿马与戛拉格洛为阿注时所生子女之一。显然，格迭和阿巴系同父（生父）异母兄妹为阿注（对偶异居）；这种事象为当地纳西族传统所允许不为乱伦。因其血统乃按母亲计算，不按"父亲"计算，"父亲"不为其家庭亲属成员。

那珠（女）的阿注是哈巴布母系血统工充家达石（男45岁），与之生子达石达珠。

（5）阿如血统母系家庭阿如阿窝家亲属成员关系表

1956——14人（5女，9男）

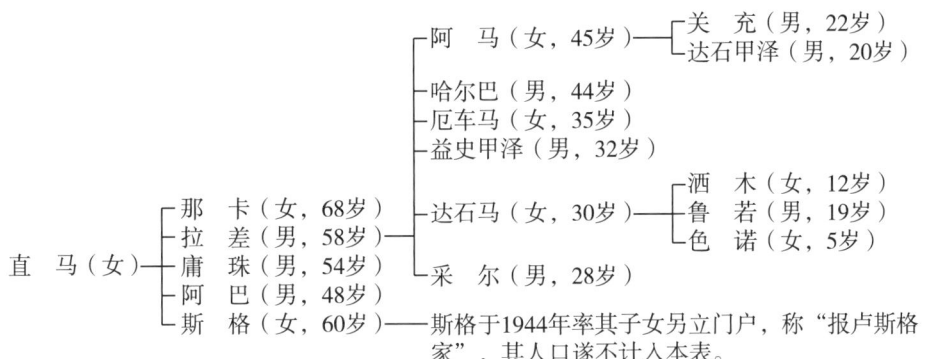

成年人的阿注：

直马（女）的卒年、年龄、阿注，她的子女已不能记忆。他生有二女三子，次女斯格率其子女另立门户。长女那卡率自己的子女、（外）孙子女及拉差、庸珠、阿巴三个弟弟为一家。

那卡（女）先后有三个长期阿注：①永宁土司阿占科，与之生长女阿马；②软格母系血统软格高搓家哈尔巴（喇嘛，1959年死，70岁），与之生次子哈尔巴（44岁）和第三女厄车马（35岁）；③软格母系血统软格那珠家哈尔巴（1935年死），与之生益史甲泽、达石马、采尔三子女。之后，年已老，未有阿注。

庸珠（男）的阿注是软格母系血统软格阿答家直马（女，48岁），与之生女厄车马（9岁）。

阿巴（男）的阿注是软格母系血统软格拉尔家哈搓米（女，49岁），与之生色诺（女，18岁）、阿渣（男，15岁）、达石（男，1960年死，5岁）一女二子。两者已有二十年关系。

斯格（女）另立门户，其阿注关系及所生子女，在此从略。

阿马（女）有若干个短期（一年之内）阿注，一个是开平乡开基桥回族王宏中，和她只有两个月的阿注关系，与之生长子关充（22岁）。一般地说，短期（一年内）阿注和临时（数晚）阿注，因人数较多，除非生有孩子，否则多被遗忘。她的长期阿注是萨达布母系血统免斋家格洛（男，48岁），与之生幼子达石甲泽（20岁），两者有四五年关系。后来，免斋格洛另有阿注，十六七年来，阿马已没有长期阿注。

厄车马（女）还没有长期阿注，她的短期和临时阿注之多，其邻居们说："汉、藏、西番（普米族）、摩梭、彝等各族都有，不固定，数不清，不认主。"所谓"不认主"，意即没有一个阿注跟她相处得长久一些的。由于她的阿注关系太乱，也就不会生育。

益史甲泽（男）的阿注是瓦拉血统波若支戛瓦窝初家沙搓（女，35岁）。他是沙搓的第三次长期阿注，也是现在的阿注，有四五年的关系。前次，沙搓还先后有过两个长期阿注，而临时阿注有八个。

达石马（女）的阿注有二人：①衣布母系血统衣布家丹珠（男，38岁），与之生长女洒木（12岁）；②忠实乡达坡村阿厄家益史，与之生次子鲁若（9岁）和幼女色诺（5岁）。当她生幼女之后，近两三年来，拒绝原阿注阿厄益史及其他男人来访宿，不再结交阿注。她说："娃娃多了，难照管，不愿再要阿注了。"在当地纳西族妇女中，像她这样年龄（30岁）就感受到孩子多，而不愿再结交阿注，是很少有的。

采尔（男）的阿注是萨达布母系血统甲阿家纳吉马（女，28岁），与之生格若（男，8岁）、采尔珠马（女，4岁）一子一女，两者关系已十年。

关充和达石甲泽兄弟二人，还没有固定阿注。

我们按每个家庭成员的辈份，依次叙述其阿注关系。前未说明拉差（男，58岁）、哈尔巴（男，44岁）舅、甥二人是否有阿注。此舅、甥二人，均系喇嘛教徒，按教规不得有阿注，但当地喇嘛教徒不寻访阿注者，极为个别。拉差不向外寻访阿注，却在家里与其甥女厄车马（35岁）为阿注。当他欲与其甥女厄车马共寝的夜晚，他就把大门关闭，拒绝寻访其甥女的阿注入门。哈尔巴只有时向外寻访阿注，而在家里也与其妹厄车马（35岁）为阿注。前面说过，厄车马没有固定的长期阿注，其阿注是各族都有。且多到数不清。她的舅舅拉差和哥哥哈尔巴，就是她的数不清的阿注之一。实际上，她的舅舅和哥哥，才是她的长期阿注，也是固定阿注。这种舅甥、兄妹之间的阿注关系，为当地舆论所非议、鄙弃，认为是畜牲行为；但并未引起严厉地公开谴责，只不过在背地议论罢了。而拉差、哈尔巴、厄车马，此舅甥、兄妹三人，依然昂首过道，并无羞耻之态。

(6) 瓦拉血统波若支母系家庭洒达美家亲属成员关系表

1956年6人（4女，2男）

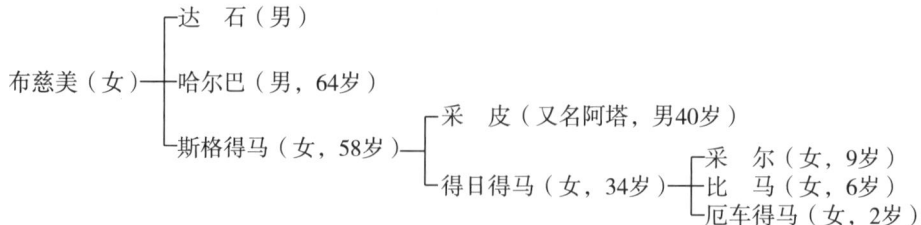

成年人的阿注：

布慈美（女）的阿注是瓦虎血统布甲家衣都，与之生哈尔巴（64岁）。达石、斯格得马是否为衣都生，无从获悉。

哈尔巴（男，64岁）无固定阿注。

斯格得马（女）先后有三个长期阿注：①瓦虎血统折戛家哈尔巴（男，63岁）；②比奇村塔拉家扎石（男，普米族），有十余年关系，与之生子采皮；③萨达布母系血统挂渣家哈尔巴（男，60多岁），与之生女得日得马。

采皮（男）于15岁开始找阿注，为比奇村古马家女丽赫比。先由其父塔拉扎石（即采皮之母斯格得马的第二次长期阿注），为其准备礼品裙子、腰带等物，送给古马丽赫比。两者关系维持了三年，在此期间，两家在生产、生活上彼此互助。采皮与丽赫比为阿注的三年间，他还另有短期阿注二人，丽赫比并不因此而与他吵闹，只提醒他担心传染疾病。不久，丽赫比病死。采皮乃与本村（瓦拉片）格若马、厄猜马及猜塔家得马（28岁）三个妇女同时为阿注，原以格若马为主，后以得马为主。与此同时，得马另有阿注，采皮乃怒打得马一顿，遂决裂，采皮另找比奇村戈披龙吉为阿注，得马与采皮又恢复阿注关系，采皮并与厄猜马为阿注。此多重阿注关系散伙后，采皮乃找邻村米优瓦（四川境）报卢阿巴为阿注，在此期间，报卢阿巴生一女，采皮认为不是他与之所生，打算另再找阿注。近以年龄渐长，走访阿注已不太勤，过去，其所结交的短期女阿注，自称有七十多人。

得日得马（女）有长期阿注二人：①乡八加村（普米族聚居村）阿窝尼卓，关系四年，与之生采尔、比马二女，阿窝尼卓乃死。②瓦拉血统瓜渣家哈尔巴（46岁），与之生女厄车得马（2岁）。

（7）瓦虎血统母系家庭折戛家亲属成员关系表

1956年11人（7女，4男）

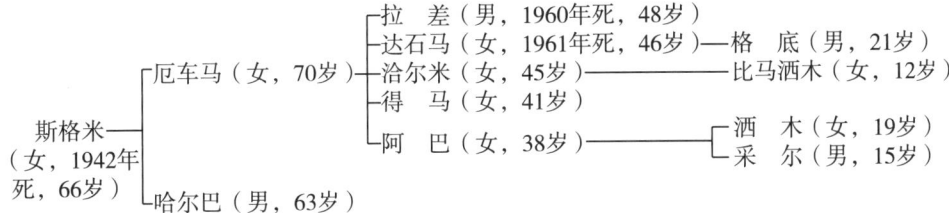

成年人的阿注：

斯格米（女，1942年死，66岁）已死二十一年，其子女及邻居已不能记忆她的阿注为谁。

厄车马（女，70岁）的阿注是本乡普米族聚居村比奇村戛拉家（又称戛尔家）格洛（男，又名益史，已死三十年），她的一子四女，除长子外，四女均为戛拉格洛与之所生，两者关系有二十多年。长子拉差系临时阿注所生，生父不明。

哈尔巴（男）的阿注是瓦拉血统波若支洒达美家斯格得马（女，58岁），其关系已解除二十多年。之后,哈尔巴已无固定阿注;而斯格得马还相继有两个固定阿注。

拉差(男)的阿注是瓦拉血统优都泽马(女,40岁),与之生一女二子。

达石马(女)的阿注是瓦拉血统波若支哥布家哈尔巴(男,60岁),与之生格底一子。

哈尔米(女)的阿注是四川境折普瓦(村)丹都(男,40多岁),与之生女比马洒木(12岁)。

得马(女)有疾,无固定阿注。

阿巴(女)的固定阿注有二人,先是衣布母系血统衣马阿坡家拉差(男,46岁),与之生长女洒木(19岁)。现阿注是软格母系血统软格阿答家格迭(男,46岁),与之生为子采尔(15岁),已有十六七年关系。阿巴和格迭两人的生父同是比奇村戛拉家格洛,前面已经说过,他们是同父兄妹为阿注。

前面从七个村、七个血统中各举一个母系家庭为例,说明其阿注异居情况。但是阿注异居这种婚姻形式,不仅母系家庭是如此,就连母系父系并存家庭也多是这样。在母系父系并存家庭中,有少数是阿注同居或结婚的,在同居或结婚之前,双方也多经过若干年的阿注异居生活。这将在下一章"母系家庭的变化"中叙述。这里先介绍这七个血统(七个村)所包括的各个体家庭的名称及其性质(属母系或父系等)。

(1)萨达布母系血统中,母系家庭有:益秸、甲阿、阿丙、挂渣、阿衣等5家;母系父系并存家庭有:沙尔、沙渣、免斋、阿古阿窝、阿古阿坡等5家;共10家,全世居阿古瓦。

(2)哈巴布母系血统中,母系家庭有:工充、巴基、巴莫采得马等3家;母系父系并存家庭有:巴莫古马、冬珠、阿咪等3家;共6家世居拉梅瓦,后有工充、巴莫采得马两家迁居阿古瓦。

(3)衣布母系血统中,母系家庭有:巴茨米、衣布、衣布高土采尔(又称衣布报卢家)、衣马阿窝、衣马阿坡等5家;母系父系并存家庭有:阿直珠马、阿直甲粗2家;共7家,全世居衣马瓦。后迁茨枯、达巴米、拉马等非衣布母系血统3家,前者是母系家庭,后二者是母系父系并存家庭。

(4)软格母系血统有:软格阿答、软格阿窝、软格达石、软格高搓、软格那珠、软格拉尔等6家,高搓家是母系父系并存家庭,其他五家都是母系家庭,全居软格瓦。

(5)阿如血统中,母系家庭有:阿如阿窝、阿如报卢斯格、阿如阿坡,阿如翁吉夏夏、阿如翁吉斯格、阿如格若、阿如丹珠米等7家;母系父系并存家庭有阿如达石1家;父系家庭有阿如鲁若1家;共9家,全居阿如瓦。

(6)瓦拉血统中,母系家庭有:洒达美、格若、哥遮、阿若、甲球戛报卢、灼布、皮搓得马、戛瓦阿窝、达珠折、由珠美、约莫、戈土胡等12家；母系父系并存家庭有：阿其美、采尔阿衣、猜塔、甲戛美、哥布阿窝、塞特、窝初、猜达、阿毛、帕米阿窝、瓜渣等11家；共23家，全居瓦拉片。

（7）瓦虎血统中，母系家庭有：折戛、沙布、阿笃、阿窝梭拉得马、阿译、阿栽、咪补、灼格斯格、纳卡得马、拉马塔阿窝、衣都、布甲等12家；母系父系并存家庭有：艾甲、阿窝搓乌、阿窝洒比、鲁若等4家；父系家庭有阿尼1家；共17家，世居八瓦。后来有灼格斯格、纳卡得马、拉马塔阿窝、衣都、布甲、鲁若、阿尼等7家，迁居瓦拉片。

七个血统七村的三种类型家庭，母系家庭50家，母系父系并存家庭29家，父系家庭2家，共81家。这些家庭的男女成员的阿注主要是在本村和本乡这七村间寻访，其次是拖奇、比奇、八加（均为本乡普米族村）、格沙瓦（开平乡）、者波（八株乡）、折普瓦、米优瓦我答村、乌求村（均属四川）等邻村寻访；也有少数与泸沽湖边、金沙江边，乃至木里的本族及普米族结交阿注。另外就是过往汉、藏等族行商，寻求当地妇女为其临时阿注。男阿注的族别，绝大多数是本村和邻村的本民族，其次为普米族，再次为藏族和汉族，也有个别回族和彝族。

由上面七个母系家庭亲属成员关系及其成年人婚姻的一一叙述，可以看出，其男女对偶双方的关系是不太固定的，没有共同组成家庭以终生相处，乃是各居母方，互为不定期的阿注（伴侣）；且男女一生所经历的阿注人数，一般不止一人。这就是当地纳西族的母系家庭的婚姻形式——阿注异居。至于母系父系并存家庭中的阿注异居，乃是母系家庭婚姻形式的遗留，其阿注同居则为阿注异居发展变化过程中所产生的新的婚姻形式，从而产生了父系因素。

由于阿注异居不仅是母系家庭的婚姻形式，而且也是母系父系并存家庭的婚姻主要形式。因而下面叙述阿注关系的建立和解除所列举事例就不限于母系家庭了。

2）阿注关系的建立和解除

阿注关系的建立没有固定的方式，其解除也没有固定的条件。在青年时找阿注之初，有人也通过中间人，然后才直接接触。有些则在地里劳动或上山砍柴时，当面商量，经双方同意后，至夜晚，男的就到女的家里或双方商定的秘密处所去（如田棚、草楼之类）。到女方家里，起初多是待入夜后，男方按约定的方式敲门或丢小石子在屋顶上，女方听到就悄悄地来开门，把男方带到自己的住房里。这样的次数多了，女方的母亲们（母亲及母亲的姐妹）知道了，并且对男方没有恶感，就会请男的到正房中去喝茶水，话家常。男的到女阿注家，起初总要携带棉布、头帕或盐、茶之类的礼品，女方则以麻布裤回赠；去得常了，通常一年才送一套衣裙、一双牛皮鞋和一顶斗笠。至于年纪大一些或阿注找得多的人，就不可能个个送礼，次次送礼。阿注关系的解除，就更为容易，毫无拘束，男不访女，女拒男访，都无须任何理由或借口。及至男女双方年岁渐老，男访女的次数渐少，很自然地就停止寻访，这就无所谓解除关系。阿注关系只不过是单纯的性生活关系，无须终生互相关怀照顾，男方也无须教养所生子女的；因此双方年老不需要"阿注"时，关系自然就停止了。

  关于阿注关系的建立和解除过程，在前引七个母系家庭中的瓦拉血统洒达美家庭成员中的猜皮（男，40岁），即是一例，现再以一女的为例。

  瓦拉血统猜达家布特（女，27岁），她于二十岁时开始找阿注。她的第一个阿注是四川盐源县前所乡窝得，先经她的姐姐丹斯得马（30岁）向她说通。窝得初到她家，送给她家以盐、茶等礼品，并送给她一条裙子。后因窝得另有阿注，且染上梅毒，布特就拒绝其来访，关系遂解除。之后，乃有瓦拉血统格若家卓比（男，26岁）找她做阿注，未经旁人转达，系直接与她交谈。卓比送她衣裳一件，腰带一条。她回赠卓比以猪膘肉、马料等物（卓比是赶马人）。后因，卓比另有阿注，不再访她，两人关系遂自然解除。现在，她又与四川木里县屋脚乡屋脚村热孜家（也是纳西族）达石为阿注，她明知热孜达石还另有阿注，但她仍与之为阿注。双方如另有阿注，并不一定是解除阿注关系之由。

  一般地说，年轻时期，阿注关系多不稳定，临时阿注较多。随着年龄增长，阿注关系也就逐渐趋向稳定，临时阿注渐少，逐渐固定在两三个甚至一个阿注上。终生无固定阿注的不多，终生只有一个阿注的就更是极为个别了。

  瓦拉血统格若家卓比（男，26岁），其较为固定的阿注有两三人。在本村中，除与其血统较近的妇女外，凡年龄和他相差不太大的妇女，他都与她们有过临时阿注关系；加上邻村妇女，其临时阿注在二十人以上。

  瓦拉血统猜塔家得马（女，28岁），其较固定的阿注有三四人，临时阿注有二十余人。

  瓦虎血统迁居瓦拉片的衣都家猜马（女，36岁），因她的容貌出众，当她二十六岁左右时，每至日暮，本村邻村的男青年多徘徊于其大门外，伺机而入。其所经历阿注，十余年来，达八十余人。

  瓦拉血统猜塔家甲茨（女，77岁），她自己说，她这一辈子，从没有过固定阿注。

  阿如血统如翁吉夏夏（女，74岁），在她一生中，从未有过半年以上的固定阿注。

  衣布母系血统巴茨米家甲粗（女，71岁），她的阿注是阿如血统阿如格若家得之（已死十一二年），其关系达四十年之久；但其间仍有临时阿注。

  萨达布母系血统益秸家高搓米（女，63岁）她终生的阿注就只衣布母系血统衣马阿窝家斯格达石这一人，这种情况极为个别。

在这里，阿注多至七八十人或终生只一个阿注，无论多或少，一般不会受到赞扬或鄙视。也有人认为只有一个阿注，好象显得没有本领，但也不认为是不好。阿注多的人，在青年人中，特别是男青年们有以此夸耀的。中年以上的人，若还朝三暮四，遍处乱串，也会受到轻微的舆论非议。

瓦拉血统戛瓦家色诺（男，21岁）说，如果一个人一生只有一个阿注，就好比乌鸦守死狗——没出息。这是青年时的一种看法。

为了解过阿注异居婚姻生活者结交阿注的平均约数，我们对他们一年以上较固定的阿注关系进行了普遍调查。七村阿注异居的人数共334人（197女，137男）。其中年龄在51岁上者81人（55女，26男），这些老年男女所经历的阿注人数，当比年轻人的阿注更多。但由于其年龄较大，事隔日久，多所遗忘，且多不愿重提其往事，遂难询其一生所经历阿注的确数，故不作统计。对18岁至50岁者，划为三个年龄组分别统计，见下表：

	18—25岁				26—35岁				36—50岁				51岁以上		
	女	阿注	男	阿注	女	阿注	男	阿注	女	阿注	男	阿注	女	男	共
	45	68	27	34	41	100	37	90	58	192	45	167	55	26	81
每人平均		1.5		1.6		2.6		2.4		3.3		3.7			

据上表，从总的趋向来看，一个人所经历的阿注人数是随年龄而增长的。由于不少人有意无意的有所遗漏，各组统计数字都比实际的数字偏低。

3）阿注异居与子女之生父

男女阿注虽然异居，关系也不太固定；但对于性关系与生育子女之间的关性联是早已明确了，即对"父亲观念"是极为清楚的，只是"父亲"不成其家庭成员、或少数青年妇女由于阿注多又极不稳定以至弄不清楚谁是子女的生父罢了。这里，我们有必要把阿注异居所生子女之生身"父亲"称为生父，使其与阿注同居和结婚所生子女之父亲（或简称父）区别开来。生父及父亲之重要区别在于前者不成其家庭成员，对其所生子女不负担抚育责任；后者乃是家庭成员，对其子女负有抚育之责。父亲不仅对自己所生子女负有抚育之责，并对妻子（或同居阿注）婚前所生子女也同样负有抚育之责，且不加以歧视。

这种婚姻所生的子女，一般不是由母亲告知其生父为谁，而是从村邻言谈中，自然知道谁是自己的生父，只是知道的时间有的早几年，有的晚几年而已。村里的人判别谁是谁的生父，是根据孩子的母亲在那段时期与谁结交阿注，如同一段时间来访者不只一人，就从谁来"认子"或孩子的容貌近似谁来判别。因而大多数人的生父是明确的。只有少数妇女所生诸子女中，有一两人之生父不明。其中多是长子（女）之生父不明，但也有的是幼子（女）之生父不明。

前引七个母子家庭中，有阿如血统阿如阿窝家那卡（女，68岁），共有六个子女，系三个阿注与之所生，但生父均明确。

萨达布母系血统，27个妇女所生64个子女中，仅有一人之生父不明。此系阿古阿坡家甲阿马（40岁），她生一女一子，长女之生父不明。前引七个母系家庭中，益秸家老一辈四姐妹那卡马、高搓米、高甲、布特等，她们所生子女之生父均明。

哈巴布母系血统，14个妇女所生43个子女中，有3个妇女所生4个子女之生父不明。阿咪家达马（1961年死，46岁）生三女，幼二女之生父不明。巴莫古马家直马（30岁）生三子女，幼女之生父不明。前引工充家直马（1953年死，48岁）生三子女，长女之生父不明。

衣布母系血统及其他三家，21个妇女所生50个子女中，生父不明之子女3人。衣布家甲阿（65岁）生三子女，长幼二子为一个阿注所生，次女之生父不明。阿直甲粗家格若（43岁）有一女一子，长女之生父不明。前引巴茨米家直马（47岁）生四子女，长女之生父不明。

软格母系血统，18个妇女所生23个子女中，有4个妇女所生5个子女之生父不明。软格达石家高甲（63岁）生有四子女，幼二女之生父不明。软格那珠家布特（42岁）有一子一女，长子之生父不明。软格高搓家得之马（66岁）有三子，幼子之生父不明。软格拉尔家古马（1960年死，64岁）有四子女，次子之生父不明。

阿如血统17个妇女所生47个子女中，生父不明的子女2人。阿如报庐斯格家斯格（60岁）生三子女，长子之生父不明。斯格之次女龙吉（30岁）生三子女，长女之生父不明。

萨达布、哈巴布、衣布、软格、阿如等五个血统（五个村）97个妇女所生227个子女中，生父不明者仅有15人，占子女总数6.6%。他们系13个妇女所生（她们所生子女共39人），这些妇女占生育妇女总数的13.4%。

由妇女所生子女之生父是否明确，一般可以具体地反映出阿注关系的相对稳定程度。

阿注异居所生子女之生父，虽然绝大多数已经明确。但生父毕竟不是家庭的成员，没有成为家庭经济的缔造者，没有在家庭的共同劳动、共同生活中培养出父子（女）情感；因此，如果母亲的阿注关系断绝，子女和生父之间也就不存在亲缘关系。

瓦拉血统阿其美家皮措（男，25岁）跟我们说，他的生父是本血统瓜渣家益史（46岁）。瓜渣益史也不隐讳阿其美家皮搓乃他所生，但他们分别为阿其美家、瓜渣家的家庭成员。他们两人及其他人跟我们在一起座谈时，皮搓直呼其生父益史之名，在其他场合亦如此。其他子女和生父间的关系也多是这样。

生父既然明确，对阿注关系尚维持时期所生的子女，男方也有向女方送礼"认子"的；但生父（男方）本人多不去，而是由男方的姐妹或母亲携带鸡蛋、米酒等礼品去"认子"。待子女长大，也有去探视其生父，或生父死时去祭吊致哀；但都不是必须如此，且本乡这种事例也很少。

软格母系血统软格那珠家布特（女，42岁），她的生父是哈巴布母系血统巴莫古马家那珠（男，73岁）。即布特之母软格那珠直马（1937年死）是巴莫那珠的女阿注。当布特出生未满月时，巴莫古马（巴莫那珠之妹，1958年死，64岁）曾携带鸡蛋、米酒等礼品，去软格那珠家为自己的哥哥巴莫那珠认其所生之女布特。软格那珠家杀羊款待巴莫古马，并请软格母系血统其他五家每家一人来作陪。及布特年老，逢节日，也携带茶叶去探视其生父巴莫那珠。此系礼尚往来。目前那珠和布特均健在，但十余年来已不往还。1963年四、五两月，那珠年岁已高，常患病，几濒于死，其生女布特并未往探视。在布特眼中，她所亲者乃其舅舅鲁戎（59岁）。当时，有人告诉她，巴莫那珠病重，问她去不去探视一下。她回答说："我的舅舅，我还顾不了，怎么还管得了他（指其生父）呢。"

由于父亲和子女是分属于两个家庭，两者无亲属关系，没有父子（女）情感可言。彼此心里虽知为父子（女）关系，而相见似不相识，视若路人。少数家庭虽有"认子（女）"习俗，乃当两家经济景况较好时，才有年节往来。若家世困窘，则父顾其甥，子（女）顾其舅，父子（女）两家间的往还遂终止。在这阿注异居的情况下及其母系家庭中，子女所亲的长辈就是母亲及母亲的兄弟姐妹，即舅舅和姨母。子女虽知有其父，但是不"亲"，因为父是属于另外一个家庭的成员。

这里，暮合晨离的阿注异居关系，固然没有情感可言；即便生了子女，经过"认子"手续，也并未因之而生情感。乃至阿注关系长达数十年或终身一阿注，因男女双方异居，未缔建家庭，不共同劳动，不共同扶育子女，故无从培养其共同情感。关系虽久，情感淡漠，生前无情，死别不悲。因此，无论男女，在对方死亡时，少有失偶之痛。

哈巴布母系血统巴莫古马家那珠（男，73岁），其阿注为软格母系血统软格那珠家直马（1937年死），关系达二十年。直马死及火葬时，那珠都没有去看视。

衣布母系血统巴茨米家甲粗（女，71岁）之阿注是阿如血统阿如格若家得之（已死十一二年），其关系达四十年之久。当得之死及火葬时，得之家里并没通知她，按习惯也不必通知。得之死时，甲粗固然不知道；但火葬时，她是知道的，也没有去看一眼。非彼无情，按乃传统如此。

萨达布母系血统益秸家高搓米（女，63岁），她的阿注是衣布母系血统衣马阿窝家斯格达石（已死十一二年）其终生只此一阿注，关系有三十年左右。当她四十五六岁时，因所生子已成人，斯格达石已不再来访。她说："我不想念他，他也不会思念我。"不相往来四五年之后，斯格达石遂亡故。斯格达石死，她知道；火葬，她也知道；相距里许，她未去看视，亦未使其所生子哈尔巴（31岁）去哀悼。我们问她："你们到晚年，没有往来，你会想起他来吗?"她就回答了上引那句话，并说："我们摩梭人（纳西族），不像你们汉人那样需要一个老伴。"她对此终生一阿注，生前不思，死时不悲，无罣无碍。

如上引事例，长达四十年的阿注关系，终生只一阿注的阿注关系，尚少失侣之痛，其他就更可想见了。但在青年的阿注之间，倒有对方死亡去哀吊的。如瓦拉片洒达美阿塔就吊过他拖七的女阿注古马丽。阿注异居关系主要是建立在需要和方便上，而不一定是建立在感情的基础上。且延续到了阶级社会中的此种婚姻形式，难免遭到金钱的腐蚀，而导致有些妇女的唯"礼品"是图。

在这种阿注异居占优势的婚姻生活环境中，男女各有阿注七八人、十数人，乃至数十人，所生子女只认母而不认父。在这样的情况下，很自然就会产生异母同父间的兄妹为阿注的事象。大家都说，这种事象是难免的，而且是为传统所允许的，是合道理的。但在这七村的现实生活里，为前引七个母系家庭中，只有软格母系血统软格阿答家格迭（男，46岁）和瓦虎血统折戛家阿巴（女，28岁），这两个同父兄妹为阿注一例。虽只一例，但它是阿注异居环境下必然产生的事象。或由于父系因素产生得很早（这在后面将详述），故晚近此种事例逐渐绝。

同生父兄妹（或姊弟）为阿注，这是为传统所允许的事象。另外一个男子与两姐妹或一女先后与两兄弟结交阿注的情况也是存在的。

瓦拉血统格若家卓比（男，26岁），曾先后与本血统猜达家丹斯得马（30岁）、布特（27岁）姐妹两人为阿注，系与布特为阿注一年多的期间内，同时与丹斯得马为临时阿注。后来布特与四川木里翁孜家达石为阿注，达石也偶与丹斯得马为阿注。而丹斯得马除与卓比、达石在同一时期为阿注外，还另有其他阿注。

必须指明，一个男人与一个女人建立了阿注关系，此女之姐妹并不成为他的当然的阿注，这里不存在传统的"当然阿注"，须视其姐妹是否愿意。男女双方，其所建立阿注的范围都相当广阔，并不限于某一固定范围。

同样，这里也不是一人有了一个长期阿注，就必随之有一个短期阿注；

也不全是在两个固定阿注中，必有一个为主，另一个为辅。在青壮年时期，阿注关系变动较大；有分主次的，也有主次难分的。及至年长，阿注关系较为固定下来，就少找乃至不再找为辅的阿注。至于终身无固定阿注的人，就更无所谓以谁为主、以谁为辅了。

阿注关系中还有一种特例是：一个男人与母女二人同时或先后为阿注，即母女共一阿注；这被认为是不太恰当的，可是也有这种事象。

瓦拉血统瓜渣家益史（男，46岁）与本血统阿其美家猜得马（女，54岁）为阿注，与之生次子皮措（25岁）。猜得马之原阿注为瓦虎血统折戛家拉差（63岁），有二十年的关系，与之生长女得马（33岁）。瓜渣益史乃在折戛拉差与猜得马为阿注期间插入而与猜得马为阿注。之后，瓜渣益史遂与猜得马之长女得马为阿注，即与猜得马、得马母女二人，先后为阿注。

瓦虎血统阿泽家格若得马（女，59岁）所生三女，长女采得马（38岁）之生父不明，次女得马洒木（18岁）和幼女鲁若（8岁）为本血统阿窝梭拉得马家采皮措（男，57岁）与之为阿注时所生。后来，采皮措乃与其阿注格若得马之长女采得马为阿注。格若得马因年渐老，不再过阿注生活，乃由其女采得马与采皮措共宿。此系一男与母女二人，先后为阿注，直至1962年尚维持关系。

萨达布母系血统挂渣家甲阿马（女，1948年死，44岁）生格若马（女，28岁）、达巴（男十九岁）、哈搓（女十六岁）三子女。长女之生父是四川前所乡瓦马家皮措，次子之生父是四川左所乡赫波家格科（六十岁），幼女之生父是软格母系血统软格阿答家斯格达石（五十六岁）。后赫波格科乃与甲阿马为同居阿注，并与甲阿马之长女格若马为阿注与之生达珠（五岁）、丹珠（二岁）二子。

至于舅舅与甥女为阿注，同母兄妹为阿注，这种更为原始的婚姻关系，虽被认为可耻，但在实际生活现实中，如前引阿如血统阿如阿窝家的成员拉差与其甥女厄车马为阿注，厄车马复与其兄哈尔巴为阿注。这种行为只被人在背后地议论为畜牲，并未受到公开的严厉谴责。

第三编 社会及其他遗俗

第十一章 独龙族①

上层建筑部分

（一）氏族、家族及家庭

1. 氏族。到解放前夕，独龙族社会中的氏族组织也处于分裂。同一氏族内的各家之间，没有共同的地域，也没有政治与经济上的联系，没有氏族长及氏族成员大会之情；仅只由于他们出于一个祖先之后，互相见面感到特别亲热，并给以招待，冬闲之际，尚有长途拜访，形成了一种原始的交换关系。

氏族这一组织，虽说已不起什么作用，但它的痕迹，仍十分明显。氏族、独龙语称"尼柔"据不完全的调查（马库材料缺）整个独龙河大约有15个。即①戛木来，②江勒，③木江，④凯而却，⑤陇吴，⑥郭劳龙，⑦马必力，⑧木仁，⑨狄巴，⑩嗳沙，⑪哇策，⑫滴朗当，⑬戛木力，⑭及木当，⑮丙当。分布在独龙河两岸的台地上，最大的包括15个家族，最少仅有一个家族。氏族的痕迹具体表现在：

（1）同一氏族内新分裂出的家族之间禁止通婚，一般在三、五代之后即可通婚。

（2）在同一个氏族内，有其共同的猎场。只限本氏族成员进行狩猎。别的氏族成员如不经本氏族人员同意，则不得进入猎场打猎。猎场多以山峰河谷为界，如因追赶野兽进入别人的猎场时，则将获物的一半分给主人。

（3）同一祖先之后的各个家称其属于一个"尼柔"，即氏族。

2. 家族。家族独龙语称为"日歪"，它是一个父系家族。一个家族多聚集在一个村寨中，大的有十几户，小的仅一户（龙元15户，迪乔一户），一般在七八户不等，均属同一祖先之后裔。个别的有女儿婚后带丈夫来到本家族居住，但并不改其原来家族名称。家族名称都是因地或自然景物而起，如石头多的地方则

---

① 编注：本章系陈序经摘录自中国科学院民族研究所云南民族调查组、云南省民族历史研究院编《云南省怒江独龙族社会调查》"第一章 贡山县第四区独龙族社会经济调查总报告"。

为"龙拉"，山腰为"肯顶"等等，只有学哇当是马鹿坪之意。据不完全的统计（马库材料缺）整个独龙河有52个家族。

家族这一组织随着社会生产力的发展，到解放前夕，正处于瓦解，它已不再是一个完整的经济单位，代之而起的是一夫一妻的个体小家庭。但是，它比之于氏族组织有更为明显的残余存在，一个家族在经济政治生活等方面仍有相当的联系，具体表现在：

（1）同一家族的成员称自己是一个"日歪"，即一个祖先之后。

（2）每一个家族都占有一定地盘（山地河段及猎场）且居住在一个村寨，别的家族成员不得本家族许可不得自由迁入，或在本家族占有山地上开垦。只限本家族成员自由使用。在经济生活上有互相帮助的义务。

（3）同一家族男女的名字前有冠以家族名，如同汉人的姓，其后排行数字，如同汉人的老大、老二……男女有别。

（4）家庭内部严禁通婚。

（5）每一个家族内都有一个家族长，即我们所称的"头人"，独龙语称"戛桑"，（即"能说会道的人"。戛是说话，桑是善于）家族长系自然形成，从无选举和罢免之情。家族长多是能说会道办事公道的老人，他对外代表本家族交纳贡税，联系公事和调解纠纷，对内主要是调解纠纷和领导家族共耕地的生产（部分家族已无此种土地）。家族长死掉或因故而失去威信时，则另找新人代之。家族内民主制度已不明显。从无召开成员大会之情，只有在家族内发生了不正当的男女关系，家族长则召集家族男女成员当众教育。家族长都参加劳动，但一般的家族长比其他成员聚有较多的财富，并利用其财富和职权开始具有少量的剥削。也有个别的收养孤儿，出现了初期家庭奴隶的萌芽。调查中也发现家族长有向家庭世袭的演变的趋势，如三村孔当·瑾死后，其弟孔当·此形成头人。一村的龙棍·雄罗死后，其子龙棍·雄罗勃又成为头人。

3. 个体的家庭。生产力的发展，促使上层建筑也随之改变，到解放前止，独龙族的社会基本组织形式既不是家族，更不是氏族，这两者均已处瓦解，所能看到的仅是其残余。而代之的是一夫一妻的个体小家庭，它已成为一个独立的经济生活单位。

独龙族的小家庭包括夫妇及其子女，三代同住是少数的。因此一个家庭的人口多者达十个人，少者五六人不等，若一家有几个儿子，多数在儿子婚后则另立新居，从大家庭中分出来多在婚后已生育子女时。而多子的幼子则不分居，他是财产的继承者。

独龙人家中的火塘，是一对夫妇的象征。少者一个，多者达三个。有三个火塘之家多数是一对老夫妇居中，两个已婚儿子分居两边。若系三代则祖父居门对角，父亲居左，孙子居正门之近门一角。

在自家儿子婚后，则在屋内新立火塘，同时要在屋子附近加修一个库房，一家的收入则按火塘平均分配，各入其仓。仓房由妻子管理，若系多妻者则由长妻管仓。一家没有公仓。

一家有几个火塘者，实行婆媳妯娌轮流煮饭制，粮食由各自仓房取出，饭熟后，按人平均分给各个火塘，各对夫妇与子女则围火塘而食。若是吃饼（粑粑）则无大小，每人一个。若系稀饭，则平均盛于竹筒碗中。独龙人家中仍实行主妇分食制。如果一个仓房先吃完了，则停止轮流，而由其它仓房主妇来做。从无虚报或因多劳动而发怨言者。

实行火塘分居，每一个火塘则成为一个小的经济单位，随时都有分裂出去的可能。多火塘之家，每一对夫妇都可以自由地和其它家庭成员组成共耕关系，所得归己（有的也分给家内各火塘一份），家内共耕地，收入平均分配，但在食用时，则不计较各仓拿的多寡。

在家庭生活中，仍具有原始的民主和睦之习，原始的平均主义思想还相当浓厚。大小事务家长都要同全家商量取得一致，若 人不同意之事则不办理，即使是买一只小猪也是这样。一家之内争吵、斗口角之情是少见的。凡是外人送食或自家新吃一点东西，都是绝对的平均分配。

社会上，男女地位是平等的。（多妻人家——富裕户则有轻女之情）在一个家庭之内也是一样，父母对处理劳动生产、家务及儿女的婚事都有同等的权利。

解放前，独龙人家的住地尚不甚固定，往往是随着生产季节而有流动性的迁居。生产季节则随居山腰火山地边，每到秋冬又返回河边过冬。因此一家大多有两处或三处居住之地。北部由于台地较大，固定居住渐多，有的已形成三五户以至十多户的小村落，而南部则不及北部。多数尚未定居，仅有茂顶初具村落。

附 注：

独龙河现有氏族及其所属家族名称与分布：

戛木来氏族——东根家族，迪政当家族（一村），陇总家族，迪朗家族，白利家族（二村）。

江勒氏族——熊当家族、陇棍家族、数可家族、芒瓦家族、木赖家族、迪修当家族（一村）、双拉家族（贡山怒族）。

木江氏族——布朗家族、果佬罗家族、底确家族、木赖家族（一村）。

凯而却氏族——冷木当家族（一村）、迪朗罗勃家族、阿都罗家族（未定界）。

陇吴氏族——雄罗家族、木当家族（一村）。

嗳沙氏族——丁梗家族、先久当家族、迪朗梅家族、学切家族、克尔总家族（二村）。

郭劳龙氏族——孔当家族（三村）。

马必力氏族——学哇当家族、丙当家族（三村）、马必力家族（一村）。

木仁氏族——木切五家族、木切图家族、孔门家族、龙拉家族、力担家族（三村）、莫利蛮家族、莫戛保家族、麻帕恰家族、杨米家族、巴坡家族（四村）、龙当家族、昌男家族、莫直朗家族、布王扛家族、力不穷家族（现居未定界）。

狄巴氏族——拉配家族、肯顶家族、孔扛家族、布卡王家族（三村）、拉哇夺家族、茂顶家族、斯拉王家族（四村）、孔现家族、迪能那姆家族、苛驼家族、没朵特家族（未定界）。

哇策氏族——哇策家族、木刻戛家族（四村）、迪马家族（未定界）。

滴朗当氏族——滴朗当家族（四村）、迪乔家族、求底家族（二村）、杂工家族（未定界）。

戛木力氏族——戛木力家族（分居四村，三个自然村）。

及木当氏族——布里亚家族、及木当家族（四村）、哇且当家族、苦新家族（未定界）。

丙当氏族——丙当家族（四村与未定界）、张教家族、木拉王家族（未定界）。

除马库外，总计有15个氏族，包括71个家族，其中有17个家族迁居未定界（现属缅甸），1个家族在贡山一区（现为怒族，独龙河有53个家族）。

（二）婚、丧、节日、禁忌、结绳、木刻、纹面及宗教

1. 婚：在独龙族的社会中，盛行家族外婚制，且有固定的婚姻集团。家族内部严禁通婚，独龙人有句俗语，"尔哇尔莫甲尔莫久"，即自家的姑娘不能讨之意。

对于子女的亲事，由父母来决定，子女无权过问，更无恋爱的自由。只有顺从父母之意；但我们在调查中，也发现有逃婚之情（绝对少数）。如二村的"孟当·念矫"被其父母许配给"白利甫·给松"，而她坚决不愿嫁给松，在父母强使她出嫁时，她便投河自杀。又如"迪乔·增"与"学切·念"一对青年男女在劳动中发生了爱情，并私订终身原想结为百年夫妻，就因双方父母的反对，强迫他们分开，而依顺父母之命另外娶嫁，这一对青年为抗拒那种包办婚姻，一齐投河自尽。父母对于子女的婚事的议订多在子女年幼时，甚至有指腹为婚。父母对子女的婚事具有同等的权利。

婚事的议订，多是男方主动向女方提出，求婚时，一般都带去少量的礼物，若女方父母答应，则将礼收下，否则原物带走。女方父母答应之后，男方便正式送礼。一般是一口猪（富者有一条牛）几口铁锅、铁三脚架一个、刀一把、耳环一个及麻布、珠子水酒之类。这就算正式订婚，独龙语称"濮玛旺"，即买姑娘之意。

订婚之后，男方便可以接姑娘来家居住。礼尚往来就更为密切。子女成年后，双方父母则劝告其子女同居，有的则自行同居，这样父母便认为其夫妇和睦，感到心情快活，此后便算结婚。也有的在子女成年后，男方父母提出将姑娘正式接回同居，即结婚。独龙人没有什么结婚仪式，男方要接姑娘之日，女方家族成员则要送一点礼物给姑娘（男方求婚时的送礼，家族成员均分到一份）以示祝贺。大家齐集一起喝酒、跳舞，然后由姑娘的父母或兄妹陪同姑娘随男方来迎亲的人（男方父母或兄妹）一块到男家。有的住几日，有的当日返。男方一般都要做酒、杀猪请大家来吃。若家中没有，则与平常一样。

新婚数日（5～10 天），新妇则同丈夫到娘家一次，独龙语称"阿败卖来阿当首"即回到父母的身边之意。这次返娘家，由双方兄妹迎送，在娘家居时不定。婚后，夫妇则常到女方家参加劳动。但在他们生育子女之后，因忙于家务，便不再多来帮忙。

子女的婚事因系父母从小议订，故在其成年之后有提出退婚之情（多因一方有残疾等情）。若女方提出，则将原物退回，若男方提出，原礼退一半即可。如订婚后，女方死去，则可由其姐妹代替。

离婚是罕见的事，若系女方提出，则原礼退回。若男方提出，则可退一半。在我们调查中仅访问到一起，即"克尔总朋登"曾先后离过四次婚，这为社会舆论所反对，都认为他是一个不正经之人。

由于婚姻集团的固定，往往形成了同一个家族的几个兄弟娶了另一个家族的几个姐妹为妻。个别的也有叔叔娶对方姐妹为妻之情，但以等辈婚为多，不等辈婚是少数。在调查中没有发现兄弟共妻以及妯娌共夫之情。

在独龙族社会中尚有转房制存在。一个女子的丈夫死去后，即可改嫁给前夫的兄弟（亲兄弟或堂兄弟）甚至于父叔（绝少）为妻，若寡妇坚决不从或本家族内兄弟等人（有权利、也有义务娶她）无适合者，则许可嫁出，但新夫必须偿还前夫所出彩礼的一半给死者的父母，另一半由女方得。这种兄终弟继的婚姻形式，又称为夫兄弟婚。

一夫一妻是独龙族社会中基本婚姻形式，多妻所占的比重很少。有的一个男子先后娶姐妹二人（或三人）为妻（即为妻姐妹婚），有的男子虽有妻，但因其兄（或弟）故，又把其嫂（或弟媳）娶过来为妻（即转房），这就形成了多妻，然而诸妻之间在家中享有平等的权利，相处也很和睦。因此我们绝对不能把独龙族社会中的多妻现象与近代的妻妾婚姻来相提并论。当然，我们也并不否认在独龙族社会中有少数人（头人或富有者）娶多妻是为购买其劳动力（但表现尚不甚明显），继而使妇女失去了她应有的社会地位，但这毕竟是个别的，而且表现又极不明显。

从独龙族的婚姻制度（如固定婚姻集团、妻姊妹婚、夫兄弟婚、转房制及多妻）看来，可能都是早其群婚的残余。

在独龙族社会中，有一定的贞操观念。婚前婚后与人乱搞男女关系为舆论所不允。但私生子并不受社会歧视。婚前女子若有私生子，如果父母同意则可结婚，彩礼照常。若不同意，则男外娶嫁，私生子随母。此时情夫多半还送她一点礼品作留念。女子婚后另有情夫，为丈夫所不允，一经发现，情夫需赔一口锅、一个三角架，以及酒、肉等，妻子要向丈夫认错，头人要召集家族成员当众教育情夫。

（附婚姻集团表，例举如下：

丁梗家族 妻 白利家族、迪朗家族、迪朗梅家族、学切家族。

白利家族 妻 迪朗家族、拉配家族。

迪朗家族 妻 迪朗梅家族、学切家族、求底家族。

迪朗梅家族 妻 白利家族、学切家族、克尔总家族。

学切家族 妻 先久当家族、布来家族、木切图家族。

求底家族 妻 白利家族、陇总家族、丁梗家族。

陇总家族 妻 迪朗家族、先久当家族、东根家族、麻不利家族。

迪乔家族 妻 迪朗家族、丁梗家族、白利家族、学切家族。

孔当家族 妻 学切家族、肯顶家族。）

2. 丧：丧葬仪式在独龙族中可分为三种葬式，即水葬、火葬和土葬。而以土葬为主。火葬、水葬是在患有传染病的人死后，则将死者与屋点火烧掉或将尸体抛在独龙河里，其情较少。一般土葬的经过是：人死之后即停在他日常睡处，一昼夜内出殡。其时家族成员及远方亲友都要来送礼，如粮食、酒、肉之类，放在尸体头前的小筐子里等候随葬。家族成员及亲友均来帮忙协助处理丧事。人死的当晚屋内生火通夜不灭，以防"鬼"来吃尸体，且有一人在屋外大喊，大意是："人骨鬼吃不下，鬼会全死的。"

人死的第二日清晨（太阳快出）要由一个有经验的人到屋外去看坟地（以最先能看到太阳为好）一般距屋5公尺左右。然后动手挖，坟坑是长方形，深约一公尺多。

尸体不得由正门抬出（迷信这样会继续死人），要打开地板从下而抬出。死者双手抱一只鸡或一个鸡蛋（与家人分食），用麻布包着。棺材是由四块木板围成，殉葬品有衣服、小刀及死者生前的用具，如弓、箭之类。葬式是曲肢侧身，头北、足南、面向东、背西，以示后人兴旺之意。尸体下葬要由亲人动手填土。没有坟堆。自这日起，连续在坟前点火十天，并砍一根竹子折为两折，一半插入坟上、一半插入屋丙，以防"鬼"来。参加埋葬者，事后都要到河边洗脚以防"鬼"跟身。

独龙人尚无固定的坟地，也无夫妇共葬之习。今年的坟墓，次年则又和平地一样开种。无祖先崇拜。故人死后不久便遗忘。无带孝之习。

死者埋葬之日全家族人员停止劳动。否则山上会滚石或死人，第二日即照常生产。第三日便由死者的家属领村人到自家仓房中取粮食做酒（若自家不够亲人帮出）约需七、八天即可做成。酒做成后，便请家族成员及亲友巫师来吃。如有条件，也有杀猪请众人吃。家族成员及亲友也都送一点礼物来，大家共吃。酒是从下午开始吃，直到吃完为止，有粮之家做酒多，可吃两三天。吃酒时，要分一份给死者，同时村中老人也另外做点食物送来，在巫师念经后，一起埋在坟里，此后家人永不再祭。

3. 节日：年节是独龙人民唯一的节日，时间大约在每年的冬十一月或十二月。独龙语称"农瓦德路"。过节没有统一的时间，而以各村寨自己来定。是为庆祝今年的丰收预祝来年更大丰收而举行的。为期一至三天。其间各家都要请亲友来共同庆贺。节日里人人都穿上自己最好的服装，大家在一起吃酒、肉，还要剽牛（一般每寨在过节日要杀一条牛，牛是村中较富之家献出，由众人持刀宰杀），跳牛锅桩舞，歌唱。并用荞面数斤，做成各种动物之形，在竹杆上挂起麻布条，以表示大家一年的辛勤劳动获得丰收，今日欢聚一堂来庆祝，并预祝来年庄稼长的好，人畜兴旺。

4. 禁忌：独龙人的禁忌较少，仅只：①人死后的第二日（即埋葬之日）全村不得参加劳动，否则会死人。②生小孩要在房外，小孩生在室内不洁净，加之室内有弩弓，冲着之后，便打不到野兽。所以小孩生下，洗后才抱回来。姑娘出嫁后不得在娘家生小孩，否则子女便不兴旺。如有此事发生，女方需送酒、猪半条给男方，以补所失。③巫师说有鬼的地方，众人不得开垦耕种。④家人外出打猎或下种之日，外人不得来家拜访，否则便猎不到野兽，或种子生不出来。⑤留于下年的种子，不得背入住房内，否则种子长不出。⑥砍大块的火山地，事前必须祭鬼，否则庄稼不长。⑦劳动中见蛇杀死后，立即休息，否则更多。

5. 结绳、木刻：独龙族没有自己的文字，且识字者极少（解放前仅孔志清、黎明义读过中学）为记事或传达统治者的命令，则采用结绳或木刻，且以木刻为多。

察瓦龙土司和国民党给独龙人传达命令用木刻，即在一块削平的木板上（△）右上边刻几个大凹，以示来几个大官，右下边刻小凹，以示手下人数。左边刻所要的背夫数，由头人逐村传送告知。木刻上常附有鸡毛或箭，以示来如箭速。如附辣子，说明来人手段之毒辣。叫大家迅速准备食宿。

用在亲属朋友之间的，多是一些比较重大事务怕遗忘，以木刻记下。如借东西一时还不起等情。也有用做二人相约外出规定具体日期会面而刻木记之。这是一种极为落后的记事方法。但是刻木记事一直还延续到解放后，在互助组评工记分中仍有采用，只在近几年随着文化教育事业的发展，已培养出一代具有小学文化程度的会计返回家乡担任了会计才代替了刻木记事。

6. 纹面：独龙语称"巴克图"，即纹面。独龙人（女的）从什么时候开始纹面，确切的时间已难说出。在传说中，很早以前是没有纹面之习的。大约在300多年以前才从怒族那里学来。为什么要纹面也难说清，只知道那时怒江地区的女人都纹面也就跟着纹起来。后来察瓦龙土司统治了这个地区，也就以纹面作为他统治区与外地的分别点。

清末夏瑚进俅江，曾下令禁止再纹面。纹面者剥其皮，与人纹面者砍其手。国民党统治时期，也曾下令禁止纹面，声言若再纹面，则罚款。其时有人也就不再纹了。但察瓦龙土司告诉人们说，若不纹面，汉人进来要抢你们，并强使独龙人继续纹面，有的人也轻信了土司的欺骗，于是纹面之习一直到解放初才终止。

纹面只限于女人，男人没有纹面的，也无纹身。纹面的花纹古今无所改变，都是一式一样。但在近代有的人只纹下唇，不整脸纹，这取决于个人的喜爱。纹面不是每个女人都会的事，有的几个寨子才有一人，附近的女孩（十多岁即开始纹）都去找她来纹。会纹者并不以此为职业。但去纹面的人都送以少量的报酬作谢。纹面时，用锅底黑加水抹在脸上然后用树枝创尖刺成传统花纹，刺后，人面要睡三五日即好。血皮脱掉，花纹才出现。

纹面在本氏族中没有什么单独的传统。

7. 宗教：独龙族人民信奉自然神，即万物有灵。由于人们的科学知识极端贫乏，对于天灾人祸无法解释，则信为人们一生中的祸福是由神鬼所定，认为人之所以死去是鬼吃了他的灵魂。人之所以生病是鬼跟身。因此神鬼也就遍于人们生活的周围，神鬼多达十几种。其主要的有：①山鬼（独语称"齐不朗"）——它使人们能得全身酸疼之病。②树鬼（独龙语"升大"）——树鬼跟身全身疼。③水鬼（独龙语"瓦松不朗"）——水鬼上身人则吐血、发冷热之病。④地鬼（独龙语"经日不朗"）——保丰收之神。⑤羊神（独龙语"苍麻不朗"）——他使人们得手疼之病。⑥河边鬼（独龙语"勃母朗"）——使人们肚子疼。⑦野鬼（"塞朗"）——使人们头痛、眼痛。⑧虹神（"莫信"）——使人们腰疼。⑨山神（"拉"）——能使人畜兴旺，五谷丰收多为村寨人集体祭之。⑩天神（"格谋不朗"）——保丰收多在收割后来祭。

祭鬼都有一定的形式，有的自己可以单独来祭，而多数则由巫师（纳木沙）代祭。祭鬼时，要杀牲畜、做酒作祭品，这样往往是为给病人祭鬼看病，要杀几条猪，酒做又花费了许多粮食，加之给巫师的送礼等耗费极大，结果落得人财两空。如东根·媥病后请巫师来祭鬼，先后则杀了三条猪、10只鸡、酒10瓶、衣服三件，用了包谷荞子共计九背，做了粑粑一箩，其中除部分大家共食之外，大部分则送给巫师。虽说在独龙族中还没有专业的巫师出现，一般巫师都仍然参加劳动，但是巫师在社会中要算剥削量最大而实际劳动时数最少的人。巫师的家庭生活都超过了一般独龙人家的生活水平。巫师一般又兼做铁匠，干点小手工业劳动。因此巫师在社会上享有很高的威信。

下边列举几种祭鬼的方法：

（1）祭山鬼（齐不朗），在人病后要去请巫师来看。巫师进屋后坐在火塘边，手中拿着一枝点燃的松枝，首先在自己的身边转上几下，然后再询问病情，如果病者觉得是全身酸疼，巫师则认定病者准是山鬼跟身，于是便要去祭山鬼。第一次祭，只用两瓶酒、两只鸡拿到屋外，挂在树上即可，之后拿回食之。若第一次祭后无效，第二次便要一口猪或一条牛以及更多的酒来祭。将猪（牛）四脚捆住，挂在屋外的树上并把病人抬于室外，之后由巫师念祭词（大意：鬼神不要来追我们，你保佑病人早日恢复健康，我们用好酒祭你，鬼神你快回到自己的地方去吃酒，快……）祭词毕，便开始杀猪（牛）吃酒，祭鬼结束。至于病人的死活，则听从天命。

（2）祭山神（拉），祭山神是在每到年节时，由全寨人来集体祭。其时，每家都要做粑粑（面人）（可得子）牲畜（为求得来年猎取更多野兽），祭地在村寨外的山坡上。把所有的祭品放在前面，男子靠近祭品而立，女子在最后边（拉神最卫生故女子不得在前）之后，大家一起围火堆而跳舞歌唱。

（3）祭天神（格谋不朗）几家伙种的火山地，在收割完毕时要举行祭典。祭品是一只鸡和粑粑。在收割前，每家自己做好粑粑带到地里，收割后，把几背庄稼放在一起，将粑粑、鸡祭上，然后一个人大声叫喊祭词（大意：伙种地搞生产，愿天神永远保佑……）喊毕，将东西吃掉，庄稼背回。

原始的宗教活动一直延续到解放以后，近几年来，由于医疗事业的迅速发展，信奉鬼神的人日来减少，就连巫师本人也有求医吃药的，但是千百年来人们信奉鬼神的思想意识并不是一朝一夕即可消失的，直到现在（60年）尚有人在生病之后不惜跑几天路去求巫师祭鬼，因此进一步在人民群众中加强无神论教育是十分必要的。

20多年前，美帝国主义的传教士——木尔斯曾不只一次派他的信徒深入独龙族人民中进行传教活动，要人民改信耶稣教；并威胁说：凡不信教者死，信教者则免，且以后可以归天。教规中不许信徒吃酒、烟，但是广大的独龙族人民不相信他们的鬼话，憎恨他们并拒绝信教。所以他们在20多年的传教活动中，仅仅吸收了今四村少数群众信教。

"波罗麻帕"为独龙河第一任传教士，在1947年死后，由"意利亚""恩德格"和"约翰"三人继任。他们在4村设有拉哇夺、马库、孟顶、迪梅打姆、莫波朗、都打等六个礼拜堂，平日教士则流动各点传教诵经。解放后又于未定界的"纳莫朗"设立"日王文"学校，动员青年教徒去学习，然目前会此种文字的人很少。

帝国主义的传教士借传教的名义，在独龙族人民中想尽一切手段来榨取人民的血汗，进一步侵略我边疆各地，教规上规定每年分别在八月（青包谷熟时）和冬月过节，节期2—3日，教徒则停止劳动，集中教堂诵经。平日教士对信徒们说：我们的一切都是上帝赐给的，所以教徒能把自己收入的部分贡献给上帝去积阴德，那他死后即可升天。因此教徒们为积功德，每年献给上帝的财富达20～30元。

耶稣教的传入，改变了独龙族人民的生活习俗，它严禁教徒喝酒、吸烟。禁止教徒们信奉自己的原始宗教。严禁教徒与非教徒之间通婚，打破了独龙族原有的婚姻集团，提倡"自由恋爱"，实则由教士来主持教徒的婚事。如哨朗·婻嫁给克总坚（教徒），但教士认为舅家姑娘不能娶，即强迫他们离婚。

8. 历算

独龙族人民在长期的生产斗争中，依据生产的进程及自然的变化，把一年划作12个时间多少不同的节令，用以支配生产活动。以龙（即个）为单位。近来受汉人的影响，有用"斯拉"来代替月（斯拉，即独语月亮）但一般老人不习惯，仍采用龙。12个季节即：

①得则卡龙——山上有雪，男子打猎女织布（意为人无活可做）。

②阿蒙龙——山上有雪，开始栽小麦、小米、青稞（意为草开始生芽）。

③阿暴龙——砍火山地，种洋芋（意为地上有草）。

④奢久龙——砍火山地，种南瓜等（意为有些鸟开始叫）。

⑤昌木蒋龙——栽秧、种包谷、鸡脚稗等（意为什么鸟都叫）。

⑥阿累龙——栽秧、薅草、挖贝母、捕鱼等（意为出竹笋）。

⑦布安龙——挖贝母结束，薅草，捕鱼结束（意为麦子可吃，竹笋光了）。

⑧阿送龙——种荞子，吃青包谷、瓜类，收小米（意为山上松叶开始黄了）。

⑨阿长母龙——包谷收，砍草（意为山上下霜树叶黄了）。

⑩曹罗龙——山上有雪，收包谷搭包谷架（意为稗子、包谷收了）。

⑪总木加龙——山上有雪，收鸡脚稗等（意为各种粮食收完）。

⑫力哥龙——江边有雪，找柴打、狩猎（意为江水清且小）。

12个节令轮转，不与12个月一样规定那是第一、第二。

第十二章 怒族①

一、氏族、胞族、家族及村社组织

怒族在很久以前即已形成以父家长为主的一夫一妻制个体家庭，个体家庭是构成怒族社会的细胞。但同时，原始的氏族、家族以及村落公社仍然不同程度地保存着。有些地区如碧江县第九行政村，普乐乡，老母登乡则还比较显著地保存着氏族组织和图腾崇拜，氏族血缘纽带在人们的生产生活中还起着维系整个氏族共同利益的一定作用；福贡木古甲、固泉等村的怒族则还明显地保存着父系大家族组织，一个村落基本上是由一个父系家族所组成的；有些村落如知子罗、老母登、普乐、果课等则是由几个不同的氏族及家族组成的，这样便形成了许多村落公社。

（1）氏族、胞族组织及图腾崇拜：碧江怒语称氏族为"起"，福贡怒语称氏族为"体戚"，贡山怒语称氏族为"勒"，即同一个始祖所传的后裔都可称为一个氏族。碧江县怒族的每一个氏族都有一个共同的图腾名称作为区分各个氏族集团的标志，碧江县第九行政村怒族的氏族图腾名称有"别阿起"（蜂氏族）和"拉云起"（虎氏族）两个氏族，"蜂""虎"便是这两个氏族所崇拜的氏族图腾。碧江县普乐、老母登两个乡的怒族有"米黑华"（马鹿）、"米伯华"（麂子）、"亚脚华"（蛇）、"拉伍华"（虎）等几个氏族。

上述几个有关氏族图腾的传说都可归纳为以下几个特点：①在母系氏族阶段，由于"只知有母，不知有父"，因此一个母系女始祖所传的后代只好托故于一种动物作为女始祖的配偶。②这些动物既是女始祖的配偶，因而必然受到其后裔的尊敬并成为区分各个母系氏族集团的标志，因此形成了图腾崇拜。③各个氏族所选择的图腾大都是与所居住的环境有关的。例如，怒江地区过去盛产黄蜂、老虎和巨蛇，这些动物在古代经常出没，有的威胁着人们的生产生活，人们在畏惧之余，只好把它作为神灵来崇拜，有的则与经济生活有关，如蜂氏族是以善长于采岩蜂和制蜂蜡出名的，蜂是人们的直接生活来源之一，因此把蜂作为图腾来崇拜，显然是与经济生活密切关联着的。④图腾一旦成为一定血缘集团人们的共同标志之后，它便被神秘的宗教色彩所渲染，并以此作为区分氏族集团，维系氏族成员和激励氏族成员的一种精神象征，图腾标志便被神化。如碧江第九行政村

---

① 编注：本章系陈序经摘录自中国科学院民族研究所云南民族调查组、云南省民族历史研究院编《怒族简史简志合编》"肆　社会组织、物质生活及精神文化"。

蜂、虎两个氏族所祭祀的"坐米起"便是这种氏族的精灵，它被认为能去凶赐吉，能佑护整个氏族成员的安宁，因而成为全氏族所共同敬奉的精灵，由这个事实出发，图腾崇拜显然也是导源于万物有灵的自然崇拜，并且是聚万物于一个比较固定的神灵了。

各个氏族都以血缘亲属关系结成一定的聚居村落，并按照山岭、河谷、溪流、森林等自然特点来划定本氏族的区域界限，这种界限的划分一方面为了区别各个氏族集团之间的差别，另一方面也为了防止其他氏族对本氏族利益的侵犯而划定的。各个氏族区域范围内的山林、土地、猎场均为本氏族公有，只有本氏族成员才享有自由开荒、狩猎和采集等权利。其他氏族成员在未征得本氏族同意时，不得在本氏族区域内开荒、狩猎和采集。各个氏族都有自己的氏族头人，碧江、福贡称为"阿沙"，贡山怒语称为"路米乘"；碧江怒族的氏族头人在过去是由氏族成员共同推举的，氏族头人和其他成员一样参加各种劳动，并负责排解纠纷，对外则收集贡物纳贡，指挥作战，缔结盟约等，如果头人失职，氏族成员在"老人会议"上可以提出将其罢免，并另选能者担任。各个氏族都有自己的"神山"和"神树"，这是各个氏族祭祀本氏族神灵的地方，只有氏族头人、巫师和年长男子才能参与祭祀，妇女则绝对禁止参加，氏族都有自己的公共墓地。

由于氏族人口的繁衍以及狩猎、采集经济流动性较大的缘故，一些较大的氏族如：蜂、虎、马鹿、蛇等氏族便分散到不同的地方居住，这些分散出来的氏族又重新构成新的聚落，如蜂、虎两个氏族便分散至九村、普乐、老母登等四五个村落居住，马鹿、蛇两个氏族分散至普乐、果课、老母登等三个村落居住。有的氏族由于居处相近或则因共耕关系、通婚关系和共同抵抗其他族人，通过政治的、经济的和婚姻的关系而使他们连结在一起，从而形成了两氏族的联合，组成一个胞族，怒语称之为"霍"。如碧江县第九行政村所属甲加、罗宜益等10个村落便是由蜂、虎两个氏族共同组成"斗霍""达霍"两个胞族。这两个胞族的成员共同占有耕地，互通婚姻，对外共同抵御入侵者，因而结成一种永久性的氏族联盟。居住在碧江老母登的蜂、虎两个氏族也同样地分为"斗华苏"及"达华苏"两个胞族，并结成比较固定的联盟关系。

（2）家族组织和村落公社的形成：私有制的确立和个体家庭的形成是促使氏族组织逐渐瓦解的主要原因，原来由血缘亲族所组成的氏族集团随着公共耕地转归一些个体家庭长期占有、使用而逐渐丧失其维系整个氏族成员的物质基础，这样一来氏族这个大的集体便随着人口的增长、迁徙而分裂成为若干父系家族，这种家族碧江怒语称之为"谷"，福贡怒语称之为"提康"。"谷"和"提康"均具有同样的含义，即由同一父系祖先所传的后裔即形成一个共同体。如碧江第九行政村"斗霍""达霍"两个胞族之下又分为"俄皮谷""俄哈谷""俄则谷"

"俄衣谷"等4个父系大家族；福贡木古甲乡怒族的"仆纳庆"氏族之下又分为"次邦""谷乃比""夏鄂""拉腾""西子里"等5个"体康"——父系大家族。这些父系大家族一般都包括10至20户个体家庭；由于大家族人口的增长，有的又分裂出小的家族，这种小家族福贡怒语称之为"体拉"；如福贡木古甲乡的"次邦"家族又分裂为"阿谷底""豆瓜"两个体拉——小家族；"谷乃比"家族分裂为"谷书""词亨"两个小家族；"夏鄂"家族分裂为"哇启""哇子"两个小家族。人们把"体康"和"体拉"的关系比喻为"手掌与手指"的关系，即"体康"象征手掌，"体拉"象征手指。每个家族都有一至二个家族长，碧江怒语称为"斯欧佳"，福贡怒语称为"阿沙"或"阿沙帕"，一般都以辈份较高的长者担任，家族长的职责与氏族头人相似，许多家族长同时也是氏族头人；适应于原始的政教合一的特点，有许多家族长和氏族头人同时也是巫师。

家族成员对于整个家族来说必须尽到下列的各种义务：与其他成员组织共耕及其他生活方面的协作，对于贫困户有给予帮助的义务——包括帮助生产或赠送粮食；在杀猪、宰牛、煮酒时有互相馈赠食物的义务；在遇到其他民族侵袭时有共同抵御的义务，为了维护氏族的利益和不被欺侮，各个氏族或家族都还保存着较为古老的"血族复仇"的习惯。

人口的增殖，个体家庭的分离和私有制的发展，这是导致以血缘纽带为主要联系体的氏族和家族走向瓦解的主要因素；原来由单一的氏族或家族所组成的村落已逐渐形成由若干不同的氏族和家族的一部分成员所共同组成的村落公社，这种村社，碧江怒语称之为"坑"，贡山怒语称为"克恩"。村落公社作为一个社会的和经济的组织，它具有下列各种特征：各个村社都根据山岭、溪谷等自然特点作为疆界，形成村社的自然界限；每一个村社一般包括二个以上的不同氏族和不同家族的成员所组成，如碧江普乐村包括虎、熊、蛇、麂子、马鹿等5个氏族的一部分成员；老母登村由斗华苏、达华苏、米黑华、米伯华、亚脚华、拉伍华等6个氏族的一部分成员组成；福贡木古甲村由谷书、词亨2个家族组成。其他成员如要迁入村社内居住必须征得村社头人的同意才能迁入。村社成员通过共同占有耕地，互相协作，共同承担这种经济的和政治上的义务而密切地联结在一起；村社成员享有自由开垦村社公有荒地，猎捕野兽和采集野菜的权利；有共同的节日和习惯法准则，祭祀共同的山灵和树神，在政治上是由各个氏族或家族长组成临时性的"村社会议"，共同推选一个首领担任村社头人。头人的职能与氏族头人或家族长相同，但权力更多一些。各个村社基本上构成一个独立的政治和经济单位，互不统属。村社除了还有一些距离村落较远的山林、荒地之外，附近的耕地基本上已为各个个体户所分割，缺地少地的村社成员可以通过自由开荒作为占有村社土地的一种补充手段。

二、政治、军事和习惯法

一九一二年以前，怒族内部，尚未形成统一的政治组织，除了氏族及村社头人"阿沙"之外，还有维西康普、叶枝土司（纳西族）委派的伙头，这些伙头大都是原来的氏族、村社头人。一九〇八年阿墩子弹压委员兼管怒俅两江事宜的夏瑚巡视怒江之际，为了消除过去土司的影响，重新委派一批怒、傈僳族的氏族、村社头人充当"怒管"或伙头，但仍然没有把各个村寨从政治上统一起来，各"怒管"、伙头依然互不从属，照旧是一些以村社为单位的独立小集团。一九一二年云南地方政府的殖边队进驻怒江以后，建立了行政委员公署，并从一九一四年起逐步实行保甲制度，把原来的"怒管"、伙头委任为乡、保、甲长，原来较为分散的"怒管"及伙头制度逐渐被统一在保甲制度之下。保甲制度的建立在政治上虽然把过去的分散状态趋于统一，但原有的氏族、村社头人制度仍然存在，有些保甲长仍然以氏族、村社头人的身份来处理各氏族及各村社内部的事务，有的则重新产生了氏族及村社头人，一般纠纷及婚姻诉讼均找氏族、村社头人解决，遇有较大的事件如派伕、派款、征粮等才找乡、保、甲长解决；在怒族的观念中，乡、保、甲长是"汉人的官"，因此一般事件都不去找"汉官"解决，这又反映了原始的氏族、村社政治对于新兴的政治体制之间的矛盾和对抗。

基督教传入之后，某些信仰基督教的氏族、村社头人又成为教会的"马扒"（传教士）或"密枝扒"（管事），这样便形成政治和宗教二位一体的头人制度。

怒族内部还没有形成固定的军事组织形式，在遇到人身伤害或重大的敌对行为时，受害的一方可提出以"血族复仇"的方式向对方发出木刻通知举行械斗。这时具有血缘亲族关系的同一氏族、同一家族甚至同一村落的成员都有义务参加械斗。如系整个氏族、家族的敌对行动，则互相友好的几个氏族、家族成员可以结成暂时性的军事联盟，组织武装共同抵御敌方。

械斗前夕，所有参与械斗的青壮年男子集中在头人家中共同商议，并杀猪一口，由头人及巫师举行宗教仪式，祈求战神佑护，如系几个氏族或村落的联合行动，则由各个氏族、村落头人饮血酒盟誓。武器自备，主要是弩弓、刀、矛，及防身用的牛皮盾、藤篾甲。械斗时由善战的头人作前导，吹牛角为号蜂涌向前。战斗中绝不允许杀伤妇女、小孩。如战胜对方，当晚归来，全体与战人员集合在头人家中，杀猪煮酒共饮，以示庆祝，并为杀伤敌方的勇敢射手举行宗教仪式，以表彰他的勇敢善战。械斗结束后这种临时性的军事组织即告结束。对于伤亡人员则由双方在议和时谈判赔偿命金，其赔偿的方法有如下规定：如械斗的起因是由于甲方在以前曾杀死乙方的一个人，而经过乙方的报复也同样杀死甲方的一个人，则双方互不赔偿命金，经过中间人的调停后，双方可言归于好（饮血酒或立石为盟）；如甲方原来杀死乙方一人，经过械斗后乙方杀死甲方二人，则乙方虽然是战胜者也要酌给甲方适当的命金以为赔偿。如在报复行动中乙方虽已战胜但受伤者较多时，可向战败的甲方索取更多的赔偿，一般是以黄牛为赔偿，甚至有以战败一方的妇女为抵偿者。如械斗双方不分胜负，亦不愿和解时，械斗将长期延续。

在怒族社会中尚未产生成文法规，各个氏族和村社均按照传统的习惯来约束和处理侵犯财产、侵犯人身等行为，其裁决的方式有以下数种：

（1）对侵犯个人财产的裁决。

对侵犯个人财产的裁决法主要依靠宗教的神明裁判为主。如某户所栽种的苞谷、黄连失窃，怀疑系某某人偷盗时，采取"抛血酒"的方式来裁判。即由双方当事人请一巫师或中人为证，杀小鸡一只，将鸡血注入酒中，双方互相发誓，誓毕将血酒抛置地上，以后不论何人谁先走过抛血酒的地方，谁就是偷窃者，谁将被恶鬼缠身而死。如偷窃被当场拿获，则交由头人"阿沙"处理，一般是加倍赔还失窃之物，严重者要割掉一只耳朵。

（2）争执土地或其他财产的裁决。

家族成员因土地关系或财产继承发生争执时，由当事人双方约请头人"阿沙"公断，公断时，阿沙手执若干苞谷粒或竹签，甲方诉说一件理由时，阿沙即投下一粒苞谷或一枝竹签，乙方诉说一件理由时，阿沙亦照样投下一粒苞谷或一枝竹签；俟双方理由都说完，由阿沙检视双方的苞谷粒或竹签各有多少，多者为胜，少者为败。

如系严重的土地纠纷、严重的盗窃事件则往往由当事人请求阿沙作证，双方举行"捞油锅"或"捞开水"的神明判决方式来裁决。捞油锅时还要论赌价，赌价一般是活牛、干牛（可以钱或其他实物抵付者称干牛）各一头。在阿沙及巫师的主持下，如系土地纠纷，由当事人双方将手伸入煮沸的水中，如系偷盗，则仅由被告捞水锅（有时也用油，但多数用水），将事先放入锅中的石块捞取出来，如三日后手未烫伤即为胜，手被烫伤为败，败方除输给胜方言定之赌注外，还要将土地或其他失物如数赔给对方，这是一种绝对不准确又极为残酷的裁决方式。

（3）对侵犯人身的制裁。

除神明裁判外，另一种制裁方式是以赔还实物为惩治手段，这主要适用于侵犯人身安全或侵犯夫权时行之。如发生命案则必须赔偿命金，命金数目按习惯规定为活牛、干牛各7条，干牛以实物折抵，命金必须全部付清，不能拖欠，在这种情况下，往往由家族近亲成员帮助共同解决。按照习惯，死者家属在二三年后还可以通过中证人向对方提出索取第二次命金，第二次命金规定为活牛一条，并由对方杀猪一口，备酒招待死者家属，中证人以红白线各一根从中割断并抛以血酒，经过这一简单仪式之后，双方可以重修和好。

如妻子与其他男人通奸被发现后，其处理的方式及轻重各地有所不同，在福贡怒族中，遇到这种事件要罚奸夫一头牛、一口猪、一只铁三脚架及一瓶水酒才能了事；但在碧江怒族中，只要由奸夫赔给本夫半开银元9元，由奸妇以挂珠一串、贝壳一只赔给奸夫之妻以"掩羞"即可了事。如发生奸情，妻不承认可以吊打，如再次重犯，吊打后将妻出卖为奴。

怒族盛行父母包办婚姻，青年男女婚姻极不自由，常有婚后夫妇感情不睦，妻子与婚前之情人背夫潜逃者，遇有这类事件发生，一般由所谓"拐逃者"的父母或亲属代为交涉，在福贡则需以活牛、干牛各7条及一个女子顶替方可了事；但在碧江则只需由妻方之亲属另找一女子代替并赔给活牛一条即可。如妻有未婚之姐妹而取得双方同意者，可以其姐妹代替，甚至也有用女奴隶顶替者，这种习惯法充分反映了父权制下女子地位的卑下。

三、婚姻与家庭

怒族在解放前的婚姻制度中以一夫一妻制为主，但突出的特点是配偶关系大都在同一氏族甚至同一家族内部进行，除亲生父母子女、亲兄弟姊妹之外，其它如从兄弟姊妹之间，再从、三从兄弟姊妹之间，甚至不同辈份之间均可结成配偶，这反映了怒族的婚姻仍然停留在较为原始的亚血缘族内婚的阶段，这种亚血缘内婚显然是与一夫一妻制有矛盾的，现分述如后：

据碧江县第九行政村甲加自然村蜂氏族的38对配偶关系中，其中属于氏族外婚者有15对，占总数的39.5%；氏族内婚者有23对，占总数的60.5%。而氏族内婚中又全部都是一个家族内部的相互婚配。这些配偶之间的亲疏关系是：相隔一代的叔伯兄弟姊妹婚有4对，相隔三代的堂兄妹婚有5对，相隔四代的堂兄妹婚有4对，相隔五代的有4对，相隔六代的有3对，相隔七代的有2对，由于盛行非等辈婚，因而其中竟有一对是相隔仅一代的姑母与侄子的配偶。福贡县木古甲村谷乃比家族的25对配偶关系中，有7对是一从和再从兄弟姊妹，有5对是姑舅表婚，有2对是姨表婚，有5对是非等辈婚，只有6对是家族外婚。在怒族的观念上，他们认为家族近亲之间的婚配是"亲上加亲"，是一件美事，因为只有亲族之间的婚配才能不使权利外溢。

亚血缘族内婚继续保持下来有两个主导因素：第一，作为原始的婚姻遗留，亚血缘族内婚是由更古老的血缘内婚发展过来的，即由血缘家族之内的乱婚进而为排斥亲生父母、子女、兄妹之间的亚血缘婚配，这种配偶关系由于很快地从母系转为父系而发生了突然的跳跃，即没有构成氏族以外群婚而又转入以父系为主的一夫一妻制，从而父权制下的一夫一妻制与古老的血族内婚之间发生了矛盾，为了解决这个矛盾，一方面继续保持着原来的族内婚的固有特点以作为维系整个家族集体的纽带，另一方面又以婚前男女性关系的自由放任作为一种补充以适应群婚的特点，因此亚血缘族内婚往往也表现为族内群婚，即青年男女在婚前享有充分性的自由权利而被社会所公认。第二，通婚集团的限制：傈僳族进入怒江后，怒族成为"被征服者"，被分散孤立在一些村寨里，氏族之间的联系形同断绝，因此各个氏族之间的婚配关系遇到客观事实的限制而不得不转入以本氏族及本家族内部为主；在傈僳族奴隶主的强制之下，只允许傈僳族男子娶怒族女子为妻，而不允许怒族男子娶傈僳族女子为妻。这样一来，怒族男子通婚范围日益狭窄，终于不得不回复到古老的血缘内婚的道路上去，否则男子将找不到适当的配偶关系。因此怒族现今所保留的亚血缘族内婚一方面是继承了古老的血族内婚的遗俗，而另一方面确实是在历史上的"民族压迫"关系下作为对抗征服民族的一种手段而不得不把通婚关系限制在狭小的家族范围里。这样的婚姻形式可以说是一种特殊的例外形式，因为它已经越出了历史发展的正常轨道。

随着父权制的形成，也出现了多妻的现象，多妻者主要是氏族、家族头人和富裕户，最多者可有三个妻子，丈夫对诸妻称为大、中、小妻，怒语称为"米茂""米拉""米通"。中妻和小妻的地位略低于大妻，她们实际上成为丈夫的奴仆和泄欲工具。在父权制之下，妇女仅只当作简单的劳动工具或物品，因此她们都可以通过"买卖"的方式而售给男方为妻。怒族娶妻时大都以黄牛为聘礼，女子的身价的高低，往往以其是否善于操持家务，能否织麻以及容貌的美丑而定；一个姑娘接近成熟时期，家族长辈便纷纷对这个姑娘先作"内部评价"，认为姑娘可以值5条黄牛或8条黄牛，将来有男子来说媒时，女子的父亲便以这种家族内部的评价为准，作为向男方索取聘金的标准。在父权统治下，女子仅仅降低为一般简单的劳动工具，这可以从怒族对已婚妇女的称谓中得到证明：现今怒语称呼妻子为"米"，含有"生火煮饭"之意；称呼儿媳为"克鲁"，含有"剥麻"之意。这种含义反映了妇女的劳动主要是从属于丈夫和家庭，这正是父权制下的普遍特点。

怒族还流传着过去"讨男子"之风，这种男子出嫁的习俗贡山怒语称为"振金抗努巴缕"，这说明古代怒族曾经历过母权制阶段，并与此相适应，曾有过"妻方居住婚"，亦即男子出嫁之风，这种习俗到后来即转变为女子出嫁后要返娘家居住，俟生育子女之后才返回夫家过一夫一妻制的真正夫妇生活。

怒族婚姻中的原始群婚残余还反映在下列一些事实中。碧江县第八、九两个行政村的怒族在举行婚礼之夕还保存着一种原始的象征群婚的性交舞蹈；当新娘及其女伴来到新郎家门口时，按照传统习惯，新郎的长辈——父亲或伯、叔父要上前拥抱一个新娘的女伴跳男女交配舞，这种舞蹈的内容是要细致地表现男女交配的各种姿态，舞毕男女互相祝酒。新婚之夜，新郎可以与任何一个随新娘来的女伴发生性关系，同样，新娘也可以与任何一个男宾发生性关系，这种性的放纵显然是导源于古代的群婚习俗的，但随着个体婚姻的确立，这种群婚形式仅以一种仪节的形式保留在婚礼仪式中。

作为群婚残余的另一形式，各地的怒族都还普遍保存着"妻兄弟妇"的转房制，即兄死寡嫂可以转归夫之弟，弟死则弟媳可转为兄之妻，这是为社会所公认的一种习惯，除非男的不愿，女的才可另嫁，如无兄弟则在本家族近亲中寻找一适当的对象，只有在本家族成员无适当的婚配对象的情况下才能转嫁给家族以外成员。寡妇再醮其聘礼只需黄牛1~2头即可，采礼归亡夫直系亲属所有，如系转房则不需任何采礼，只需由当事人通知家族成员杀猪煮酒请大家吃一顿即算完成转房婚礼手续。

怒族男子从结婚之日起便在父母的主房附近另建新屋与父母分居，新婚夫妇便开始他们的一夫一妻制小家庭生活。新婚夫妇虽然与父母分居，但小家庭在生产生活上仍然与父母及整个家族保持着共同耕作以及相互协作的当然义务，血缘的纽带并不因为分居而割断，相反，它又通过生产上的共耕，生活上的互相协作而保持不断。女子一旦结了婚她便成为丈夫的附属物了，妻子在家庭中的主要任务便是烧火煮饭，纺织麻布，生儿育女，并且还要从事田间生产以及采集等工作；但经济大权却掌握在丈夫手中，在未取得丈夫同意之下，妻子是没有任何自由的社交活动的，妇女不能参与一年一度的对氏族神灵"坐米起"的祭典，不能参与祭祀龙树及山神；不能参加讨论家族及村社内部的公共事务，更不能参与公断事务，如果在讨论中有妇女突然进入室内便被认为很不吉利；妇女在家庭中只能"唯夫命是从"，如果丈夫发现妻子行为不检或另有所欢时，可以任意吊打，甚至卖与他人为奴。妇女不仅生前在家庭中和社会上的地位低下，即使死后她的待遇也是很卑微的；按照怒族的习惯，男子死后要由村社成员替死者吹竹号送别，以示尊敬，而竹号的多寡又表现死者生前社会地位的高低，如未婚男子死去，吹一个竹号，已婚而无子女者吹二个竹号，已婚而有子女者吹三个竹号，巫师吹四个竹号，巫师而又兼中证人或仲裁人者吹五个竹号，头人——阿沙死时要吹六七个竹号；但妇女死后不论她是什么人均无吹竹号的资格。怒族社会中流传着这样一些谚语：

斧子不能剖篾，青蛙不能上树；
母鸡不能吃盐巴，女人讲不来道理。

这些谚语充分地反映了妇女在社会上的地位是非常低下的。

四、父子连名制与财产继承权

碧江县怒族普遍行父子连名制，但福贡县及贡山县的怒族则无父子连名制。父子连名制的产生可以追溯到两个最主要的原因：①直接导源于对血统世系的继承，当世系由母系转入父系之后，世系的计算便必然依照父系来计算；为了保证血统的直系继承权和区分各个血缘亲族之间的差异，便以父子之间的连名来作为区分直系与远亲的差异，这种连名制是开始于母权制末期的母女连名制，到父权制阶段——父系氏族社会又转变为父子连名制并一直延伸至奴隶制或封建制社会，它是作为维护父权制血统世系递承的一个重要标志。②父子连名制的产生同时也导源于财产的继承权利。当社会转入父权制以及世系按照父系计算之际，私有财产已经出现，作为人们社会集团的氏族组织也开始由纯粹的血缘关系组成的氏族集团分裂为不同的父系家族及个体家庭，为了保证财产能够按照各个父系家族的直系亲属享有财产继承权利，而作为直系亲属标志的父子连名制也便应运而生。它一方面反映了世系的直系递承关系，同时更重要地是只有直系子孙才能享有本家族的关于财产的直接继承权利，非直系的成员便被排除在这个财产继承权利之外，因而父子连名制同时也是私有财产继承权出现的产物。

从碧江县怒族男子的命名方式可以证明这种连名是与世系及财产继承有关：

碧江县每一个怒族男子在其一生中都有三次命名：第一次是正名，男孩一出生之后即由父亲或祖父、伯父为其取名，正名不一定有特别含义，但它将是这个孩子终身使用的名字。男孩长大到十四五岁，可以自由地到公房中寻找自己的女伴，谈情说爱，这时一般青年同辈可以相互取名，姑娘也可以为她的情人取名，这种名称叫做"青年名"，是第二次取名；青年名只在青年男女同辈间称呼，不得在家中及长辈面前称呼，否则被认为不尊敬；第三次命名是在结婚之时，男青年在结婚时是由父亲命名，即将父亲名字的最末一字或最末二字冠于儿子的名字之上，例如子名为"砍杜"，则将其父名"偶凡寿"的最后一字"寿"连在前面即为"寿砍杜"，这个男子从结婚和连父名之后，他便可以享有父母的一定的财产继承权，并承担起承递世系的任务了。现举碧江第九行政村"斗霍"胞族所属蜂氏族——"别阿起"一个家族的父子连名制如下：

1. 茂英充	2. 充罗并	3. 罗并者	4. 者茂特
5. 茂特绷	6. 绷喜耀	7. 喜耀维	8. 维维曲
9. 曲维能	10. 能波赤	11. 赤赤维	12. 维罗别
13. 别下休	14. 下休达	15. 达局留	16. 局留谷
17. 谷喜有	18. 喜有宾	19. 宾好给	20. 好给抽
21. 抽那耀	22. 那耀劝	23. 劝下尤	24. 下尤室
25. 室局采	26. 局采奴	27. 奴奴局	28. 奴局谷
29. 谷娟血	30. 娟血独	31. 独老底	32. 底老乌
33. 乌老求	34. 求老曼	35. 曼老催	36. 催虐曼
37. 曼额叫	38. 叫走偶	39. 偶凡寿	40. 寿砍杜
41. 杜几丹			

如上所述，只有直系亲属后代才能享有财产的继承权利，而远亲及旁系不能享有财产继承权利或仅享有部分的继承权利。怒族的财产继承权主要是幼子继承权，原因是由于群婚残余的影响，怒族男女婚前性生活较为放任，因而长子不一定是婚生子，为了保持父系的直系血亲的继承权，从而确定了幼子的主要财产继承权。一般的情况是，长子婚后即与父母分居，并分到少量的财产；父母死后所遗土地、牲畜、房屋主要归幼子继承。如年老夫妇无子，死后所遗财产根据谱系由家族中最亲近的一支继承，因此谱系是直接表达世系递承和财产继承权利两者的标志。随着个体家庭的分裂和家族血缘纽带的松弛，这种根据血统继承关系所形成的父子连名制也逐渐变形，甚至到了近代便没有连名了。

五、亲属称谓与亲族制度

亲属称谓是一定社会亲族制度的具体反映，它表达了一定社会集团人们之间的血缘亲疏关系和它所处的社会发展阶段，因此恩格斯曾经非常明确地指出过："父、子女、兄弟、姊妹等称谓，并不是什么仅仅尊敬的称呼而已，而是一种负有完全确定的、异常郑重的相互义务的称呼，这些义务底总和便构成这些民族底社会制度底主要部分。"（《家庭私有制及国家的起源》一九五四年人民版第29页）

怒族在所现行的亲属称谓中还保留着浓厚的原始的血缘亲族制度的痕迹。

（1）怒族称父亲为"奥朴"（oλ pɓl），凡属父亲的兄弟辈亦与父亲同称，统称为"奥朴"。但后来已出现"朴茂"（大父）、"朴拉"（中父）、"朴通"（小父）的专称，而习惯上仍然沿用"奥朴"这一名称来称呼伯父和叔父，这种伯、叔父与父亲同称显然是导源于古代群婚时期的"诸父"，以后出现了妻兄弟妇的转房制，诸侄仍然沿称伯、叔父为父。但凡属父亲的姊妹辈的丈夫们，则不称为"奥朴"，而称之为"古谋"（kuλ mat），而"古谋"这个称谓是借用勒墨语（白族支）的称谓。

（2）怒族称母亲为"奥米"（oλ miJ），凡属父亲之兄弟辈的妻们与母亲同称，与母亲的姊妹辈亦与母亲同称，都统称为"奥米"。这一称谓也是导源于古代群婚中母亲的诸姊妹亦是父亲辈的当然妻子，即妻姊妹婚的显著特征，故至今日仍沿称母亲的诸姊妹为"奥米"。同样把母亲的这些姊妹们的丈夫亦列于与父亲同称，呼为"奥朴"，这显然又是过去对偶婚时期的特征。

（3）母亲之兄弟辈称为"奥颇"（oJ pút），即舅父，"奥颇"是在怒族社会中最尊敬的一个称谓，怒族有句谚语："世间最长的是道路，人间最大的是奥颇"，这句谚语反映了对舅父权的尊敬，这显然是母权制所遗留的特征。

（4）同胞兄弟姊妹之间互称"在若"（dzeλ idzoJ）或"报屋"，意译是"生于同一根脐带"。同一祖父母的第一代从兄弟姊妹之间亦可称为"在若"或"报屋",列于与同胞兄妹同称,但姑舅表兄弟姊妹之间则不能以"在若""报屋"相称,原因是他们不属于"同一根脐带"。

从上述亲属称谓中可以看出,怒族社会中的亲族制度还保留着浓厚的原始群婚制的血缘亲族制度,虽然怒族在解放前即已进入一夫一妻制为主的社会,但氏族和家族组织仍然不同程度地存在着,从而反映在亲属称谓及亲族制度中也就必不可避免地保留着原始亲族制度的痕迹。

六、宗教信仰及丧葬习俗

怒族的宗教信仰主要有三种,即原始的自然崇拜、基督教和天主教、喇嘛教。前者是怒族原来的宗教信仰,它是由于社会生产力极端低下,人们对自然界没有正确理解的必然产物,并且作为一种落后的意识形态长期地保留在人们的思想意识里。基督教、天主教则是近现代以来帝国主义国家利用宗教对我国进行侵略的结果。除上述三种宗教信仰之外,居住在贡山北部的少数怒族,因受藏族喇嘛教的影响也有信仰喇嘛教的,但人数极少。

(1) 原始宗教:怒族广大群众在天主教及基督教侵入前主要信奉原始宗教,崇拜自然,万物有灵,举凡日、月、星、辰,山、川、树、石都是人们崇拜的对象。而作为各个氏族及村社组织的一种象征,还有图腾崇拜的残余。

碧江怒族的主要鬼灵有13种,可以分为氏族神灵、自然鬼灵、灾疾鬼灵和"民族"鬼灵四类。属于整个氏族和村社所祭祀的神灵有"门多"及"坐米起"。"门多"是天鬼也是整个村社的鬼灵,各个村社及"斗霍"氏族人在过去每年都定期祭祀"门多"鬼以祈求保佑;当遇有重大事件如械斗、捞油锅、抛血酒或路遇巨蛇之时也要祭祀"门多"鬼。"坐米起"是"斗霍""达霍"两个氏族集团成员所共同信奉的氏族神灵,每年忌日,由两个氏族成员共同祭祀,妇女不能参加。成员们认为祭祀了"坐米起"可以获得丰收和安宁。属于自然鬼灵有山鬼"米枯欤"、水鬼"独药欤"等,这是管理农业、狩猎的鬼灵,这两种鬼灵的产生是与人们的经济生活密切联系着的,例如人们在进行耕作、狩猎时往往要祭祀这两种鬼灵,祈求佑护。属于灾疾的主要鬼灵有"耀欤""衣欤""片空欤""梅阿欤""米拖欤"等,凡遇灾疾临身或"杀魂"——即认为有人驱使魂鬼"衣欤"将人的魂灵摄去,都要煮酒杀牲祭祀这些鬼灵。由于历史上民族压迫的结果,产生了所谓"活动"鬼灵,如傈僳鬼、白族鬼"墨欤"等,如果某人与傈僳或白族人发生了冲突时,便要祭祀"墨欤",如果民族之间发生了械斗,除祭祀战鬼之外,还要祭祀"墨欤",怒族认为:这是由于"墨欤"鬼作祟,所以才挑起械斗的。而民族矛盾和阶级矛盾的实质反而被宗教迷信思想所掩盖。

福贡怒族没有图腾崇拜的遗迹，福贡怒族所信奉的鬼灵与碧江怒族不同，主要的鬼灵有山神"宽赤"、天地之鬼"冻尼"、战鬼"埋尼"、瘟疫鬼"尼主"和冲犯鬼"褚腊"等十多种，由于受傈僳族原始宗教的影响，有些鬼灵是与傈僳族相同的，如"尼午"鬼便是傈僳族所敬奉的一种鬼灵，而怒族也同样敬奉。贡山北部怒族所信奉的鬼灵与碧江、福贡都不同，主要的鬼灵有山鬼"木里布拉"、水鬼"昂布拉"、路鬼"木胡布拉"和树鬼"穷那底布"等十多种，这些鬼灵都是邪鬼，能使人发生疾病和死亡，庄稼受害，每年都要祭祀，属于管理各个氏族的鬼灵称为"强布拉"，各个氏族成员每年都分别在不同时间集体祭祀"强布拉"以求安宁。

巫术是作为原始宗教而产生的一种宗教仪式，执行这种巫术的巫师在碧江怒族中称为"米亚楼"，或"禹古苏"，福贡怒族的巫师称"尼玛"及"达施"两种，贡山北部怒族的巫师称"拿木沙"。巫师是巫教的代表者和主持者，也是怒族社会中的"知识阶层"，巫师同时也是巫医，他们不仅替人打卦、驱鬼，同时也替人治病；有些较大的巫师本身同时也是氏族或村社头人，这就体现了在社会生产力发展较低的民族中，宗教与政治往往是结合在一起的，一些宗教头人往往也就是氏族、村社头人。怒族的巫师都没有脱离农业生产，虽然巫术已成为巫师的专业活动，但农业生产仍然是他们的主要职业。碧江的巫师不仅从事占卜和驱鬼，而且他们也是本族历史和知识的传播者，一些较大的巫师都能熟练地背诵本家族及本氏族成员各代祖先的谱系；有些怒族从其他地方来碧江"串亲戚"时，往往要请几个老巫师来帮助"对家谱"，如果家谱对合，认为是同一祖先的后裔，则将受到优厚的接待；因而巫师也是维系氏族、家族血缘纽带关系的人，他起到"承上启下"的作用；一些较大的巫师还是各个氏族及村社祭祀时的主要祭司，在与其他民族械斗时也主持宗教祭祀活动。福贡的巫师"尼玛"已分化出"尼玛认"（大巫师）及"尼玛切尼"（巫师）两种，大巫师每年的宗教活动——打卦、治病、驱鬼等的收入最多可得黄牛3～4头，小巫师不超过1头牛；每次打卦都必须杀猪、鸡，煮水酒祭鬼，巫师可以分到一只猪腿或一只鸡、几碗水酒，解放前夕甚至有以粮食、货币为酬的；至于小巫师仍然是劳动者，他的巫术活动所得报酬是极微的。巫师占卜的种类有猪卦、鸡卦、羊骨卦、竹签卦、竹杆卦、刀卦、酒卦、鸡蛋卦、水卦等十数种，这些卦都是根据不同的情况而采用不同形式来卜卦的。

原始宗教对于怒族群众的生产生活有很大的破坏性。怒族农民遇有大小事故都要打卦祭鬼，尤其是遇有家人疾病或死亡时，更要杀牲、煮酒祭鬼，因而对于粮食和牲畜的耗费非常巨大，常有因此而濒于破产的。如碧江第九行政村怒族农民"扒阿出"，20多年前家庭生活还比较富裕，每年可收入黄连100多斤，约值半开银元300多元，曾畜养黄牛10多头；距今20年左右，父、母、弟、妹均相继疾病死亡，而在生病期间，由于不断请巫师打卦驱鬼，先后把所有的10余头黄牛杀光用以祭鬼，还向亲友借牛2头，至于猪、鸡及粮食的消耗更难以计算，这样，在不到两年时间便由富裕户变为贫困户。在怒族社会中类似这样的事例是不胜列举的，这说明了原始宗教和落后的杀牲祭鬼习俗对于怒族社会生产力所起的阻碍是很大的。

（2）天主教与基督教的传播：十九世纪末叶和二十世纪初期正是我国沦为半殖民地、半封建制度国家的时期，清皇朝及民国以后的军阀政权对外屈从于帝国主义的侵略势力，对内残酷地镇压各族人民的反抗，作为帝国主义殖民主义先驱的天主教及基督教便在所谓"基督教占领中国"的狂妄口号下肆无忌惮地侵入我国各个地区，充当了帝国主义的急先锋。

一八八九年，继法国亨利亲王（Prince Eleote Henry）窥视怒江之后不久，法籍天主教司铎任安收率领丁神甫、彭神甫等一行数人经德钦、中甸、维西侵入贡山北部的白哈罗、茶腊、丙中洛等村寨，以天主教为掩护，暗中进行阴谋活动。上述几个地区是怒、藏、傈僳等少数民族的杂居区，过去这一地区的大部藏、怒、傈僳等民族都信奉喇嘛教。天主教侵入后，通过小恩小惠诱骗怒、藏、傈僳等族贫苦农民入教，并挑拨各民族之间的关系，制造民族分裂活动。帝国主义分子的离间活动激起了各族人民的不满，特别是喇嘛寺的不满，因此以喇嘛寺为首包括藏、怒、傈僳等各族人民在内，于一九〇六年掀起了反对法国天主教的斗争事件，焚毁了白哈罗村的法国天主教堂，杀死了五个法籍教职人员，任安收、彭神甫等侥幸逃脱。但腐朽媚外的清廷反而对反抗的各族人民加以镇压，清廷并向任安收赔偿白银三万两，作为重建天主教堂的经费，并赐任安收以三品道员官衔。任安收在清廷的支持下，更为所欲为，强占土地，强派民伕先后在白哈罗、茶腊、丙中洛等地建立了三座天主教堂，其中以白哈罗教堂规模较大，礼拜堂可容600人作弥撒礼。在法帝国主义分子的胁迫和诱骗下，到一九四八年为止，约有500多当地各族人民被骗加入天主教。

继天主教之后，从一九二一年起，一些披着基督教外衣的美、英帝国主义分子也相继侵入怒江地区从事侵略活动。一九二一年，美籍牧师杨思惠由泸水至碧江怒族聚居的各个村寨进行传教活动。一九三二年，加拿大人马道明进入福贡木古甲等地建立了循道公会。总计碧江、福贡两县至解放时为止，约有怒族教徒5000人，约占两县怒族人口总数的61%；其中如碧江第九行政村169户668人中信仰基督教的有126户444人，教徒人口占该行政村总人口的66.4%；福贡木古甲村，全村有怒族30户135人，其中基督教徒有22户87人，占全村总人口的64%，即教徒人数超过非教徒。

怒族群众容易接受基督教及天主教的基本原因有以下几个：①怒族人民由于长期以来受贫困和疾病的侵袭，常因患病杀牲祭鬼而濒于破产，而信教以后，外国牧师给予卫生常识的介绍，有病则打针吃药，减低了疾病和死亡率，为此而入教的占绝大多数。②怒族盛行父母包办婚，结婚以牛为聘礼，少则4头黄牛，多则8头10余头，贫苦青年男子常有因无力付给聘礼而不能结婚者，但入教以后，教会规定"男女婚姻自由"，聘礼最多不能超过一头牛，由于废除父母包办和买卖式的婚姻，很得到青年男女的拥护，因此常有一些青年男女为了"婚姻自由"而入教的。③作为帝国主义侵略工具的基督教会由于有帝国主义的支持，可以不受中国政府的干涉，怒族群众在入教以后，就可以凭借教会势力，摆脱当时设治局的苛索和傈僳族奴隶主、藏族喇嘛寺的剥削和掳夺为奴；帝国主义分子亦以此为诱饵，大肆宣扬："信了教就不怕设治局的压迫！"从而达到其分离与统治怒江各族人民的阴谋。长期遭受民族压迫和阶级压迫的怒族群众由于看不清帝国主义者的险恶咀脸而被诱骗入教。

披着宗教外衣的帝国主义分子在怒江区进行侵略活动的四五十年中，造下了一系列的罪恶，他们私设法庭、包揽诉讼、干涉教徒男女婚姻、制造教徒与非教徒之间的矛盾、强占人民土地、毁灭民族文化；抗日战争期间，这些外国"牧师"借抗日之名都充当了美、英帝国主义的军事情报人员，某些教堂成为帝国主义的军事情报站，私设电台，密藏武器，并煽动群众反抗祖国，这就充分地暴露了帝国主义者的凶恶面目。

（3）喇嘛教：居住贡山县一区的大部分怒族人民因受贡山红教喇嘛寺"普化寺"的影响，许多怒族均信仰喇嘛教。这些怒族人民过去大多是喇嘛寺统治下的农奴和佃农，在经济上受着喇嘛寺的残酷剥削，人身受喇嘛寺大堪布（总管）及活佛的束缚，他们信仰喇嘛教并非出于自愿，而是由经济和政治上的奴役地位被决定了的。有些怒族在寺院里充当小喇嘛，而实际上过着奴隶般的生活，其余信仰喇嘛教的，则按年向寺院缴纳香火钱，生活极为贫苦。

怒族人民的丧葬仪式各地亦有差异，碧江的怒族在数十年前多行火葬，不垒坟，不扫墓，近几十年由于受其他民族的影响，已大部改行土葬，也垒坟；福贡、贡山的怒族行土葬，如死者为男性，葬时则为伸肢仰卧，妇女则屈肢侧葬，如系夫妇合葬，则妇女面向男子屈肢侧葬，这种墓葬形式反映了在父权制统治之下，妇女屈从于丈夫的屈辱情形。

年长男子死，全村鸣竹号报丧，如死者系头人则鸣竹号六至七个，妇女死不鸣竹号。凡成年人死，全氏族或全村社得停止劳动三天，以示哀悼。男子死后家人要将其生前所用的弩弓、刀箭、兽皮箭包挂于墓旁，妇女死后将其生前所用以煮饭、织麻等工具挂在墓旁，意为死者在阴间还照样要生活，还要照旧使用这些生产生活用具。各个氏族及家族均有自己的公共墓地，但也有少数富裕户把年老死者葬于住宅后面的园地内，据称这是一种古老的葬仪，其目的是使死者的灵魂不离开家屋以佑护家人安宁。

怒族还没有祖先崇拜的习尚，老年人死后，家中亦不供奉祖先灵牌，安葬后除第一年垒坟上坟外，以后即不再扫墓。

七、物质生活及文化艺术

怒族没有文字，许多民间文学——诗歌、曲调、传说、故事等均靠传诵的方式一代代口传下来的。由于没有文字，人们在日常生活及一些重大事件中便使用原始的刻木、结绳方式来作记录。凡比较重大的事件如土司、设治局传递公事，派伕派款，村寨械斗，缔结盟约，买卖土地，买卖奴隶等事件都以木刻为凭。木刻上的花纹是有一定的式样和规定的，人们根据不同的事件刻上不同的花纹，这样人们一看到木刻便知道它所表达的内容是什么。在日常的家庭生活中，一般都以结绳来记载事情，即大事结一大结，小事结一小结，出门远行，来往日程亦以结绳记载，每走一天打一小结，以此计算天数。刻木结绳记事，这说明怒族的社会文化尚处于相当原始落后的阶段。帝国主义传教士侵入怒江区之后，依据傈僳语设制了一套极不科学的拉丁化傈僳文字供教徒唱圣经、读教义之用，一些加入基督教的教徒均能使用此种文字，但非教徒则仍是文盲，只能以刻木结绳来记载事件。

国民党设治局统治怒江期间，虽然也办了几所小学校，但国民党官府仅是借办学为名而达到贪污学款之实。因此在伪设治局统治怒江的二三十年间仅培养出一二十个怒族小学生，对于怒族的社会文化基本上没有起到任何积极的作用。

怒族的口头文学——诗歌，多是以曲调的形式来唱诵的，而且大部分是即兴而唱。诗歌唱词内容大部分是反映怒族人民生产生活及爱情的事实，内容有浓厚的生活气息和民族气息。怒族的曲调有一定的格律，形式也比较完整，内容也很广泛，有反映狩猎生活的猎人调，有反映农业生产的收苞谷调，有反映男女爱情的求婚调，也有表示对死者悼念的哀叹调。诗歌的形式大都是七字一句，每段由四句或六句组成，第一句是主句，第二句是衬句，两句是意同而词不同，这种形式是受傈僳族诗歌的影响而逐渐形成的。唱调子时有独唱，也有齐唱。伴奏的乐器有琵琶（达比亚）、口弦、笛子、葫芦笙等。其中以琵琶流行最广，许多老人和青年男子都能演奏，演奏的乐曲有四十多种。

怒族人民不仅喜欢唱歌，也喜爱舞蹈，舞蹈的内容也很丰富，其中大部分都是摹拟动物的活动形象，如猴抓虱舞、鸡喝水舞、喜鹊吃食舞、鸟王舞、狩猎舞等；有些舞蹈是表现生活习性的，如洗衣舞、唤狗舞、摇篮舞、婚礼舞等；反映生产的则有秋收舞、割小麦舞、打苞谷舞等。此外还有琵琶舞、脚跟舞等。这些舞蹈的共同特点是：动作敏捷，粗犷豪放，活泼有力，节奏明显；但其缺点是：动作较为简单，变化不多，显得有些重复。

第十三章　傈僳族①

一、氏族家族和村社组织

一定的政治制度精神文化必然是一定的经济制度的反映。傈僳族的原始残余不仅反映在土地制度和生产交换等方面，同时，更大量地残留在社会组织婚姻制度、宗教习俗及物质生活和精神文化的各个方面。

怒江区的傈僳族还保留着氏族组织的残余，傈僳语称一群由同一祖先的后代所组成的集团为"初俄"，亦即氏族，各个氏族有自己的名称。怒江区傈僳族有虎、猴、蛇、熊、羊、鸡、鸟、鱼、鼠、蜂、荞、竹、菜、麻、柚、木、犁、霜、火等十九个氏族，这些氏族名称同时又是各该氏族的崇拜对象——图腾。傈僳族的氏族大约是在十六世纪中叶进入怒江区时不断的迁徙和战乱中趋于崩溃的。来到怒江后，各个氏族因散居各地，便没有保持原来的氏族组织，氏族内部除了还保存着共同的名称，还有血缘亲属的以及观念上的联系之外，在经济生活上的联系已很淡漠了。在血族复仇械斗时，氏族内部还有互助之责，但基本上氏族仅剩下一个躯壳。属于同一氏族之下的各个家族逐渐发展，家族组织便代替了氏族组织。

傈僳族的家族及村社组织在现实生活中还起着重要作用。傈僳语称家族为"体俄"，傈僳族的家族组织是在氏族组织日趋崩溃而由各个独立的家支发展起来的，家族往往以最早的家族长名字为名称，例如木必家族、括弟家族它们最早的家族长是木必扒、括弟。家族长多是以本家族内辈份较高，年龄较长，能说会道，较为富裕的男子担任，家族长不一定是父子相承。家族成员间在经济上保持着伙有土地、共同耕作；在生活上则保持互助盖房子、换工协作、煮酒共饮、杀猪共食，男女婚嫁共同出聘礼，共同吃财礼，共负债务，以至血亲复仇等等，通过这些经济上、生活上的原始互助习俗，就自然地把整个家族密切联系起来。有的家族发展较大，已形成了宗族，但宗族之间的联系便远不如家族的亲密。

傈僳族的村寨称为"卡"，意即一群血亲关系相近的人共同居住的地方。村寨的居住情况有以下三种：第一，以一个氏族内的一个家族为单位组成的；第二，由一氏族内的两个家族或多个家族组成的；第三，由几个不同氏族的家族组成的，实质上这种村寨已形成同时以地域及血缘两条纽带为联系的村落公社。各

---

① 编注：本章系陈序经摘录自中国科学院民族研究所云南民族调查组、云南省民族历史研究院编《傈僳族简史简志合编》"（五）社会组织物质生活及精神文化"。

个村社有自己的公共山林、猎场、荒地及墓地,本村寨成员可以通过"借地"的方式开垦公荒,同一村社成员间有互助协作的义务,特别是在向土司缴纳贡礼,村社间发生械斗时,这种原始的互助关系更为突出。每一个村社都有一个公认的头人,而较大的村寨则在几个家族长中共同推认一个威信高的担任村社头人。头人称为"实扒",头人的职责是:对内排解纠纷、领导生产、主持祭祀等;对外则宣布械斗、缔结盟约、催缴贡礼、派遣伕役等等。在土司统治时期,这些村寨头人曾被委为大小伙头;国民党设治局统治期间又在这个基础上委任他们为区、乡、保长,因此头人也受过封建的洗礼,但并未割断其原始的脐带。在遇到重大的战争时,各个村社可以组成暂时的联盟,但一旦战争结束,这种联盟关系也随之结束。这种独立和分散的村落公社在很大程度上限制了联盟关系的发展,因而傈僳族内部长期没有形成较大的、地区性的政治组织和政治领袖。

国民党设治局统治期间在各地设置了区、乡、保、甲制度,一部分头人被任为区、乡、保长,这种行政机构的设置,虽在一定程度上打击了原有的村社组织,但由于社会生产落后,政治上的强制措施仍然不能使村社组织最后瓦解。

二、军事组织与血族复仇

傈僳族各村寨及家族内部尚未形成固定的军事组织,若遇村寨械斗或血族复仇械斗时,所有同一家族或同一村寨的青壮年男子都成为当然的战士。如系民族之间的战争,如历史上所发生过的几次较大的民族间的战争,则由各个村寨头人共同推举作战勇敢、卓有威信者为军事首领,担任指导作战的任务,一旦战争结束,则这种临时性的军事组织亦告结束。作战时没有一定的战斗编制,大抵是以原来的家族或村寨头人指挥作战,进退以敲锛锣、吹牛角为号,前进蜂拥而上,后退则各自奔逃。

傈僳族常常因婚姻、土地、债务及盗窃等纠纷而引起村寨及家族械斗,这种械斗是导源于血族复仇的古老遗俗,傈僳语称为"奢来合",即互相打杀。

按照傈僳族的习惯,不同村寨或不同家族成员之间如果发生了婚姻、土地、债务等纠纷时,最先由当事人双方邀请头人及中间人说理,如果不能调解或双方积冤太深即可由当事的一方提出械斗。械斗之前双方都竭力邀请与自己血统较近的亲友参加械斗。如是两个村寨或两个家族全体起而对抗,按照傈僳族一人之仇即全家族之仇,一户之仇即全寨之仇的传统习惯,这时凡是本村寨、本家族的青壮年男子都有参加械斗的义务。妇女一般不参加械斗,只担任煮饭、送信、护理伤员的工作;但妇女有调停战斗之权,如双方死伤较多时,一方的妇女可奔临战地旁边,挥裙高呼停战,习惯上规定战斗中严禁射杀妇女,否则械斗更要延长。

械斗前双方都准备好弩弓、刀、箭、长矛及牛皮盾,负责指挥作战的头人还身被藤篾及牛皮制成的盔甲，村寨周围安置栅栏及地弩，以防敌方偷袭。武装准备就绪之后，当事人双方都杀猪、宰牛、煮酒、邀集参加械斗的战士大吃大喝，然后决定正式械斗的日期。整个械斗过程都有较浓厚的宗教色彩，械斗日期一般都选择在属虎日及属猴日，忌讳在属龙日械斗。习惯上认为虎象征猛勇，猴象征灵活；龙日象征火山如龙，太凶猛，伤亡太大，不宜械斗。

出阵械斗之前，战斗员全体手执武器，摆好阵势，由指挥作战的首领持鸡血酒一碗祭山神，并请巫师——"尼扒"祷告，祈求战神保护。祷告完毕由指挥者以树叶一片将酒蘸在全体战斗员的身上，然后大声呼啸，直奔敌方村寨。战斗获胜之后，由村寨或家族杀猪、宰牛、煮酒在野外豪饮以示庆祝。战斗中的英雄人物由首领将其举出，祭血鬼，跳牛身以示荣誉，并以村寨或家族名义赠送银镯一对。战死之人，由双方酌赔命金，以银元或牲畜偿付。

解放前怒江区四县械斗事件从无休止，平均每年至少发生二三十起，械斗之时，商旅为之裹足，对人民的生产生活影响很大。

三、家庭、继承权和婚姻制度

一夫一妻制的个体家庭是社会的基本构成单位，这种家庭只包括父母和未成婚的子女两代。儿子由结婚之日起便另建房屋，与父母分居，组成独立的小家庭，这种小家庭分居的习惯傈僳语称之为"海桶"。儿子分居时，父母分与少量的土地、耕畜和其它生活资料，从此这个新的小家庭便开始其独立的生产生活。这种个体小家庭的分居制是与幼子财产继承权相适应的，按照傈僳族的习惯，幼子及独子不与父母分居，并享有父母的最后财产继承权，因此长子、次子必须与父母分居，才能为幼子的财产继承创造先决条件；长子无财产继承权可能导因于长子不一定是婚生子之故。年老夫妇无子，可以收养子，养子在得到家族同意后可以享有财产继承权；如年老死后无子，财产归本家族中最亲的一支所有；女儿则无财产继承权，但可以招赘，否则仅能分到母亲的一串挂珠和一些装饰品。

傈僳族无父子连名制，不论男女一生中都有两次命名，第一次命名男子是生后七天，女子生后九天，由外祖父、祖父或父亲命名。取名无一定标准，以取名时的遭遇来作为名称，如遇鸟飞过即取名"鸟飞"，如听见狗叫就取名"狗叫"。第一次命名男女无分别，第一次命名亦称为"魂名"，长大后一般均不呼魂名，直到死后才由巫师祭鬼呼喊魂名。第二次命名是在订婚或结婚之时，如订（结）婚聘礼是黑牛，则新郎即称为"拉尼扒"（黑牛子），新妇称为"拉尼妈"（黑牛妈）；如订婚结婚时有蜜蜂飞来，则新郎即取名"别也扒"（蜂来扒），新妇即取名"别也妈"（蜂来妈）；"扒""妈"这两个尾语是象征已婚男女的性别词，未婚之前习惯上只呼排行名称；如长子称"大"，次子称"聂"，三子称"沙"等，姑娘则称"妹"。

一夫一妻制的婚姻是傈僳族婚姻的主要形式,但此外还保存着浓厚的原始群婚残余。随着父权制的巩固,青年男女婚姻多数由父母包办,父母于出嫁女儿时获得大笔聘礼,一般是四头黄牛,健壮漂亮的姑娘聘礼更高,有达八至十头黄牛的,这种婚姻已具有买卖婚的性质。因而傈僳族通常都以黄牛来作为评定女子身价的标准。

群婚残余主要表现在亚血缘族内婚及"公房制"方面。凡同一家族之内的男女,除亲生父母、亲兄弟姊妹外,其余亲叔伯兄弟姊妹再从兄弟姊妹或年龄相等的上下辈均可配婚,这种亚血缘族内婚显然是由早期的族内血缘群婚转化的,如碧江卡石、色得洼底两个村寨 37 对婚姻关系中,属于族外婚的仅 3 对,其余都是族内婚,其中二代从兄妹婚 4 对,三代从兄妹婚 11 对,四代至五代从兄妹婚 13 对,姨表婚 2 对,姑表婚 4 对。亚血缘族内婚的特点是女子很少外嫁,她是被当作家族的财产和劳动力而保留在家族内部的。"公房制"是傈僳族群婚制的另一残留形式。凡青年男女十三四岁以后,即可到公房里寻找对象,自由恋爱。公房有的由村寨修盖,有的是私人修建的茅屋,未婚青年男女可以自由地到公房里玩乐住宿,过着比较放任的性生活;因此非婚生子较多,社会上有"抱子认父"的遗俗。

姑舅表优先婚配权很盛行,傈僳族有句俗语:"树最大的是杉树,人最大的是舅舅。"因此形成"有女先问舅"的习惯,如果舅家不要,才能嫁给别人。妻兄弟妇的转房制很普遍,即兄死弟娶寡嫂,弟死兄娶弟媳,社会上认为是当然的权利,这种婚姻形式显然是对偶婚的另一种变形。此外,抢婚及招赘也很普遍,一夫多妻也很流行,多妻者往往是过去的奴隶主及头人。永胜一带的傈僳族还有一种独特的"小夫大妻"的习俗,男孩七八岁时,即由家中父母替其娶一年约十八九岁的大姑娘为妻,从事家务及田间劳动,俟男子年龄长大,则另娶一女子为妻,原来的"大妻"可以另嫁他人;这种习俗主要是为了换取劳动力。父家长制发展的结果,使妇女在社会上和家庭中的地位很低,傈僳族中流行着这样的一句话:"青菜不算菜,妇女不算人",妇女在家长制的统治下,仅仅成了一个从事劳动和生儿育女的简单工具。

父母包办婚姻的结果往往造成离婚或退婚悲剧,碧江德一登村 23 对婚约中竟有 17 对男女因不满意父母包办而退婚或离婚的。寡妇可以再嫁,如系嫁给家族以外的男子,所收采礼归亡夫家所有,前夫所生子女可留前夫家,亦可随母至新夫家。

四、宗教信仰

傈僳族主要信奉多神,崇拜自然,万物有灵,山有山灵,树有树鬼,水有水神,总之日、月、山、川、星辰一切自然现象都是人们崇拜的对象。主要的鬼灵有白加尼(天鬼)、海夸尼(家鬼)、米司尼(山鬼)、爱杜斯尼(水鬼)、屋豆尼(虎氏族鬼)、奥别尼(疮鬼)、密加尼(梦鬼)、疑甫尼(刺鬼)、爱起尼(慢性病鬼)、欠阿加(血鬼)、茹姑尼(病鬼)、曲尼(触犯鬼)、尼拍木尼(妇人鬼)等三十余种。民族之间的纠纷也认为有鬼灵从中作祟,因而有勒墨鬼(白族)、么些鬼(纳西族)及怒族鬼、汗人鬼等,这是历史上遗留下来的民族压迫及隔阂留存在人们意识上的反映。巫师有两种:一是尼扒,一是尼古扒,巫师被认为是人鬼之间的沟通者;尼扒的社会地位较高,除驱鬼外,祭祀仪式也要请尼扒司祭,有些头人同时也就是尼扒。尼古扒社会地位较尼扒略低,只能替人打卦,平时从事生产。卜卦有竹签卦、刀卦、鸡骨卦、贝壳卦、猪肝卦等十余种。人们患病都认为是被鬼缠住,请巫师问卦,杀牲煮酒祭鬼,因此傈僳族人民每年消耗于祭鬼的粮食及牲畜数字是很惊人的,仅碧江一个县五千多户傈僳族的不完全统计,在解放前每年平均用于祭鬼的黄牛至少一百条,猪六千头,羊四百只,鸡一万只,粮食不下十万斤。如福贡双米底村全村37户,在一九四八年一年之内即祭鬼251次,杀猪88头,鸡154只,羊10只,付巫师祭鬼费用半开银元20元,以上支出约占该村全年农副业总收入的11%,还浪费劳动力1100多个。

除了原始宗教之外,十九世纪末叶,随着西方殖民主义国家对我国的侵略,作为帝国主义和殖民主义前哨的基督教与天主教首先侵入怒江地区。一八九八年法帝国主义分子任安收以天主教"司铎"(比神甫职位略高)名义为掩护,在贡山的白哈罗等地霸占土地修建天主教堂二所,诱骗傈僳、怒族人民600余人入教。一九一八年以后,法国军人安德勒由巴塘至白哈罗继续"传教",将白哈罗等地的天主堂发展到六所,教徒发展到1016人,并将这些教堂划归康定天主教区管辖,法籍"神甫"有六人,傈僳、怒族重要神职人员有三人。

基督教是一九一三年传入怒江的,当时由英国传教士麦克西所主持的缅甸八莫基督教会派遣一个名叫"巴叔"的缅籍傈僳族青年传教士经腾冲至泸水、碧江一带"传教",不久,英帝国主义者为了对怒江地区的侵略,又派遣间谍分子杨志英(英籍加拿大人)、杨施惠(英籍)等由上海经缅甸、保山至泸水、碧江建立基督教内地会,诱迫傈僳、怒族人民入教。一九四一——一九四九年,杨志英担任内地会西南教区总负责人,其教区以保山为中心达于腾冲、龙陵、大理及怒江区。一九二九年,美国"神召会"牧师马导民由兰坪至福贡、贡山一带活动,建立了神召会。一九三二年,美帝国主义特务莫尔士由维西侵入贡山茨开一带,建立中华基督教会(滇藏基督教会)。

这些帝国主义分子以宗教为掩护侵入怒江地区之后,便利用通过送药治病或故意以高价收买农民的副业产品等小恩小惠办法大量发展教徒,至解放前为止,整个怒江地区已建立教堂213所,发展教徒达21060人,占傈僳、怒族人口的19.3%。并有大小神职人员726人,分为四等:①密鲁扒(教会会长),每县有一正会长、几个副会长,怒江四县共有正副会长8人,会长的生活来源主要是靠教徒奉献的"上帝粮"为生。②马扒(传教士),大部分是由帝国主义牧师一手培养的傈僳族贫苦子弟及孤儿,四个县共有马扒45人。③密枝扒(管事),负责管理教会的财务、行政及教徒的婚姻诉讼等事,密枝扒多数是原来的宗教或村寨头人,四县共有密枝扒255人。④瓦枯扒(礼拜执事),专门负责召集教徒做礼拜或讲道,领唱圣诗,四个县共有瓦枯扒426人。(详见下表)

怒江四个县基督教徒统计表

县别	本县人口	教徒人数	占全县%	教会名称	教堂	密鲁扒	马扒	密枝扒	瓦枯扒	合计
碧江	30100	8759	27%	内地会	76	2	16	91	152	259
福贡	28432	6390	18%	神召会	71	3	15	85	142	242
贡山	15927	2913	25%	基督会	25	1	5	30	50	85
水沪	34636	3000	8%	内地会	41	2	9	49	82	140
合计	109095	21060	19.3%		213	8	45	255	426	726

帝国主义分子,为了进一步从思想上文化上毒化教徒,还设制了一套极不科学的以拉丁字母倒置横装的傈僳文字,并印刷大批"圣经""圣诗"和课本,传播所谓的"基督文明",对教徒的思想意识进行麻醉毒害。

这些帝国主义分子——"上帝的儿女们"数十年中在怒江地区造下了一系列的罪行。他们挑拨少数民族对汉族人民的仇视心理,制造民族隔阂和民族分裂;制造教徒与非教徒之间的矛盾;不许教徒与非教徒结婚;不许教徒唱本民族调子,不准跳民族舞蹈;有意识有步骤地毁灭民族文化;此外,教堂还私设法庭,包揽诉讼;等等。这些披着宗教外衣的帝国主义分子在抗日战争期间有的竟公开充当了美国军队的情报员,从事毫无顾忌的军事情报活动。

这些帝国主义分子,在怒江区进行几十年的宗教和文化侵略当中也做了一些迷惑群众的事情,他们要教徒注意清洁卫生,有病吃药,规定教徒不能饮酒,不能杀牲祭鬼等等,在一定程度上减少了人们因煮酒杀牲祭鬼而大量消耗粮食、破坏生产的陋习。又由于有了傈僳文字(虽然是很不科学的),教徒们都有了初步的文化水平,当然,这一点客观的积极作用,比之他们在怒江区各族人民中所造下的在物质上和精神上的巨大罪恶那是不能同日而语的。怒江区傈僳族和各族人民是热爱祖国的,不管帝国主义者用尽各种卑鄙手段来麻醉怒江区各族人民,以图达到其分裂民族、分裂我国西南边疆领土的妄想，但怒江区各族人民对这些侵略分子始终是反抗的。解放后，经过宗教革新，实行了"自传、自养、自治"和宗教信仰自由政策，怒江区傈僳族和各族的教徒们，都站在反帝爱国的立场上来进行自己的正常的宗教活动。

五、丧葬及习俗

人死行土葬，死于非命者则行火葬。老人死后全村得停止劳动二至三天，本村寨及家族成员都得携带酒肉到死者家中以示吊唁。内地区的傈僳族由于受其他民族的影响，葬后垒坟；怒江区有少数已开始垒坟。各个村寨及家族都有公共墓地，村寨及家族成员死后即葬于公共墓地上。如死者为男子，埋葬时须将其生前所用砍刀、弩弓、箭包等悬挂于墓旁为随葬品；如是妇女，则将其生前所用的织麻工具、麻布挂袋、煮饭等用具悬挂墓旁为随葬品。一般是死后一周年才垒坟，第三年扫墓一次，以后即不再扫墓。

傈僳族尚无祖先崇拜的习惯，家中不供祖先牌位。

由于受周围其他民族的影响，傈僳族的节日大抵与汉、白、纳西等族相同，正月过年，人们首先要给耕牛喂食盐，以表示尊敬耕牛的劳迹。永胜丽江一带的傈僳族在正月初一日要在每家门口栽松树一株，代表山神，以酒肉祭奠；清明扫墓，但花傈僳不扫墓；六月过火把节。怒江区及维西、兰坪一带的傈僳族于十月间苞谷收获后的半个月内过"收获节"，村村寨寨煮酒杀猪，互相馈赠，夜晚在村寨场子上高烧篝火，狂饮高歌，男女边唱边舞，通宵达旦，许多青年男女便在此时订下了恋情。

每一家族及每一村寨均有龙树一棵，凡遇年节及祭日，成员都要前往祭龙树，祭树时只能男子前往，严禁妇女参加，亦不许其他民族参加。

傈僳族没有自己的成文法律，习惯法便是约束人们道德行为的规范。一般日常纠纷只请中人调解，较大的请头人调解，调解时原被告双方各自诉说理由，每诉说一件理由，即由头人放一粒苞谷，最后查点双方的苞谷，以苞谷粒多者为胜，少者输；输者则往往备水酒赔礼。如遇盗窃、杀魂等诉讼时，往往采用神判方式来解决。所谓神判有三种方式：抛血酒、吃血酒和捞油锅。所谓抛血酒即由原被告双方请一中人，约定时间，杀鸡一只，将鸡血滴入酒中，然后抛在地上，如短期内被告发生疾病或其他凶事，即为输理。吃血酒即原被告杀鸡或小猪一只，请中人作证，双方对饮血酒，如短期内被告遇有凶疾即为输理，否则即为诬告，原告人要杀小猪一只赔礼。捞油锅是一种最残酷的裁判方式，多用于宗教上的杀魂判决，如果有人因恶病死亡，死者家属请巫师打卦，如认为系被某人杀魂所致，则被指为杀魂者在巫师及中证人的监督下，以手伸入煮沸的油锅或沸水中将石块捞出,如三日内手无恙即为无罪;如手被烫伤,即认为有罪,要向病死者赔偿命金一至二头黄牛,这是一种最野蛮的裁决,有人因惧怕捞油锅而自杀。

六、诗歌舞蹈

傈僳族是一个善歌乐舞的民族。人们在长期与自然界、反动统治阶级作斗争,在日常生活及爱情生活中所创造出来的诗歌舞蹈都是富于民族气息和生活感染力。傈僳族人民不论男女老少都能唱、能弹、能舞,举凡结婚、打猎、盖房子以及收获时节都要尽情地歌舞。

(一) 调子

傈僳族的调子,按其歌唱的内容可分为生产调、逃婚调、打猎调、盖房调、爱情调、收获调、搭桥调、打官司调等十余种,这些调子多半是以叙事诗的形式即兴演唱的。唱词的格式多数是七字九字一句,或三、五、九字一句,如:

姑娘们,到这里来吧!
这里是最好玩的地方;
姐妹们,玩饿了就在这里吃饭,
疲倦了就在这里吃水。

句子一般是两句相对,第一句是主句,第二句是衬句,衬句词意与主句词意相同,必须主、宾、谓语互相对应,这是傈僳族诗歌的特点。诗歌调子有木瓜布、白是白、有也也、木瓜熟四种,各种调子反映不同的唱调内容,现分述如下。

1. 木瓜布

多半是用来唱生产调、结婚调、生活故事调、丧葬调、打官司调、赞歌等。这种曲调一般都是老年、中年的男人唱的。曲调高吭、激昂。但当以这种曲调来叙述国民党统治时的悲惨生活时,也能随内容的悲愤而转为低沉或感伤。其方法是通过速度的转慢或把某几个音转换一下或延长则立即使曲调和歌词的情绪紧密地结合起来,这是这种曲调在演唱上的特点。这种曲调形式一般在开始时第一、第二乐句常常作为引子出现,第三乐句开始宣叙主题,紧接着几个乐句都是互相呼应、对衬,形成一个完整的曲体。它也紧密的和诗歌的格式相吻合,诗歌韵律及语言的声调决定了曲调的进行,从而加强了旋律性。"木瓜布"多是一人领唱二人合(或几人合),有时是对唱。在旋律进行中,四度与五度的跳跃常常出现,在两声部的和声关系上也多是四度和五度,这在傈僳族的调子里有很多都具备着这个特点。

2. 白是白

这是歌颂爱情的一种调子,当青年男女在山上、江边一起劳动时,经常以这种形式去唱情歌。中年、老年是不唱这种调子的，他们听到这种调子感到害羞。解放后很多青年都以这种调子歌颂毛主席和共产党。曲调奔放、热情，号召力很大，当领唱唱完了引子，群众马上围拢一起，他们有趣的作着各种各样的表情，互相倾听着声音的协和与否和音色的协调，音量的大小都能自如地调节与控制，使整个的歌声像一团深厚而优美的大合唱，动人心弦。

  3. 有也也

在国民党统治时期，傈僳族人民不堪其压迫与剥削，在生活极端贫苦下吃的是野菜，穿的是麻布衣，辛勤劳动得来的一点粮食还被国民党抢走，猎获的野兽被人拿走，麝香也被剥夺了。在这种情况下人们经常以这种调子来唱出他们的痛苦和悲愤。这种调子比较深沉、感伤，但有时也唱爱情和生活故事、婚姻等，当唱这些内容时，也能表现出曲调本身那种抒情的特点。一般老人都喜欢唱这种调。在节奏和曲调的进行上与"木瓜布"有相同之处，虽有装饰变音，但在风格上雷同。

  4. 木瓜熟

这种调子是在怀念爱人、朋友，结婚吃酒时或跳舞、玩时唱的，一般不以它来唱长诗或故事，姑娘们最喜欢唱。旋律性较强，曲调进行较为流畅、欢快，适于抒情。

（二）器乐

在傈僳族的音乐生活里，乐器也是重要的一部分，并为不可缺少的一部分。它同唱调子一样，表现的方面也很为广泛，虽不那么盛行，但有很多人尤其是青年人都熟悉一种或两种乐器。

流行的乐器有琵琶和口弦，其他如笛子、二胡也有人演奏，但很少。

  1. 琵琶

琵琶是傈僳族的古老乐器，也是人们最喜爱的乐器。在有的地区不论老年、青年几乎都会弹奏。形同汉族琵琶，但较小，有的几乎小一倍。也有是方形的，无固定音位划分，（频位）仅用松香一小点，标记着一个音的位置。四条弦（钢制，在三十年前是羊弦），演奏仅用拇指与食指。音色比较柔和而且清晰、明快，大琵琶音稍为深厚，小琵琶音更纤美，音量不大，富于表现抒情的曲调。演奏形式多是独奏，另外也是给舞蹈伴奏的主要乐器。

乐曲有40多种，表现的方面也很多，一般表现打猎、猴抓虱、洗衣服、种苞谷、盖房子以及模仿动物的形象、习性、声音等。也表现探访亲友，对爱人的怀念，对客人的款待。突出的特点是，熟练掌握这种乐器的人能弹出各种情感的曲调，如同说话一样，马上就使人领悟到他的思想感情。如对客人的款待，谈恋爱及对外族的侵略者进行反抗而起来号召群众及对生活的叙述都能尽致的表现出来。

乐曲是两声部以上的进行，有着较为丰富的和声作衬托，有时是两个到三个旋律平行进行。旋律在低音弦时较多，有时也在中音弦、高音弦，这是乐曲变化的主要特点。拍子多是二拍，三拍和二拍，三拍的混合拍。节奏鲜明，当乐曲发展到高潮时就显得更为有力。

定弦法并不固定，通常都用一小三和弦的分散弦和 Acea，按乐曲的需要也用分散的大三和弦 Gceg 或 Acga、Acde、GcAd，定弦时音高并不固定，上例只说明音与音间的关系。

曲词比较简单，但在结构上是完整的，往往一个曲词通过几次的反复和变奏就更丰富了原来乐曲的表现。演奏者善于利用速度的变化、节奏的更换赋于乐曲以新的力量。

2. 口弦

口弦是傈僳族的传统乐器，是每一个青年男女所喜爱的乐器。它是以约三寸长半寸宽的竹片制成一条沟，中间刻起一片簧，演奏者对准口腔轻轻拨弹，该弹片的声音在口腔里起到共鸣，然后以气息的调节使音色变为柔和、悠扬，口弦音量很小，但很动听，当在静夜弹奏陪以轻声的唱诵或吟咏那就显得更加优美动听。年青人常把口弦装在小竹管里随身携带，不论是劳动或是休息，随时随地都可以听到这轻微而优美的声音。

口弦有三种，一种是一片簧的口弦（单口弦），口弦两端拴着绳，一端系在左手小指上，右手轻轻拉动着绳，以气息调节着音色。这只是一个音，但在节奏上加以变化。第二种是三片口弦，按乐曲的需要把三片不同的音排列起，以左手压住，右手中、食指弹奏。另一种也是三片，音阶与第二种不同，音高也不同。按乐曲的需要变换，其音的排列位置、弹奏方法与第二种相同。

弦曲有一百多种，如今流行的有五十多种，除了单独演奏外也经常伴奏舞蹈。表现方面很广，因和舞蹈结合得非常紧密，它所表现的也多是舞蹈所表现的，如鸡喝水、械斗、洗衣、播小米、烧木炭等。曲调比较简单，一般只有两个乐句，但演奏时变化很多，不论从音型和节奏上都能给乐曲增加很大色彩。每个乐曲多和声陪衬，尤其边奏边舞时更加强了和声的力量，节奏鲜明而有力。

口弦是一种音色柔和富于表现抒情曲调的乐器，它也能像说话一样传达人们的心事，有时也成为人们交流思想感情的工具。

（三）舞蹈

舞蹈在傈僳族文艺生活中和唱调子一样，不但是有着悠久的历史，并且也是富有创造性的一种文艺形式。它的表现是丰富多采的，它反映了人民劳动生活，反映了在向自然斗争的过程，也反映了日常生活。有模仿动物动作和习惯的鸡吃食舞、猴抓虱舞、鸽子喝水舞、鸟王舞。此外表现生产的生产舞、割小米舞、秋收舞、开火山地舞、猎人舞。表现生活的有婚礼舞、砸核桃舞、洗衣舞、脚跟舞等。另外也有表现战争的械斗舞，这些舞蹈都是以琵琶、口弦或笛子作伴奏。有的没有伴奏，如脚跟舞、生产舞等。舞蹈的形式多是集体舞，一是男女围成一圈，按圆圈来进行舞蹈的步子，伴奏在中间（伴奏也随舞）。有时二人对面跳，但动作都是一样，只是一进一退而已，生产舞和脚跟舞都是这样的跳法。另外是男女分开各站一排，行进不以圆圈作标准，男女两排有时并列行进，交叉进行，有时一进一退互相呼应。如婚礼舞、割小米舞等。傈僳族舞蹈大致离不开这两种形式，但上身及臂、手的动作都是要看表现那一类舞蹈来决定，如生产舞从播种一直到收割，所有的劳动过程都要表现出来，上身和臂的动作也较多；而脚跟舞，臂的动作较少，两人一对互碰脚跟，以脚跟的碰击来掌握着节奏。

所有舞蹈的动作矫健，有力，活泼，这是在风格上的特点，节奏性较强，变化也多。舞曲按舞蹈的需要，拍子多是二拍或二拍三拍的混合拍。音乐与舞蹈紧密的结合着，在无伴奏的舞蹈里，下肢动作较多，其节奏更为鲜明、有力。傈僳族人民在结婚、种田、盖房子、秋收时都要大唱大跳，常有很多男女青年结聚一起尽情歌舞到深夜。

第十四章 佤族[①]

一、佤族社会组织和政治特点

以男子为中心的一夫一妻制的个体家庭是社会的组成细胞，同出于一个祖先的若干家庭组成一个家族，每一个家族都有自己的姓氏。姓氏的来源有的是祖先名，有的是曾经居住或经过的村寨名或地名，有的则以某一特殊自然现象命名。在同一村寨中一般都以家族聚居，同时，家族还保持着如下共同点：①严禁家族内婚。②有某些宗教活动上的共同性，如共同祭自己的祖先和祭祀仪式和祭语的相同等。③家族成员间有相互帮助和恤孤的义务，在没有直接继承人的情况下有相互继承财产的权利。④因贫困出卖土地或子女时，须先卖给家族内部，家族成员有条件者也应先行买下，这是家族内部的权利也是义务。正如他们所说：把自己家族的人卖给外家族或外寨，对整个家族都是不光彩的。⑤家族成员有互相承担债务的义务。如甲家族某一成员欠了乙家族的债，债主就可拉甲家族任何一家的牛抵债，然后由甲家族内部再行处理，即由原负债者或其最近亲属偿还被拉去的牛。⑥每一个家族都有自己的家族长，他有权处理本家族内部事务，同时他又是整个村寨的头人之一。⑦有些村寨，各个家族各有本家族的墓地。⑧个别家族，还残存着家族公有地。家长管理，全家族共耕，收获用于家族公务。家族的这些共同性，可以认为是氏族公社或家族公社的残余。所以说它是残余，因为氏族公社或家族公社的基本特征已经不存在了。家族内部个体私有制已经确立，各个家庭所占生产资料已不平等，上面谈到的各种剥削关系在家族成员间同样盛行。在政治和较大的宗教活动上，家族也不再是一个单位，而是以村寨为单位了。这些都说明了家族已不是生产和消费的单位，而它内部已经分化出不同的"阶级"，血缘关系在佤族中虽还起到一些作用，但主要的已是地缘关系了。

若干家族组成村寨。村寨的规模，小者数十户，大者三四百户，一般为百户上下。每一个村寨都包括一个到数个居民点（习惯称小寨或自然村）和数个至十数个家族单位。例如，马散寨包括八个小寨，十九个家族单位；岳宋寨包括七个小寨，五个大家族和若干小家族；中课寨包括两个小寨，十五个大小家族。村寨内部阶级分化已如上面所讲，但同时它又保持着一些共同特征。①每一个村寨，都有自己的领地范围，与其他村寨严格划分开来。村寨领地虽然大部分可耕

[①] 编注：本章系陈序经摘录自中国科学院民族研究所云南民族调查组、云南省民族历史研究院编《佤族简史简志合编》。

地已属村民各个私有，但尚保存着部分公有土地，如荒山、野林和部分条件差的可耕地。②村寨内部，私有制已经确立，生产资料占有关系和产品分配关系已相当不平等，阶级分化已如上述。但是，对外部说来，它仍然是一个经济单位。这不单表现在村寨领地和村寨部分公地上，而且一切公务费用，皆由寨民分担。对外寨人讲，同寨人还多少存在着相互帮助的经济义务。如本寨人欠外寨人债或失礼外寨人，外寨人可到本寨拉任何一家的牛或财物做为赔偿。然后，寨子内部再处理，由欠债人或失礼者偿还。③有共同的政治生活。一切政治或军事活动，都以村寨为单位进行。④有共同的宗教生活。凡举行重大的宗教活动，如"做水鬼""拉木鼓""砍牛尾巴"和"猎人头祭谷"等等，都以寨子为单位进行或有全寨性的意义。⑤村寨成员虽因阶级分化和剥削关系而出现了不平等和矛盾，但还多少存在着相互帮助和保护的权利与义务，而且对外还是相当一致的。寨中任何人对外寨发生重大事情，都视为全寨人的事情，也往往由全寨负责；任何人被外寨人所侮辱或被猎头，则视为对全寨人的侮辱和必须为其复仇。⑥村寨间或大或小还存在着土语的差别。例如岳宋和马散二寨是紧邻的，而语言则分属阿佤莱土语和马散土语，而民族自称也分别称为"拉弗"和"阿瓦尔"。从以上这些特点看来，佤族的村寨就是一个地域、经济、政治和军事单位，其性质和组织形式则是一个原始的农村公社。不过这种农村公社，在经济关系上已趋于瓦解，而在地域、政治和宗教上还保持着比较多的特征。

　　在农村公社之上，也有所谓部落组织。西盟地区有马散、永广、翁戛科等三大部落和若干小部落。以马散部落为例，它包括马散、班哲、莫斯美、阿莫、班箐和中课等十余个村寨，四十余个自然村，一万多人口。部落内部的联系和历史关系有如下几点：①马散寨是这一部落中最早建立的村寨，部落中的其他村寨是由马散迁出的人建立的；②后建村寨均视马散为老寨，承认马散寨的大"窝郎"为最大的"官"；③其他各寨，有时到马散寨询问"阿佤理"，如有关历史和谱系等；④部落内部各寨之间互不猎人头（错猎者也能很好协商解决，不致形成仇家）。除了这四点传统的联系之外，马散部落已是相当松弛，部落内部的各个村寨，可说是相互独立的，对马散"老寨"也没有什么明显的从属关系。

　　村寨间的临时联盟是常有的。结盟最主要的原因，是基于对某一事件或某一纠纷械斗双方利益一致而联合起来。这种联盟是临时性的，事过和利益一致性消失，也就往往宣告结束。另外，某些村寨由于历史原因和地域紧邻，各方面的关系比较密切，以致结成联盟，这种联盟比较稳固持久，但也随时可以破裂。不管以何种原因结成的联盟关系，都带有军事性质，有的在军事行动时才结成联盟，有的在这时原有的联盟关系才明显表现出来。结为联盟的各寨，在经济、政治和军事上都各自独立，没有盟主。

　　西盟佤族这种以村寨为单位的分散的政治状态，是由于它的分散的、很少联系的村社自然经济所造成的，而盛行的猎人头习俗则对这种分散性又起了僵化作用。

　　这类地区佤族的政治和宗教的管理者有"窝郎""头人"和"魔巴"。每一个小寨都有一个小窝郎和一至数个头人和魔巴，每一个村寨，又有由各小窝郎和头人中产生出来的一个大窝郎和主要头人，魔巴也根据他们知道的"阿佤理"的多少分大小。小窝郎是从本小寨最早建寨的家族中产生，据同样理由在小窝郎中推选出大窝郎。窝郎产生之后则世代相承。窝郎的职权，原先是很大的，他掌握村寨中的政治、宗教和礼俗等各种事务。但后来，由于社会内部产生了富裕剥削阶层，窝郎的职权便逐渐被这一阶层中产生出来的头人所代替，仅成了管理宗教事务和在政治上没有实权的村寨领袖的象征了。"头人"是随着阶级的分化和内部事务的增多而出现的。但是，他们一般还是通过民主的形式"选举"产生。所谓选举不过是经济条件优越、勇敢、有能力、会说会道的人，在群众中逐渐树立了威信，从而群众也经常找他调解事情，这样经过一段时期，他便被群众称之为头人了。在"选举"中经济条件是极为重要的条件。头人中绝大多数都属于"珠米"阶层，他们"威信"的高低和"权力"的大小也以自己的经济条件为尺度。"头人"是汉称，本民族称"达"（ta?），长者之意。头人有大小之分，所谓大头人是威信较高的负责全寨事务的主要头人，小头人也有一定威信，他是管理小寨事务或协助主要头人办事的人。但大小头人之间，并没有明显的从属关系。魔巴的具体职务是原始宗教信仰的主祭者，有如"巫师"。由于当地佤族对原始宗教信仰很深，而魔巴又对佤族的历史传说和习俗等（所谓"阿佤理"）懂得较多，所以他们在群众中也有一定的威信和影响。

　　佤族的政治和宗教事务，虽由窝郎、头人和魔巴掌管和处理，但是，他们之间任何人（即便是最有权威的大窝郎或头人）也不能独断专行。在处理有关全寨的重大事情（如猎头、械斗、对外纠纷、大的宗教活动和内部重大事情等）时，必须由村寨中威信最高的大头人或当事头人召集"头人会议"进行讨论协商和处理。参加会议的除了头人、窝郎和大魔巴外，当事人也得参加。所以"头人会议"在西盟佤族的政治生活中起着极为重要的作用。如果有关重大问题，头人会议还不能最后作出决定时，则由头人召开各家家长参加的"寨民大会"讨论解决，所以这种"寨民大会"还保存着最高"权力机关"的某些特色。

　　头人和窝郎与群众有着密切的传统关系。他们一般都参加劳动生产，对群众还没有明显的政治特权的摊派剥削。所以，社会上还没有完全脱离生产专事政治、宗教管理事务的阶层。但是，头人多属剥削阶层，因而他们就很自然地更多地代表这一阶层的利益；同时他们对群众所进行的雇工和高利贷等经济剥削，也必然反映到政治关系上，所以头人群众间是不可能完全平等，也不可能没有矛盾。不过，这种不平等和矛盾，还没有发展到较高和明显的程度而已。

　　西盟佤族，没有特殊的军事组织，更没有脱离生产的"土兵"。"平时生产，战时皆兵"是其特点。遇有械斗，凡成年男子都要参加战斗。能参加而不参加者，为习惯法所不容，受社会舆论的指责，重受物质惩罚。战时的"军事领袖"，是临时性职务，一般由头人兼任，也有由头人会议指定勇敢善战的人临时担任的。军事领袖和勇敢善战的人，在社会上享有很高的荣誉，却没有其他特权。解放以前，村寨之间的纠纷、械斗极其频繁，每个村寨都结下一个乃至数个的仇家村寨，结成仇家最主要的原因是彼此猎人头。村寨间一旦形成仇家，由于他们的血族复仇观念很强，也就很难和解了。由于猎头和仇家的树立，所以每个村寨外围都挖有壕沟，筑起寨墙，戒备森严。每到三、四月间（他们猎头和械斗的盛时），一般人就不敢远离村寨，出寨生产也要带上武器结成队伍才敢出去，甚至部分人进行生产，部分人去作警戒。这时，弱小的村寨就往往紧闭寨门，日夜守卫，不敢出寨生产。猎头、仇家和械斗，给佤族人民带来了极大灾难，不仅损耗了人力、物力，破坏了生产，而且本族人民互相残杀，僵化了村寨间的分散性和隔绝性，严重地阻碍了社会发展。

佤族没有文字，也没有成文法。原始的习惯道德规范调整着人们间的各种关系。这种规范就其原来的性质来说，应是阶级社会以前，符合着社会全体成员的要求历史形成的一种社会约束力量。并且，它对社会成员一视同仁，为全体成员所遵守。佤族的习惯道德规范虽还多少保留这一特征，但晚近以来，却已经渗入和具有了阶级的内容。它已渐成为私有财产的保护物；它的原义已为主要代表剥削阶层利益的头人们视其是否适合于本阶层的利益而任意曲解。但在实施这种规范时，却还没有产生暴力机构或暴力的附属物，而主要还是依靠社会的舆论。如果超出舆论范围，则由头人会议（吸收部分长者和当事人及其亲属参加）协商处理。

从上述可以看出，西盟佤族社会的政治特点，虽还保存着浓厚的原始特征，但已经有了阶级因素，这是与它的经济特点大体适应的。

二、宗教信仰和科学艺术

社会意识是社会存在的反映。西盟佤族的社会意识是与其社会经济基础和政治特点相适应的。下就社会意识中的几个主要方面来说明。

西盟佤族的宗教信仰，是原始的万物有灵的自然崇拜。在他们的观念中，山川、河流、生物和凡为他们所不理解的其他一切自然现象，都认为有"精灵"（或称"灵魂""鬼神"）主宰。这些"精灵"会给人们带来祸福安危，因而就对它们崇拜。佤族最崇拜的是"木依吉"，因为他们认为它是创造万物的，是人类的最高主宰者。木依吉有五个儿子，即"格拉柔姆"（klarɯm），管地震，称地震神；"普冷"（prmŋ），又称"达阿撒"（ta a sa），管打雷，称雷神亦称火神；"达利吉"（ta liŋ）是辟地的神；"达路安"（ta luan），是开天的神；"格雷诺"（kri t'ɔ）是佤族的祖先。除以上鬼神外，还有"阿容"（a jioŋ），又称"达娜"（ta nʒŋ），水鬼；"达务"（ta vuh），风鬼；"达瓦"（ta va），树鬼；"司欧布"（si op），掌管谷子生长的鬼；"阿瑞"（a r ），使人皮肤发痒的鬼；"吉柚"（dʒɯ），使人肋骨痛、头痛、脚痛的鬼；"司尼呵"（sniɯ），夜间变成鸡或狗害人的鬼；"涩"（sʒ），使人肚子痛的鬼；"阿入各"（a rok），使人耳朵痛的鬼；"各若"（grɯŋ），使人耳聋的鬼；"各朗"（kroŋ），疟疾鬼；"各软"（kran），麻疹鬼；等等。佤族的这种原始信仰，是由于他们在与自然和疾病斗争中，对很多自然现象和疾病无从索解和受到某些自然现象的迫害而产生了畏惧心理，因此，便认为冥冥中有一种抽象的力量主宰一切。为了摆脱自然和疾病所带来的灾难，他们也就对这些虚构的抽象力量加以崇拜，祈求解救。

佤族对原始宗教信仰是很深的。因而，宗教活动十分频繁。每年全寨性的较大的宗教活动，照例有祭水鬼、拉木鼓、砍牛尾巴、猎人头祭谷等等；遇有自然灾害，也要剽牛举祭。阳历12月，祭水鬼，意在保障人们吃水和风调雨顺。一月拉木鼓，他们认为木鼓是通天的神器。木鼓房就是祭人头的地方。一月至春播以前是砍牛尾巴的时候。砍牛尾巴是由某一家庭主祭，费用也由这一家庭出，但它有全寨性的意义也是全寨性的活动。每年砍牛尾巴的次数，一个村寨最少也得有一次，"越多越好"。每次举行，最少是剽一条水牛，寨民分食，砍一条黄牛，寨民抢食，多者剽数条至十数条水牛，砍一条黄牛。砍牛尾巴意在把敬过的人头送出寨外（若多次举行，先祭者把人头送出后再拿回，最后一次祭者送出后就不再拿回了）和保障主祭者家庭和全寨的安全。紧接砍牛尾巴便是猎人头祭谷的活动。这一活动一般在春播前，但若不能及时猎到人头，可延至秋收以前。① 人头是用来祭祀"木依吉"，以求五谷丰收。除了全寨性的宗教活动，家庭和个人的祭神祀鬼，则是多不胜数。总之，他们日常的一举一动几乎都与鬼神有关，都要告知鬼神，以求消灾和保护。无论全寨性的或家庭和个人的宗教活动，每次举行都得杀鸡、杀猪或剽牛为祭品，并耗费大量的米和酒。例如，岳宋寨共有407户，从一九五四年秋至一九五七年春因宗教活动仅剽杀水黄牛一项就达750头，每户平均1.55头。马散大寨214户，在一九五七年1月至5月，仅因盖房子（只计算宗教费用部分）、祭母猪鬼、拉木鼓、砍牛尾巴四项宗教活动，就剽杀了水黄牛64条，猪57头，鸡83只，耗费了粮食1万5千余斤，半开650余元，总共折合人民币1万7千8百余元，每户平均83元。在剽牛数字中，珠米阶层占80%以上，另20%为"库普莱"阶层。珠米做一次砍牛尾巴，一般都剽牛数头，也有剽牛十数头的，个别的则剽20余头。马散窝努小寨大珠米艾夏，在15年内就曾剽牛100余头。他们以剽牛多为荣，把牛头骨积累起来显示他们的"财

---

① 上述宗教活动时间，是根据马散的情况。其他村寨宗教活动时间的安排，有的与马散大同小异，有的则相差很大。

富",提高自己的社会地位。有的"库普莱",常在一次宗教活动中就把多年积蓄一次用掉,甚至不惜倾家荡产。据不大确切的统计,西盟佤族每年用在宗教活动上的费用,约占年总收入的三分之一以上。这不但破坏了社会财富的积累和扩大再生产的物质条件,且是他们贫困落后的原因之一,阻碍了社会的进一步发展。

在长期与自然和疾病斗争和艰苦的劳动过程中,西盟佤族人民也创造和积累了一些科学知识和文学艺术。他们基于农业生产的经验和对天文现象及其他自然现象的观察,创造了简单的历法。由于村寨的分散性和某程度的隔绝性,各村寨的历法虽大体一致,也差别不小。一般每年有12个月,岁首月以某种自然现象为标志,或以社会的某一宗教活动为标志。隔几年以闰月调整。每月30日或29日,以新月升为首日。各月的名称,虽各寨有不同,但一般都以宗教活动和生产活动命名。计日一般有九个名称,有如汉族的地支。九日一循环,周而复始。每日又以太阳运行分为若干"时辰",如白日、夜晚和早晨、中午、日落时等。他们根据这种简单的历法安排自己的生产和宗教活动。

佤族的度量衡也是较原始的。他们没有特制的度器。以人体肢节(如手臂、手指)为尺度。两臂伸开的长度为一"托普"(top)或称"排"(p'ai)。一"托普"等于五"所"(so),一所即一肘之长度。一"所"又等于两个"丁特"(tint'ʒ),一"丁特"即拇指与小指伸开之间的长度。量器和单位各村寨也不尽一致。一般量器有"散因"(seiŋ),单位有"散因"、"块"(k'uai),"担"(tan)和"亢"(kan)。散因的大小各寨有所不同,即使同一村寨也有差别。根据马散大寨的情况,每一大散因量谷2.85公斤,每一小散因量谷1.75公斤。五大散因为一块,两块为一担,三担为一亢。衡器有戥子和秤。戥子是从汉族买来的,单位有分、钱、两、斤,与汉族相同。秤为本民族制造的,以石为锤,以木为杆,杆刻若干纹道,可是这些纹道既不代表斤、两,也没有形成固定的单位。

佤族对个人和环境卫生是很不讲究的,加之医药条件缺乏,致各种疾病甚为流行。除普遍流行的肠胃病外,对人们生命安全威胁最大的有疟疾(特别是脑型疟疾)、麻疹、痢疾等。他们认为病由鬼生,所以得病后就杀鸡、杀猪甚至剽牛祭鬼以求痊愈。除祭鬼外,他们也会用熊胆治喉肿、喉痛、发热;用大蒜、葱、姜治疗各种病;对外伤则首先用绳子扎起止血,然后再用乔枝、芦子和石灰等嚼细敷患处。不管这些草药合不合科学标准,但却说明他们已经有了极初步的医药知识。

佤族没有文字,他们还是用木刻和实物来记事或传达意思。木刻一般是用半寸至一寸宽的竹片,长度不等,边上刻口以示意和记事,下举马散的三个木刻来说明。

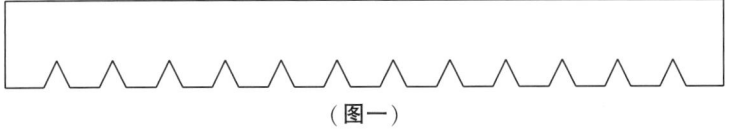

(图一)

图一是用来记载重要时日的。马散与歹格拉有砍头的纠纷，一九五七年经政府调解，双方愿意和好，并规定在12天以后举行"剽牛洗手"的和解仪式，为了不误时日，马散大头人即在竹片上刻12个刀口，过一日砍去一个，剩下最后一个时也就到举行洗手仪式的日子了。

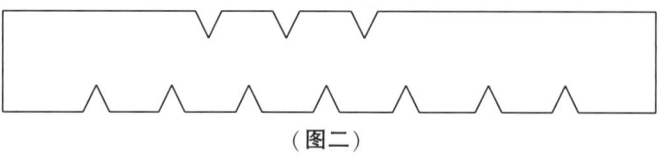

（图二）

图二表示借债关系的。上边三口，左口代表借债人，中口代表中间人，右口代表债主。下边刻口表示借债的数目，但所表示的单位是不同的，每一口可代表一元，也可代表5元，10元……这需要在借时讲明。借债木刻同样刻两个，债主与债务人各执一个为凭。

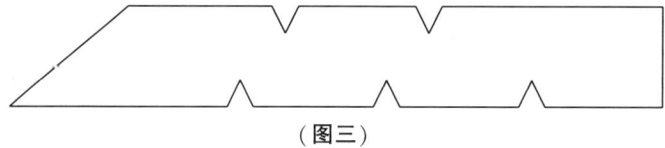

（图三）

图三为通知或信件木刻。若甲乙两寨有纠纷，一方通知对方来和解时，则用此种木刻。木刻上边两口，代表甲、乙两寨，下边刻口表示要在几日内来和解，（一口表示一日）。木刻一端削一斜角表示事关紧急，不得拖延。

除木刻外还以实物传达意思。例如，村寨间发生纠纷、械斗或和解等事情时，往往以如下一些实物传达意思。送甘蔗、芭蕉、黄蜡、草烟、牛肋骨和盐巴等表示友好，送辣子表示气愤，送鸡毛表示事情紧急和最后警告，送火炭表示要烧对方的寨子，送子弹或火药表示要打对方，等等。

佤族的方位观念是不够细致的。方位只有东、西、上、下和前、后、左、右，而没有南、北和东南、东北、西南、西北。他们称东为"里斯埃"（lih si ŋei），"里"为出来，"斯埃"是太阳，即日出方；西为"里吉斯埃"（lit si ŋei）或"格莱普斯埃"，"里吉"为进去，"格莱普"为落，即日落方。佤族的数字观念也是比较差的，即使最简单的加减计算，也要借助于手指脚趾或实物，才能算出来。根据马散语，一百以内的数字较完整，一百以上的数字也有一百五十，二百，二百五十……（每次都加五十）等单位。千数以上则借用傣族。

佤族人民喜歌乐舞。在生产劳动中，在男女谈爱的场合，都可听到他们的悠扬歌声。每逢重大宗教节日，盛装歌舞，数日不止。歌有几个固定的调子，内容即景而异。常见的佤族的舞蹈有"圆圈舞"和"舂臼舞"。圆圈舞不分男女老少手拉手围一圆圈，向反时针方向转动，载歌载舞，动作虽简单，但步调整齐，甚有节奏。舂臼舞是妇女们由平时舂臼的动作提高加工而成。三四个妇女，围一木臼，边舂边舞，节奏分明，舞姿美观。这一舞蹈多在老人死后至埋葬前才跳，以娱死者。自佤族传入的有象脚鼓舞。

每一个佤族老人（特别是大魔巴）都能讲述许多传说，内容包括人类起源、鬼神故事、祖先事迹、村寨历史、村寨关系、英雄事迹和爱情故事等等。其中最有名的是"司岗里"的传说，它的内容虽具有浓厚的宗教色彩，但却像一部史诗描述了人类的起源和佤族的古代生活。在佤族的生活器皿、房子和牛角丫上可看到雕刻和壁画，有的是条纹、几何纹，有的是人像和鸟兽像，有的则描绘了他们的生产、生活和宗教活动。在妇女们织成的裙子和背包上面，也有美观的图案。

从以上科学文化的几个方面，说明了佤族人民的智慧和创造，同时也可看出它还比较简单、朴素，这也反映了他们的社会发展水平。

三、对这类地区社会性质的初步认识

从上述生产、经济结构、社会政治组织和思想意识等方面看来，以西盟县为主的佤族虽然处在阿佤山中心地带，但也严重受了周围先进民族的冲击和强有力的影响。因此，它的社会形态，也就不可能是纯粹的形式或古典的形式，而是具有多种成分，它的发展也具有某种跳越性或畸形。在这一认识的前提下，来分析它的社会主要特点，那末我们可以认为以西盟为主的阿佤山中心地区的社会形态是处在原始的农村公社解体、阶级社会正在形成的发展阶段。原始农村公社（指其原生形态而非次生形态）是原始社会最后的一个公社形式，也是从原始社会向阶级社会过渡的形态。而西盟佤族的这种村社，从它内部的经济关系——生产资料（特别是土地）私有制已经确立，村社公有土地仅是残存，各阶层占有生产资料和产品分配已发生了相当大的不平等——看来，已不是它发展的初期或中期阶段，而是处在崩溃之中了。正如恩格斯所讲："在拥有公共土地所有制的氏族公社及农村公社中……生产品的颇为平等的分配是一件不言而喻的事情，如果公社成员之间在分配产品上面发生了颇为重大的不平等，那这就是公社已经开始崩溃的标志。"① 在这一社会发展阶段，原始社会的因素必然还浓厚的残存着，阶级社会的因素也应有一定的发展。从上面所谈到的西盟佤族的经济、政治特点，则正是这种情况。西盟佤族基于占有生产资料和产品分配的不平等，虽已逐渐分化出来了"珠米""普库莱""晋查"和奴隶四个社会阶层，但是它们的分化程度还不是固定明显的。而且"珠米"这一阶层还没有发展和形成某一阶级社会的特定的剥削阶级，奴隶阶层也为数很少并具有家长奴隶制的特征。所以在西盟佤族社会中，阶级因素虽已占了相当比重，但还不能认为它已形成了某一阶级社会，而是正在形成之中。

---

① 恩格斯：《反杜林论》，人民出版社，151页。

第十五章 哈尼族[①]

一、家庭、婚姻与生活习俗

（一）家庭、家族和村寨

组成哈尼族社会的基本单位为父权制的个体家庭。西双版纳及红河南岸部分地区，家族组织还明显的存在着。若干按父系血亲关系维系着的家庭组成一个"谷"（家族），"谷"有自己的姓氏和族长，有些还有共同的墓地和少量的公有土地。同一个"谷"严禁通婚。景洪县勐宋芒窝科寨共三十七户，其中哈尼族三十六户，分属于七个"谷"，人数最多的"密丘谷"共十三户，少的只两三户人。"谷"有族长一人，均为年长的男子，是未经选举自然形成的。由于在实际生活中"谷"的作用已日益缩小，族长也只是多懂得一些本民族的"规矩"，在处理有关"谷"的公共事务时他的意见受到尊重而已，别无其他权力。

若干家族组成地缘性的村寨，大的二三百户，小的仅数户，以二三十户人家的为最多。边疆地区，村寨有一定的土地范围，有共同的宗教生活，同寨人还有某些互相帮助的义务（如盖房子、婚丧相帮等）。宗教活动的领导和主持者，西双版纳称"儒玛"，澜沧称"给巴"，红河南岸地区称"米谷"，汉族则称他们为"龙巴头"或"龙头"。

在社会上和家庭中都有歧视妇女之风，红河南岸的哈尼族中流行这样一句谚语，"浮萍不是草，女子不算人"。妇女地位的低下可以想见。

（二）婚姻和丧葬

一夫一妻制是哈尼族基本的婚姻制度。西双版纳地区比较严格，认为多妻不合哈尼族的礼，弃妻再娶要受舆论的谴责和被头人罚款，还得给前妻及其舅家送礼赔不是。红河及内地，一夫多妻为社会所允许，特别是在土司和地富阶级中相当普遍。

各类地区的未婚青年都享有充分的社交自由俗称"串姑娘"。西双版纳有专供青年人聚会的"公房"，红河一带则在寡妇家、田房里和村寨附近的山林中聚会。他们围火对唱、谈情说爱乃至发生性关系，都无人干涉。在前类地区，结婚聘礼不重，青年们多能征得父母同意与自己喜爱的人成婚。其他地区则盛行包办

[①] 编注：本章系陈序经摘录自中国科学院民族研究所云南民族调查组、云南省民族历史研究院编《哈尼族简史简志合编》。

买卖婚，墨江等地还有姑舅表优先婚配的习俗，通婚受到更多的限制，很少有可能自择配偶。结婚以后，男子在社会的默许下，仍然可以去串姑娘，妇女则受严格的限制。

夫妇不和可以离婚。西双版纳一带，只须由提出的一方给头人三元半开，就算办理了离婚手续。其他地区男子可以任意遗弃妻子，妇女则须赔还乃至加倍赔还丈夫的聘金才能得到自由。因而，实际的离婚权多操于男方。寡妇再嫁受舆论的支持，有兄终弟及的习惯。

娶亲多在秋收以后，请"贝马"（巫师）择吉日，男方须给女方送酒、肉等礼物。红河一带，迎娶的当天，新娘可以公开地与平时在一起串姑娘的男女伙伴叙别情；男方来迎亲的人往往得到处去寻找。新娘到男家多在黄昏时候，或骑马、或步行，由女伴多人陪送；第二天回门后即落夫家。峨山一带有不落夫家的习俗。

丧葬均木棺土葬，见于记载过去也曾行火葬。西双版纳地区，村里死了人，全村都停止生产到丧家去帮忙，主人则杀猪献鬼并招待大家酒饭。如主人家境贫困，也可以得到物质上的帮助。墓地多在村旁竜树林里挖穴埋入后即填平，不看"风水"，也不筑墓。红河地区老人去世要报丧，亲友携带鸡、猪或米、酒之类的礼物来祭。女婿来吊最为隆重，须杀牛献祭。出殡以前至亲好友留在丧家陪住，晚上村中青年聚集在丧家屋前跳"乐作"舞。并请"贝马"给死者开路送魂，主持入殓和祭祀。墓地以滚鸡蛋的方式选择，鸡蛋烂在那里，就在那里挖穴，入葬后垒土坟。土司和富裕之家有请汉族"地理先生"看"风水"的，并仿汉族砌石墓。

（三）物质生活

哈尼族喜用自己染织的藏青色土布做衣服。男子多穿对襟上衣和长裤，以黑布或白布包头，老年人戴瓜皮帽；西双版纳地区的穿右襟上衣，沿大襟镶两行大银片作装饰，以黑布缠头。逢节日或是去串姑娘，小伙子们还喜欢把美丽的羽毛和鲜花插在头上。妇女服饰较复杂，地区差别较大，也较多地保持了本民族的特色。多数地区穿右襟无领的上衣，以银币做纽扣；下穿长裤。盛装时外披坎肩一件，有的还系绣花围腰，打挑花绑腿。在衣服的托肩、大襟、袖口及裤脚上，都镶上几道彩色花边，坎肩则以挑花做边饰。西双版纳及澜沧一带的妇女，下穿及膝的短裙，打护腿。平时多跣足，年节穿绣花尖头鞋。附加的饰物是丰富多彩的，普遍喜爱以银练和成串的银币作胸饰，带耳环或耳坠，澜沧的哈尼族妇女，带形如手镯的大银环。蓄发编辫，少女多垂辫，年长或婚后则盘于头上。以黑或蓝布缠头或制作各式帽子，上镶小银泡、料珠或是坠上许多丝线编织的流苏，各地不一。红河南岸就有戴圆形帽上坠流苏的，有不戴帽盘辫于顶的，有戴尖头帽的等等。妇女未婚和已婚，在服饰上有显著的区别，有以单、双辫分，以垂辫和盘辫分，以系裙的高低分和以围腰的颜色分等等，本地人很容易把她们区别开来。①

大米和包谷是经常的主食，年节吃糯米饭和粑粑（类似年糕的米制品）。红河南岸的哈尼族善于用发酵的黄豆渗合草木灰制作具有特殊风味的豆豉，他们几乎每餐用以佐食，以至被专称为"哈尼豆豉"。哈尼族也喜吃酸、辣，注意调味，常把一些山上找来的带有香味的叶子放在蔬菜中作调味品。

嗜烟、酒，饮茶或以一种带甜味的黄花作饮料。

房屋建筑均就地取材并适合于当地生活的需要。红河及内地的哈尼族多在较凉爽的山腰地带建寨，生产又以耕田为主；适应于当地的气候条件和生产的稳定性，房屋都是比较牢固和保暖的。一般是土、木结构的两层楼房，以石块垫基，用结实的圆木（或方木）为支柱；土砖砌墙。房屋的外形有正方的、也有长方的。屋顶有平顶、双斜面和四斜面的几种。平顶屋当地称"土掌房"，在内地和红河南岸的哈尼族中均较普遍。其构造是在横檩上铺上一层木棍（或木条、木板），上复茅草，茅草上再铺一层不含杂质的素土，经洒水捶搋即成。土顶既是屋顶，又是晒台，在坎坷不平的山区是很实用的。斜面屋顶多铺茅草，少数用瓦。房屋的下层均关养牲畜；上层住人，一般在靠后墙的一角筑灶，屋中设一个火塘，在右或左侧以木板隔开作为住房。屋子小、人口少的则不再隔为几间。为利用房顶的空间，往往还在房顶下铺一层木板，以放存粮食和木柴。

西双版纳及澜沧等温热地带的哈尼族，住竹木结构的"干栏"。惟较傣族的简陋，这与他们比较地易于迁居不无关系。人的住屋，一般分隔为前后两间，男子住前屋，妇女住后屋，出入也分男门、女门；接待宾客均在男屋。

建筑房屋多在秋收以后，建屋的主人只需准备好建筑材料，邀请一声，全寨的人都会来帮忙，几天就可以建成一幢新房。在施工过程中，主人只以酒、饭招待，无须其他报酬。

（四）宗教信仰与节日

哈尼族还没有形成一神虔敬崇拜的宗教观念，原始的万物有灵，多神崇拜和产生得比较晚的祖先崇拜，是他们信仰的主要内容。

西双版纳的哈尼族，主要信仰万物有灵，祖先崇拜尚处于初期的阶段。由于对自然现象的不理解，他们以为任何自然物，冥冥中都有一种超自然的力量在主宰。这种超自然的"精灵"，还没有被区别为"鬼""神"两种概念，但已经有了善、恶的分别。对于强有力的天神、地神、龙神及具有保护神性质的寨神"张米麻"、家神"米索多"（即祖先，以一篾片为祖灵供于屋内），他们定期祭祀，

---

① 文中所举四例：①元阳五区，少女盘单辫、已婚双辫。②六区未婚垂辫，已婚缠于顶。③墨江部分哈尼族少女系白或粉红围腰。④西双版纳及澜沧的哈尼族妇女未婚者裙子系得高，紧接上衣；已婚则系得低，腰部裸露。

求其降福和保佑。而对于带给人类灾难和疾病的各种恶神，则既献祭讨好它，又请巫师作法驱赶它。在他们的观念中，这种超自然的力量既是可怕的，也是通过祭祀和巫术可以制约的。

"竜"即忌日，不事生产，也是他们宗教生活的主要组成部分。每年有固定的"竜"日；此外，凡看到、听到认为不吉的或是不能理解的事物，就要"竜"，以为这样可以消灾免难。一年之中固定的或临时性的宗教活动极为频繁。

主持全寨性宗教活动的"儒玛"，每寨一人，一般是从本寨最早的老户中产生，父子相传。他很可能是农村公社时期，政教合一的村社领袖。伴随着贫富的分化，从富有者中产生了新的头人，儒玛的作用就逐渐局限于宗教和习俗的范畴，但在群众中仍享有很高的威信。儒玛与群众有一定的经济关系。每年在他田中举行栽插和收割的宗教仪式，群众都去帮他一天白工；收割前各户要轮流请他吃新饭；猎得野兽也要送他一点肉。而儒玛在祭"红石天"时得杀一口猪请全寨群众吃，一年中也有不少时间花在全寨性的宗教活动上。因而群众所给予他的，本来在相当程度上具有补偿的性质。但随着社会的发展，也出现了儒玛利用宗教迷信进行剥削的事项。

另还有巫师"贝马"和"尼马"，均师徒相传。"贝马"为男性，主持念经驱鬼、开路送魂等较重大的迷信活动。"尼马"有男有女，给人卜算吉凶，以巫术和草药治病等。他们可以得到实物（鸡、米、酒、布）和货币的报酬。

这里主要的宗教活动与农事活动密切相关。但时间还只是相对的固定，每年都由"儒玛"按当时情况选择对本寨和他本人吉利的日子过，可以稍前或稍后。一年中固定的宗教活动主要有：二月的"红石天"、播种前的"［换］龙巴门"、五月份过"鸦卡皮罗"、谷子打包时过"别我涅"、开谷花时的"卡耶"、谷子将熟时的"尼波尼"等。

"红石天"是祭祀死去的儒玛，由本任儒玛杀猪献祭并请全村老人聚餐。老人们盛装赴会，在一起讲古典、唱酒歌。青年男子组织撵山、妇女下河拿鱼。

"龙巴门"即寨门，哈尼族视为神圣不可侵犯，它可能是农村公社时期村社神的象征。他们认为住在门内的人，就可以得到村社神的保护和同寨人的帮助，离开了"龙巴门"，也就离开了神和集体。每寨有正门一道，侧门两道。门以木制，高约六尺，上附鸟兽、人像等粗雕木饰。新门建成后，并不废弃旧门，而是每年在旧门外加建新门。以至老寨外出现了一长列门的甬道。

"鸦卡皮罗"意为栽谷年。先由龙巴头率领到河边祭龙，祈求风调雨顺、五谷丰登；然后龙巴头到山地上播种少许旱谷，次日各户即可播种。在小秧长出以前忌砍柴、理发，违者罚鸡、米、酒敬神。

"别我涅"是捉虫之意。"别我"是一种专吃谷浆的害虫。在谷子打包时由龙巴头通知各户在自己田中分别捕捉几个"别我"，将其夹放在树枝上插于龙巴门旁。他们认为经过这个仪式，"别我"就会自行死去。

"卡耶"是祭谷花祈丰收。

"约拉阿皮罗"意为赶鬼出寨。在这个仪式前几天，还要杀鸡祭鬼，先给鬼打个招呼，并献一只鸡脚给鬼做拐杖，使其准备好离开村寨。正式赶鬼时，先一天修理村寨周围的道路，以便于鬼怪逃窜；实际上对收获也有好处。次晨太阳刚出，全寨鸣枪击钲，人喊马叫的撵鬼。各户把头天准备好的一块小篾笆送到寨外，象征着鬼已被撵尽。

"尼菠尼"意为拿蚂蚱，由儒玛通知各户在同一天内各拿几个回家，与米饭混舂成粑粑食用，认为这就可以把蚂蚱的眼睛碓瞎了，使其不能再为害庄稼。

除以上以村寨为单位的祭祀外，各户在每个生产段落，还要分别杀牲（主要是鸡）献神。栽插和收割必须等儒玛在他自己的田中举行了宗教仪式之后才能开始；否则，即使小秧长老或是粮食烂在田中也不能动手。

忌日子即"竜"日，是极其频繁的，一年之中凡属"羊"日就要"竜"，少数地区"虎"日也"竜"；临时性的更不胜数，涉及全寨的如：寨内死了人、新户迁入、野兽进寨、水牛烂角、黄牛掉尾、猪在寨内生小猪、狗在寨外生小狗或爬屋顶，本寨发生火灾或听到别寨火灾，本寨妇女生双胞或所到别寨生双胞或六指（六趾）婴儿，每年第一次打雷、下雹、刮大风等等，都要"竜"。对犯了忌讳的牲畜，无论牛、马、猪、狗，一律宰杀，由除其主人家族外的同寨人分食。家族里或是家中请巫师"做礼"，或是在村外看见野兽、树枝掉落身上等，则由本家族、家庭或是当事人单独"忌日子"。

人们认为最大的不祥，后果也最严重的，莫过于人生双胎或六指（六趾）或五官不全的婴儿。他们认为这种小孩会给人们带来大难。一旦出现这种情况，儒玛就要逼令把婴儿处死，把婴儿的父母赶出"龙巴门"，他们的房屋、家具要全部烧毁，动产除粮食、现金外也被分光。本寨为此要换"龙巴门"，串小姑娘也要停止一段时期并另建公房。如当事人富有，请"贝马"做九天大礼，大量杀牲献祭后可以回到寨内居住。但在一年以内无人与他们交往，并从此不得参与全寨性的宗教活动。而家庭困难无力做礼的，就只有在山野居住相当时期后迁居其他村寨。

这些原始宗教活动，约占去人们全年四分之一到三分之一的时间，大量地浪费了社会的人力和物力，影响了生产的发展，甚而导致家破人亡的严重后果，给当地哈尼族带来了很大的灾难。

红河南岸及内地的哈尼族，仍以多神崇拜为主。主要的神有：天女"奥玛"、地神"阿奥"、山公"搓司搓欤"、山母"腊必腊杉"、龙树神"阿玛阿搓"及家神"合沙尼沙"等。"奥玛"被尊为最大的神和万物的创造者；龙树则是人类的保护神，每个家族有自己的龙树，村寨又有共同的龙树。在每年阴历

二、三月间，各寨、各家族都要举行隆重的祭龙活动，由"米谷"（龙头）和"贝马"主持杀牲献祭，寨民饮酒歌舞，狂欢二三日。祭龙妇女不能参加。但在元阳下主鲁，主祭人必须男扮女装，这也许是由于祭龙产生于遥远的母权制时代。此外，还有三月的祭山、六月的祭水、七月的祭天等，其他临时性的"竜日"也还不少。

这些地区的"米谷"，已经只是祭龙时的主持者而已，别无其他权力。"贝马"则已有少数主要靠迷信收入为生，个别的成了"御用"巫师，专门给土司家族背诵家谱，公然制造：土司是天神下降，没有土司谷子不会熟、公鸡不会叫等鬼话愚弄人民。就是对于自然的崇拜，也已经深深地打上了阶级的烙印。如思陀区的"祭山"，已经不是对"山神"的祭祀，而是由土司率领着祭他的忠臣"牛牒"。前类地区在龙巴头田中举行的栽种和收割仪式，也有改在土司官田中举行的。宗教迷信活动，已经进一步被统治者利用作为思想统治的工具。

民国初年，披着宗教外衣的帝国主义分子，把基督教传入了哈尼族地区；佛教也曾在这些地区传播过，惟入教的人不多，影响也不大。

节日有十月年、六月年，也过春节、端午和中秋。

十月年哈尼族称为大年，按他们的历法，十月是岁首。节期近半月，具体日期各寨可先可后。这时正是大春上场、厩中猪肥的时节，有条件的人家都杀牲、舂米粑粑、蒸年糕、染黄糯米饭献天地、祖宗。男、女、老、少都着新装，亲友们互相走访；有男孩子的人家多在这个节日里请媒人去说亲。嫁出去的姑娘也要带着酒、肉和粑粑回娘家献祖过年。村里的老年人轮流着到接到订婚礼物或有姑娘回家的人家去探望，分享一些礼品。墨江的部分哈尼族，年节里经常整个家族聚集会餐（自带食品）；另还有一种特殊的风俗，即前一年出嫁的新娘们，要集于村外山野里互相诉说自己的新婚生活，而严禁男子偷听。

六月年也是个欢乐的节日，红河地区称"苦扎扎"，日期一般在六月二十四日前后，节期三至六天。节日里，以村寨为单位杀牛祭"秋房"，牛肉各户分回祭祖。青年们聚集在一起"荡秋千"、摔角、狩猎、唱山歌等尽情欢乐。

内地及红河南岸的哈尼族，也过正月年、中秋和端阳等节日。正月年过三至五天，有条件的人家杀猪祭祖，初一吃汤圆；亲友之间也互相宴请。中秋和端阳大体同汉俗。

二、科学知识与文学艺术

（一）知识与经验

通过长期的生产实践和生活实践，哈尼族人民在多方面积累了符合于科学的知识和经验。

哈尼族有丰富的生产经验。农业，特别是对梯田的经营最具代表性。云南多数的山居民族都能开垦梯田；但所垦台数之多，技术之精，则当推红河南岸的哈尼族。他们从选择土地到开沟砌埂，积累了成套的经验。土地的选择是严格的，只有土质较好、水源充沛而又向阳的斜坡地带才宜于开田。砌田埂从最下层开始，一般用黏土渗和石块填筑，再经过精心的抿摇，就能达到整齐牢固，不漏水不溃决。灌溉的水源多在山巅，他们把沟渠自山顶修下，顺序灌溉，充分利用了"山有多高，水有多高"的自然条件。他们熟悉土地的习性，培育了适于当地生长的优良品种。元阳县麻栗寨的农民知道用草木灰和蒿枝叶把锈水田改造为肥田。多犁多耙多薅草与农业丰产的关系，有些人也认识到了，少数人还作过试验，获得了良好的结果。只是处于封建制度压榨下的广大农民，没有能力和兴趣来从事这种改良。古老的成规，只有在实践的长期冲击下，才得到缓慢的改变。

历法基本上是用夏历。每年分十二个月，每月都是三十天。几年一闰。全年只分三季，每季都是四个月。"造它"为冷季，相当于夏历的秋末与冬季；"渥都"为吹风转热之季，约当夏历的春季与初夏；"热渥"为湿热的雨季，约当夏季与初秋。日以十二生肖命名，与夏历的推算方法完全相同。一日之内时间的早晚，就全靠观察太阳了。也有人把一根刻有很多刀痕的木棍置于屋内太阳照射得到的地方，以太阳初照时的情况判断季节的更替；以一日之内的变化判断时间的早晚。但多数的人，往往是依据某一种树木的发芽，某种花儿的开放和候鸟的到来判断季节的变化。"布谷鸟"就被称为季节的讯号，在民间广泛的流传着它是勇敢的哈尼族青年阿罗专门从天上找来报季节的。

使用木刻、结绳或其他自然物为信物，以弥补没有文字所带来的某些困难，在哈尼族中还是多见的。红河地区通常以木刻为借据和典当契约，由当事双方亲自将表示银钱数量的符号刻于木片上，从中割开，各执一半为凭。红河思陀的老密地区用石块——当地称"科粒"为凭。即发生土地典当关系的双方，用一块以价银等重的石块为凭据，由典入户保存，此后原主赎田，即按石块重量退还典金。夫妇离婚也以木刻为凭证，丈夫不喜欢自己的妻子，就在一块木片上刻三条横道，从中剖开，交女方一半，妻子就得离开丈夫的家庭。也曾有用木刻传信的，元阳哈播阿九作保存的一件传信木刻，以竹皮制成，形如刀，内面用炭画三条斜线，刀刃一侧刻三个缺口，刀尖剖开一缝，夹一根鸡毛。炭画和鸡毛表示事情的紧急，三个缺口表示三日送到。这种表意的方式与云南的其他后进民族是一致的。

疾病的起因，多被认为是鬼神作祟；但在长期与疾病作斗争的实践中，药物治疗的成效毕竟使"草医"得到了发展。在西双版纳，草药医生和巫师往往还是二位一体，他们采用跳鬼和药物双管齐下的方法给人治病。其他地区，草医与巫师已经分别开来，得到了比较健康的发展。草医往往对当地经常流行的疾病有较多的治疗方法和较好的疗效，还知道用拔火罐和针灸的方法治疗风湿病和肿痛症，对外伤和骨折疗效也比较好。家畜、家禽的疫病，也有了一些治疗经验。

儿童主要靠家庭和社会教育。他们从实际生活中求知识，从传说故事中学历史。哈尼族地区很少的几所小学，可以说是为上层和地富子弟开设的，贫苦农民的子弟，很难有受学校教育的机会。

（二）文学艺术

哈尼族的文学还是口头文学，依靠世代口耳相传保存下来和不断充实。它反映的内容很广泛；体裁也比较丰富，有神话、故事、诗歌、谜语、谚语等。

神话传说和"史诗"是哈尼族文学中最古老的部分，它们往往表现相同的内容，如"创世纪""合心兄妹传人种""古老时候的人""哈尼祖先过江来"①等都属这一类。

"创世纪"解释了天、地、万物的来历，河流山川的起因。"合心兄妹传人种"是叙述人类经历了严酷的洪水灾害继续繁衍的事。他们这样描写洪水的泛滥：

　　千条万条江，
　　汇拢在一处；
　　千条万条河，
　　汇拢在一处。
　　洪水淹没了地，
　　洪水漫上了天，
　　连星星也被洪水淹。

这场洪水中只有躲在葫芦里的两兄妹幸免于难，后来他们结成了夫妇，繁衍了人类。这个故事在彝语支各族及西南的其他一些民族中都广为流传。

"古老时候的人"多方面的描述了早期人类的生活。据说最早的人是与动物生活在一起。后来人类有了工具，掌握了火，在来拜阿妬神的帮助下把飞禽走兽赶到山里去；又与巨人、老虎以及天上的九个太阳作了一系列的斗争，才获得了一块适于自己生存的土地。在这类作品中有写实的描绘，也有幻想的夸张。一切自然灾害，都被当作与人类对立的恶势力，而人类总是在那些"善神"的帮助下，一次又一次地取得胜利，为自己的生产、生活创造了更有利的条件。

"哈尼祖先过江来"叙述在大民族统治者推行民族压迫的年代里，哈尼族的祖先被迫南迁，一路上克服了无数的艰难困苦，终于找到了红河南岸这片荒芜而

---

① 过去哈尼族称红河为"红江"，北岸为"江内"，南岸为"江外"。这里的"过江"，即由北而南渡过红河。

肥沃的土地。他们披荆斩棘，充满信心地开始了新的生产和生活。作品既反映了哈尼族的祖先在与自然斗争中的英勇气魄和乐观精神，又表现了哈尼族人民对他们勤劳、勇敢的祖先的热烈赞颂。

哈尼族的宗教和习俗，在诗歌中也有反映，撒棉花种时的仪式歌是这样的：

献上一对鸡，
献上一对鸭；
摘来一把红花，
摘来一把白花。
七十岁的老人把籽种抓一把，
朝着两把花上撒；
种下去的籽种啊，
要像花一样的发。

此外，还有"祭龙规矩歌""叫谷魂""老人安葬歌""讨媳妇的歌"等等，生动形象地反映了他们多神崇拜的宗教观念和富有民族色彩的习俗，是了解哈尼族的思想意识和习俗的重要资料。

以上的作品，还没有涉及人对人的剥削压迫，可能是前阶级社会的产物。在产生得比较晚的另一些作品中，则明显地打上了阶级的烙印。诗歌"好的东西土司要"是土司压榨人民的真实写照：

养得一条好牛，
土司来拖去犁；
喂得一匹好马，
土司来拖去骑。
生得一个好儿子，
土司来拉去当兵；
生得一个好姑娘；
土司来拉去做小老婆。

反动的统治和残酷的剥削，无数次地激起了人民的反抗斗争，在口头文学中也得到鲜明的反映，其中以"多沙阿波"领导群众反土司的故事流传最广和影响最大。故事用群众送给多沙阿波部队的黄糯米饭堆成了"米团山"，形象地表现了群众对这次斗争的热诚拥护。

诗歌也是反映现实生活的重要体裁。无论是抒发情感，或是生产中的对歌，或者二者兼是，内容多属触景生情，即兴而歌；只是少数形成了固定的内容和情节，如"十二月生产调""不愿出嫁的姑娘"等。这是一种反映面最广，作品最丰富的体裁。青年男女婚前社交的自由和大胆在诗歌中有这样的反映：

我俩来谈谈，
　　坐下来嗽嗽。
　　人不会来看，
　　鬼也不会来看；
　　人来鬼来也不怕，
　　哪个要看让他看！

但是，在封建社会里爱情并不是婚姻的基础，青年们多被迫与陌生的人成婚。长诗"不愿出嫁的姑娘"就是对这种包办婚姻的反抗：

　　阿爹、阿嫫和哥哥也，
　　你们一定要逼我，
　　你们一定要嫁我。
　　我早去晚回来，
　　晚去早回来；
　　不守灶神三日，
　　就要跑回来；
　　不在新房睡三夜，
　　我马上跑回来。

诗中的姑娘终究逃出了婆家，去追求幸福的生活。但在现实生活中，包办的婚姻葬送了无数青年人的幸福，这在诗歌中也有反映。

"十二月生产调"描述了一年的生产、生活和自然景物的变化，其中有这样的几段：

　　攀枝花开啦！
　　要翻年啦！
　　攀枝花是哈尼的通书，
　　它告诉哈尼翻得田了。
　　　×　×　×
　　六日要过六月年，
　　好的日子在眼前，
　　一家新盖一间房，
　　全寨要盖"爱雀房"①。
　　　×　×　×
　　"阿耳吉"（秋千）高高的飞，

---

① 过六月年杀牛献祭的地方，汉称"秋房"。

"阿着着"（磨秋）快快的跑；
小姑娘、小伙子欢欢乐乐，
过年三天父母都不管。

谚语和谜语在哈尼族的口头文学中是更晚期的作品，数量还不多。这两种文学体裁的产生，反映了哈尼族概括和抽象能力的进一步发展。谜语往往采取简答形式表现，如：

大妈每天起得早，
把娃娃的衣裤全脱了。
——用碓舂稻谷。
阿妈在前面开路，
儿子在后边塞路。
——用针线缝东西。

谚语中反映生活困苦的占相当比重，如：

谷床响，
眼泪淌。
头冷蓑衣盖，
脚冷灰里埋。

这些体裁丰富的口头文学，多方面的反映了他们的生产和生活，具有浓厚的生活气息和民族特色。在早期的作品中，直接的和排比的表现方法是主要的。而晚期的作品，特别是情诗，就更多地以含蓄的比喻表达情感。这与彝语支其他民族口头文学的发展过程是很相近的。

哈尼族与汉族长时期的杂居共处也反映在文艺的相互交流上。汉族的民间故事"桃园结义""大闹天宫""梁山伯与祝英台"等等，在内地及红河南岸的哈尼族中都广为流传，并被加以改编，涂上了哈尼族的色彩。如"梁祝故事"中祝英台给梁山伯的暗示，就以"公猴背母猴"等富于山野气息的比喻，代替了汉族民间流传的鸳鸯、蝴蝶之类的比喻。汉族民间文学的传入，对哈尼族的文学有良好的影响，往往熟悉汉族传说的人，在讲述本民族的传说时就更注意情节的安排和故事的系统性。

哈尼族也是一个热爱音乐和舞蹈的民族。无论男、女、老、少，都喜欢随身带着自己的乐器。小伙子爱的是三弦和四弦，姑娘们喜欢"把乌"和"响篾"[1]，男孩子爱吹直笛，老年人也有他们特制的"小把乌"。在节日和盛大的祭祀场合，鉈（乳锣）和鼓等敲击乐器是不可缺少的。"把乌"是哈尼族特有的乐器，

---

[1] "响篾"是一种小型的竹制吹弹乐器。彝语支各族妇女都善于吹奏。

以细竹管制成，形如笛，吹的一端加一个鸭咀形的扁头；一般长六七寸，五个孔。音色幽雅深沉，如泣如诉，宜于抒发情感。

歌唱为广大群众所喜爱，主要有"哈八惹"和"阿其古"两大类。"哈八惹"意思是喝酒时唱的歌，多在祭祀、节日、婚丧等隆重的场合由"米谷"或是老年人唱。如"创世纪""祭祀酒歌""祭龙规矩歌""老人安葬歌""讨媳妇的歌"等都属这一类。酒歌的调子庄重严肃、低沉缓慢；歌时由一人主唱，唱完一小段，周围听众接唱付歌。"阿其古"是生产劳动时唱的歌，只能在山野田地里唱，可译为"山歌"。它主要是歌唱爱情和生产，而以情歌为多。曲调有欢调、悲调、放牛调、花花调等。以男女问答式的对唱为主，也有独唱。由于是在山野中唱，声音比较嘹亮高亢。

无论酒歌或山歌，都与文学密切地联系着，凡是诗歌体裁的作品，都可以通过歌唱表现出来。可以说：诗是歌的内容，歌是诗的表现形式。

舞蹈总是与音乐紧密结合着，内容常与古老的传说有关。在红河南岸地区，流传最广的有：三弦舞、四方舞、扇子舞、乐作舞、木雀舞、拍手舞、钱棍舞等。木雀舞是元阳麻栗寨创作的。据说很早以前，这里一个姓卢的男孩生了恶疮，百治无效；后来在小鸟的帮助下恢复了健康，故跳木雀舞以资纪念。该寨各户凡生第一个男孩，村里人就要到当事人家跳木雀舞表示祝贺；一般是四至六个男子手持木雀对舞。扇子舞传说也与纪念小鸟有关，舞时双手煽动小扇，模仿小鸟飞翔的动作。乐作舞是出殡时跳的。钱棍舞则在节日跳。平时青年们喜欢跳三步弦和拍手舞。各种舞蹈，都有固定的舞曲，四弦是最常用的伴奏乐器。

哈尼族的工艺美术，主要表现在刺绣、编织和日用器皿的浮雕上。妇女们能用绣、挑、扣等几种方式刺绣各种图案和简单的花卉，长期与汉族杂居的，也能绣龙、凤、鸟、鱼等较复杂的图形，色彩均鲜艳和谐。多数地区的哈尼族习惯织素色布；只有西双版纳的由于受到傣族的影响，能用色线织出有美丽图案的花布和背包。墨江哈尼族的细篾斗笠，也是一种精致耐用的工艺品，为各族人民所喜爱。雕刻是男子的事，他们喜欢在乐器、烟袋及针筒等小件器皿上雕上各种图形；跳木雀舞时使用的木雀，是罕见的立体木雕，虽不很精致，也逗人喜爱。

结 论[①]

一、第四行政村独龙族原始共产制度调查

这份调查是一九六二年七、八月间利用工作的余暇,向当时在昆明学习的贡山县第四区区长玛巴朗羌·坚和当生·汀、木利门·阿巴一等三位独龙族访问所得的材料整理而成,其中大部分材料是第四区区长玛巴朗羌·坚所提供的,在此一并向他们表示谢忱。

(一) 概况

独龙族又被称为俅人,约有 2500 人,占总人口的 90% 以上,是聚居在云南省怒江傈僳族自治州贡山独龙族怒族自治县境西部的独龙江(又称俅江)两岸的台地上。

独龙族地区历代属丽江路、丽江府,自清初便正式向维西、察瓦隆土司与贡山菖蒲桶喇嘛寺进贡,清末曾委任过"俅官"去独龙江地区,国民党时代的贡山行政公署与设治局曾先后在行政上将独龙江地区划为第三段、第五区和第四乡,委任独龙族的头人为乡、保甲长,一九三二年一度直接在独龙族地区设过公安分局,一九四九年贡山解放后改为贡山县的第四区,区下设四个行政村(相当于乡)。

独龙族清初尚以树叶为衣,不知建筑房屋。《雍正云南通志》卷二四曾说:

> 俅人丽江界内有之,披树叶为衣,茹毛饮血,无屋宇,居山岩中。

"茹毛饮血"可能是言过其实,但当时独龙族所处的原始社会阶段一定较为原始,这应该是没有疑问的。在《清职贡图》里所记载的独龙族是:

> 其居处结草为庐,或以树叶复之。男子披发,着麻布短衣袴,跣足,妇耳缀铜环,衣亦麻布。种黍稷,劚黄莲为生。性柔懦,不通内地语言,无贡税。更有居山岩中者,衣木叶,茹毛饮血,宛然太古之民。

从上述记载观之,可知当时的独龙族已经有一部分脱离"居山岩"与"衣

[①] 编注:本部分系陈序经摘录自中国科学院民族研究所云南民族调查组、云南省民族历史研究院编《云南省怒江独龙族社会调查》。

木叶"的生活，已发展为"结草为庐"与"衣麻布"了；特别是在经济生活方面已经产生"种黍稷"的农业。

独龙族的社会与其他民族的社会一样曾经历过石器时代，解放前后曾在独龙族地区发现过石斧，这是经过石器时代的证据。在独龙族的记忆和传说里曾经存在过用竹片或竹皮等磨擦取火的方法，后由于从怒江和藏族地区传进火镰，才淘汰了这种古老的原始取火方法。过去烹制食物的办法是简单地用火烧或以竹筒当炊具，有时曾从缅甸克钦邦地区换进石锅。后来从藏族地区传进陶锅，从汉族地区传进铁、铜锅，但仍有用火烧食或以竹筒当炊具的现象。钢针直到二十世纪初才传入的，以前普遍用竹针，但就是在钢针传入后，仍然有使用竹针的现象。

在清末曾到过独龙族地区视察的夏瑚，在他的《怒俅边隘详情》的视察报告中，曾对独龙族的衣饰作过较详细的描写说：

> 其装束男女均系散发，前垂齐眉，后披齐肩，左右盖耳尖，稍长则以刀截之。两耳均穿，或系双环，或系单环，或以竹筒贯之，男子下身着短裤，惟遮臀股前后，上身以布一方斜披背后，由左肩右披，披向胸前拴结……上江（独龙江）女子头面鼻梁两颧上下唇，均刺花纹，取青草汁和锅烟揉擦入皮肉，成黑蓝色，洗之不去。以长布两方，自肩斜披至膝，左右包抄向前；其自左抄右者，腰际以绳紧系贴肉，遮其前后；自右抄左者，则披脱自如也。

直到目前，独龙族的发式仍保持六十年前夏瑚所描写的式样，剪发用两把长铁刀切。独龙族的女子在"头、面、鼻梁、两颧、上下唇均刺花纹"外，而第四行政村的独龙族女子仅纹额部。

独龙族的衣服是与被盖不分的，昼间当衣穿，夜间当被盖。实际上是一块长约一百八十至二百四十公分，宽约一百二十至一百四十公分的长方麻布。而许多男子并不穿短裤，仅在下部包一块叫做"阿巴一"的窄麻布。男女儿童多裸体，而女孩则在下部遮一小而薄的木片，用麻绳系在腰间使垂悬，起"阿巴一"的作用。

到解放前夕，独龙族在住的方面已基本上摆脱"居山岩中"和"结草为庐"的状态。"居山岩中"的已是少部分，而"结草为庐"只是在生产地上或者旅途中作为临时休息的场所。第一、二、三行政村等地的独龙族因受纳西族和藏族的影响，相当长时期以来便用树干砍成方木堆砌成木屋住，第四行政村的独龙族则已住"干阑"式的竹楼。

独龙族地区的交通条件异常困难，江水汹涌，不能行舟，则用竹皮搓成竹绳，扯在江上当溜索，人们借助于木滑板的帮助从溜索上滑过。将树木和竹子砍倒开辟成人行道，保持与发展了独龙族内部同外民族之间的交往与联系。

解放前独龙族的社会发展尚处在原始父系氏族社会末期——家长制的家庭公

社阶段。独龙族相当早就开始使用铁刀、铁斧和小铁锄等铁器,但因都是从外面交换进来的,因此尚未引起原始社会的最后崩溃。适应从外部输进与使用铁器,产生了刀耕火种的农业,由于农业仍异常原始与粗放,采集经济不仅未被最后淘汰,而且仍然是主要的生产部门和获取生活资料来源的主要途径之一。

土地属于"克恩"公有,即家庭公社集体所有。生产分为集体和个体两种,因此对土地的占有与使用则分成集体与个体两种占有形态。

独龙族的家庭是按照原始共产主义原则组织的,家庭成员都是有共同血缘关系的近亲。在共产制的家庭中生产与生活的基本单位是"木拉木","木拉木"是以夫妇为中心的火塘。近现代以来,原始共产制家庭的规模一直在不断地缩小与分解,开始出现个体家庭,但原始共产主义原则仍然在生产、分配和消费等各个方面起着作用。

独龙族实行氏族外婚,男成员多半固定地与某异姓家庭公社的女成员通婚。已经由群婚过渡为父系晚期的对偶婚或一夫一妻制,适应家长制的家庭公社的发展,对偶婚多同一夫多妻相结合,与典型的对偶婚不同,现在变成了男了的片面权利。

(二) 刀耕火种的农业生产技术

关于独龙族何时开始使用铁器是一个有待研究的问题,但直到解放前他们尚不知道采矿与冶铁。独龙族所使用的铁刀、铁斧、镖枪和小铁锄尖等都是从汉、藏和缅甸克钦邦地区输入的。因为靠原始交换的方式换进铁器,所以到解放时各家占有的铁器数量极少,平均每家只有2~4把铁刀,0.4把铁斧,一把小铁锄。而小铁锄比怒锄还要原始落后,锄长仅七八公分,宽仅二三公分。到解放前夕才开始零星地传入板锄、条锄,但仅极个别的家庭才有。适应在生产上使用铁刀、铁斧和小铁锄,独龙族产生了刀耕火种农业。种植稗子、粟、荞、麦、玉蜀黍、青稞和燕麦等农作物。

独龙族的早期农业不仅未能排挤木、竹工具,而且许多主要的生产过程还是依靠木、竹工具进行。从播种、松土、复土、田间除草、打场和挖掘等生产过程,都是使用木锄、木耙、木棍、木锹、竹扫帚和竹棍等。

独龙族的刀耕火种农业的本身,根据耕作技术分作两个阶段:①是砍烧天然生长的树木与竹子的初期刀耕火种农业,初期的刀耕火种农业约占全部刀耕火种农业的70%~90%;②是砍烧人工栽培的树木的晚期刀耕火种农业,晚期的刀耕火种农业约占全部刀耕火种农业的30%~10%。在刀耕火种农业中已产生了锄耕农业的萌芽。在每家的房屋周围产生了小块的园地,而这小块的园地基本上已经过渡到锄耕阶段。

占全部刀耕火种农业70%~90%的初期刀耕火种农业,这种原始的农业还没有固定的耕地，每个家庭在一片相当辽阔的林区里进行农业生产，一般从江边到高山分成二至三段，在每一段上根据所占的林区面积，居住三四年，多则五六年，砍烧完最后一段的林区，再从第一段林区开始。在血缘的"克恩"或说村落里按家庭数目自然地形成几大片。由此可见，这种初期的刀耕火种农业则具有迁徙农业的特点。

刀耕火种的林地独龙语叫作"下木玛"，即是"刀地"的意思。在刀耕火种的农业里，树木与土地对于生产具有相同的意义，而在一定的意义上说，树木比土地还重要，没有树木便无法进行农业生产，因为靠树木提供肥料或一定数量的壤土，这是保证进行播种的条件，而刀和斧对于土地是无用的。

独龙族按照树木和竹子将刀耕火种的土地分成三种：①树木的刀耕火种地；②竹林的刀耕火种地；③树木与竹子混合的刀耕火种地。树木或竹子对于各种农作物的生长有直接关系，例如在"斯雷"与"斯莫"品种树木的土地上适于种植荞麦、小米和稗子，在野核桃树的土地上适于栽培芋头，在"纠"和"尔忙"品种的竹木地上适于种植玉米，在树木与竹子混合的刀耕火种地上适于种植玉米和小米。

除按照树木与竹子划分刀耕火种土地的类型，而树木的粗细与大小也是划分刀耕火种林地的另一个标准。如：初次砍伐的原始林地叫作"木林木"；原始林地经过砍伐并经过休耕，再长出大、中、小三种类型树木的林地叫作"样伯"；砍伐并经过休耕，再长出中等类型树木的刀耕火种地叫作"样沙"；经过多次的砍伐，仅长出细小树木的林地则叫作"样奇"。树木的大小粗细对于砍伐与耕地肥度有直接影响，"木林木"类型的林地，因为砍烧后提供的灰烬多使耕地肥沃，但是砍伐则异常艰巨；而"样奇"类型的林地是容易砍伐的，可是提供的灰烬却很少。独龙族为了解决砍伐与肥源之间的矛盾，一般多半是砍伐较易砍伐而又能提供较多灰烬的"样伯"与"样沙"类型。

刀耕火种农业砍伐树木是全部生产过程中最艰巨的环节，准备耕地需要的时间相当长，如果砍伐"木林木"类型的林地，在头一年的秋收前便开始进行。砍伐林地不仅要消耗大量的体力，而征服巨树还要搭木梯，砍者要有熟练的技巧，为了提高砍伐效率，在砍伐密集的树木时，细小的树木仅砍一半，唯有粗大的树木才全砍，只要砍倒了粗大的树木，同时也就压倒了细小的树木。不过砍伐稀疏的树木和林地，还只能逐棵地砍。砍伐巨大的树木不仅相当艰苦，而且还存在着危险性，为了使树木易被砍倒而又安全，实行一种两面的砍伐，先从树干倾斜面的背面砍起，然后再从正面砍。

刀耕火种农业对于生产节令要求很严格，砍伐树木既不能迟，也不能提前，如果砍迟则影响按时焚烧与播种，但提前砍也不能提前焚烧，提前焚烧也不能提前播种，提前焚烧不提前播种，则又生出杂草，以致无法播种，因为未到播种节令便播种会造成种籽腐烂。不同的树木必须在不同的节令里进行砍伐，砍伐原始森林要在树叶未落前，而砍伐普通的树木和竹子最好是树叶初肥的时候，因为叶子晒干后烧时能起助燃的作用。

不同类型的林地焚燃的时间也不一致，"木林木"类型的林地要在冬季里烧，才能将巨大的树干烧成灰烬，"样伯"与"样沙"的林地，也需要晴天，但为了保护树根不被烧死，不需要过分强烈的阳光。林地能否按时烧是当年有无粮食的关键，因此，独龙族不仅严格遵守焚燃的节令，而且多把焚烧林地的工作交给有经验的男子担任。

树木是刀耕火种农业的前提，树木经过砍倒烧光再重新长大，需要四五年多到六七年，这数年长的间歇成了刀耕火种农业的休耕期。砍倒烧光本身就是对自然力的消耗和破坏。树木经过砍倒烧光的次数愈多，休耕的时间则随之延长，长出来的树木一次比一次小，灰烬一次比一次减少，土质一次比一次瘦，产量一次比一次降低。树木经过几次的砍倒烧光，继而连树根也被烧死，于是原来本是树木茂密的林区，终于变成了树木不生的童山与草地。这时铁刀与铁斧对于树木不生的童山与草地已经无能为力，在这种情况下只好搬到另外的林区去。

独龙族为了克服林地经过多次的砍倒烧光而变成童山与草地的矛盾，除去迁徙另找林地外，很早以来便实行人工栽树的方法，使土地能够继续耕种。在土地上种植一种枝茂叶肥，生长较快，而又易于砍伐的冬瓜树。用人工种植冬瓜树的林地他们叫做"香牟布朗"。人工种植的冬瓜树林地，还限于较好的土地，在四个行政村中以第一、二、三，三个行政村所占的比重较多，而天然林地较多的第四行政村种的冬瓜树林地，比前三者少。

冬瓜树的林地的耕作技术已比初期的刀耕火种农业进步，第一，已经由简单的砍倒烧光改进为间歇砍，进一步的改进便是仅砍下树枝，保留树干。已经开始在冬瓜树的林地上实行连续三年的轮种，第一年种稗子，第二年种荞麦，第三年种小米。在第一行政村则实行荞麦、稗子和燕麦等轮作，因此，冬瓜树的林地已经具有半固定耕地的特点。第二，锄耕农业的因素有了增加，在天然的林地上就已经有了锄耕农业的萌芽，如用木锄或包小铁尖的木锄除草，这是很微弱的，但在人工栽培的冬瓜树林地上，因为实行连续三年的轮种，所以不得不借助于木锄进行松土。尽管这样，人工种植的冬瓜树林地尚未摆脱刀耕火种农业的特点。

在独龙族占统治地位的刀耕火种农业的里面和旁面已经产生了初期锄耕农业。在第一行政村地区已经出现开发草地，将草烧后，用木棒松土，木锄平土，实行荞麦、小米和燕麦等作物的轮种。在每家房屋的周围产生了用木锄开出来的小块园地，他们称园地为"格鲁"。在园地上种植从怒江和察瓦隆地区传进来的蔬菜，如：黄南瓜、黄瓜、菜豆、青菜和洋芋等；有的还将野生的桃、李等果树移植到园地里，在园地上已开始用火灰和谷糠作肥料。因为园地多已被开成熟地，事实上已由每家长期占有，许多家庭在自己的园地四周垒起石头作界限。

（三）集体的农业生产与平均分配

在独龙族社会中，土地、森林、猎场、渔口和岩蜂等生产资料归"克恩"公有，即家庭公社集体所有。土地等生产资料"克恩"公有制的形成，首先是有共同血缘关系的家庭集团进行生产活动的范围，每个家庭集团生产活动所及的山峰峡谷和溪流，便成为"克恩"的界限。经过砍倒烧光的林地便构成集体的耕地，有野兽出没和栖息的地区便是共同的猎场，沿江适于捕鱼的支流便是共同的渔口。至于一些未经各个"克恩"占有的地区，类似中间地带，则仍属于天然的公有林区，任何"克恩"的成员都可以占用。

各"克恩"的成员，对于本"克恩"内部的林地有占有与使用的权利。由于对各种林地支付的劳动量与加工程度不同，因此则形成不同的占有与使用形态。每个成员都可以自由砍伐"木林木"的林地，即原始林地，砍伐的主人有连续使用三次的权利。在这期间砍伐的主人死去，占有与使用权由死者的儿子继承，砍者有权在这块土地上种植冬瓜树，延长占有与使用的权利。在砍者使用未满三次的期间以内，其他成员若使用必须经过砍主的同意，甚至要支付一定数量的物品，如粮食、麻布、工具或小猪等，不过，这还不是地租，更不是地价，而是作为对砍者已支出的劳动的酬劳。

"木林木"地经过砍者耕种三次后，便成为"克恩"公有的林地，叫作"样沙"或"样伯"。"克恩"里任何原始共产制家庭里的个体火塘（"木拉木"）或个体家庭都有权占有与使用。占"样沙"或"样伯"的方法有下面五种形式：①在林地边先砍倒几株或一片小树木；②在林地边先砍光一片草地；③在林地边用两片劈开的竹子支成交叉形；④在林地边选择一株或几株大树，剥下树皮，在树干上用刀砍成交叉形或锯齿状；⑤在林地边选择较高大的树木，砍去树梢。这五种占地记号在习惯法中都具有相同的效力，即承认先作记号者对"样沙"或"样伯"林地的占有与使用权。这种占有的林地耕种过一次后，便失去占有与使用权，到了又可以砍烧与耕种的时候，其他成员都有权占有与使用。

每个原始共产制的家庭，个体火塘和分解出来的个体家庭，有权在"克恩"里耕种过的土地上种植冬瓜树，在种植冬瓜树期间，土地便归其占有。原种植冬瓜树的主人，在冬瓜树地经过耕种后还有权继续种植冬瓜树，如不种植便失去对该地的占有与使用权。在这种情况下，其他家庭或火塘的成员便可以在该地上种植冬瓜树，从而取得对该地段的占有与使用权。

在习惯上不能砍伐与使用其他"克恩"的林地，若砍伐与使用其他"克恩"的林地，必须经过该"克恩"主人的同意，还要送酒肉作礼物。而实际近邻的

"克恩"都是友邻"克恩",甚至多半是互相通婚的"克恩"。双方不仅互相调剂砍伐与使用林地,而且两个"克恩"的成员在生产上还存在合作关系。由于两个"克恩"的成员建立了生产的合作组织,为了生产上的方便,一方的成员便迁到另一方的土地上去住,有的还参加了对方家庭的原始共产主义的生活。

以上便是林地属于"克恩"所有制条件下的占有与使用形态。由于早已使用铁器,在原始共产制家庭内部个体火塘已成为生产与分配的单位,而且不断地在原始共产制家庭旁面建个体家庭,因此,独龙族对林地的占有与耕种存在着集体与个体形态。在集体占有与耕种的林地中,又因为占有与耕种的集体范围不同,分成全"克恩"性的集体耕地,由两个火塘或两个家庭以上所共同占有与耕种的集体耕地两种。①由"克恩"集体占有与使用的耕地叫作"夺木古"。②由两个火塘或个体家庭以上占有与使用的耕地叫作"猛吴"。

由全"克恩"集体占有与使用的耕地都是面积较大的耕地,每个"克恩"多半仅占有一块至二块,到解放前,一些"克恩"已经没有"夺木古"的耕地。根据粗略的调查估计,"夺木古"耕地仅占各种耕地总面积10%以下,第二行政村的丁更、迪朗梅、龙总,第四行政村的马库等"克恩"占有的"夺木古"耕地,仅占各种耕地的总面积的6%稍强。由两个火塘或个体家庭以上,大小妻间共同占有与耕种的"猛吴",约占各种耕地总面积的50%,第四行政村的孟登、已坡、杨密、双朗等"克恩"的"猛吴"耕地约占各种耕地总面积的47%。

"夺木古"是"克恩"中最古老的集体耕地形态,生产由"克恩"中年长并享有威信的男子负责领导与组织,"克恩"里各个原始共产制家庭的年长男子则作为各家的代表共同参加研究生产计划与劳动组织。"夺木古"耕地的全部生产过程,则由各个原始共产制家庭中的个体火塘或分解出去的个体家庭派人参加,除去烧地这一生产过程外,砍地、播种、除草、收获和打场等生产过程都是集体劳动的,男女成员按性别分工。在砍伐树木时,男成员负责砍伐大树,妇女负责砍伐灌木丛与杂草。在播种稗子时,推选一二个有经验的男成员担任撒种,其余的成员从事复土,复土的用具有两种,一种是用天然的树桠砍成的二齿或三齿耙子;一种是把一根竹子的底端劈开,成扫帚状,用它来复土。如果播种玉米,男女成员则用竹竿或木棒戳穴点播。

种植"夺木古"耕地所需的种籽,则由各个原始共产制家庭中的个体火塘或分解出去的个体家庭平均出。每个火塘是计算劳动的单位,因此也是负担种籽的单位。负担种籽的单位,便是分配的单位。产品实行平均分配,一般分法先按原始共产制家庭分,然后再由原始共产制家庭按火塘数目分。

农产品的分配工作多数由"克恩"中的年老妇女主持,另选出几个青壮年妇女担任具体的分配工作。分配的地点是在地里临时搭起的场地上进行,按照独龙族的传统惯例,在正式分配前,还要由一个年长的男子用收获的农产品举行一次简单的祭祀仪式。分配是按照绝对的平均主义原则实行分配，先用大竹箩分，接着用中号或小号的竹箩分，然后再用竹筒分，最后则用手掰，如果是谷穗则实行一穗一穗地分。

上述的"夺木古"的耕地到解放前夕多已荒废或解除，在第四行政村唯有孟登的一块"夺木古"尚保持到1956年，当生"克恩"的一块"夺木古"已经按家数分成三块；木利门"克恩"的一块"夺木古"虽然尚存在，但已经不再组织全"克恩"性的生产，到了可以耕种时，便由一两家去耕种，他们常因无力将整块"夺木古"耕完，只好能耕种多少便耕种多少；玛巴朗羌和杨密"克恩"的"夺木古"也都变成了与木利门相同的命运。不过，"夺木古"形态的耕地仍然属于全"克恩"所占有，即使不再进行全"克恩"性的集体生产，改由某家或某些火塘去耕种，但无论由那一个成员来耕种，还必须取得全"克恩"的同意。

"猛吴"耕地的集体生产形式与"夺木古"有些差异，不仅以火塘为单位，而且已经发展到以劳动力数目作为集体生产的细胞，最典型的单位是两个劳动力和一个劳动力。参加两个劳动力的为一份，叫作"安当"；参加一个劳动力的为半份，叫作"安坚"。产品的分配便以一份或半份作单位，就是父母与已婚的子女组织"猛吴"，也要根据上述原则分配产品。1956年巴坡"克恩"的巴波汀家母亲同三个已婚的儿子组织"猛吴"，三个儿子率同自己的妻作为两个人参加，母亲只一个人参加，分配产品时，三个儿子按一份分配，母亲则按半份分配。

总之，独龙族的社会虽然已经使用铁器，但在农业生产上还保持"夺木古"，特别是"猛吴"的集体生产组织与形式，最深刻的原因是占有的铁器原始，数量少，尚不能完全独立地征服原始的森林。农产品按照火塘和一份或半份实行平均分配，这是由于产品的贫乏。但在另一方面，由于使用铁器，使个体成员开始获得独立进行生产的条件。

个体耕地的占有与耕种者所包括的范围极其广泛，有的属于原始共产制家庭中的个体火塘，有的属于尚能劳动的父母，有的属于未婚的青年男女，有的属于大妻或小妻所占有，有的属于分解出来的个体家庭。归个体占有与使用的林地叫"谁移"。"谁移"是集体与耕种的"夺木古"和"猛吴"的补充。生产补充的粮食，以便减轻家庭成员因产品贫乏所带来的严重饥馑。特别是种植玉米的"谁移"，在收玉米时，各个成员包括五六岁的儿童，都各自从玉米的"谁移"地上挑选一定数量的玉米，然后分别储存仓库里，以供各人随时烧吃。这种风俗一直保持到今天。

"谁移"虽然是个体火塘或者个体家庭经营的耕地，但在消费时还常常采取共食制。

最初作为集体耕地形态的补充的"谁移"，到解放前夕，"谁移"的耕地形态已经发展为主要的耕地形态。第四行政村的孟登、巴坡、杨密、双朗等"克恩"，由个体火塘、个人占有与耕种的"谁移"耕地面积，已占耕地总面积的46%。但是由个体火塘或个体家庭所占有的"谁移"，在耕种时还是依靠原始共产制家庭内外各个火塘间的换工协作，而换工协作多半是各个火塘或家庭生产的先后有秩序有计划地进行。

由于"谁移"形态的耕地逐渐发展为主要的耕地的结果，促进了原始共产制家庭走向解体，引起了社会成员间的贫富分化，最初便在两个异姓"克恩"之间产生了无粮的火塘或个体家庭向有粮多的火塘或个体家庭借粮现象。

虽然对于林地的占有与耕种已经分解成集体与个体两种形态，但是，每个"克恩"和原始共产制家庭，每年在生产之前，对于林地的分配，生产的组织形式，举行全"克恩"或全家范围的民主讨论，不仅男成员参加，有时女成员也参加。大面积的林地由集体生产，小面积的林地分给个体火塘或个体家庭作"谁移"。组织"猛吴"是自愿原则，分配"谁移"要照顾有小孩的妇女、年龄大的成员，将近的林地分给他们，使耕地分配合理。

（四）采集与渔猎

刀耕火种的农业的收成是极不稳定的，常因工具不足未砍够林地，雨多未烧出干地，无法播种，或者长出的粮食被鸟兽吃光，因此，农业生产的粮食只够吃几个月，能生产出一年所需的粮食则是极个别的丰年，一年中有三四个月，多到半年以上的时间陷于饥馑状态，所以必须靠原始采集的方式解决生活资料的来源。每年从春耕起到秋收止这一时期便是采集的季节。

可食的野生植物同林地一样属于"克恩"所有，只有本"克恩"的成员才有占有与采集权。若到其他"克恩"里进行采集，必须先取得该"克恩"主人的同意。

在每个"克恩"中采集也适应个体火塘或个体家庭作为生产与分配单位，首先在好吃的野生植物中已分成集体占有制与个体占有制，如类似芋头的"阿报尔"便多已分成集体与个体两种占有制，属于全"克恩"集体占有的野生植物，在成熟时由全"克恩"集体采集，实行平均分配。归个体火塘占有的野生植物不经过占有主人的同意是不能进行采集的。

捕捉蜜蜂和采集蜜蜂在采集中具有特殊的地位，蜜蜂和蜂蜜也分成集体与个体两种占有制。在独龙族的"克恩"中，岩蜂多归集体占有，由集体采集然后平均分配，而树上或地面上的蜜蜂则多归个体火塘占有。

在独龙族的高山上盛产黄连，但独龙族原不知道黄连可作药材，从外族和药商那里始知黄连的经济价值，用黄连可以交换盐、针、线、铁器直到牛，独龙族为了用自己本不需要，而外商视作宝物的黄连，交换到自己不会生产的工业品，于是采集黄连成为独龙族采集中最重要的采集内容。黄连售价高,因此引起独龙族出售黄连购进牛,牛不仅杀吃,牛本身就是财富,用牛可以购买妻子,是富有的标识,从而促进了贫富的分化。

采集的劳动组织除去集体占有的由集体采外,但多半以个体火塘为采集单位。男女成员都参加采集,老年人凭自己的采集经验负责指导,儿童虽然不是采集的主要承担者,但也协助成年人进行背运。好吃的野生植物不是生长在地下,便多是生长在地面上的巨大茎干。可是采集者所使用的工具却是原始的木棒或一把简单的刀,为了获得采集品必须付出较多的精力,因此男成员就自然地成为采集工作的主要承担者,而妇女却多半负责采集一般的茎叶。

采集天然的野生植物是一个非常艰巨的生产过程,但制作成食品的过程也十分复杂,许多好吃的野生块根含有苦味,所以若成为好吃的食品,首先要消除苦味。独龙族的采集活动虽多以个体火塘为主,采集品亦由各个火塘自己储藏与保管,但在原始共产制的家庭中实行集体消费,按共食原则平均分给每个成员。当然储存粮食的火塘也要将自己的粮食食品平均分配给每个成员,而自己也与其他成员一样吃一份采集品。

独龙族为了采集到野生植物作食粮,不仅在本"克恩"的地域范围内进行采集,常常为了找到生长野生植物多的地区,离开自己的"克恩"迁到其他的土地上去,不过这种因为采集而迁徙,在后来多已同寻找农业耕地相结合。

捕鱼也是独龙族社会的经济活动之一,主要的经济意义是获取菜肴。独龙族为了适应独龙江河床上高下低、水流急湍的自然特点,积累了许多捕鱼的经验。用竹子、麻和铁等制作捕鱼的工具。主要有用竹子编成的适应水流和地势的各种接鱼器,用麻编织的捞网和接网,用四个铁钩组成的鱼叉。此外,独龙族也在江的支流或小溪里以有毒的植物进行毒鱼。

捕鱼的劳动组织主要是个体,但大部分"克恩"都有归"克恩"集体占有的渔口,只允许本"克恩"的成员在渔口里捕鱼。捕鱼的形式虽然主要是个体,但捕到的鱼按原始共产主义共食原则,少则也要分给一个家庭里的各个火塘吃,多则要分给"克恩"内的各个家庭。

狩猎在独龙族的社会经济生活中虽然远远不如采集那样重要,但仍有现实的经济意义,是获得肉食的主要途径,猎具主要是弩和地弩。独龙族采集一种有毒的植物"巴拉"涂在竹镞上,可以射杀野牛、野猪和熊等大野兽,克服一般竹镞杀伤力小的弱点。一些擅于狩猎的成员则自己饲养猎狗,猎狗是由一般的家犬训练成的,作为狩猎时的助手。

每个"克恩"都有共同的猎场,共同的猎场禁止别的"克恩"的成员入内狩猎,唯有由于追逐野兽,因为野兽通过别的"克恩"的猎场,在这种情况下才能通过别的"克恩"的猎场。"克恩"里的每个成员有权在共同的猎场上或以外占有猎口的权利,猎口是大野兽经常通过的道路。占有猎口的方式是在猎口边制作标识,主要的标识有两种:①在猎口边的大树上砍成锯齿作符号;②在猎口边用两根木桩搭成交叉形。

独龙族的狩猎组织形式分成集体与个体两种。猎取大野兽多采取集体形式,有经验的成员负责领导。无论进行集体与个体狩猎,每个成员都在自己所用的竹镞上削成特殊的标识,如削成方尖或圆尖,以便识别由谁所击中,击中野兽是一种荣誉,在分配猎获物时给与奖赏。因此,狩猎者往往将自己猎获的野兽的头骨挂在门前,表示自己是个狩猎能手,和已取得的猎获成绩。

猎获品除去头、皮和一条后腿优先分给击中者表示奖励外,其余的猎获品按平均分配原则进行分配,将猎获品的各个部分按照参加狩猎的人数都分成相等的份。但是参加狩猎的人要从自己分到的猎获品中拿出一部分进行再分配,分给未参加狩猎的家庭或火塘。

独龙族为了猎到和猎得更多的野味,在猎前和猎后则要举行"达牟欧"祭,"达牟欧"类似一种山神。祭法是以玉米、稗子和荞麦等面粉,捏成虎、豹、熊、鹿、岩羊、野牛和野猪等野兽模型,还在模型上披上麻布,陈列在大树下,由有经验的猎人主祭,祭毕还选行实弩射击,以测验山神是否愿意放出他的野兽。真弩射击是在一百米以外的地方,射击用木灰画在树干上的各种野兽图形,他们认为击中什么便可以猎到什么,当然实际上并不会如此,只不过是涂上原始宗教色彩的一种主观愿望。

(五) 原始工业及其交换

为农业、采集、狩猎和捕鱼等生产与其他日常生活服务的原始工业,主要有制作与编织各种竹木工业,修补铁器、纺织麻布和酿酒等。这些工业生产基本上是自给自足性质的家庭工业,自产自用,仅有一部分作为不同部落或民族间的交换品。工业生产与各种经济生产活动相结合,制作木竹质的工具便与农业生产相结合,因此,工业生产是各种经济生产活动的一个过程,掌握制作各种工具的技术如同掌握每种经济生产活动一样是每一个成员都应当熟悉的,每个男成员自幼便开始学习制作与编制各种工具与器物的技巧,熟悉竹子和树木的特性,负责纺织麻布的妇女,要掌握从种植麻到纺布的全部生产过程。但是在各个"克恩"里都适应使用铁器的需要,已经出现一两个成员会修补铁器和打制小铁锄头、鱼钩等工艺,这些工艺已经具有专业化的萌芽。这一两个成员自己用木柴或竹子烧作燃料,用木制或竹制风箱鼓风,为"克恩"里的成员修补铁器,用使用坏了的旧铁器打制小铁锄头或鱼钩。但是他们的生产活动仍然与农业生产结合在一起,利用生产的余暇从事修补与打制工作,他们为"克恩"里的成员们修补与打制铁器,纯粹是尽义务性质的劳动,不取什么报酬,主人对于帮助者最多也只能用酒招待。

独龙族各个"克恩"或家庭间的工业产品相同，因此，各个"克恩"或家庭间没有进行交换的条件。所以独龙族只能与自己经济条件不同的汉、藏、白和纳西等民族间进行交换，与缅甸克钦邦的独龙族进行交换。汉、白和纳西等族的小商人带着铁器、盐、针、线和货币等进入独龙族地区，与独龙族交换黄莲和贝母等药材。藏族用盐、陶锅和牛等同独龙族交换麻布、竹藤器、麝香和熊胆等。此外，缅甸克钦邦的独龙族用竹藤器和铁刀与他们交换麻布。由于独龙族与比自己社会生产力发展水平较高的民族进行交换，从而使独龙族的原始社会发展离开正常的轨道，并促使了独龙族的原始社会走向解体。

由于独龙族所居住的地区是国境线，与缅甸克钦邦的独龙族为邻，彼此多有亲戚关系，因此在经济往来上用不着中间人，而藏族地区所产的陶锅、盐和牛等则必须经过一、二、三村，再经过四村才能运进缅甸的独龙族地区，缅甸克钦邦独龙族地区所生产的竹藤器，采集的贝母和黄莲等药材也必须从四村运进怒江，经过一、二、三村才能运进藏族地区。

但在独龙族内部所进行的交换尚保留原始交换的特点，一种是朋友式的原始交换，他们称做"布嫩牟"；一种是物物交换，他们称为"布伦"或"随伦"。但是都以个体火塘为交换单位。

朋友式的原始交换，如先是甲"克恩"的甲家成员到乙"克恩"的乙家，从那里取走麻布和盐，然后乙"克恩"的乙家成员再到甲"克恩"的甲家取去自己所需的铁刀和竹藤器。交换的双方只是为了交换到自己所没有的东西，交换的双方可以事先约定好所需要的物品。交换时间一般是农闲季节，在来之前，彼此互相通知，通知的形式是传递木刻或捎口信，以便使主人事先准备好自己的交换者所需的东西。这种朋友式互通有无的交换，双方并不计算彼此交换的件数，不计算某一方多，某一方少，而双方互相招待食宿，作主人的一方常酿酒杀鸡热情招待来到的交换者，因为他们进行交换的目的，纯粹是出于生产与生活的需要。

计算交换件数的物物交换，这种交换虽然还直接采取物物交换的方式，但双方已经实行等价交换，例如用五个竹盒交换一把刀，不过还没有产生一般的等价物，从外族地区流进的货币尚极有限，所以他们的交换尚停留在扩大形态的物物交换阶段，各种产品本身都具有等价物的作用。例如一件单层的麻布等于一把铁刀的价值，也等于一个竹箩或五个竹盒的价值。在扩大物物交换形态的基础上产生了计算价值的单位，即交换双方按"盟"和"朗"计算交换品的价值，一"朗"等于"盟"的五分之一价值。其次，交换双方用木刻记交换物品的件数，并进行定期的结算，在结算后双方当面焚毁木刻。

独龙族在与不同的民族和不同地区的独龙族进行交换的过程中，产生了少数成员经商的现象，他们在两个民族或地区之间从事交换活动，不是为了自用，而是转手出售，从中取得收入。

独龙族的社会本身虽然尚不具备畜奴的条件，但与独龙族发生交换关系的藏族和怒族却已经存在畜奴，独龙族也适应这种外部条件，开始将本族的孤儿或借口纠纷抢拉异姓"尼勒"的成员作交换品同藏族或怒族，交换牛来杀吃。而且已经出现了为别人用孤儿换牛的中间人，从中得到好处，换到两头牛，自己得到一头，不过这种现象还是极个别的，而且也仅仅发生在不同的氏族间。

（六）"尼勒"与"克恩"的组织

独龙族的每一个成员都属于不同的"尼勒"，"尼勒"是有共同血缘关系的氏族称呼。独龙族的主要"尼勒"有姜木雷、凯尔翘、江勒、陇吴、木金、当生和干木雷等。现在对于每个氏族名称的含义尚未最后翻译清楚，根据初步翻译的结果，每个"尼勒"名称的含义，多半表示该"尼勒"的祖先具有一种超自然的力量，如"木金"的含义是由天上降下来的人，"干木雷"的含义是善于变化等。

由于各个"尼勒"的成员不断增加与分解，因此各个"尼勒"的成员按血缘亲疏关系分别组成血缘性的村落——"克恩"。每一个"尼勒"的成员数量不一致，因此每一个"尼勒"所组成的"克恩"数目也不相同，不过每一个"尼勒"所组成的"克恩"常常集中在一片土地上，例如属于姜木雷氏族的"克恩"有东根、迪政登、白利、鲁葱和滴朗等，属于木金氏族的"克恩"有杨密、木利门、玛巴朗羌、木千旺、龙拉和来打等。无论属于姜木雷氏族的"克恩"或木金氏族的"克恩"都各自连成一片。

独龙族常常为了寻找林地和好吃的野生植物引起迁徙，经过迁徙所建立的"克恩"还是保持血缘关系，仍然由有共同血缘关系的成员组成单一的"克恩"。

每个"克恩"以先人的生理特征、生活遭遇、生产活动和所在的地理环境特点命名，现以第四行政村的一些"克恩"为例，如"木根崩"是先来采蜂蜜的意思，"木利门"是找土地的意思，"当生"是皮肤红的人的意思，"孟登"是昌盛地方的意思。

由于每个"克恩"都是狭小的血缘近亲所组成的集团，所以每个"克恩"所有的家数不多，少的一个"克恩"就是一个独家村，多半是三四家。1957年曾对第四行政村二十个"克恩"作过调查，结果是独家的有四个，两家的有一个，三家的有六个，四家的有六个，五家的有三个，六家的有一个。就是家数多的第一行政村，各个"克恩"拥有的家数平均亦仅 8.3 家。到解放前在各个"克恩"里原始共产制家庭已经开始解体，不断地分解出个体家庭，在不少的"克恩"里个体家庭已占优势。

各个"克恩"都有自己的地域,并且都有明确的界限。但因为互相通婚,彼此为了在生产上互相协助,两个近邻的"克恩"不仅互相借地,在农业生产上建立"猛吴"的合作关系,有的如德乌登将自己"克恩"的一部分土地分给新迁来的异姓成员芒布利,帮助他们建立自己的"克恩"。在第四行政村还有这样一件友好的故事:新迁来的孟登曾与原来的干木雷和玛巴朗羌等三个"克恩"缔结一种友邻的协定,协定的主要内容是,干木雷和玛巴朗羌两个"克恩"将他们之间的中间地带划给孟登,作为孟登"克恩"的地区,孟登允许将自己的女子嫁给玛巴朗羌的男子,孟登的男子娶干木雷的女子为妻。

由此可见,独龙族的各个"克恩"之间多半互相建立通婚与友好的关系。产生在狭小公有制基础上的生产与生活的经验和习惯便是独龙族每个成员的行动准则。

每个"克恩"都有自己的头人,头人是懂得历史、习惯法而善于辞令的男子,多半是年长的男子,亦有少数的女子,他们叫做"卡珊"。勇敢而善于战斗,肯于牺牲自己的男子叫做"甲卡"。"甲卡"是保卫本"克恩"成员和财产安全的勇士,是"卡珊"的助手。

引起"克恩"间纠纷的原因主要有三个:①是婚姻;②是疾病;③是杀伤。独龙族对于违反社会成员的行动准则的人们主要是进行教育与谴责,罪过重者实行物质惩罚,或实行血的复仇,不过血的复仇是稀有的现象,他们不惜通过艰苦的调解,对于死难的家庭成员给予物质上的赔偿,避免血的复仇。后来血的复仇适应用人换牛杀吃的产生,于是血的复仇变成抢人,或者仅杀死男成员,抢走女成员,同藏、傈僳和怒等民族换牛,这些人也就变成了外族的奴隶。

如果不幸两个"克恩"的成员发生纠纷,提出诉讼,则由通晓习惯法的"卡珊"根据习惯法进行判决。为了对事件判决公正合理,有时几个"卡珊"联合审理,倾听当事"克恩"的成员意见,然后才作出判决。特别是审理杀人事件,审理是在"克恩"的空地上进行。为了判决公正,除去双方"克恩"的"卡珊",还请其他"克恩"的"卡珊"作中间评议人,本"克恩"的"卡珊"成为本"克恩"在习惯法方面的辩护者,其他成员都出席旁听和参与辩护,男成员则张弩执刀准备如处理不公便进行血的复仇或以武力解决。判决必须被双方"克恩"的大多数成员同意才被认为有效。

两个"克恩"间的个别成员发生诉讼,则被认为是全"克恩"的事情,从精神到物质给予多方面的支持,尤其是杀人事件,赔偿物由全"克恩"共同负担。

独龙族除去对诉讼本身用原始民主的方式进行公正的判决,以刻木刻或立石头作判决的证据外,而且有着责任消除双方因纠纷所产生的不和,为了恢复和睦与团结,还要举行原始的酒宴,彼此共饮团结酒,以便达到消除不和与仇视的情绪。

（七）原始共产制的家庭

在由有共同血缘关系的近亲家庭成员的"克恩"里，根据对第四行政村地区的初步调查，直到二十世纪四十年代，尚普遍保持原始共产制家庭的组织形式，过着原始共产主义的家庭生活。这些原始共产制家庭由三四代家庭成员组成，每家约有二三十个成员。根据现任独龙族地区区长的独龙族"卡珊"玛巴朗羌的干木雷嫩（母亲名）·坚回忆当生"克恩"的辛根木嫩汀家在一九四〇年尚有32人，兰旺度"克恩"的龙代崩家直到一九五〇年尚有30个成员。到解放前独龙族的原始共产制家庭多已解体，即使尚未解体的，已在不断地缩小，已经没有30个成员的家庭了。根据贡山独龙族怒族自治县人民委员会在一九五五年对第四区独龙族的家庭与人口调查，全区有273家独龙族，2324人，平均每家仅有8.5人强。

第四行政村独龙族的房屋建筑为干阑式的竹草房屋，而又按照每个家庭人口多少分成两种形式：一种是"皆木玛"，"皆木玛"的含义是母亲房屋；另一种是"皆木巴"，"皆木巴"的含义是父亲房屋。

"皆木玛"式的房屋面积约一六〇平方米，在两侧以结婚的夫妻为单位建置火塘，火塘周围是夫妻及其子女生活的地方。在每个火塘大约80平方公分处，作为煮饭和取暖的地方，沿火塘四周铺设竹皮或树皮床铺，有的在各个火塘之间还置以竹子编成的隔壁。在两旁火塘之间便是房屋内部的通道，供家庭内外的成员来往。在通道的两头设门，门下侧置一根独木梯。在"皆木玛"式的房屋里常设置十个左右的火塘，过去甲贡"克恩"的彭登家有十五个火塘，近二三十年来火塘的数目也随着原始共产制家庭走向解体而减少，当一九五七年我们来第四行政村调查时，只有芒库的嫩木松（母亲名）·崩和孟登的布嫩木两家的"皆木玛"式的房屋还有六个火塘。

在二十世纪四十年代，第四行政村地区尚普遍存在原始共产制家庭，因此在当时"皆木玛"式的房屋亦占优势。在20个"克恩"中，在12个"克恩"里，一些家庭尚保存"皆木玛"式的房屋。近二三十年来，"皆木玛"式的房屋也随着原始共产制家庭走向解体而改建为"皆木巴"式的房屋，迄一九五七年第四行政村仅在芒库、孟登、木楞登、德楞登和木根崩五个"克恩"里还保留部分的"皆木玛"式房屋。

"皆木巴"式的房屋与"皆木玛"式的房屋长度相同，但宽度仅为"皆木玛"式房屋的一半。由于"皆木巴"式的房屋窄小，故只能建置单排的火塘。

无论"皆木玛"式的房屋或"皆木巴"式的房屋，独龙族的原始共产制家庭组织是以火塘为生产与生活的细胞。从铁刀、铁斧、铁镖枪、小铁锄等生产工具到铁锅、铁三脚架、竹箩和竹篮等生活用具都归各个火塘所有。猪、鸡等家畜、家禽，亦由各个火塘自养；或者由两个火塘分养，大小妻之间也是这样。男成员还有渔猎用具，有的还有猎狗，每个妇女多半有自己的纺织用具。如父死，其生前所有的工具多数由未婚的幼子继承，有的由诸子平分；母死，其装饰品一般归未婚的幼女继承。每个火塘都在房屋周围建立储存粮食的谷仓，或者由几个火塘联合建立储存粮食的谷仓，在谷仓内按火塘数目划分小格；各个火塘将自己的粮食放在自己的格内。唯有未婚的青年男女没有自己的谷仓。在习惯上他们自己生产的粮食则储存在母亲的谷仓里。每个火塘的主妇负责饲养家畜和家禽，负责管理谷仓。

独龙族的原始共产制家庭实际上是个体火塘的联合体，每个火塘是参加集体生产的单位，也是分配产品的单位。但在消费方面，却实行原始共产主义的共食，由各个火塘轮流做饭，其他火塘的女成员协助舂粮食。一般老年妇女所住的火塘便是做饭的火塘，有的便在自己的火塘上做。一些家庭因为人口多饭菜则分别同时由两个火塘做，一个火塘负责做饭，一个火塘负责做菜。那一个火塘用完自己所储存的粮食，便免去轮流做饭的义务，则由仍有粮食的火塘继续轮流做饭。

饭菜都实行平均分配，分法是以夫妇为基础，每两个人分给一份饭菜，放在一个盛器里，二人对坐而食。年幼子女的饭菜也同样分到父母的盛器里。独龙族的平均分配原则是以人为单位的，并不分成员的年龄大小，但对年老的成员还是给予特殊的照顾，如果遇到吃猎获的兽肉，捕到的鱼和家畜家禽肉，各个火塘里的子孙也常从自己的份内拿出一部分送给老年人。他们在习惯上也规定各种兽头家畜头和心必须由老年男子吃。

除去平素的正餐实行共食外，某个火塘猎到野兽、捕到鱼都同样实行共食，家畜家禽虽归各个火塘自养，但在杀吃时仍然实行共食。平均分给每个成员一份，熟的直接分给个人，生的则分给其所属的火塘。独龙族的原始共产主义的共食原则不仅实行于一个家庭的内部，而且也实行于全"克恩"中间，猎到野兽、捕到鱼或宰杀家畜的火塘也要将这些食品分赠其他家庭的各个火塘。甚至遇到某一个火塘的来访的亲友，也同样受到其他火塘的招待。来访者带来的礼物也照例分给其他各个火塘，当来访者走时，其他的火塘也纷纷赠送礼物。

在独龙族的原始共产制家庭里所以实行共食和平均分配，这是生产品异常贫乏的表现，还没有条件让每个成员尽量的吃，只能用平均分配的办法加以限制，所以每天的两顿正餐并不能保证每个成员吃饱，每个火塘或成员为了解决或减轻饥饿，即在正餐之外只好自己烧煮些零食作补充。而各个火塘，年老的父母和未婚的青年都经营"谁移"，其最初的经济意义便在这里。

在独龙族原始共产制家庭内部各个火塘之间的联系是集体生产与共同消费，而共同的血缘关系则是集体生产与共同消费的纽带。由年长的男子担任家庭的领导工作，他们称担任领导的家长叫"要梅拉斯拉布"。家长的主要职责是：①领导与组织生产，耕种"夺木古"则是全家的代表，向各火塘传达与布置"夺木古"耕地的生产计划，在春耕前参加"克恩"或家庭内部的计划与分配耕地，协助各个火塘间建立"猛吴"的生产合作组织，负责生产技术的指导；②是负责教育家庭成员，维护各个火塘间的团结；③是调解家庭内部的纠纷；④对外则代表家庭参加"克恩"内外的公共活动。

家长的妻是家长的助手，在一夫多妻的家庭则是大妻，协助家长领导内务，主持分配产品和食品，教育家庭成员特别是家庭中的女成员。

在家庭内部凡有关公共性的重大事务，则在家长主持下召开各个火塘的男成员，通常是每个火塘的丈夫共同商量。家长所在的火塘便是集会的地点，如有问题需要商量，而早晚饭前后的时间便是开会的时间。事情不管大小都按原始民主作风进行讨论，但是家长的天然的尊长地位，家长的生产与生活经验便是一种权威，具有极大的作用。

维护家庭团结的方法是对成员进行教育，如果某一成员违背共产制家庭的组织原则和应遵守的纪律，则实行火塘或全家范围内的批评。在他们的家庭里最忌多嘴或说闲话，这最有害于家庭内部的团结，因此成为每个成员首先应遵守的纪律。

每个成员从儿童时代就开始受到父母和全体成员如何过共产制生活的教育，习惯于过平均分配的生活，无论什么食品，未经过父母同意或分配，自己无权乱动。

没有父母的孤儿，由伯叔父或舅父母抚养。即使兄弟间分家，如某兄弟无子，亦无过继的习俗，但兄弟的儿子有奉养的义务，这是由共产制家庭中继承来的遗风，因为共产制家庭无须过继。嫁出的女子，年老又无子女，可以回到母家度其晚年。

独龙族的原始共产制家庭是建立在原始落后的生产力基础上的，虽然内部的个体火塘已经是生产与分配的单位，但是没有各个火塘和其他家庭的火塘帮助便不能进行生产，不仅分到的产品数量极少，而且一遇到烧不成地段或遭受鸟兽害，便收不到粮食，因此只有依赖各个火塘间的共食，互相调济才能生活。这就是他们从生产到生活都紧密地联系在一起的原因。随着各个火塘个体经营的"谁移"增加，有了独立生产与生活条件便分解出去了。即使尚未解体，但个体火塘与原始共产制家庭间的矛盾也日趋剧烈，有的原始共产制家庭已成为各个火塘短期聚居的场所，例如兰旺度"克恩"的龙代崩家有十个火塘，在1950年前各个火塘在生产季节都把家搬到生产地上去，仅在农闲季节才搬回家中，过一段短期的共产主义生活，到解放时便最后解体了，正象长硬了翅膀的鸟儿，离开了自己的巢，留下来的空巢也在时间的流逝中而终归腐烂了。有的各个火塘还尽管住在公共的房屋里，但是各个火塘间已放弃共食制，自己做饭自己吃。

独龙族原始共产制家庭的基本情况便是如此。

（八）婚姻关系

生存在正在解体的原始共产主义制度下的独龙族的婚姻形态，有许多问题值得研究。例如在独龙语的词汇中还没有妻和夫两个词，称呼妻则在"仆玛"（指一般女人）的词前加代词"恩"（即是"我的"意思），即是"我的"女人；称呼丈夫则在"楞拉"（指一般男人）的词前加代词"恩"，即是"我的"男人。而在孩子名前仍多连母名，特别是在男孩子名前一般都连母名。这本是母系氏族制度所固有的特征，现在却在父系氏族制度中被保存下来了。但独龙族占主导的婚姻形态则是由晚期的对偶婚向早期的一夫一妻制过渡。这种婚姻形态的基本特点是适应已经形成的父权制，妇女已被买到男家来作男子的妻，女子虽然可以与男子离婚，但必须用自己的姊妹顶替自己作丈夫的妻，不然就要退赔全部的聘礼。女子与其他男子"通奸"所生的子女属于丈夫所有，而女子还要受到谴责，而其情夫要受到一定的物质处罚。至于过去存在的群婚制度有的已经不适合，有的虽然还存在但多已发生变化，使其适应父权制，原来妇女所应有的权利都被剥夺了，多半成了男子的片面特权。

独龙族通婚关系的基本特点是：

第一，男成员到母亲出生的"克恩"里去讨妻，女成员嫁到姑母曾嫁给的"克恩"里的男成员。即是男子娶舅父的女儿为妻，舅父的女儿嫁给姑母的儿子。这种通婚原则他们叫作"安克安拉"。根据这种通婚原则最典型的则由三个不同的"尼勒"的成员组成通婚的联系。实际上常因为三个"尼勒"的男女数目不一致，甚至一时没有适合通婚的成员，以致使这种联系遭到破坏，或由单线的联系变成多线的联系关系。

根据"安克安拉"的通婚原则，很自然地形成男方的诸兄弟娶女方的诸姊妹为妻；或者女方的诸姊妹嫁给男方的诸兄弟。以孟登"克恩"的孟家为例，在近三代的15个男成员中，有9个兄弟辈的男成员与干木雷和当生"克恩"的姊妹辈通婚。在出嫁的7个（不完全的统计）女子中有四个姊妹辈嫁给杨密"克恩"的兄弟辈。他们认为几个兄弟分别与某家几个姊妹结婚有利于原始共产制家庭的巩固。其实正说明了独龙族的原始通婚形态恰与不发达的社会组织相适应的原因。

独龙族虽然按照"安克安拉"的关系通婚，但是辈分观念仍模糊，甚至说尚没有辈分观念，这种例子很多。在巴坡"克恩"调查中发现巴坡的汀家的一对姊妹分别嫁给彭来顿双朗的独立·松家的父子；在解放之后，木利门"克恩"的木利门嫩·松家父亲木利门嫩·松乘儿子不在，将儿子的未婚妻娶来作自己的小妻。这种与"安克安拉"通婚原则相矛盾的现象，这种不受辈分限制的现象，可以说明独龙族在产生"安克安拉"的通婚原则以前，曾经存在过一个"克恩"的男子普遍是另一个"克恩"的女子的丈夫的阶段。

第二，在独龙族的社会中一部分男子实行多妻，男子有权将妻的姊妹先后娶来为妻，这正是由母系氏族制度下的群婚已过渡父系氏族制度后的一种合理现象。我们于一九五七年在第四行政村的11个"克恩"中对97个已婚男子进行了调查，调查结果是：其中有21个男子多妻，占已婚男子总数的21.6%。在这21个多妻的男子中，有7人是妻姊妹，而有6人是妻两姊妹，1人是妻三姊妹。当然，这种片面性的男子多妻，实际上也只能成为经济条件富裕的少数男子的特权。

适应男方妻姊妹的需要，存在一种叫作"迪玛"的习俗。"迪玛"是订预备妻，如自己的妻妹尚小还不能结婚，但自己有权事先用牛或猪与妻妹订婚，等待妻妹长大后再娶来。

妻姊妹还表现在转房方面，如兄死弟娶其嫂，弟死兄娶其媳，甚至转给亡夫的父亲或叔父。第三行政村的丙登"克恩"的丙登·滇家的儿子死去，父亲汀则将儿子的妻收留作自己的妻。男子把继承兄弟或儿子的未亡人不仅看作是自己的权利，同时也看作是自己的义务，第四行政村的木楞崩"克恩"的汀已有三个妻，后来自己的哥哥死去，又收留兄妻作自己的第四妻。女子死去丈夫，唯有亡夫的家庭内部无人继承，或因少数女子坚决反对转房而被同意外嫁。但女子外嫁必须偿还亡夫娶自己时所支付的聘礼的一半，作为外嫁的条件。

由此可见，属于妻姊妹性质的转房形式，已经适应家长制家庭公社的发展，女子成为男子可以继承的财产。

综合前述，这种产生在落后的生产力水平和不发达的社会组织上面的婚姻形态，男女成员在出生之后，便规定了彼此必须结婚的范围，后来又产生包办订婚与支付聘礼，女子成为被买卖的对象物，因此，也不再存在什么婚姻自由，这已经是一夫一妻制的婚姻，但仍然保留姐姐离婚由妹妹顶替，或者妹妹离婚由姐姐顶替的习俗，在第一行政村的东根"克恩"里竟存在父亲以自己的小妻代替女儿出嫁的现象。这对男子来说究竟娶谁作自己的妻子并不重要，而重要的是只要能够生儿育女和从事劳动的人。如果要求离婚的女子没有顶替自己出嫁的姊妹，而又无力退还订婚时所收到的聘礼，在这种情况下只好嫁给自己所不愿意嫁给的男子，有的少数女子采取投江自杀方式表示坚决反抗。假如已出嫁到男家后而自杀还算好办，如果没有出嫁，是在母家自杀，聘礼还是照样退赔，因此便使离婚日益成为不可能。

随着独龙族原始社会进一步走向瓦解，个体经济日益发展，首先是使妇女地位日益下降，开始变为受奴役的地位。女子出生之后就多与某家男子订婚，而且已经出现用作与异姓"克恩"间进行借牛、粮食的抵押条件。如果无力偿还便娶女子为妻,至于还是作为家长的妻子或者作为家长的子孙的妻子,这主要是根据该家家长的意志。因此,我们在独龙族社会中所看到的冲突与矛盾,首先是妇女与家长制家庭公社的矛盾,尚不存在阶级间的矛盾,因为贫富分化尚处在萌芽状态。

从上述八个部分的简单介绍里,我们可以对独龙族的社会得出这样一个结论:独龙族的社会尚处于贫困、落后和饥饿的原始共产主义晚期阶段,近二三十年来独龙族的家长制的家庭公社正在经历剧烈的解体过程,在原来是平等的社会成员中间产生了贫富分化的萌芽。解放后当地党委对独龙族发放了大量的铁锄、铁犁铧和耕牛,帮助他们开水田,并在一九五六年着手试办互助组,开始不断地为独龙族摆脱落后的原始共产主义社会,绕过阶级社会,直接向更高级的社会主义过渡创造经济条件。

调查者　宋恩常
一九六二年十月

二、第四行政村独龙族互助合作情况调查

第四行政村的互助合作运动,从一九五七年即已开始,一九五七年2月,四区委决定在全区范围内试办互助组,四村的各自然村的群众纷纷要求,虽然是试办,实际上各自然村都办起来了。一九五七年的4月,马库、孟顶、拉瓦夺三个互助组成立,稍迟一些时候,一九五八年德乌打、巴坡互助组也建立了起来,到一九五九年春耕期间全村绝大部分都参加了互助组。

解放以来,经过党的几年来的宣传教育,广大群众的觉悟有了一定的提高。在成立互助组以前,党即领导独龙族人民在生产中实行换工互助。孟顶、得吾打还在一九五四年时就开始实行互助了。其他的村寨,如马库、拉瓦夺、巴坡也有两年多的换工互助的历史。这种换工互助,最初采取不计劳动力多少和强弱,你帮我,我帮你的形式,也就是说还未摆脱原始协作的性质。但随着换工互助的发展,它逐步注入了社会主义的内容,如集体耕作一定面积的火山地,其收入按劳动日(天数)分配,而不是以户平均分配,同时在换工的过程中,逐步实现以全劳动力换全劳动力,半劳动力换半劳动力的形式等,可以说它具有社会主义的萌芽因素。此外,这种换工是在党的领导下进行的,与过去的原始的自然的换工显然不能等同视之。因而,实际上在党的领导下的换工互助是起到了走向互助组的桥梁作用的。

党所领导的开水田运动,是互助组组织起来的具有决定性的步骤,全区一九五二年在三村开水田,一九五三年第四行政村在得吾打开水田,一九五四年在拉瓦夺开水田。一九五四、一九五五年各自然村进行开水田。这些水田的开垦,一方面使独龙族的农业生产发生了颇为重大的革命,这就是精细的农业生产的开始;另一方面,水田的开垦,打破了家族界限,迅速发展了生产,大大显示了社会主义的优越性,坚定了群众走社会主义道路的信心和决心,这就给原始的生产关系以很大的冲击,瓦解了家族共耕、伙有共耕的基础,这些水田开出来后,实行集体耕种,由国家发给籽种;收获后,采取按劳动工日分配(接近于按劳取酬)的原则,而不是平均分配的办法。互助组成立后,这些水田即成为互助组的基本生产资料。这样,就给互助组在物质上、思想上和组织上都充分有了准备,打下了坚实的基础。

因此,当互助组成立的时候,群众的认识是比较清楚的。他们说:"比如政府领导我们开水田,田里一个石头,一个人抬不起,大家齐出力就抬得起了。""我们过去一个人砍火山地,力量小,一个人20天都砍不完一块地,大家齐出力,一天就完了。"他们深知互助组是由穷到富的路。说:"过去我们吃不饱穿不暖,谁也不管。现在共产党毛主席叫我们组织起来,就是为了我们好,为了我

们吃得饱、穿得暖。"他们听到过内地参观回来的人传达报告后,兴奋地说:"内地的老大哥早就成立合作社了,如果我们不赶快组织起来,就要落后了。""内地人民要到社会主义,我们也要到社会主义。"

少数民族与文化交流

资料选录

目　　录

第一编 · 447
　　第一章　滇国 · 447
　　第二章　昆明 · 457
　　第三章　哀牢 · 480
第二编 · 495
　　第四章　两爨 · 495
　　第五章　南诏 · 512
　　第六章　大理 · 535
第三编 · 538
　　第七章　交通 · 538
　　第八章　历史 · 549
　　第九章　分述 · 561

第一编

第一章 滇国

滇国的历史记载之最早见于史书的是司马迁的《史记》,《史记》卷一一六《西南夷列传》中虽然也记载了这个地区的其他一些国家或民族,但主要的可以说是叙述关于滇国或是滇族的历史,因此,我们把这一篇列传全部录之于后:

> 西南夷君长以什数,夜郎最大;其西靡莫之属以什数,滇最大;自滇以北君长以什数,邛都最大;此皆魋结,耕田,有邑聚。其外西自同师以东,北至楪榆,名为嶲、昆明,皆编发,随畜迁徙,毋常处,毋君长,地方可数千里。自嶲以东北,君长以什数,徙、筰都最大;自筰都以东北,君长以什数,冉駹最大。其俗或土著,或移徙,在蜀之西。自冉駹以东北,君长以什数,白马最大,皆氐类也。此皆巴、蜀西南外蛮夷也。
>
> 始楚威王时,使将军庄蹻将兵循江上,略巴、黔中以西。庄蹻者,故楚庄王苗裔也。蹻至滇池,地方三百里,旁平地,肥饶数千里,以兵威定属楚。欲归报,会秦击夺楚巴、黔中郡,道塞不通,因还,以其众王滇,变服,从其俗,以长之。秦时常頞略通五尺道,诸此国颇置吏焉。十余岁,秦灭。及汉兴,皆弃此国而开蜀故徼。巴蜀民或窃出商贾,取其筰马、僰僮、髦牛,以此巴、蜀殷富。
>
> 建元六年(公元前一三五年),大行王恢击东越,东越杀王郢以报。恢因兵威使番阳令唐蒙风指晓南越。南越食蒙蜀枸酱,蒙问所从来,曰"道西北牂柯,牂柯江广数里,出番禺城下"。蒙归至长安,问蜀贾人,贾人曰:"独蜀出枸酱,多持窃出市夜郎。夜郎者,临牂柯江,江广百余步,足以行船。南越以财物役属夜郎,西至同师,然亦不能臣使也。"蒙乃上书说上曰:"南越王黄屋左纛,地东西万余里,名为外臣,实一州主也。今以长沙、豫章往,水道多绝,难行。窃闻夜郎所有精兵,可得十余万,浮船牂柯江,出其不意,此制越一奇也。诚以汉之强,巴蜀之饶,通夜郎道,为置吏,易甚。"上许之。乃拜蒙为郎中将,将千人,食重万余人,从巴符关入,遂见夜郎侯多同。蒙厚赐,喻以威德,约为置吏,使其子为令。夜郎旁小邑皆贪汉缯帛,以为汉道险,终不能有也,乃且听蒙约。还报,乃以为犍为郡。发

巴、蜀卒治道，自僰道指牂柯江。蜀人司马相如亦言西夷邛、筰可置郡。使相如以郎中将往喻，皆如南夷，为置一都尉，十余县，属蜀。

当是时，巴蜀四郡通西南夷道，戍转相饷。数岁，道不通，士罢饿离湿，死者甚众；西南夷又数反，发兵兴击，耗费无功。上患之，使公孙弘往视问焉。还对，言其不便。及弘为御史大夫，是时方筑朔方以据河逐胡，弘因数言西南夷害，可且罢，专力事匈奴。上罢西夷，独置南夷夜郎两县一都尉，稍令犍为自葆就。

及元狩元年（公元前一二二年），博望侯张骞使大夏来，言居大夏时见蜀布、邛竹杖，使问所从来，曰"从东南身毒国，可数千里，得蜀贾人市"。或闻邛西可二千里有身毒国。骞因盛言大夏在汉西南，慕中国，患匈奴隔其道，诚通蜀，身毒国道便近，有利无害。于是天子乃令王然于、柏始昌、吕越人等，使间出西夷西，指求身毒国。至滇，滇王尝羌乃留，为求道西十余辈。岁余，皆闭昆明，莫能通身毒国。

滇王与汉使者言曰："汉孰与我大？"及夜郎侯亦然。以道不通故，各自以为一州主，不知汉广大。使者还，因盛言滇大国，足事亲附。天子注意焉。

及至南越反，上使驰义侯因犍为发南夷兵。且兰君恐远行，旁国虏其老弱，乃与其众反，杀使者及犍为太守。汉乃发巴蜀罪人尝击南越者八校尉击破之。会越已破，汉八校尉不下，即引兵还，行诛头兰。头兰，常隔滇道者也。已平头兰，遂平南夷为牂柯郡。夜郎侯始倚南越，南越已灭，会还诛反者，夜郎遂入朝。上以为夜郎王。

南越破后，及汉诛且兰、邛君，并杀筰侯，冉駹皆振恐，请臣置吏。乃以邛都为越巂郡，筰都为沈犁郡，冉駹为汶山郡，广汉西白马为武都郡。

上使王然于以越破及诛南夷兵威风喻滇王入朝。滇王者，其众数万人，其旁东北有劳浸、靡莫，皆同姓相扶，未肯听。劳浸、靡莫数侵犯使者，吏卒。元封二年（公元前一〇九年），天子发巴、蜀兵击灭劳浸、靡莫，以兵临滇。滇王始首善，以故弗诛。滇王离难西南夷，举国降，请置吏入朝。于是以为益州郡，赐滇王王印，复长其民。

西南夷君长以百数，独夜郎、滇受王印。滇小邑，最宠焉。

班固作《汉书》在卷九十五《西南夷传》中所记的大致与司马迁所记的相同，有的地方如只"地方三百里"一句无"地"字，"因还"作"因乃"，所以我们不必再录。

上面已经指出，《史记·西南夷传》所记西南地区的国家或民族虽有好多种，但主要的可以说是叙述关于滇国的历史。从庄蹻到滇以至滇国降汉的二百多年中，最初是庄蹻王滇，后来因汉武帝听了张骞的建议要通身毒（天竺或印度），因而遣使到滇，后来又因且兰常隔滇道，因而遣兵去诛且兰，最后乃因且兰被破，于是又遣使风喻滇王入朝，可是因为在其东北的劳浸、靡莫又数犯使者，于是又不得不发兵击灭劳浸、靡莫，然后以兵临滇，而使滇王投降。滇国既降之后，汉既赐给滇王王滇，并且最为受宠，滇国之所以为汉所重视，也可能是由于这个国家为庄𫏋之后华化较深，可是这个国家在西南诸国中所占的位置——在交通上以至在文化上的重要也是无可疑的。

又《后汉书》卷一百十六①中说：

初，楚顷襄王时，遣将庄豪从沅水伐夜郎，军至且兰，椓船于岸而步战。既灭夜郎，因留王滇池。以且兰有椓船牂柯处，乃改其名为牂柯。牂柯地多雨潦，俗好巫鬼禁忌，寡畜生，又无蚕桑，故其郡最贫。句町县有桄桹木，可以为面，百姓资之。公孙述时，大姓龙、傅、尹、董氏，与郡功曹谢暹保境为汉，乃遣使从番禺江奉贡。光武嘉之，并加褒赏。桓帝时，郡人尹珍自以生于荒裔，不知礼义，乃从汝南许慎、应奉受经书图纬，学成，还乡里教授，于是南域始有学焉。珍官至荆州刺史。

又说：

滇王者，庄𫏋之后也。元封二年（公元前一〇九年），武帝平之，以其地为益州郡，割牂柯、越巂各数县配之。后数年，复并昆明地，皆以属之此郡。有池，周回二百余里，水源深广，而末更浅狭，有似倒流，故谓之滇池。河土平敞，多出鹦鹉、孔雀，有盐池田渔之饶，金银畜产之富。人俗豪忲。居官者皆富及累世。

及王莽政乱，益州郡夷栋蚕、若豆等起兵杀郡守，越巂姑复夷人大牟亦皆叛，杀略吏人。莽遣宁始将军廉丹，发巴蜀吏人及转兵谷卒徒十余万击之。吏士饥疫，连年不能克而还。以广汉文齐为太守，造起陂池，开通溉灌，垦田二千余顷。率厉兵马，修障塞，降集群夷，甚得其和。及公孙述据益土，齐固守拒险，述拘其妻子，许以封侯，齐遂不降。闻光武即位，乃间道遣使自闻。蜀平，征为镇远将军，封成义侯。于道卒，诏为起祠堂，郡人立庙祀之。

建武十八年（公元后四二年），夷渠帅栋蚕与姑复、楪榆、梇栋、连然、滇池、建伶、昆明诸种反叛，杀长吏。益州太守繁胜与战而败，退保朱提。十九年（公元四三年），遣武威将军刘尚等发广汉、犍为、蜀郡人及朱提夷，合万三千人击之。尚军遂度泸水，入益州界。群夷闻大兵至，皆弃垒奔走，尚获其赢弱、谷、畜。二十年（公元四四年），进兵与栋蚕等连战数

---

① 校按：现所见版本，如中华书局版《后汉书》中，《西南夷列传》在卷八十六。

> 月,皆破之。明年(四五年)正月,追至不韦,斩栋蚕帅,凡首虏七千余人,得生口五千七百人,马三千匹,牛羊三万余头,诸夷悉平。
>
> 肃宗元和(公元八四—八六年)中,蜀郡王追为太守,政化尤异。有神马四匹出滇池河中,甘露降,白乌见,始兴起学校,渐迁其俗。灵帝熹平五年(公元一七六年),诸夷反叛,执太守雍陟。遣御史中丞朱龟讨之,不能克。朝议以为郡在边外,蛮夷喜叛,劳师远役,不如弃之。太尉掾巴郡李颙建策讨伐,乃拜颙益州太守,与刺史庞芝发板楯蛮击破平之。还,得雍陟。颙卒后,夷人复叛,以广汉景毅为太守,讨定之。毅初到郡,米斛万钱,渐以仁恩,少年间,米至数十云。

又晋常璩在其《华阳国志》卷四《南中志》中也说到这个滇国及其有关的一些民族,现摘录于后:

> 周之季世,楚顷襄王遣将军庄蹻溯沅水,出且兰,以伐夜郎,植牂柯,系舡于且兰。既克夜郎,而秦夺楚黔中地,无路得归,遂留王之,号为庄王。以且兰有椓舡牂柯处,乃改其名为牂柯。分侯支党,传数百年。秦并蜀,通五尺道,置吏主之。汉兴,遂不宾……司马相如亦言:"西戎邛、筰,蜀之后园,可置为郡。"帝(汉武帝)既感邛竹,又甘蒟酱,乃拜为中郎将,往喻意,皆听命……平帝(公元二—六年)末,梓潼文齐为益州太守。公孙述时,据郡不服。光武称帝,以南中有义。益州西部,金、银、宝货之地,居其官者,皆富及十世。孝明帝(公元五八—七五年)初,广汉郑纯独尚清廉,毫毛不犯。夷汉歌咏,表荐无数。上自三司,下及卿士,莫不叹赏。明帝嘉之,因以为永昌郡,拜纯太守。
>
> 建安十九年(公元二一四年),刘先主定蜀,遣安远将军南郡邓方以朱提太守、庲降都督治南昌县。轻财果毅,夷汉敬其威信……先主薨后,越巂叟帅高定元杀郡将军焦璜,举郡称王以叛。益州大姓雍闿亦杀太守正昂,更以蜀郡张裔为太守。闿假鬼教曰:"张裔府君如瓠壶,外虽泽而内实粗,杀之不可,缚与吴。"于是执送裔于吴。吴主孙权遥用闿为永昌太守,遣故刘璋子阐为益州刺史,处交、益州际。牂柯郡丞朱提朱褒领太守,恣睢。丞相诸葛亮以初遭大丧,未便加兵,遣越巂太守巴西龚禄住安上县,遥领郡。从事蜀郡常颀行部南入,以都护李严书晓喻闿。闿答曰:"愚闻天无二日,土无二王。今天下派分,正朔有三,远人惶惑,不知所归。"其傲慢如此。颀至牂柯,收郡主簿考讯奸。褒因煞颀为乱。益州夷复不从闿,闿使建宁孟获说夷叟曰:"官欲得乌狗三百头,膺前尽黑,螨脑三斗,斫木构三丈者三千枚,汝能得不?"夷以为然,皆从闿。斫木坚刚,性委曲,高不至二丈,故获以欺夷。
>
> 建兴三年(公元二二五年)春,亮南征,自安上由水路入越巂。别遣

马忠伐牂柯，李恢向益州，以犍为太守广汉王士为益州太守。高定元自旄牛、定笮、卑水多为垒守。亮欲俟定元军众集合，并讨之，军卑水。定元部曲杀雍闿及士庶等，孟获代闿为主。亮既斩定元，而马忠破牂柯，李恢败于南中。夏五月，亮渡泸，进征益州。生虏孟获，置军中，问曰："我军如何？"获对曰："恨不相知，公易胜耳。"亮以方务在北，而南中好叛乱，宜穷其诈，乃赦获使还，合军更战。凡七虏七赦。获等心服，夷汉亦思反善。亮复问获，获对曰："明公，天威也，边民长不为恶矣。"秋，遂平四郡。改益州为建宁，以李恢为太守，加安汉将军，领交州刺史，移治味县。分建宁、越巂置云南郡，以吕凯为太守……以夷多刚狠，不宾大姓富豪，乃劝令出金帛，聘策恶夷为家部曲，得多者奕世袭官。于是夷人贪货物，以渐服属于汉，成夷、汉部曲。亮收其俊杰建宁爨习、朱提孟琰及获为官属，习官至领军，琰辅汉将军，获御史中丞。出其金、银、丹、漆、耕牛、战马，给军国之用。都督常用重人。

　　泰始三年（公元二六七年）①，以益州大，分南中四郡为宁州，婴为刺史……太康三年（公元二八二年）②，罢宁州，置南夷，以天水李毅为校尉，持节，统兵镇南中，统五十八部夷族都监行事。每夷供贡南夷府，入牛、金、旃、马，动以万计，皆豫作恣志致校尉官属；其供郡县亦然。南人以为饶。自四姓子弟仕进，必先经都监。

　　夷人大种曰"昆"，小种曰"叟"。皆曲头木耳，环铁裹结，无大侯王，如汶山、汉嘉夷也。夷中有桀黠能言议屈服种人者，谓之"耆老"，便为主。论议好譬喻物，谓之"夷经"。今南人言论，虽学者亦半引"夷经"。与夷为姓曰"遑耶"，诸姓为"自有耶"。世乱犯法，辄依之藏匿。或曰：有为官所法，夷或为报仇。与夷至厚者谓之"百世遑耶"，恩若骨肉，为其逋逃之薮。故南人轻为祸变，恃此也。其俗征巫鬼，好诅盟，投石结草，官常以盟诅要之。诸葛亮乃为夷作图谱，先画天地、日月、君长、城府；次画神龙，龙生夷，及牛、马、羊；后画部主吏乘马幡盖，巡行安恤；又画夷牵牛负酒、赍金宝诣之象，以赐夷。夷甚重之，许致生口直。又与瑞锦、铁券，今皆存。每刺史、校尉至，赍以呈诣，动亦如之。

又在"滇池县"条中说：

　　滇池县郡治，故滇国也。有泽水，周回二百里。所出深广，下流浅狭，如倒流，故曰滇池。长老传言，池中有神马，或交焉，即生骏驹，俗称之曰"滇池驹"，日行五百里。水神祠祀。亦有温泉，如越巂温水。又有白猬山，

---

① 校按：应为泰始六年（公元二七〇年），《华阳国志》，中华书局2023年版。
② 校按：应为太康五年（公元二八四年），《华阳国志》，中华书局2023年版。

山无石，惟有猓也。

又说：

晋宁郡，本益州也。元鼎（公元前一一六至一一二年）初属牂柯、越嶲。汉武帝元封二年（公元前一〇九年），叟反，遣将军郭昌讨平之，因开为郡，治滇池上，号曰益州。汉属县二十四，户二十万；晋县七，户万。去洛五千六百里。司马相如、韩说初开，得牛马羊属三十万。汉乃募徙死罪及奸豪实之。郡土平敞，原田，多长松，皋有鹦鹉、孔雀，盐池田渔之饶，金银畜产之富。俗奢豪，难抚御。

上面所抄录的史文可以说是关于滇国或滇族的最古的记载，首先，我们叙述滇国或滇族以及其周围各国或各族在地理上所定居或散居的位置。

从《史记》或《汉书》的记载，我们知道在滇国的周围，其东北有夜郎、有牂柯（或且兰）；在滇之北有邛都或邛笮与冉駹；其西北有白马，有嶲，有昆明；又在滇之西为后来的永昌，可能已有了《后汉书》所记载的哀牢这些地方，有的是到滇国所必经的地方，有的是从滇到身毒所必经的地方，所以其与滇国都有了或多或少的关系。周的末季，庄跻到滇，既经夜郎又经且兰或后来的牂柯，汉武帝最后遣使到滇，要从滇西行而找身毒，却为昆明所阻。

到了汉武帝元封二年（公元前一〇九年），汉武帝发巴蜀兵，击灭劳浸、靡莫，以兵临滇，滇王投降，乃以滇为益州郡。这个郡在前汉时代，据《后汉书》记载，其所管属的地方很大，《后汉书》说：

以其地（按：指滇国）为益州郡，割牂柯、越嶲各数县配之，后数年，复并昆明地，皆以属之此郡。

上面已经指出牂柯在滇国的东北，应该是在现在贵州的桐梓、遵义以至云南的东北一带，越嶲是在现在的四川、西昌、会理一带，而昆明（按：汉代的昆明与现在的昆明方位不同，关于这一点，下面叙述昆明国或昆明族时再说）是在现在的大理、丽江以至四川盐源一带。益州所管属的地方，既包括了这几个国家或是这几个民族所居的地方，那么就是等于现在的云南的中部、东北部及西北部以及贵州的西北部与西南部，以至四川的西南部，也约等于现在的云南的全部的面积。

应该指出，益州是汉时所置的郡，在汉未征服滇国之前，滇国的疆域并没有属于益州的地方那么大，庄跻到滇时，据《史记》所载，"滇池方三百里，其旁平地肥饶，数千里"，又汉使到滇之后，回到汉廷也"盛言滇大国，足事亲附"。可是《史记·西南夷列传》的末段告诉我们当滇降汉时，"西南夷君长以百数……滇小邑，最宠焉"。而在这个列传开头又说，夜郎之西"靡莫之属以什数，滇最大"，所谓最大、所谓小邑虽然有了矛盾，说明当时的人们对于这个国家的地方究竟多大，并没有弄得清楚。然而因为这个国家是汉代要打通身毒的交通枢纽，所以这个国家的位置是很为重要，是无可疑的，而且有了"方三百里"的滇与"其旁平地，肥饶数千里"，那么这个国家在经济上的地位的重要也是无可疑的。

又汉武帝因元狩元年（公元前一二二年），张骞说从这一带可以通身毒，武帝于是乃遣人出西南夷而到滇，因路不通，不能再往西走，于是乃回汉廷。元封二年（公元前一〇九年）虽然平了滇国，可是不到数年，也就是在元封末年（公元前一〇五年），西域的乌孙与中国交好，汉以宗室公主嫁给乌孙，从西域到大夏的道路已通，因而从滇国到身毒以通大夏的计画也就因之而停止。

滇国的民族是属于那一种民族呢，司马迁在其《史记·西南夷列传》中告诉我们道：

靡莫之属以什数，滇最大。

那么滇国的民族应该是属于靡莫之属了，可是司马贞《史记索隐》却指出：

靡莫，夷邑名。

这应该是说靡莫是一个邑、一个地方，这种说法不见得是对，张守节《史记正义》中说：

（靡莫）在蜀以南及西也，靡非（莫？）在姚州北，去京西南四千九百三十五里，即靡莫之夷。

这是把靡莫当为一种民族，这与司马迁所说"为靡莫之属"是较为合理。司马迁除了这里所说的"靡莫"之外，在《西南夷传》的末段也说到这个民族：

其旁东北有劳浸（按：《汉书》作劳深）、靡莫，皆同姓相扶，未肯听。劳浸、靡莫数侵犯使者吏卒。

劳浸也是一种民族，虽然与靡莫有所不同，然而他们却是同姓，这也可以说是同一民族或是关系很为密切的民族。所谓的同姓的姓，可以当为姓氏或氏族，也可以当为百姓的姓，这都是指着人或氏族而言，所以同姓应当了解为同族。而且司马迁在《西南夷传》中首一段所说的是各种不同的民族或部落，如夜郎、如滇、如邛、如嶲、如昆明、如筰、如冉駹、如白马。他在说到冉駹与白马之后，还说这"皆氐类也"，而在列举上面的各种民族或部落之后，还总结的说"此皆巴蜀西南外蛮夷"，所谓蛮夷就是指着民族，这就是说蛮族或夷族或蛮夷之族，也就是现在我们所说的少数民族或兄弟民族。从此我们可以断定这里所说的靡莫是一个民族。

然而所谓靡莫之族究竟是属于那一个民族呢？

有人以为他们就是滇族，滇国之民称为滇族固无不可，但滇的意义，裴骃

《史记集解》引如淳说：

> 滇音颠，滇马出其国也。

《汉书》卷九十五《西南夷传》师古注云：

> 地有滇池，因为名焉。

从如淳与师古所说，滇是一个国名，更具体的像师古所说，是一个地方名。所以滇国之内的民族虽然可以称为滇族，然而靡莫之属不只在滇国有，在其他地区也有，滇不过只是好多靡莫之属中的最大的国家而已。而况靡莫之于劳深，又为同姓或同族，所以靡莫虽为滇国之民，但不能说所有的靡莫都是滇国之民。因而滇应限一个国家、一个地区，而靡莫却是一个民族。因此之故，我们还必要进一步去考究这个靡莫是属于那一个民族。

从明代的杨慎以至现代好多人谈到云南民族问题的，多是叙述庄蹻到滇以后或更后的民族情况。杨慎在《南诏野史》"滇国"条说，庄蹻王滇，后来有王常羌者（按：常羌或尝羌见于《史记》与《汉书·西南夷传》）。因而有人以为常羌可能就是羌族，所以滇国的民族当为羌族或氐羌族。近人之说到云南民族者，可以下面两段话为代表：

> 到战国以至秦汉之际（公元前四世纪初至三世纪末），我们已能够知道分布在云南境内的众多氏族部落是从四周先后流徙进来的。就种族成份来说，他们分别属于北方的氐羌和南方的百越与孟-高棉（mon-khmer）的人群。大约以今红河上下游为界，河东部和南部是百越与孟-高棉的各部落，河的北部则为氐羌的各个分支，在今滇池区的滇。滇东北的僰、金沙江上游两岸的摩挲和河海区的昆明等部落，都是氐羌的分支，在今德宏区的哀牢、僚濮以及红河南岸和东岸一带的僚濮等则分别为孟高棉和百越人（尤中《南诏史话》页三一四）。

又为：

> 云南自古以来是一个比较复杂的多部族、多部落的地区。从各族的文字记录看，二千年以来，滇池周围以及滇东、滇东北主要是彝族的分布区，历史上可说的东爨、乌蛮和这一带的彝族有不可分离的关系。洱海附近西至姚安一带主要是白族的分布区，历史上所说的"昆弥蛮"和"白子"，还有唐代所谓"白蛮"的一部分，无疑的就是指今日的白族。元江以西以西南和保山以南以西诸低凹平原，主要是傣族的分布区。唐人所说的"饰齿""雕题"诸蛮，明清人所说的"百夷"有时也称作"僰夷"，就是指这些傣族而言。澜沧江流域北段和以西主要是若干属于缅藏语系的纳西族、傈僳族、怒族、俅族和属于蕡克蔑（mon-khmer）系的蒲族、崩龙族所分布。古代所说的磨些

蛮、粟粟两姓蛮、寻传蛮、裸形蛮（野蛮）、望苴子蛮、扑子蛮等和他们都有密切的关系。当然部族、部落的分布不是一成不变的……从历史上各族迁移的幅度看，彝族的迁移历史是非常惊人的。据最近贵州毕节专署所翻译的彝文经典《西南彝志》等书记载，约距今一千五百至二千年之内，彝族祖先所谓六祖子孙从昆明一带出发，不只迁徙到滇东、滇东北、滇西、滇南等地，就是贵州的西北部、西部和四川南部、大小凉山、西昌专区和永宁等地都有彝族的分布，迁徙幅度超过其他各族。（马长寿，《南诏国内的部族组成和奴隶制度》，页五—六）

此外，又如向达在其《南诏史略论》一文（《看唐代长安与西域文明》一书页一五七）中说：

东爨乌蛮、西爨白蛮，六诏及青羌、剑羌、大羌，不是云南土著，而是原来居住在陕西、甘肃、四川、西康四省之交，陇山山脉一带，逐渐向南迁移的氐族和羌族。这些氐族和羌族一部分进入成都平原，后来沿着岷江流域南下，经四川宜宾庆符、云南昭通以至云南安宁以东，这一支是为爨族；又一部分沿着岷江山脉以西，散布于今西康省境内，其南迁以至于云南大理一带的一支名为六诏，青羌、剑羌、大羌俱应包括在这一支之内。他们虽然都居于氐族和羌族，而同源异流，所以，六诏为乌蛮，而不算入东西两爨之列。

这也是战国秦汉以后的情况，也是叙述从外面迁徙到云南的民族，而不是云南原来的土著，云南原来的土著究竟是那一种或那些民族，是一个值得研究的问题。靡莫应该是这些土著的民族之一，至于靡莫应该是属于那一种，或那一种族的支流，就不容易考究了。

我们相信庄蹻到滇而占领这个地方的时候与其后，这个滇国的人民——靡莫一定有一部分离开这个地方而他迁，其迁徙的方向大致是向着东南方的红河或黑河一带，有的也可能向着西南而逐渐迁到澜沧江流域，逐渐移到现在的越南、老挝以至泰国等处。后来因而从北部的民族如氐羌、西爨，又不断的向着这个地区——滇池及周围迁徙，因而原来的土著——靡莫之向东南或西南迁移的为数更多。这样时间愈晚，靡莫族之在这里不只人数愈少，就是留在这里，也会与后来的民族混合起来，或同化起来。结果是这个土著民族不只在实际上逐渐趋于消灭，连了这个名称也为人所忘记。所以除了司马迁在《史记》中记载与班固在《汉书》中重抄之后，后来史书几乎找不到这个民族的名称。

而且就是在东南亚的各种民族之中，现在也不容易找出这个民族的遗痕，或是名称相同的民族。靡莫的"莫"之于孟-高棉的孟族的声音虽为接近，但靡莫应该是一个民族，而不能把这二个字分开来说。又劳深或劳浸的"劳"虽也接近于现在在越南西北部以至老挝与泰国的老族或古哀牢的牢族，可是同样，劳深也应该是一个民族的名称，不能把这二个字分开来说。

因此之故，我们以为，我们所能指出的是，靡莫这个民族应该是云南的土著民族，但是经过庄蹻王滇之后，以及其他的民族移入之后，这个民族有的逐渐他迁，有的逐渐与其他的民族同化。到了现在，不只在滇池及其周围不易找到这个民族的遗种，就是在其他各处也很难于找到这个民族的后裔。

《史记》所载的滇国在庄蹻还未征服之前的历史是怎么样呢？《史记·西南夷传》对于这点既没有说及，我们也还没发现其他的史籍对于这个问题有了记载。考古学者不久以前曾在滇池地区发掘了很多古物，而且发现了滇王之印，但是这个滇王之印应该是汉代的遗物，其他的好多古物也是属于这个时代的东西。因而不只在庄蹻来到滇之前的滇国历史我们不易了解，就是从庄蹻王滇之后，以至西汉使者到滇的二百多年的历史也不容易了解。

第二章　昆明

《史记》卷一百十六《西南夷传》说：

> 其（按：指邛）外西自同师以东，北至楪榆，名为嶲、昆明，皆编发，随畜迁徙，毋常处，毋君长，地方可数千里。

司马贞《史记索隐》引崔浩说：

> 嶲、昆明，二国名。

这是从古到今没有什么争论的问题，这就是说嶲是一个国家或一个部族，而昆明又是另一个国家或一个部族，二者都是游牧民族，随畜迁徙。但是嶲与昆明究竟在什么地方，这就有了不同的意见。裴骃《史记集解》引徐广说：

> 永昌有嶲唐县。

司马贞《史记索隐》又引韦昭云：

> 益州县。

张守节《史记正义》说：

> 昆明、嶲州县，盖南接昆明之地，因名也。

《汉书·西南夷传》师古注云：

> 嶲即今至嶲州也，昆明又在其西南，即今之南宁州，诸爨所居是其地也。

唐代的南宁州应该是在现在云南曲靖县境，嶲州应该是在现在四川的西昌一带，益州县应该是在现在的滇池昆明一带。嶲现属于四川，不在我们研究范围之内，故略而不述。

因为《史记》所说的昆明是与现在云南的昆明相同，因而不只在过去有好多人把《史记》所说的昆明当为现在在滇池旁边的昆明混为一谈，就是近代也有这种错误看法。

其实古代的昆明是在现在的大理洱海一带，是在嶲的南边或西南。《新唐书》卷二百二十二下有关"昆明蛮"的一段记载，兹录之于后：

> 昆明蛮，一曰昆弥，以西洱河为境，即叶榆河也。距京师九千里。土歊湿，宜秔稻。人辫首、左衽，与突厥同。随水草畜牧，夏处高山，冬入深谷。尚战死，恶病亡，胜兵数万。武德中（公元六一八—六二六年），嶲州

治中吉伟使南宁，因至其国，谕使使朝贡，求内属，发兵戍守。自是岁与牂柯使偕来。龙朔三年（公元六六三年），矩州刺史谢法成招慰比楼等七千户内附。总章三年（六六九），置禄州、汤望州。咸亨三年（六七二），昆明十四姓率户二万内附，析其地为殷州、揔州、敦州，以安辑之。殷州居戎州西北，揔州居西南，敦州居南，远不过五百余里，近三百里。其后又置盘、麻等四十一州，皆以首领为刺史。昆明东九百里，即牂柯国也。

从这段话看起来，昆明这个国家或部族直到唐代还存在着，而且《史记》说在汉的时代，这个部族是随畜迁徙，毋常处，到了唐代还是一个游牧民族，所以说随水草畜牧。但是在司马迁的《史记》中指出，这个部族在当时还没有君长，而在唐代却有胜兵、数兵。有了这么多的士卒，就不能不有首领去指挥，士卒是民众的一部分，士卒的指挥要有长官抽调，民众的管理，也不能没有君长。

近人对于昆明这个国家或部族已逐渐的注意起来，我们在下面选了二篇：一为夏光南的《元代云南史地丛考》中的第三篇，题为《昆明县与善阐城》（页三一至四三）；一为马长寿的《南诏国内的部族组成和奴隶制度》中第二篇的《昆明国的性质、疆域和部落组成》（页二五—四一）。

一、古代昆明族①

考《元史·地理志四》至元十三年，立云南行中书省，初置郡县，改善阐为中庆路，领昆明、富民、宜良三县，是昆明为首县，善阐即省城也。然《新唐书·地理志》昆州本隋置，后废。武德中复置之，属益甯、晋甯、安甯、秦臧四县。是滇池以北地，唐为昆州，而非昆明也。

昆明之名，始见于《史记》，本滇西游牧部落之一，与滇国、夜郎、劳深、靡莫等，同为汉族庄蹻之苗裔，其疆域在今永昌、大理间。

《华阳国志》夷族大种曰"昆"，小种曰"叟"，此与昆弟之义同。盖滇与昆明，形同鲁卫，故"滇"之义释"颠"，以象征其高。昆明之义，且与日月比明。要皆中夏苗裔，流衍蛮中，各藉地望名位以自翘异，犹是滇与夜郎自大之故智也。《史记》西自同师以东，北至楪榆，名为巂昆明，皆编发随畜迁徙无常所。楪榆今大理、鹤丽等属，乡贤戴纲孙谓，同师即永昌。依此推定，则汉代西南夷中，所谓昆明者，实据今保山、大理间，与越巂诸蛮接，地当西南大狭谷间，山势高矗，水草丰美，故俗尚游收。

元封初，滇请降置吏，入汉版籍，独昆明未附。

《史记·注》崔浩云：巂、昆明，二国名。《正义》曰："巂"音"髓"，今

---

① 编注：本节系陈序经摘录自夏光南《元代云南史地丛考》"三　昆明县与善阐城"。

礼州也。以南接昆明地得名。自汉武帝元狩二年（西纪前一二一年）遣王然于十余辈求身毒，为昆明所阻，使者还报，因于长安西，凿昆明池以习水战。元封二年，以兵临滇，滇王离西夷举国降。所谓西夷者，即昆明也。全祖望《昆明池考》曰：迨两越既定，滇王内附，而昆明卒不通，郭昌将兵击之，无功而还。

两汉魏晋中，永昌诸夷，相率隶郡县，昆明仍不附，时倡乱于诸蛮。

昭帝始元四年姑缯、楪榆与益州、廉头反，杀益州太守。明年王平、田广明等破之，斩首捕虏五万余，获畜产十余万。光武建武十八年（西纪四二年），姑复、楪榆、滇池、昆明诸种夷反，遣刘尚发夷汉一万三千人击之，尚军渡泸水，大败群蛮，追至不韦而还。章帝建初元年，哀牢王类牢又反，太守王寻奔楪榆发夷汉九千人讨之。明年昆明夷卤承，率种人与诸郡兵大破之，斩类牢，传首洛阳。夫王寻卤承之功，皆在楪榆，是昆明一部，东汉数百年来，仍雄长于滇西也。不宁惟是，安帝元初五年（西纪一一六年），越嶲、永昌、益州诸夷之叛，众十万，益州刺史张乔，遣从事杨竦，将兵至楪榆击之，三十六种皆降。蜀汉黄初四年（西纪二二三年）越嶲叟帅高定元，益州太守雍闿之叛，武侯渡泸水，进兵白崖，而孟获降。是知昆明者，以楪榆为境，北接越嶲，地在今四川盐源及永北、大理、鹤丽诸属，广土众民，为群蛮长。故《华阳国志》曰，夜郎、滇国以西，皆庄蹻苗裔，分侯支党，传数百年也。

隋唐以来，两爨六诏，同兴滇土，昆明稍为所掩，然蒙氏之强，张氏成之。其族之散居西洱河者，叛服不常，亦为蒙氏所剪灭。

《滇载记》武侯既平南，封白崖仁果之后龙祐那为酋长，赐姓"张"。所谓仁果者，《滇考》谓庄蹻既定滇池，使部将小卜，引兵收复滇西诸蛮。《古滇说》蹻崇信佛，不忍杀生，迁居白崖、鹤拓、浪穹，众推其后仁果为王王滇。仍称"白国"。按元人张道宗所记《古滇说》及杨升庵之《滇载记》，同出于土著以僰文所记之《白古通》，说虽异于《史》《汉》，颇与《华阳国志》《太平寰宇记》之说同，则龙祐那为庄蹻后，可决无疑。顾炎武且承认之（见《肇域志》），《蛮书》龙祐那传十六世至唐初，有张乐进求者，逊位于蒙氏。张氏称昆弥国，或白国，建宁国，其年系莫可推详。《唐书》武德初，遣使招降南中部落，册张乐进求为首领大将军，及南诏细奴罗，部众日盛，始代张氏立国，而仍奉唐正朔。数传至皮罗阁并五诏，破吐蕃及洱河蛮，入朝于唐，封云南王，于是其族之散居西洱河者，亦为蒙氏所并灭。

盖昆明一国，由汉迄唐，实滇西佛化首都。

昆明西接吐蕃，南通缅甸约二千里，《后汉书·哀牢传》，永宁元年（西纪一二〇年），掸国王雍由调遣使由永昌诣阙献乐及幻人，能吞刀吐火，自言我海西人也，海西即大秦，为古罗马，此滇与海南及欧西诸国交通之滥觞也。张骞使大夏，得蜀布、邛竹杖，归告武帝，帝使王然于等出西南夷以求身毒，屡阻于昆明（西纪前一二八年），而汉使不绝，则滇通印度，非无征也。《古滇说》周宣王时天竺摩耶提国阿育王生三子，俱健勇，父有神骥，争欲得之，王莫能决，命左右曰，将我神骥，纵驰而去，有能追获者，主之。纵骥东奔，季子先至滇之东山得之，因名其山曰"金马"，长子后至西山，因名其山曰"碧鸡"，次子后至北野，各留屯不回，阿育王忧思，遣舅氏神明以兵迎之，为哀牢夷所阻，遂归滇各主其山，死而为神。又曰阿育王三子并神明四舅甥之余众，与庄蹻兵同诸夷杂处，蹻为滇王，崇信佛教，不忍杀生，迁居白崖、鹤拓、浪穹，众推其后仁果为滇王，改姓"张"。考释迦入寂于西纪前四七八年，阿育王当国乃西纪前三世纪，正我国周赧王、秦始皇时，上距周宣王五百余年，似道宗之说出于无据。顾庄蹻入滇，值秦夺楚黔中郡（西纪前二七七年），正阿育王即位后二年，而派传教师傅传教各地，为西纪前二五九年，当庄蹻入滇后十八年，则蹻晚年信佛西迁之说，不能谓为无据。且《唐书》载西洱河蛮、松外蛮（《方舆纪要》谓地在今禄劝东川界内之松外龙山）言语风俗，大约与中夏同。贞观中，嶲州都督刘伯英，上疏请击松外诸蛮，西洱河大竺道可通。又《鸡足山志》引《白古通》云：鸡足山上古之世，原名青岭山，阿育王时，勅长者明智护目、李求善、张敬成等，来创迦叶等庵，为有名胜之始。《新唐书》高骈以南诏尚浮屠法，故遣浮屠景仙摄使往，酋龙与其下迎谒且拜，乃定盟而还。《南诏野史》南诏第三世主诚乐，崇信佛教，封阿育王三子一舅，皆谥以帝号。然则昆明国者，滇西佛教之一都会也。

其与佛教相关之"金马碧鸡"，唐以前为滇西方山（吾疑为鸡足山）之神，唐中叶后，则因昆明之移于滇池平原，其神亦随之俱移。

"金马碧鸡"之说，昔李厚庵先生辩之极详。其言曰："金马碧鸡神也，非山也；一山之神，非二山之神也；更非昆明之二山之神也。"《汉书·郊祀志》：或言益州有金马碧鸡之神，可醮祭而至。宣帝五凤元年（西纪前五十七年，后于武帝伐昆明四十八年），遗谏议大夫王褒使持节求之。《地理志》越嶲郡青蛉下云，则禹同山有金马碧鸡。应邵曰，青蛉水出西，东入江也。《水道提纲》大姚河即古青蛉水，实汇蛟龙江入金沙江。《集韵》禹鱼容切，与同龙俱叠韵，则今大姚河所出之"龙山"，为"禹同"无疑。按《方舆纪要》，大姚县北十里有马家山，高山群山，又北二十里，有方山，《汉志》金马碧鸡，或以为即方山也，说亦略同。惟青蛉、楪榆（即今大姚、姚安、祥云、宾川、大理等属）壤土相接，实为古昆明国境，故金马碧鸡者，昆明佛教之神也。

迄元则因省治之为昆明，滇池亦误为昆明池。

《元史·地理志》中庆路之昆明县有昆明池，五百余里，夏潦必冒城郭。然于晋宁、呈贡、归化、昆阳各属，皆曰滨滇池，是池以昆明县得名，非滇池即"昆明池"也。全榭山曰，元段世之答梁王曰，若欲修好，当待昆明池作西洱河，岂知夫西洱河之本昆明池也（按：唐以前之昆明池，即今大理之洱海）。顾此非由元人之误会，实有历史之事实以为其背景。《蛮书》虽有其地旧昆州，故谓昆池之语，并未言此地之为昆明，池之为昆明池也。以此责绰，何得谓平。榭山当亦知其然也，故又谓乃沿袭《史》《汉》之讹，言《史》《汉》《西南夷传》《三辅黄图》皆曰：昆明有滇池，武帝象之于长安。今云南府之滇池，亘古未有移也，昆明尚在其西，相去九百里，而忽接言之，遂使今云南府之首县，即以昆明名误矣。《三辅黄图》兹未暇考证，若《史》《汉》并无如全君所称文句，惟《史记·西南夷列传》，跻至滇池下，《正义》曰：《括地志》云，滇池泽在昆州、晋宁县西南三十里。《括地志》乃唐顾胤等撰，《三辅黄图》亦经唐人修补，即曰昆州，亦引用隋之地名，不得谓《史》《汉》所称。然则榭山于滇池非昆明池，仍不得其证也。今请稍申鄙臆，夫滇垣自晋后数百年，为西爨首都，隋初置州羁縻，用人犹不能外爨氏。西爨白蛮，本汉族苗裔，于诸蛮为长，与夷族大种曰"昆"之训符，故置昆州以与曲靖方面之恭、协二州并列，然隋之昆州，与樊绰所记之昆州，确有不同，汉之昆明有"金马碧鸡之神"，在楪榆、青蛉境，迄唐已由迤西移于滇池（说见《蛮书》），是唐之滇池，真已化为昆明国矣。樊绰谓昆池之名，由于昆州，实则大异。

不知今省垣地，本古滇国，而池为滇池，自南诏徙昆明蛮以实柘东，于是其地遂称昆明，而池亦为昆明池也。

《蛮书名类》河蛮本西洱河人，当六诏皆在，河蛮自固城邑。开元以前，常有首领入朝，命为本州刺史，受赏而归者。后羁制于浪诏，贞元十年，浪诏破败，复徙于云南东北柘东以居。它如散居铁桥（今丽江县北）上下，大婆小婆（即大勃弄、小勃弄，当今祥云白崖谓之勃弄睑），昆池诸城之磨蛮，分隶昆州左右及两爨故地者，亦至万户。又《六睑第五》云：太和城、大釐城、阳苴哶城，本皆河蛮所居之地。开元中，蒙归义袭破之。考洱河蛮随浪诏为南诏所并灭，事在西纪七九四年，而樊绰《蛮书》之成，在懿宗咸通四年，为西纪八六三年，后于徙蛮者六十九年，彼昆明国者，乃滇西千余年汉化佛化之一大国，其部酋之驯服者，如张乐敬求既推位让国于蒙氏，而狡黠犷悍之诸部，如弄栋、青蛉、大小勃弄、松外以西，西洱以东诸部，名号不一，各擅山川，不相统属，其见并于南诏者，大都驱之远行，移徙柘东。史称皮罗阁浸强大，而五诏微弱，会有破洱河蛮之功，乃赂王昱求合六诏为一，朝廷许之，因册蒙归义为云南王。《南诏碑》称"恩收二诏，奠定洱河"。然则昆明之于唐初，实拥滇西无上之政柄，故并灭洱河，即有云南王之资格，唐因势敕封，固非奢也。夫恒情安土而重迁，彼昆明者，亡国丧家之余，流离播迁，有如鹿豕。虽无力以抗衡新朝，而有志于光复故国。于是其黍离麦秀之思，城郭人民之感，抑郁莫伸，遂不觉形之山川草木间。凡于新地城池，锡予旧名，以示不忘，有如东晋后南方侨置之郡县然，故"金马碧鸡"在汉为滇西胜迹，而《蛮书》所载，则易于今省垣，盖昆明国人，崇信佛教，累世不绝，无怪其不忘情于金碧也。观《元史·地理志》于大理等处，不曰昆明，不曰西洱河蛮。于滇池四周诸县，皆曰滨滇池，独于柘东城所在之地，曰昆明县，所临之池，曰昆明池。可知前者其族已移，无复残遗之部落。后者以昆明之众，祇移今昆明县境，未尝沿滇池而西南，故仍以滇池称也。尤有进者，今昆明县西北各乡有蛮族曰"白子"者，其邨落棋布，言语风俗，颇同于迤西之"民家"，彼其族，即古昆明遗民。是则昆明一名，古大而今小，唐人名之，宋元承之，其谓元人之误者，则尤误矣。

善阐为唐宋以来南诏大理之东都，即柘东城也。

《南诏野史》曰：南诏历代称名不同，周为善阐国，蒙苴颂所领。又曰天竺摩羯国，阿育王之第八子蒙苴颂，为白子国仁果之祖。苴颂居白崖，后号昆弥国，年代久远，世次莫考，则善阐者，即昆明之故国也。自宋仁宗嘉祐八年，高智升讨杨允贤，封善阐侯，子孙世守，迄于元，为东方重镇。善阐一名，不知所本。余所假定之解释凡二。一为梵语之"佛国"，一则推定善阐一族实为掸国（Shan states）之苗裔，后与庄蹻兵杂处白崖，乃号昆明。至善阐为城，始于八世纪顷。《蛮书》柘东城，广德二年（西元七六三年）筑，《德化碑》称，改元赞普钟之十四年，当唐代宗永泰元年（西元七六五年）凤伽异所置，六世孙券丰祐改曰善阐，历五代及宋，羁縻而已。《元史》世祖征大理凡收府八，善阐其一也，然则宋代之善阐，又由城名扩而为府名矣。至元七年，改善阐为路，十三年立云南行中书省，初置郡县，遂改善阐为中庆路，中倚郭，则善阐又由府改路，由路缩而为省城矣。

善阐城址，在今省垣南关外，西起鸡鸣桥，东迄聚奎楼外之桑园，南抵南坝，北逾广聚街。

《蛮书》碧鸡山在昆明池西岸，与柘东隔水相对，水源从金马山东北来，至碧鸡山下为滇池。《续宏简录》善阐城际滇池，三面皆水，元为中庆路，梁王驻焉。《张立道传》夏潦暴至，必冒城郭。按省垣南部，地势较低，接滇池处，尚在数里外，每值淫潦，易致浸没，若今城则虽遇夏潦，尝获安全，此善阐在今省城南之一证。《赛典赤·瞻思丁传》王死葬阐善北门。《南诏野史》元咸阳王赛典赤墓在县城北门外。《续云南通志》明学士王祎墓在县城内地藏寺。以现今方位衡之，地藏寺当今城南门外四五里之聚奎楼（即云津桥）附近。咸阳王墓即在寺东南半里地。则地藏寺者当年元故城西门内之一寺也，此善阐在今省城南之二证。明布政使陈文《南坝闸记》曰，蒙、段时过春登里，堤上多种黄花，名绕道金棱；河过云津桥者。堤上多种白花，名縈城银棱。今所谓南坝，即縈城银棱之所在也。按云津桥沿金汁河南下，经玉带河至南坝一段，既名曰"縈城"，是玉带河即当年之城河也，此善阐在今省城南之三证。《云南通志》东西二寺塔在柘东城中，唐宣宗大中八年（西元八五四年）大匠尉迟恭韬所建，北距圆通山凡数里，然今二塔，俱在城外，而非城内，此善阐在今省城南之四证。要之，今省垣南关外商埠之区，即曩昔元故城内繁华之地。三皇宫左右，今虽荒芜满目，瓦砾遍地，而坏垣古道，约略可数。玉带河之大部河堤，似沿旧城加以修葺，马迹蛛丝，可断言也。

至今昆明市城创于明初，非元之故物也。

阮元声言：凤伽异筑省城，未立而死。城东宣武王筑，小城顺化（即古城）北十里玉女城，乃梁王筑。然则《通志》称：洪武十五年沿旧城重筑墙城者，乃续凤伽异未竣之功，非善阐城明矣。盖善阐亦即顺化，清初名曰"古城"。善阐地卑，易致水患，故明人筑城，渐移向西北高地。但筑城之始，仅资藩王驻守，间以屯戍将佐，及江南大户。迄清初吴氏开藩，人口渐增，然亦以衙署寺院为多。《庭闻录略》言：两番二宝法王哈马等来奔，今居南关外"古城"，吴世璠僭号，筑坛于"古城"即善阐也。及丙辰（西元一八五六年）回汉之乱，亘十余年。于是玉石俱焚，千年故都，遂亦与世长辞矣。

二、古代的昆明①

南诏国的建立是从统一六诏开始的，而六诏则是在古代昆明邑落集团经济文化基础上所形成的六个政治集团。从表面看来，六诏之于昆明，南诏之于六诏，似乎仅仅是直线的继承关系罢了。但实际上在各个继承过程中有各种错综复杂的矛盾，也有各种斗争，最后才达到南诏的统一。一千多年来我们的先哲们留下不少的资料，如《史记》《汉书》《后汉书》的《西南夷传》，《华阳国志》的《南中志》，《两唐书》的《南诏传》和《南蛮传》，《唐会要》《资治通鉴》的关于西南部族部分等等，都是我们的宝贵遗产。但是其中有不少问题，或囿于见闻，或陈陈相因，不幸古人搞错了，这就给后世搞民族史的人们带来了不少困难。例如，汉代长安西南的昆明池本来是象昆明国的洱海而凿的，晋代臣瓒的《汉书音义》却把今昆明市的滇池当作洱海去解释。这一问题迷惑许多学者至一千三百多年，直至明末顾祖禹的《读史方舆纪要》和清代全祖望的《昆明考》（《鲒埼亭集》）发表以后，始对古昆明国的所在地得到正确的解决。又如六诏中的越析诏，本因么些首领在越析州建诏而命名的，但《元史·地理志》认为么些族分布的中心在丽江，因而把越析诏的所在地勉强安置在丽江府一带；而《新唐书·南诏传》的作者又以"越析"与"越嶲"的音近，误以为越析诏便在唐代的嶲州，所以就发出越析诏之亡在安禄山造反以后的谬论。上述二种解释千百年来深

---

① 编注：本节系陈序经摘录自马长寿《南诏国内的部族组成和奴隶制度》"二 昆明、六诏、六诏的统一"。

入人心，即使在云南流谪过的杨慎亦迷惑其说，以为越析诏在古嶲州和明丽江府之地。又如《两唐书》的《南诏传》说六诏成立在三国以前，诸葛亮"讨定之"；杜佑《通典》、王溥《唐会要》等书则云昆弥国"诸葛亮定南中，亦所未至"，彼此矛盾，使后世人们无所适从。又如《资治通鉴》把南诏贿赂剑南节度使王昱和灭五诏二事都系于开元二十六年，又把王昱开始作剑南节度使的事亦系于开元二十六年，这都与实际历史情况不相合的。《南诏野史》更把松明楼焚五诏的事描述得十分突出，把南诏灭五诏的长期活动简化为刹那间松明楼的一炬了。所有这些问题以及其他各种谬误问题迫使我们不得不做一些考证工作供给研究我国西南地区古代民族史的同志们参考。这便是我写此节的主要目的之一。

这一节共分三部分。第一部分是叙述昆明国的性质、疆域和它的部落组成。虽然古代文献是十分缺乏的，但从汉到唐，昆明国的变化轮廓仍然可以大致钩出。其中特别是在唐代初年"乌蛮"进入洱海一带的问题，我发表一些意见，希图解决昆明国的历史到底是属于白族历史的范围内呢，还是属于彝族历史的范围内的问题。第二部分是叙述六诏的名称、所在地和几个"乌蛮"首领在"白蛮"地区建诏的过程。前两个问题，主要是选择过去比较可靠的说法写成，其中采用云南大学方国瑜教授撰的《南诏地理考释》（《新纂云南通志》）为多。后一个问题则系自己提出的一些意见，不一定对，希望有关的同志们加以指正。第三部分是叙述蒙舍诏统一五诏的程序和从昆明到六诏统一所包括的各种矛盾。这两个问题都需要进一步研究，这里只是初步提出一些意见。

昆明国的性质、疆域和部落组成

在洱海地区考古发掘工作展开以前，我们谈古代昆明史是相当困难的。司马迁在公元前二世纪末曾到过昆明的边境，① 所以他在《史记·西南夷列传》中所叙述的昆明情况，当是翔实可信。他记载当时的昆明和其他"西南夷"的政治经济文化不同。其他"西南夷"如滇、邛都、筰都等都是有君长，有聚邑，以耕田为业的，而昆明和嶲（在今保山县以北）则是"皆编发，随畜迁徙，毋常处，毋君长"。我们从无君长和在灌溉湖区而无农耕或者少农耕的现象，就可以说明当公元前二世纪时，昆明部落的政治经济还是相当原始的。

公元前二世纪后叶，汉武帝为了制匈奴，通西域，遣派使者经"西南夷"地区以通印度，但在中途为昆明部落所堵截了。② 堵截的情况记载不详，以当时形势言之，昆明池一片汪洋，土著酋长据险易守，汉军难以飞渡，是其原因之一。

---

① 司马迁《史记·自序传》云："于是迁仕为郎中，奉使西征巴蜀以南，南略邛、筰、昆明，还报命。"徐广《史记集解》及各《太史公年谱》系此事于元封元年（前一一〇年），当时对昆明尚未进兵，相持不下，太史公所至之昆明当即筰都以南及昆明北鄙之地。

② 《史记》《汉书》的《西南夷传》。

又昆明部落林立，不相统摄，汉使交涉无由，战又不能胜，是其原因之二。因为如此，所以武帝于元狩四年（前一一九年）在长安西南凿昆明池以练水战，①其目的就是为了征服昆明部落而通印度的。过了十年（元封二年，前一〇九年），发兵击昆明，以其地置叶榆县，并入益州郡。②此为昆明并入中国版图之始。

昆明部落初属益州郡叶榆县。叶榆县是因叶榆水或叶榆泽而命名的。叶榆水或泽就是昆明池，也就是今日的洱海。东汉永平二年（五九年），分益州置永昌郡，叶榆县改属永昌郡。三国及西晋初改属云南郡。永嘉五年（三一一年），又改属东河阳郡，宋、齐、梁因之。梁代末年，政权式微，云南各地被大姓酋帅割据，昆明诸族亦暂时和中原隔绝。到了唐代初年，昆明诸族又归附于中国，和唐朝建立了朝贡和封爵关系。③

在唐代以前，中原的士大夫对于云南昆明的情况是十分生疏的。例如晋代的《汉书》注疏家臣瓒，他把昆明的位置误置于滇王国，把昆明池说成是滇池。④此乃因不了解云南实际情况所致。又有一些史志家，认为汉代的昆明就是唐代嶲州西部的昆明城，而不知此城在今四川盐源县城西南，在汉为定筰县治，在唐为昆明城，乃经略云南、昆明国或"松外蛮""洱河蛮"的驻军基地，并非古代的昆明就在这里。⑤最初理解昆明在洱海一带的史学家，当然是司马迁。班固的《汉书》和范晔的《后汉书》，其《西南夷传》滇王国部分主要是依靠《史记》的《西南夷列传》写成的，所以都没有弄错。但自臣瓒撰《汉书音义》后，跟着许多史志如《三辅黄图》《资治通鉴》《汉纪》之类都把昆明池认为是滇池了。这一问题以我所知一直到明末顾祖禹的《读史方舆纪要》才把汉代长安的昆明

---

① 《汉书·武帝本纪》，《三辅黄图》卷四。
② 《史记·大宛列传》记汉武帝发三辅罪人及巴蜀兵数万，由郭昌、卫广领之，"往攻昆明之遮汉使者"。唯不详其年代。《汉书·武帝本纪》：元封二年"又遣将军郭昌、中郎将卫广发巴蜀兵，平西南夷之未服者，以为益州郡"。此役出兵目标：一方面是击滇东之劳浸、靡莫，并以兵临滇（《汉书·西南夷传》）；又一方面是击降昆明国，合并之为益州郡。
③ 《读史方舆纪要》卷一百十七《云南五·大理府》，《唐会要》卷九十八"昆弥国"条。
④ 《汉书·武帝纪》：元狩四年"发谴吏穿昆明池"。臣瓒注曰："有滇池方三百里。"按《史记》《汉书》的《西南夷传》言"跻至滇池，方三百里"，此指滇东今昆明之滇池甚明，与滇西大理之洱海无涉。《华阳国志·南中志》滇池县下考释滇池县（晋宁县）为"故滇国，有泽水，周回二百里，所出深广，下流浅狭，如倒流，故曰滇池"。常璩的考释是对的。《后汉书》把滇池系于滇王及益州郡下，也是对的。但臣瓒却把滇池与昆明池混为一谈，而以昆明池当成滇池了。
⑤ 《新唐书·玄宗本纪》记"开元十七年（七二九年）二月丁卯，嶲州都督张审素攻破蛮，拔昆明城及盐城"。此即唐代的昆明城。《张曲江文集》卷十一《敕吐蕃赞普书》云："昆明即嶲州之故县，盐井乃昆明之本城。"（按：两汉皆无昆明县，是时镇守昆明的军队驻在定筰县）。唐代在武德二年（六一九年）置昆明县。《旧唐书·地理志》云："盖南接（昆明）池故也。"其设县之用意甚明。《曲江文集》所云"昆明即嶲州之故县"以此。昆明县城在盐井，即今盐源县西南的白盐井。《蛮书》卷六云："昆明城在东泸之西，去龙口（云南大理之上关）十六日程。"东泸指雅砻江，昆明城在其西，与《曲江文集》所云相合。

池和昆明国的关系弄清楚。《纪要》卷一百十三西洱河条云："西洱河亦曰珥水，以形如月抱珥也；一云，如月生五日。亦曰洱海，亦曰西洱海，杜佑谓之昆弥川。汉武帝象其形凿之，以习水战，非滇池也。古有昆明国，亦以此名。"这一段话可以纠正《汉书》注疏家及如《三辅黄图》之类解释昆明池的谬误。汉元狩四年在长安城西南引沣水以注的昆明池，至今遗迹宛在，可供研究。此池从西南而东北略如弯月形。东北部分，西岸有牵牛石象，东岸有织女石象，相距约五里多；西南部分，北岸有石鲸残刻，南岸为沿下张村，相距亦约五六里。整个池的周围约三四十里。这个池的形状大体上是象昆明国的洱海以习水战的。依靠《纪要》"形如月抱珥"的记载，把大理的洱海和长安县沣河以东的古昆明池遗址比较一下，便可知道古代昆明国就在大理洱海的附近了。① 不只如此，今洱海以西的高山名定西岭，但定西岭之名是从明代初年开始的，在古代则称为昆明山或昆弥山。《纪要》卷一百十二《赵州定西岭下》注云："（赵）州（今弥渡县）南四十里，本名昆弥山。明初，平西侯沐英过此，更今名。"山以"昆明"或"昆弥"为名，当然不是偶然的。昆明池、昆弥山、昆弥川都在洱海一带，然则洱海湖区之为古代的昆明或昆明国，可以说毫无问题了。

《通典》卷一百八十七、《新唐书·南蛮传》、《唐会要》卷九十八都记载："昆明国一曰昆弥，西南夷也，在爨之西，（以）洱河为界，即叶榆河也。"此言昆明国的西境在洱海。但今洱海以西、点苍山的东麓有大理平川，此大理平川亦当在古昆明国的范围之内。

昆明国的东境当在唐代姚州城所在的弄栋川（今为姚安县治）。《旧唐书》卷九十一《张柬之传》云："麟德元年（六六四年），于昆明之弄栋川置姚州都督府，每年差兵募五百人镇守。"弄栋川旧属昆明国，故此传称"昆明之弄栋川"。此弄栋川为昆明国土地的确证。唐代的姚州，东部为西爨故地，自弄栋川而西则为古昆明国的东陲。自唐以还，谈云南史地者皆以爨地与昆明为邻，而爨与昆明则以姚州为界。

昆明国的南疆，在汉时为邪龙县。《后汉书·西南夷传》记载，建初元年（七六年），哀牢王类牢与汉永昌守令冲突，太守王寻逃往叶榆。明年（七七年），"邪龙县昆明夷卤承等应募，率种人与诸郡兵击类牢于博南（今永平县南），大破斩之"。邪龙县有昆明夷，则邪龙县自在昆明国的疆域之内。邪龙县系今云南何县，说法不一，或云在巍山县（古蒙舍诏所在），或云在弥渡县（古大勃弄川所在）。这一带当是古昆明国的南疆。

昆明国的北境，在唐代松外城以南，即当时所谓"松外诸蛮"所居之地。松外城，《蛮书》卷六言在昆明城的正南，又正南为龙佉河。前已言之，昆明城

---

① 清代学者对于《汉书》上引的臣瓒注多所盲从，唯全祖望的《昆明考》一文独具灼见，载《鲒埼亭集》卷三十五。

在盐源县城西南，松外城在其正南，似即今日的盐边县。龙怯河在金沙江北岸，约在今云南永胜县的境内。"松外诸蛮"当在松外城与龙怯河之间。《新唐书·地理志》云："贞观二十二年，开松外蛮，置牢州及松外、寻声、林开三县。永徽三年，州废，省三县入昌明。"昌明县系今何地虽不能确指，"松外诸蛮"则当在盐边以南的永胜县境内。《通典》《新唐书·南蛮传》中的"松外诸蛮"，《唐会要》并入昆弥国内，究其内容，亦无二致，故昆明国的北境当即唐时"松外诸蛮"的所据之地。

总括来说，古代昆明国的疆域，是西至西洱河即洱海附近，东至姚州的弄栋川（姚安县城），南至蒙舍诏（今巍山县）或大勃弄川（今弥渡县），北至"松外诸蛮"所在之地（即今永胜县境内）。

但必须说明，历史上的"昆明国"绝不能说是一个国家。在公元前二世纪时，从《史记·西南夷列传》所记的情况来看，仅仅是一些原始的游牧部落罢了。这些部落何时由游牧转化为定居，由部落转变为部落联盟，两汉书皆无明文记载。到魏晋时，《华阳国志·南中志》有一段关于昆明和叟的纪录：

> 夷人大种曰昆，小种曰叟，皆曲头木耳，环铍裹结，无大侯王，如汶山、汉嘉夷也。夷中有桀黠能言议、屈服种人者，谓之"耆老"，便为主。议论好譬喻物，谓之"夷经"。今南人言论，虽学者亦半引"夷经"。与夷为婚曰"遑耶"。诸姓为自有耶，世乱犯法，辄依之藏匿。……其速（？）征巫鬼，好诅盟，投石结草。官常以盟诅要之。诸葛亮乃为夷作图谱。先画天地、日月、君长、城府；次画神龙，龙生夷及牛马羊；后画部主吏，乘马幡盖，巡行安恤；又画牵牛、负酒、赍金宝诣之之象，以赐夷。夷甚重之。许置生口直。又与瑞锦、铁券，今皆存。每刺史、校尉至，赍以呈诣，动亦如之。

这段叙述，兼述昆和叟的历史。昆即昆明，唐代称之为"白蛮"，今日为白族。叟在唐代称"乌蛮"，包括彝族（no-↓ so-↓）、么些（mo-↓ so-↓）、栗粟（li-↓ so-↓）等族。当时所谓"夷经"，指各族无文字的经典，文字的经典如僰文经、彝文经、纳西文经乃后世所创制。今羌族端公尚用无文字的经典，不能说无文字就没有"夷经"。所云"大种曰昆，小种曰叟"，似指滇西的情况而言，滇东自古以彝族为主，不能称叟为"小种"而以昆为"大种"。《南中志》永昌郡下云：沙壶，"南中昆明祖之，故诸葛亮为其图谱也"。这段话与上述一段联系起来看，诸葛亮所作的图谱主要是赠给昆明国的。从上述一段可以看出，三世纪的昆明国已经不是"无君长，无常处"的游牧部落了。他们从不定居的游牧向邑落发展，从无君长向以耆老为首的政治组织发展，都是进步的表现。更重要的，是上述诸葛亮"许置生口直"的记载。此所谓"生口直"，就是奴隶的价格。这是从原始公社将进入奴隶社会的重要标志。诸葛亮制作图谱的目的，是希望昆明国在蜀汉统治的前提下,天地君臣尊卑之义更为确立,阶级的分化更为显著,平民奴隶对于乘马幡盖的部主吏们更为恭顺,经常牵牛、负酒、赍金宝而贡献于上国,这样昆明各部就可永成为蜀汉的附庸了。

从三世纪以后,汉文史志记载昆明的文献逐渐少见,所以我们对于昆明发展的实况知道得很少。到了元明时期,有些学者在滇西发现了僰文经典,于是译撰为《记古滇说》《玄峰年运志》《白古通》《白国因由》①等书,我们始知道昆明国地区曾经建立过白子国、建宁国等政治组织,论其性质,像是部落联盟,又像是邑落小国,整个面貌还不大清楚。直到七世纪中叶,昆明国或昆弥国的名称,在汉文史志内始广泛的流行,这和贞观十九年至二十二年(六四五—六四八年)梁建方的征服"松外蛮"和"洱河蛮"有很大关系。许多文献如杜佑《通典》(卷一百八十七)、《新唐书·南蛮传》、《太平御览》的《唐书》引文(卷七百九十)、《册府元龟》(卷九百六十)、《太平寰宇记》等书把"松外蛮"和昆弥国割裂为两个部分,从其内容看显然是不正确的。在"松外蛮"里主要是叙述西洱河一带的情况,亦即是叙述昆弥国,决不能把它分割开来。为了分别昆明国被征服地区的先后有所不同,其先征服者称为"松外蛮"或"松外诸蛮",后征服者称为"西洱河蛮",这是可以的,不矛盾。但不应该把"松外蛮"和昆明国对立起来。关于七世纪中叶以前昆弥国文献处理最妥当的,是王溥的《唐会要》。他把经常被人们割裂为二的"松外蛮"和"昆弥国"统而为一,加以叙述,对于复原昆明国的原来面貌贡献很大。《唐会要》卷九十八"昆弥国"条云:

> 贞观十九年四月二十日,右武侯将军梁建方讨蛮,降其诸屯七十二所,户十万九千三百。遣使往西洱河,有数十百部落。大者五六百户,小者二三百户。无大君长,有数十姓,以杨、李、赵、董为名家,各擅一州,不相统摄。自云其先本汉人,有城郭村邑。自夜郎、滇池以西,皆云庄蹻之余种也。其土五谷与中夏同,以十二月为岁首。

梁建方此次出兵,先在松外城以南展开战争的,因为当时对于这一带的部落名称搞不清楚,故称之为"松外诸蛮"。此役招降了七十二部,共十万九千三百户。②后遣使至西洱河招降,其地有"数十百"部落,大者五百至六百户,小者二百至三百户,平均每部落以四百户计,共约有四至五万户。合上述十多万户计

---

① 宋元间,张宗道撰《记古滇说》,主要是译述僰文经典而成的。《玄峰年运志》《白古通》等书原为僰文,今失传,明末杨慎译之,写成《滇载记》一书。今《白国因由》一书虽刊于清康熙年间,但其原始乃由明代的《白古通》一书转译而来。

② 《唐会要》之"降其诸屯七十二所",在《新唐书·南蛮传》作"降其部落七十二",《通鉴》卷一百九十九作"七十部"。屯所和部落应该是一致的。《会要》"户十万九千三百",《太平御览》卷七百九十一作"九千三百",《通典》和《通鉴》所记数字与《会要》同。今从众。但每部平均一千五百十户,比西洱河之每部平均四百户多三倍多,不知何故,尚待研究。

算，共有十五至十六万户。每户试以五人计算，当时所谓"昆弥国"约当有七十至八十万人口。这一人口数字就唐代的西南地区来说，是很繁荣的，真是所谓"人众殷实，多于蜀川"（赵孝祖上高宗书语）。但无论如何，当时的洱海湖区仍然是"无大君长"，由以四大姓为首的数十姓各据一州，不相统摄，形成一种大姓邑落割据的局面。

另一些事实从永徽二年（六五一年）郎州道总管赵孝祖的上高宗书内可以看出。书云：

> 贞观中（指贞观二十二年，即公元六四八年）讨昆川乌蛮（指西爨首领），始开青蛉（今大姚县）、弄栋（今姚安县）为州县。弄栋以西，有小勃弄（今凤仪县）、大勃弄（今弥渡县）二川，恒扇诱弄栋，欲使之反。其勃弄以西，与黄瓜（有人释为阳瓜江，在巍山县）、叶榆（今大理县）、西洱河（洱海）相接。人众殷实，多于蜀川。无大酋长，好结仇怨。①

当七世纪中叶，大勃弄、小勃弄、黄瓜、叶榆、西洱河等地在相隔百余里或数十里之间仍然是各自为政，"无大酋长，好结仇怨"，私相攻伐，与解放以前凉山内部彝族的家支割据，好打冤家，颇相类似。因为如此，所以唐代统治阶级就利用他们的内部矛盾，分别出兵加以击破。例如，赵孝祖在永徽二年之攻下"白水蛮"，三年（六五二年）之攻下大、小勃弄以及其他"大者众数万，小者数千人"的许多邑落，② 皆属于此类。

昆明国的历史，留在后一段再讨论。这里首先阐述一下昆明国部落的组成问题。

昆明国也和其他多民族地区一样，是由许多部落、部族组成的，但他的主要部落、部族则是"白蛮"，亦即今日的白族。上述《唐会要》等书都说昆弥国有杨、李、赵、董四个大姓，此四大姓从古到今都是白族的大姓。《蛮书》卷四"渠敛赵"条云："大族有王、杨、李、赵四姓，皆白蛮也。"其中三大族与上述四大姓是相合的。（按：南诏的赵州在今弥渡县境内）《南诏德化碑》的碑阴题名，今可省识者共七十个姓，其中杨姓最多，占十一个；李、赵二姓各占五个。董姓虽看不清有无，但近代喜洲董姓世为大族，解放前称为白族"四大家族"之一。

《元史·地理志》四记载南诏国徙白蛮十二姓于金沙江以北的会同府（四川会理县），其中赵、李、杨三姓皆居前列，赵姓首领且为会同府主。元明以来，白族大姓的墓碑保留在点苍山东麓和洱海附近其他山上的很多，其中杨、李、赵、董四姓始终占大姓的主要位置（当然在上述四姓之外还有其他大姓）。从此

---

① 《通鉴》卷一百九十九唐高宗"永徽二年"条。
② 《通鉴》卷一百九十九唐高宗"永徽三年"条。

可知，古代昆明国的组成部落主要的是"白蛮"，即今之"白族"。

且白族之为古昆明国主要组成部分的证据还不止此。前已言之，从《唐会要》前引一段证明，《太平御览》卷七百九十、《通典》卷一百八十七、《册府元龟》卷九百六十所记载的"松外诸蛮"皆当包括在昆明国的范围之内。从《唐会要》《新唐书·南蛮传》《太平御览》《通典》《册府元龟》各种记载综合为三点，可以证明今日的白族就是古昆明国的主要组成部分。第一，上述各书记载："自云其先本汉人，语言虽小讹舛，大略与中夏同。有文字，颇解阴阳历数。"滇中各族语言最近于汉语者，只有白族的语言。《蛮书》卷八云："言语音，白蛮最正，蒙舍蛮次之，诸部落不如也。"与上说各书所载之义相同。且白族自古有文字，称为"僰文"或"白文"。僰文的字形与汉文同，唯读音有的与汉文同音，有的则只与白族语相协，而与汉语异。此种僰文，近年在白族地区搜集到的很多，最古的可以上溯至南诏时期。从上引诸书所记，在南诏国以前应该也有僰文所写成的经典和文献，只是没有发现罢了。此昆明国主要由白族组成的重要根据之一。第二，再以昆明国的男女发式和衣饰来说，《史记·西南夷列传》说昆明人的发式是"编发"，这是公元前二世纪末叶的事。到了七世纪前叶，《新唐书·南蛮传》记载"昆明蛮"的发式和衣饰说："人辫首左衽，与突厥同。"《西南夷列传》中的"编发"和《南蛮传》中的"辫首"是一致的，主要是和公元前二世纪的滇国人、邛都人以及七世纪的"乌蛮"之"椎髻"对比而言。此编发的实际情况如何，虽不尽理解，然以文献谓"与突厥同"，则编发也就是辫发。此乃指昆明男子的发式。又《太平御览》等书云："头髻有发，一盘而成，形如髻。"此乃指昆明妇女的发式。妇女辫发，由后绕额顶，一盘而成，至今白族妇女仍然如此。衣服则"男女毡衣为帔，女子绁布为裙，仍被毡、皮之帔。男女皆跣"。此种服制和跣足之风，与近代并同。此昆明国主要由白族组成的重要根据之二。第三，上引各书又言："至于死丧，哭泣、棺椁、袭敛，无不毕备。三年之内，穿地为坎，殡于舍侧，上作小屋。三年之后，出而葬之，蠡蚌封棺，取其耐湿。"白族人死后，盛以棺椁，埋土坎中，上立坟堆，与彝族、傣族的火葬仪式不同。《蛮书》卷八记："白蛮死后，三日内埋殡，依汉法为墓。"与上述情况大致相合。此外，自七世纪以来，产业以农业为主，但亦兼营畜牧、蚕桑，交通工具有船无车，都与洱河湖区白族的生产情况相合。此昆明国主要由白族组成的根据之三。

当然，我们说昆明国主要是白族组成的，这里并不排斥说昆明国还包括着其他的部族或部落。东汉时邪龙县的昆明夷是哪一语族，由于资料缺乏，目前尚无法鉴别。我想古代昆明之为国和滇之为国，虽然时期不同，究其多部族、部落的组成应当是一致的。近年在云南晋宁石寨山发掘的滇王墓，其中发现的铜的塑像和铜鼓上所刻画的人物有二三百个之多。从人物的发式和衣饰来看，至少可以分为八个族的成分。① 古代的昆明国自然也不能例外。现在为了便于分析的原故，只集中阐明一个问题，就是七世纪中叶以前的昆明国，除了"白蛮"以外，是否还包括有"乌蛮"这一问题。

现在我们试看《新唐书·南蛮传》所记从贞观十九年（六四五年）到显庆元年（六五六年）梁建方征伐"松外蛮"和"洱河蛮"和各族首领署官入贡的故事：

> 贞观中，巂州都督刘伯英上疏："松外诸蛮率暂附亟叛，请击之，西洱河、天竺道可通也。"居数岁，（贞观十九年，六四五年）太宗以右武侯将军梁建方发蜀十二州兵进讨酋帅，双舍②拒战败走，杀获十余万，群蛮震骇，走保山谷。建方谕降者七十余部，户（十）万九千，署首领蒙和③为县令。余众感悦。
>
> 西洱河蛮亦曰河蛮，由郎州（曲靖县）走三千里，建方遣奇兵自巂州道千五百里掩之。其帅杨盛大骇，欲遁去，使者好语约降，乃遣首领十人纳款军门。建方振旅还。
>
> 二十二年（六四八年），西洱河大首领杨同外，东洱河大首领杨敛，松外首领蒙羽皆入朝，授官秩。
>
> 显庆元年（六五六年），西洱河大首领杨栋附显，和蛮大首领王罗祁，郎、昆（今昆明）、黎（即黎州，在昆州南）、盘（滇南，与交州接）四州大首领王伽冲率部落四千人归附，入朝，贡方物。

从上述各段史料可以看出，在昆明国的中心，即西洱河的东西，在今洱海以东的有东洱河首领杨敛，以西的有西洱河首领杨盛、杨同外和杨栋附显。这些杨姓首领都是白族大姓，占杨、李、赵、董四个大姓的首姓。其中最惹人们注意的，是杨栋附显这位以四个字为姓名的"西洱河大首领"。这种以四字为姓名的办法，和六诏以前的张乐进求（《南诏野史》），南诏时的杨瑳白奇（《南诏会盟碑》）、杨镇龙武（《新唐书》）、段南罗格（《蛮书》）以及大理时的李观音得（《宋

---

① 关于滇王国各族人物的发式和衣饰，可参看云南省博物馆主编的《云南晋宁石寨山古墓群发现报告》图版 47、52—53、66—69、82、91、120—124，内容至为丰富。四川大学教授冯汉骥同志曾详加分析，分为八个部族成分。原稿未发表。

② 双舍是一地名，抑是一酋帅名，颇值得研究。案《新唐书·南蛮传》所记文义，地名或人名皆可通。《通鉴》所记："蛮酋双舍帅众拒战，建方击败之。"显然用作人名了。唯唐樊绰《蛮书》卷三越析诏条记于赠"东北渡泸，邑龙佉河，方一百二十里，周回石岸，其地总谓之双舍"。又同书卷六"昆明城"条，有"昆明、双舍"语，显然系一地名。我意古人对云南地理多不明了，望文生义，误解甚多，双舍当亦其一端。就原文加以标点，双舍应是一地名。

③ 这里的"蒙和"，从表面上看是一人名。冯甦的《滇考》和师范的《滇系》都记载显庆五年西洱河蛮蒙赕、和舍诱其党七部叛唐事，则"蒙和"当为二人。袁嘉谷的《云南大事记》认为此"蒙和"即"蒙赕、和舍"，理由充足，可参考。

史·大理传》）是一致的，都是白族的一种传统的命名法，与乌蛮的父子连名制不同。因此，我们可以断言在洱海附近，白族历来就是主要的部族。

此外，从上述资料又可以看出，在昆明国的北部所谓"松外蛮"中，六四五年梁建方擢松外首领蒙、和为县令，六四八年松外首领蒙羽入朝，此蒙、和与蒙羽，和后来的南诏王姓相同，案其姓氏似为乌蛮。又六五六年和蛮大首领王罗祁入朝。此所谓"和蛮"，案，唐诏敕中有"和蛮大鬼主"①的记录，当即今日的哈尼族，旧称为"窝泥"或"和泥"，语言与彝族相近，当属于"乌蛮"。此"乌蛮"之分布于昆明国北部的事例之一。

又《蛮书》卷四云："施蛮，本乌蛮种族也。""顺蛮，本乌蛮种类，初与施蛮部落参居剑（即剑川，在今剑川县）、共（即野共川，疑即漾共川，在今鹤庆县）诸川。"此施蛮和顺蛮都是乌蛮种类，在六诏建立以前，杂居于昆明国正北的剑川和野共川一带。剑川，《元史·地理志四》云："县治在剑川湖西，夷云罗鲁城。"案今剑川白族语称彝族为"1ɯ˩ lü˥"，读如"楼漏"，音与"罗鲁"合。剑川城以罗鲁名，似与古代彝族之居其地有关。②此乌蛮之分布于昆明国北部的事例之二。

《蛮书》卷六又云："其铁桥上下及（原文作'乃'，误，应改为'及'）昆明、双舍，至松外已东边，近泸水，并磨些种落所居之地。"案：铁桥在今云南西北巨甸县北之塔城关，由此而东，至昆明城，又正南至松外城及双舍，唐时并为磨些部落所居，而"松外诸蛮"及双舍部落又皆在昆明国的范围之内，然则磨些部落亦是昆明国的组成部分。《蛮书》卷四云："磨（些）③蛮，乌蛮种类也。"此"乌蛮"分布于昆明国北部的事例之三。

由上述三事例，知昆明国的北部，除"白蛮"外尚有不少的"乌蛮"部落。

洱海以南，今巍山县城所在蒙化坝一带古代为何族所居不可知。在巍山县以南，为哀牢山脉。哀牢山脉长延一千数百里，其中不应该只有一个部落或一种部族。唐代蒙舍诏细奴罗的祖先即居其中。《南诏野史》记载，蒙舍诏始祖舍龙和细奴罗在贞观初年（六二七—　）从哀牢山避难于蒙舍川（今巍山县蒙化坝），耕于巍山（当即今巍山县城南之巍宝山）之麓。经营二十余年，据有巍山以北蒙舍川的土地。从此可知，在七世纪前叶，今哀牢山和巍山县蒙化坝已经有了"乌蛮"了。《读史方舆纪要》卷一百十八《蒙化府下》注云："志云，初罗罗摩及㝵蛮居此，后蒙氏细奴罗等城居之，号蒙舍诏，即南诏也。"《纪要》所

---

① 《张曲江文集》卷十二《敕安南首领爨仁哲书》中有和蛮大鬼主孟谷悞。此和蛮在东爨以南，当即今日的哈尼族，解放前哈尼作"和泥"或"窝泥"。
② 《读史方舆纪要》卷一百十七《剑川州望德城下》注云："罗鲁城在州南十五里，唐所筑，今为瓦窑村址。"
③ 《太平御览》卷七百八十九引《南夷记》云："么些蛮，乌蛮种也。"据此知《蛮书》"么蛮"间脱一"些"字，应补入。

引《蒙化府志》的一段话，恐不可信。"㹊蛮"指傣族言，傣族北上乃明初事，不能认为在唐代的初年。罗罗摩约指彝族，彝族到蒙化府是否在蒙舍诏以前，亦无可靠证据。但今巍山县彝族以蒙舍诏的始祖为祖，所以我们说在七世纪初，昆明国的南边已经有从哀牢山来的乌蛮分布其间，是没有问题的。

昆明国的东部是否居住有乌蛮，请看《新唐书·南蛮传》以下一段记载：

> 永徽初，大勃弄杨承颠私署将帅，寇麻州（旧说在马龙，恐误，待考）。（郎州）都督任怀玉招之不听。高宗以左领军将军赵孝祖为郎州道行军总管与怀玉讨之。至罗侯山（《滇考》作罗仵山），其首长秃磨蒲与大鬼主都千以众塞菁口。孝祖大破之。夷人尚鬼，谓主祭者为鬼主，每岁户出一牛或一羊，就其家祭之。送鬼、迎鬼，必有兵因，以复仇云。孝祖按军，多弃城逐北。至周近水，大酋俭弥千，鬼主董朴濒水为栅，以轻骑逆战，孝祖击斩弥千、秃磨蒲、鬼主等十余级。会大雪，靰冻死者略尽。

此役《通鉴》系于永徽二年（六五一年）征"白水蛮"之役。这场战争的原因是由于大勃弄（弥渡县白崖）杨承颠的袭麻州。杨氏为白蛮（白族），而遣至罗（仵）侯山作战者为秃磨蒲和鬼主都千；遣至周近水作战者为俭弥千和鬼主董朴。秃麻蒲和俭弥千的族属虽不可知，而都千和董朴皆系鬼主，其为"乌蛮"是没有问题的。罗侯（仵）山与周近水在今何地尚难考定，但其在唐代的匡川内无疑。唐匡州领县二：勃弄、匡川。勃弄即今弥渡、凤仪二县，匡川今祥云县。然则大、小勃弄川之东、以北亦有"乌蛮"。此"乌蛮"之分布于昆明国的东部者。

不仅如此，就是昆明国的中心西洱河一带在七世纪中叶也有"乌蛮"分布其间。前面已经叙述，当贞观十九年时，梁建方征伐"松外蛮"，降七十二部，置其首领蒙、和为县令。此二县令镇守何处，原文不明。清代冯甦撰《滇考》、师范撰《滇系》，二人根据唐代骆宾王的《临海集》，考定永徽五年（六五四年），"西洱河蛮蒙俭（袁嘉谷谓当作'赕'）、和舍诱其党诸没弄（袁嘉谷谓当作'诸波弄'）、杨虔、柳元（《滇考》误作'杨虔柳'）等皆反，以李义为姚州道总管，率兵讨之。和舍力屈面缚请降，蒙俭亦听招抚"。此"西洱河蛮"的蒙俭与和舍，当即梁建方所署用的蒙、和。他们原居松外城附近，故被称为"松外蛮"；但一经被擢为县令，便迁到西洱河一带，而被称为"西洱河蛮"了。可见昆明国中心地带在七世纪中叶也有"乌蛮"居住其间。

总上所述，我们可以看到，在七世纪以前，古之所谓昆明国的疆域内，主要的部族或部落是"白蛮"，即今日的白族。但在昆明国的北部，如剑、共诸川，已经居住着施、顺等"乌蛮"，如松外、双舍已经居住着磨些等"乌蛮"。在七世纪的初叶，昆明国的南边如蒙舍川一带，已经居住了蒙舍"乌蛮"，约与此同时，或者更早一些时候，昆明国的东部如大、小勃弄以西，匡川县的罗仵山和周近水一带也已经居住了在鬼主统治下的"乌蛮"。不仅如此，在七世纪中叶（六四八—六五六年），西洱河一带又居住了从松外城以南迁来的"乌蛮"。从这些事实可以说明，古代昆明国原来是以白蛮或白族为主体部族或部落的，到了后来，各种"乌蛮"从东方、北方、南方逐渐移入，越到后来，移入的越多，至七世纪的中叶，原来没有"乌蛮"的地区亦都有"乌蛮"居住了。自从"乌蛮"首领征服了"白蛮"或白族以后，遂在洱海湖区出现了"六诏并乌蛮"的割据之局。

三、哀牢的史略①

近代人类学者往往把"掸"与"泰"这两个名词，去指明一个种族，而叫做掸泰族，或泰掸族。从地域方面来说，这个种族除少数在我国的广西与云南等地之外，大部分是住在现在的老挝、暹罗与缅甸的东北一带以及越南的西北一些地方。从人口方面来看，这个种族约有三千万人，在东南亚的国家来说，这是人数较多的一个种族。在东南亚的八个国家中，——这就是缅甸、暹罗、老挝、柬埔寨、越南、马来亚、印度尼西亚与菲律宾——这个种族是老挝与暹罗的多数民族，而且统治这两个国家。在缅甸，这个种族是掸邦的绝大多数的种族，是缅甸联邦的一个主要区域。在越南的西北，这就是红河的上游与黑河一带，据说这个种族现在也成立了自治区域。

应该指出，我们在这里，虽然也采用这两个名词去指明这个种族，但是不只在历史上，"泰"这个名词是一个采用较晚的名词，就是从现在来说，这个种族所应用的名称，也并不只是这两个，除了这两个之外，其比较通用的还有"老"或是"老挝"这个名词。此外，如八百媳妇，如永，或如鹿，或如暹，或暹罗，虽然是指着某一地区或某一国家的种族，但也是一些采用较久的名词。

而且，从"泰"或"老"这个名称来说，泰固是可分为很多类，老也有很多种。泰有泰鹿（Thai Lu），泰老（Thai Lao），泰纽（Thai Ngiou），泰永（Thai-younes），泰胡（Thai Hou），泰莱（Thai Lai）以及越南黑河的蒲泰（Pou-thai）等等称呼或支派。此外还有分为大泰，这就是北方的泰族；与小泰，或南方的泰族。至于老，除了老挝的老，又有暹罗的老。老挝的老也称为老奔高（Lao-paung-cao）或是我国人所称的白腹番，与暹罗的老奔唐（Lao-paung-dam）或是我国人所称的黑腹番。其所以称为白腹，是因为没有文身之俗；其所以称为黑腹，是有文身之俗，这就是自腰以下至于两膝，皆绘图画。至于在历史上的如老匃（Lao Chong），老申（Lao-khap）等等名词，更是不胜枚举了。在越南，人们也叫这个种族为"哀牢"，这是一个很古的名词，最初见于《华阳国志》与《后

---

① 编注：本节系陈序经摘录自陈序经《掸泰古史初稿》"第一章 掸泰的名称"。

汉书》。哀牢与泰、掸、老的关系，我们当在下面解释，我们在这里只要指出，哀牢的牢应该就是后来的老。这就是说，老大致是哀牢的简称与牢的转音，所以越南人就是用了古名而不用今名。

虽然这个种族的名称很多，但归纳起来，"泰""老"与"掸"这三个名词，是较为普通应用的名称，因此我们愿意把这三个名词略加解释。

首先让我们指出"泰""掸"与"老"这三个名词，不只像我们在上面所指出，是古代哀牢或〈与〉哀牢人所居的牢山有密切的关系，而且无论是泰、是掸或是老，似乎都可以说是哀牢的子孙或后裔。

我们在上面已经说过，"泰"这个名词的采用是比较晚的。"泰"这个名词，是含有自由的意义。其来源据说是由于这个种族脱离了柬埔寨的统治，而得到独立与自由，因而有人以为"泰"这个名词，是这个种族脱离柬埔寨的统治而得到独立之后始采用，这当然是一个错误。我们知道，泰人得到独立，是在十三世纪的中叶，可是在这个时候之前，所谓泰族早已散居于速古台一带，速古台（Sokothai）的意义就是泰地，或泰族土地，在印度文的 Sakh daya 其意义为幸福的曙光，这个地方是早于泰族得到独立，原为柬埔寨所统治的城镇，泰族独立之后，成为这个新兴的国家的都城，也成为这个国家的最早的王朝，这就是速古台王朝。

虽然"泰"这个名词含有自由的意义而也成为一个王朝的称呼，但是在历史上，这个国家是叫做暹或暹罗或暹罗斛。而且，应该指出，这个种族除自称为泰之外，他们是被称为暹或暹罗人。"暹"这个名词在十一世纪已见于占婆碑文。暹人也早见于英哥寺的壁画。"泰"与"暹"这两个名称，究竟何者采用最先，不得而知，可是暹或暹罗却是这个国家的名称，不只是暹罗以外的人们都普遍的采用，就是泰族自己，也当为自己的国名。

至于暹或暹罗之改为泰国（Thailand）是最近的事情。在二十世纪的三十年代，这就是在第二次世界大战之前，暹罗始改为泰国，其所以更改的原因，主要是由于所谓大泰主义所引起，在那个时候，在暹罗，有了不少的大泰主义者，要用泰这个名词去号召暹罗以外的泰族，如在老挝的老族，如在缅甸的掸族，以至在我国云南与广西的傣族、僮族，梦想成立大泰帝国，同时再加以日本人的煽动，他们看到日本从东北侵略中国，他们也想煽动在我国境内的傣、僮，于是宣传南诏是他们的故国，中国的南方的湖南、广西、云南是他们的故乡，其目的是所谓解放暹罗以外的泰族，从而建立一个大泰帝国。其实在历史上也好，在现代也好，在一个国家中，固可以有好多种民族，而一个民族也可以分为好多个国家。在现代，其最显明的例子，前者如瑞士，有德、意、法三种民族，后者如英、美、澳大利、加拿大，因为后三者都可以说是从英国而来。假使暹罗以为某一国家，也是泰族所建立的国家，或是在某一个国家内，有了泰族，而遂想把这个国家或这个民族的居住的地方，归并于暹罗的统治之下，那么这些国家也可以用同样的理由去要求暹罗归并于其统治之下。这样的想法或做法，是一种极为危险的想法或做法，因为假使每一个国家都这样想或这样做，就得引起国际上不断的与严重的纷争。

日本帝国主义者失败了，这个帮凶的泰国的大泰主义者的梦想，也就成为泡影，因而这个国家的国名，又从泰国改为暹罗。可是没有多久，又从暹罗改为泰国，究竟为了自己的自由，还是大泰主义的复活，那就很难说了。

总而言之，用一个种族的名称去名其国家，本来是一件很为平常而合情合理的事情，但是假使这样的做法，是为着扩张领土，侵害别人的权利，那就是很大的错误。我们在这里，对于这个国名的改变，略为叙述，目的主要是说明这个泰的名词，从现在来说，不只是一个种族的名词，而且是一个政治的名词。

其实，从种族方面来说，泰族是掸族或老族的支派。而且，"泰"这个名词，也可以说从"掸"这个名词而来，掸国也见于《后汉书·哀牢传》，掸应该是哀牢的同种，这一点我们当在下面说明，我们在这里所要指出的，是泰的声音是从掸转过来，《后汉书·和帝纪》注云：

掸音擅，《东观汉记》作擅。

掸读为擅（Tan），是T音，也是较古的音。泰（Thai 或 Tai）是与掸相近，所以泰大概是从掸转过来。暹罗的泰族，脱离柬埔寨而独立，虽是在十三世纪的中叶，但是他们逐渐迁移而散居于湄南流域，应该是比较早的。在他们最初到这个地方的时候，掸还读如擅，所以他们也叫做擅。可能这个"擅"字与本地的语言混合起来，或是久而久之，遂转变为"泰"，这样，这个名称，乃沿用到现在。

至于暹（Siam 或 Syam）在声音上是近于掸，这就是，掸读如 Shan。在缅甸现在还有掸（Shan）邦。上面也已指出，"暹"这个名称见于十一世纪的占婆碑文，也很早见于英哥寺的壁画。占婆碑文是记载战俘中的暹人，柬埔寨人用这个名称时，是视为野蛮而不开化的民族，这也说明了在未得到独立之前的泰人，其文化程度是比较的低——低于柬埔寨的文化，虽然如此，泰人在其长期的历史中，还是用暹或暹罗而名其国家。

"掸"是一个种族的名称，也是一个国家的名称。《后汉书·西南夷传》"哀牢"条记载了这个国家。同书卷八十一《陈禅传》中也说到这个国家。这个国家的方位应该是在现在的缅甸的北部，接近我国云南的边境。关于这个国家的历史，我们当在下面叙述，我们在这里所要指出的是：这个种族自公元一世纪前后以至于现在，可以说是不断的居住在这个地方。掸国虽只见于《后汉书》，但这也不能说这个国家在后汉以后就已灭亡。在十三世纪的时候，这就是在蒲甘王朝的末年，这个种族又复兴起来，统治缅甸有二百多年之久，虽则在这个时期缅族也保持一部分的力量，并没有完全为掸族所消灭。而且，直到现在，在缅甸这个联邦中，还有掸邦。这个掸邦，又分为南掸邦与北掸邦，其人口虽只约有二百万人，但其所占的地方却是很大。这个邦占有伊洛瓦底江以东的萨尔温江流域，北与我国云南交界，而南几至于海，他们有自己的文字语言，近年以来，还有脱离缅甸联邦而独立的运动。

而且，"掸"这个名词在狭义上，虽然指着在现在的缅甸的领土上的古掸国以及十三世纪所建立的掸族王朝以至现在的掸邦的掸族，但在广义上，这个名词是包括掸邦以外的好多所谓泰族，《清史稿·属国传三·缅甸传》，似乎有这种看法。《传》说：

> 英人自以骤辟缅甸全境，所获已多，有稍让中国展拓边界之意，英外部侍郎克蕾称，英廷愿将潞江以东之地自云南界之外起，南抵暹罗北界，西滨潞江，即洋图所谓萨尔温江，东抵澜沧江下游。其中北有南掌国，南有掸人各种，或留为属国，或收为属地，听中国自裁。曾纪泽转咨总理衙门言，南掌本中华贡国，英人果将潞江以东让我，宜即受之。将掸人南掌均留为属国，责其按期朝贡，并将上邦之权，明告天下，方可防后患而固边围。

南掌就是老挝，所谓北有南掌国，南有掸人，不只指在现在潞江或萨尔温江以东的南部的掸人，而应该也指着清迈或八百媳妇以及暹罗东部的泰族，这种泰族，也就是暹罗人所说的老族。

《清史稿》同处又说：

> （光绪）十七年（一八九一）出使大臣薛福成始申前议，奏言英人所称愿让潞东之地，南北将及千里，东南亦五六百里，果能将南掌与掸人收为属国，或列为瓯脱之地，诚系绥边保小之良图。

在缅甸境内，潞江或萨尔温江之东，是靠近原来的八百媳妇的西境，也就是现在的暹罗的西境，在这条江的南北约千里东西五六百里是包括了八百媳妇的领土，这里是老人所居的地方，他们也属于泰，同时也就是薛福成所说的掸。

又同处说：

> 既而英人不认允曾纪泽三端之说，谓普洱外边南掌掸人诸地，及大金沙江为公用之江，与八幕设关也。

又说：

> 南掌掸人，本各判为数小国，分附缅甸暹罗。

这说明除缅甸外，暹罗境内有掸人，至于所谓"普洱外边南掌掸人诸地"也说明除了缅甸与暹罗的掸人之外，南掌或老挝境内，也有掸人。又所谓普洱外边，当为普洱之南，这就是思茅车里佛海以至现在的老挝、缅甸、暹罗三国的交界一带，在我国云南省者是叫做西双版纳，所谓普洱外边的掸人，也应就是这一带的泰族。

上面已经指出"泰"与"暹"这两个名词均出自掸，而"掸"这个名称可能是来自"山"字。《后汉书》卷一一六《西南夷传》"哀牢"条说：

哀牢夷者，其先有妇人名沙壹，居于牢山。

《华阳国志》卷四《南中志》说：

永昌郡古哀牢国，哀牢山名也。其先有一妇人名曰沙壹，依哀牢山下居。

哀牢之所以得名是由于哀牢山或简称为"牢山"，这个山虽名为哀牢山或牢山，但在当时与当地的哀牢人可能简称为"山"。我们乡下有一个山名为后山，但乡人往往到后山去的，只说上"山"或到"山"去，而把这个"后"字简略了。哀牢人居哀牢山，人们也可能把"哀牢"或"牢"这个名词简略，而只称山，所以哀牢山人也可能简略为山人，或简直就谓为山。"掸"与"山"声音很近，这就是说，不只读为Shan，如现代的掸邦是同于山音，就是读如擅也与山音相近，古音山是T音，直到现在，厦门、潮州、海南人还读山如Tan，这就是与擅音相近。

因此，我们以为掸固可能从"山"字而来，就是泰与暹也可能是直接从"山"字而来。

总而言之，暹既与泰本为一个种族而分为二种声音不同的称呼，泰也是与掸同一种族而分为二种声音不同的称呼。但所谓不同者，是声音本身有所改变，这就是从T音变为S音。在意义上、在实质上，还是一个种族。

至于"老"这个名词，应该是从牢而来。掸、老是同一种族，掸的称呼是从哀牢山或牢山的山字而来，而老的称呼应是从牢山的"牢"字而来。直到现在，像上面已经指出，越南人还叫老人为哀牢，这是沿用这个种族的原来的名称。我们知道，所谓泰人之到越南半岛的北部的，是较早的一批，他们之到暹罗湄南流域者是比较的晚，究竟什么时候到了越南半岛的北部，很难确定，也可能是在唐代，或还较早，他们当时在其原居的地方这就是现在的永昌一带，既是叫做哀牢，到了这个地方，还是用这个名称，所以一直沿用到现在。而况越南原来是采用中国文字，名词之沿用古代的很多，哀牢就是一个例子。但是其后来到者，可能因这个时候哀牢已经灭亡，或是受了本地的语言的影响，乃从哀牢而转为牢，又从牢而转为老，至于哀牢的"哀"字可能是一个附带的叫法，如亚三亚四，如阿王阿陈的"阿"字一样。而且哀音是与亚或阿是很相近的，或者他们只采用了牢山的牢音，因而称为老或老挝。

这样，泰、暹、掸、老，这几个称呼，也可以说由牢山而来了。

在暹罗的北部的老，这也就是我国史书中所说的八百媳妇，或当地纪年中所说的揽那（Lan Na），也有叫做永族的，为什么他们被称为永，不易考订，但我们知道，哀牢所居的地方，在后汉时代哀牢臣服于汉乃改为永昌郡，永昌郡这个名称在历史上用得很久，一直到了近代，还这样的应用，不知所谓永者，是否来自永昌的永字。

总而言之，泰、暹、掸、老，其称呼虽不相同，可是称呼固应皆来自牢或山，其种族都是哀牢的支派。

第三章　哀牢[①]

　　本书的目的，是叙述在东南亚的掸泰族所统治的古代几个国家，从地域方面来看，哀牢主要是位在我国的境内，这就是现在的云南的境内。这个国家的中心地区，是在现在的云南的西南一带，其都城是在永昌或是现在的保山。

　　在哀牢强盛的时候，这个国家的版图，可能包括云南省的很多地方，也可能在其南部伸张入现在的缅甸的北部。但应该指出，其主要的领土或其本土应该是在我国现在的云南省内。这就是说，这个国家不应列入于东南亚的研究的范围之内，而应该列入于我国历史的范围之内，或是当为我国的兄弟民族的研究对象。

　　这个民族，虽然还有很多留居在我国的云南与可能在广西或是贵州的一些地方，但是很多早已迁居在缅甸、暹罗、老挝，与越南的北部，他们在历史上，曾建立好多国家，而且直到现在，不只在东南亚各国中，成为一些主要的国家，而且成为东南亚的各种种族的人数最多的民族之一。既然他们主要都可能是哀牢的后裔，在未叙述这些民族国家之前，我们对于哀牢，略加解释，也是很需要的。

　　关于哀牢的历史，只有中国史籍的记载。在中国的史籍中之记载哀牢最早而较为详细的，据我们现在所能找出的，要算常璩的《华阳国志》。这本书里所说的，是晋惠帝永和三年（公元三四七）以前的事情。常璩是晋朝人，据说劝李势降于桓温的，就是他。他是四世纪的人物，而这本书的撰述，应该是在四世纪的中叶。

　　其次，是范晔的《后汉书》。范晔是南北朝宋时人。他的《后汉书》，是撰述于五世纪，此外，又如后魏的郦道元，在其《水经注》卷六《淹水》里，也有哀牢的记载。又如应劭的《风俗通》、杜佑《通典》、《太平御览》、马端临的《文献通考》等也有哀牢的记载。

　　上面所举出各书，关于哀牢的记载，大致上虽有其相同之处，但也有很多差异的地方。从时间方面来看，《华阳国志》的《哀牢传》，虽然写作是早于范晔的《后汉书》，但前者所记载的史实，是包括了三国时代，而范晔所记的是限于后汉时代。至于杜佑《通典》，在其"哀牢"条的后一段还叙述了唐代的哀牢故国永昌一带的事情，虽则到了唐代，"哀牢"这个国家，是否还存在，也是值得考究的一个问题。

　　此外，各书在叙事方面，以至在词句方面，也有很多出入。关于这一点，我们当在下面再加说明，在这里我们只要指出，单从叙事的时间的不同来说，各书

[①] 编注：本章系陈序经摘录自陈序经《掸泰古史初稿》"第二章　哀牢的史略"。

尤其是《后汉书》《华阳国志》与《通典》，都有其参考的价值。因为三者所叙述的史实，时间既各异，那么要知道东汉以后的哀牢就要依靠《华阳国志》与《通典》。

在这里，我们要以《后汉书》的叙述为主，而辅以其他各处的记载。哀牢见于《后汉书》卷一百十六《南蛮西南夷传》，兹先将其史文，录之于后。

> 哀牢夷者，其先有妇人名沙壹，居于牢山，尝捕鱼水中，触沈木若有感，因怀妊，十月产子男十人。后沉木化为龙出水上，沙壹忽闻龙语曰："若为我生子，今悉何在？"九子见龙惊走，独小子不能去，背龙而坐，龙因舐之。其母鸟语，谓背为九，谓坐为隆，因名子曰九隆。及后长大，诸兄以九隆能为父所舐而黠，遂共推为王。后牢山下有一夫一妇，复生十女子，九隆兄弟皆娶以为妻，后渐相滋长。种人皆刻画其身，象龙文，衣着尾。九隆死，世世相继，乃分置小王，往往邑居，散在溪谷绝域荒外，山川阻深，生人以来，未尝交通中国。建武二十三年（公元后四七），其王贤栗，遣兵乘箄船，南下江汉，击附塞夷鹿茤，鹿茤人弱，为所擒获，于是震雷疾雨，南风飘起，水为逆流，翻涌二百余里，箄船沉没，哀牢之众溺死数千人。贤栗复遣其六王将万人以攻鹿茤，鹿茤王与战，杀其六王。哀牢耆老共埋六王，夜虎复出其尸而食之，余众惊怖引去。贤栗惶恐，谓其耆老曰："我曹入边塞，自古有之，今攻鹿茤，辄被天诛，中国岂有圣帝乎？天祐助之，何其明也。"建武二十七年（五一），贤栗等遂率种人户二千七百七十，口万七千六百五十九，诣越嶲太守郑鸿降，求内属。光武封贤栗等为君长，自是岁来朝贡。永平十二年（六九），哀牢王柳貌，遣子率种人内属，其称邑王者七十七人，户五万一千八百九十，口五十五万三千七百一十一。西南去洛阳七千里，显宗以其地置哀牢、博南二县，割益州郡西部都尉所领六县合为永昌郡，始通博南山，度兰仓水，行者苦之，歌曰："汉德广，开不宾，度博南，越兰津，渡兰仓，为它人。"哀牢人皆穿鼻儋耳，其渠帅自谓王者，耳皆下肩三寸，庶人则至肩而已。土地沃美，宜五谷蚕桑，知染采文，绣罽毾氉、帛叠、兰干细布，织成文章，如绫锦。有梧桐木华，绩以为布，幅广五尺，洁白不受垢污。先以覆亡人，然后服之。其竹节相去一丈，名曰濮竹。出铜、铁、铅、锡、金、银、光珠、虎魄、水精、瑠璃、轲虫、蚌蛛、孔雀、翡翠、犀、象、猩猩、貊兽。云南县有神鹿两头，能食毒草。先是，西部都尉广汉郑纯为政清洁，化行夷貊，君长盛慕，皆献土珍，颂美德。天子嘉之，即以为永昌太守。纯与哀牢人约，邑豪岁输布贯头衣二领，盐一斛，以为常赋，夷俗安之。纯自为都尉太守，十年卒官。建初元年（七六），哀牢王类牢与守令忿争，遂杀守令而反叛，攻越嶲唐城，太守王寻奔楪榆，哀牢三千余人攻博南，燔烧民舍。肃宗募发越嶲、益州、永昌夷汉九千人讨

之。明年春，邪龙县昆明夷卤承应募，率种人与诸郡兵击类牢于博南，大破斩之。传首洛阳，赐卤承帛万匹，封为破虏傍邑侯。

《华阳国志》卷四除了一大段话与《后汉书》所记载的大致相同外，又有下面一段话：

> 太守著名绩者，自郑纯后，有蜀郡张化、常员，巴部沈稚、黎彪，然显者犹鲜。（刘备）章武初（公元二二一年），郡无太守，值诸郡叛乱，功曹吕凯奉郡丞蜀郡王伉保境。六年（公元二二八年当为刘备建兴六年），丞相亮南征，高其义，表曰，不意永昌风俗乃尔，以凯为云南太守，伉为永昌太守，皆封亭侯。李恢迁濮民数千落于云南建宁界，以实二郡。凯子祥，太康中（二八〇—二八九年）献光珠五百斤，还临本郡，迁南夷校尉。祥子元康（二九一—二九九年）末为永昌太守，值南夷作乱，闽濮反，乃南移。永寿去故郡千里，遂与州隔绝，吕氏世官领郡于今三世矣，大姓陈、赵、谢、杨氏。

杜佑《通典》卷一百八十七"哀牢"条，除其所叙述与《后汉书》大致相同外，又说：

> 大唐麟德元年（公元六六四）五月于昆明之梇栋川置姚州都督府，每年差兵募五百人镇守。武太后神功二年（公元六九八）闰十月，蜀州刺史张柬之表曰：姚州者古哀牢之旧国，本不与中国通。前汉唐蒙开夜郎滇笮，而哀牢不附。至光武季年，始请内属。汉置永昌郡，以统理之，税其盐布、毡罽，以利中土。其国西通大秦，南通交趾，奇珍进贡，岁时不阙。及诸葛亮五月渡泸，收其金、银、盐、布，以益军储，使张伯岐选其劲卒，以增武备，前代置郡，其利颇深。……今于国家无丝毫之利，在百姓受终身之酷。……今姚府置官，既无安边静寇之心，又无诸葛且纵且擒之术。唯知诡谋狡算，恣情割剥，贪婪劫掠，以积为常，煽动酋渠，遂成朋党，提挈子弟，啸引凶愚。……伏乞省罢姚州，使隶嶲府（按：为越嶲府），岁时朝觐，同之蕃国，泸南诸国悉废，泸北置关，百姓非奉使入蕃，不许交通往来。疏奏不纳。

唐代在现代的云南大理一带，又经出现了一个新国家，这就是南诏，开元末季（公元七三八），册蒙归义为云南王，后来强大，占有现在的云南以及缅甸、老挝的好多地方，成为唐朝的劲敌。哀牢在南诏未兴之前，若还存在，到了这个时候，也必为南诏所灭。张柬之说姚州乃古哀牢之旧也，说明了哀牢这个国家到了这个时候已不存在。杜佑《通典》抄录张柬之的表文，虽然追述往事，然也很有参考的价值，所以我特为转述于上。

上面已经指出，《华阳国志》《后汉书》与杜佑《通典》三书所记关于哀牢的史文，在时间上，固有所不同，在其他方面或词句上也有不少差异。比方《华阳国志》作沙壶，而《后汉书》与《通典》作沙壹。前者作柳狼，而后者作柳貌。前者作扈栗，而后者作贤栗。又此三书作箄船，而《水经注》却作苇船。此外，还有的史文见于一书而却未见于他书的。我们上面虽然只抄录《后汉书》那段话，但在下面所叙述关于哀牢的事情，也参考了其他各书。

首先我们要谈谈哀牢这个国家的地理概况。《后汉书·哀牢传》说：

（哀牢）西南去洛阳七千里，显宗以其地置哀牢、博南二县，割益州郡西部都尉所领六县合为永昌郡。

《后汉书》章怀太子李贤注引《古今注》说：

永平十年（公元六七年）置益州西部都尉，居嶲唐。

又引续《汉志》说：

六县谓不韦、嶲唐、比苏、楪榆、邪龙、云南。

《水经注》卷三十七"哀牢"条说：

汉明帝永平十二（公元六九）年置为永昌郡，郡治不韦县。盖秦始皇徙吕不韦子孙于此，故以不韦名。

《华阳国志》卷四中说：

其地东西三千里，南北四千六百里。

假使这里所说的幅员是没有错误，那么哀牢的疆土不只是包括了上面所说的六县，而且还大过现在的云南的境界，可能这种说法，似乎是言过其实。我们知道在西汉时代，在现在的云南，其东北为蜀的益州地，而在所谓西南夷中，除了哀牢之外，还有其他好多国家。《后汉书》卷一百十六《南蛮西南夷传》中说：

西南夷者在蜀徼外有夜郎国，东接交趾，西有滇国，北有邛都各国，各立长君。……其外又有嶲昆明诸落，西极同师，东北至叶榆。

哀牢所领有的地方，照我们的看法，其东大约不会达滇池，北不会越大理，西至现在云南的西境，至于南边可能据有现在的缅甸的北部一部分的地方，与老挝西北一些地方。而以从东到西，既不会有三千里，从南至北，也不会有四千六百里，但也应该指出，既然我们在这里所指出的哀牢的四至来说，哀牢已是而尤其是在那个时候，一个很大的国家，应该说是西南夷中的最大的国家。

哀牢的发祥地是哀牢山，哀牢山是在永昌郡，永昌就是现在的保山一带。在哀牢强盛的时候，既然包括了像上面所说的疆土，那么现在云南的好多河流与山岭，都在哀牢境内。《后汉书·哀牢传》说在后汉明帝的时候：

> 始通博南山，度兰仓水。

《华阳国志》卷四"永昌郡"条中的"博南县"条说：

> 博南县西山高三十里，越之得兰仓水。

近人沈钦韩以为博南山是在永昌府永平县西四十五里。《地名大辞典》说这个山也叫做金浪巅山，俗讹为丁当丁山。这应该是属于怒山的山脉。

应该指出，现在的哀牢山是在澜沧江与元江（或红河）之间，哀牢山是在大雪山与洱海的东南，其山脉是在云南的中部，从西北蜿蜒而趋东南，在元江之西，沿元江而入越南的西北部。

兰仓江应该就是现在的澜沧江。这应该是哀牢境内的主要河流。其东为元江而其西为怒江。在交通上哀牢人必定很会利用其河流。又当哀牢王贤栗攻伐鹿茤时，他是遣兵乘箄船南下江汉，这说明了哀牢不只是水道交通较为便利，而且是习于水军，有了兵船。

在哀牢境内，既有了兰仓江、元江、怒江，同时又能乘箄船南下江汉，说明其境内与其与中国均有水道交通。此外据张柬之的表中所说"其国西通大秦，南通交趾"，那么这个地方，在古代也是东西交通的要冲。《史记·列传五十六·西南夷列传》中说：

> 及元狩元年（公元前一二二年），博望侯张骞使大夏，言居大夏时，见蜀布、邛竹杖，使问所从来，曰："从东南身毒国可数千里，得蜀贾人市。"或闻邛西可二千里，有身毒国。骞因盛言大夏在汉西南，慕中国，患匈奴隔其道，诚通蜀，身毒国道便近，有利无害。于是天子乃令王然于、柏始昌、吕越人等使间出西南夷，指求身毒国。至滇，滇王尝羌乃留为求道西十余辈，岁余皆闭昆明，莫能通身毒国。

又说：

> 滇王与汉使者言曰："汉与我孰大？"及夜郎侯，亦然。以道不通故，各自以为一州主，不知汉广大。使者还，因盛言滇大国，足事亲附。天子注意焉。及至南越反，上使驰义侯因犍为发南夷兵，且兰君恐远行，旁国虏其老弱，乃与众反，杀使者及犍为太守。汉乃发巴蜀罪人，尝击南越者，八校尉击破之。会越已破，汉八校尉不下，即引兵还，行诛头兰。头兰，常隔滇道者也。已平头兰，遂平南夷为牂柯郡。夜郎侯始倚南越，南越已灭，会还诛反者，夜郎遂入朝。上以为夜郎王。南越破后，及汉诛且兰、邛君，并杀筰侯，冉駹皆振恐，请臣，置吏，乃以邛都为越巂郡，筰都为沈犁郡，冉駹为汶山郡，广汉西白马为武都郡。

又说：

> 上使王然于以越破，及诛南夷兵威，风喻滇王入朝。滇王者其众数万人，其旁，东北有劳浸、靡莫，皆同姓相扶，未肯听。劳浸、靡莫数侵犯使者吏卒。元封二年（前一〇九年），天子发巴蜀兵击灭劳浸、靡莫，以兵临滇，滇王始首善，以故弗诛。滇王离难西南夷，举国降，请置吏入朝，于是以为益州郡，赐滇王印，复长其民。

哀牢应该是在滇国之西或西南。在滇国与哀牢之间，是否还有国家，介于其间，不得而知，但这种可能，似乎不大。这就是说，在滇国之西或西南，应该是哀牢的领地。当然哀牢之通中国，是在后汉初年，在武帝时代，哀牢的领土是否与滇国接壤，其至哀牢这个国在这个时候，是否已建立，都可以当为疑问来考虑，但若照《后汉书·哀牢传》的叙述来看，哀牢建立为国家，应该是在秦汉时候，或秦代以前。这一点，我们在下面还要说明。我们可以假定这个国在这个时候已经存在，而且也可以假定这个国是与滇国接壤或靠近。

武帝既降滇国之后，据《华阳国志》卷四《南中志》"永昌"条的语气，哀牢也臣服于中国。但据《后汉书·哀牢传》，以为生人以来，未尝交通中国，到了光武建武二十七年（公元后五一），始降于中国。但无论如何，汉武帝原来是要实现张骞由中国的西南打通到身毒这条路的意图，滇国既降之后，本可以再向西发展，可是他并没有遣使从这条路去寻求身毒，其原因大致是由于在滇国未降之前，西域的乌孙已与中国交通，中国可以从西北到大夏诸国，所以就弃了从西南去通身毒，而到大夏与西域诸国的企图。

中国在这个时候，虽然可能还没有臣服哀牢，又在史文中，虽然也没有记载遣派使者经这条路而到身毒，但是我们相信，中国之于哀牢之间的贸易与私人来往，在滇国降服之后，必定更为频繁。因为在张骞到大夏之前，邛竹蜀布既已从这条路经过身毒而到大夏，那么滇国与西南夷好多国家都臣服中国之后，这条交通路线更为方便，是自然而然的。而况，从《华阳国志·南中志》的《哀牢传》中，我们知道在哀牢还有身毒之民，身毒人既可以到哀牢做生意或居住，那么哀牢与身毒的关系，应该很为密切，虽然这种关系可能不是国与国之间的使者往来，而是私人或贾人的往来。因此，我们以为中国臣服滇国之后，中国在前汉时代或者还未臣服哀牢，但是二者在货物的运输中，在人民的往来上，必定更为频繁。

又《后汉书·西南夷传》中说掸国西南通大秦，掸国既可以通大秦，掸国当然可以通身毒。哀牢与掸国接近，在掸国之北，掸国可以通身毒、大秦，哀牢也可以通身毒、大秦，也是无可疑的。

关于这一点，《三国志·魏志》引鱼豢《魏略》说：

> 大秦道既从海北陆通，又循海而南与交趾七郡外夷，北又有水道通益州永昌，故永昌出异物。

我们知道，中国通身毒是有三条路，一为西北线，一为东南线，一为西南线。西北线经大夏，但应该是在张骞之后始通。东南线是由广东经交趾沿海道而行。西南线是经云南的哀牢掸国而行。秦始皇遣大兵攻伐广东广西，是要打通东南这条路。汉武帝遣使者到滇国，是要打通西南这条路。张骞到大夏时，已听闻蜀布邛竹杖是经过西南线，那么这条路线是在张骞之前很久已开辟，应该是没有问题的。至于这条路较早还是东南线较早也是值得我们研究的问题，但我们不准备在这里讨论。

我们应该指出，既然哀牢西通大秦，而其南又通交趾，那么这条西通大秦的路线，也可以南通交趾而与上面所说从广东经交趾的东南路线，是互相沟通的。这也就是说，哀牢不只可以通缅甸、印度、波斯，以至大秦，而且可以通东南亚的好多其他国家，如猛族诸国，如林阳，与吉篾帝国的扶南，以至林邑、越南等处。从此，可以见得哀牢在古代的东南交通上，是占了很重要的地位。

而且，这条路线又可以分为正南与正西，西南与西北以及东南五条。

上面是说从哀牢到身毒、大秦或交趾的水道交通。关于这一点，我们在下面叙述掸国时，还要加以解释。除了水道交通之外，从哀牢到身毒似乎也有陆道的交通。我们知道，在唐代贾耽的《古今郡国归道四夷述》里，其第六道是安南通天竺道。《新唐书·地理志》后附录中说：

> 自羊苴城（按：为大理）西至永昌故郡三百里，……又经突旻城至骠国千里，又自骠国西度黑山至东天竺加摩波国千六百里。又西北渡迦罗都河至奔那伐檀邦国六百里，又西南至中天竺国东境恒河南岸羯朱嗢罗国四百里，又西至摩羯陀国六百里。

又说：

> 一路自诸葛城西去腾充城二百里，又西至弥城百里，又西过山二百里至丽水城，乃西渡丽水龙泉二百里至安西城，乃西渡弥诺江水千里至大秦婆罗门国，有西渡大岭三百里至东天竺至北界个没卢国。又西南千二百里至中天竺国东北境之奔那伐檀那国与骠国往婆罗门路合。

这里所说的一些地方名，有的见于樊绰所著的《蛮书》，有的见于玄奘的著作。伯希和其《交广印度两道考》（冯承钧译上卷）陆道考对于这两段话作了详细的解释，他以为一路之迦摩波与第二路之个没卢，皆为迦摩缕波（Kamarupa）的省译，而大秦婆罗门应为现在的曼尼坡（Manipur）迦罗都河，Karatoya 应为雅鲁藏布江。

贾耽所记载的陆道交通，虽为唐代的路线，可是我们相信这一条路在唐之前，应已通行，其通行的历史，还可能追溯至汉代。所以身毒之民之来或住在哀牢者，除由海道而来之外，可能由陆道而来。

至于从哀牢经陆道而到交趾这条路，也早已通行，哀牢人之迁到暹罗、老挝、越南的，大致是经云南的东南，沿湄南与湄公河而到这些地方。此外又据贾耽的《第六道》中说：

> 自驩州西南行三日，行度雾温岭，又二日行至棠州日落县，又经罗伦江及古朗洞之石密山，行至棠州文阳县，又经蓁蓁涧，四日行至文单国之算台县，又三日行至文单城外，又一日行至内城，一日陆真腊，其南水真腊。

从驩州到交趾有陆道交通，是没有问题的。至于从真腊至骠国也有陆道，也是没有问题的。我们知道在真腊之前，这就是在扶南的时代，扶南的版图，扩张至现在的暹罗，可能到了现在的缅甸的边界，考古学者曾在现在的暹罗东北找到一个废墟叫做室利提婆（Sri Deva），是扶南时代所建立的城市，这是扶南向西发展的一个转运站。至于从暹罗西部至缅甸的东南，经过三塔径（Three Pagoda Pass），是古代至近代一条著名的交通线，所以我们说，无论水路也好，陆道也好，都可以从哀牢至身毒或交趾。

更值得我们注意的，是这个地方既是中外交通要冲，国际商品互市的地方，又是中外各族人民所凑集的区域。《华阳国志》卷四《南中志》"哀牢"条说：

> 有穿胸、儋耳、闽、越、濮、鸠、僚，其渠帅皆曰王。

又说：

> 有闽、濮、鸠、僚、僄、越、躶濮、身毒之民。

《后汉书》卷一百十六《南蛮西夷传》"哀牢"条说"哀牢人皆穿鼻儋耳"。这里所说的穿胸应该是穿鼻，穿鼻儋耳，虽然也是哀牢人的风俗，但是这里既把穿鼻、儋耳、闽、越、濮、鸠、僚、僄越、躶濮、身毒等等民族，排列起来，说明在哀牢这个国家的民族，是多种的，是复杂的，而且有的各管其自己的民族而称王，这也可以说是一个就各种不同的民族而组成为一个邦联或联邦的国家，虽则我们也得指出，哀牢人——这就是现在所说的老挝族或掸泰族，乃其主要的民族。

这里所说的穿鼻、儋耳，海南岛也有这种人。闽应该是现在的福建人，濮与躶濮在云南的历史很久，鸠见于《左传》，在云南很少见，僚在两广很多，越可能指着广东广西以及越南的人民，这都是国内各族人民，虽然有的是云南原有的种族，但也有很多是来自全国其他各处，尤其是福建、两广、越南各地。大概这是因为这个地方，是中外交通的要冲，所以各地人民都到这里互市，有的是从陆地，有的如越人也可能从广东越南经海道而到现在的缅甸，再由这里而到哀牢。

然而最重要的，在这个国家里，既有了僄人，又有了身毒人。僄人似乎是《唐书》卷二二二下里所说的骠，或郭义恭《广志》中所说的剽。有的也叫做瀌或缥。骠国是在缅甸的中部，在哀牢的时代，或是在后汉的时代，在哀牢之南，有好多种族自立为国家。掸国就是一个。在掸国之南，可能就是这个僄国或骠国，在唐代通过南诏遣使到中国贡献，中国史书记载在魏晋时代传闻在永昌之西南有骠国。既然在哀牢有了僄人，那么这种传闻，可以证实了。至于僄人之所以到哀牢，大致也是贸易互市或是宣传佛法，因为僄人居于缅甸的伊洛瓦底江流域，不只与海外各国交通互市，而且尤其是受了在其南部的猛族的佛教的影响。他们把这些外来的货品与宗教，传于哀牢，是很自然而然的。

"身毒"就是天竺，或是印度。上面已经指出，张骞在大夏见过邛竹蜀布，大夏人告诉他这是从身毒输入的。哀牢既是中外货品所凑集的地方，邛竹蜀布当然从这里出口。印度商人到了这个地方采购商品，说明了在这个地方早有了印度人的踪迹。他们到了这里，除了短期作客之外可能还有长住下去的，所以身毒人也排在哀牢国中的好多民族之内。从此，我们可以明白，哀牢不只是中外交通要冲与商品互市的地方，而且是中外民族所聚居的地方。

据各史书的记载，哀牢的物产，很为丰富。《后汉书·哀牢传》中这个国家有：

铜、铁、铅、锡、金、银、光珠、虎魄、水精、瑠璃。

樊绰《蛮书·物产第七》中记有琥珀云：

琥珀，永昌城界西去十八日程琥珀山掘之。去松林甚远，片块大重二十余斤。贞元十年，南诏蒙异牟寻进献一块，大者重二十六斤，当日以为罕有也。

樊绰《蛮书》，虽为唐人著作。但所记载永昌一带的物产，在哀牢时代应该也是有的。所以我们在这里，也摘录其所记载的一些物产，作为参考。《后汉书·哀牢传》又说：

土地沃美，宜五谷蚕桑。

《蛮书》同处说：

从曲靖州已南，滇池已西，土俗惟业水田，种麻、豆、黍稷，不过町疃。水田每年一熟，从八月获稻，至十一月十二月之交，便于稻田种大麦，三月四月即熟。收大麦后，还种粳稻。小麦即于冈陵种之，十二月下旬已抽节如三月，小麦与大麦同时收刈。

又说：

荔枝、槟榔、诃黎勒、椰子、桄榔等诸树，永昌、丽水、长榜、金山并有之。

又说：

禄阜江左右亦有波罗密果，树高数十丈，大数围。生子味极酸，蒙舍永昌亦有此果，大如甜瓜，小者如橙柚。

《后汉书·哀牢传》说：

其竹节相去一丈，名曰濮竹。

《华阳国志·南中志》说：

有大竹名濮，竹节相去一丈，受一斛许。

《蛮书·第七》载有孟滩竹及野桑木：

孟滩竹，长傍出，其竹节度三尺，柔细可为索，亦以皮为麻。野桑木，永昌巴西诸山谷有之，生于石上，及时月择，可为弓材者，先截其上，然后中割之，两向屈，令至地，候木性定，断取为弓，不施筋漆，而劲利过于筋弓，蛮中谓之膜弓者是也。

又"青木香"条说：

青木香，永昌出，其山名青木香山，在永昌南三日程。

又"麝香"条说：

麝香出永昌及南诏诸山，土人皆以交易货币。

《华阳国志》与《后汉书》均载有梧桐。《华阳国志·南中志》说：

有梧桐木，其花柔如丝，民绩以为布，幅广五尺以还白，不受污俗，名曰桐华布，以覆亡人，然后服之，及卖与人。

又说：

有兰干细布，兰干，獠言纻也，织成文，如绫绵，又有罽旄帛叠。

《后汉书·哀牢传》说：

知染采文，绣罽氍，帛叠、兰干细布，织成文章如绫锦。

同处又说这个地方有：

轲虫、蚌珠、孔雀、翡翠、犀、象、猩猩、貊兽。云南县有神鹿两头，能食毒草。

《蛮书》说：

> 大鸡，永昌云南出，重十余斤，嘴距劲利，能取鹯、鹗、䴔䴖、兔、鸽、鸲鹆之类。

又说：

> 沙牛，云南及西爨故地，并只生沙牛，俱缘地多瘴，草深肥，牛更蕃生犊子。

应该指出，哀牢既是东西交通的要冲，其物品来自各方的必定很多，因为有的物品，也不一定是出自哀牢。瑠璃就是一个例子。同时，这一类东西，经过哀牢而没有见于史文的，也必不少。《三国志·魏志》引《魏略》说，"永昌出异物"，可能也是因为这个地方既通身毒、大秦又通东南亚。杜佑《通典》卷一八八"哀牢"条说得更为清楚：

> 其国西通大秦，南通交趾，奇珍进贡，岁时不阙。

自然的，哀牢本地所出产的东西，可能还有很多不见于史文，但从我们在上面所述的一些，已足见其物产的丰富。

关于哀牢的宗教，史文所叙述的很少。但从"沙壹在水中触沈木，遂感而有娠"，就是一种神话，也是原始社会的母权社会的一种表征。这与中国古书所说知其母不知其父其情况很为相像。至说沈木变为龙，且因其舐幼子因而幼子被推为王，这都是古代一些统治者，夺了王位之后，以为这是神的意旨，用以欺骗民众的手法而已。

《后汉书·哀牢传》说其神人皆刻其身象龙文，衣着尾，这虽也是原始民族中的文身的习俗，但也有其宗教的信仰，而且所谓象龙、文衣、着尾，应该是图腾主义的表征。这就是说他们是以龙为祖宗。又现的柬埔寨人与暹罗人所着的衣服是用一条围腰至膝，其一端插入背后，看来很像尾巴，不知是否衣着尾的遗俗。

上面已经指出，哀牢人的象龙、文衣、着尾，是拜龙的图腾制度，但是他们既又以"梧桐木华绩为布……洁白不受垢污，先以覆亡人然后服之"，这样对于死者的尊重也可能是与崇拜祖宗有了关系，虽然所谓死者未必是指着其父母或其祖父母。

哀牢的历史，始于什么时候，这是一个很难回答的问题。《华阳国志》卷四"永昌郡"条说：

> 永昌郡古哀牢国也。……孝武时通博南山，度兰仓水耆溪，置巂唐、不韦二县，徙南越相吕嘉子孙宗族实之，因名不韦，以彰其先人恶行。人歌之曰：汉德广，开不宾，渡博南，越兰津，渡兰仓，为他人。渡兰水以取哀牢

地，哀牢转衰。至光武建武二十三年（公元后四七年）王扈栗……即遣使诣越巂太守，愿率种人归义奉贡，世祖纳之，以为西部属国。……孝明帝永平十二年（公元后六九年），哀牢柳狼遣子奉献，明帝乃置郡，以蜀郡太守郑纯为太守。

首先，应该指出，这里所说明的哀牢国王扈栗，就是《后汉书》所说的贤栗。这里所说的柳狼应该是《后汉书》所说的柳貌。《华阳国志》这本书的撰述，虽然早于《后汉书》，但是我们还是采用《后汉书》所记载的名字。同样《华阳国志》所说的沙壶，我们也采用《后汉书》所说的沙壹。

从上面所录那段话的语气来看，哀牢到了武帝的时候，这就是当公元前二世初上半叶汉武帝元封二年（一〇九年）遣兵征伐通西南夷的时候，哀牢已为中国所征服，而且趋于衰弱，但若照《后汉书·哀牢传》所记载，哀牢自有生人以来，未尝交通中国，建武二十七年（公元后五一）其王贤栗……遂率种人户二千七百七十，口万七千六百五十九诣越巂太守郑鸿求内属，光武帝封贤栗等为君长，自是岁来朝贡，那么哀牢是在后汉光武帝的末年，始与中国交通，在时间从汉武帝元封二年（公元前一〇九年）至光武帝建武二十七年（公元后五一年）约有一百七十年之久。

我们知道，汉武帝虽然遣兵西南夷，但《史记》《汉书》并没有说明哀牢也为武帝所征服，所以《华阳国志》说武帝时"渡兰仓水以取哀牢地，哀牢转衰"，是否可靠，很难确定。因此，我们应该照《后汉书》所说哀牢之称臣于中国，是在后汉光武的末年，这就是在公元后一世纪的中叶，而不是在公元前两世纪的初年或是汉武帝的时候。但是武帝既已征服滇国，其西应为哀牢境，那么哀牢与汉的交通，始于武帝也是很可能的。

这虽然是解释哀牢与中国交通的开始的问题，但也牵涉到哀牢的历史的问题。假使我们相信哀牢为武帝所征服而衰弱，那么哀牢在未被武帝征伐之前，应该早已建国，哀牢的历史至少可以拉到公元前三四世纪或是更长。换句话来说，绝不会是建国在汉武帝就位（公元前一四〇年）之后始建立国家。假使我们照《后汉书·哀牢传》的说法，在建武二十七年始通中国，那么在建武二十七年之前，什么时候始建国这个问题，就难解答，可能是在汉武帝之前，也可能是在汉武帝之后。因为从前汉武帝到后汉光武的末年时间，相差有了约二百年之久，那么哀牢的建国，可能是在武帝的时候或武帝之前或后以至光武之前不久。

但若根据上面所抄录唐代张柬之的表文中所说，哀牢"本不与中国交通，前汉唐蒙开夜郎、滇筰而哀牢不附"的话气来看，哀牢在汉武帝的时代，已经存在，否则张柬之不会说在中国与夜郎、滇筰交通的时代哀牢不附。所谓哀牢不附者，就是假定哀牢已经立国而不附汉也。

假使张柬之这种看法没有错误，那么哀牢的历史应该追溯到前汉或周秦的时代了。

　　这种看法，是有其可能性的。张骞是汉武帝时人，他在大夏的时候，见过邛竹蜀布，这些邛竹蜀布之运到大夏，是经过四川、云南、缅甸而至印度，再由印度而输入大夏，在途程中所需要的时间，是经年累月，而张骞所看见的邛竹蜀布，其运到大夏者，其历史可能很久，但是这些物品，从四川运到大夏，既要经过夜郎、滇笮诸国，而在云南的西南也应该有一个政权巩固的国家，作为货品的运输站。《华阳国志》说在哀牢有国内各族人民，还有僄人与印度人，这些人主要既为经商而来，那么其来往于这个国家的历史，也必定很久。只有一个政权巩固而商业发达的国家，才能招徕各国的人民。在夜郎与滇笮的西南，在僄或骠国之北，应该是哀牢这个国家。这个国家，在后汉初年，即已西通大秦，南通交趾，珍品奇物，不胜其数，其国富，其文化也相当高，那么其历史应该追溯至前汉，以至周秦的时代。

　　《后汉书·哀牢传·唐章怀太子李贤注》引《哀牢传》说：

　　　　九隆代代相传，名号不可得而数，至于禁高乃可记知。禁高死，子吸代，吸死，子建非代，建非死，子哀牢代，哀牢死，子桑耦代，桑耦死，子柳承代，柳承死，子柳貌代，柳貌死，子扈栗代。

　　我们先要指出若照《后汉书·哀牢传》记载来看，贤栗是光武时人，而柳貌是明帝时人，扈栗既然是贤栗，柳貌不应该是贤栗的父亲，而应该是贤栗的儿子。李贤的注解，是有问题的。这一点《后汉书》校补柳从辰已经指出来。

　　其次，假使章怀太子李贤所注的世系大致没有问题，那么从禁高到柳貌或贤栗就有了八代之久，假使每代平均约为二十年，总共起来的为一百五十年，这就是说从柳貌或贤栗追溯上至禁高，应该是武帝末年的人物。

　　又《李贤注》引《哀牢传》说"九隆代代相传，名号不可得而数"，那么不只国王的名字不能考订，就是从九隆到禁高究竟为多少代，也不得而知。但假使禁高是汉武帝时代，这就是公元前一世纪或二世初的人物，那么哀牢的历史，可以追溯到公元前三世纪与四世纪，或是三四世纪之前。因为从九隆到禁高，假使也有八九代，每代约为二十年，则九隆当为三四世纪的人物，是没有问题的。

　　假使我们上面的看法没有错误，那么从公元前三世纪的初叶到公元后一世纪的下半叶，这就是说从哀牢的建国以至哀牢改为永昌郡，就约有三百五十年的历史。

　　应该指出，汉明帝虽然以哀牢的地方置哀牢、博南二县，又割益州郡西部都尉所领六县合为永昌郡，可是哀牢王柳貌仍然治理其地，而且到了后来的王类牢仍称哀牢王。在东汉章帝初年，类牢反叛，被汉朝征服，其子孙还可能治理其地，直到三国的时代，还时而内附，时而反叛。《华阳国志》说诸葛亮曾征服其地，并以吕凯为云南太守，王沆为永昌太守。又到了晋惠帝元康（公元后二九一至二九九年）末，还以吕凯的孙儿为永昌太守。但不久"南夷作乱……遂与州隔绝"。

总而言之，哀牢在后汉初叶，虽然改为郡，但其王仍然治理其地。这种情况，可能一直维持到唐代初年。但在这个时期中，哀牢已逐渐趋于衰弱。同时哀牢既已改为郡，汉人之到其地的，也必逐渐增加，因而哀牢不只已非一个独立国家，而其人种也与汉族更加混合起来。我们说更加混合，因为我们相信，在西汉的时代，汉族的势力已经伸张到这些地方，《华阳国志》说在汉武帝的时候，已徙南越吕嘉子孙宗族到这里居住，这一件事，是否可靠，当然是一个问题，但汉武帝既遣兵征服滇国，滇国又与哀牢接近，汉人既到了滇国，汉人之到哀牢，应没有问题。

后汉明帝改哀牢为永昌郡，不只中国人民之到这个地方的必然更多，而且统治阶级也是汉人，这样哀牢人与汉人同化既没有问题，哀牢文化之受中国文化的影响，也是无可疑的。

同时，我们推想哀牢内附于中国与改郡之后，哀牢人可能也向东南与西南迁移，一支到现在的缅甸的北部，而到当时的掸国，一支到现在的暹罗与老挝的北部。

唐代南诏勃兴，哀牢种族的复国运动，当然更无希望，他们有的可能还维持其小型部落生活，有的更向东南或西南迁移，有的也可能同化于南诏。过去有好多人以为南诏也是哀牢的同种，但我们以为南诏应该是属于藏族，而与唐代的骠种以至后来的缅种是同一种族，虽然他们从西藏高原到云南时间不同，与当地的哀牢或掸族或其他种族同化起来，因而在他们——南诏、骠与缅——之间，无论在种族方面，或是文化方面，也有了不同之处。

应该指出，南诏、骠与缅三者所占领的地方都有很多哀牢人或掸人，因而三者所受哀牢或掸种族与文化的影响，也是无可疑的。而况，照《后汉书》的记载，哀牢人在南诏与骠人——用不着说缅人——未建国之前，已具有高度的文化。他们占领了哀牢或掸国之后，其受这二者的影响可能正像满洲人占了中国之后，所受汉人的文化的影响是一样的，因而后人不察，遂以为南诏为哀牢的后裔，这也不足为奇的。

最早的掸族的国家，就是叫做掸国。掸国最先见于《后汉书》卷一一六《西南夷传》"哀牢"条。编史的人把掸国与哀牢列在一起，也说明这两个种族的关系。据《哀牢传》说，哀牢之通中国，是在后汉光武建武二十七（公元后五一年）年。哀牢是在云南的永昌，也就是在现在的保山一带。哀牢王贤栗内属之后，明帝时（公元五八至七五年）置永昌郡。哀牢是属于这个郡。永昌郡大致包括了现在的保山以至楚雄的西边一带。哀牢内属之后，掸国应该变为中国的最接近徼外国家。这就是在哀牢之南的一些地方，也就是说与哀牢接壤。①

我们知道，在前汉时，在公元前二世纪的中叶，武帝即位之后，张骞出使西域，他在大夏见蜀布邛竹杖，他问大夏人这些东西从那里来，他们告诉他是从身毒来的。身毒就是天竺或印度。又闻印度在我国西南，因为张骞去大月氏与回来的时候，都被匈奴扣留，回国后，他劝武帝打通云②南这条路，以便从天竺而到西域。武帝曾依他的意见，遣人征伐滇国。虽然没有达到最终目的，可是中国到云南这条路却打通了。哀牢是在滇国之西，要通哀牢，固是先要通滇国，可是要使掸国与中国交通，更要打通滇国与哀牢这条路。后汉初年，掸国之所以能够来中国朝贡，主要是从这条路而来。应该指出，掸国也可能由海道而到中国。《后汉书·顺帝纪》永建六年，指出日南徼外有二个国家遣使朝贡，一为叶调，一为掸国，可能这一次的朝贡是从海道而来。

---

① 编注：本段与后一段系陈序经摘录自陈序经《掸泰古史初稿》"第三章　后汉的掸国"。
② 校按：该字之后原稿佚，今参照陈序经《掸泰古史初稿》补全本段文字。

第二编

第四章　两爨

魏晋以后，史书之记载云南的爨族的有好多处，专以《华阳国志》来说，其记载这个民族的就有不少地方，卷四《南中志》说"建宁郡有爨习官至领军"，这是诸葛亮时代的事情。建宁郡的同乐县的爨氏是个大姓，爨族是当地的土著还是后来的民族还不很清楚，近来多主张是来自外省，他们在西汉时代已移居云南，三国与晋代爨族之在云南省其势力已经很大。

关于爨族的历史，在曲靖县城南七十里的扬旗田发现的晋代的《爨宝子碑》与在陆良县城南二十里的贞元堡所发现的刘宋时代的《爨龙颜碑》给了我们很为宝贵的史料与索线。首先这二个地方就是《华阳国志·南中志》所说的同乐县地，说明在三国晋南北朝同乐或现在的曲靖陆良一带是大姓，爨氏所居的地方也是爨族居住的中心地区。

《南中志》又说：

> 西平郡刺史王逊时，爨量保盘南，逊出军攻之，不能克。及逊薨后，寇掠州下，吏民患之。刺史尹奉，重募徼外夷，刺杀量，而诱降李遏，盘南平。

按西平郡为晋时所置，宋齐因之，其地就是现在云南的沾益一带，这也就是与曲靖为邻。同处又说：

> 咸熙元年（公元二六四），吴交趾郡吏吕兴杀太守孙谞，内附魏，魏拜兴安南将军。时南中监军霍弋表遣建宁爨谷为交趾太守，率牙门将军建宁董元、毛炅、孟干、孟通、爨熊、李松、王素等领部曲以讨之。谷未至，兴已为功曹李统所杀。泰始元年（二六五年），谷等径至郡，抚和初附。无几，谷卒，晋更用马忠子融代谷。融卒，遣犍为杨稷代之……交趾人广野将军王约反应陶璜，以梯援外，吴人遂得入城。得稷等，皆囚之，即斩稷长史张登、将军孟通及炅，并交趾人邵晖等。受皓诏，传稷秣陵，故梏稷及孟干、爨熊、李松四人于吴，通四远消息。稷至合浦，发病欧血死，传首秣陵，弃其尸丧于海。干、松、熊至吴，将加斩刑……九年（公元二七三年），干自

吴逃回洛阳，松、熊为皓所杀。

所谓两爨就是东爨与西爨，唐代的樊绰在其《蛮书》中的《名类第四》中有了一段关于两爨的叙述，兹录之于后。

> 西爨，白蛮也。东爨，乌蛮也。当天宝中（公元七四二至七五五年），东自曲靖州，西南至宣城，邑落相望，牛马被野。在石城、昆川、曲轭、晋宁、喻献、安宁至龙和城，谓之西爨。在曲靖州、弥鹿川、升麻川，南至步头，谓之东爨，风俗名爨也。初，爨归王为南宁川都督，理石城，袭杀孟聘、孟启父子，遂有升麻川。归王兄摩，溢溢生崇道，理曲轭川，为两爨大鬼主。崇道弟日进、日用在安宁城。及章仇兼琼开步头路，方于安宁筑城。群蛮骚动，陷杀筑城使者。玄宗遣使敕云南王蒙归义讨之。归义师次波州，而归王及崇道兄弟、爨彦章等十余人诣军门拜谢，请奏雪前事。归义露章上闻，往返二十五日，诏书下，一切释罪。无何，崇道杀日进，又阴害归王。归王妻阿姹，乌蛮女也，走投父母，称兵相持，诸爨膏乱。

> 阿姹私遣使诣蒙舍川求投，归义即日抗疏奏闻。阿姹男守隅，遂代归王为南宁川都督，归义仍以女妻之。又以一女妻崇道男辅朝。崇道内怀怨愤，外示和平，犹与守隅母子日相攻伐。阿姹又诉于归义，兴师问罪。行次昆川，信宿，而曲轭川溃散，崇道南走黎州。归义尽俘其家族羽党，并杀辅朝而取其女。崇道俄亦被杀，诸爨由是离弱。

> 及归义卒，子阁罗凤立，守隅并妻归河赕，从此与皇化隔绝。阿姹自为乌蛮部落主，从京师朝参，大蒙恩赏。阁罗凤遣昆川城使杨牟利以兵围胁西爨，徙二十余万户于永昌城，乌蛮以言语不通，多散林谷，故得不徙。是后自曲靖州、石城、升麻川、昆川南至龙和以来，荡然兵荒矣。日用子孙今并在永昌城，界内乌蛮种类稍稍复振，后徙居西爨故地，今与南诏为婚姻焉。

一、哈喇章与察罕章①

"哈喇章察罕章"二名，始见于《元史》。

《元史》卷一二一《兀良合台传》载元兵既渡金沙江分兵入白蛮察罕章（Tchaganjang），破其寨栅，进取龙首关，入大理，分兵取附都善阐，攻乌蛮合刺章（Karajang）水城，又破罗部，擒大酋高升，进破押赤城。

此蒙古之译名，即唐宋以来之"东西两爨"也。

---

① 编注：本节系陈序经摘录自夏光南《元代云南史地丛考》。

按蒙古语，称白为"察罕"，黑为"哈喇"。如《元史·太祖纪》汪古惕别名白达达，蒙语曰察罕塔塔儿（Chagan Tatar）。黑达达，蒙语曰哈喇塔塔儿（Khara Tatar）。即驿名之白鞑靼、黑鞑靼也。又如黑契丹曰哈剌吉达歹（Khara Kitan）意亦同前。故近人伯希和、冯承钧先生等，均以合剌章即东爨乌蛮。《元史》之"章"应为爨之译名。察罕言白，即西爨白爨。顾《马可波罗游记》谓合剌章都押赤（Yachi）大理为其别都。《元史类编》元时乌蛮据大理，白蛮据丽江，皆僰㑩种也。其论不尽可据。

夫"爨"之命名，起于汉魏，隋唐之间，臻于极盛。盖其始本一族之姓氏，终乃衍为各部之公名。

《唐书》西爨自言本安邑人，《爨龙颜碑》爨系出"芉"，别氏为"班"，汉末采邑于爨，因氏族焉。此言爨氏之得姓也。其移殖于滇，不知始于何时。考《常志》蜀汉初，有爨习者，以建宁大姓，雄于一方。及武侯平南，分兵配大姓焦、雍、娄、爨、孟、量、毛、李为部曲，称四姓五子。则爨氏之繁衍南中也，至少当在两汉。晋末，中原大乱，政治势力，不能及远，爨氏遂自为雄长于此邦。如爨松子、爨宝子等，俱袭太守。爨龙颜仕宋为龙骧将军，其他爨氏子弟族类之为达官显宦，综军民政者，《大小爨碑》碑阴所载，难以数计。梁时爨瓒窃据牂牁、兴古等郡，岁贡不入者数十年，于是始王南中。隋初爨翫遣使朝贡，命韦世充戍之，既而复叛；命史万岁往讨，自蜻蛉川至西洱河，破其三十余部，行千余里，翫入朝谢罪，为文帝所杀，没其子宏达为奴。唐高祖纵宏达还，为昆州刺史，多置州以资羁縻，然政柄仍操自爨氏也。至爨分东西，当始于晋。《晋书·地理志》永嘉二年（西纪三〇八年）以益州地广，合四郡（即蜀汉之建宁、兴古、云南、永昌四郡），为宁州，分建宁以西，建伶、连然、谷昌、双柏等七县为晋宁郡。沈约《宋书》所载约同。建宁一郡，当今之曲靖、陆凉、平夷等属。晋宁一郡，当今之昆明、呈贡、晋宁、昆阳等属。以地理言，建宁在东，晋宁在西。为两爨首郡。故《宋书·州郡志》宁州领郡十五，而建宁、晋宁居首。《蛮书》晋宁州汉滇池故地也，在柘东城南八十里，幅员数百里。西爨王墓，累累相望。石城州，味县故地也，贞观中，为郎州，开元初，改为南宁州。盖蜀汉分南中为四郡，味县即建宁郡首县，在今曲靖境内。《旧唐书·地理志》郎州有同乐县，今《大小爨碑》均出于此。又碑言，宋元嘉九年，州土扰乱，东西二境，凶竖狠暴，爨龙颜以五千精锐，肃清之。则东西爨之分，晋末已肇其端矣。《蛮书》在石城、昆州、晋宁、曲轭（今马龙）、喻献（汉俞元县，今澄江境）、安宁距龙和城，谓之西爨白蛮。在曲靖州、弥鹿州（今广西、弥勒等属）、升麻州（今寻甸境）南至步头（《蛮书》称在通海城南十四日程，此当系蒙自江外之蛮耗）谓之东爨乌蛮。又曰其人称爨，从其古长之姓。考此诸书，则所谓爨者，汉魏间尚为一族之姓氏，迨隋唐则已渐蜕变为部落之名号。其领域西爨当昔云南、曲靖、澄江三府之大半。而东爨则曲靖、澄江外，又兼有东川、开化、广西、临安、楚雄、广南、武定、元江等府。及滇黔桂三边之一部，幅员大西爨数倍，所谓三十七部蛮者，皆统于其下。要之，两爨疆域，唐以前，极远当以元江为界，而未尝及于迤西。

盖两爨者，战国以迄唐初，汉族移殖滇南文化最高之一集团，固汉化之一王国也。

按庄跻开滇，夜郎受范以来，南中始有汉族之足迹。见于《史记》者，迤东之滇黔间，有滇国、夜郎、劳深、靡莫；迤南通河、临安间，有畹町；迤西鹤丽、大理境，有昆明。此诸国者，为战国迄汉初数百年间汉族经营南中，与诸蛮血统混合，文化贯注之一组织，故晋人常璩曰，自夜郎、滇国以西，分侯支党，传国数十，大抵皆庄跻苗裔，《滇考》跻既定滇池，使部将小卜，引兵收复滇西诸蛮。《古滇说》跻晚年信佛，不忍杀生，迁居白崖、鹤拓、浪穹，众推其后仁果为王王滇。盖汉之昆明为"白国"后裔，即其一支也。迨晋以后，两爨崛起。衡以南中形势，东爨所统，悉汉夜郎、畹町及劳深、靡臭地。西爨所统，则为滇国故地。而昆明之境，高山深谷，随畜以居，则唐白水、西洱、永昌、松外诸蛮宅窟之所，要皆形同鲁徼之汉化诸小国混合。滇省东西两迤之猓猡僰夷者也。夫惟汉族苗裔，故其文化，特异诸蛮。《爨世家》曰，《两爨碑》均出同乐。《小爨》不署作者，《大爨》则爨道庆作，文体书法，汉魏正传，体制古茂，非唐宋人所及。康南海先生亦言，《大爨碑》如古帝王端冕垂旒，为海内神品。然则当日云南文化殆已超绝中夏，非边鄙蛮夷之比可知。盖自文翁化蜀，武阳传经以还，滇人士如张叔盛览、孟孝踞等，均受业博士，淹贯经术。尹珍从学许慎，应奉亦还乡教授，平夷、傅宝、夜郎、尹贡，并有德名。蜀汉时南中有耆老，善言议，好譬喻物，谓之《夷经》，虽学者亦半引之。汉则平乐大姓朱雷等，皆有部曲。其民好学为宁州冠冕。他如龙、傅、尹、董、及畹町王承之抗王莽，雍闿之答李严，孟获、李恢、吕凯之倾心武侯，下逮晋之毛诜、李猛、李睿及爨氏父子兄弟等，虽贤奸各异，要皆南中杰出人才，其文学优美，功业卓越，载诸《华阳国志》诸书者，虽中原人士，有愧色焉。观《大爨碑》所纪，武昌、巴郡、雁门之人亦仕于此。以经学论，宝子宫宇数仞，循得其墙。龙颜绸缪六经，道融德重。以地理论，则延裒二千里，种族三十余部，本俗刀耕火种，邑落相望，牛马被野，富与蜀埒。要之，自汉魏南北朝以来，以云贵高原论，固泱泱乎南中汉化之一大国也。东爨为山居畜牧之族，文化虽较逊于西爨，然喜斗轻死，武力充实。唐以后，尝并为政治运动之中枢。段思平借兵东方黑爨三十七部蛮以成霸业，此一证也。至两爨外，其文化程度约与西爨相埒，而分驻滇西者，惟"西洱河蛮"耳。

唐以蛮族，卑视两爨，利其土地，筑城以通安南，而煽其内乱。于是两爨虽弱，滇东之地，尽入于乌蛮所建南诏国之囊橐，而唐之西南边徼，数百年间，遂陷于烽烟不靖之局矣。

考《蛮书》六诏既并，滇东尚为"两爨"所据。爨宏达死，以爨归王为南宁州都督，居石城，袭杀东爨首领盖聘父子。有两爨大鬼主（此当类今日倮㑩之巫师毕摩）崇道者，与弟日进、日用居安宁城左，闻章仇兼琼开步头，筑安宁城（盖安宁有五盐井，人得煮鬻自给。元宗命特进何履光以安南兵定南诏境，取安宁及井，至是又筑城）。赋役繁重，群蛮振骚。共杀筑城使者。元宗命蒙归义讨之，师次波州，归王及崇道兄弟千余人，泥首谢罪。会唐侍御史李宓欲乘此灭东爨，檄崇道杀日进及归王，诸蛮惊恐，归义以闻，请于朝，以归王子守隅为南宁州都督，以女妻之。又以女妻崇道子辅朝，然二爨犹相攻不息。归王妻阿姹，乌蛮女也。走诉归义，为兴师营昆州，遂虏其族，杀辅朝，取其女，崇道亦为其族所杀，诸爨稍离弱。及阁罗凤立，召守隅并妻归。河赕不通中国，阿姹自主其部落，岁入贡，恩赏蕃厚。盖自是南诏益强，云南迤东之地，浸入版图。正史之上，无复有爨氏王侯赫赫之迹，而仅留其部落之名号而已。

《蛮书》阁罗凤自得志于东，命凤伽异筑柘东城。遣昆州城使杨牟利以兵胁徙西爨户二十余万于永昌，东爨以言语不通，多散依林谷，得不徙。自曲靖州、石城、升麻、昆州南北，至龙和，皆残于兵，日进等子孙居永昌城，乌蛮种复振，徙居西爨故地。盖自是爨始渡澜沧江而西。

考《南诏》徙民，如徙西爨于永昌，徙西洱河蛮于柘东，皆同一意义，即两部均为汉化之白蛮也。白蛮之分驻于迤西，虽系两汉以来之史迹，然所谓爨者，尚限于元江流域以东。天宝后（约当西纪七五〇年），西爨迁流于永昌，于是大理、永昌之境，皆白爨所居。滇东之两爨故地，乌蛮之势大张，而西洱河蛮及裳人等部，反得移于昆明首府之地。

夫南诏系出乌蛮，鞭笞汉化之诸国遗民，东西奔驰，远离巢穴，如逐鹿豕，以谓西爨既迁，控制宇下，子孙帝王万世之业可立。乃曾几何时，变生肘腋，"白爨"大姓之郑、赵、杨、段诸氏，相继篡立，有如传舍。且南诏一切制度，皆赖降人为之经理，则所谓乌蛮之数百年霸业者，殆亦优孟衣冠而已。及元世祖忽必烈下大理，分兵善阐，犹以"察罕章""哈喇章"分概滇东西，至云南行省既立，设路府州县以资统辖，而两爨之名词，犹不绝于历史，亦盛矣哉。

《滇载记》蒙氏自细奴罗至舜化真十有三世（西纪六二九至九〇〇年），立三百十年，於昭宗光化二年，为郑买嗣所篡，改国号曰大长和；三传为东川节度使杨干真所杀，立清平官赵善政，改国号曰大天兴；立十月，干真又夺之，改国号曰大义宁；贪虐无道，通海节度使段思平，兴师问罪，立仅二年，而段氏兴焉。夫郑买嗣本唐郑回之后，世为蒙氏清平官。思平氏出武威。杨干真、赵善政等，皆中国汉族苗裔，则白爨诸姓于五代时复盛于南中也。可知史称段思平借兵东方黑爨松爨三十七部蛮，逐干真得国。"松爨"不见于前史，意者殆南诏所迁于柘东之西洱河蛮、松外蛮耶。果尔则白蛮之后，唐以后，亦未尝失意于滇东。然此固不能袭以"白爨"之名，以白爨早移于永昌也。

按段氏建国大理，为后晋天福二年，至元宪宗三年，元世祖虏兴智灭其国。（西纪九三七至一二五三年）二十二主，历三百一十六年。其国都大理陪都善阐一仍前代之旧。元平大理，举全滇而郡县之，则所谓"黑爨白爨"等笼统混淆之部名，应摧陷而廓清之矣。乃考之事实，两爨三十七部之名，犹不时称举，盖相循既久，未易除也。《元史·本纪》至元十七年以"哈喇章"军一万讨伐罗氏鬼国。十八年，益云南军征"合喇章"。二十一年，以云南城内洪城并"察罕章"，隶皇太子。二十二年，罢"合喇章""金齿"二宣抚司为一，治永昌。遣雪雪的斤领畏吾儿户一千戍"合剌章"。置"合剌章"四川、建都等驿。罢合剌章打金规运所。敕合剌章酋长之子入质京师。减合剌章冗官。二十三年，谕皇子也先帖木儿调"合剌章"兵二三千，从征交趾。谕纳连剌丁分"合剌章"蒙古军人征缅。二十五年，云南行省言金沙江西、通安等五城，宜依旧隶"察罕章"宣抚司。至顺初诸王秃坚之乱，镇西武靖王搠思班言。蒙古军及"哈喇章"种人叛者，不能必其不反侧。此所谓"哈喇章"云者，盖指滇东黑爨、松爨等三十七部，言以其形势重要，物产丰饶，当滇池附近数千里之原野。故置驿屯戍，视为中心，而察罕章席白爨二千年霸业雄图，于元人武力征服之下，其酋段氏犹领袖群蛮。值中原多故之秋，世袭总管与元宗室梁王对峙者百年。及有明勃兴，始为沐英、蓝玉所征服，其遗族犹保存一部分势力，至清初始完全消灭，然则"白爨"之为国也，由战国以迄清初，皇皇华胄，绍续罔替。史公之赞楚天禄，祇及滇王。袁滋之称颂河东，犹是唐藩。彼固未见二千年一线相承，有如是之国家者。无怪乎师荔扉之讥评沐氏曰：不以为光复故物，而以为手破天荒坐令千载之后，读史者于两爨则相提并论，且侪白爨于诸蛮，呜呼！岂不哀哉！

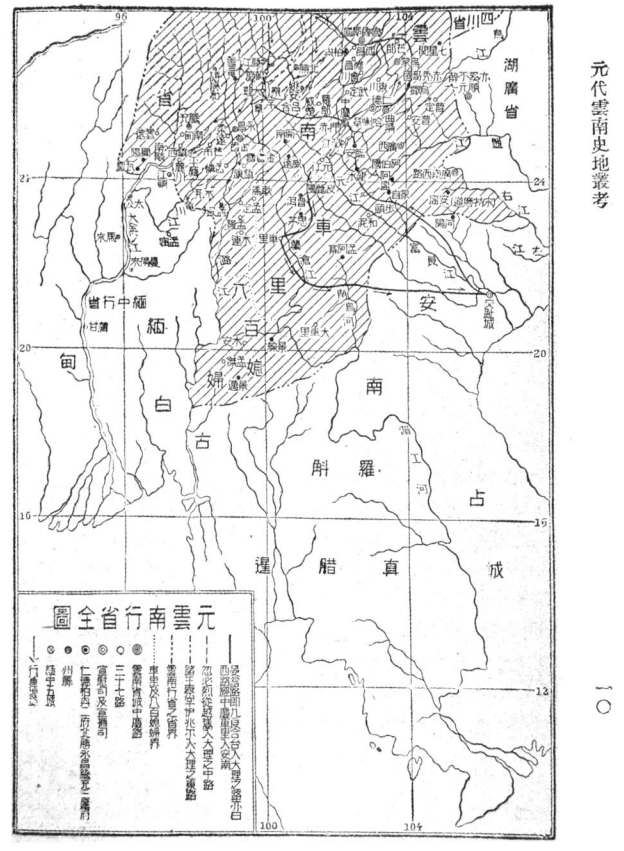

二、东爨乌蛮、西爨白蛮，巂州乌、白蛮①

过去和现在有一部分人对于东爨乌蛮和西爨白蛮存在着一些不同的看法，这个问题是值得提出来加以讨论的。樊绰《蛮书》卷四云："西爨白蛮也，东爨乌蛮也"，此为汉文史志记载东爨、西爨部落名类的开始。有一部分人把此二语绝对化了，认为西爨就是白蛮，东爨就是乌蛮，他们在西爨和白蛮之间、东爨和乌蛮之间各划一个等号。这种看法是不正确的。"爨"的最初意义乃指建宁的大姓爨氏。爨氏大姓始于公元三世纪初（三国时）的爨习。② 直到八世纪中叶，天宝七、八年（七四八—七四九年），越巂都督竹灵倩筑安宁城，开步头路时，爨氏大姓鼓动乌、白蛮杀筑城使者，唐命蒙归义出兵讨平之。从此爨氏势力始熄。爨

---

① 编注：本节系陈序经摘录自马长寿《南诏国内的部族组成和奴隶制度》。
② 《华阳国志·南中志》：建宁爨习，诸葛亮时官至领军。

氏大姓从三世纪初到八世纪中叶统治南中有五百几十年之久，其间东、西爨的分立从五世纪的前叶到七世纪的前叶前后有二百多年。"爨"之一词在各个不同时代俱有各种不同的意义，我们决不能混为一谈的。"爨"的最初意义只是大姓爨氏。到了五世纪前叶东、西爨分立以后，爨氏子孙分别统治着东爨地区和西爨地区的部族部落，于是西爨和东爨就成为两个大奴隶主统治集团之名和他们的西爨、东爨的疆域之名了。到了七世纪前叶，东爨大姓的势力膨胀，西爨大姓的势力衰弱，于是东爨大姓首领分别割据了西爨各地，于是西爨、东爨只成为两个疆域之名。而东、西爨大奴隶主集团的区别从此就被消灭，二者统而为一了。最后到了八世纪时，南诏蒙氏统一了东、西爨的疆域。但在二百多年中长期遗留下来的部族、部落语言之不同，生产的不同，风俗习惯之不同仍然存在，所以蛮书说"风俗名爨也"。就是说当时西爨和东爨还有风土的不同和部族、部落之不同，这是对于八世纪时东、西爨分别的最好解释。设使不明白西爨、东爨这一段长期变化的历史，对于"爨"的理解一定是笼统的、不正确的。

　　建宁的爨氏大姓，最初只有一家或一族，① 而无西爨、东爨之分。晋代的《爨宝子碑》发现于曲靖县城南七十里的扬旗田，刘宋时的《爨龙颜碑》发现于陆良县城东南二十里的贞元堡。此二地皆在魏晋时的建宁郡同乐县。这和《华阳国志·南中志》所记"大姓爨氏（出）同乐县"是相合的。它如后世南宁的爨琛等皆由同乐县迁出。从晋代初年以来，建宁爨氏大姓日益发展，爨谷为交趾太守，爨琛为兴古太守、交州刺史，爨宝子为建宁太守，爨龙颜的祖父为晋宁、建宁二郡太守及宁州刺史，父为晋宁、建宁太守及八郡监军。此八郡指晋代的晋宁、建宁、兴古、朱提、牂柯、越嶲、永昌、云南八郡而言。从此可知爨氏大姓的势力几乎膨涨到云南全部以及四川的西南部、贵州的西部和南部各地了。但在两晋及宋初，云南尚无所谓西爨、东爨之分。直到宋元嘉九年（壬申，四三二年），《爨龙颜碑》记载："岁在壬申，百六遘衅，州土扰乱。东西二境，凶竖狠暴，缅戎寇场。"此为东西爨分裂的开始。自从爨氏大姓爆发了这次内部分裂以后，战事虽暂告平熄，而东爨、西爨相互对立，各自称王，② 凡二百余年。到了隋代初年，西爨爨震、爨玩被诛；唐代初年，虽委爨宏达为昆州刺史，只是一个有名无实的西爨首领罢了。当时东爨大姓首领趁势西侵，爨嗣绍、爨日进先后据昆州，为昆州刺史；爨曾、爨祺据昆州以南，先后为黎州刺史；爨彦征据姚州，

---

① 《爨龙颜碑》云，系出于楚，别氏为班，汉末食邑于爨，因以为氏。这种说法，现在看来没有什么根据的。云南自古以来流行着各族为楚庄蹻之后的说法，但牵强附会者十有八九。晋宋时期，爨氏人材辈出，一读汉文史志便强找根据，编撰家谱。他们从庄蹻之后便牵涉到令尹子文，从令尹子文又牵涉到《汉书》的《叙传》，谓与班氏为同族。又说汉末采邑于爨，因以为氏，不特汉末无"爨邑"之名，且不久爨习则为南中大姓，从氏族之发展历程言，绝无如此迅速发展的道理。

② 参考《隋书·地理志》和《梁毗传》。称王之事，有"西爨王碑"发现于今昆明县东十五里，题曰"大周昆明隋西爨王之碑"，为成都间丘均撰，洛阳贾余绚书。

为姚州首领；爨彦昌为螺山大鬼主；爨守懿为求州刺史；而统率诸爨发号施令者，则为戎州首领兼南宁州都督的爨归王和南宁州大鬼主爨崇道。① 从此可知从七世纪到八世纪前叶，原来分裂的西爨、东爨又变成东爨侵略下的独霸之局。

从上所述，可知西爨、东爨并不是两个部族或部落，而是系出同源的大姓爨氏在不同地区里所建立的两个奴隶主统治集团。因为如此，所以我们可以说西爨、东爨是两个地域，也可以说西爨、东爨是两个系出同源的统治集团，但不能说他们是两个不同的部族或部落。

东爨和西爨是两个不同的地域，《蛮书》卷二记载它们地区的划分很详，《蛮书》说：

> 在石城、昆川、曲轭、晋宁、喻献、安宁至龙和城，谓之西爨。在曲州、靖州、弥鹿州、升麻州，南至步头，谓之东爨。

西爨的疆域：石城在今曲靖县。昆川即昆州，即今昆明平川。曲轭在今马龙县。晋宁，今晋宁县。喻献在今澄江、江川一带。安宁，今安宁县。龙和城在今禄丰县境内，袁嘉谷以为即今之老鸦关（滇绎）。以此知西爨在今自曲靖而西，包括今马龙、陆良、路南、宜良、嵩明、昆明、呈贡、晋宁、昆阳、安宁、澄江、江川，直到禄丰的龙和城，都属于西爨的范围。西爨首领的驻牧地在滇池县，即今之晋宁县，《蛮书》卷六记其地"平川幅员数百里，西爨王墓累累相望"。东爨的疆域：曲州、靖州，即今昭通、会泽、镇雄、威宁等县地。昭通疑即《蛮书》中的阿猛部落，后世称为"乌蒙部"。威宁为"乌撒部"。镇雄为"芒部"。会泽县，旧东川府治，《蛮书》称之为阿芋路，彝语称之为"阿于甸"。弥鹿川即《新唐书·南蛮传》所说的"磨弥敛"，"弥鹿"和"弥敛"音近，在今榕峰、沾益二县。升麻川即今寻甸、嵩明二县地。步头在今滇南的建水县。以此知东爨的疆域是从滇东北昭通而南，东南至贵州的威宁，西南至云南的巧家、会泽；再南经榕峰至沾益、寻甸、嵩明，而南与西爨地面相接。东偏自榕峰、富源并曲靖县西部及其以西南各地直至滇东南的建水县，都属于东爨的范围以内。东爨首领的驻牧地在味县，在今曲靖县城以北二十里。

滇东晋宁和味县这两个政治中心在很早的时候就形成了。公元前滇王国和两汉时的益州太守皆设治于晋宁。三世纪时，蜀汉改益州郡为建宁郡，郡治改设于味县。晋设宁州，梁改为南宁州，州刺史仍治味县。梁末，徐文盛离滇，爨氏大姓爨瓒遂据其地。此时曲靖味县属西爨。隋开皇年间，史万岁征西爨，爨玩被戮，隋弃其地，曲靖遂为东爨所占。唐初，以西爨爨宏达为昆州刺史，居昆州

---

① 参考《张曲江文集》卷十二《敕爨仁哲书》、《南诏德化碑》。昆州，今昆明平原。黎州在滇池南二日程，今通海县与曲溪县境内。姚州在今姚安。螺山或谓在姚州境内，或谓在禄劝境内，不能确指。求州今武定、元谋、禄劝一带。

（昆明）；又立南宁州都督府，治味县。爨宏达死，遂以爨归王为南宁州都督，居石城（味县）。可知自西爨削弱以后，东爨便占领味县一带了。所以味县（石城）一带正当两爨势力交割之区，大致隋以前属西爨，以后属东爨。樊绰《蛮书》主要指唐代天宝时的南宁州而言的。所以《蛮书》卷六云："石城川，味县故地也。贞观中（按：即贞观八年，即六三四年）为郎州，开元初改为南宁州。"

在天宝以前，东、西爨的疆域更为广大。唐代初年，设戎州都督府于今四川之宜宾，主要目的是经营东爨；设嶲州都督府于今四川之西昌，主要目的是经营西爨和昆明国。到麟德元年（六六四年）又增设姚州都督府于今云南之姚安，当时西爨已设州县，主要目的是经营"西洱河诸蛮"。调露元年（六七九年）又设安南都护府（今越南民主共和国之河内），加强对滇东南诸东爨大姓的统治。我们试看《张曲江文集》卷十二《敕爨仁哲书》便可明了当时东、西爨的实力范围。书内列戎州首领爨归王、南宁州大鬼主爨崇道、升麻县令孟耽、安南首领爨仁哲、潘州刺史潘明威、僚子首领阿刡、和蛮大鬼主孟谷悮，这些都应属于东爨的范围之内。又列姚州首领爨彦征、昆州刺史爨嗣绍、黎州刺史爨曾，这些都应属于西爨的范围之内。再以《南诏德化碑》所记若干反对筑城通路的爨氏首领而论，其中南宁州都督爨归王、南宁州大鬼主爨崇道，都是东爨的首领；昆州刺史爨日进、黎州刺史爨祺、求州爨守懿、螺山大鬼主爨彦昌，都是西爨的首领。《德化碑》里的爨彦昌，可能就是《曲江文集》里的爨彦章。螺山虽不能确指其地，要亦在姚州范围之内。黎州在《蛮书》中作"黎川"，距滇池二日程，在今通海县与曲溪县境内。爨增与爨祺应系父子或兄弟关系。求州在今武定、元谋、禄劝一带，其首领为爨守懿。然则天宝以前，姚州、求州、黎州皆在西爨范围之内，是很明显的。且西爨原有疆域尚不止于此。《新唐书·南蛮传》记载：贞观二十三年（六四九年），"太宗遣将击西爨，徙莫祗蛮、俭望蛮内属，以其地为傍、望、览、丘、求五州，隶郎州都督府"。郎州、求州已如前释，不再赘。傍州，今牟定县；望州，今广通县；览州，今楚雄县；丘州，今南华县。此四州俱在姚州与求州之间，亦应是天宝以前的西爨故地。从此可知天宝以前，西爨故地最西到达了姚州。东爨疆域，《蛮书》所记似亦不全。例如暴蛮、卢鹿蛮分居于竹子岭的东西，今贵州的西部和西北部自古以来即为乌蛮部落所居，其中必有若干部落属于东爨大姓统治，《蛮书》悉未列入。

东、西爨的疆域既明，进一步便可谈"西爨白蛮也，东爨乌蛮也"的问题。"西爨白蛮也"我们只能解释为西爨疆域之内为白蛮部落，或者以白蛮部落为主；"东爨乌蛮也"，只能解释为东爨疆域之内为乌蛮部落，或者以乌蛮部落为主。而不能说西爨为白蛮，或者等于白蛮；东爨为乌蛮，或等于乌蛮。

现在先从东爨的乌蛮谈起。

《新唐书·南蛮传》记载东爨乌蛮云：

> 乌蛮与南诏世为婚姻。其种分为七部：一曰阿芋路，居曲州、靖州故地；二曰阿猛；三曰夔山；四曰暴蛮；五曰卢鹿蛮，二部部落分保竹子岭；六曰磨弥敛；七曰勿邓。土多牛马，无布帛。男子髽髻，女人披发，皆衣牛羊皮。俗尚巫鬼，无拜跪之节。其语四译乃与中国通。大部落有大鬼主，百家则置小鬼主。

除勿邓在金沙江以北而非东爨乌蛮外，其余六部落皆在唐代戎州的石门（今豆沙关）以南和南宁州味县（今曲靖县）以北，都是东爨乌蛮。阿芋路应即彝语"阿于甸"的译名，直至今日彝人尚称东川安氏为"阿于甸家"。《蛮书》卷一记石门至云南道路，"第九程至鲁望，即蛮汉两界，旧曲、靖之地也。曲州、靖州废城及丘墓碑阙皆在，依山有阿竽路部落"。阿猛即乌猛，古代的乌蒙部落在昭通。夔山部落疑在蒙夔山。《蛮书》卷一记从石门"第七程至蒙夔岭，岭当大漏天，直上二十里，积阴凝闭，昼夜不分"。暴蛮和卢鹿蛮二部落分保竹子岭。《蛮书》卷一云："过鲁望第七程至竹子岭，岭东有暴蛮部落，岭西有卢鹿蛮部落。"暴蛮在云南界，卢鹿蛮在贵州界，皆系彝族六祖中穆济济与穆克克之后裔。磨弥敛在今沾益、榕峰二县，《蛮书》谓"此等部落皆东爨乌蛮也"。东爨乌蛮的语言，如前段所分析的六个词汇，绝大部分与滇东北的彝语相同。发式："男则发髻，女则散发"，与今彝族男子的椎髻相同。又俗尚巫鬼，崇拜大小鬼主，"一切信使鬼巫，用相主服制"①。此亦彝族社会组织的特征。此外，更足引起我们注意的，是东爨乌蛮的生产活动。《蛮书》卷四云："当天宝中，东北自曲州、靖州，西南至宣城，邑落相望，牛马被野。"从此记载，可知东爨乌蛮在唐时虽已定居为邑落，然其主要生产仍是畜牧。他们在当时似尚不种桑麻，亦不纺织，所以《新唐书》记载他们"土多牛羊，无布帛"；《蛮书》记载他们"男女悉衣牛羊皮"。这种情况与《蛮书》卷七所记西爨白蛮的生产活动，很不相同，《蛮书》云："从曲州、靖州已南，滇池已西，土俗唯业水田，种麻、豆、黍、稷不过町疃。"由此可知西爨白蛮的生产以农业为主，而东爨乌蛮的生产则以畜牧为主。

其次，再述西爨的白蛮。

东爨乌蛮，既是现代的彝族，那么西爨白蛮是现代的哪一族或哪些族呢？前面我们分析白蛮的语言时，已经看到白蛮语就是现代的白族语，因此推定白蛮就是现代的白族或者"民家"。这种情况，不仅在六诏地区如此，就是西爨故地里，古之所谓"白蛮"，至少一部分也是白族。试引弄栋蛮和青蛉蛮为例来说明此点。《蛮书》卷四云：

---

① 《蛮书》卷一无此文，据《太平御览》卷七百八十九"暴蛮等部落"条补入。

> 弄栋蛮，则白蛮苗裔也。本姚州弄栋县（今姚安县）部落。其地旧为褱州，常有部落首领为刺史，有误殴杀司户者，为府城论罪，遂率家众（北奔），后分散在磨些江侧，并剑、共诸川悉有之。余部落不去，当天宝中，姚州刺史张乾陁守城拒战，陷死殆尽。贞元十年，南诏异牟寻破掠吐蕃城邑，收获弄栋蛮，迁于永昌之地。①

弄栋蛮以弄栋川得名，非本名也。后来此族分别散居于磨些江（丽江以东的金沙江）侧及剑川、野共川、永昌等地。又《新唐书·南蛮传》记异牟寻破吐蕃，掠弄栋蛮、芒蛮、汉裳蛮等徙之"以实云南东北"。此磨些江侧的白蛮又迁徙到昆明的东北。此皆当为白族。同书卷四又记青蛉蛮云：

> 青蛉蛮，亦白蛮苗裔也。本青蛉县（今大姚以北盐丰、永仁一带）部落。天宝中，嶲州初陷，有首领尹氏父兄子弟相率南奔河睑，阁罗凤厚待之。贞元年中，南诏清平官尹辅酋、尹宽求，皆其人也。衣服语言与蒙舍略同。

青蛉蛮以青蛉江得名，非其本名。此族与弄栋蛮在唐时皆汉化很深，但论其族源出自白蛮，故云"白蛮苗裔"。天宝中，其族首领尹氏父子相率奔河睑，河睑即西洱河。②此时南诏已在阳苴咩建都多年，而河睑又为白蛮（河蛮）所在，然则青蛉蛮语言当与河蛮语同。所谓"衣服语言，与蒙舍略同"者，当言此时蒙舍诏的统治阶级亦化于白蛮之故。

总上二例，可以看到，弄栋、青蛉的白蛮西迁，主要原因在于洱海地区原系白蛮地区。当家族危亡之时，举族远迁，依靠同族以自保，此殆各部落家族之通例。弄栋、青蛉的白蛮当然亦是如此。此西爨白蛮中之有白族的显例。③

西爨白蛮之中，除有白族或民家外，尚有俭望蛮和徙莫祇蛮。《新唐书·南蛮传》记载：

> 太宗遣将击西爨，开青蛉、弄栋为县。爨蛮之西，有徙莫祇蛮、俭望蛮，贞观二十三年内属，以其地为傍、望、览、丘、求五州，隶郎州都督府。

---

① 《蛮书》此文脱误很多，"遂率家众"不可通，据《太平御览》卷七百八十九引《南夷志》，为"遂率家众北奔"。"收获弄栋城"，云南李子庚《蛮书考证》残本"城"作"蛮"，从之。"迁于永昌之城"，《太平御览》所引《南夷志》，"城"作"地"，从之。又弄栋县旧为褱州，《新唐书·南蛮传》作衺州。

② 《南诏野史》卷下《南诏乡贤·尹仇宽传》言："尹仇宽，叶榆人。"《蛮书》中的"尹宽求"当系"尹求宽"之误。尹求宽即尹仇宽。《新唐书·南诏传》载此人为异牟寻清平官，尝奉使至唐献地图。西洱河古称叶榆河，此可为河睑即西洱河之证。

③ 姚州为西爨故地，正文中已详论之，兹不赘论。大姚以北，距姚州尚远，青蛉蛮何以列入西爨，似有问题。唐代以来，汉文史志认为在洱海湖区以东者皆为西爨，或竟称之为爨蛮。例如《通典》《新唐书·南蛮传》《唐会要》的《昆弥国传》皆以昆弥国在爨之西。直到元代胡三省注《通鉴唐高宗纪》亦云："爨蛮西有昆明蛮。"

唐贞观年间因击西爨而开青蛉、弄栋为县，因击西爨而有徙莫祇蛮、俭望蛮的内属，然则青蛉、弄栋、徙莫祇蛮、俭望蛮之原居于西爨故地可知。徙莫祇蛮和俭望蛮的原始分布地，在六四九年开为傍、望、览、丘、求五州。上节我们已经大致考定，此五个"蛮州"在今云南牟定、广通、楚雄、南华、武定、元谋、禄劝等县。此五州俱在姚州以西，昆州以东，其为西爨故地无疑。俭望蛮和徙莫祇蛮便分布于此数州之内。俭望蛮是现代的哪一族，因史料太少，无法考定。徙莫祇蛮虽经南诏阁罗凤以兵威胁迁永昌郡，然其族类留居西爨故地者仍所在多有，且历世不绝。《元史·地理志》四记载威楚路的定远县（今牟定县）和广通县（今广通县西）都有一种些莫徒人。元代的"些莫徒"当即唐代的"徙莫祇"。"祇"音同"柢"或"砥"，读"de」"，与"徒"（du-丨）音近。到了明代又称作"撒马都"。《景泰云南通志》楚雄府"风俗"条云："定远之民有曰撒马都者，即白罗罗之类。近年以来稍变其故俗，而衣服饮食亦同汉、僰。更慕诗书，多遣子弟入学。近亦有中科第者。"明代的《土官底簿》又记"定远县主簿李禄久，撒马徒人"①。明代的"撒马都"或"撒马徒"当即唐代的"徙莫祇"，元代的"些莫徒"。更重要的是《景泰云南通志》特别指出撒马都就是明代云南人们所说的"白罗罗"。明嘉靖年间杨慎所编的《南诏野史》也说："白罗罗一名撒马都，即西爨白蛮。"这些记载对于我们的启发很大，从此不只可以解决唐代西爨白蛮中有徙莫祇，而且可以解决明清两代云南无数史志中所谓"白罗罗"原来都是从唐代徙莫祇、元代些莫徒、明代撒马徒或撒马都演变而来的。当然，难免有人怀疑所谓"白罗罗"是否都是撒马徒呢？据我个人的看法，应当是肯定的。关于这种记载很多，无法多引，现在我只选择清代在云南做官多年的安徽望江人檀萃，他在所著《农部琐录》中有以下一段记载：

> 白罗罗族夷为贱种，亦随处易名：江川、大理、姚安曰撒马都，楚雄曰洒摩，永昌曰撒马朵。大抵寡弱易治之夷也。

从这段记载正可反映，明清二代的云南史志所谓白罗罗都指撒马都而言，其间名称上不过略有方言的区别罢了。

唐代的徙莫祇，我们只知道他们分布在西爨故地。但到了元代，些莫徒的分布则不止在威楚路一带，除此以外在当时的中庆路和澄江路都有广泛的分布。《元史·地理志》记载："中庆路归化县为些莫徒蛮所有，世隶善阐。"又呈贡县，"世为些莫强宗部所居"。些莫徒的强宗部，除了居住呈贡县外，澄江路的阳宗县和江川县亦有此部落。些莫徒还有一个步雄部，《元史·地理志》记载他们居住在澄江路的江川县和研和县以及临安路的宁州。这么许多的些莫徒从哪里迁来的，我想和大理国高升泰执政时调动威楚路的些莫徒到昆明附近垦殖有关。

---

① 此二条皆由云南大学历史系方国瑜教授的《云南彝族史》稿所转录，志此致谢。

这一问题在这里不能详细叙述，可以肯定地说中庆路和澄江路的一部分些莫徒是从威楚路一带迁来的。当然我们也没有理由说，中庆、澄江二路原来就没有些莫徒。因为西爨白蛮的疆域，不只包括元代的威楚路，而且包括中庆路以及澄江路的大部分。到了明代，各种云南通志对于滇池附近各州县撒马都的名称也很不一致。例如《景泰云南志》记载晋宁州："诸夷杂处于州者，有白罗罗，有弊门，种类非一。"这里弊门就是撒马都，但把白罗罗与弊门对举是有问题的。《正德云南志》称弊门、弊米并是"乌蛮"，是错误的，不足为据。《天启云南志》记载："撒弥罗罗，滇池上诸州邑皆有之。"可见撒马都也就是明代人所说的"撒弥罗罗"了。这一名称，清代的《职贡图》和云南史志继续称述外，有的著作也称"撒弥"为"散米"。到民国时，有人又称之为"散民"。此族自称为"撒尼濮"，汉人称之为"撒弥""散民"，有时亦称为"撒尼"。这种民族在路南、弥勒、泸西以及昆明市的郊区①都有分布。此族系由楚雄一带迁来呢，或即是滇东土著，我们尚未来得及调查。但其语言则为彝语，汉化程度很深。云南大学江应樑教授曾在昆明市青龙村散民余西波家得到一种用彝文夹杂汉文写出的一种经典，正可反映撒马都就是彝族，只是汉化程度很深罢了。这种汉化倾向，不止表现在文字方面，其他如语言、宗教、衣饰各方面都深刻地反映出来。②

最后，再述唐代的嶲州乌蛮和白蛮。

当七、八世纪时，越嶲安宁河流域有三个大小不同和部落组成部分不同的部落联盟。最大的一个叫做"勿邓"，它的境内包括四个族落和二十一个姓氏。一个较大的族落称为"邛部六姓"，其中五姓是乌蛮，一姓是白蛮，③分布在邛部（今西昌县）和大凉山的东部。又有"初裹五姓"族落，都是乌蛮，分布在台登（冕宁县西）和邛部的中间。又有东钦蛮二姓，都是白蛮，分布在台登以北的北谷。④以上三个族落，虽有乌蛮白蛮之分，但都是彝族。此外，又有栗粟二姓、雷蛮三姓、梦蛮三姓，他们散居于邛部和台登城的东面和西面，都是非彝族的族落。勿邓的部落联盟就是以上述四个部分组成的。《蛮书》卷一云："乌蛮妇人以黑缯为衣，其长曳地；白蛮妇人以白缯为衣，下不过膝。"⑤衣服的颜色和长短似与乌、白蛮的族源和等级有关。近现代凉山彝族仍有贵黑贱白之俗。黑彝妇女之裙长曳及地，以示豪华；白彝（曲伙）妇女之裙长仅过膝，便于操作，与唐代风习相同。勿邓南七十里为两林部落联盟，内有十低三姓，阿屯三姓，亏望

---

① 昆明市郊区的大麻苴、小麻苴、长坡、青龙村、偏桥都有此族居住。
② 参考江应樑《昆明境内的夷民》，收集在他所著的《西南边疆民族论丛》内，1948年，珠海大学印。
③ 《新唐书·南蛮传》记载："嶲州新安城傍有六姓蛮：一曰蒙蛮，二曰夷蛮，三曰讹蛮，四曰狼蛮，余勿邓及白蛮也。"新安城在今西昌南，新安六姓当即邛部六姓。此所谓"姓"相当于今日彝族的"家支"。
④ 《蛮书》卷一："台登直北去保塞城八十里，吐蕃谓之北谷。"
⑤ 原文有缺段，据《御览》卷七百八十九补入。

三姓，都是乌蛮。两林以南二百里，① 为丰琶部落联盟，内有骠傍、阿诺二姓，也都是乌蛮。乌蛮的首领叫做"鬼主"。《新唐书·南蛮传》记载："夷人尚鬼，主祭者为鬼主。每岁户出一牛或一羊，就其家祭之。"诸部落之中，鬼主有大小，有从属。大部落有大鬼主，一二百家的部落则置小鬼主。小鬼主系从姓（家支）内选出，为一姓的首领。部落的大鬼主则由诸姓的小鬼主中选出，为部落的首领。然后再从诸大鬼主中选出更大的鬼主，为"都大鬼主"，为部落联盟的首领。《新唐书》记载"两林地虽陿，而诸部推为长，号都大鬼主"；《蛮书》卷四亦记"嶲州刺史苏隗杀梦冲，因别立鬼主以总其部，共推为蛮长。贞元中，船持为都大鬼主"。此皆指部落联盟的都大鬼主而言。按古代西南诸族置鬼主为长者只有彝族，所以上述三个部落联盟中之乌蛮皆当为彝族。此外，在嶲州的西北部，"又有夷望、鼓路、西望、安乐、汤谷、佛蛮、亏野、阿醝、阿鹗、卸蛮、林井、阿毕十二鬼主，皆隶嶲州"②。此十二鬼主所统治的部落亦当为彝族。

　　唐代嶲州族类比较复杂而难于识别的，就是白蛮的名类问题。以目前我们所知来说，嶲州的白蛮至少包括三类。第一类是参加到乌蛮部落或部落联盟之内的白蛮，例如上面所述"邛部六姓"中的"一姓白蛮"和"东钦二姓白蛮"，都属于此类。此类白蛮的族源如何，他们同乌蛮的关系如何，已有的史料还不能充分解决这些问题。据我们所知，凉山及其附近的彝族是二千年以前从云南昭通一带迁来的。在迁徙以前，他们已经实行了奴隶制度。当时在云南境内，不只有许多乌蛮，而且也有许多白蛮，乌蛮掠夺白蛮的人口为奴，掠夺僰道之内的僰、僚为奴，在贵州毕节专署所翻译的《西南彝志》各卷中都有记载。而且凉山地区，彝族迁入以前，东部的马湖江一带有僰人；西南会无县（今会理县）一带有濮人；西北大渡河以南的临河堡有僰夷村落。③ 又雷波县彝族传说凉山东部古代有一种人曰"羿子"，现在还有几个村落名羿子村，但这种人很早就灭绝了。冕宁县和越嶲县西部至今还有西番。凉山彝语称西番为"乌珠"（o-ǀtsiu˩），亦称为"乌珠喇嘛"（o-ǀtsiu˩la˥ma-˩）。西昌县城，彝语亦谓之为"乌朱"，相传昔日为"乌朱喇嘛"所居。从此可以推知古代西昌亦或系西番所居之地。又《元史·地理志》记载："邛部州，昔么些蛮居之。后仲牟由之裔夺其地。"所有这些部落部族，自从彝族迁来以后，或者被驱逐，或者被征服，或者被掠之为奴隶，这样就使彝族的奴隶社会继续向前发展了。那些被征服的部落，古代叫做

---

　　① 参考《蛮书》卷一、卷二；《新唐书·南蛮传下》，《太平御览》卷七百八十九。《宋史》"黎州诸蛮"所记"邛部川（蛮），在（黎）州东南十二日程，丰琶蛮在（黎）州西南一千一百里"。与《蛮书》所记方位及里数有异。

　　② 见《新唐书·南蛮传》。又《蛮书》卷一记台登城直西有西望州，指今安宁河流域的上游，当即西望鬼主的所居地。

　　③ 汉代的僰道有僰人，会无有濮人，参考《华阳国志·南中志》。临河堡有僰村，见《蜀中广记》卷三十四引《土夷考》云云。

"白蛮",现代叫做"曲伙"(tɕʰio-ǀxuo-ǀ)或"曲诺"(tɕʰio-ǀŋo-ǀ),有"仆从的群体"之义。汉人则谓其奴隶主为"黑彝",其被统治和奴役的集团或家支则为"白彝"。上面所说的"邛部一姓白蛮"或"东钦二姓白蛮",皆当类此。这种白蛮,最初的来源各不相同,但在乌蛮奴隶所有制下奴役多年,结果他们的语言、习俗和服饰都彝化了,所以他们都变成了彝族。《蛮书》对于这些白蛮的记载虽略,但有一点,即记载乌、白蛮妇女的衣裙颜色不同,长短不同,很有重大的意义。从此正可反映白蛮在奴隶社会等级中居于被轻视和被奴役的地位。第二类白蛮,是八世纪后叶南诏阁罗凤移白蛮以实建昌府及黎溪州等地的白蛮。原来唐代的西川和南诏国以会川(今会理县)和嶲州之间的俄准岭为界。俄准岭一称阳蓬岭。在岭以北为嶲州,岭以南属南诏。① 肃宗至德元年(七五六),阁罗凤取嶲州、会同军,据清溪关。此后,南诏为了长期的占领嶲州,所以积极向嶲州、会川一带移民。《元史·地理志》记其事云:

> 建昌路,蒙诏立城曰建昌城,以乌、白二蛮实之。
> 黎溪州,古无城邑。蛮云黎呕,讹为今名。初乌蛮与汉人杂处,及南诏阁罗凤叛,徙白蛮守之。

建昌府即古之邛部,今之西昌。黎溪州在会川南一百五十里。今日从会理到西昌沿安宁河流域到处有所谓"水田族",皆系八世纪后叶南诏阁罗凤迁移于此。此族语言同大凉山彝族语言大部分相同,但汉化很深,衣服、风俗同当地的汉人无异。其族自称为"彝家",凉山彝人称之为"mu-ǀxz-ǀso-ǀ",译音为"平坝人",以示与居于山岭上的彝族有别。明代以来,汉人称之曰"白夷"。《蜀中广记》引明人所著《土夷考》云:"黎溪州在会川南百五十里,唐时南诏阁罗凤徙白蛮戍此,即白夷也。"从此可知唐代此种白蛮,后世亦称之为白彝。所以,他们仍然是彝族。但同凉山白彝有不同者,即在南诏、大理时期,此族直接隶属于官府,元、明、清各代因之,与汉族编民无异。而凉山的白彝则自古以来为隶属于黑彝奴隶主的一个等级。所以二者族名虽同,但社会地位不同。第三类白蛮是南诏设府置州时从洱海湖区所迁出来的白族十二姓的白蛮。《元史·地理志》四云:

> 会昌路永昌州,州在路北,治故归依城,即古会川也。唐天宝末没于南诏,置会川都督。至蒙氏,改会同府,置五睒,徙张、王、李、赵、杨、周、高、段、何、苏、龚、尹十二姓于此,以赵氏为府主,居今州城。

---

① 俄准岭之名初见于《蛮书》卷一,云"从嶲州二百三十里至俄准岭。下此入云南界"。俄准岭北有城曰俄准添城,见《新唐书·南诏传》。此城又名俄准添馆。《新唐书·地理志》记:嶲州,贞元十四年,刘希昂《路程记》:"俄准添馆阳蓬岭北,嶲州境;其南,南诏境。"《南诏德化碑》亦云:"北接阳山,会川收瑟瑟之宝。"阳山即阳蓬岭的简名。

南诏阁罗凤攻下唐朝的会同军后，置会川都督。其改会同军为会同府，置五睑，当在九世纪三十年代第二次攻下巂州，占领大渡河以南的土地之后。赵、杨、段、尹等十二姓皆系白蛮大姓，这些白蛮，不是彝族，而是白族。

从此可知唐代的巂州白蛮包括三种类型：第一种是在巂州乌蛮奴隶主统治下的白蛮；第二种是南诏从云南迁来的白蛮，以上两种白蛮都是彝族；第三种是南诏从洱海湖区移来的白蛮，但他们不是彝族，而是白族。

以上便是南诏时期所谓东爨乌蛮、西爨白蛮以及巂州乌、白蛮的一般情况。

第五章　南诏[①]

一、六诏的名称、所在地和几个"乌蛮"首领在"白蛮"地区建诏的经过

这一段的主题是准备叙述一些关于"乌蛮"首领侵入白族地区而建立六诏的事实,但预先声明,这一叙述是不完全的。现在先阐述六诏的名称和所在地如下。

(一) 蒙舍诏

蒙舍诏在洱海湖区的南部,今巍山县的蒙化坝内。前已说明,有很多人主张巍山县就是汉代的邪龙县,邪龙县的居民称为"昆明夷"。因此,巍山县的蒙化坝在古代应属于昆明国的范围之内。在七世纪初叶,蒙舍诏的始祖舍龙和细奴罗从哀牢山迁徙到这里,此为巍山县蒙化坝有"乌蛮"之始。蒙化坝是一个由西北而南约三十里的斜长河谷,阳瓜江由北而南蜿蜒谷内。江的东岸距今县城北十里有古城村,相传唐代的蒙舍州州城在此。江的西北岸为㟏岈山,一称"㟏岈图"山。山的西北麓为㟏岈山村,居民都是彝族,自称为"la-llɯ-lba-l"(腊罗拔)。他们称㟏岈山为"no˩jy-lt'u-l",与"㟏岈图"同音,意为南诏始祖"细奴王居住的所在"。山的西南侧为摩岈寺,系一道教的寺庙,内供老子,但同时又有佛教的转轮和"四大天王"。寺的南面有土主庙,正殿向南,有塑像,相传即细奴王,当系"细奴罗"的简称。山顶平坦,瓦砾很多。瓦上间有文字,与汉文略异,而与大理三塔寺和邓川德源城所见的瓦上文字相同,此即古代的昆明文或爨文。瓦砾的旁边有一石础,系古建筑物的残余。《读史方舆纪要》卷一百十八蒙化府"㟏岈图山"下注云:"初蒙氏龙伽独(舍龙之子)者以唐贞观间将其子细奴罗自哀牢而东,迁居其上,部众日盛。高宗时,细奴罗入朝,授巍州刺史,筑城高三丈,周四百余丈,居之,自称奇王,号蒙舍诏。今有浮图在山上。亦曰㟏岈山,亦谓之㟏岈图城。"此言细奴罗筑城于此,其说本自明代的《蒙化府志》,是比较可信的。今亦有谓此为松明楼遗址者。蒙化坝的南端为巍宝山,《纪要》言"蒙氏之初,尝耕牧于山之麓"。与《南诏野史》所记相合。巍宝山麓亦皆彝族居住,自称为"la-llɯ-lba-l",并以南诏王隆舜为土主。

[①] 编注：本章系陈序经摘录自马长寿《南诏国内的部族组成和奴隶制度》。

今蒙化坝内，在交通路线上所居者，多为汉人，间有少数白族。坝的北部村落有些回族。不沿大路的山麓、山上各村落皆为彝族。彝语称蒙化坝为"mi-˥sa-˥"（迷撒），当即"蒙舍"的对音。这里的彝族，关于他们的祖源问题大部分弄不清楚了，他们没有文字，没有谱牒，从哪个地区迁来的观念也很模糊。但我们询问过巍宝山和岿屼村的彝人，他们都说细奴王是彝族的祖先，他们是细奴王的子孙。这种说法和民国时修的《蒙化县志稿》所云"罗罗摩为南诏细奴罗之后"，是相合的。县里的彝族都自称为"la-˥lɷ-˥ba-˥"，这一名称和楚雄彝族自治州内彝族之自称为"lo-˥lo-˥p'a-˥"有不可分割的关系。他们所谓"mi-˥sa-˥ba-˥"已经是从一个地理的概念出发，只要住在蒙化坝上的人们，无论是彝、汉、回、白各族，都称之为"mi-˥sa-˥ba-˥"，译言之，即"蒙舍川上的人们"。但这种说法是后起的，最初的"mi-˥sa-˥ba-˥"应当只指住这个坝上的彝族。欲证明此点，我们不妨以从巍山县迁徙到弥渡、南华等县的"la-˥lɷ-˥ba-˥"为例，自从他们迁到上述二县以后，他们便不自称为"la-˥lɷ-˥ba-˥"，而自称为"mi-˥sa-˥ba-˥"了。

（二）蒙嶲诏

《南诏野史》蒙嶲诏下注云："嶲辅立国，居越嶲，今四川宁远府越嶲厅是。"越嶲厅今越嶲县，以为蒙嶲诏在此，是错误的。《读史方舆纪要》注以为在四川宁远府，即今西昌县，也是错误的。冯甦《滇考》以为在云南丽江府以北，也是错误的。日本学者铃木俊以为在云南弥渡县红崖以北小云南（今祥云县境），也是错误的。其实，蒙嶲诏的位置，唐代樊绰的《蛮书》言之最确，《蛮书》卷五云："蒙舍北有蒙嶲诏，即阳瓜州也，同在一川。"此言蒙嶲诏在蒙舍诏以北，即阳瓜江的上游。唐代开元初年（七一三— ）封皮罗阁为台登郡王，授其长男阁罗凤为阳瓜州刺史，次男诚节为蒙舍州刺史。① 蒙舍州在蒙舍川，州城在今古城村；阳瓜州在其北，二州不能混为一谈。我们去年在巍山县旅行时，见蒙化坝的西北有一小丘陵，此丘陵以东南为蒙舍诏，以西又有一坝为蒙嶲诏。前者为唐代的蒙舍州，后者为阳瓜州。故云此二诏、二州同在一川。

但原来的蒙嶲诏疆域不止于此。据唐代窦滂所撰《云南别录》，六诏之中有样备诏，无蒙嶲诏。样备当即漾濞江之漾濞。漾濞江在巍山县西百余里，一名神庄江。江自大理以西南流，经漾濞驿，过巍山西侧南入澜沧江。蒙嶲诏的西境达漾濞江，故亦名为样备诏。此诏东西一百二十里，疆域最广，故《蛮书》卷三云"蒙嶲一诏最大"。今蒙化坝以西山中亦多为彝族。

---

① 《蛮书》卷五"蒙舍诏"条。

(三) 邓赕诏

《蛮书》卷五云："邆川城，旧邆川也，南去龙口城十五里。"龙口城即今洱海西北岸之上关。其北十五里，山岗上有德源城遗址，居高临下，当即七世纪的邆睒诏城所在。但德源城之名始于南诏。相传南诏皮罗阁建松明楼，诱五诏主同至祭祖。邓睒诏妻慈善夫人劝其夫勿行，夫不听。夫人以铁钏套夫臂上，夫被焚死，以臂上铁钏得尸归葬。皮罗阁以慈善夫人贤智，欲娶为妇。慈善绝食而死。南诏遂名其城曰德源城。彝语称平川为"甸"（diε-˧），白语称为"赕"（dæ-˧），皆与睒音合。此即"邆川"称为"邓赕"之由来。《云南别录》所述六诏中有"越澹诏"，《新纂云南通志·南诏地理考》释云"澹"与"赕"同音，"越"与"邆"形近而伪，故"越澹"当即"邆赕"之误。

又《唐书·南诏传》"邆赕诏"条云："子哔罗皮自为邆川州刺史，治大厘城，归义袭败之，复入邆赕。"然则邆睒诏初居邓川之德源城，后侵入河睒，据大厘城，即今日的喜洲。与南诏战败，又退居德源城。此邆赕诏有二个诏城甚明。

邓赕诏地今为邓川县，县城郭四乡多白族。相传慈善夫人亦称"柏洁圣妃"，原系浪穹诏主的女儿，一名白姐，现白族奉她为德源城的土主。

(四) 浪穹诏

浪穹诏在今洱源县。洱源和邓川是邻县。洱源县的许多平川里的居民大都是白族，也有一些是汉人。西山上人们，原称为"土族"，实系白族。除了白族以外，彝族也很多，西山有二百多户，大松甸有几十户，南大坪有约二百户（一部分属鹤庆县）。彝族称白族为"lo-˧p'u-˧"，意为"平川的人们"；自称为"lo˩lo-˧"或"sʅ-˧na˩"，亦自称为"nia˥di˩"。"sʅ˩na"有"黑施人"之意，使我们联想到唐时所谓"施蛮"。唯此种彝族，父子不连名，无族谱，不行火葬，语言白族化的程度很深。

今白族语称洱源县为"lo-˧ɤo˩ɕi-˧"，彝语称为"ɕi-˩lo-˧"。"lo"即"浪"的对音，其义为平川或山谷。"ɕi-˧"即"县"。唯"lo-˧ɤo˩"不知是否"浪穹"的对音？

这次我们到洱源，遇到一位大松甸罗姓的彝人。他说，古时他的祖先迁到牛街以东的大松坪，后来又迁到大松甸。牛街，唐时称牛睒，元时为顺州。此地原为彝族所居，南诏时"徙诸浪人居之，与罗落蛮杂处"①。从此可知大松甸彝族的历史颇为攸久。

---

① 《读史方舆纪要》卷一百十七"顺州"条。

又《康熙字典》"宍"字下引《韵会小补》云："今云南县名，浪宍，土音读为'浪空'。"未知此土音指白族语，抑指汉语，希望研究白族语言的同志们注意。

（五）施浪诏

《蛮书》卷三云："南诏既平剑川，尽获施浪部落，三浪悉平。"此所谓"三浪"乃指浪宍、邆赕、施浪而言。① 浪宍为南诏所败，徙居剑川，称为"剑浪"。此浪宍与剑浪实为一诏。《蛮书》卷三上引文又云"既平剑川，尽获施浪部落"，则施浪距剑川不远可知。《蛮书》卷五又云："邆川城东北有史浪川。""史"与"施"同音，则施浪在邓川县德源城之东北。浪宍在邓川之西北，施浪在邓川之东北，三浪正成鼎足之势。当敌军来时，互为犄角，其势甚固，故三浪常赖此形势以抗南诏。又《唐书·南蛮传》云："施浪诏，其王施望欠居矣苴和城。"此矣苴和城亦见于《蛮书》卷三。惟此城何在，久而不得其解。近读《读史方舆纪要》，其卷二百十三《云南总叙》内注云："施浪诏今浪宍县蒙次和山之地。"同书卷二百十七浪宍县莲花山下亦注云："在县东北四十里，形如莲花，二面陡绝，惟一面仅容单马。其相连者，曰蒙次和山。三面绝险，一面临河。六诏时，施浪诏居此两山下，亦曰蒙次和村。"始知矣苴和城即《纪要》蒙次和山下之蒙次和村。《蛮书》"矣苴和城"之"矣"当作"牟"，"牟"与"蒙"同音，"苴和"即"次和"，故"牟苴和"即"蒙次和"无疑。樊绰《蛮书》在北宋时已错字很多，《新唐书》沿用之而不自觉，由《纪要》所云始知其误。

（六）越析诏

最初以越析诏在云南丽江者，始于《元史·地理志》。志云："丽江路，昔么蛮、些蛮居之，遂为越析诏。"致误之由，在于不明越析诏与么些族之关系。越析诏一称么些诏，是因为越析诏主为么些人并领一部分么些部落而命名的，但不是所有么些的分布之区即皆为越析诏，其理至明。此论一出，明、清学者之言六诏地域者靡然从之，不以为非。例如《南诏野史》注《读史方舆纪要》等无不如此。冯甦《滇考》又沿《南诏野史》注"越析诏又号花马国"之误，加以演绎，说"蛮波冲所据地甚广，东南百五十里，石壁上有色斑烂类花马，因又号花马国"。案：花马山在丽江西北三百里之巨甸，与越析诏相去五百余里，真是一错再错，错得不可以道里计了。唯《新纂云南通志·南诏地理考释》言之最审，辨之最精，可以启六百多年之所未发。案：《蛮书》卷三云，"越析诏亦谓

---

① 《蛮书》卷三"浪宍诏"条："凡浪宍、邆赕、施浪，总谓之浪人，故云三浪诏也。"

磨些诏，部落在宾居、旧越析州也。去囊葱山一日程"。同书卷二又云："囊葱山在西洱东隅，面对宾居、越析，山下有路，从渠敛赵（凤仪县）出邆川（邓川县）。"此言越析诏之名乃由于诏在旧越析州而起。案旧、新唐书地理志皆无越析州。越析州建置何时亦无从考据。《蛮书》卷一记石门（滇东北豆沙关）上有"隋初刊记处"云："开皇五年十月二十五日，兼法曹黄荣领始、益二州石匠，凿石四孔，各深一丈，造偏梁桥阁，通越析州、津州。"然则越析州之置当在隋开皇时或隋代以前，所以《蛮书》谓"旧越析州"。唐时，此州属匡州，于越析州设诏长，故《蛮书》卷一又云"诏长故地也"。越析诏的部落住居于宾居和越析州二地，故文中越析州与宾居并举。今洱海以东一百里为宾川县治，县治西南十余里有宾居街，为越析诏部落所在之地。东去洱海东岸的囊葱山一日程，与上述八十余里之里数合。越析州的位置，不在今宾川县城，以《蛮书》所记度之，当在宾居街以北，宾川县城以西，距洱海亦一日程。《蛮书》卷五云："渠敛赵（今凤仪县）东北至毛郎川，又东北至宾居汤，① 又北至越析川，磨些诏故地也。"此言越析州在宾居之北，亦一越析诏部落所在之地。同书卷一又云："越析州今西洱河（原文作'河河'，误，前一'河'字应作'洱'）东一日程。"此又言越析州在洱海以东一日程。总之，从此可知，越析诏部落所居地在宾居和越析州，所属疆域或者较此为大，然亦不能远至丽江或越嶲等地，此不可不辨。

---

① "汤"应作"荡"，指水荡而言。唐姚州东八十里有外弥荡，见《蛮书》卷一。宾居汤之名当言宾居附近之水荡。《读史方舆纪要》卷一百十七宾川州赤石崖镇下注云："又有宾居巡司，本名蔓神寨。"当指宾居而言。今剑川彝族语称宾居街为"bi-lgə-l"，当即"宾居"之对音。

现代这一带的居民，主要是汉人和白族，但六诏时这一带的居民，统治者为么些人，被统治者则有白族，有么些，亦有汉人，为一多部族、部落地区。

六诏之外，尚有时傍诏，在白崖；矣罗识诏，在剑川。六诏合此二诏，称为"八诏"。

综上所述，可知六诏或八诏的地域主要是在以洱海为中心的洱海湖区，东至金沙江及其支流—泡江，西至漾濞江，北至剑川，南至巍山、弥渡二县。

以六诏的地域和古昆明国或昆明部落所在的地域比较，六诏的地域比较小些，东北没有到达金沙江以北所谓"松外蛮"的活动地区，东方没有到达姚州。但毫无问题，六诏是建立在古昆明国的中心地区，它在经济上和文化上是承继古代昆明国经济文化的基础而进一步发展的。

六诏的名称和所在地既已叙述，现在我企图说明一个问题，就是六诏中的几个"乌蛮"首领如何进入以"白蛮"为主体的昆明国中心地区而建立政权的？这段历史如果认识清楚，我们就可以理解，从昆明国到六诏在民族方面不是一线相承的，中间还经过一个曲折的斗争阶段。但到后来"白蛮"和"乌蛮"在经济文化上相互融合了，因而最后出现了一个多部族、多部落的南诏国家。

在前一段阐述昆明国的部族部落组成时，知道在七世纪中叶以前，昆明国的北、东、南三边已经有各种"乌蛮"分布，而且已经有一部分"乌蛮"逐渐向洱海一带移殖。这种形势对于七世纪六诏的建立来说，亦和西晋末年辽西鲜卑族向幽、冀二州迁徙之对于前燕、后燕的建国一样，肯定是有利的。而且从贞观末年起，唐代统治阶级一再征伐"白蛮"，如梁建方之击"松外蛮""洱河蛮"，赵孝祖之击"白水蛮"等，而另一方面又擢蒙俭、和舍为县令，授蒙羽以官秩，这样就使"白蛮"的地方政权日渐瓦解，"乌蛮"部落首领趁势侵入"白蛮"地区，最后在七世纪末和八世纪初出现了"六诏并乌蛮"的新政治组织局面。

同时，应当指出，在公元七世纪中叶以前，洱海湖区绝对没有六诏政治组织的存在。当贞观十九年（六四五年）梁建方征服"西洱河蛮"以后，我们只看到西洱河蛮首领杨盛、杨同外、杨栋附显和东洱河首领杨敛，看不到除此以外六诏之中任何一诏的首领。据各书记载，"西洱河蛮""有数十姓，以杨、李、赵、董为名家，各擅一州，不相统摄"。而此四大名家皆是白蛮，无一乌蛮，可见其时六诏大姓尚未出头露面。永徽二年（六五一年），赵孝祖征伐大勃弄杨承颠，杨氏亦系白蛮。白蛮杨氏麾下虽有乌蛮酋长大鬼主，但皆不属于六诏之数。当时西洱河以西仍然是"无大酋长，好结仇怨"，各部"屯聚保险，大者有众数万，小者数千人"①。在当时丝毫看不到有六诏形成的象迹。因此，我们可以判断，六诏的兴起绝对不是七世纪中叶以前的事，而是在七世纪中叶以后。旧、新唐书南

---

① 《通鉴》卷一百九十九唐高宗"永徽二年"及"三年"条。

诏传认为六诏在三国或其以前就有，并说六诏为诸葛亮所征服，实在是毫无根据的。①

六诏建立的年代和建立的过程，在汉文和僰文史志中记载皆不详尽，但这些问题的解决并不是没有线索，没有希望的。这里我只提出一些肤浅的意见，供对此问题有兴趣的同志们参考。

六诏之中建诏最早者，当为南诏，即蒙舍诏。南诏之名应当是后起的，自《蛮书》以下各书皆称蒙舍诏在诸诏之南，故称南诏。然则蒙舍诏之名在前，南诏之名当在其他诸诏成立以后，此点亦不容怀疑。关于蒙舍诏成立的年代，各书说法不一：杨慎《滇载记》云南诏之称在唐贞观三年（六二九年）。这种说法与汉文、僰文史料皆不合，不能成立。《旧唐书·南诏传》记载：唐初蒙舍龙生迦独庞，迦独生细奴逻。此与《南诏野史》称唐贞观初舍龙、细奴逻自哀牢迁徙至蒙舍川，耕于巍山之记载相合。很明显，是杨慎把细奴罗迁住于蒙舍川的年代误认为南诏建立的年代了，故不可从。又一说，《南诏野史》记唐贞观二十三年（六四九年）建宁国王张乐进求逊国于细奴罗，细奴罗于此年"建号大蒙国，据南诏"。此说既与根据白族传说而撰的《记古滇说》不合，并与汉文史料亦相矛盾。《新唐书·南蛮传》记"永徽初，大勃弄杨承颠私署将帅，寇麻州"，"小勃弄酋长殁盛，屯白旗城；大勃弄杨承颠婴城守。孝祖招之不从，麾军进执承颠"。此言永徽初年（六五〇—六五二年）屯大勃弄白崖城者为杨承颠，屯小勃弄白旗城为殁盛，与《野史》记贞观二十三年建宁国王（都白崖）逊位于蒙舍细奴罗之事不合。《记古滇说》记张乐进求逊位于细奴罗在永徽四年（六五三年），与上述汉文史料是相合的。然则大蒙国之立亦当在此时，而不能前移至贞观二十三年。关于蒙舍川细奴罗建诏之年，约有二说：一说谓建诏与筑城垅屿图山同时（《滇考》主此说）。此城之筑，《南诏野史》谓在永徽元年（六五〇年），则建诏在公元六五〇年。又一说称建诏在称奇王或奇嘉王之时，亦即在张乐进求逊位之年（《记古滇说》），则建诏在公元六五三年。二说比较皆有理由，前后相距只三年，问题并不算大。我们所以考订蒙舍诏建国之年者，在于说明蒙舍诏是六诏中建诏的最早者，然亦不能早于六五〇年，其他五诏建立更迟。总之，六诏建立是在七世纪中叶以后，而不在中叶以前。

另一方面，我们亦应当理解蒙舍诏之建立与"白蛮"地方政权的衰落有关。上述永徽二年赵孝祖伐"白水蛮"，永徽三年又伐大勃弄杨承颠、小勃弄殁盛，几经战争，西洱河以东城邑村落破毁不堪，故永徽四年有张乐进求逊位于细奴罗

---

① 《新唐书·南蛮传》说昆弥国，"诸葛亮定南中，亦所未至"，而于六诏则云为诸葛亮所征，这显然是自相矛盾。从《华阳国志·南中志》的记载，诸葛亮是到达昆明国的。《南中志》云："沙壶，南中昆明祖之，故诸葛亮为其图谱也。"但其时绝无六诏，把六诏说成在蜀汉或其以前建立，是十分荒谬的。诸葛亮到南中昆明是一事，昆明当时是否有六诏为又一事，二者不能混为一谈。

的故事。我们熟悉中国古史者，大都知道所有的逊位揖让故事乃含有内忧外患的强迫性质的，张乐进求的逊位性质当亦类此。逊位的结果，是蒙舍川乌蛮的势力扩张到大勃弄一带。大勃弄川在今弥渡县，《蛮书》卷五称："川东西二十余里，南北百余里"，"白崖城依山为城，高十丈，四面皆水环流"。此川虽被战争一度破坏，但一经经营，顿复旧观。蒙舍诏得此如虎附翼，与日后之翦灭诸诏、统一南中有很大的关系。

白崖城西北九十里为渠敛赵（今凤仪县）。《蛮书》卷五云："本河东州也。州中列树夹道为交流，村邑连甍，沟塍弥望。大族有王、杨、李、赵四姓，皆白蛮也。"《唐书·地理志》无河东州，《蛮书》卷三有江东州，开元初年唐封蒙归义"次男崇为江东刺史"。此"江东"当即"河东州"之误刊。然则河东州之名与蒙舍州、阳瓜州同，皆系开元初年临时所置之"蛮州"，故旧、新唐书地理志皆未载入。渠敛赵在置河东州以前，于七世纪中叶以前时，为东洱河。《新唐书·南蛮传》记"贞观二十二年（六四八年），东洱河大首领杨敛入朝，授官秩"。其地当即渠敛赵。《南蛮传》又记"永徽初（案：《通鉴》当作永徽三年，即六五二年），小勃弄酋长殁盛屯白旗城"。其地亦当在渠敛赵。可知七世纪中叶和以前，其地皆为"白蛮"。且贞观末年之杨敛既称为大首领，永徽初年杨承颠又私署为将帅，则其声势所及不止大、小勃弄，渠敛赵东北九十里之宾居和越析川当亦包括在内。所以在公元六五二年以前，大、小勃弄和宾居、越析川都在"白蛮"统治的范围之内，这里不可能有任何"乌蛮"地方政权机构出现的。

案：越析诏一称为"磨些诏"，此言其诏主及一部分亲近部落为么些族，他们应是在公元六五二年以后从么些部落集中之区迁来的。此族之原住地何在，虽不能确指，然由越析诏诏主于赠与南诏斗争失败后所退居之地区言之，当即松外城以南之双舍。此事经过，《蛮书》卷三《越析诏下》云：

> 有豪族张寻求，白蛮也。开元（原文作"贞元"，误，应作"开元"）中，通诏主波冲之妻，遂阴害波冲。剑南节度巡边至姚州，使召寻求，答杀之。逐其部落，以地并于南诏。波冲兄子于赠提携家众（出）走，（天）降铎鞘，东北渡泸，邑龙佉河（"河"原作"沙"，今据《新唐书》改正），方一百二十里，周回石岸，其地总谓之双舍。于赠（使）部落（酋）名杨堕，居河之东北（此句据《新唐书》"于赠"下加"使"字，"落"下"亦"字改"酋"字）。后蒙归义隔泸城临逼于赠，再战皆败。长男阁罗凤自请将兵，乃击破杨堕，于赠投泸水死。数日始获其尸，并得铎鞘。

从上一段记录，我们可以看出许多消息。首先说，越析诏于赠在叔父波冲被杀后，仇敌白蛮张寻求虽抵罪被杀，但诏土并于南诏，不得已持铎鞘东北渡泸水，邑于龙佉河畔，地名双舍，这决不是偶然的。《蛮书》卷六谓："昆明、双舍至松外已东边近泸水，并磨些种落所居之地。"同书卷一又谓："泸水从北来，至曲罗萦回三曲，每中间皆有磨些部落。"（案：泸水即金沙江之总名）曲罗在今安宁河入金沙江口之三堆子附近。泸水从北来，至曲罗之间，皆有磨些部落。龙佉河系今何水，虽不能确指，但此河应在金沙江以北，今永胜县与盐边县之境内。《蛮书》卷七云："东蛮、磨些蛮诸蕃部落共食龙佉河水，中有盐井两所。"以此知其地亦多磨些部落。于赠之渡泸而至双舍是有联系其宗族部落的深意的。所以双舍应即是越析诏所由来的故乡。

当唐永徽初即六五〇—六五二年间郎州道总管赵孝祖征伐"白水蛮"及大、小勃弄以后，蒙舍川乌蛮趁势占据大勃弄白崖城，双舍乌蛮么些首领亦趁势南下，占据越析州和宾居，这种情况想来是很自然的。所以，越析诏之建立亦当在六五〇年以后不久的时期之内。么些首领之占领越析州等地，对于越析州原住土著白蛮首领张氏，显然是不利的。因此，就产生了诏主波冲和白蛮豪族张寻求斗争的事件。从这些情况看来，越析诏也是"乌蛮"侵入"白蛮"地区而建立起来的一个新的地方政权。

其次，再看邆赕诏，也是乌蛮首领侵入白蛮地区而建立的。《蛮书》卷三记云：

> 邆赕，一诏也。主丰咩初袭邆赕，御史李知古领诏，出师问罪，即日伏辜。其子咩罗皮后为邆赕州刺史。

邆赕在邓川，自古为白蛮所居地。在咩罗皮以前，邆赕诏是不曾建立的。咩罗皮之父为丰咩，丰咩之兄为丰时。"丰时"在《张曲江文集》卷十二《敕铎罗望》书中作"郎傍时"，在《通鉴》卷二百四又作"傍时昔"。"丰"古重唇音读"傍"，"丰时"就是"傍时"，亦即丰咩之兄的本名，这是没有什么问题的。为什么又称作"郎傍时"和"傍时昔"呢？我初步的解释，"郎"是傍时之父的后名，以父子连名制推之，父名××郎，子则为郎傍时了。这是一般乌蛮命名之通例，不足为奇。但"傍时昔"之"昔"，显然就不是人名了，而是指傍时的身份。今彝语称奴隶主为"çi┤P'o-┤"，此"昔"我疑即"çi┤P'o-┤"之简称，其义为"奴隶主"或"主人"。从上两点，便可证明丰时兄弟皆为乌蛮。①

丰时原系何地的乌蛮，因史料不足，无法考证。唯丰时之据浪穹，由《通鉴》下一段的记载，知其在武后永昌元年（六八九年）以前。《通鉴》卷二百四记：

---

① 这里有个不易理解的问题，就是大理县的白族传说：邆赕诏咩罗皮的夫人，即德源夫人，是浪穹诏主的女儿，名叫白姐。白姐一称柏洁。由名称看，她象是白族。如是白族，浪穹诏主岂得为"乌蛮"？若是"乌蛮"，浪穹诏和邆赕诏为兄弟家族，当无同族相婚之理。因此，我想白姐系浪穹诏主的女儿之传说，恐不可信。

浪穹州蛮酋傍时昔等二十五部先附吐蕃，至是来降。以傍时昔为浪穹州刺史。

"西洱河蛮"之降吐蕃，《旧唐书·吐蕃传》及《通鉴》卷二百二皆谓在仪凤三年（六七八年），丰时等二十五部之附属吐蕃当在此时。其时浪穹已否建诏，史无明文，但《通鉴》上又称傍时昔（丰时）"浪穹州蛮酋"，开元初年张曲江代玄宗草成的《敕铎罗望》书称郁傍时（丰时）为"姚州管内大酋长"①，然则无论诏之名当时已否确立，丰时在永昌元年以前在事实上已经作了浪穹州的诏主了。所以我们可以推论浪穹诏建立于公元六八九年以前。

丰时之弟丰咩之袭击邆赕，当在景云元年（七一〇年）。七世纪以来，邆赕州本受姚州都督管束的。景云元年，②摄御史李知古率剑南兵坐镇姚州，制止姚州所属州县的通吐蕃事，邆赕州自不能例外，故《蛮书》谓其"领诏"。浪穹诏主在二十多年前投降吐蕃，至是年又来侵邆赕川，知古故出师问罪。但《蛮书》云丰咩"即日伏辜"，恐与事实不符。《通鉴》卷二百十记：

（景云元年）姚州群蛮，先附吐蕃，摄监察御史李知古请发兵击之；既降，又请筑城，列置州县，重税之。黄门侍郎徐坚以为不可，不从。知古发剑南兵筑城，因欲诛其豪杰，掠子女为奴婢，群蛮怨怒。蛮酋傍名引吐蕃攻知古，杀之，以其尸祭天。由是姚、巂路绝，连年不通。

从这段记载，知道由李知古的出师问罪到咩罗皮之为邆赕州刺史，中间颇经一番曲折，决不如《蛮书》所说得那么简单的。值得注意的，是引吐蕃攻杀李知古的傍名。"傍"与"丰"同音，而"名"与"咩"又音近，然则丰咩并没有被知古杀掉，反而引吐蕃把知古杀死。可知浪穹诏丰时、丰咩兄弟始终是降吐蕃而不肯投唐朝的。后咩罗皮之为邆赕州刺史，应是自立为刺史，与唐无关。这是邆赕诏建立的开始。

从上所述，知蒙舍诏、越析诏、邓赕诏都是"乌蛮"首领在不同时期内不断侵入"白蛮"地区而建立起来的。在他们入侵的过程中，有对抗的关系，有联合的关系。也有先对抗而后联合的，如施浪诏主施望欠先侵入邆赕州，后浪穹诏主丰咩又"袭而夺之"。后来南诏向邆赕进攻时，三浪又联合起来以抗南诏。③亦有先联合而后对抗的，如开元二十五年，蒙舍诏蒙归义联合邆赕诏咩罗皮攻下西洱河的白蛮，瓜分了西洱河的邑落，蒙舍诏分得太和城（今大理市之太和村及

---

① 《张曲江文集》中之《敕铎罗望》书，当撰于玄宗开元年间。其时郁傍时方死，子时罗铎早逝，故以孙铎罗望袭浪穹州刺史。参考《张曲江文集》卷十二及《旧唐书》卷九十九《张九龄传》。

② 李知古率剑南兵坐镇姚州事，《旧唐书·吐蕃传》及《徐坚传》记述最详。《徐坚传》叙此事在睿宗即位之年，《通鉴》卷二百九系此事于景云元年，都是正确的。

③ 参考《蛮书》卷五"邆川城"条及卷三"邆赕诏"条。

以西山麓）和阳苴咩城（今大理城），邆赕诏则与蒙舍诏分割大釐的山坡（今喜洲以西的山麓）之地。① 大釐城（今喜洲）本是邆川州的治所，② 蒙归义出兵进袭大釐城，从此，三浪联合起来和蒙舍诏进行战争。这种混战局面正可说明六诏"乌蛮"首领如何在白蛮地区掠夺土地以至于建立政权的情况。

二、蒙舍诏的统一五诏

这一段简略叙述一下蒙舍诏合并五诏的经过。

过去有许多著作对于蒙舍诏之合并五诏的叙述是不正确的。例如《记古滇说》和《南诏野史》把蒙舍诏统一五诏的长期斗争简化为松明楼上的一炬，《野史》更简化在开元十八年（七三〇年）的一年，这显然是不正确的。自从《通鉴》系蒙舍诏翦灭五诏事于开元二十六年（七三八年）以后，历代论述南诏史者信而不疑，以为蒙舍诏之统一五诏就在开元二十六年，这种看法也是不正确的。明清以来，中原官僚宦游滇中者日多，对蒙舍诏之灭五诏事逐渐注意，有的著作对于火烧松明楼事提出怀疑，如檀萃的《农部琐录》；有的著作并作了合理的叙述，如冯甦的《滇考》。但是这些著述不能依据关于南诏史最原始的资料如《蛮书》及《南诏德化碑》等，所以错误仍然是不少的。因此，我们认为对此问题仍有阐述的必要。

蒙舍诏西北与蒙巂诏为邻，《蛮书》卷五谓"当五诏俱存，而蒙舍诏北有蒙巂诏，即阳瓜州也，同在一川"。然则蒙舍诏之征灭五诏，按情度势，由近者始，即先由蒙巂诏开始，是很自然的。但诸诏之中，关于蒙巂诏的史料最为缺乏。《蛮书》和《南蛮传》虽备载灭蒙巂的故事，而无年代。蒙巂第一诏主为巂辅首，第二诏主为其弟佉阳照，佉阳照传子照原，照原传子原罗。至原罗，被蒙归义所杀，遂并蒙巂之地。从巂辅首到原罗，诏主凡四易，与蒙舍诏之由细奴罗传罗盛、盛罗皮，至皮罗阁（蒙归义）凡四诏主相同，则蒙巂之称诏与蒙舍诏有同样的悠久历史。蒙巂诏被灭的年代，无直接纪录，我们只能用间接的方法求得其解答。《蛮书》卷三云：

> 开元初，（罗盛）卒，其子盛罗皮立。（盛罗皮卒，子皮罗阁立）③，朝廷授特进、台登郡王、知沙壶州刺史。长男阁罗凤授特进，兼阳瓜州刺史；次男诚节度，蒙舍州刺史；次男崇，河东（州）刺史；次男成进，双祝州刺史。

---

① 《蛮书》卷三"邆赕诏"条。
② 《新唐书·南诏传》云："咩罗皮为邆川州刺史，治大釐城。"
③ 参考向达《蛮书校注》卷三"蒙舍诏"条，括号中文字据《新唐书·南蛮传》补入。下同。

在上引文中首当注意者为阁罗凤兼阳瓜州刺史事。上引《蛮书》卷五文已言"蒙巂诏即阳瓜州",则此州乃灭蒙巂诏后所建。蒙舍诏既灭蒙巂,占领阳瓜州,唐朝遂以此州封阁罗凤。然则蒙舍诏之灭蒙巂的年代当在开元初年(七一三年—)或开元以前(—七一三年)。前已考证,蒙舍诏之并大勃弄在公元六五三年。蒙舍诏之并蒙巂应在并大勃弄之后,即公元七一三年以前。五诏之并,以蒙巂诏为最早。

南诏之合并五诏,次于蒙巂诏者,为越析诏。《蛮书》卷三与《新唐书·南诏传》皆系并越析事于"贞元中",此"贞元"当为"开元"之误,这是治南诏史者大家都公认的。最明显的一个理由,是皮罗阁死于天宝七年(七四八年),阁罗凤死于大历四年(七六九年),① 到贞元中(七八五—八〇一年)哪有皮罗阁父子兼并越析诏之理? 再说,越析州豪族张寻求,据《蛮书》记载是由巡边至姚州的剑南节度使把他笞杀的。此剑南节度使在《滇考》等书和民间传说都以为是王昱。王昱在旧、新唐书中无列传,从《新唐书》的《吐蕃传》《南诏传》和《张曲江文集》中的〔两〕《敕剑南节度使王昱书》各种记录来看,王昱是在开元中叶以后任剑南节度使的。案王昱之杀张寻求,循"杀人者死"之律,理尚可通,但越析诏主波冲死,不立其侄于赠,而以"部落无长"② 为词,举越析州以归南诏,这和皮罗阁之以厚利啖王昱,请合六诏为一是有密切关系的。③ 因此亦知南诏之并越析乃开元年间的事。此事究竟发生于开元几年呢?《通鉴》卷二百十四记(开元二十六年夏五月)"辛丑,太仆卿王昱为剑南节度使"。同年九月"戊午,册南诏蒙归义为云南王",内叙述到皮罗阁"赂王昱求合六诏为一,昱为之奏请,朝廷许之,乃赐名归义"。若从《通鉴》所纪,则南诏之并越析诏似在开元二十六年(七三八)。但《通鉴》之叙述王昱在开元二十六年为剑南节度使,是与《张曲江文集》中的两《敕剑南节度使王昱书》不合的。第一书在"冬初薄寒"之时,第二书在"春晚极暄"之时,书内并述及蒙归义讨定西洱河事,还说王昱等对此役有所"指麾"。然则王昱之为剑南节度使显然不始于开元二十六年,而在此年以前。所以依靠《通鉴》关于王昱的记载是不能确定南诏合并越析的年代的。因此关于南诏之合并越析事,另当于《南诏德化碑》文中求之。请看《德化碑》下列一段记载:

> 诏(指阁罗凤)弱冠之年,已负英断。恨兹残丑,敢逆大命。固请自征,志在扫平。枭于赠之头,倾伏藏之穴,铎鞘尽获,宝物并归。

---

① 参考《蛮书》卷三。
② 《新唐书·南诏传》。
③ 《新唐书·南诏传》云:"当是时,五诏微,归义独强,乃厚以利啖剑南节度使王昱,求合六诏为一,制可。"此段事实是真实的,但《南诏传》系此事于开元末年皮罗阁逐河蛮、取大和城及袭大釐城之后,显然就有问题了。事实见本文后面。

碑文这段记载，是叙述当于赠持伯父所遗铎鞘远走泸水以北时，阁罗凤所抱负的消灭敌人的志愿。案：阁罗凤于天宝七年（七四八年）即诏位，《南诏野史》谓此时阁罗凤为三十六岁。他的"弱冠之年"当为二十岁。其时由七四八年退十六年，为七三二年，正开元二十一年。南诏之合并越析州当在开元二十年（七三二年）左右。而《新唐书·南诏传》系此事于天宝年间安禄山叛乱之时，这显然是谬误的，不可不加以纠正。①

南诏合并越析诏后，继并洱河蛮及邆赕诏。其并洱河蛮的年代，《蛮书》卷五"大和城"条记载最详，云：

　　大和城、大𨽻（音喜）城、阳苴哶城，本皆河蛮所居之地也。开元二十五年（七三七年），蒙归义逐河蛮，夺大和城。后数月又袭破（阳）苴哶（城），盛罗皮②取大𨽻城，仍筑龙口城为保障。

"河蛮"即"洱河蛮"，居今洱海以西及点苍山之东麓。当六诏分立时，"洱河蛮"自守城邑，不受诸诏统治，乃一独立的"白蛮"自治地区。③开元二十五年南诏皮罗阁攻下大和、阳苴哶、大𨽻等城，"洱河蛮"乃北徙，更羁制于三浪。当南诏攻"洱河蛮"时，邆赕诏哶罗皮与南诏合作，出兵攻击洱河蛮，并与南诏瓜分了大𨽻以西点苍山麓的土地。既而南诏又进侵大𨽻城，哶罗皮兵败，退居于邓赕州，约浪穹、施浪二诏出兵以伐南诏。战不胜，哶罗皮率众退居野共川，邆赕诏灭亡。邆赕灭亡的年代，在开元二十五年（七三七年）。哶罗皮三传至颠之托，颠之托及其部众之被徙永昌（今保山县）则在贞元十年（七九四年）南诏击破剑川以后。

施浪诏主施望欠，当开元二十五年邆赕诏与南诏相攻时，他参加到邆赕方面，合兵以攻南诏。施浪诏兵分二路：一路由施望欠率领，从牟苴和城（今蒙次和村）西南趋邆赕，援哶罗皮；一路由施各皮率领，南据石和城（凤仪县南华藏寺附近）。时南诏亦分兵一路，由阁罗凤率领出西洱河以南，攻下石和城，俘施各皮；皮罗阁率兵进邓赕川，与三浪联军作战，皆胜之。邆赕诏兵败，施望欠援绝势孤，遂退牟苴和城。后皮罗阁兵进攻牟苴和城，降其部落，施望欠仅以家

---

① 《新唐书·南蛮传》云："会安禄山反，阁罗凤因之取会同军，据清溪关，以破越析，枭于赠。"案：安禄山叛乱在天宝十四年（七五五年），其时皮罗阁已死，岂能有如蛮书所记"蒙归义（即皮罗阁）隔泸城临逼于赠，再战皆败"之事？又岂有《南诏德化碑》所云阁罗凤"固请自征"之事？《新唐书·南诏传》所采《蛮书》事无虑数十条，而于蒙归义之死年及越析诏条中之蒙归义与阁罗凤之征于赠事皆视而不见。推其原因，盖由于作者蔽于越析诏之在嶲州的原故。

② 《蛮书》原文"盛罗皮"三字疑衍文，应删去。向达《蛮书校注》改"盛"为"哶"，谓"哶罗皮取大𨽻城"与上下文皆不协，应从《新唐书·南诏传》"皮罗阁逐河蛮，取大和城，又袭大𨽻城守之，因城龙口"之文，删去"盛罗皮"。且邆川州旧治在大𨽻城，《南诏传》"邆睒诏"条称"子哶罗皮自为邆川州刺史，治大𨽻城"。至开元二十五年哶罗皮无再取大𨽻城之理。

③ 参考《蛮书》卷四"河蛮"条。

族之半，走永昌。施浪诏灭亡。

浪穹诏主铎罗望也参加了邆赕、施浪二诏对南诏的战争。战败，率部落北至剑川，改称剑浪。铎罗望三传至矣罗君，南诏于贞元十年（七九四年）征剑川，俘之，徙永昌，浪穹诏始灭。五诏之中，浪穹之建诏在六八九年以前，而其灭亡亦最迟，在七九四年，前后立诏凡一〇五年以上。开元年间南诏所以不灭浪穹诏者，一方面是由于铎罗望之退保剑川，托吐蕃庇护以自固，但当时唐室在西南之主要敌人为吐蕃，对铎罗望颇尽羁縻之能事。这种情况，在《张曲江文集》中代玄宗所草的《敕铎罗望书》尚可看出，云：

> 言念远人，必藉绥抚；又逼蕃界，兼资镇遏。

此书之作在铎罗望初立为诏主之时，然由此亦可以看到唐朝对浪穹诏倚任方重，皮罗阁当无敢轻于兼并之理。

最后在这里叙述一下六诏之外而列入八诏之数的时傍诏和剑川诏的始末。

时傍原居何地，记载不详。《蛮书》卷三云，时傍一族与南诏世为婚姻，时傍母为皮罗阁之女，时傍女又为阁罗凤之妻，其关系至为密切。开元二十五年南诏与邆赕诏交恶，哶罗皮退出邓川，逃野共川，时傍即入居邓川，诱浪人数千户，拟自立为诏。后被阁罗凤所猜，徙置于白崖城。后与剑川矣罗识串通，潜往吐蕃神川都督处求立为诏，谋泄，南诏遂与唐共起兵征伐白崖与剑川。

关于时傍及剑川征伐事，在《蛮书》及《新唐书·南诏传》皆有纪录。但《新唐书》误改"剑川矣罗识"为"矣川罗识"，《蛮书》误刊"开元中"为"开元元年中"，遂致此二事之始末久不能明。我们对此应加以校正。《蛮书》卷三原文云：

> 六诏并乌蛮，又称八诏。盖白岩城时傍及剑川矣罗识二诏之后。开元元年中，蒙归义攻石桥城，阁罗凤攻石和，亦八诏之数也。

案此段误刊脱落不少，其中最显著的就是"开元元年中"之"元年"显然是衍文，应删去。下段言"哶罗皮之败"，乃在开元二十五年征伐"西洱河蛮"之后，绝对不能说蒙归义之征白崖在开元元年。所以应改为"开元中"。又有一些人因为上文兼述时傍和剑川，下文述攻石桥城（在今下关西南五里，即天生桥）、石和城（在今凤仪县城南华藏寺附近），于是推论蒙归义之攻石桥所以攻剑川，阁罗凤之攻石和所以征白崖，这种推测是不正确的。我们试看《南诏德化碑》的记载：

> 洎自先诏（蒙归义）与御史严正诲谋静边寇，先王（蒙归义）统军打石桥城，差诏（阁罗凤）与严正诲攻石和，父子分师，两殄凶丑，加右领军卫大将军。无何，又与中使王承训同破剑川。

从这段碑文可知此次蒙归义父子出兵石桥城与石和皆所以攻白崖,攻剑川之役乃在其后。二役不能混为一谈。

剑川诏矣罗识,《新唐书》作"矣川罗识",不知何据,恐怕是错误了的。蒙归义父子征伐白崖时傍以后,不久便同唐使者王承训往征剑川,矣罗识败走神川(金沙江上游),神川都督送之至罗些城(今拉萨),死吐蕃中。南诏征剑川诏既在征白崖后不久,且征伐者仍为蒙归义父子,则其征服之年仍在开元年间,不应和贞元十年南诏异牟寻的破剑川和破铁桥城一事混为一谈。

总上所述,南诏并吞七诏的次第,以蒙嶲诏为最早,在开元初年或开元以前就被南诏灭亡了。其次为越析诏,其土地之被占领当在开元二十一年左右。再次为遵赕诏、施浪诏,其土地皆被占领于开元二十五年南诏征伐洱河蛮之后。时傍和剑川二诏之被灭更在遵赕、施浪之后,应在开元二十六至二十九年之间。最后被吞并者为浪穹诏,时间在贞元十年。从此知南诏之吞并七诏是经过长期战争的,前后有八十年以上,而《记古滇说》和《南诏野史》等书简单归结于松明楼之一炬,《通鉴》亦仅系此事于开元二十六年之时,《新唐书·南诏传》又记载越析诏之灭与安禄山反唐之事同时,现在看来,都是不正确的,不足为据。其称剑川矣罗识为"矣川罗识"与《蛮书》称南诏破石桥城与石和在"开元元年中",虽系抄录版刻之误,对后人疑惑滋多,不可不辨。至于谓蒙归义之攻石桥所以攻剑川,阁罗凤之攻石和所以攻白崖,此乃泥于《蛮书》表面的叙述,而未能与《德化碑》相参证所致。

最后,再阐述一下洱海湖区从邑落割据到六诏分立,再到南诏统一,这里包含一些什么问题。

在七世纪以前,洱海湖区虽然建立了昆明、白子、建宁等国,但论其性质只是部落联盟或邑落联邦罢了,实在不算什么国家。虽然如此,当时洱海湖区的各族人民能够突破原始社会,从"随畜迁徙"的游牧发展为定居农业,从"无君长"发展到"各擅一州"①,从"各擅一州"又发展到如大勃弄杨承颠的兼领几川几州的小王国,这是一种大的变化,大的进步。

这种大的进步之取得,应当认为这是各族人民劳动生产的结果。我们试看《太平御览》卷七百九十所引《唐书》②关于松外蛮各种生产活动的纪录:

> 其土有稻、麦、粟、豆,种获亦与中国同。菜则葱、韭、蒜、菁,果则桃、梅、李、柰。有丝、麻。女工蚕织之事,出绅、绢、丝、布,(幅)广七寸,(有染色,有绯帛)。(早)蚕以正月生,二月熟。畜有马、牛、猪、

---

① 唐时云南所谓"一州",实际是指一川,即一个平坝,与《新唐书·地理志》所说的"蛮州"不同。
② 此《唐书》指《旧唐书》而言,然今《旧唐书》无此文,约系逸失,所以清代岑建功把此条刻入《旧唐书》逸文中。《新唐书·南蛮传》略引此文,但不全。

羊、鸡、犬。饭用竹筥搏之，而取羹用象（或作"乌"）杯若鸡彝。有船无车。男女毡皮为帔，女子緬布为裙，外仍披毡皮之帔。①

在七世纪中叶以前，洱海湖区的生产种类如此繁荣，农业的生产技术"亦与中国同"，而劳动力又如前引赵孝祖的上书所云："人众殷实，多于蜀川。"这岂非各种生产力提高的表现吗？由于各族人民的生产力已经提高，所以阶级的分化就日益显著。例如《新唐书·南蛮传》对于"洱河蛮"的婚嫁、丧祭和习惯法有如下的综合报导，说：

> 富室娶妻，纳金、银、牛、羊、酒，女所贵亦如之。有罪者，树一长木，击鼓集众其下。强盗，杀之；富者赎死，烧屋，夺其田。盗者，倍九而偿赃。奸淫，则强族输金银请和，而弃其妻；处女、娶妇不坐。凡相杀必报，力不能，则其部助攻之。祭祀，杀牛马，亲联毕会，助以牛酒，多至数百人。②

同书又叙述洱海东面乌蛮大鬼主的风俗是：

> 夷人尚鬼，谓主祭者为鬼主，每岁户出一牛或一羊，就其家祭之。

上面所述的虽然是关于上层建筑的诸方面，但这几方面都反映出当时"白蛮""乌蛮"的阶级和阶级关系来。这里所说的"富室""富者""强族""鬼主"都是"乌、白蛮"中的奴隶主，是统治阶级，也是剥削阶级。奴隶主通过婚姻丧祭，表示他们和一般平民奴隶不同。《册府元龟》卷九百六十记"松外蛮""有富豪者杀马牛祭祀，亲戚必会，皆赍牛酒助焉，多者至数百人"。我们应当理解，这里富豪所杀的牛、羊、猪、鸡，都是从百姓和奴隶方面无代价的贡献而来的，其所借的名义则为"助祭"。因此上述数以百计的助祭者，并不只是"亲戚"，亲戚以外的百姓奴隶应占主要部分。鬼主使每户出一牛羊，就其家祭祀，祭毕，牛羊则归于主祭者的鬼主。从此可知阶级剥削的意义乃贯彻于阶级社会风俗中的每一方面，这只是比较显著的二例罢了。上述各种风俗习惯，现在看来虽然是落后的，但它们乃发生于距今一千三百多年以前，而这些风俗习惯在解放前仍然在大、小凉山中普遍存在，所以我们说这种显著的阶级分化比较阶级未分化和刚刚分化时期，是进步得多了。

但是，无论如何，当时洱海湖区的"无大君长"和"各擅山川，不相役属"的政治形态，是落后于"人众殷实，多于蜀川"的生产力的。因此他们的政治

---

① 此文错字及逸文甚多，兹据《通典》卷一百八十七及《册府元龟》卷九百六十"松外蛮"条增补并改正。

② 《太平御览》卷七百九十，《通典》卷一百八十七，《册府元龟》卷九百六十，都有关于"松外蛮""西洱河蛮"风俗习惯的记载，但比较报导得全面的是《新唐书·南蛮传》，其他纪录亦可参考。

形态随着生产力的发展而逐渐发展，从四大"名家"发展为杨承颠的邑落小国，从邑落小国又发展为六诏的建立，从六诏分立又发展为南诏的统一。从国家统一的总方向来说，这是符合于社会发展规律的。

七世纪中叶以前，洱海湖区许多大姓"各擅山川，不相役属"的局面是落后于当时各族人民生产力的发展的。乌蛮首领由湖区外围侵入洱海附近建立六诏，把原有邑落割据状态初步给以统一，从"各擅一州"的小割据变为各擅几州的大割据，这是符合于社会发展的规律的。但从六诏成立之日起，各诏之内便存在了"白蛮"和"乌蛮"的矛盾。

"乌蛮"和"白蛮"的矛盾首先表现为"乌蛮"诏主的建诏和"白蛮"首领原有统治权的保持之间的矛盾。从这种矛盾就产生了"乌蛮"诏主和"白蛮"豪族之间的斗争。例如开元中叶，越析诏主波冲和"白蛮"豪族张寻求的斗争就是一个显例。斗争的结果是越析诏灭亡，越析川土地合并于南诏。"乌蛮"和"白蛮"的矛盾又表现为"乌蛮"诏主和"白蛮"人民之间的矛盾。例如开元二十五年，南诏攻下河蛮，蒙归义"逐河蛮，夺据大和城，后数月又袭破阳苴哶城"。河蛮被南诏压迫，"乃北徙，更羁制于浪诏"①。除此以外，自六诏成立以后，各诏内的白蛮人民在乌蛮诏主统治下经常被诏主征收赋税、征发兵役等，进行各种剥削和奴役，这些都是"乌蛮"和"白蛮"之间的矛盾。这些矛盾的结果，一方面表现于几个诏的加速灭亡和几个诏主的离开"白蛮"地区；又一方面表现于"白蛮"人民随从"白蛮"首领与南诏联合起来对"乌蛮"的其他诏主（在"白蛮"地区立诏的乌蛮诏主）展开斗争，最后促成了六诏的统一。

六诏的合并，不能认为是"乌蛮"和"白蛮"之间的斗争，而是六个乌蛮诏主之间的斗争。斗争的结果，是南诏胜利了，其他五诏失败了。南诏所以能够胜利，主要原因不外两端：一端是由于唐室的援助，文献记载这种史料很多，留在下面再说；又一端就是南诏首领能够利用四诏（五诏中除了蒙雟诏）之内"乌蛮"诏主和"白蛮"豪族之间的矛盾，与各诏内的"白蛮"豪族联合，向"乌蛮"诏主进行斗争，所以屡战屡胜，最后达到统一六诏的目的。正因为如此，所以波州（即品赕，今祥云县城）的段氏，河赕的尹氏，渠敛赵（今凤仪县）的杨氏、赵氏以及洱海附近的其他"白蛮"大姓如赵、李、王、董、张等风起云会归附于南诏，其中一部分首领且作了南诏国的重要辅宰如清平官等。因为这样是既符合于南诏的利益，也符合于"白蛮"豪族大姓的利益的。

但是在另一方面，我们决不能忽视六诏之外，唐朝、吐蕃和六诏之间的关系。设使不明白当时的形势和唐朝、吐蕃对于六诏斗争所发生的作用，其中有许多现象我们就不可能得到理解的。

---

① 《蛮书》卷四"河蛮"条，卷五"大和城"条。

贞观十五年（六四一年），中天竺（印度）戒日王遣使臣来到中国。贞观十七年（六四三年），唐太宗遣李义表、王玄策为正副使往中天竺报聘。时中天竺戒日王最强，四天竺国皆臣服之，所以唐朝之通天竺在当时有重大的政治意义的。① 至贞观十九年（六四五年）王玄策等尚未归国，太宗故纳嶲州都督刘伯英的建议，命梁建方出兵讨"松外诸蛮"，希望经西洱河以通中天竺。后来王玄策等虽然回国了，但又从西域路两次出使于天竺，② 而永徽初年洱海湖区正发生了大勃弄杨承颠进攻麻州的事变。当时洱海湖区以"白蛮"的大姓豪族为最强，所以唐朝对"白蛮"豪族翦除甚力，而于四围新兴的"乌蛮"势力则有意识地加以培植，这样就加强了七世纪中叶以后六诏乌蛮在洱海地区的发展。当吐蕃王朝势力进入洱海湖区以前，唐朝对于六诏"乌蛮"首领还是一视同仁的，所谓"六诏同为唐臣"，"天子每有恩赏，各颁一诏"③。皆指此一时期而言。但从吐蕃势力诱迫几个诏主投降吐蕃以后，唐朝诏书所能送达的只有南诏的蒙归义和浪穹诏的铎罗望了。④ 其中南诏距离吐蕃最远，故唐朝对于蒙归义、阁罗凤倚望最殷。开元初年，唐朝授皮罗阁特进、台登郡王，知沙壶州刺史；授阁罗凤特进，兼阳瓜州刺史。征伐"洱河蛮"后，唐朝赐皮罗阁名"归义"，并封为云南王。唐朝这些措施都不能认为是偶然的。当南诏之统一五诏时，唐朝君臣对于南诏的支持和援助真可谓不遗余力，例如剑南节度使王昱把越析州割归南诏；当南诏征伐时傍和剑川二诏时，御史严正诲、中使王承训皆亲自出兵参加了战争。这些活动都和吐蕃势力进入洱海湖区以后，唐、蕃之间在这里展开直接间接的争夺战有关。

　　吐蕃王朝的势力约在公元六七八年（仪凤三年）进入洱海湖区的北部。不久在金沙江上游铁桥（今丽江巨甸以北）附近设置神川都督，在此时便与"西洱河蛮"相互交通。⑤《通鉴》卷二〇四记永昌元年（六八九年），"浪穹州蛮酋傍时昔等二十五部先附土蕃，至是来降"。从此知六八九年以前，洱海以北许多部落部族的首领很多投降于吐蕃了。从敦煌所发现的《吐蕃历史文书》记载："兔年（七〇三年），其年冬，（弃都松）赞普至绛域，攻下此地。龙年（七〇四年），其年春，王子甲祖如生；其年冬，赞普入治蛮（Myawa），即死于此地。"⑥

---

① 参考《法苑珠林》卷三十九引《王玄策传》，《通鉴·唐纪》"贞观二十二年五月"条。时罗逸王（Siladitya）即日戒王。
② 王玄策出使印度凡三次：第一次在贞观十七年（六四三年），第二次在贞观二十二年（六四八年），第三次在显庆二年（六五七年）。参考《法苑珠林》各卷所引《王玄策传》，各卷所引《王玄策西国行传》；《新唐书·西域传》；列维《王玄策使印度记》，译文载冯承钧《西域南海史地考证译丛》七编。
③ 诸葛元声《滇史略》。卢求《成都记序》，载《全唐文》卷七百四十四。
④ 《张曲江文集》卷十二。
⑤ 《滇考》卷上《唐初经·理滇中篇》谓在仪凤二年。
⑥ 间接引自王忠《新唐书·吐蕃传笺证》，57页。

绛域，在今云南丽江一带，藏文经典皆言此地有一古国，名曰绛域。赞普指弃都松，生王子甲祖如，后改名为弃德祖赞（《吐蕃传》作弃隶缩赞）。当吐蕃在进入云南西北部时，不仅在这里置神川都督，赞普亦亲至绛域，攻下其地，其重视经营丽江一带由此可知。《吐蕃历史文书·弃都松传》，云："此后统治绛地，向白蛮征税，乌蛮亦款服，兵精国强，为前王所未有。"① 从此知吐蕃不仅统治"白蛮"人民，即"乌蛮"诸诏亦有许多在吐蕃征服之列。

自吐蕃王朝胁降洱海以北的"乌蛮""白蛮"以后，最初是吐蕃联合这一带的"乌、白蛮"向嶲州及姚州各地进攻。例如《新唐书》卷四《本纪》记：

> 景龙元年（七〇七年）六月，吐蕃及姚州蛮寇边，姚、嶲道讨击使唐九征败之。

此役《大唐新语》记载最详，云："时吐蕃入寇蜀、汉，九征率兵出永昌郡千里讨之，累战皆捷。时吐蕃以铁索跨漾水、濞水为桥，以通西洱河蛮，筑城以镇之。九征尽刊其城垒，焚其二桥，命管记闾丘均勒石于剑川，建铁碑于滇池，以纪功焉。俘其魁帅以还。"其次，是景云元年（七一〇年）李知古以"姚州群蛮先附吐蕃"，发兵击之。蛮酋傍名引吐蕃攻杀知古。此事前已详述，兹不多赘。再次，至先天（开元）元年（七一二年），《新唐书》卷五《本纪》又记：

> 十月，姚、嶲蛮寇姚州，都督李蒙死之。

从上述三事可知姚州"西洱河蛮"在吐蕃指使下对唐帝国的斗争是很激烈的。在开元年间，自从唐朝帮助南诏的统一运动展开以后，许多在斗争中失败的诏主和一些未立诏的部落首领纷纷向吐蕃投降。例如时傍诏主时傍和剑川诏主矣罗识恐被南诏吞并，先与神川都督交通，求立为诏，结果时傍被杀，矣罗识北走神川，投降吐蕃了。又如施蛮和顺蛮，吐蕃皆封其首领为王。② 最后如施浪诏的后人傍罗颠，被南诏攻击，脱身北走，投降吐蕃，后其子孙永在蕃中。

从上所述，南诏与其他若干诏的斗争，在很多情况下是同唐朝和吐蕃的争夺战争交错在一起的。

虽然如此，我们对于上面所述的各种斗争，论其性质，只是在祖国的统一的过程中和作为祖国一部分的西南各民族之团结和融合的洪流中一些曲折现象罢了。

明代杨慎（升庵）是《南诏野史》的编辑者，也是《滇载记》的编译者，现在我们先将《滇载记》的有关南诏的历史部分抄录在下面，杨慎自己在《滇

---

① 间接引自王忠《新唐书·吐蕃传笺证》，57页。
② 《蛮书》卷四"施蛮""顺蛮"条。

《载记》的后面用逸史氏说：

> 余婴罪投裔，求蒙、段之故于图经而不得也。问其籍于旧家，有《白古通》《玄峰年运志》，其书用僰文，义兼众教，稍为删正，令其可读，其可载者，盖尽此矣。

清代陈鼎在其《滇游记》中说：

> 感通寺在郡南十里点苍之麓，又名荡山寺。峰峦环绕，林壑幽深。杨升庵（慎）寓寺小阁，题曰："写韵楼"，四壁皆升庵墨妙。升庵往来大理永昌间，近四十年，访于旧家，得《白古通》《玄峰年运志》，其书僰文，升庵熟谙其语，译为《滇载记》，南诏始末，方得详备。

陈鼎在其所著的《蛇谱》中也提到杨慎所编著的《西南列国志》，他说：

> 杨升庵先生流寓滇中数十年，通彝语，识僰文，乃译黑新造《西南列国志》八百余卷，载蛇状甚详，予在大理浪穹何氏见其抄本，惜匆匆北还，不能尽录其书，入中原以为恨。

虽然有人以为杨慎是一位捏造古书著名的学者，但他既在滇——在大理、永昌之间有将四十年之久，而又通彝语，识僰文，他的《滇载记》与《南诏野史》还是研究南诏与大理的很为宝贵的材料，下面就是《滇载记》有关南诏的叙述：

> 滇域未通中国之先，有低牟苴者，居永昌哀牢之山麓。有妇曰沙壹，浣絮水中，触沈木，若有感，是生九男，曰九隆族。种类滋长，支裔蔓衍，窃据土地，散居溪谷，分为九十九部。其渠首有六，各号为诏，夷语谓诏为王。其一曰蒙舍诏（今蒙化府），其二曰浪施诏（今浪穹县），其三曰邓睒诏（今邓川州），其四曰施浪诏（今浪穹县蒙和次之地），其五曰摩挲诏（今丽江府），其六曰蒙巂诏（今建昌）。兵将不能相君长。至汉，有仁果时，九隆八族之四世孙也，强大，居昆弥川（今白崖定西岭）。传十七世，至龙祐那，当蜀汉建兴三年（公元二二五年），诸葛武侯南征雍闿，师次白崖川，获闿斩之，封龙祐那为酋长，赐姓张氏，割永昌益州地，置云南郡于白崖。诸夷慕武侯之德，渐去山林，徙居平地，建城邑，务农桑。诸部于是始有姓氏。龙祐那之十六世孙，曰张乐进求，逊位于蒙氏。考其时，盖唐世也。张氏或称昆弥国，或称白国，或称建宁国，其年系莫可推详。
>
> 蒙氏始兴，曰细奴罗。九隆五族牟苴笃之三十六世孙也。耕于巍山之麓，数有神异，孳牧繁息，部众日盛，代张氏立国号曰封民。蒙氏伪称南诏，实唐贞观三年（公元六二九年）也。迁居珑玗图山（今蒙化）。及高宗时（公元六五〇—六八三年），遣子入侍，朝命授细奴罗以巍州刺史。死，伪谥高祖，又称奇王。子罗晟嗣。

罗晟僭立，当高宗上元元年（六七四年）。至睿宗景云中（七一〇—七一一），姚州蛮先附吐蕃。御史李知古请兵击降之，筑城置州，重税赋。因诛其豪酋，掠其子女为奴婢。群蛮怨怒，引吐蕃攻知古，杀之。于是，姚巂路绝。晟犹奉唐正朔。死伪谥世宗，子晟罗皮嗣。

晟罗皮之立，当玄宗先天元年（按：先天为玄宗年号公元七一二年）。立孔子庙于国中，死谥威成王，子皮罗阁嗣。

皮罗阁之立，当玄宗开元十六年（七二八年），受唐册封，为云南王，赐名归义。于是，南诏浸强大，而五诏微弱。皮罗阁因仲夏二十五日，祭先之期，建松明为楼，以会五诏，宴醉后，罗阁佯下楼，击鼓举火焚楼，五诏遂灭。阁赂剑南节度使，求合五诏为一，朝廷许之。于是，尽有云南之地。因破吐蕃，卒为边患，不可复制。既并五诏，乃卜太和形势，左洱水，右苍山，山海之交，结于子午，遂筑太和城。自蒙舍徙居之，立上下二关，曰龙首，曰龙尾，连陷辽川、永昌、石鼓沙，追赕龙，佉赕。后遣其孙凤伽异入朝，唐授鸿胪少卿，妻以宗女，赐乐一部，南诏于是始有中国之乐。死，子阁罗凤嗣。

阁罗凤之立，以天宝八年（七四九年）故事。酋长谒都督偕妻子行，凤挈望家至云南。太守张乾陁皆私之，复多征求，凤怒，反攻云南，杀乾陁，取夷州三十二，陷嶲州，获唐西泸令郑回，拜清平官（即其国丞相也）。天宝十年夏（七五一年）四月庚寅，剑南节度使鲜于仲通，将命致讨，凤伽异及段俭魏，逆战于西洱河，唐兵死者六万人，仲通仅以身免。封俭魏为清平，赐名段忠国以旌之，遂臣于吐蕃，吐蕃封之为东帝，刻碑国门之外，明叛唐非得已也。僭国号曰大蒙，始建年号曰赞普钟。十三年（七五四年），剑南留后李宓，将兵击之，为蒙氏所诱，全军没焉。唐益发兵，竟不能克，前后死者二十万人。南诏自是始与中国隔绝矣。代宗大历十四年（七七九年）死。伪谥神武，子凤伽异未嗣而死，孙异牟寻立（僭改元赞普钟七长寿十一）。

异牟寻以唐代宗大历十四年（七七九年）嗣立，有智数，善抚众，居史城（史城，今喜洲也），连兵吐蕃入寇。唐神策都将李晟击破之，异牟寻惧，改城牟睑苴咩（今大理），改国号曰大理，自称曰日东王，僭封五岳四渎，并立祠，三皇庙，春秋致祭。以国界内点苍山为中岳，东川界江云露松外龙山为东岳，银生部日界蒙乐山为南岳，永昌腾越界高黎共山为西岳，丽江界玉龙山为北岳，以黑惠江、澜沧江、潞江、丽江为四渎。接点苍之颠，添洱河之永，立官号曰九爽三托。其地东至于铜柱铁桥、蟠桃玉榆，东南至于交趾，南至于骠国木落山，西至于太石，西北至于吐蕃，北至于神川，东北至于黔巫，八方之地，属以八演，从中国教令，都曰苴咩，别都曰善阐，皆中国降人为之经画也。德宗贞元三年（七八七年），郑回说以大义，令复归唐，异牟寻然之。会西川节度使韦皋招抚群蛮，寻因求内附，而犹结好吐蕃，皋乃为书遗寻，叙其归化之诚，转至吐蕃，吐蕃疑之，异牟寻归附之志益坚。九年（七九三年），上表请绝吐蕃，复臣于唐。十年（七九四年），自将数万人袭吐蕃，大破之，遣其弟献图纳贡，及吐蕃所颁金印，请复号南诏。唐以其功，遣使册之，赐银窠、黄金印，王北面跪受之。宴使者出玄宗所赐器物，指老笛工、歌女曰："皇帝所赐龟兹，惟二人在耳。"使者曰："南诏当深思祖考，子孙勿替，尽忠皇唐。"对曰："敢不敬使者之命！"死伪谥孝恒，改元二（见龙、上元），子寻阁劝嗣。

寻阁劝以唐德宗贞元十五年（七九九年）立。死，子劝龙晟立（伪谥孝文，改元应道）。

劝龙晟以唐永贞元年（八〇五年）立，淫虐不道，其臣嵯颠杀之，而立其弟劝利晟。谥曰幽，改元龙兴。

劝利晟以唐宪宗元和元年（八〇六年）立。死，伪谥靖王，子晟丰祐立，改元全义。

晟丰祐以穆宗长庆四年（八二四年）立。趫敢善用其下。文宗太和三年（八二九年），西川节度使杜元颖，不恤士卒，有流入蛮境者，蛮衣食之。由是，尽得蜀之虚实。与其臣嵯颠，遂谋入寇。以蜀卒为乡道，袭陷邛、戎、巂三州，引兵径入成都，取诸经籍，大掠子女工技数万人及珍货而还。南诏工技、文织，自是与中国埒矣。丰祐乃遣使上表请罪元颖，朝廷以李德裕代之。德裕保障有方，索南诏所掠百姓，得四千人。丰祐死。伪谥昭成，子世隆立，改元二，保和、天启。

世隆之立，以唐武宗会昌十三年（？）。初韦皋开蜀，清溪道以通群蛮入贡，又选子弟聚之成都，教之书数以羁縻之，而军府不时给其饩须，南诏因是不肯入贡，及世隆立，朝廷以其名同玄宗讳，不行册礼，谕令更名谢恩，然后遣使，会世隆寇巂州事，遂寝。世隆乃僭称皇帝。懿宗咸通三年（八六二年），西寇安南。四年，寇交趾，杀虏几十五万人，留兵二万，使其将杨思缙据之，谿洞夷獠皆降。五年（八六六年），寇邕州败还。七年（八六八年），节度使高骈大破之，复定交趾。十年（八七一年），世隆倾国入寇，陷犍为，及黎、雅、嘉三州。十一年，进攻成都，不克，引还。僖宗乾符元年（八七四年），复寇西川，陷黎州，入寇邛崃关，胜负不常。二年（八七五年），攻雅州，闻高骈改西川，遣使请和。骈发兵追至大渡河，杀获甚众，擒其酋长数十人。四年（八七七年），复寇越巂，死于景净寺，自世隆嗣立以来，为边患殆二十年，中国为之虚耗，而其国亦弊。伪谥景庄皇帝子隆舜嗣，改元建极。

隆舜之立，以僖宗乾符四年。性好田猎酣宴，委国事于其臣。是岁请和，许之，又迭请和亲。广明元年，遣宗正少卿李龟年充使。中和元年（八八一年），上表款附。三年（八八三年），以宗室女妻之。后内嬖失道，为竖臣杨登所弑。伪谥宣武，子舜化真嗣，改元二贞明、嵯耶。

舜化真之立，以唐昭宗乾宁四年（八九七年）。改元中兴。上书于唐，唐欲报以诏，王建言小夷不足辱诏书，臣在西南，彼何敢犯塞，从之。立四年，其臣郑买嗣夺之，而灭其国，追谥孝哀。蒙氏自细奴罗至舜化真十有三世，立三百十年，而为郑氏。

第六章 大理

《滇载记》载南诏舜化真于唐昭宗乾宁四年（公元八九七年）即位，立了四年，就是昭宗光化三年（九〇〇年）为其臣郑买嗣所篡，立南诏的蒙氏，遂亡。《滇载记》说：

郑买嗣本唐郑回之后，世为蒙氏清平。唐昭宗光化五年，既灭蒙氏，而自立，改国号曰大长和，改元曰安国。死，伪谥德桓，子旻嗣立。攻蜀黎州。王建发兵大破之，俘斩数万级，溺死数万人。求婚于南汉，汉主以会城公主妻之。改元五，曰始元、曰天瑞景星、曰安和、曰贞祐、曰初历。死，伪谥肃文，子隆亶嗣立，改元天应。未几，为东川节度使杨千真所杀。郑氏三传，历年二十有六，而为赵氏。

赵氏名善政，为封氏清平。杨千真既杀灭郑氏，遂拔善政而立之。后唐明宗之天成三年（公元九二八年）也，改国号曰大天兴。立仅十月，千真又夺之，而为杨氏。

杨氏名千真，既夺赵氏而有蒙国，改国号曰大义宁，改元曰尊圣。贪虐无道，中外咸怨。通海节度使段思平，兴师问罪，千真不能御，走死。杨氏立仅二年，而段氏兴焉。

段氏之先，武威郡人。有名俭魏者，佐蒙氏有功，赐名忠国，擢清平官。六传而生思平。思平生有异兆，杨千真忌之，使人索捕。思平逃匿，得奇戟于品甸波大村，又得神骥于叶镜湖（在云南县正南，大波铺是也）。饥摘野桃，剖之，核肤有文曰："青昔。"思平拆之曰："青乃十二月，昔乃二十一日。今杨氏政乱，吾当以是日举义乎？"遂借兵东方，黑爨、松爨三十七部皆助之。众至河尾。是夕，思平梦人斩其首，又梦玉瓶耳缺，又梦镜破，惧不敢进兵，其军师董迦罗曰："三梦皆吉兆也。公为大夫，夫去首为天，天子兆也。玉瓶去耳为王，王者兆也。镜中有影，如人有敌，镜破则无影，无影则无敌矣。三梦皆吉兆也。"思平乃决。明旦引兵欲渡，莫知所从，见江尾一妇被璎而浣者，指曰："人从我江尾，马从三沙矣。尔国名大理。"从之得济。既逐杨氏而有蒙国，遂改国号曰大理，改元曰文德。时后晋天福二年（九三七年）也。死，伪谥太祖，传子思英，立未几，死，伪谥文经武□皇帝。国人立其叔思良。思良以后晋开运三年（九四六年），改元至治。死，伪谥□□，传子思聪。

思聪以后周广顺三年（九五三年）立，改元三，曰明德、广德、圣德。死，伪谥□□，传于素顺（素顺于思聪未知何属也）。

素顺以宋太祖建隆四年（九六三年?）立。时王全斌既平蜀，欲因兵威取滇以图进于上，太祖鉴唐之祸基于南诏，以玉斧画大渡河曰："此外非吾有也。"由是，云南三百年不通中国，段氏得以睨临僰爨以长世焉。素顺十七年，改元明正。死，伪谥应道皇帝，传子素英。素英以宋太祖雍熙二年（九八五年）立，改元五，曰广明、明应、明圣、明德、明治。死，伪谥昭明，传子素廉。

素廉以宋真宗祥符二年（一〇〇九年）立，改元二，曰明启、乾兴。死，伪谥敬明，传于素隆。

素隆以宋天禧二年（一〇一八年）立，改元曰明通、天圣，避位为僧。死，伪谥秉义，传于素贞。

素贞以宋仁宗天圣四年（一〇二六年）立，改元正治。死，伪谥圣德，传于素兴。

素兴以宋庆历元年（一〇四一年）立，改元二，圣明、天明。以无道，国人废之，而立思廉。

思廉以宋庆历四年（一〇四四年）立。皇祐中（一〇四九—一〇五三年），广西侬智高掠广州，败走大理。狄青募死士使大理求之，会智高已死于大理，函其首至京师，段氏至是，始闻名于中国。思廉立三十一年，改元四，曰保安、政安、政德、□□，死，伪谥世宗，传子连义。

连义以宋熙宁八年（一〇七五年）立，改元二，曰上德、广安，为其臣杨义贞所弑。杨义贞篡立，自号广安皇帝，凡四年。段氏臣岳侯高智升，遣子升太，起东方兵讨灭之，而立段寿辉（寿辉，连义之从子）。寿辉立二年，改元曰上明，传于正明。

正明以宋元丰五年（一〇八三年）立，改元三，曰保立、建安、天祐。避位为僧。时国人皆归心高氏，遂奉高升太为主，而段氏中绝。

高升太有功段氏，为国人所立，以宋哲宗之元符二年（公元一〇九九年）立国。改国号曰大中国，改元上治。临终，属其子太明曰："段氏不振，国人推我，我不得已从之。今其子已长，可还其故物。尔后人勿效尤也。"太明遵其遗言，求段氏余子正淳立之，而段氏复兴，号曰后理国。高氏世相之，赏罚政令皆由之，国人称为高国主。波斯、昆仑诸国，来贡大理者，皆先谒相国焉。

正淳复国，改元天授。以高太明为相，高太连为栅主。遣太连朝宋，求经籍，得六十九家。立十三年，再改元曰开明、文安。避位为僧。传子正严。死，伪谥中宗。

正严以宋徽宗大观二年（一一〇八年）立，四十年改元四，曰日新、永嘉、保天、广运。避位为僧。传子正兴。死，伪谥宪宗。

正兴以宋高宗绍兴十七年（一一四七年）立，改元四，永贞、太宝、龙兴、盛明。避位为僧。传子智兴。死，伪谥景宗。

智兴以宋孝宗乾道八年（公元一一七二年）立，改元五，曰利贞、盛德、嘉会、元亨、安定。死，伪谥宣宗，传子智连。

智连以宋宁宗庆元六年（一二〇〇年）立，改元凤历。死，伪谥享天。传弟智祥。

智祥以宋宁宗开僖元年（一二〇五年）立，改元天开、仁寿。死，伪谥神宗。传子祥兴。

祥兴以宋理宗嘉熙三年（一二三九年）立，改元道隆。甲辰，元兵攻之，高禾逆战，败死。宋遣使祭之，祥兴死，伪谥孝义。传子兴智。

兴智以元宪宗元年（一二五一年）立，改元天定。壬子岁，元忽必烈将兵击之，分三道进，自临洮经行山谷行二千余里，浮金沙江以革囊济，进薄大理。兴智及高太祥拒战，大败。祥、兴奔善阐。太祥就擒，不屈，斩于五华楼下。时白日当午，忽云起雷震，世祖异之，曰："忠臣也！"遂虏兴智，灭其国。段氏自思平至兴智，二十二主，历三百五十年。

元既灭段氏而有其地，得五城、八府、蛮郡三十有七，设大理都元帅府，仍录段氏子姓世守其土。赦兴智，封为摩诃罗嵯，管领八方。兴智死，元季乱，中原多故，段氏复据之。于是，有十一总管出焉。

第三编

第七章　交通[①]

　　西元二世纪中，滇国、夜郎、邛、笮、冉駹等入汉版图，分置于益州、牂牁、越嶲、犍为四郡，是为西南政治区域之始；然其延袤仅及本省东北二部，其西南普思边地，犹未辟也。两晋、隋、唐诸州，属于羁縻，亦皆局居方隅。南诏、大理辐员数千里，版图差近于元矣，顾与中夏分割自立，不相统属，以视元之堑山堙谷，启士开疆，驱八百为编氓，置缅、越为内郡，大有别矣。故究近世云南地理之沿革者，当以元代设省，为其权舆。

　　云南之名，为西汉益州郡之一县。东汉明帝时，改属永昌郡。蜀汉名郡亦在迤西，至唐乃有以南诏为云南者。

　　《滇系事略》武帝元狩元年（元前一二二年）令王然于等至滇，指求身毒国，是岁有彩云见于白崖，遣使迹之，乃置云南县（今祥云县）。《汉书·地理志》益州郡故滇国也，领县二十四，而云南居其一。明帝永平十二年（西纪六十九年）以益州地广，分其西部六都尉地（即不韦、嶲唐、哀牢、博南、比苏、叶榆、邪龙八城）。设永昌郡。蜀建兴三年（西纪二二五年）秋，平四郡（益州、牂牁、越嶲、永昌四郡），改益州为建宁郡，分建宁、越嶲，置云南郡。《华阳国志·南中志》云南郡属县七，户万，去洛阳六千三百四十三里，县西高山相连，有大泉水名冯河，县西北百数十里，有山特高大，状如扶风太一，郁然高竣，与云气相连结。固阴沍寒，虽五月盛暑不热。所属之叶榆县有河洲，遂久县有绳水（即金沙江也）。以其地考之，所谓高山者，即今祥云县西大理之点苍山，而云南一郡，约当今腾越道北部，固未尝出乎迤西也。《新旧唐书·南诏传》开元二十六年（西纪七三八年），册蒙归义为云南王，五诏浸弱。五诏者，除蒙嶲在今建昌道外，余皆在今大理、鹤庆等属。蒙舍据今蒙化，当五诏南，故曰南诏。要其地皆在旧云南郡属，故唐因其所统疆域，而以云南王封之也。惟是时南诏虽强，尚未全据迤西地，天宝七年，归义卒，诏立子阁罗凤袭云南王，时亦只据迤西地。《香山新乐府》"从兹始免征云南"。即指阁罗凤时之云南也。贞

[①] 编注：本章系陈序经摘录自夏光南《元代云南史地丛考》"二　元云南省之地理"。

元十年，异牟寻复入朝，册为南诏王，盖蒙氏斯时，已东并两爨，南降传骠，疆宇大启，不愿名云南王，故叛则曰大蒙国王，归中国则守其初服曰南诏王也。

五代两宋间，滇与中夏绝，云南一名，遂为文人所习称。

五代篡夺相寻，滇则南诏衰亡，郑赵杨段等，亦相继建国南中，有如传舍。宋鉴唐祸，划大渡河为界，不惟兵防之严，人民往来，亦所切禁。故其时滇于中国，俨同异域，纪载滇事之书，浅薄晦涩，莫可究诘。所谓大长和、大天兴、大义宁诸国，由遑论魏晋，不知有汉之中国人视之，尚不及后五代诸小朝廷国祚之长，固不足以代表南中，即南诏大理，割据自雄，亦非华夏主权之所及，故其称述滇事，率以云南为名。《新五代史·南汉世家》刘龑立七年，云南骠信郑旻，遣使致朱鬃白马以求婚，龑以增城县主妻之。王建傅制授西川节度副大使，处置云南八国招抚等使。《唐庄宗纪》以孟知祥为检校西川节度副大使知节度事，西山八国云南都招抚使。《明宗纪》天成元年，云南、巂州、山后、两林、百蛮都鬼主李卑晚遣使朝贡，帝御文明殿诏曰。云南素归正朔，梯航之道路才通，琛赆之贡输已至。天成二年九月，西川奏据黎州状。云南使赵和于大渡河南，起舍一间，留信物十五笼，并《杂笺诗》一卷。递至阙下。盖自唐宋以来，数百年间，"云南"一名已为文人习用通称。如《隋书·梁睿傅》上疏曰，云南、宁州，汉代牂牁之郡。唐无名氏所撰之《云南事状》末卷，载陈敬瑄《与云南书牒》。又高骈《回云南牒》，皆直称其名，则云南之号，固已历有年所，非旦夕之所成也。

元平大理，依汉故事，设置郡县，立云南行中书省，于是向为一县一郡之名者，今扩为一省之名矣。元之行省，以军事为其组织之目的，故凡有关系军事重地，如蜀之建昌、会理，黔之普安、顺元，均在云南域内，而西南统缅，封域尤广。

《元史·地理志》云，云南、湖广之边，唐所谓羁縻之州，皆赋役之，比于内地。又云南诸路行中书省，为路三十七，府二，属府三，属州五十四，属县四十七，其余甸塞军民府，不在此数。其地东至普安之横山，西至缅地之江头城，凡三千九百里而远。南至临安府之鹿沧江，北至罗罗斯之大渡河，凡四千里而近。《方舆纪要》元云南省领中庆等路三十七。府二，曰仁德（今寻甸县属）、曰柏兴（今四川盐源县境）；属府三，曰北胜、永昌、腾冲。属州五十。自云南接四川西南，又东接贵州西境诸蛮皆属焉。《本纪》至元八年分大理国三十七部为南北中三路。十年三月，分金齿国为两路。闰六月赡思丁行省云南，统合刺章（此言黑爨时分布于滇省东部滇池附近千余里间）鸭赤赤科（鸭赤当即《兀良合台传》之押赤，当今罗次县东南为黑爨首都）金齿（地在今永昌腾越南千余里间，与缅甸接界）茶罕章（此言白爨当今永平以北大理鹤庆诸属，详见第二章）诸蛮。其所谓三十七部蛮者，大抵当民国初元之滇中、蒙自二道，出此范围者，仅迤西之鹤庆耳，分为三路，宜其过大。而金齿在澜沧江外，幅员辽阔，亦非两路所能尽。故自赡思丁督滇，即于至元十三年（西纪一二七六年）奏请改订。盖所谓三十七路者，统有元一代之成数言，与三十七部有别，今准《地理志》，列表于后。

路名	属府州县	事略	路名	属府州县	事略
中庆路	嵩明、晋宁、昆阳、安宁四州。昆阳、富民、宜良三县	至元十三年置，军民屯田二万二千四百双有奇	威楚路	威楚、定远二县，镇南、南安、开南、威远四州。领广通一县	至元八年改置，军民屯田七千余双
澄江路	河阳、江川二县。兴新、路南二州	至元十六年升路，屯田四千一百双	武定路军民府	和曲、禄劝二州。领南甸、元谋、石旧、易龙等县	至元十二年改置，军民屯田七百七十双
曲靖路军民宣慰司万户府	南宁县、陆凉、罗雄、马龙、霑益、越等州	至元二十五年升置，屯田四千八百八十双	临安路	河西、蒙自二县。舍资千户、建水、石屏、宁州并属嶍峨通海	至元十三年改置军民屯田约四千双
广西路	师宗、弥勒二州	至元十二年籍二部为军，十八年复	东川路芒部路	益良州，强州	阙
普定路		大德七年置，以嫡姑为总管	普安路	初于矢万户，至元十六年改宣抚司。二十二年改路	
乌撒乌蒙宣慰司	乌撒、阿头、易溪、易娘、乌蒙、閟畔六部	初为宣抚司，至元二十四年升	建昌路	建安、永宁、泸州、礼州、里州、阔州、邛部州、隆州、姜州	至元十二年，析置总管府九
德昌路军民府	昌州、德昌、威龙、普济等州	至元二十三年改置，领州四，立军民屯	会川路	武定、黎溪、永昌、会理、麻龙等州	至元十四年立路，军民屯田

续上表

路名	属府州县	事略	路名	属府州县	事略
罗罗斯宣慰司	罗罗、蒙庆等处宣慰使司都元帅府	阙	柏兴府	闰盐、金县（今四川盐源县）	
仁德府	为美、归厚二县，今寻甸属	元初为万户，至元十三年改府，屯田五百六十双	大理路总管府	永昌、腾越二府，邓川、蒙化、赵州、姚州、云南等州。属永平县	至元七年改并，军民屯田二万二千一百五双
鹤庆路军民府	剑川县	至元二十三年升府，军民屯田二千余双	丽江路军民宣抚司	北胜府，顺州蒗渠州、永宁、通安、兰州、宝山州、巨津州	宪宗四年立，茶罕章管民官，至元十三年改路
大理金齿等处宣慰司都元帅府		临时设置，事竣即废	元江路	步日、马龙二部	至元二十五年，平罗盘置
金齿等处宣抚司	辖柔远以下七路	中统二年立安抚司，至元十二年改置，二十三年罢	临安广西元江等处宣慰司管军万户府		阙
柔远路		在永昌南凭潞江	彻里军民总管府		至元中置
茫施路		在柔远南潞江西，即今芒市			
镇康路		在芒施东南即今镇康湾甸	云远路军民总管府		元贞二年置
镇西路		在柔远路西即今干崖			
平缅路		接近麓川	孟杰路	由府升路	泰定三年，八百媳妇请官守，置木安、孟杰二府
麓川路		柔远路西即今陇川西			

续上表

路名	属府州县	事略	路名	属府州县	事略
南赕路		在镇西路西，上七路均在腾永南，至元十三年立	蒙怜路军民府		在腾越西南八程，至元二十七年，从云南省请
广南西路宣抚司	安宁州、富州	至元中立司领五州，改并后，只余二州	蒙莱路军民府		同上
附注：按表列二十九路，《地理志》均有文。自水连路、蒙光路、木邦路、孟定路、谋粘路、南甸路、蒙兀路、六难路，皆有名无解，合计适三十七路，属州、府、县亦同，详见《元史·地理志》					

观上表知云南诸路设置，东南开化广南等属，较为疏阔。

《元史·本纪》虽称赡思丁籍两江侬士贵所部县三十七户十万之言，考之史迹，仅于至元中立广南西道宣抚司，领路城等五州，后来安路夺其路城、上林、罗佐三州，惟领安宁、富州，形势不逮中央诸路远甚。盖开广虽为滇与交趾孔道，瘴疠蒸郁，不适于垦，元人用兵安南，又以湖广为一正道，故莽莽膏原，等诸瓯脱而已。特伯希和（Paul Pelliot）谓在纪元初数世纪中，中国在云南北部与西部，已有行政组织。惟云南南部贵州全省，及上东京之土人，尚非四川及红河下流官厅（此当指晋之交趾郡）之力所能及，殊失检考。盖西随、都梦二县，西汉时属牂牁郡地，即今之广南、文山、马关诸属。南诏疆域东南至于交趾无论矣，皇祐初（公元一〇四九年）侬智高以广源州、思浪州叛交趾，攻下两广，狄青平之，宋置特摩道，皆有可考。

普安、普定当苗领之脊，盘江、乌江之源所从出，黔蜀之屏障，滇南之门户也，故南诏大理据为东鄙。元置路以属云南，匪仅军事之便利，亦相沿之旧规也。

滇黔地势毗连，居云岭、苗岭之脊，金沙江流经其北，南北盘江贯注其南，二千余年间，中国文化即溯洄此两江之本枝各流，以倾注于滇黔之野，而普安、普定，乃其冲也。普安古夜郎地，汉牂牁郡属，南诏、乌蛮居之。元初置于矢万户府，至元间，改普安路隶云南行省，领和龙、习旧、八纳三千户所（故城在今普安县东三十里）。普定当普安东北，隔岭相望，为唐罗甸蛮地，元初置路，至元中又创置罗甸宣慰司于此，领安顺、永宁、镇宁、集安四州。考元设路隶滇，殆以制驭八番。《方舆纪要》曰：贵州一地，自唐以来，通于中国者，什之一二，元人始起而疆理之，大抵同于羁縻异域。《通志》贵阳元初为罗甸鬼国，改罗甸为军民安抚司，至元十六年，改顺元军民安抚司，二十年，于司治北增置亦奚不薛总管府，为宣慰司所属。盖此诸番，叛服不常，元人尝用滇川之兵勘定之，藉保南中驿站，以为域外军事中心，间或垦辟其地土，收复远夷，以充军实。故有元一代，滇黔军事之发生关系者数十次，而黔之乱，自滇讨之辄利，以有普安、普定也。

川南金沙江、大渡河间，为古清溪道，关山深邃，形势险阨，与其东南崇岗绝巘中之乌蒙、乌撒，同据建瓴之势，黔蜀之金城汤池，云南之门户也。南诏、大理数百年中，拥此以窥伺内地，唐人为之罢敝。元列于云南省区，所以制其要阨。

按建昌路在今四川大渡河南，西昌县地，汉邛都国，武帝立越巂郡，唐曰巂州，懿宗时为南诏所据，改建昌府。宋代羁縻于大理。元得其地，置建昌路，又于近地立罗罗宣慰司以统之。汉武开西南夷，诸葛武侯定南中，道出越巂，蛮皆顺命。而蜀汉雍闿孟获之所诱煽，唐吐蕃、南诏之所裹胁，皆此诸夷也。其所属如柏兴府（今四川盐源即汉昆明北境），与滇之永宁、华坪接界，南诏于此置香城郡，元为落兰部，至元二十七年，立府，地通滇蜀，饶盐利，西陲之屏翰，而建昌之根底也。府西南有昆明城以南接昆明夷而得名。会川路在建昌东南五百里，南诏置会川都督府又号清宁郡。元置路治武安州隶罗罗斯宣慰司，路西控泸水，南环金沙，为冲要地，由滇北窥川蜀，其必争之所也。盖云南自古通道有四。自建昌、会川、渡金沙江入姚安、白崖为古路，即汉唐之石门道、清溪道也。其西自巂州出鹤丽、永宁为西路，亦曰姚巂路，唐天宝间出师由之，元季置邮于此。其溯沅江由普安、曲靖以入滇，是为东路，肇自庄𫏋、明沐英等出师由之。又由重庆綦江经贵州入滇为间路。此四路者，皆赖长江为一通道，而建昌所关尤大。世祖分兵三路入滇，皆从此方，至顺初诸王秃坚之乱，罗罗斯土官撒加伯等响应，元竭中原数十万人之力，仅乃克之。而地连乌蒙、乌撒，延袤数千里间，番夷蒙回，与汉杂处麇集，元于此设驿治道，立三屯，所以控其险阨，绝其乱萌也。

西南临安路，迤南之首府，交趾之孔道也。

临安据滇南服，路治今河西通海，在杞麓湖南，又曰休腊昔庄𫏋王其地，汉为畇町国，南诏立都督府二，其一曰通海郡，大理段思平即以此讨杨干贞而得国，后为阿僰蛮所有，世为重镇。其思陀、步雄皆有名一时。元宪宗时，兀良合台讨阿伯国平之，立万户，至元八年改为南路。十三年，又改为临安路，领河西、蒙自二县，建水、石屏、宁州三州。州领通海、嶍峨二县。其建水州在本路南，接近交趾，为云南极边。《元史·地理志》谓建水城即步头，然考《蛮书》通海城南十四日程，至步头。从步头船行沿江三十五日出南蛮，则《元史》之疏略亦可知矣。近法人伯希伯（Paul Pelliot）以为步头即《蛮书》之贾勇步，贾耽之古涌步为安南沿红河而上之终航点，又以贾耽路程，总计由古涌步水路至安南凡千五百五十里，因置其地于今之蛮耗（Man Hos）与河江（地在今马关县赌咒河下游之沱江上，曰河阳县属安南，由此下流迄河内北数十里而会红河者也）二地，为汉唐以来，滇越交通孔道，南诏之扰安南及王知进、何履光等之讨南诏，均出峯州（今安南、山西或白鹤）取道于此，其言似无可非难者。然《元史·地理志·安南郡县附录》归化江路地接云南，宣化江路地接特磨道，沱江路地接金齿，谅州江路地接左右两江。是知元代滇越通道，亦颇不少。盖盘龙江、陀江、左江、元江、李仙江、藤条江、南乌江随在皆可通行。世祖时如纳速剌丁、张庭珍等之奉使安南固皆由临安一道，《元史·安南传》初使止由善阐、黎化往来。至元十五年，帝命柴椿等自邕州往，其王即上书拒绝，请由旧路。二十二年（一二八五年），元官兵出安南伐占城，六道进攻，转战富良江上。二十四年伐安南，云南兵六千参加，爱鲁领之，虽以思明为其主力，而滇省亦由此出兵资助焉。

元江、威远，自昔皆徼外荒僻之地，而元并之。

元江自昔为阿僰诸蛮所据，蒙氏于此立"步日甸"，徙白蛮镇之。宪宗四年，兀良合台讨玻丽国平之，当即此地。尔后屡叛，至元十三年，立元江府以羁縻之。二十五年，命云南王讨平之，割罗槃、马龙、步日（今因远县佐地）等十二步于威远，立元江路。又威楚路下曰开南州在路西，南诏于此立银生府，自南诏至段氏，皆徼外，元中统三年平之，后改州，其西南威远州亦蒙氏时始通。按开南州今景东县，威远州今镇沅县，元江十二步，均在今元江流域，开南、威远，则在把边江上游。

其西南接车里，则临安之外围也。

《郡国利病书》兀良合台伐交趾经车里悉降之。至元中，置总管府，领六甸。其地东至落恐蛮（今临安石屏境），南至波勒蛮（今英图作Puloi），西至八百媳妇，北至元江府，西北通孟连，由镇沅南行二日入其界，又二日至普洱，又六日至九龙江外之宣慰司。按此所言乃明制，其宣慰司所在之位置，乃元之小车里也。《元史·地理志》大德中，云南省言，大彻里地与八百媳妇，犬牙相错，势均力敌。今大车里、胡念已降，小车里复控扼地利，多相杀掠。今胡念遣使指画地形，乞别立车里军民宣抚司，以为进取之地，乃立车里军民总管府由此观之，则元之车里初归附于兀良合台者，似为九龙江外之小车里，大德中所置总管府，则湄工河流域北岸江洪、孟连诸城之大车里也。小车里全有今普洱道，南北延袤凡十余程，广轮三四千里。大车里北与相接，版图愈大。《兀良合台传》宪宗五年丙辰（西元一二五六年）冬十月征交趾，则平车里应在五年前，即用兵元江、威远后之一年也。车里既平，于是南与八百媳妇为界，元于交趾支那半岛，又开一通道矣。

成宗后，以经营八百媳妇而有木安、孟杰诸路之设，则八百者，又车里之屏蔽也。

《元史·本纪》至元二十三年，也先不花为云南平章政事，阿郎马可丁诸㪷夷为变，讨平之，遂立登云等路府州县六十余，得户二十余万，官其部长，定其赋税，边境以宁。夫也先不花为倡议征讨八百媳妇之主动者，则登云诸路，即八百领域，而为刘深、哈喇岱出兵之先驱也。顾成宗欲征八百而不能克，泰定时。蛮自请置官，是官之置，已自也先开之也。八百疆界，据《利病书》称，由车里南行当日至八百媳妇宣慰司。又曰八百、大甸南至波勒西至大古刺北至孟艮（即科干山地）府界。自姚关（今保山县南境）东南行五十程至南格刺山，山下有河，南属八百，北属车里，平川数千里，辖境广远。以今舆地度之，八百媳妇者，当缅、越、暹罗间，自暹罗之景迈（Ching Mai）、景线（Ching Saan）起，向北与我孟连、孟艮接壤，即今英图所作之掸国（Shan States），明之八百大甸，今暹罗之北鄙也。《元史·地理志》泰定三年，八百媳妇蛮请官守，置木安、孟杰二府于其地。所谓孟杰路当即今景迈北之 M. Che 耶。此外蒙庆宣慰司及孟绢路亦在此方，见《明史·地理志》。

车里西北，木邦、孟定诸路，地当冲要，则龙川江通缅之道也。

木邦当潞江西岸，东至耿马、孟定、孟连与车里界，北至遮放、芒市，西北至猛卯、南坎，南经猛密至缅甸。自姚关渡查理江（即潞江也）十二程至其地，相传此即蜀汉、木鹿大王苗裔。至元十六年，立木邦军民总管府，领三甸。至顺中置路。其北有蒙怜路、蒙莱路俱至元中置。其与木邦相接凭潞江之东者，为明孟艮御夷府，今科干山也，府东有木朵路、孟隆路，俱元泰定三年置，东北有孟爱路至元二十六年置（即今江洪等地），更东北有孟定路当查哩江（当即南丁河）与麓川江（即潞江）会口。路东南有谋粘路、木连路（木连当即孟连）及木来府，而木邦路及猛密间，有孟广部，疑即蒙光路之对音，蒙光距省三十二程，为最远之站，要之，此诸路者，为由滇晋缅之一通道，乾隆三十二年，明瑞将军即由宛顶、木邦入缅者也。

金齿者，滇省西南军事之重镇也。

《地理志》金齿等处宣抚司，其地在大理西南兰沧江界，其西与缅地接，土蛮凡八种：曰金齿，曰白夷，曰㪷，曰峨昌，曰骠，曰繲，曰渠罗，曰比苏。宪宗四年内附。至元八年，分金齿白蛮为东西两路安抚使，十二年改西路为建宁路，东路为镇康路，十五年改安抚为宣抚。立六路总管府。《马可波罗游记》第五十章，记金齿部，其地男子用金套牙，因得名。人民臣属大汗，崇拜偶像，首府曰永昌。明永昌张志淳《南园漫录》金齿非永昌云。金齿非地名也，事见于汉唐。至元伐缅甸八百媳妇，为金齿夷所遮，遂伐金齿诸国，此正东汉所谓永昌徼外之夷，今大白夷种也。后元立通西府于银生甸即金齿夷之地，地有蒙乐山，最后不能守，移金齿卫于永昌府。洪武十六年，金齿为思伦所屠，指挥李观，犹以通西府印来署，掌永昌府事。又元设大理、金齿等处都元帅府于永昌，内外之分犹严，自指挥胡渊竟以永昌为金齿司，王骥等复立《学校碑记》，不知其原，遂以金齿夷名，误为永昌矣。按：元代征缅，金齿为一重镇，贾耽所撰入缅甸之两道，其西南一道，由诸葛城（在潞江、龙川江间）南至乐城二百里，循禄郫江至于骠国。伯希和以禄郫江西与弥诺江合，过骠国南入于海，弥诺江即 Chinwin R. 江，而禄郫江即 Irawadi R. 江，则乐城以下，为龙川江下游之 Nam-maw 河，经木邦以入缅者也。

其西南设六路总管府，隶宣抚司，则大盈江通缅之道也。

六路者柔远、芒施、镇庚、镇西、平缅、麓川，外有南赕是也。柔远南负高黎贡山，北临潞江，东北距永昌三百五十里，即今潞江县佐地。芒施今龙陵西南芒市土司，西南接陇川、木邦，川源旷邈，而田土富饶。镇康当保山南，潞江东岸，西至木邦必经之路，距省二十三程，今镇康县也。镇西路，《明史》称即干崖宣抚司。平缅即明陇川宣抚司，在陇把东北。麓川路在陇把城南，当今猛卯境，其地域所包甚广，南与缅接，故明史称，距省五十程，当就其远者言之。镇西、平缅、麓川三路，由此通江头城，为至缅正西一道，《元史·缅甸传》详言之。顾吾所疑者，镇西一路，《元史·地理志》称在麓川路西。《元史·本纪》也先不花于元贞二年，征奇蓝拔瓦农、开阳两寨，平之，于其地置云远路，《郡国利病书》孟养宣慰司俗名迤西，与蛮莫同襟金沙金（即伊拉瓦底江），孟养居其上流（即迈立开江），南至抵马撒有碧瑱琥珀。至元二十六年，始置云远路，明正统中，地为麓川思发所据，王骥礶石金沙江上：曰石烂江枯方许渡，是云远路之在江西岸，亦即镇西路也。盖元之镇西路极大，明有麓川之乱，因而缩小，故仅以干崖当之。通西路之名，《明史·地理志》载之，称在平缅路西，至元二十六年置，距省六十六程，而《元史·地理志》则有镇西而无通西云远，且记文阙佚，必史家选其通用者而著之耶。《明史》麓川西邻云远，东至芒市，南接木邦，北至干崖南甸，则太平江与迈立开江间之土地，皆其版图也。考今迈立开江上游，孟养南有城，与蛮莫平行者，为 Kotha 及 Wuntho 二城，当即开阳及瓦农二地之对音，前者疑即镇西路，后者为平缅路。伯希伯所谓云南入缅正西一路者也。南赕一名，《明史》称在干崖西北，考今《云南全图》干崖西北界外，北纬二十五度，东经九十七度七分，万仞关西有地曰南登者，当即此地。赕杜览切，南诏时，县之别名也，与南甸别。南甸当腾越南，至元中，于此立军民总管府者也。

腾越西北陋麻、云龙诸甸，则恩梅开江通缅之道也。

《明史》里麻长官司东与茶山接，其西北砍野人所踞，有整冬、温冬二山部，皆峨昌夷，旧属孟养，茶山南接南甸，距腾越西北五日程，北距高黎贡山，地极高寒，五谷不莳，人强尤喜斗，北与丽江野人接境。盖茶山即今小江及恩梅开江流域片马诸寨之夷，里麻即恩梅开与迈立开两江中之江心坡诸夷也。云龙甸亦在此处，即今云龙县跨潞江小江境，元于此设陋麻和管民官。六难路甸军民府，云龙甸军民府，均阙文。其他如骠甸军民府，二十四寨等，多不可考，要其地在缅京之东北，即《明史》之大古剌（在孟养西南）亦曰摆古，滨南海与暹罗邻，《元史》谓至元二十年，桑阿克达尔自将一军，从骠甸径抵缅国，与由罗必甸进军之台布会者也。《元地理志》云南封域，西至缅地江头城，江头城伯希和置其地于今八莫（Bhamo），此就伊拉瓦底江之起航点论则可，若夫元代滇之境域，固远渡此江而南也。

缅甸东连木邦与镇西平缅接，元初屡加讨伐，置行省，归滇节制，滇之外府也。

缅于汉为掸，于唐为骠，在永昌故郡南二千余里，南诏阁罗凤、异牟寻（西元七五〇年至八二〇年）曾讨降之。《元史·本纪》至元十六年，纳速剌丁将大理军抵金齿、蒲骠、曲蜡、缅国界内，招降忙木、巨木、木秃等寨三百，籍户十余万，诏定赋税，立站递。十七年诏纳速剌丁将精兵万人征缅国，云南行省发四川军万人，命药剌海领之同往。十九年以太卜为右丞也罕的斤为参政，领兵以行。二十年以万户不都蛮镇守金齿，二十一年太卜等七万人分道征缅，于阿昔、阿禾两江，造船二百艘，顺流攻之，拔江头城，令都元帅袁世安戍之，遣使招谕缅王不应，建都太公城乃其巢穴，遂水陆进攻太公城拔之。二十二年，以雪雪的斤为缅中行省左丞，阿台董阿参知政事，兀的迷信签行中书省。二十五年，命皇孙云南王也先帖木儿参知政事，帅兵镇大理等处，敕缅中行省，一禀云南王节制。盖元初所谓缅甸者，不独政治为云南附庸，即领土亦云南外圉也。成宗以征讨八百媳妇之失败，对于缅中始取怀柔主义。泰定三年（西纪一三二六年），缅王答失必牙请复立行省于迷郎崇城，不允。呜呼，自是而后，遂不复有十数万人之征伐，如世祖者，能郡县缅甸矣，此滇之所以终于三迤也。按：缅中五城曰江头即今八莫，曰太公（Iagaung）、曰马来（Male）、曰安正、曰蒲甘缅城（Pagan），今并详于英图，皆上缅甸之重镇也。

安南占城当富良江、湄工河下游，与滇接壤，结为兄弟，视同上国，盖亦鲁卫之政也。

《元史·安南传》自宪宗丁巳年（西元一二五七年）兀良合台分兵三路由车里攻下安南都城后，遣纳速剌丁为使，谕其王入朝，并为其国达鲁花赤。至元初，封皇子为云南王，往镇大理、善阐、交趾诸国。其使奉献纲贡，一诣善阐奉纳，一诣中原拜献。而中原使臣，亦率启道善阐以往交趾。至元二十二年，镇南王统军征占城假道安南，其王陈日烜举兵抗之，索多等军至占城以天气过热，蒙古兵多病死，遂退入安南。二十四年正月，更发湖广三省蒙古汉券军七万，分道讨之，置安南行尚书省，受镇南王节制，兵渡富良江，入其京师交趾城，继以粮船被没于海，大败，班师。然观《赛典赤瞻思丁传》交趾叛服不常，遣人谕以祸福，约为兄弟，交趾王大喜，乞为藩臣。及其死，交趾王遣使衰绖致祭。《张廷珍传》庭珍责其王光昞曰，云南之兵，不两月可至汝境，覆汝宗社，有不难者。光昞语庭珍曰，汝官朝列，我王也，相与抗礼，古有之乎。汝过益州见云南王拜否。则安南王所希望者，亦仅与云南王或平章为平等之待遇耳。顾炎武曰：前志有《西南夷土司志》诸司隶行省如滕薛之役宋，则阿瓦江头，吾南土也，奚冠以西南而令自为役司耶。呜呼！此诚通论矣哉。自后世不振，日弃地如瓯脱，如安南者，中法之役，吾国虽战胜，犹拱手以揖盗，于是樊篱尽撤，滇事遂不堪问矣。

要之，元云南省之设。所以宰制海南诸藩，故转战于外，而屯守于内。《利病书》曰：滇以云南、楚雄、临安、大理等府为内地，而以八百、木邦、车里、麓川为樊篱，信乎斯言。

考元代滇之屯垦区凡十二所。曰中庆路屯田二万二千四百双。威楚路屯田七千一百双。武定路屯田七百四十八双。澂江路屯田四千一百双。仁德府屯田五百六十双。曲靖路屯田四千四百八十双。鹤庆路屯田二千双。永昌、腾充二府，屯田二万二千一百双。临安路屯田五千一百五十双。此外金沙江以北，会川、德昌、建昌三路，亦并列屯。十二屯中，如中庆、威楚、武定、仁德、鹤庆及会理等七屯，均属今金沙江流域南北。曲靖、澂江、临安则属盘江流域。腾充、保山则属潞江、龙川江流域。要之，此诸路者，皆千余年来中国文化传达之所，合剌章、茶罕章、鸭赤、金齿之所治，《明地理志》之所谓内地者也。顾诸屯中，以两迤较，滇东居其大半。迤西惟鹤庆、腾永有屯，而大理无之，殆以段氏世封之所，而宽免者耶。大德后，乌蒙、乌撒悉设屯所，开驿站，盖取其兵粮卒役，以资外用，而滇川黔之间，亦借保其军事关系焉。

上面所抄录的是少数民族在国内的交通，下面所说其与国外的交通。

哀牢

南诏

大理

关于云南与东南亚及其他外国的交通，伯希和在其《交广印度两道考》（冯承均译）页五第四节至页一八第十一节，又页卅二第十七节至页四三第廿节曾加以叙述，兹录之于后。①

---

① 校按：后文已佚。

第八章 历史

在上面一章里，我们叙述云南的少数民族地区之于中原与外国的交通情况，以及抄录一些有关这方面的记载或论文。在这一章，我们要从历史上说明这里的少数民族所受汉族或其他的外族的文化的影响。在下一章里，我们要从文化的各方面去解释这些少数民族所受汉族或其他外族的文化的影响。前者是从文化的纵的或时间上的看法，后者是从文化的横的或内容的看法。

在庄蹻去到滇之前，云南的少数民族是否受了汉族文化的影响，不得而知。庄蹻到滇后，据《史记》记载，因秦击夺楚巴、黔中郡道塞不通，庄蹻乃留在滇而为王。《史记》还说庄蹻王滇时，还改变了服装，而从其俗以长之。这就是说，庄蹻虽来自汉地，但到滇之后乃改变其本来的文化生活而迁就其当地的文化生活。应该指出，楚在战国时代，其文化生活在北方人看起来还是南蛮之地，孟子所谓"鴃舌之人"说明了这一点。但是在这个时候的楚国，汉化的程度已是很高，屈原的作品说明了这一点。庄蹻既为楚王的后裔，他应该是一个典型的汉化人物。而且他之赴滇是带了军队同往，他究竟带了多少士卒不得而知，但长途征伐所带的部队不会太少。同时一个庞大的军队远途征伐不止要带各种武器，而且要生活上的许多必需用品，所以尽管庄蹻及其徒众变服从俗而活，可是庄蹻及其徒众对于这个地区的少数民族的汉化上也必定有了很大的作用。

一个庞大的军队占据了一个地方，不只其军用武器、军队组织会影响到当地的军事方面，就是占据之后，其政治组织管理方法也会影响到当地的政治生活，而尤其是重要的是对于当地的农工业，特别是农业生产方面，会引起很大的变化。在庄蹻未到滇之前，在这里的少数民族虽然也有耕田邑聚，可是他们所用的农具可能很有简陋。他们是否已用铁器不得而知，就是用了，不只质量不会很好，数量也不会很多。而且这些东西可能是从很远的地方传入来，购买很不容易。庄蹻到滇以后，部队一定不只带了好多铁器，而且应该有制造或修理铁器的工匠。军队之来，其所带的主要虽是武器，然后一般的生活用具以至农具也会带来不少。占领滇国之后，他们会把汉族的耕种工具以及工业上所用的一些工具介绍到这里，同时可能就地采用铁的原料制造各种工具，这样对于当地的农工业固会引起很大的变化，对于当地的生活的其他方面如渔猎，如日常生活也会引起很大很多的变化。

我们知道在战国末季，在公元前四世纪，这就是公元前三一六年，秦国采用司马错的建议，征服四川。《战国策·秦策》说秦得蜀之后"益强富厚"，这不只是由于蜀为天府之国，物产丰富，对秦的经济方面有了很大作用，而且由于四川在秦的统治之后，秦的商人可以从四川一方面直通云南各地，以至从云南而又可以到缅甸以及印度。张骞到大夏所见蜀布邛杖，就是从这条路运出去的。另一方面，又可以从四川经贵州、广西而抵达广东的番禺等处，从此而又可以交通东南亚各地，使中国与这些地方的货物可以畅通。秦始皇之征伐百越，在军队中有了不少贾人，他们是军队的引路者，也是收罗这些地方以至海外的珍品异物的商人。《史记·货殖传》说：

> 及秦文、孝、缪居雍，隙陇蜀之货物而多贾……南则巴蜀。巴蜀亦沃野，地饶卮、姜、丹沙、石、铜、铁、竹、木之器。南御滇僰，僰僮。西近邛笮，笮马、旄牛。然四塞，栈道千里，无所不通，唯褒斜绾毂其口，以所多易所鲜。

可见得蜀黔滇之于秦，在商品交易上是以其所多易其所鲜，同时，这些地方既可以通到海外各国，那么中国也可以用其所有或所多以易其所无或所鲜了。

因此，我们相信在战国而尤其是秦灭蜀之后，中国与滇的货物必定很为畅通。

到了汉代张骞出使大夏，见有蜀布邛竹杖，关于这件事，以及后来汉武帝遣使以及派军队去征伐滇国，《汉书》卷六十一《张骞传》中说得很为清楚：

> 骞曰："臣在大夏时，见邛竹杖、蜀布，问：'安得此？'大夏国人曰：'吾贾人往市之身毒国。身毒国在大夏东南可数千里。其俗土著，与大夏同，而卑湿暑热。其民乘象以战。其国临大水焉。'以骞度之，大夏去汉万二千里，居西南。今身毒又居大夏东南数千里，有蜀物，此其去蜀不远矣。今使大夏，从羌中，险，羌人恶之；少北，则为匈奴所得；从蜀，宜径，又无寇。"天子既闻大宛及大夏、安息之属皆大国，多奇物，土著，颇与中国同俗，而兵弱，贵汉财物；其北则大月氏、康居之属，兵强，可以赂遗设利朝也。诚得而以义属之，则广地万里，重九译，致殊俗，威德遍于四海。天子欣欣以骞言为然。乃令因蜀犍为发间使，四道并出：出駹，出莋，出徙、邛，出僰，皆各行一二千里。其北方闭氐、莋，南方闭巂、昆明。昆明之属无君长，善寇盗，辄杀略汉使，终莫得通。然闻其西有乘象国，名滇越，而蜀贾间出物者或至焉，于是汉以求大夏道始通滇国。初，汉欲通西南夷，费多，罢之。及骞言可以通大夏，乃复事西南夷。

《史记》与《汉书·西南夷传》说，汉武帝"乃令王然于、柏始昌、吕越人等十余辈间出西南夷，指求身毒国"，这些使者虽然没有到身毒国，可是却到了滇国。当时的滇国国名叫做常羌或尝羌，亦有称为当羌者。虽然也为他们设法以求身毒道，可是经过相当长的时间没有结果，因为在滇的西边的昆明的道路不通，这是汉武帝元狩年间（公元前一二二至一一七年）的事情。

大约过了十年，到了元封二年（公元前一〇九年），汉武帝又发兵去攻伐滇国周围的一些国家，征服之后，滇国不得不降，中国不只给与滇王王印，还赐了好多物品。

　　汉武帝要通葱岭以西的西域诸国，因为匈奴在西域之北，羌在其南，使道途阻隔。于是乃采用张骞的建议，想从四川的西南经云南而至身毒或印度，以通大夏、大宛、安息、月氏、康居诸国，其目的虽是欲断匈奴的右臂，但同时也是为了使中国之于西域诸国的物品能够交换。《张骞传》说大夏、大宛等国既多奇物，而这些国家又需要中国的物品，如邛竹杖、蜀布等。云南是界在四川与身毒之间，云南接近身毒，而二者的商品往来，当在张骞之前很久。因而云南或滇国成为中外货物的转运站，也是中外货物的集中点。这样中国货物之输入于这个地方的既是很多，外国如缅甸或身毒的奇物之运到这个地方的也必不少。《史记》《汉书》的《西南夷传》说夜郎及其旁小邑皆贪汉缯帛，滇国不会是个例外。而况滇王不只得了汉帝赐的王印，而且最受汉的宠爱，所谓最受宠爱者，也说明了其所得汉的财物特别多也。

　　《南诏野史》"滇国"条说：

　　　　（庄）蹻遂以其众王滇，号滇国，踞之。后有王常羌者好佛，国势不振。法令不行，国人遂推白崖国蒙苴颂之后，白饭王之裔仁果为王，治白崖，于是两国角立。后仁果奉汉，封为白子国。

　　在"白子国"条说：

　　　　汉武帝通西南夷，遣使至滇，求身毒国。滇王常羌问使者曰："汉孰与我大？"使者还报，武帝怒其言不逊。时白崖国蒙苴颂之后，天竺（按：即身毒或印度）白饭王之裔仁果者，为众所推立于白崖。武帝乃册封仁果为王，号曰白子国。迁于澄江（今澄江府）。迨龙佑那继之，号建宁国。

　　又一说：

　　　　白子国之先，有阿育国，王能乘云，上天娶天女，生三子，长季二子封于金马、碧鸡，独封仲子于苍洱之间，崇奉佛教，不茹荤，日食白饭，人因称为白饭王。迨后有仁果者，汉封为滇王，号白子国。

　　我们上面已经指出，滇王常羌或尝羌或当羌，"羌"不一定是说明这个国王是属羌族，可能是庄蹻的后裔。但更重要的是，在上面几段话中记载，在前汉的时代或是武帝的时代，佛教已传入云南，这种传说大致是根据《白古通》的记载。假使这种传说是对的，那么佛教之传入中国当以云南为最早了。佛教之传入云南是直接由印度传入，抑或由其他国家如缅甸南部的猛族国家传入，这些问题在下面还要说，在这里我们只要指出印度佛教若于这个时候传入，那么印度或其他的国家如猛族诸国之与佛教有关的风俗传说，以至文化的其他方面，也可能从天竺或其他的国家传入云南，这是很可能的。因为国际间的贸易是有往有来，以其所有易其所无，或以其所多易其所少，中国的邛竹杖与蜀布既可能经云南而抵达天竺，再由天竺而运到大夏，那么身毒以至大夏的珍品奇物也可以从身毒运到云南以至中国的北部。商品交换是双向的，不会是有往而没有来。商人把中国的物品运到印度，同时又从印度或其他国家运回中国所缺乏或少有的东西。而况在古代，各国所用的货币有所不同，在甲国适用的在乙国不必适用。同时，有的国家或地方还没有流通货币，而是以物换物，所以从中国运邛竹杖、蜀布或其他好多东西，而为张骞所未发现者，到身毒、大夏自然而然要从这些地方交换了当地的土产或珍品异物。云南既为中外交通的孔道，外来物品之运到云南的一定不少，物质的东西既可以运进来，宗教信仰像佛教也可以传入来，而况云南之西就为印度，而云南之南的缅甸的猛族诸国，在纪元前的二三世纪，也已有佛教的传入。

西汉末季，据《后汉书》卷一百十六《南蛮西南夷传》说：

以广汉文齐为太守，造起陂池，开通溉灌，垦田二千余顷。率厉兵马，修障塞，降集群夷，甚得其和。

文齐是西汉末季平帝时（公元二—五年）为益州太守，他固守领地，拒公孙述，光武即位，乃得光武封成义侯。从上面这段话来看，他对于云南的农业努力发展。据《后汉书》记载，他死之后，郡人立庙祠之，说明他对于当地的生产事业引起不少作用。

《后汉书》卷一百十六《西南夷传》"哀牢"条说：

先是，西部都尉广汉郑纯，为政清洁，化行夷貊，君长感慕，皆献土珍，颂德美。天子嘉之。即以为永昌太守。纯与哀牢夷人约，邑豪岁输布贯头衣二领，盐一斛，以为常赋，夷俗安之。纯自为都尉、太守，十年卒官。

常璩《华阳国志》卷四《南中志》中说：

孝明帝初，广汉郑纯独尚清廉，毫毛不犯。夷汉歌咏，表荐无数，上自三司，下及卿士，莫不叹赏。明帝嘉之，因以为永昌郡，拜纯太守。

同处"永昌郡"条中又说：

孝明帝永平十二年（公元六九年），哀牢抑狼（按：或作貌）遣子奉献。明帝乃置郡，以蜀郡郑纯为太守。属县八，户六万，去洛六千九百里，宁州之极西南也。有闽濮、鸠獠、僄越、裸濮、身毒之民。

郑纯在永昌时间既相当的久，而又为当地人民所爱戴，那么他对中原文化的传播一定很为努力。又据上段话里，在他当太守时，"夷汉歌咏"，这里所说的汉当为汉族，究竟多少汉人到了这里，不得而知，但现有汉人对于汉族文化也必加以宣扬。此外，又有在现在的缅甸的僄人与身毒（印度）人，那么僄与印度文化之传播于这个地方也是自然而然的。又《后汉书·西南夷传》说：

> 肃宗（章帝）元和中（公元八四至八六年），蜀郡王追为太守，政化尤异。有神马四匹出滇池河中，甘露降，白乌见，始兴起学校，渐迁其俗。

这件事也见于常璩所著的《华阳国志》卷四《南中志》，《后汉书》作王追，而《华阳国志》作王阜。云南之有学校，是否始于章帝时候，不得而知，但是王追或王阜既兴设学校，对于当地人民的教育也必定有了很大的作用。《后汉书·西南夷传》又说：

> 桓帝时（公元一四七至一六七年），郡人尹珍，自以生于荒裔，不知礼义，乃从汝南许慎、应奉受经书图纬，学成，还乡里教授，于是南域始有学焉。珍官至荆州刺史。

《华阳国志》卷四《南中志》"牂柯郡"条说：

> 明、章之世，毋敛人尹珍，字道真，以生遐裔，未渐庠序，乃远从汝南许叔重受五经，又师事应世叔学图纬，通三才。还以教授，于是南域始有学焉，珍以经术选用，历尚书丞、郎，荆州刺史。而世叔为司隶校尉，师生并显。

又说：

> 平夷傅保、夜郎尹贡，亦有名德。历尚书郎、长安令、巴郡太守、彭城相，号"南州人士"。

尹珍虽为牂柯人，但《后汉书·西南夷传》"滇国"条指出，益州郡包括了滇地一带以及牂柯、越嶲等地，平夷当为近代的云南西边与贵州接壤的平彝县，夜郎后来至少一部分也属益州，所以这三个人——尹珍、傅保、尹贡，也可以说是益州人。

不过《后汉书》记载，尹珍为桓帝时人，而《华阳国志》却说他在明章之世。"明"当为明帝（公元五八—七五年），"章"应为章帝（公元七六—八八年），桓帝在位是公元一四七—一六七年，两者相差了好远。可是我们知道许慎是后汉顺帝、桓帝时人，应该以《后汉书》所载的为是。王追既兴学校于前，而尹珍又北学于中原，说明在后汉时代，在云南、贵州一带学术已经发展了。

到了三国时代，益州大姓雍闿曾杀太守正昂，宣传鬼教，孙权遥用雍闿为永昌太守，诸葛亮以都护李严书晓谕雍闿，他答曰：

> 愚闻天无二日，土无二王，今天下派分，正朔有三，远人惶惑，不知所

归。(《华阳国志》卷四《南中志》)

雍闿既为益州大姓,应该是益州的当地人,他的祖先是否为汉人,不得而知。但是从他的答语来说,所谓"天无二日,地无二王",这是中国的成语,他的祖先若非汉族,他是受了汉化可无疑义。

《华阳国志》卷四《南中志》记载,诸葛亮征服雍闿、孟获之后:

> 乃为夷作图谱,先画天地、日月、君长、城府;次画神龙,龙生夷,及牛、马、羊;后画部主吏乘马幡盖,巡行安恤;又画夷牵牛负酒、赍金宝诣之之象,以赐夷。夷甚重之,许致生口直。又与瑞锦、铁券,今皆存。每刺史、校尉至,赍以呈诣,动亦如之。

又同处"永昌郡"条说:

> 元隆死,世世相继,分置小王,往往邑居,散在溪谷。绝域荒外,山川阻深,生民以来,未尝通中国也。南中昆明祖之,故诸葛亮为其图谱也。

按这里所说的,元隆是哀牢的祖先,后汉时已归附中国,若说"生民以来,未尝通中国"是指三国时代,那是错误。又《华阳国志》卷四《南中志》"永昌郡"条说:

> 章武初(按:为蜀刘备年号,公元二二一—二二二年),郡无太守。值诸郡叛乱,功曹吕凯奉郡丞蜀郡王伉保境六年。丞相亮南征,高其义,表曰:"不意永昌风俗敦直乃尔!"以凯为云南太守,伉为永昌太守,皆封亭侯。李恢迁濮民数千落于云南、建宁界,以实二郡。凯子祥太康中(公元二八〇—二八九年)献光珠五百斤,还临本郡,迁南夷校尉。祥子元康末为永昌太守。值南夷作乱,闽濮反,乃南移永寿,去故郡千里,遂与州隔绝。吕氏世官领郡,于今三世矣。大姓陈、赵、杨氏。

从东汉初年经三国到晋代的初年,云南的西部永昌一带,置为郡守,太守多为汉族或是汉化的当地人。他们对于中原文化必定加以提倡,像吕凯与其子孙三世,世官领郡,说明他们是能够忠忠实实去执行汉族朝廷的政策,这种政策又往往是以华治夷或以华化夷的政策。此外,除了吕氏之外,大姓又有陈、赵、杨,这些大姓无论是汉人之移居这个地方而成为大姓,抑或是当地的民族受了华化而采用汉族的姓氏,他们也可以说是汉化政策的推行者。他们之所以成为大姓,也可以说是得到当地的汉族统治者的支持,而成为直接或间接的汉化的推行者。

诸葛亮之征服南中或云南一带,究竟他自己是否入了云南境,抑或是由其部下征服各地,不得而知。若是他亲自带兵到了云南,他所到的地方是那几处也不易考订,但是后来关于他在云南的传说很多。譬如雍闿被杀之后,据《华阳国志》所载,孟获继承为酋长,孟获被了诸葛亮七擒七纵,然后归服,据《三国志·蜀志》，诸葛亮因：

> 南中诸郡，并皆叛乱，亮以新遭大丧，故未便加兵……三年（后主建兴年号，公元二二五年）春，亮率众南征，其秋悉平。军资所出，国以富饶。

春天南征，秋天悉平，时间不过数个月。在那个时候，交通不便，来往需时很久，即使诸葛亮亲到云南，不会到了很多地方，而且似乎不会那么快就能回来，大概是由他的部下征服了当地的反抗的少数民族。可是后来一直到现在，在云南好多地方有了很多是纪念诸葛亮的古物古迹，比方在蒲人中有诸葛祠，据说蒲族对于诸葛武侯特别加以尊敬。此外，在永昌，这就是现在的永昌一带，有诸葛营、诸葛城、诸葛井、诸葛堰等等，当地人以为营、城、井、堰都是诸葛亮所建筑。这未必是事实，而只是传说或假托，然而无论是传说或假托，都说明了诸葛亮之在这些地方很为人们所尊敬，而其影响是很大的。

在三国晋南北朝以至隋代，云南的爨氏屡见于史书。《华阳国志·南中志》说，在建宁郡的同乐县有大姓爨氏，爨氏之在建宁同乐县称为大姓，所谓大姓，不只人数必定很多，而且势力也必定很大。这个爨氏最初可能是姓氏，后来却变为族名。据《爨龙颜碑》云，其世系乃出于楚，别氏为班，汉末食邑于爨，因以为氏。这种说法不一定可信，但可以肯定的是，爨族若为楚的后裔，那么他们本为汉族，他们从楚到滇就带了汉族文化而来，同时也是汉族文化的传播者。假使他们是假托为楚的后裔，而其实乃是西南一带的少数民族，那么他们之在云南者，在三国晋南北朝以至隋代，他们的汉化程度已经很深。在曲靖县所发现的晋代《爨宝子碑》与在陆良所发现的南北朝时代的《爨龙颜碑》就说明了这一点。这些碑文文体书法是汉魏时的正宗，他们刻碑文以记事，说明了他们是受了汉族的影响。假使这些碑文的作者与写者（按《大爨书》为爨庆道作）是爨族，那么他们对于运用与写作中国文字可以说是与当时的中州并驾齐驱了。

文章与书法虽然不过是文化的好多方面的一方面，然而文章与书法之在文化领域内，尤其是在封建时代，可以说是文化精华的代表。在封建社会里，所谓文质彬彬、文风薰被、文以载道，都是说明高水平的文化。

而且在这几百年中，爨氏之在云南者，正是人才辈出，爨氏之为太守者就已不少。以爨龙颜一家来说，他的祖父曾当晋宁、建宁二郡太守，又为宁州刺史，他的父亲也曾当晋宁、建宁二郡太守，而且又当了八郡监军，其管辖范围超出现在的云南，而包括贵州与四川的一部分地方。爨龙颜做了南北朝宋朝的龙骧将军，〈其〉他如爨谷、爨琛、爨宝子都做了大官，至于较小的官吏之为志书所未录者，必定更多。当了汉朝的重要官员，必多深受汉族文化的影响，固无待说；就是当了地方的小吏，也不能不认识或了解汉族的中央与地方的施政政策。这些人物在当时当地都是社会上的上层阶级，不只自己已汉化了，也是汉化的宣传与推动者。像爨龙颜"通六经，讲道义"，爨宝子"建宫屋，营大宇"，不只在精神文化方面深受了汉族的影响，就是在物质生活方面也极力仿效汉俗。

到了隋代的初年，又有爨翫遣使朝贡，不久他又反叛，《隋书》卷五十三《史万岁传》曾载其事，爨翫最后为隋文帝所杀，其子爨宏达被没为奴。唐高祖就位后，把他送回到云南，并任他为昆州刺史。宏达住在中原，中原风俗更多沾染。唐朝之所以任他为刺史，无非是施以恩德，使能效忠于唐室。这也就是说忠实的去执行唐室的政策，不只柔化其同族，同时可以同化其他一些少数民族。

上面已经指出，在后汉时代的哀牢，既为僄人居住，又有身毒人居住，身毒就是印度，至于僄，就是唐代的骠这个国家。据我们史书所载，在魏晋时代，我国人已经知道其位置，应该是在现在的缅甸的中部，哀牢内附之后，在哀牢南边，这也就是在现在的缅甸的北部，有一个国家叫做掸国，于后汉和帝永元九年（公元九七年），曾遣使到中国，《后汉书·西南夷传》说：

> 永元九年，徼外蛮及掸国王雍由调遣重译，奉国珍宝。和帝赐金印紫绶，小君长皆加印绶、钱帛。

又说：

> 永宁（按：为安帝年号）元年（一二〇年），掸国王雍由调复遣使者诣阙朝贺，献乐及幻人，能变化吐火，自支解，易牛马头。又善跳丸，数乃至千。

哀牢所领的地方，就是后来的永昌，现在的保山，这个地方是中外交通的交冲，既可以经缅甸通印度，也可以从缅甸到东南亚，如交趾各地。鱼豢《魏略》已说到这一点，张骞也早知道这条路线。掸国既在哀牢之南，中国物品与外国物品之经永昌者，大致也经掸国。掸国所献的乐与幻术，可能是本国的东西，也可能是外来的东西。在唐代，骠国曾经南诏而献。永元时代，除掸国献乐与幻人幻术之外，还有其他的徼外蛮夷，在这些蛮夷中，也可能有了骠国，因为在哀牢既有僄人，那么僄人的物品或土产，也必因之而传入云南与中国。

应该指在哀牢未内附中国之前，哀牢已经与在缅甸的掸国与骠国，以至在伊拉瓦底江口或缅甸南沿海一带的猛族诸国，互相往来，互相交换物品。《哀牢传》中记载，哀牢的物品如下：

> 五谷蚕桑……染采文绣，罽毲帛叠，兰干细布，织成文章如绫锦。有梧桐木华，绩以为布，其竹节相去一丈，名曰濮竹。出铜、铁、铅、锡、金、银、光珠、琥珀、水精、琉璃、轲虫、蚌珠、孔雀、翡翠、犀、象、猩猩、貊兽。

在这么多的各种物品中，我们以为有的是哀牢土产，但也有的是来自中原或外国。如蚕桑应该是传自中国，而水精、琉璃应该是传自印度或印度以西的国家。又哀牢是一个内陆国家，并不近海，蚌珠也可能是来自东南亚的国家。只是因为哀牢是中外货物的凑集地方，故人们当为哀牢的物品。如现在云南的普洱茶是出自西双版纳——景洪与勐海之间的南糯山，但是因为这种茶集中在普洱以便外运，因而遂称为普洱茶。从此可以见得，云南自古代以至魏晋，就有中原与外国的好多货品集中在这个地方。

此外，我们知道佛教是发源于印度，在公元前二、三世纪，印度佛教在缅甸南部的猛族诸国以及在中部的骠国已经传入，而且很为发达，哀牢有身毒，又有僄人，那么他们不只传入好多物质东西，而且可能也把佛教传进来。

上面已经指出，唐代之前已有东爨、西爨之分，但是在唐代的著作中把两爨分得很为清楚，而且两爨很清楚的分为白蛮与黑蛮，东爨叫做黑蛮，西爨称为白蛮，樊绰的《蛮书》与《唐书》都是这样的区别。

至于唐代的南诏之深受中国文化的影响是更为显著，《滇载记》说，南诏之祖先为哀牢，很难使人置信。南诏当为羌氏的后裔，到了云南以后，又与当地的一些土著或从外省迁来的少数民族互相混合，也是无问题。又南诏统一六诏之后，在其统治的疆域中，有了好多哀牢或后来所谓傣族统治者与被治者，互相杂处，互相通婚，也是无可疑的。所以在强盛时代的南诏，在民族上是很为复杂，但是南诏的祖先既为羌氏，羌氏是来自西北陕西、甘肃、青海，羌氏民族在长期与汉族有时互相征伐，有的互相杂处，羌氏早已受了汉族文化的淘染。又他们从西北到云南既历了漫漫的岁月，又经了长途的跋涉，在途程中也可能常与汉族接触，而受其风俗习惯的影响。

据杨慎的《滇载记》说，南诏的细奴罗在唐高宗时（公元六五〇至六八三年）已遣子入侍，唐朝还授他以巍州刺史。他的孙儿晟罗皮在玄宗先天元年（公元七一二年）曾立孔子庙于国中。既立孔子庙，也必读孔子书，而尊崇孔家的道德礼仪。在皮罗阁时代既筑太和城，又筑大釐城，这也是受了中国的影响。

到了阁罗凤就位（玄宗天宝八年，公元七四九年）之后，他因偕妻子至云南被太守张乾陁私了，而又复多勒索。于是，他乃反攻云南，杀乾陁，陷嶲州，俘虏了唐西沪令郑回，郑回投降之后，阁罗凤用他为清平官，这就是等于唐朝的宰相。

南诏的统治者早已受了中国文化的影响，而且很积极的推广中国文化，晟罗皮的设立孔子庙不过只是一个例子。自阁罗凤获了郑回，而用他为清平官之后，郑回对于汉化的推动也不遗余力，他的子孙又世为清平官，到了后来，其后裔郑买嗣还篡南诏的蒙氏而自立为王。

郑回在南诏得到南诏君王信任而当清平官之后，他对于南诏的统治者建议汉化更不遗余力。在阁罗凤屡次大败唐兵之后，他为南诏撰《德化碑》，歌颂南诏的武功德化。以唐流寓御史杜光庭书，立石太和国门外，明其不得已叛唐而归吐蕃的原因，这个碑一直存到现在。

在异牟寻时代，南诏仿效中国这样的作：

> 封五岳四渎，并立祠，三皇庙，春秋致祭。以国界内点苍山为中岳，东川界江云露松外龙山为东岳，银生部日界蒙乐山为南岳，永昌腾越界高黎共山为西岳，丽江界玉龙山为北岳，以黑惠江、澜沧江、潞江、丽江为四渎。接点苍之巅，添洱河之水，立官号曰九爽三托。（《滇载记》）

又说：

> 从中国教令。都曰苴咩，别都曰善阐，皆中国降人为之经画也。

据说德宗贞元三年（公元七八七年），郑回还劝异牟寻归附唐室，异牟寻乃遣使朝贡，《滇载记》说：

> 唐遣使册之，赐银窠、黄金印，王北面跪受之。宴使者，出玄宗所赐器物，指老笛工、歌女曰："皇帝所赐龟兹，惟二人在耳。"

从这段话看起来，唐室不只给与南诏好多物品，而且赐给乐队了。又《南诏野史》在"异牟寻"条内说：

> 贞元十四年（公元七九八），请以大臣子弟质于朝，韦皋却之。固请，乃尽舍成都，遣就学。

这说明了南诏还有大臣贵族子弟在唐求学，这些子弟学完之后回到南诏也无疑的将会提倡中国学术与文化。

《滇载记》又指出，在晟丰祐时代（按：丰祐就位于八二四年），在文宗太和三年（公元八二九年），南诏曾攻伐成都，《滇载记》说：

> 文宗太和三年，西川节度使杜元颖，不恤士卒，有流入蛮境者，蛮衣食之。由是，尽得蜀之虚实。与其臣嵯颠，遂谋入寇。以蜀卒为乡道，袭陷邛、戎、嶲三州，引兵径入成都，取诸经籍，大掠子女工技数万人及珍货而还。南诏工技、文织，自是与中国埒矣。

南诏既有子弟在唐求学，又掠夺中国好多书册，在学术教育上当然有了很大的发展。同时又在成都掠夺数万子女工技，使南诏的工业与文织与中国埒，其汉化程度之高可以概见。

又如元人李京在其《云南志略》中说：

> 其（指南诏）俊秀者颇能书，有晋人笔意。蛮文云："保和（按：为南诏晟丰祐年号），遣张志成学书于唐。"故云南尊王羲之，不知尊孔孟。我朝收附后，分置省府，诏所在立文庙，蛮目为汉佛。

又明《寰宇通志》（《玄览堂丛书》本卷一百十一"云南府人物"条）中也说：

> 张志成，昆明人，唐太和（按：为唐文宗年号）入成都学王羲之草书，归国，人多习之。

又《南诏野史》卷下"南诏历代乡贤"条说：

> 张志成，昆明人，文宗太和间入蜀学王羲之草书，归教国人。

上面已经指出，在云南所发现的大小爨碑，其书法是魏晋正宗。在南诏时代，人们对于王羲之的书法又特别重视，南诏的《德化碑》书法也很讲究，这说明云南的少数民族对于中国书法一向重视。因为重视王羲之的书法，而对于王羲之极为尊崇，还有立祠祭祀的。但这里所说云南尊王羲之不尊孔孟，似乎不见得很对。《滇载记》说，在晟罗皮时代，南诏立孔子庙于国中，可见得对于孔子也很为尊崇。就使杨慎的《滇载记》所记立孔庙不是事实，南诏对于中国学术既很重视，也不会不知孔子。

郑回在世时，对于提倡汉化既不遗余力，他的子孙既是汉人，我们相信也会同样的做到了。他的后裔郑买嗣篡位自立，改国号为大长和。他死后，其儿子任旻继立，还求婚于南汉，汉主以会城公主妻之。任旻自己为汉人，而又找汉女为妻，其家庭生活以至国家政策是推行汉化，是自然而然的。

到了大理国的段氏，据说其祖先是武威人，世为南诏将官。南诏的汉化程度既很深，他们也不能例外。赵宋得天下以后，虽然鉴于唐代南诏之祸，以玉斧画"大渡河为界，说此外非我有也"。因而宋与大理在朝廷方面虽少有往来，可是大理的汉化〈程度〉是与日俱长。在宋徽宗政和年间（一一一二——一一一七年），据《宋史》卷四百八十八《大理国传》说：

> 六年（一一一六年），遣进奉使天驷爽彦贲李紫琮、副使坦绰李伯祥来……方紫琮等过鼎（鼎州，按：为现在的湖南常德），闻学校文物之盛，请于押伴，求诣学瞻拜宣圣像，郡守张察许之，遂往，遍谒见诸生，又乞观御书阁，举笏扣首。

这又说明大理的臣僚对于孔子与中国的学术的重视。又如高升太有功段氏，大理人奉其为主，他改国号为大中国，虽与中国有对抗之意，然无非是借用中国之名。他死前告其子说，他死后当还政于段氏，这是有了禅让之风，这也可能是受了中国古代的让位的作法〈的影响〉。

蒙古征服大理，仍封段氏子孙为总管，这就是所谓十一总管的传立。虽然蒙古的风俗习惯与汉族不同，可是在元代，在段氏统治的地域，汉化的程度有增无减。《元史·张立道传》中说：

> 先是云南未知孔子，祀王逸少为先师。立道首建孔子庙，置学舍，劝士人子弟以学，择蜀士之贤者，迎以为弟子师，岁时率诸生行释菜礼，人习礼让，风俗稍变矣。

若说在元之前未知孔子，更不可信。在宋代，李紫琮等到中国进贡，在途中曾到圣庙瞻仰拜，可见大理也已尊孔。

南诏在强盛的时代，不只占了几乎整个云南，而且数次进攻四川，同时还伸张其势力到东南亚一带。这个国家曾征服了骠国，并虏其民三千人，移于柘东，又征伐弥臣，虏其民去淘金，又征伐昆仑，虽然失败了，但说明其势力不只伸张到缅甸的中部，而且伸张到缅甸的南部。南诏又数次占据了交趾，这也就是说，从云南到交趾一带地方也曾为它所征服。南诏既征服了这些国家，当然掠夺其土产珍品。这不只增加了南诏的财富，而且这些土产珍品对于南诏的生活与文化上也必有其影响。又南诏既掠骠国人民三千，而使其居于柘东，这些人的生活文化也必发生影响。因为骠国在唐代，其文化相当的高。可能南诏所掠的骠国人民也有很多的工技人员。骠国在唐代曾与南诏使者到中国，除贡献其土产珍物外，还赠给唐室以音乐。唐朝皇帝对于骠国音乐极为重视，引起当时的诗人白居易的不满，而为诗讽说。骠国既赠给音乐于唐，似乎不会不赠给音乐于南诏。

在大理时代，波斯、昆仑诸国曾带礼品来朝贡大理，这是在高升太的时代。后来这就是一一〇三年，缅人、波斯人与昆仑三国又进白象、香物于大理，一一一五年，缅人又进金花犀象于大理，说明大理之于东南亚各国是互相往来，因而商品的输入也必不少。

总而言之，南诏与大理不只不断的输入中国的物品，不只使用或制造中国的物品，采用中国的风俗习惯与教育学术，也不断的与东南亚以至印度各国互通有否。采用这些国家的物品，又掠其民移居柘东，使这些国家的文化也影响于南诏国内。

此外，在宗教方面，南诏与大理之受佛教的影响更为显著。直到现在，在大理附近还有不少遗物遗迹，说明在南诏时代，佛教特别发达。大理的君主有好多位放弃王位，让于其子或他人，而自己退居寺庙以为僧，这都是说明佛教之深入人心。关于这个问题，我们在下面还要再说，这里只好从略。

第九章 分述

上面是从历史上或是纵的方面,来叙述云南几个主要少数民族所受中原或外来的文化的影响。在这一章里,我们想从文化的各方面——物质、社会与精神或是横的方面或是文化的内容,来说明这些少数民族所受中原或外来文化的影响。

首先,让我们从衣食住以及物质文化的其他方面来说明。

《后汉书》卷一百十六《西南夷传》"哀牢"条说,哀牢"宜五谷蚕桑,染采文绣……织成文章如绫锦。有梧桐木华,绩以为布",说明哀牢的织布工业水平是很高的。可是蚕桑是在什么时候从中原传入哀牢,而其染织方法是否也传自中国,不得而知。我们以为,四川的布既早已从四川通过云南的哀牢一带而输到印度、大夏,那么,中国的养蚕方法以至抽丝、织布方法也很可能在前汉之前,已经传入哀牢。

又原来的哀牢人,据《后汉书·哀牢传》说是衣著尾,这种衣服似乎就是今日暹罗人所惯穿的帕帻,在西双版纳我也见过有人穿这种服装。但是哀牢内附之后,其地列为郡县,汉人之到当地者日来日多,哀牢人的汉化程度也逐渐加深,他们所穿的服式可能也受了汉族的影响。现在在西双版纳的傣族妇女,虽仍多穿着原来的服装,但男人却多改汉装,这种情况在现在的芒市一带,以德宏自治州的傣族尤为突出。这就是说,在这里的傣族多采用了汉装。德宏自治州的傣族应该是哀牢族的嫡系后裔,久受汉族文化的影响,其汉化程度之深是可想而知的。

《蛮书·物产第七》中说:

> 蛮地无桑,悉养柘,蚕绕树。村邑人家,柘林多者数顷,笔干数丈。二月初,蚕已生;三月中,茧出。抽丝法稍异中土。精者为纺丝绫,亦织为锦及绢。其纺丝入朱紫以为上服。锦文颇有密致奇采,蛮及家口悉不许为衣服。其绢极丽,原细入色,制如衾被,庶贱男女许以披之。亦有刺绣,蛮王并清平官礼衣悉服锦绣,皆上缀波罗皮。俗不解织绫罗,自太和三年蛮贼寇西川,虏掠巧儿及女工非少,如今悉解织绫罗也。

同书《蛮夷风俗第八》中说:

> 其蛮丈夫一切披毡,其余衣服略与汉同,唯头囊特异耳。

又说:

> 贵绯、紫两色,得紫后,有大功则得锦。又有超等殊功者,则得全披波罗皮。

《新唐书》卷二百二十二上《南诏传》说：

> 妇人不粉黛，以苏泽发。贵者绫锦裙襦，上施锦一幅。以两股辫为鬟髻，耳缀珠贝、瑟瑟、虎魄。

从上面所抄录几段话中，我们可以明白，南诏在衣著方面，一方面受了中国的影响，一方面又受了吐蕃的影响。《后汉书·哀牢传》说哀牢有蚕桑，而《蛮书》却说蛮地无桑。南诏或蒙舍诏的发祥地靠近哀牢故地，在其强盛时又统治了这个地方。哀牢有桑而南诏没有桑，不知何故。

南诏采用中国的养蚕方法历史必定很久，这就是说，在没有统一六诏之前，这个民族应该早已学会了养蚕。所谓抽丝法稍异中土，可能是一方面受了中国的影响，一方面保持了原来这里的土著民族的方法。

至说"丈夫一切披毡，其余衣服略与汉同"，也可能是受了汉族的影响。

又所谓"波罗皮"是吐蕃制度，波罗皮是大虫皮，也就是虎皮。《旧唐书》卷一百九十六下《吐蕃传》说：

> 唐德宗贞元二年（公元七八六年），凤翔节度使李晟使将王佖袭吐蕃营，命侯其前军，已过，见五方旗、虎豹衣，则其中军也，出其不意，乃是奇功。

《蛮书·物产第七》"大虫"条说：

> 大虫，南诏所披皮，赤黑文深，炳然可爱。云大虫在高山穷谷者则佳，如在平川，文浅不任用。

又所谓妇人"贵者绫锦裙襦，上施锦一幅"为饰，这种衣饰也是南诏学自吐蕃，现代的西藏妇女还有这样的装饰。

南诏与吐蕃为邻，有的时候还称臣于吐蕃，其受吐蕃衣着的影响也是可以理解的。

南诏的衣服会不会受一些东南亚的国家的影响呢，我们对于这个问题无法解答。可是根据《唐书·骠国传》说，骠国的乐工皆昆仑、骠国的统治者因南诏归唐，乃遣使朝贡，并进乐人。骠国与南诏为邻，应该很早已互相往来，而且南诏征伐骠国，曾移其三千人民居于柘东。骠国既献乐人于中国，骠国很可能献乐工于南诏。这种乐工也会衣昆仑衣，南诏若采用骠国音乐，可能其后来的乐工也会衣昆仑衣。昆仑是缅甸南部的猛族国家，南诏也曾出兵征伐，可是被昆仑人打败而归。

在云南的博物馆中，现在陈列了一些出土的古代歌舞的小型人像，其舞时的姿态是近于印度或印度化的国家，如泰国、老挝、柬埔寨的，舞蹈姿态、装束也是近于这些民族的。我们怀疑在过去的云南少数民族中，曾受过这些国家的舞蹈与服装的影响。姑且志之，以待考订。

又历代中国王室经常赐给这里的少数民族缯绢衣服与其统治阶级及其妻子、女儿，这些服装对于他们是会有影响的。至于现在的一些少数民族的妇女所穿的多褶裙，据说也是传自古代的汉族。

关于食的方面，我们可以连带的谈谈农产品及其耕种方法。

《史记·西南夷传》说，云南古代的民族有的随畜迁徙，有的耕田为生，游牧是好多少数民族的原来生活，耕田在汉族来说很早就成为主要生产方式。在庄跻来到滇之前，滇、邛等地是否已从事耕种，不得而知。但像我们在上面已经指出，庄跻到滇之后，对于当地的农业发展必定引起很大的影响。首先，庄跻及徒众会把中国的铁制农具介绍过来，这对于农业生产上会增加产量。其次，他也可能传播在当地所没有的种子，使农产品的种类增加起来。《新唐书》卷二百二十二上《南诏传》中说：

> 犁田，以一牛三夫，前挽、中压、后驱。然专于农，无贵贱皆耕。不繇役。

这里所说的一牛，可能是二牛，《蛮书·物产第七》中有一段话可以做旁证：

> 每耕田用三尺犁，格长丈余，两牛相去七八尺，一佃人前牵牛，一佃人持按犁辕，一佃人秉耒。

二牛三夫的耕田办法，在中国历史很久，《汉书》卷二十四《食货志》中说：

> 武帝……下诏曰："方今之务，在于力农。"以赵过为搜粟都尉。过能为代田，一亩三畎……用耦犁，二牛三人，一岁之收常过缦田亩一斛以上，善者倍之。

直到现在，云南犁田还用二牛，其犁形与上录各段所说大致相同，不过现在只用二人，一人前挽，一人就在后面按辕与秉耒。二牛三夫的耕田办法，可以使"一岁之收常过缦田亩一斛以上"，而"善者倍之"，这说明了农具对于农田生产的产量有了显著的增加。

《蛮书·物产第七》中说：

> 从曲靖州已南，滇池已西，土俗唯业水田。种麻、豆黍、稷，不过町疃。水田每年一熟，从八月获稻，至十一月十二月之交，便于稻田种大麦，三月四月即熟。收大麦后，还种粳稻。小麦即于冈陵种之，十二月下旬已抽节如三月，小麦与大麦同时收刈。其小麦面软泥少味。大麦多以为麨，别无他用。酝酒以稻米为曲者，酒味酸败。

所谓"种麻、豆黍、稷，不过町疃"者，就是麻、豆黍、稷只种于町疃之间,町疃鹿场见于《豳风》,这种耕种方法也可能是传自中国。至于谷麦的种子,在长期的历史,应有不少是来自中国或东南亚各地,直到近代,如在云南西北的永宁地区,稗子的输入时间很短,可能是很快的已成为当地的主要粮食。

云南有好多地方出盐,如安宁的盐井一向著名。在唐代,因为唐朝派人到安宁筑城而引起爨族的反抗,这与他们的垄断盐利是有关系的。《蛮书·物产第七》中说:

> 昆明城有大盐池,比陷吐蕃。蕃中不解煮法,以咸池水沃柴上,以火焚柴成炭,即于炭上掠取盐也。贞元十年(公元七九四年)春,南诏收昆明城。今盐池属南诏,蛮官煮之,如汉法也。

这个昆明城是在云南西北,现属于四川境内的盐源县。吐蕃人不会煮盐,而南诏所用的煮盐法是学自汉族。

又如煮茶的方法,这也是学自汉族。《蛮书·物产第七》中说:

> 茶出银生城界诸山,散收无采造法。蒙舍蛮以椒、姜、桂和烹而饮之。

云南出茶的地方也很多,所谓椒、姜、桂煮茶,也是汉法,《日知录》卷七"茶"条引晋《孙楚传》云:

> 姜桂茶出巴蜀。

《晋书》卷五十六有《孙楚传》用姜桂以烹茶,不始于唐朝,蒙舍诏或南诏的这种饮茶法不一定是直接传自巴蜀,这种饮法传入云南,可能在南诏之前。近代云南如勐海(佛海)所制的茶□畅销于西藏各处,这种制茶方法应该是受了西藏的影响。

《蛮书·物产第七》说:

> 荔枝、槟榔、诃黎勒、椰子、桄榔等诸树,永昌、丽水、长傍、金山并有之。

又说:

> 丽水城又出波罗蜜果,大者若汉城甜瓜,引蔓如萝卜,十一月十二月熟。

《太平御览》卷九百七十一"槟榔"条引《云南记》云:

> 云南多生大腹槟榔,色青,犹在枝朵上,每朵数百颗,云是弥臣国内。

按:弥臣也是缅甸南部一个猛族人所建立的国家,这种槟榔不只产于缅甸南部,在东南的其他一些地方也有这种果。不过,从缅甸到云南,可以沿着伊拉瓦底江而上,交通方便,故云南的大腹槟榔乃从弥臣而来。

波罗蜜据宋代赵汝适《诸蕃志·卷下》"波罗蜜"条说：

> 波罗蜜，大如东瓜。外肤磊砢如佛髻。生青、熟黄。削其肤食之，味极甘。其树如榕，其花丛生，花褪结子，惟一成实，余各蘸死。出苏吉丹。广州南海庙皆有之。

应该指出，在广东，这种果多产于海南岛各处，广州现在已少见。云南的波罗蜜是来自广东或是苏吉丹。据说这种果树原产于印度，东南亚许多地方也盛产这种果。《本草纲目》三一中说：

> 波罗蜜生交趾南番诸国，今岭南、滇南皆有之。

假使这里所说没有错误，那么不止云南的波罗蜜是来自外国，广东的波罗蜜也是来自外国。

椰子在云南南部如西双版纳，虽也生长，也长得不很好。《开宝本草》说：

> 椰子生安南，树如棕榈，子中有浆，饮之得醉。

这种果子在东南亚不止安南有，到处都有。《图经本草》说：

> 椰子，岭南州郡皆有之。

郭义恭《广志》已记有这种果，那么这种果在中国的历史也已很久。云南的椰子可以来自安南（越南），也可以来自缅甸。

诃黎勒果一名诃子，这种果子也原产于印度，其在广东的历史也很久，云南的诃黎勒果也可能是从印度经缅甸而来。

此外，又如青木香，据《蛮书·物产第七》说是永昌所出，《南州异物志》说：

> 青木香出天竺，是草根，状如甘草。

永昌所出的青木香，是原来土著抑或从天竺来，也是值得我们考究的。

又如云南的奶酪或奶饼似乎是蒙古人输入的，云南最好的奶饼是来自元代蒙古人所聚集最多的地方，可以作为旁证。

在居住方面，《蛮书·风俗第八》中说：

> 凡人家所居，皆依傍四山，上栋下宇，悉与汉同，惟东西南北，不取周正耳。别置仓舍，有栏槛，脚高数丈，云避田鼠也。上阁如车盖状。

这段话所说的下半段是现在好多少数民族所盖的干栏，上半段所说的大致是汉化的房屋。云南的少数民族直到今天，如在西双版纳的傣族，还多是居住在他们祖宗所传下来的干栏式房屋；但如在保山（永昌）南边的德宏自治州的傣族，大多数是住在汉化的房屋。连了一些佛庙也受了汉族建筑的影响，这里的汉化房舍，其历史似乎很久，也可以是从哀劳内附之后就开始逐渐建筑这些房舍。又在大理一带的白族，在丽江的纳西族，其所居的房舍也是汉式的，而这种房舍的历史至少可以追溯到元代或元代之前。

又如在云南的爨族，其所居的房屋也早已有汉式的，爨宝子的宫宇数仞，这没有问题，是仿效中国的。庄跻王滇之后，虽然采纳当地风俗，但其所居的宫室及其部属所居的房子应该是汉式的。

上面已经指出，诸葛亮虽不一定亲身到过云南或云南的好多地方，但在诸葛亮之后的许多纪念物却可以在云南好多地方看到，如诸葛庙、诸葛井、诸葛堰、诸葛城等等，这些建筑以及其他好多建筑物都是汉式的。

汉化的城的建筑历史很久，庄跻王滇时可能已筑了城。汉代而尤其是后汉，哀劳内附之后，在好多少数民族地区改为郡县，在首郡兴县署所在的地方也可能建城。唐时，章琼兼仇在安宁建城，遭到当地的爨族反抗。在南诏时代建了好多城，光在现在的下关、大理一带就建了好几个。《蛮书·六赕第五》中叙述了大和、龙尾、大釐与阳苴咩诸城，并录之于下：

大和城、大釐城、阳苴咩城，本皆河蛮所居之地也。开元二十五年（公元七三七年），蒙归义逐河蛮，夺据大和城。后数月，又袭破苴咩盛罗皮，取大釐城，仍筑龙口城为保障。阁罗凤多由大和、大釐、邆川来往。蒙归义男等初立大和城，以为不安，遂改创阳苴咩城。

又说：

大和城，北去阳苴咩城一十五里。巷陌皆垒石为之，高丈余，连延数里不断。城中有大碑（按：为《南诏德化碑》），阁罗凤清平官王蛮利之文。论阻绝皇化之由，受制西戎（按：指吐蕃）之意。

又说：

大釐城，南去阳苴咩城四十里，北去龙口城二十五里，邑居人户尤众。盛罗皮多在此城。并阳苴咩并邆川，今并南诏往来所居也。家室共守，五处如一。东南十余里有舍利水城，在洱河中流岛上。四面临水，夏月最清凉，南诏常于此城避暑。

又说：

阳苴咩城，南诏大衙门。上重楼，左右又有阶道，高二丈余，砻以青石为蹬。楼前方二三里，南北城门相对。大和来往通衢也。从楼下门行三百步至第二重门，门屋五间。两行门楼相对，各有榜，并清平官、大军将、六曹长宅也。入第二重门行二百余步，至第三重门。门列戟，上有重楼。入门是屏墙，又行一百余步至大厅，阶高丈余。重屋制如蛛网，架空无柱。两边皆有门楼，下临清池。大厅后小厅，小厅后即南诏宅也。客馆在门楼外东南二里。馆前有亭，亭临方池，周回七里，水深数丈，鱼鳖悉有。

上面是叙述在文化的物质方面的交流，下面我们再说社会与风俗方面以及宗教信仰的交流。

（未完）

关于云南的少数民族之受外来文化的影响，伯希和在其《交广印度两道考》（冯承钧译）页二十至卅二曾略为解释，今录之于后。

关于南诏的职官制度，向达在其《蛮书校注》中页二二二的案语中，曾从史书中摘录了一些有关材料。其中说明南诏的职官制度，有的受了中国的影响，有的受了吐蕃的影响，有的可能受了骠国的影响，兹录之于下。①

元代宗教之盛②

元以铁骑，蹂躏欧亚诸国，兵威所及，因其固有之风俗以为治，故其宗教生活，兼容并包，无所不有。其于滇省，征以《马可波罗游记》拜偶教徒，萨拉森人，及聂斯托尔派教徒，同集于滇之说，可藉窥其涯略。

陈垣引马氏《游记》曰：云南省幅员甚广，其民奉偶像教，自河次向西行五日至一城，名雅赤。原注谓即大理，说与鸟居龙藏氏异，按雅赤即押赤城临滇池，为哈剌章首都，《兀良合台传》言之甚详，后说谓即今云南府，较为近是雅赤大市也，居民合回回、基督偶像教徒而有之。

大抵元代滇之宗教，实集有史以来极盛之大观，而传播普遍者，首推佛教，盖滇近缅甸，闻法先于中原者约三百余年。

按缅甸距滇仅一千六七百里，其佛教成立，渊源颇远，当阿育王（西纪前二七五至二二六年）于秦始皇时，分遣高僧，宣教外国，其中有金地国即今之缅甸，以须那迦与郁多罗二人，实为开教之宗。而滇缅自古相通，二世纪初，掸国王曾由北缅甸遣使经哀牢夷入朝中国。据《鸡足山志》引《白古通》云：阿育王时敕长者明智护目、李求善、张敬成等来创迦叶等庵，即为鸡山名胜之始。

庄蹻信佛，实开白国之先，金马、碧鸡，至劳汉使之祭。

《古滇说》阿育王三子俱欲得父神骥，王纵之，三子齐追，至滇得之，因名其山曰金马，而以碧凤所集之西山曰碧鸡。及死皆为神。《汉书》宣帝时，方士盛言益州有金马、碧鸡之神，可祀祷而至。五凤三年（西纪前五五年）遣谏议

---

① 编注：原文献如此，实未见南诏职官制度相关内容。
② 编注：本部分系陈序经摘录自夏光南《元代云南史地丛考》"十　元代滇宗教之盛"。

大夫王褒求之路不通，可就蜀醮祭而去。《古滇说》并称庄蹻兵兴三子及诸夷杂处，蹻为滇王，晚年崇佛，迁居白崖、鹤拓、浪穹（今祥云、大理、鹤庆等属）。众推其后仁果为滇王，改姓张，是为白国之祖。

蒙段兴，绍承白国之绪，大兴佛教。其国君主臣民，多弃国弃家为僧，不乐世荣。元初，其俗更大行于民间。

元郭松年《大理府行记》，此邦之人，西去天竺为近，其俗多尚"浮屠"法，家无贫富，皆有佛堂。人无老壮，手不释数珠。一岁之间，斋戒几半，绝不茹荤饮酒，至斋毕乃已。沿山寺宇极多，不可殚纪，中峰之下有庙焉，是为点苍山神，亦号中岳。中峰之北有崇圣寺，中有三塔，一大二小。大者高三百余尺，凡一十六级，样制精巧，即唐遣大匠恭韬徽义所造。见吴梅邨诗曰：洱海与苍山，佛教之齐鲁，诚可执论当日南中佛化之盛况矣。

加以世祖提倡，玄风益煽。

元翰林学士浏阳欧阳元之《姚州妙光寺记》曰：云南之事佛，俗有所从受也。然而佛之于云南，有足助时君之化，其来非一日也。彼其沈毅悍鸷之性，一旦归于清净慈俭之宗。此盖威武之所不能屈，教化之所未易渐。而净名之徒，深居寡言，衣坏食淡，合掌趺坐，而扰之若不劳其余焉，亦岂小补之哉。世祖皇帝自征氐羌归，乃表异释氏，隆其师资，至于宫室服御，侔于乘舆，盖有以察其风俗之宜，因以为制远之术焉。善哉宋元滇释大兴之故，观此论则人主之提倡，亦有力矣。

观《大理崇圣寺圣旨碑》，其义至明。

近冯承钧先生辑《元代白话碑》五十页载，《崇圣寺圣旨碑》云：长生天气力里大福荫护助里皇帝圣旨。军官每根底、军人每根底、管城子达鲁花赤、官人每根底、来往使臣每根底宣谕的圣旨：成吉思皇帝、月吉歹皇帝、薛禅皇帝、完泽笃皇帝、曲律皇帝圣旨里：和尚、也里可温、先生，不拣甚么，差发休著者，告天祝寿者道来。哈剌章有的大理崇圣寺里。有的释觉性释主通和尚根底。执把的圣旨与了也。这的每的寺院旁舍。使臣休安下者。铺马只应休与者。税粮休与者。但属寺家的产业园林碾磨店铺人口头匹，不拣甚么，休夺要者。更这和尚每拟着有圣旨么道。无体例的勾当休做者。若做呵，不怕那甚么。圣旨猪儿年闰七月，上都时分写来。其大意申述元历代君主，保护宗教，于僧、景、道、回等，蠲免一切差发，惟事告天祝寿。今特晓谕云南省大理崇圣寺住持僧觉性主通，所有寺院房舍，使臣不得投住，铺马勿庸供应，所有寺内诸物，无论何人，不得强夺，而该僧等，亦不得恃有圣旨，非理妄行，若违即照惩不贷，钦此。之类。

《滇释纪》所载元释，较前代为多。

圆鼎和尚《滇释纪》载。唐释四十三人，宋释十三人，元释二十四人，明释九十五人，清释三十四人。依年代统计，唐代约七年一人，宋二十五年一人，元四年一人，明三年一人，清八年一人。则元之滇释，仅次于明而已。其间名僧辈出，超轶唐宋，如洪镜雄辩法师（西纪一二二四至九七年）为国师杨子云弟子。世祖破大理之明年，始至中国，留二十五年，更事四师，皆当世大德。后登班集之堂，嗣坛主之法，其学大备。及归解僰人之言，为书其书，传习益众，梁王尊为国师。玄坚雪庵宗主（西纪一二五四至一三一九年）受宗教禅师衣钵，于大德中，复继雄师法席。至元中，云南平章蒙古督鲁弥实创大德寺，奏闻于朝，延为寺主。延祐己未，书偈毕，跏趺而逝，竖塔筇竹寺。

教理之宣传，亦以斯时为盛。

李厚庵先生曰：释迦之教，演大乘者五宗，以禅宗为最；禅宗复析为二，南宗为盛；南宗又析为五，临济最盛；临济初祖十八传至明本，元至正中（西纪一三四一至一三六七年）住天目山，世所称为中峰和尚者，滇僧照本、圆护、普通、玄鉴无照俱往受教。归教迤东西，是为临济宗入滇最初时代，然则滇之释教，得真确认识，与中原为对峙之成长者，当以元为播根莳种之期。前此虽居中夏印度间，输入其思想及仪式，但以文化浅薄，未学肤受，固不能如有元一代之深切著明也。照本大理人，中峰之第一弟子也。于滇僧称能负荷。圆护心体灵明，湛寂不动，善书法，与赵孟頫同一笔力，为世所珍。普通参中峰问三乘十二分教，结庵鸡足，恍然开悟。无照玄鉴曲靖人，长依虎丘寺云岩净公剃度，善讲经，名著诸方。出游荆楚，遍参知识两宗之门，无不蒙印。后叩中峰本祖，机缘契合，为第一座主，乃嗣法为临济二十世孙。后还滇，于曲靖建正法寺，寻入会城，梁王钦崇殊甚，为创佛严寺居之，当道诸权宰官，以及遐迩四众，无不皈从，盛行化导，弟子数百，得心者五人，遂示寂，世寿三十七春。（公元一三二八至一三六四年）阇维日，梁王亲至其所，获舍利累累于灵骨，门人建塔于太华寺左。中峰为文祭之，有"名言与实相，互融交涉而无亏。出入两宗大匠之门兮，孰不叹美而称奇"之句。他如莲峰宗照禅师，亦叩中峰，了达宗源，回滇后，于晋宁建盘龙寺，至正二十一年，（公元一三一六至一三六一年）书偈，趺坐而逝，身体温柔，七日如生，门人塔全身于本寺。至今每年八月，四众咸往礼敬，香供如山，林峦若市。大抵其时名僧辈出，教义阐扬，而丛林古刹，遍于三迤，其崇拜释迦，举国若狂之致，可想见焉。

以信徒言，总管段氏，实护法巨擘。

《元代白话碑绪言》"摩诃罗阇"，此言大王，印度南海诸王之尊号也。《元史信苴日传》大理国王段兴智入觐，宪宗赐名"摩诃罗嵯"，即其一例。考泰定二年，大理军民总管段信苴隆所建大理崇圣寺碑，同一梵名。碑云武定公（即段兴智）挫舍利畏三十万啸聚之师于滇海之上，破释多罗千余寇抄之众，于洱水之滨。其人既以"舍利""多罗"为名，且舍利畏能使三十七部数十万人惑于妖术，此与黄巾、白莲无异，足征当日云南土著之梵化，不仅大理王号"摩诃罗嵯"也。

以崇祀佛教所建之寺庙塔幢言，元代遗物，今日存者，有华亭寺及妙湛寺之石塔，万庆寺之白塔，大德寺之双塔，及圆通寺之遗像。

华亭寺前有二石塔，一为泰定元年，一为二年刻，均作四佛像，并梵文《佛顶尊胜陀罗尼咒》。塔身高二尺余，圆锥形，与白塔同，又以汉文纪其事。盖元人杜升等为父母福所作也。妙湛寺石塔，砖上印塔像，下印梵文，详见《滇释》。万庆寺白塔，系砖筑，高丈余，建于会城南关外东岳庙前。塔下有台，高亦丈余。台有洞门，可以通行。其塔之形式雕刻，均与前同，惟表面涂以白垩。光复后警察当道，以障碍交通，并摧毁之，殊可惜也。大德寺在今省垣城内祖遍山巅，农业学校之所在也。寺有双塔，高六丈余，方形砖造，凡十三层，不能登临。每层四方，中央有小龛刻佛坐像一尊，四角造小塔各一。两塔并峙，气象雄伟。圆通寺当省城北门内，延祐六年，重兴其寺，殿宇堂皇，佛像巍峨，今辟为公园，亦巨观也。

次为地藏寺石塔，及穿心鼓楼。

石塔在今南关外古幢公园，元为善阐故城东，凡七级，高约二丈五尺。全体石造。其形下部宽大，渐上为八角锥形。下镌四天王踏鬼奴象，手持斧钺，披甲戴胄。上部各层，刻释尊说法图，及声闻菩萨罗汉诸佛像，配置宫殿楼阁寺宇，最下一层，刻四角地神，蹲伏塔边，刀痕遒劲，备极精巧。塔上色料，今已剥落，四天王像左右空处，镌藏文经典四帧，日人高楠文学博士，谓为中国绝无而仅有之杰作。而鸟居龙藏博士则以塔为元代遗物，以元朝一度征服西藏，异常尊重喇嘛教也（文见《西南支那》）。然考此塔之《宝幢铭文》，称塔为大理国袁豆光所造，慈济大师段进全记文，则此宝幢实宋代遗物，要可藉明宋元滇释大兴而已。穿心鼓楼耸峙于薛尔望街头，为砖筑之方形堡垒，高丈余，长宽倍之。堡间洞门相交，作十字形，建筑精巧罕觏，以其旁无阶梯，知其初高峙台上者，必仍如万庆寺元人所造之塔也。盖元人有所谓过街塔者，尝于街中建立，以便行人崇仰。而其地适当善阐城中，昔日繁荣，犹可于断砖残瓦败市颓垣中仿佛认之。此外如省垣南数十里之官渡，有螺峰塔者筑于街中，当亦过街塔之类也。

盖元尊奉国师，敬重番僧，滇以佛国，更易风行。省垣梵宇林立，至以"佛护里"称，三十七部之名，亦多出于佛典，则其时云南梵化，可想见矣。

按：省垣城内西北翠湖畔，昔有圆通、九龙、玉龙、地藏等寺，不可胜计，意必元人所建。往岁张公莼鸥就螺峰山鼎建，凿池得陶瓷数四，启视皆属僧腊，知其地昔亦伽蓝所在。民国十五年，陈古逸先生于贡院侧修治净园，开池并得《洪武僧塔残石》，存者九行，行十五字，剥蚀过半，大致为一高僧塔铭。僧与全室泐公蒲庵复公游，则为元明间人无疑。又石称买地城西北"佛护里"，则当时里人信佛者之多可知。《滇南释教论》曰：三十七部有弥勒（今为县）、维摩

（今属泸西，成宗四年置州）、罗伽（《野史》罗伽即步雄，今澄江），其名皆出佛典，则元以前滇之梵化，更可见矣。

其与佛教同源而异流者为喇嘛教，亦并盛于元之云南省。

王治心先生之《中国宗教思想史大纲》曰：喇嘛教本唐太宗时从中土输入之佛教，与西藏原来之巴恩教融和，渐成为带有密教色彩之喇嘛教。李思纯则谓其教，兼采有聂思脱里派之教义。自元世祖崇八思巴为国师，"喇嘛教"遂自西藏流入，成为元之国教。由今本省省垣《地藏寺宝幢》及《太华石塔》所刊藏经证之，则元之中庆路，已有喇嘛教。其势既及滇东，接壤藏地之滇西，必为此教之中心。证以《本省通志》及余庆远《维西见闻录》而知之，《通志》中、维、鹤、庆诸属喇嘛寺庙为多。丽江有文峰院、指云寺、福国寺，中甸有白鸡庙、承恩寺、大宝寺、归化寺等，住持僧一千二百余人，岁给口粮青稞供品银两油毡布匹盐铁各项，中以黄教为盛。《维西见闻录》曰："喇嘛教以维西、中甸为多，分红黄二教，红教相传十有三种，维西惟格马一种。衣黦褐，披袈裟，常年不去，亦不衣袴。夏戴平顶竹笠，跣足；冬戴平顶猩红毡帽，四莲瓣向上，围于四方。着袜及衣履者多，衣冠皆红，故谓之红教。初红教甚强，黄教为其所抑。"以现今中维一带，活佛喇嘛身分之尊严，寺庙建筑之宏丽，寺产积蓄之富厚，以及喇嘛僧可理地方诉讼，建议各项要政之特权观之，则谓鹤、丽、中、维为元代喇嘛教之政治中枢可也。不宁惟是，考云南省会城郭，志称系明洪武十五年建。旧岁折南城，得古砖二（今存昆明博物馆中），上刊印藏文数列，并十三层佛塔一像，则虽明初，喇嘛教尤盛于滇东也。

滇之道教，至宋而著，迄元则戒行精严，颇诵经律。

中国道教，大盛于唐，风气晚开，至宋而著。开科取士，每以僧道读儒书者充之。仿唐制试士以道书也。元郭松年《大理府行记》点苍中峰之南，有玉局寺，又西南有荡山寺，皆有得道者居之；得道者，非师僧之比也。师僧有妻子，然往往读儒书，段氏而上，有国家者，设科选士，皆出此辈，今则不尔，其得道者，戒行精严，日中一食，所诵读经律，一如中国。所居洒扫清洁，云烟静境，花木禅房，水虢虢循堂厨至其处者，使人名利之心俱尽，此大理之大观也。良以滇虽边徼，密迩西蜀。地为张陵得道之所，而鸣鹄青城，素称圣地。鬼道妖术，民夷便乐，玄风所播，西南诸部，有不觉而移易其俗者。《滇系》载文昌帝君，《梓潼烟霞洞记》称洞属越嶲，则文昌固滇人也。又曰寿胚胎洞在武定北，接罗次、广通界，故金华洞也，二十八宿真像藏于此，感梦于唐明皇，发洞而得之，独阙氐宿，盖即明皇也（见所引《太平广记》）。又仙人安公治地，志云在姚州城北金沙江，即古西梁州泸水上（见所引《云笈七签·天地宫府图》）。是知洞天福地，古滇亦居其一，由来非一日矣。

征以明初道徒史籍，元代滇之道教，固亦极有势力者也。

考明洪武中，如刘渊然、张三丰等，均以道术著称，退隐于滇。渊然封长春真人，畀银章，领天下道教事，奉诏至阙，屡著灵异。及入滇，栖龙泉观（今省垣黑龙潭公园），请设云南、大理、金齿三道纪真庆观，以植其教（见商辂撰《龙泉观长春真人祠记》）。三丰或言金朝人，与刘秉忠同学，游滇最久。明太祖即位，屡遣使觅之，竟不可得（见《明史·本传》）。是则滇之道教，虽至明初，犹未衰也。且《南诏野史》尝载僧道灵迹，《元史》亦以滇之僧道并列，省垣城砖除所述藏文之砖外，并杂以"符砖"，则此两教者，当日必势同鲁卫未见轩轾于其间也。

其次于释道者，为景教，元称"也里可温"。

"景教"者，基督教之聂斯脱里（Nestorius）派，四世纪末，叙里亚人聂思脱里所创。重耶稣为人之道，以耶稣之母玛利仅产耶稣之体，不产其神，不当崇称圣母。四三一年，以莽所之第三次宗教会议，为亚力山大派（重耶稣为神之道）所斥逐，禁其传道，聂乃出奔波斯，逾四年窜死。四九八年，此派之徒，独开会议于波斯，定名曰喀朵利架司，自是此派由波斯于七世纪时传入中华。唐太宗贞观初，曾建寺长安行教于中国北部。迄元征服中亚，其教复盛，称"也里可温"。《马可波罗游记》称，押赤附近，有聂斯脱里派教徒是也。

其入滇也，信徒颇多，有传教之大师薛里吉思。其教徒得与释、道、回徒，受同等之待遇。

陈垣《元也里可温考》载《元史》蠲除租税下引证云：元贞元年闰四月钦奉圣旨，西番、汉儿、畏兀儿、云南田地里，和尚也里可温先生答失蛮，拟自元贞元年正月己前，应有己未纳税地土，尽行免除税石。陈氏又引多桑、洪钧等书，证明元之"也里可温"者，蒙古语作伊噜勒昆，福分人也，有缘人也。《大兴国寺记》薛迷思贤在中原西北十万余里，乃也里可温行教之地。教以礼东方为主，十字者取像人身，四方上下，以是为准。是"也里可温"，即天主教矣。按：《马可波罗游记》谓薛里吉思为叙里亚人，太祖皇帝，初得其地，太子有病，得其外祖舍里八、马里哈昔牙徒众祈祷始愈，充御位舍里八赤，本处也里可温答剌罕。至元五年，世祖皇帝召公驰驿进舍里八，赏赉甚侈。舍里八煎诸香果，泉调密合而成。舍里八赤，职名也。公世精其法，特降金牌，以专职。九年同赛典赤平章往云南，十二年往闽浙，皆为造舍里八。十四年，钦命虎符怀远大将军，镇江府总管府副达鲁花赤。虽登显荣，持教尤谨，尝有志于推广教法。夫薛里吉思，既于至元九年（西元一二七二年）来滇，则谓耶教于是年传入云南可也。顾《元贞圣旨》，滇之也里可温，得与和尚先生，并免租税。马可波罗亦云：大理押赤诸城，皆有聂斯脱里教徒，则其人数之众，移殖之久可知。不然如薛氏个人之传教，而谓二十年后之元贞时，能使滇中耶教，得与西番畏兀儿同列，固绝无是理者也。然则"也里可温教"之传布滇省，当以至元中为一重大之时期矣。

次于景教者为回教，凡有二派。

元之圣旨，尝称"答失蛮、木速儿蛮"皆回教徒也。今欧人称回徒亦曰"答失蛮"。盖唐之大食，西史所谓萨拉森者，中古时，尝以回教建立大国于欧亚非三洲之间，答失蛮其一派也。邱长春《西游记》曰：闻诸波斯使臣"木速儿"义谓正教，蛮谓人类，阿剌比语也。答失蛮亦"木速儿蛮"教中别派，昔有教士伯克答失，创行是遂，教以人名名之，蛮义同前。今土耳其内，尚行此教。按：《西游记》卷二十三又云，今土耳其为素尼教；波斯所行，则阿里后人一派，曰十叶教。然则"十叶教"即木速蛮，"素尼教"即答失蛮也。

　　行于滇者曰素尼教，即答失蛮也。

　　《战后新世界》四九页，回教计有四派：曰圣尼派、曰息脱派、曰回教派、曰圣奴西派。其中圣尼派范围极广，凡阿拉伯、北非洲、土耳其及中央亚细亚、土耳其斯坦、俾路支、南洋诸岛与云南本省，均属此派之区域。息脱即十叶派，波斯等地属之。后二派领域较小，而圣奴西派以非洲为中心，分布于西亚，盖新进有力之一派，欲连合全世界诸回部者也。西域教规，无论君臣上下人等，皆当崇奉本教，故回教入滇，当与其族同时移殖。拉史乌丁谓赛典赤、布哈尔人，为别庵伯尔之后，其名乃波斯，语译言天使也。

　　约言之，有元一代，滇之宗教，以其历史之递遭，及种族迁移，而呈分头进展之趋势。所谓释道景回，殆举其梗概言之耳。

　　按：云南当日除此四大宗教外，尚有苗与罗罗所奉之"巫教"，其俗重鬼巫，多禁忌，以祀鬼为重事。一年三次，一次数十百金，虽贫无力者，亦必卖产质衣为之。病不医药，延巫祈祷。酿酒割牲，约亲邻饮福，谓之"做鬼"。祭后插标于门，若不知而误入其门，谓之"惊鬼"。每年五月逢子寅午日，专祭祖先，举家避入山洞，名曰"躲鬼"。农事毕杀牛请巫，摇铃跳神，名曰"做米鬼"。祭毕男女旋绕歌舞，名曰"跳鬼藏"。盖苗与罗罗均重巫教，按：以元明人纪载，相沿迄今，尚未改易者也。罗罗之巫师曰"毕么"，掌诵经典，昆明四乡中之散民，有"西波"者，经咒最多，其祈祷献祭禳祓之类，多为白夷所宗，有《雷神经》二种，疑与祆教有关。丽江、鹤庆诸属，有"多宝教"，与巫相近，其经典文字，为象形字，读法与么些音调一律。掌教者曰"多宝"，尝为人治病或驱降鬼魔。并有多宝文，为拼音及变化音节之文字，构造完密，以书经典。近美国罗克博士，专究其文字及诵经跳神之事，译其经文数千卷，陆续发表于《国际地理杂志》。当世学者，视为环宝，转相传译。顾罗克君之探讨此文，虽积敏勤，而以英文字母拼合音节，差误殊多。且观察又偏重主观见解，故其真义，今尚未全明也。多宝教之来源，滇人尝认为喇嘛教之一支，据其"多宝"之有识者言，其教实为印度最古之婆罗门教，自佛法昌明后，经西藏辗转入滇，以保存于滇西北居住之藏人者也。可参考杨成志君所辑《罗罗之巫师及其经典》及王图瑞君《云南西北边地状况纪略》。